V&R

Veröffentlichungen des Collegium Carolinum

Band 149

Herausgegeben vom
Vorstand des Collegium Carolinum
Forschungsinstitut für die Geschichte
Tschechiens und der Slowakei

Adelspolitik in der späten Habsburgermonarchie

Kulturen des Entscheidens in der Nobilitierungspraxis Kaiser Franz Josephs I. (1848–1916)

von
Marion Dotter

Vandenhoeck & Ruprecht

Gefördert durch die Deutsche Forschungsgemeinschaft (DFG) – Projektnummer 360187517

Zugleich: Ludwig-Maximilians-Universität München, Diss., 2021

Bibliografische Information der Deutschen Nationalbibliothek

Die Deutsche Nationalbibliothek verzeichnet diese Publikation in der Deutschen Nationalbibliografie; detaillierte bibliografische Daten sind im Internet über https://dnb.de abrufbar.

Bibliographic information published by the Deutsche Nationalbibliothek

The Deutsche Nationalbibliothek lists this publication in the Deutsche Nationalbibliografie; detailed bibliographic data available online: https://dnb.de.

Zu diesem Buch steht unter OstData (www.ostdata.de) eine Forschungsdatenkollektion zur Verfügung. DOI: 10.18447/FD/CC-10 (URL: https://doi.org/10.18447/fd/cc-10).

Für Form und Inhalt trägt die Verfasserin die Verantwortung.

Redaktion: Collegium Carolinum München
Satz: Collegium Carolinum München
Layout des Einbands: SchwabScantechnik, Göttingen
Druck und Bindung: Verlagsdruckerei Michael Laßleben, Kallmünz
(www.oberpfalzverlag-lassleben.de)

Printed in the EU.

Vandenhoeck & Ruprecht Verlage | www.vandenhoeck-ruprecht-verlage.com

ISSN 0530-9794
ISBN 978-3-525-31158-5

INHALTSVERZEICHNIS

VORWORT

Als ich 2016, anlässlich seines 100. Todesjahres, in Wien einen Methodenkurs zu Kaiser Franz Joseph und seiner Kabinettskanzlei besuchte, war ich fasziniert von der Vielzahl an Einzelschicksalen, die in diesem so bewegten 19. Jahrhundert an den Monarchen gebunden und von seinen individuellen Entscheidungen mitgeprägt waren. Ich hätte zu diesem Zeitpunkt nicht erwartet, dass auch mein Leben über Jahre hinweg vom Kaiser und seinem Büro bestimmt sein würde, dass es mir nicht nur einen neuen Wohnort in München, sondern auch ein lohnendes Forschungsthema im Bereich der österreichischen Geschichte schenken würde. Zwischen 2018 und 2021 hatte ich die Möglichkeit, vollständig in die bunte und lebendige Welt des habsburgischen Adels im 19. Jahrhundert einzutauchen, eine Welt, in der sich viel von dem kristallisiert, was meine Begeisterung für die Geschichte bestimmt. Ich trat in einen intensiven Dialog mit den Quellen, die mein Verständnis von Politik, Staat und Mensch vertieften. Diese Individuen und ihren Wert für das große Ganze kennenzulernen, zu verstehen und schließlich sichtbar zu machen, bereicherte meinen Arbeitsalltag und half mir, allen Zweifeln und Herausforderungen, die mich im Lauf der Zeit heimsuchten, entgegenzutreten.

Dass ich in diesem Prozess weder die Kraft noch den Faden verloren habe, verdanke ich einer ganzen Reihe von Personen – nur wenige kann ich nun explizit nennen. Zunächst gilt mein Dank meiner Betreuerin, Jana Osterkamp, die mich ganz selbstverständlich als Promovendin angenommen hat und mir stets mit fachlicher Expertise sowie hilfsbereiter Förderung zur Seite gestanden ist. Ihre Unterstützung ging weit über die Lektüre und Korrektur meiner Arbeit hinaus, eröffnete sie mir doch eine Vielzahl von Chancen und Perspektiven, für die ich ihr nicht genug danken kann. Mit Geduld, Verständnis und einem kritischen Blick gab sie mir wertvolle Hinweise, Sicherheit und Freiräume. All das ist nicht selbstverständlich, trug aber wesentlich zu meinem Wohlbefinden und meinem Vorankommen während der letzten Jahre bei.

Ebenso richte ich meinen Dank an die Kollegen des von der Deutschen Forschungsgemeinschaft (DFG) und dem Österreichischen Wissenschaftsfonds FWF geförderten D-A-CH-Projekts »Der Schreibtisch des Kaisers«, mit denen ich meine Liebe zur Verwaltungsgeschichte in regelmäßigen Gesprächen teilen konnte. Geweckt wurde diese jedoch gerade in eben jenem Seminar zur Kabinettskanzlei von Peter Becker, der mich dazu ermutigt hat, den großen Schritt nach Bayern zu wagen und die Habsburgermonarchie im »Wittelsbacher Land« zu studieren. Ich habe diese Entscheidung auch deswegen nie bereut, weil ich von meinen Kollegen am Collegium Carolinum und dem Lehrstuhl für Osteuropäische Geschichte mit immenser Herzlichkeit und Kollegialität aufgenommen wurde.

Das Projekt »Der Schreibtisch des Kaisers« führte mich jedoch nicht nur nach München, sondern auch zu zahlreichen Tagungen – von Cambridge bis Budapest – und Archivaufenthalten – von Venedig bis Prag. Für die großzügige finanzielle Unterstützung, die es mir erlaubte, ungestört und durchgehend an dem vorliegenden Text zu schreiben, danke ich der DFG. Dass mir diese einzigartige Chance zuteilwurde, macht mich sehr demütig und erinnert mich zudem an jene Personen, die freiwillig ihr Wissen, ihre Kompetenzen und ihre Zeit mit mir geteilt haben, so beispielsweise Martina Niedhammer, Raimund Paleczek, Jan Županič, Andreas Gottsmann, Klemens Kaps, Ramon Pils und Robert Luft.

Mit der Verteidigung meiner Dissertation im Herbst 2021 war meine Beschäftigung mit der Adelspolitik allerdings noch nicht abgeschlossen. Bei der wechselvollen Überarbeitungs- und Korrekturphase halfen mir die Hinweise meiner Zweit- und Drittprüfer Martin Schulze Wessel und Mark Hengerer sowie das Vertrauen des CC-Vorstandes, der mein Buch in die Reihe meines Heimatinstitutes aufgenommen hat.

Betreut, unterstützt und beeinflusst wurde dieser Prozess in unumschränkten Maß von meinem Verlobten Stefan Averbeck. Allein die Zeit, die er in die Korrektur, Formatierung und Gestaltung des Textes investiert hat, stellt einen unschätzbaren Beitrag zur Fertigstellung dieses Werkes dar – doch seine Bedeutung für meine Tätigkeit darauf zu reduzieren, würde deutlich zu kurz greifen. Vielmehr ist es sein Interesse für Geschichte, das sich zu einer Begeisterung für meine Forschungsthemen und eine Freude an meinem akademischen Fortschritt ausgeweitet hat, das unser gemeinsames Leben und meine Arbeit bereichert und voranbringt. Er spornt mich an, mich weiterzuentwickeln, neue Herausforderungen anzunehmen und an mich zu glauben, gibt mir aber immer auch das Gefühl, an der richtigen Stelle das Richtige zu tun. Seine Liebe und das daran geknüpfte Glück, gibt dem, was ich tue, Sinn und Reife – und ist daher eine persönliche Adelung für mich.

Ebensolcher Dank gebührt meinen Eltern, Renate und Karl Dotter, die mich von den ersten Schreibproben in der Volksschule bis zu diesen Zeilen während meiner gesamten Ausbildung bedingungslos und voller Tatkraft in meinem Weg bestärkt und ermutigt haben, sich mit mir freuen und mit mir leiden. Ich verdanke ihnen mehr, als ich auf 400 Seiten zu Papier bringen könnte, trotzdem möchte ich ihnen dieses Buch widmen.

Möge es nicht nur das Ziel einer langen, oft schönen, manchmal anstrengenden, immer bereichernden Reise, sondern der Ausgangspunkt einer fruchtbaren Diskussion und eines weiterführenden Forschungsprozesses sein!

München, im Juli 2024 Marion Dotter

EINLEITUNG

1. Adel, Kaiser und Staat

»Adel« sei nicht, wie meist gesagt werde [...], *etwas der Person oder einer Familie, einem Stande Inhärierendes,* sondern *die Auszeichnung, welche die höchste Zentralgewalt im Staate* [...] *mit der Summe gewisser ausgezeichneter Eigenschaften oder mit moralischen und physischen Gütern des einzelnen Menschen nach ihrer eigenen Natur verbindet, im politischen Sinne also die Relation der eigentümlichen Interessen der Staatsgewalt zu den bleibenden moralischen oder physischen Gütern einzelner Menschen.* Der Mensch könne mit bestimmten Eigenschaften adelig sein, *wenn die höchste Autorität diese Eigenschaften als für ihre eigenen Interessen förderlich auszeichnet. Es ist also das der Adel, was adelig macht.*[1]

Mit diesen Worten stellte der preußische Jurist, Politiker und Redakteur Hermann Wagener im späten 19. Jahrhundert eine Beziehung zwischen der sozialen Gruppe des Adels und dem Staatsoberhaupt her. Über die Nobilitierung, so der Autor, wurde der Adel von der »Zentralgewalt« regelmäßig neu definiert und konzipiert, durch sie behielten die ausgezeichneten Familien über Generationen hinweg ihre gesellschaftlich herausgehobene Stellung. Diese Verzahnung von monarchischer Gnade und adeliger Loyalität, wie sie von Wagener für das Deutsche Reich geschildert wird, war auch für das Habsburgische Kaiserhaus und sein Verhältnis zum Adel prägend.

1908, als die Donaumonarchie das 60. Regierungsjubiläum ihres Kaisers, des mittlerweile 78 Jahre zählenden Franz Joseph I. (1848–1916), feierte, wurde dieser Beziehung zwischen dem obersten Entscheidungsträger und dem Adel auf symbolischer Ebene Rechnung getragen. Während einer »Collectiv-Audienz« sollten 600 Personen, »die ihren Adel oder die Anerkennung desselben der Gnade unseres glorreich regierenden Kaisers verdanken«,[2] ihrem Souverän huldigen und dadurch die mit der Standeserhöhung empfangene Gunst vergelten. Zudem sollten sie in einer Reihe mit jenen hochadeligen Familien stehen, die seit Jahrhunderten die Geschicke des Reiches lenkten und sich im engsten Umfeld des Hofes aufhielten, was die Einheit dieses Standes in der späten Habsburgermonarchie unterstreichen sollte. Zwischen der Aristokra-

1 *Conze*, Werner: Adel. In: *Brunner*, Otto/*Conze*, Werner/*Koselleck*, Reinhart (Hg.): Geschichtliche Grundbegriffe. Historisches Lexikon zur politisch-sozialen Sprache in Deutschland. Bd. 1: A–D. Stuttgart 1979, 1–48, hier 44. Kursive Hervorhebungen im Original.

2 Huldigung des Adels aus Anlaß des A.h. 60-jährigen Regierungsjubiläums. Österreichisches Staatsarchiv, Allgemeines Verwaltungsarchiv (weiter AT-OeStA/AVA) Adel HAA Adelsgeneralien Normalien (7), 1867–1918, 593, pag. 825–829.

tie und den frisch Nobilitierten bewegt sich das breite Spektrum adeliger Lebensformen, das im Folgenden in seiner Beziehung zu Staat, Kaiser und Verwaltung betrachtet wird.

Mit der rechtlichen Gleichstellung breiterer Gesellschaftsgruppen seit dem 18. Jahrhundert ging eine neue soziale Differenzierung einher, die zur Aufwertung von Leistung und Loyalität beitragen sollte.[3] Neben der alten Aristokratie zog das Kaiserhaus eine junge, ursprünglich bürgerliche Elite heran, die schließlich mit adeligen Würden und Titeln versehen wurde. Es etablierte sich ein Dienstadel, also die sogenannte »zweite Gesellschaft«, die sich in ihrem finanziellen und sozialen Kapital zwar grundlegend vom »alten Adel« unterschied, jedoch dennoch mit – vorrangig symbolischen – Privilegien ausgestattet war. Bis zuletzt gliederte sich diese Schicht in zwei Gruppen, den hohen (Fürsten-, Grafen- und Freiherrenstand) beziehungsweise den niederen Adel (Ritter- und einfacher Adelsstand).[4]

Einen tiefreichenden Einschnitt erlebte die gesamte Nobilität der Habsburgermonarchie durch die revolutionären Umbrüche 1848/49, als das emanzipierte Bürgertum nicht nur um politische Mitbestimmung, sondern auch um rechtliche und gesellschaftliche Gleichwertigkeit kämpfte. Der junge Kaiser Franz Joseph, dessen Thronbesteigung aus der Revolution resultierte, musste den Bedeutungsverlust des Adels hinnehmen. Durch die zahlreicheren Nobilitierungen größerer Bevölkerungsschichten konnte er aber vor allem die neue Adelselite auch danach noch enger an sich und sein Amt binden.[5] Zwei Jahre nach seinem Tod 1916 kam es infolge der Republikgründungen auf dem ehemaligen Territorium der Donaumonarchie auch zum endgültigen Ende des Adels als einer rechtlich relevanten und gesellschaftlich hervorgehobenen Gruppe in mehreren Nachfolgestaaten der Monarchie.[6] Die vorliegende Studie betrachtet schwerpunktmäßig eben jene knapp 70-jährige Regierungszeit Franz Josephs zwischen der Märzrevolution und dem Ende des Habsburgerreiches. Diese beiden für die Donaumonarchie so wichtigen Eckdaten rahmen auch die letzte Phase der habsburgischen Nobilitierungspraxis ein, markieren sie doch

3 *Kučera*, Rudolf: Staat, Adel und Elitenwandel. Die Adelsverleihung in Schlesien und Böhmen 1806–1871 im Vergleich. Göttingen 2012, 13; *Tönsmeyer*, Tatjana/*Ganzenmüller*, Jörg: Einleitung. In: *Dies.* (Hg.): Vom Vorrücken des Staates in die Fläche. Ein europäisches Phänomen des langen 19. Jahrhunderts. Köln 2016, 7–31, hier 12.

4 Der hohe Adel definierte sich rechtlich u. a. über das sogenannte »Inkolat« oder die »Landstandschaft«, die ihm das Recht gab, Land zu erwerben und dadurch am Landtag teilzunehmen.

5 Siehe dazu etwa den Kurzüberblick bei *Županič*, Jan: Die Nobilitierungspolitik der letzten Habsburger. Der neue Adel im Zeitalter Franz Josephs und Karls. In: Vierteljahrschrift für Sozial- und Wirtschaftsgeschichte 106/4 (2019), 473–518.

6 Zum Adel zwischen der Donaumonarchie und ihren Nachfolgestaaten siehe *Wakounig*, Marija/*Horčička*, Václav/*Županič*, Jan (Hg.): Habsburgischer Adel. Zwischen Nation – Nationalismus – Nationalsozialismus. 1870–1938/1945. Wien, Hamburg 2021.

zunächst den Privilegien- und schließlich den Existenzverlust des Habsburgischen Adels.

Die enge Bindung zwischen Kaiser und Nobilitierungsentscheidung, wie sie bis zuletzt in der Monarchie praktiziert wurde, wird in der Kabinettskanzlei sichtbar, die die Adelspolitik auf dem Schreibtisch des Monarchen in über 8.000 Entscheidungsvorgängen abbildet.[7] Der Adel als neue und alte Gruppe definierte sich auch im 19. Jahrhundert noch stark über den Kaiser und damit über jene »höchste Autorität«, die auch Wagener in der eingangs zitierten Passage anspricht. Gleichzeitig erwähnt der Politiker aber auch die »Staatsgewalt«, in deren Sinne die Entscheidungen um den Adel getroffen werden sollten und die dadurch ebenfalls wesentlichen Einfluss auf diese Gesellschaftsschicht nahm. Der Untersuchungszeitraum konzentriert sich demnach nicht nur auf eine für Kaiser und Adel, sondern auch für den Staat entscheidende Phase seiner Entwicklung und Formierung, die wiederum auf die Stellung des Monarchen und die Definition der adeligen Standesgruppe zurückwirkte.

Im 19. Jahrhundert entstand die Vorstellung des »modernen Staates«, der sich durch »die *eine* Staatsgewalt, das *eine* Staatsgebiet und das *eine* Staatsvolk« auszeichnen sollte und daher als eine »juristische Person« wahrgenommen wurde.[8] In diesem Sinne wird dem Staat auch von der historischen Forschung eigenständiges Handlungspotenzial zugewiesen, da er, beispielsweise durch seinen effizienter werdenden »Bildungs-, Fürsorge- und Kontrollapparat«, eine vereinnahmende Wirkung auf die Bürger ausübte.[9] Eben diesen Aspekt hob Wagener in seinem Kommentar hervor, waren es in seiner Meinung doch die »Interessen der Staatsgewalt«, die die Nobilitierungsentscheidungen bedingten und beförderten.

Wie vom Autor angedeutet, empfingen die Adeligen ihren Status durch die Zuschreibung von offizieller Seite und waren damit nicht nur von der Gunst des Kaisers abhängig, sondern vielmehr in eine »universalisierende« Staatsidee einbezogen. Der Monarch und seine Verwaltungsorgane bestimmten, wie der Adel zusammengesetzt sein sollte. Spezifische Merkmale, Verdienste und biografische Linien einzelner, ausgezeichneter Personen wurden der allgemeinen, staatlichen Vorstellung des Adels einverleibt. Daher stellten auch die Entscheidungen, die das Staatsoberhaupt im Zuge der Nobilitierungspraxis traf, keine

7 Diese Entscheidungsvorgänge aus dem Feld der Nobilitierungspraxis wurden unter der DOI: 10.18447/FD/CC-10 als Forschungsdaten im Projekt Ostdata der Bayerischen Staatsbibliothek und des Collegium Carolinum veröffentlicht. Siehe Anhang: Forschungsdaten.

8 Siehe dazu kritisch *Osterkamp*, Jana: Vielfalt ordnen. Das föderale Europa der Habsburgermonarchie. Vormärz bis 1918. Göttingen 2020, 14; *Joyce*, Patrick: The State of Freedom. A Social History of the British State since 1800. Cambridge 2013, 15–17; *Nellen*, Stefan/*Stockinger*, Thomas: Staat, Verwaltung und Raum im langen 19. Jahrhundert. Einleitung. In: Administory 2/1 (2017), 3–28, hier 5.

9 *Becker*, Peter: Der Staat – eine österreichische Geschichte? In: Mitteilungen des Instituts für Österreichische Geschichte 126 (2018), 317–340, hier 317–319.

vollständig individualisierten Gnadenakte dar: Ganz im Gegenteil hatten diese bereits seit dem 18. Jahrhundert eine Systematisierung und Normierung durch die Einbettung in ein geregeltes Entscheidungsverfahren erlebt. Das Auszeichnungswesen trug der Tendenz dieser Epoche Rechnung, die in der Habsburgermonarchie durch den Aufbau einer zentralisierten Administration zur Bürokratisierung der Adelszugehörigkeit führte.[10]

Nobilitierungen standen während der Regierungsperiode Kaiser Franz Josephs in besonderem Maße an der Schnittstelle zwischen traditioneller, imperialer Willensäußerung, moderner Verstaatlichung und politischer Berechnung.[11] Der sich im 19. Jahrhundert ausbildende *performing state* betrieb neben der Rechtssicherung, Kriminalitätsbekämpfung, Kriegsführung und Friedensschließung, also neben Aufgaben, die im Wesentlichen dem Schutz seines Territoriums und seiner Bevölkerung dienten, über die Auszeichnung der Bürger unter anderem auch seine Selbstdarstellung.[12] Zur Ressourcen-, Rechts-, Legitimierungs- und Wohlfahrtsdimension[13] trat dementsprechend eine Repräsentationsdimension, die der Heranziehung von Staatsbürgern dienen sollte.[14] Im Unterschied zu den anderen Formen administrativer Performanz war die Selbstinszenierung über die symbolische Dekorationsroutine ein altbekanntes

10 Von einer »Bürokratisierung« der Nobilitierungsverfahren in der ersten Hälfte des 19. Jahrhunderts spricht etwa Thomas Kroll mit Blick auf die – von einer habsburgischen Nebenlinie regierte – Toskana. Er führt diese Tendenzen auf die napoleonischen Reformen zurück: *Kroll*, Thomas: Dynastische Adelspolitik und gesellschaftlicher Wandel im Italien des Risorgimento. Der toskanische Adel in der bürokratischen Monarchie (1800–1860). In: *Conze*, Eckart/*Wienfort*, Monika (Hg.): Adel und Moderne. Deutschland im europäischen Vergleich im 19. und 20. Jahrhundert. Köln, Wien 2004, 19–39, hier 26; *ebenda*, 28. Einen engen Konnex zwischen dem habsburgischen und dem napoleonischen Adelssystem bemerkt auch Jan Županič: *Županič*: Nobilitierungspolitik der letzten Habsburger, 510.

11 Zu dem Konnex von Adel und Verwaltung siehe etwa *Adamy*, Kurt/*Hübener*, Kristina (Hg.): Adel und Staatsverwaltung in Brandenburg im 19. und 20. Jahrhundert. Ein historischer Vergleich. Berlin, Boston 1996; *Kraft*, Claudia: Das »Staatlich-Administrative« als Feld von Aushandlungsprozessen zwischen alten und neuen polnischen Eliten Ende des 18. und zu Beginn des 19. Jahrhunderts. In: *Holste*, Karsten/*Hüchtker*, Dietlind/*Müller*, Michael (Hg.): Aufsteigen und Obenbleiben in europäischen Gesellschaften des 19. Jahrhunderts. Akteure, Arenen, Aushandlungsprozesse. Berlin 2009, 21–47.

12 Zu der Bedeutung der Selbstdarstellung für das Imperium siehe *Unowsky*, Daniel: The Pomp and Politics of Patriotism. Imperial Celebrations in Habsburg Austria. 1848–1916. (Dissertation) Columbia University 2000; *Bachinger*, Bernhard/*Dornik*, Wolfram/*Lehnstaedt*, Stephan: Einleitung. Österreich-Ungarns imperiale Herausforderungen. In: *Dies.* (Hg.): Österreich-Ungarns imperiale Herausforderungen. Nationalismen und Rivalitäten im Habsburgerreich um 1900. Göttingen 2020, 9–24, hier 9.

13 *Tönsmeyer*/*Ganzenmüller*: Einleitung, 7 f.; *Deak*, John: Forging a Multinational State. State Making in Imperial Austria from the Enlightenment to the First World War. Stanford 2015, 2.

14 *Stollberg-Rilinger*, Barbara: Was heißt Kulturgeschichte des Politischen? In: *Dies.* (Hg.): Was heißt Kulturgeschichte des Politischen? Berlin 2005, 9–24.

Herrschaftsvorrecht, das im 18. und 19. Jahrhundert allerdings in einen immer enger werdenden rechtlichen Rahmen überführt wurde.

Gleichzeitig schufen sich außerstaatliche Akteure größere Partizipationsmöglichkeiten an den internen Entscheidungen. Mit dem Parlament oder dem Verwaltungsgerichtshof wurden auch in Adelsfragen Wege geschaffen, die der Zivilgesellschaft Freiräume und Mitsprache boten. Es wäre dementsprechend verfehlt von dem »einen starken Staat« zu sprechen, der den Bürgern als homogene und geordnete Einheit gegenübertrat. Im Gegenteil ist er »zusammengesetzt aus einer Vielzahl menschlicher, institutioneller und dinglicher Komponenten, die ihm zugeordnet werden oder sich selbst ihm zuordnen, deren Zusammenwirken aber keineswegs immer von Interessenharmonie und von Koordination des Handelns geprägt ist«.[15] Obwohl der Staat also die Kontrolle über ein kohärentes, loyales Staatsvolk ausüben wollte und sich mit großer Einheitlichkeit präsentierte, wies er gleichzeitig eine weite institutionelle und personelle Differenziertheit auf.

Die Analyse des habsburgischen Nobilitierungswesens fokussiert vorrangig auf die staatliche und kaiserliche Einflussnahme, die zu der Ausprägung einer eigenständigen »Kultur des Entscheidens« in diesem Politikbereich führte und dadurch dessen Status als Politikfeld begründete.[16] Allerdings zeigt gerade die Entwicklung von Politikfeldern, dass die Grenze zwischen Staat und Gesellschaft keineswegs feststehend und dauerhaft ist.[17] Nicht selten ist es die Öffentlichkeit, die aufgrund ihrer Interessen ein gesellschaftliches Problem als relevant markiert und dadurch seine Politisierung beziehungsweise Institutionalisierung einleitet. Obwohl für Wagener ein Adelstitel vor allem staatlich bestätigt und anerkannt sein musste, um seine Legitimität und Wirkung vollends entfalten zu können, wird die enge Verwebung bürokratischer Entscheidungen und öffentlicher Reaktionen insbesondere in der Adelspolitik sichtbar. Für den Antragsteller[18] ebenso wie für den Staat war die Auszeichnung gleichsam wertlos, wenn sie keine gesellschaftliche Aufmerksamkeit und Bestätigung erfuhr.

2. Forschungsstand

Der europäische Adel des 19. Jahrhunderts erlebte in den letzten Jahrzehnten eine rege Aufmerksamkeit. Zahlreiche Studien, die nicht zuletzt von der florierenden und für das 19. Jahrhundert wesentlichen Bürgertumsforschung beeinflusst waren, gaben der Adelsgeschichte neue Impulse. Obwohl beispielsweise Monika Wienfort und Werner Conze in der Einleitung ihres Sammelbandes

15 *Joyce*: State, 15–17; *Nellen/Stockinger*: Staat, 5.

16 Siehe dazu unten.

17 *Nellen/Stockinger*: Staat, 5.

18 Da es nur in Ausnahmefällen weibliche Antragsteller mit Anliegen in Adelsfragen gab, wird im Folgenden auf eine geschlechterneutrale Sprache verzichtet.

»Adel und Moderne« die Nobilitierungspraxis »als zentralen Gegenstand einer Adelsforschung als Elitenforschung«[19] bezeichneten, standen lange Zeit vor allem die altadeligen Familien und ihr Kampf »ums Obenbleiben«[20] im Zentrum des historiografischen Interesses. In neuerer Zeit erlangte zudem das Phänomen des armen Adeligen größere Aufmerksamkeit.[21] In einzelnen Studien traten jedoch auch Fragen nach der »Zweiten Gesellschaft« sowie der Nobilitierung und damit nach der staatlichen Einflussnahme auf den Adel als soziale Gruppe hervor. Mit der Feudalisierungsthese,[22] wonach ein Großteil des deutschen Bürgertums in der zweiten Hälfte des 19. Jahrhunderts eine feudalistische Haltung angenommen habe, entstand in der deutschsprachigen Historiografie die Überlegung, dass die Standeserhebung eine Möglichkeit des Staates sei, das gesellschaftliche Gefüge zu beeinflussen.

Obgleich die an die Feudalisierungsthese gekoppelte Idee einer »Selbstaufgabe des Bürgertums« inzwischen passé ist,[23] bleibt die Frage, was der einzelne Antragsteller, ebenso wie der Staat, mit der Nobilitierung erreichen wollte. Arno Mayer geht in seiner großangelegten Darstellung des gesamteuropäischen Adels beispielsweise davon aus, dass die Nobilitierung für viele Bürger ein Werkzeug war, um den »Makel« ihrer untergeordneten gesellschaftlichen Stellung zu überwinden – fehlendes Standesbewusstsein führe zur Nobilitierung, so der Autor. Die Adelung bezeichnet er daher als die »begehrteste Form der gesellschaftlichen Anerkennung«, die nur vom Staat erwünschten Aufsteigern zuteilwurde und daher eine Prämierung ihrer Verdienste und ihres Ver-

19 *Conze*/*Wienfort*: Einleitung, 11.

20 Siehe dazu etwa: *Holste*, Karsten/*Hüchtker*, Dietlind/*Müller*, Michael: Aufsteigen und Obenbleiben in europäischen Gesellschaften des 19. Jahrhunderts. Akteure, Arenen, Aushandlungsprozesse. In: *Dies.* (Hg.): Aufsteigen und Obenbleiben in europäischen Gesellschaften des 19. Jahrhunderts, 9–19.

21 Siehe dazu etwa *Žáková*, Michaela: Arme Aristokratinnen? Das Bild der armen Adeligen in den Bittschriften der Kandidatinnen des Theresianischen Damenstiftes in Prag. In: *Dotter*, Marion/*Marlow*, Ulrike: »Allerunterthänigst unterfertigte Bitte«. Bittschriften und Petitionen im langen 19. Jahrhundert. Berlin 2024, 67–88; *Bub*, Christiane: Bittschriften delinquenter Adliger in der preußischen Strafjustiz der ersten Hälfte des 19. Jahrhunderts (Vortrag gehalten beim Workshop »›Allerunterthänigst unterfertigte Bitte‹. Inhalt, Form und Bedeutung von Bittschriften im langen 19. Jahrhundert«, München/ZOOM 11.6. 2021).

22 *Rosenberg*, Hans: Die Pseudodemokratisierung der Rittergutsbesitzerklasse. In: *Ders.* (Hg.): Machteliten und Wirtschaftskonjunkturen. Studien zur neueren Sozial- und Wirtschaftsgeschichte. Göttingen 1978, 83–101. Zur Kritik an der Feudalisierungsthese siehe *Hertz-Eichenrode*, Dieter: Die Feudalisierungsthese. Ein Rückblick. In: Vierteljahrschrift für Sozial- und Wirtschaftsgeschichte 89/3 (2002), 265–287.

23 Siehe dazu etwa *Wehler*, Hans-Ulrich: Deutsche Gesellschaftsgeschichte. Bd. 3: Von der »Deutschen Doppelrevolution« bis zum Beginn des Ersten Weltkrieges. 1849–1914. München 1995, 917.

haltens durch die jeweilige herrschende Dynastie darstellte. Neben den Antragstellern rückt er also auch den Staat als treibende Kraft der Titelverleihung ins Zentrum seiner Analyse. Demzufolge waren es die europäischen Staatsoberhäupter, die den Zugang zu dieser exklusiven Bevölkerungsgruppe kontrollierten: Wer sich dieser anschließen wollte, musste eine staatskonforme Haltung zeigen.[24]

Tatsächlich besaß der Staat mit der Nobilitierung eine wichtige, symbolpolitische Handhabe, um auf die Gesellschaft Einfluss zu nehmen. Doch welche Strategien er damit konkret verfolgte, ist in der Forschung immer wieder kontrovers diskutiert worden. Seit den 1970ern existiert mit Blick auf den preußischen Adel die Idee einer staatlich gelenkten Adels- und Elitenpolitik, die Loyalität fördern wollte. Es gibt daher Bemühungen, die Nobilitierungsintentionen des Landesoberhauptes zu rekonstruieren. Eine einflussreiche Studie dazu stammt von Cecil Lamar. Sein Ziel war es, durch die Entschlüsselung der Nobilitierungsstrategien der letzten drei deutschen Kaiser das Wissen über ihren Regierungsstil und ihr Politikverständnis zu vertiefen. Gleichzeitig war er überzeugt, dass »eine Studie über den Adel seinen institutionellen Charakter beleuchten sollte, indem sie die Zusammensetzung seiner Mitglieder, die Unterschiede zwischen Adligen verschiedener Ränge und die Gründe für die Schaffung neuer Adliger oder die Beförderung alter Adliger analysiert«.[25] Um die Nobilitierungsgründe zu rekonstruieren, bezieht sich Lamars Studie allerdings nicht auf die Adelsanträge, sondern auf Adelslexika.

Ein ähnliches Vorgehen wählten auch Hartmut Berghoff[26] und Dieter Hertz-Eichenrode.[27] Sie durchleuchteten ebenfalls die Lebensgeschichten deutscher Geadelter, um daraus auf nobilitierungsfördernde Eigenschaften und Verhaltensweisen zu schließen, was die Idee einer »gelenkten« Nobilitierungspolitik verstärkt. Vor allem Hertz-Eichenrode stellt den Motivationen der Antragsteller jene der kaiserlichen Behörden gegenüber und differenziert zudem einzelne staatliche Entscheidungsträger vom Heroldsamt über die Ministerien bis zum Kaiser nach ihrer Rolle im Nobilitierungsprozess, wobei die Bedeutung des Monarchen bei der Auswahl der zu adelnden Personen besonders betont wird.

24 *Mayer*, Arno: Adelsmacht und Bürgertum. Die Krise der europäischen Gesellschaft. 1848–1914. München 1984, 86–90.

25 »[...] a study of the nobility should illuminate its institutional character by analyzing the composite character of its membership, differences between nobles of various ranks, and the reasons that led to the creation of new nobles or the promotion of old ones.« *Lamar*, Cecil: The Creation of Nobles in Prussia. 1871–1918. In: The American Historical Review 75/3 (February 1970), 757–795, hier 759.

26 *Berghoff*, Hartmut: Aristokratisierung des Bürgertums? Zur Sozialgeschichte der Nobilitierung von Unternehmern in Preußen und Großbritannien. 1870 bis 1918. In: Vierteljahrschrift für Sozial- und Wirtschaftsgeschichte 81/2 (1994), 178–204.

27 *Hertz-Eichenrode*, Dieter: Wilhelminischer Neuadel? Zur Praxis der Adelsverleihung in Preußen vor 1914. In: Historische Zeitschrift 282/3 (Juni 2006), 645–679.

Er zeigt, dass es auch im Staat unterschiedliche »Logiken« gab, die mit der Nobilitierung verbunden wurden und nur teilweise zu einem einheitlichen Ergebnis führten.

Auch Rudolf Kučera versteht die Nobilitierungen als Verbindungsglied zwischen Adel und Staat und vergleicht in seiner Analyse das preußische Schlesien mit dem habsburgischen Böhmen.[28] Der Staat wird von ihm als wichtiger Akteur bei der Gestaltung der Gesellschaft wahrgenommen und die Nobilitierung als ein politisches Werkzeug öffentlicher Disziplinierung und Steuerung angesehen. Sie diene den Herrscherhäusern vorrangig dazu, in die Adelsstruktur und somit in die Öffentlichkeit einzugreifen, da damit erwünschtes Verhalten unterstützt und öffentlich prämiert werden konnte. Die Studie untersucht die Veränderungen von staatlich anerkannten »Adelstugenden« und damit korrespondierenden Argumentationsstrategien der Antragsteller zwischen 1806 und 1871. Kučera verortet die Nobilitierungen im Zusammenhang mit der Modernisierung des Habsburgerreiches, gibt dem Staat allerdings wiederum eine neue Rolle in diesem Gefüge: Er geht davon aus, dass die Behörden die Nobilitierungspraxis bewusst nutzten, um ihre Kontrolle über den gesellschaftlichen Wandel zu wahren. Der Staat stand Modernisierungstendenzen daher nicht im Wege, sondern beanspruchte vielmehr eine Führungsrolle für die gesellschaftliche Erneuerung. Die Wirkung des Nobilitierungsprozesses als eine positive Form staatlicher Kontrolle sollte dadurch mit dem Fortschritt Hand in Hand gehen. Der Staat wird von Kučera allerdings als »monolithischer Entscheider« aufgefasst, zwischen den einzelnen Akteuren im Verwaltungsapparat unterscheidet er kaum.

Den Nobilitierten wird von der Forschung also grundsätzlich eine Elitenfunktion im Staat zugeschrieben,[29] wobei sich diese neue Elite klar vom alten Adel abgrenzte.[30] Das Elitenkonzept des Neuadels basierte auf dem Prinzip der Auslese nach Leistung, die – wie bei den Aristokraten – nach dem Erwerb des Titels jedoch nicht mehr unter Beweis gestellt werden musste, da sie durch dessen Erblichkeit über die eigene Generation hinaus erhalten blieb.[31] Darauf zielt beispielsweise die Definition des Adels bei Otto-Gerhard Oexle ab: »Adel be-

28 *Kučera*: Staat, 13, 15 f.

29 *Gerstner*, Alexandra: Neuer Adel. Aristokratische Elitekonzeptionen zwischen Jahrhundertwende und Nationalsozialismus. Darmstadt 2008; *Stimmer*, Gernot: Eliten in Österreich. 1848–1970. Wien, Graz 1997.

30 *Reif*, Heinz: Adel im 19. und 20. Jahrhundert. München 2012. Mit Fokus auf das Militär: *Deák*, István: Beyond Nationalism. A Social and Political History of the Habsburg Officer Corps. 1848–1918. New York 1990; *Malinowski*, Stephan: Vom König zum Führer. Sozialer Niedergang und politische Radikalisierung im deutschen Adel zwischen Kaiserreich und NS-Staat. Berlin 2003.

31 *Grillmeyer*, Siegfried: Habsburgs Diener in Post und Politik. Das »Haus« Thurn und Taxis zwischen 1745 und 1867. Mainz 2005, 5.

ruht gewissermaßen auf der Überzeugung von der Vererbung einmal erworbener Eigenschaften.«[32] Adeligkeit konnten demnach jene Personen beanspruchen, die »für das Sozialsystem charakteristische soziale Prozesse entscheidend beeinflussen und dadurch den anderen Mitgliedern des Systems überlegen sind«.[33] Die Konzentration auf die Nobilitierten blendet jedoch alle anderen Eliten der Monarchie aus, die nicht geadelt wurden oder einen Adelstitel bewusst ablehnten.[34] Aus dieser Leerstelle ergeben sich Fragen nach der politisch-sozialen Bedeutung der Nobilitierungspolitik für einzelne Interessens- und Bevölkerungsgruppen.

Die Auswahl der Nobilitierten auf Basis ihrer Leistungen für Staat und Kaiser bildete auch in der österreichischen Geschichtsschreibung lange Zeit das prägende Narrativ. Während sich die habsburgische Adelsgeschichte des 19. Jahrhunderts in vielen Fällen auf den hohen Adel als Trägerschicht politischer Entscheidungsprozesse und wirtschaftlicher Erfolge konzentrierte,[35] beschäftigte sich Adam Wandruszka 1971 in einem Artikel erstmals eingehender

32 *Oexle*, Otto Gerhard: Aspekte der Geschichte des Adels im Mittelalter und in der Frühen Neuzeit. In: *Wehler*, Hans-Ulrich (Hg.): Europäischer Adel. 1750–1950. Göttingen 1990, 19–56, hier 21 f.

33 *Endruweit*, Günter: Elitebegriffe in den Sozialwissenschaften. In: Zeitschrift für Politik. Organ der Hochschule für Politik München 26 (1979), 30–46, hier 43.

34 *Augustine*, Dolores: Patricians and Parvenus. Wealth and High Society in Wilhelmine Germany. Oxford 1994. Siehe dazu auch Kapitel III.5.

35 Die Vielzahl an Studien kann nicht abgebildet werden. Hier daher nur einzelne, ausgewählte Werke zur habsburgischen Aristokratie im 19. Jahrhundert. Siehe zunächst die entsprechenden Beiträge im Band »Geschichte der Habsburgermonarchie« mit weiteren Literaturangaben: *Harmat*, Ulrike: Magnaten und Gentry in Ungarn. In: *Dies./Rumpler*, Helmut/*Wandruszka*, Adam (Hg.): Die Habsburgermonarchie. 1848–1918. Bd. 9: Soziale Strukturen. Tlbd. 1/2: Von der feudal-agrarischen zur bürgerlich-industriellen Gesellschaft. Von der Stände- zur Klassengesellschaft. Wien 2010, 1043–1089; *Řezník*, Miloš: Der galizische Adel. In: *Ebenda*, 1015–1042; *Stekl*, Hannes: Der erbländische Adel. In: *Ebenda*, 951–1013. Weiterführend beispielsweise: *Feigl*, Helmuth: Die Stellung des Adels nach 1848 im Spiegel der Gesetzgebung. In: *Ders./Rosner*, Willibald (Hg.): Adel im Wandel. Vorträge und Diskussionen des elften Symposions des Niederösterreichischen Instituts für Landeskunde Horn, 2.–5. Juli 1990. Wien 1991, 117–135; *Stekl*, Hannes: Adel und Bürgertum in der Habsburgermonarchie. 18.–20. Jahrhundert. Wien 2004; *ders.*: Zwischen Machtverlust und Selbstbehauptung. Österreichs Hocharistokratie vom 18. bis ins 20. Jahrhundert. In: *Wehler* (Hg.): Europäischer Adel, 144–165; *Tönsmeyer*, Tatjana/*Velek*, Luboš (Hg.): Adel und Politik in der Habsburgermonarchie und den Nachbarländern zwischen Absolutismus und Demokratie. München 2011; *Tönsmeyer*, Tatjana: Adelige Moderne. Großgrundbesitz und ländliche Gesellschaft in England und Böhmen. 1848–1918. Wien 2012. Diese Überblicksdarstellungen werden durch Studien zu einzelnen hochadeligen Familien ergänzt; siehe beispielsweise *Bezecný*, Zdeněk: Karl IV. zu Schwarzenberg. Das Leben eines Adeligen im 19. Jahrhundert. In: Études Danubiennes 19 (2003), 95–102; *Höbelt*, Lothar: Fürst Johann Liechtenstein als finanzieller Schutzpatron der »Chabrus-Grafen« 1875. In: Die Liechtenstein. Kontinuitäten – Diskontinuitäten. Hg. v. *Liechtensteinisch-Tschechische Historikerkommission*. Vaduz 2013, 247–261; *Höbelt*,

mit dem niederen und neuen Adel und führte für diese Gruppe den Quellenbegriff der »zweiten Gesellschaft« ein:

> Zahlenmäßig überwogen in ihr bei weitem die Angehörigen des »Dienstadels«, die ihre Nobilitierung dem Staatsdienst in der Armee oder in der Bürokratie, mit dem Degen oder mit der Feder, verdankten, wozu aber auch noch die der Zahl nach weit weniger ins Gewicht fallenden, wirtschaftlich jedoch natürlich viel besser gestellten Personen und Familien kamen, die [...] auf Grund ihrer wirtschaftlichen Verdienste geadelt wurden.[36]

Insbesondere der Dienstadel unterschied sich in seinen materiellen Lebensverhältnissen stark von der Aristokratie und musste sich durch seine Verdienste für einen Titel qualifizieren. Auch Wandruszka betont damit das Leistungsprinzip und gesteht den Geadelten eine wichtige Funktion für den Staat zu. Dies sei das verbindende Element der »zweiten Gesellschaft«, die als neue Elite dem alten Adel gegenübergestellt wird. Die Idee einer »zweiten Gesellschaft« ist allerdings kein historiografisches Konzept des 20. Jahrhunderts, sondern erscheint schon in zahlreichen zeitgenössischen Schriften: Aufmerksame Beobachter des gesellschaftlichen Wandels der Habsburgermonarchie, wie Josef Redlich[37] oder Erwein Lobkowitz,[38] bemerkten diese neue soziale Gruppe, die sich seit dem späten 18. Jahrhundert in der Monarchie etablierte und rasch an Bedeutung gewann. Die »zweite Gesellschaft« wurde in der Folge immer wieder[39] – zum Teil auch kritisch – charakterisiert.

Lothar: Prinz Konrad zu Hohenlohe-Schillingfürst (1863–1918). Vom »roten Prinzen« zur »Adelsjunta«? In: *Hannig*, Alma/*Winkelhofer-Thyri*, Martina (Hg.): Die Familie Hohenlohe. Eine europäische Dynastie im 19. und 20. Jahrhundert. Köln 2013, 200–227; *Paleczek*, Raimund: Modernisierung des Großgrundbesitzes des Fürsten Johann Adolph zu Schwarzenberg in Südböhmen während des Neoabsolutismus. Marburg 2008; *Stekl*, Hannes/*Wakounig*, Marija: Windisch-Graetz. Ein Fürstenhaus im 19. und 20. Jahrhundert. Wien u. a. 1992; *Melville*, Ralph: Adel und Revolution in Böhmen. Strukturwandel von Herrschaft und Gesellschaft in Österreich um die Mitte des 19. Jahrhunderts. Mainz 1998; *Horčička*, Václav/*Županič*, Jan: Šlechta na křižovatce. Lichtenštejnové, Schwarzenbergové a Colloredo-Mannsfeldové v 1. polovině 20. století [Der Adel am Scheideweg. Die Familien Liechtenstein, Schwarzenberg und Colloredo-Mannsfeld in der 1. Hälfte des 20. Jahrhunderts]. Praha 2017.

36 *Wandruszka*, Adam: Die »Zweite Gesellschaft« der Donaumonarchie. In: *Siegert*, Heinz (Hg.): Adel in Österreich. Wien 1972, 56–67, hier 57.

37 *Redlich*, Josef: Das österreichische Staats- und Reichsproblem. Geschichtliche Darstellung der inneren Politik der habsburgischen Monarchie von 1848 bis zum Untergang des Reiches. Bd. 1. Leipzig 1920, 39 f.

38 *Lobkowicz*, Erwein: Erinnerungen an die Monarchie. Wien, München 1989, 292.

39 Siehe etwa *Godsey*, William: Quarterings and Kinship. The Social Composition of the Habsburg Aristocracy in the Dualist Era. In: The Journal of Modern History 71/1 (March 1999), 56–104; *Rumpler*, Helmut: Die Intellektuellen in Cisleithanien. In: *Harmat*/*Rumpler*/*Wandruszka* (Hg.): Die Habsburgermonarchie. Bd. 9. Tlbd. 1/2, 1119–1155; *Kerschbaumer*, Arno: Beamte, Unternehmer, Offiziere. Familien der »Zweiten Gesellschaft« aus Innerösterreich. Graz 2018. *Bruckmüller*, Ernst: Was There a »Habsburg Society« in Austria-Hungary? In: Austrian History Yearbook 37 (January 2006), 1–16, hier 5.

Auch der Prager Historiker Jan Županič spricht von einer »zweiten Gesellschaft«, unterteilt diese aber weiter in eine obere Schicht, den wohlhabenderen Grundbesitzadel, und eine untere Schicht, die er als Nobilität oder »arbeitenden Adel« bezeichnet. Sein Interesse umfasst juristische, statistische und biografische Fragen der österreichischen Nobilitierungspolitik in der *longue durée*.[40] Diese interpretiert er als »bedeutendes Machtmittel« und »strategisches Instrument der habsburgischen Herrscher«, die damit die Gestalt der Monarchie entscheidend beeinflussen konnten.[41]

40 Siehe unter anderem *Županič*, Jan: Neuer Adel in der Donaumonarchie. In: *Schriffl*, David/*Perzi*, Niklas (Hg.): Schlaglichter auf die Geschichte der böhmischen Länder vom 16. bis 20. Jahrhundert. Ausgewählte Ergebnisse zu den Österreichisch-Tschechischen Historikertagen 2006 und 2008. Wien 2011, 131–144; *Županič*, Jan: Ennoblement Policies of the Habsburg Rulers in Bohemian-Austrian Lands and Cisleithania in the Long 19th Century. In: *Brňovják*, Jiří/*Županič*, Jan (Hg.): Changes of the Noble Society. Aristocracy and New Nobility in the Habsburg Monarchy and Central Europe from the 16th to the 20th Century. A Collection of Studies from Sections P69 and P80 of the 11th Congress of Czech Historians (14th–15th September 2017, Olomouc, Czech Republic). Ostrava, Prag 2018, 69–93; *Županič*, Jan: Adelspolitik als Machtfaktor im Kaisertum Österreich. Eine Skizze der grundlegenden Probleme und Forschungslage. In: *Osterkamp*, Jana (Hg.): Kooperatives Imperium. Politische Zusammenarbeit in der späten Habsburgermonarchie. Vorträge der gemeinsamen Tagung des Collegium Carolinum und des Masarykův ústav a Archiv AV ČR in Bad Wiessee vom 10.–13. November 2016. Göttingen 2018, 117–140; *Županič*, Jan/*Fiala*, Michal/*Koblasa*, Pavel: Šlechtický archiv c. k. ministerstva vnitra – Erbovní listiny Národního archivu, Státního oblastního archivu v Praze, Archivu hlavního města Prahy (dodatky), Archivu Národního muzea (dodatky) [Das Adelsarchiv des k. k. Ministeriums des Inneren – Wappenbriefe des Nationalarchivs, Staatlichen Regionalarchivs in Prag, Archivs der Hauptstadt Prag (Nachträge), Nationalmuseums (Nachträge)]. Praha 2014; *Županič*, Jan: Inflace titulu? Rakouské nobilitace ve druhé polovině 19. století [Titelinflation? Österreichische Nobilitierungen in der zweiten Hälfte des 19. Jahrhunderts]. In: Český časopis historický 3 (2015), 748–781; *ders.*: Nová šlechta Rakouského císařství [Der neue Adel des Kaisertums Österreich]. Praha 2007; *ders.*: Renobilitierungsprozesse und genealogische Agenten. Der Skandal um das Adelsdepartement im Innenministerium am Beginn des 20. Jahrhunderts. In: Mitteilungen des Instituts für Österreichische Geschichtsforschung 117 (2008), 335–357; *ders.*: Die tschechischen Eliten und Standeserhebungen in der Donaumonarchie. In: Prague Papers on the History of International Relations (2003), 155–175; *ders.*: Die Entstehung des jüdischen Adels in der Habsburgermonarchie. In: ASCHKENAS – Zeitschrift für Geschichte und Kultur der Juden 17 (H. 2/2007), 473–497; *ders.*: Nobilitierungen der Juden in Österreich. 1789–1918. In: Historisches Jahrbuch 136 (2016), 501–551; *ders.*/*Fiala*, Michal: Nobilitas Iudaeorum. Židovská šlechta střední Evropy v komparativní perspektivě [Der jüdische Adel Mitteleuropas in komparativer Perspektive]. Praha 2017.

41 *Županič*: Adelspolitik, 118.

Auch zu anderen Kronländern der Monarchie, beispielsweise dem galizischen,[42] Bukowiner,[43] dalmatinischen[44] und lombardo-venezianischen Adel[45] sowie einzelnen sozialen Gruppen wie den Wirtschaftsmagnaten[46] wurden bereits einschlägige Studien vorgelegt. Wesentliche Impulse erhielt die Nobilitierungsforschung zudem durch die Judaistik, die sich der Adelung und gesellschaftlichen Aufwertung der jüdischen Bevölkerung in der Habsburgermonarchie zuwandte. Frühe Beispiele stellen hierbei die Arbeiten von Hanns Jäger-Sunstenau[47] und William McCagg[48] dar, eine aktuellere Studie stammt von Kai Drewes,[49] der die österreichische Adelspolitik in einen europäischen Kontext einbettet.

Die Gesamtdarstellungen zum Nobilitierungswesen der Habsburgermonarchie haben vielfach statistischen Charakter und sind bereits älteren Da-

42 *Gorzyński*, Slawomir: Nobilitacje w Galicji w latach 1772–1918 [Nobilitierungen in Galizien in den Jahren 1772–1918]. Warszawa 1997.

43 *Prokopowitsch*, Erich: Der Adel in der Bukowina. In: *Wagner*, Rudolf (Hg.): Spuren der deutschen Einwanderung in die Bukowina vor 200 Jahren – Grenzschutz und Adel in österreichischer Zeit. München 1983, 116–178.

44 *Granić*, Miroslav/*Martinović*, Denis: Plemstvo Kraljevine Dalmacije. 1814–1918 [Der Adel des Königreichs Dalmatien. 1814–1918]. Zadar 2018; *Iveljić*, Iskra: Noblesse Oblige. Nobility in Croatia and Slavonia from the End of the 19th Century until 1945. (Vortrag gehalten bei der Tagung »Transitions out of Empire in Central and Southeastern Europe«, Zagreb 23.9.2020).

45 *Meriggi*, Marco: Amministrazione e classi sociali nel lombardo-veneto. 1814–1848 [Verwaltung und soziale Klassen in Lombardovenetien. 1814–1848]. Bologna 1983; *ders.*: Der Adelsliberalismus in der Lombardei und in Venetien. 1815–1860. In: *Langewiesche*, Dieter (Hg.): Liberalismus im 19. Jahrhundert. Deutschland im europäischen Vergleich. Göttingen 1988, 367–377; *Lühe*, Marion: Der venezianische Adel nach dem Untergang der Republik. 1797–1830. Köln 2000; *Cornaro*, Andreas: Die österreichischen Adelsbestätigungen in Venetien. In: Mitteilungen des Österreichischen Staatsarchivs 31 (1978), 161–180. Zu den italienischen Adelsanerkennungen im italienischen Königreich siehe etwa *Jocteau*, Gian Carlo: Der italienische Adel im jungen Nationalstaat. In: *Meriggi*, Marco/*Clemens*, Gabriele/*König*, Malte (Hg.): Hochkultur als Herrschaftselement. Italienischer und deutscher Adel im langen 19. Jahrhundert. Berlin 2011, 51–65.

46 *Fessen*, Alfred: Der österreichische Wirtschaftsadel von 1909–1918. (Dissertation) Universität Wien 1974.

47 *Jäger-Sunstenau*, Hanns: Die geadelten Judenfamilien im vormärzlichen Wien. (Dissertation) Universität Wien 1950. Siehe auch *Schnee*, Heinrich: Die Nobilitierung der ersten Hoffaktoren. Zur Geschichte des Hofjudentums in Deutschland. In: Archiv für Kulturgeschichte 43 (1961), 62–99.

48 *McCagg*, William: Austria's Jewish Nobles. 1740–1918. In: Leo Baeck Institute Year Book 34/1 (1989), 163–183.

49 *Drewes*, Kai: Jüdischer Adel. Nobilitierungen von Juden im Europa des 19. Jahrhunderts. Frankfurt am Main 2013. Siehe auch *Niedhammer*, Martina: Nur eine »Geld-Emancipation«? Loyalitäten und Lebenswelten des Prager jüdischen Großbürgertums. 1800–1867. Göttingen 2013.

tums. Ein Zeitdokument des 19. Jahrhunderts ist die »Statistik der Standeserhöhungen« von Johann Baptist Witting, das alle Standeserhebungen bis 1898 anhand des Berufs der Antragsteller aufgliedert.[50] Gleiches gilt auch für die »Statistik der Nobilitierung in Österreich« von Hanns Jäger-Sunstenau, der einen ähnlichen Ansatz wählt, seine Ergebnisse aber zusätzlich in wenigen Worten interpretiert.[51] Bei diesen Arbeiten handelt es sich um Adelslisten, die zwar einen Überblick über die Zahl der Nobilitierungen zulassen, wesentliche Faktoren wie die Herkunft der Antragsteller, die einreichenden Behörden und vor allem die kaiserliche Entscheidungspraxis aber außer Acht lassen. Die vorliegende Arbeit wird in ihrem letzten Teil mit einer quantitativen Analyse auf eben diese Aspekte eingehen.

Zahlreiche Studien zum Adel basieren auf Adelslexika, die als eine wesentliche Grundlage für die biografische Aufarbeitung der österreichischen Adelsfamilien zu werten sind. Neben dem »Alt-Österreichischen Adelslexikon«, das 1989 eine Erweiterung erfuhr,[52] ist auf internationaler Ebene vor allem das »Genealogische Handbuch des Adels« (»Gotha«) zu nennen. Des Weiteren können auch Personenlexika, unter anderem das Österreichische Biografische Lexikon, das Biographische Lexikon zur Geschichte der böhmischen Länder oder das Wurzbachsche Lexikon für biographische Analysen herangezogen werden.[53] Genealogische Einzelstudien sowie adelshistorische Gesamtdarstellungen finden sich ferner in der seit 1881 erscheinenden Zeitschrift des Heraldisch-Genealogischen Vereins »Adler«.[54] Die Arbeiten von Arno Kerschbaumer stellen ebenfalls genealogische sowie biografische Studien zu ausge-

50 *Witting*, Johann Baptist: Statistik der Standeserhöhungen während der Regierung Sr. Majestät des Kaisers Franz Joseph I. Wien 1898.

51 *Jäger-Sunstenau*, Hanns: Statistik der Nobilitierungen in Österreich. 1701–1918. In: Adelsfamilien der Österreichisch-Ungarischen Monarchie. Neustadt an der Aisch 1963, 3–16. Statistische Auswertungen liefern auch Rudolf Kučera und Jan Županič als Teil ihrer Analysen. Sie gehen dabei allerdings ebenfalls nicht näher auf den Schreibtisch des Kaisers als Ort der Entscheidungen ein.

52 *Frank-Döfering*, Peter: Adelslexikon des österreichischen Kaisertums. 1804–1918. Wien 1989.

53 Biographisches Lexikon zur Geschichte der böhmischen Länder. München 1979–2018; *Wurzbach*, Constantin von: Biographisches Lexikon des Kaiserthums Oesterreich. Enthaltend die Lebensskizzen der denkwürdigen Personen, welche 1750 bis 1850 im Kaiserstaate und in seinen Kronländern gelebt haben. Wien 1856–1891; Österreichisches Biographisches Lexikon 1815–1950 (im Folgenden ÖBL). Wien 1994–2020.

54 Zu den Publikationen des Vereins »Adler« siehe etwa Jahrbuch des Heraldisch-Genealogischen Vereines »Adler«. Wien 1874–1932; Heraldisch-genealogische Zeitschrift. Organ des Heraldisch-Genealogischen Vereins »Adler« in Wien. Wien 1871–1873; Adler. Zeitschrift für Genealogie und Heraldik. Wien 1939–1944, 1947–2023. Eine weitere genealogische Zeitschrift ist »Genekult«: Genekult. Das Blatt für Genealogie, Heraldik und Kulturgeschichte. Graz 2018–2023.

wählten Ausgezeichneten vor und listen alle Nobilitierungen in den letzten Regierungsjahren Franz Josephs sowie seines Nachfolgers Karl I. auf.[55] Er liefert für den Zeitraum von 1914 bis 1921 zudem einen Gesamtüberblick zu den cis- und transleithanischen Standeserhebungen, wendet sich also auch der ungarischen Adelspolitik zu, die in vielen anderen Studien ausgespart wird.[56]

Die österreichische Adelsforschung konzentrierte sich jedoch nicht nur auf die Gruppe der Nobilitierten und die »realpolitischen« Folgen der Standeserhebung, sondern ebenso auf das Adelsrecht und die administrative Seite des Nobilitierungsvorgangs. In diesen Studien wird der Adel stärker mit der Bürokratie verknüpft und die Titelvergabe als Verwaltungsakt verstanden. Einen systematischen Überblick über die unterschiedlichen Wurzeln und gesetzlichen Statuten des Adels in den einzelnen Provinzen der Habsburgermonarchie liefert neben dem zeitgenössischen Werk von Mayrhofer und Pace[57] vor allem Berthold Waldstein-Wartenberg,[58] der den Schwerpunkt seiner Ausführungen auf die oberitalienischen Gebiete richtet. Auch in der Dissertation von Peter Wiesflecker sowie in der »Hausarbeit« von Karl Megner sind Abschnitte zum Adelsrecht und der Verwaltungsstruktur der Habsburgermonarchie enthalten.[59] Eine rechtshistorische Aufarbeitung erlebte das österreichische Adelsrecht durch eine 2000 vorgelegte Monografie von Reinhard Binder-

55 *Kerschbaumer*, Arno: Nobilitierungen unter der Regentschaft Kaiser Karl I./IV. Károly király. 1916–1921. Graz 2016; *ders.*: Nobilitierungen unter der Regentschaft Kaiser Franz Joseph I. / I. Ferenc József király. 1914–1916. Graz 2017.

56 Hinweise auf die ungarische Nobilitierungspraxis gibt es etwa auch bei *Županič*, Jan: Karlovská šlechta. Rakouské a uherské nobilitace ve světle materiálů kabinetní kanceláře Karla I. (IV.). 1916–1918 [Der Adel der Karlszeit. Österreichische und ungarische Nobilitierungen im Lichte der Dokumente der Kabinettskanzlei des Karl I (IV.). 1916–1918]. In: Sborník archivních prací LX/1 (2011), 24–111; *ders.*: Nobilitierungspolitik der letzten Habsburger; *Windisch-Graetz*, Vincenz: Der ungarische Adel (in der Zeit 1815–1914). In: Études Danubiennes 7/2 (1991), 115–133; *Jäger-Sunstenau*, Hanns: Sozialgeschichtliche Statistik der Nobilitierungen in Ungarn. 1700–1918. In: Bericht über den sechzehnten österreichischen Historikertag in Krems/Donau. Wien 1985, 578–582; *Čaplovičová*, Kristína: Uhorská šľachta v 18. storočí [Der ungarische Adel im 18. Jahrhundert]. In: Historický casopis [Historische Zeitschrift] 51/2 (2003), 295–310.

57 *Pace*, Anton (Hg.): Ernst Mayrhofer's Handbuch für den politischen Verwaltungsdienst in den im Reichsrathe vertretenen Königreichen und Ländern mit besonderer Berücksichtigung der diesen Ländern gemeinsamen Gesetze und Verordnungen. Bd. 5. Wien 1901.

58 *Waldstein-Wartenberg*, Berthold: Österreichisches Adelsrecht. 1804–1918. In: Mitteilungen des Österreichischen Staatsarchivs 17/18 (1964/65), 109–146.

59 *Wiesflecker*, Peter: Nobilitierungen Kaiser Karls I. von Österreich. Studien zum österreichischen Adel am Ende der Donaumonarchie. (Dissertation) Universität Wien 1992; *Megner*, Karl: Zisleithanische Adels- und Ritterstandserwerber. 1868–1884. (Hausarbeit) Universität Wien 1974.

Krieglstein, dessen umfassende und quellengesättigte Arbeit allerdings auf Cisleithanien beschränkt bleibt.[60]

3. Methodische Überlegungen und Fragestellungen

Die vorliegende Studie nutzt den jungen historiografischen Ansatz der »Kulturen des Entscheidens«,[61] um Adels- und Verwaltungsgeschichte konsequent zu verbinden. Die Bürokratisierung einer Gesellschaft und eines Landes wird üblicherweise im Zusammenhang mit der Ausübung und Durchsetzung von Herrschaft gedacht.[62] Diesen Machtanspruch können Kaiser und Staat jedoch nur durchsetzen, wenn ihre Entscheidungen überwiegend akzeptiert werden und allgemeine Anerkennung finden. Allerdings ist mit dem Entscheiden immer ein Risiko verbunden,[63] es wird als »Belastung«[64] und »Zumutung«[65] empfunden, da grundsätzlich nur das »entschieden werden kann, was eigentlich unentscheidbar ist«, wie Niklas Luhmann es formulierte.[66] Kontingenz, also die Offenheit des Entscheidungsprozesses und seines Ausgangs, ist daher zwar die Voraussetzung jeder Entscheidung, macht sie aber auch zu einem strittigen und unsicheren Gegenstand, der nach Möglichkeit vermieden wird.[67] Gleichzeitig gilt das Entscheiden aber generell als integraler Bestandteil politischen Handelns, »vor allem dann, wenn ein Konsens zwischen den Beteiligten nicht

60 *Binder-Krieglstein*, Reinhard: Österreichisches Adelsrecht. 1868–1918/19. Von der Ausgestaltung des Adelsrechts der cisleithanischen Reichshälfte bis zum Adelsaufhebungsgesetz der Republik unter besonderer Berücksichtigung des adeligen Namensrechts. Frankfurt am Main, Wien 2000.

61 So der Titel des ausgelaufenen Sonderforschungsbereichs »Kulturen des Entscheidens« an der Universität Münster (2015–2019).

62 *Tönsmeyer*: Adelige Moderne, 16. Siehe dazu auch die Studie zu Bayern und Preußen: *Krauss*, Marita: Herrschaftspraxis in Bayern und Preußen im 19. Jahrhundert. Ein historischer Vergleich. Frankfurt am Main 1997.

63 *Stollberg-Rilinger*, Barbara: Praktiken des Entscheidens. Zur Einführung. In: *Brendecke*, Arndt (Hg.): Praktiken der Frühen Neuzeit. Akteure – Handlungen – Artefakte. Köln 2015, 630–634, hier 631.

64 *Krischer*, André: Das Problem des Entscheidens in systematischer und historischer Perspektive. In: *Stollberg-Rilinger*, Barbara/*Krischer*, André (Hg.): Herstellung und Darstellung von Entscheidungen. Verfahren, Verwalten und Verhandeln in der Vormoderne. Berlin 2010, 35–64, hier 35.

65 *Hoffmann-Rehnitz*, Philip/*Krischer*, André/*Pohlig*, Matthias: Entscheiden als Problem der Geschichtswissenschaft. In: Zeitschrift für Historische Forschung 45/2 (2018), 217–281, hier 228.

66 *Luhmann*, Niklas: Das Recht der Gesellschaft. Frankfurt am Main 1993, 308.

67 *Stollberg-Rilinger*, Barbara: Cultures of Decision-Making. London 2016, 8.

vorausgesetzt werden kann«.[68] Ein solcher Konsens kann durch Verfahren hergestellt werden, die Entscheidungen nachvollziehbar machen und sie gewissen Parteien aufzwingen, ohne Protest hervorzurufen.[69]

Mit Bezug auf die habsburgische Nobilitierungspolitik wurde das Entscheiden zu einem Informationsbeschaffungs- und Aushandlungsprozess zwischen lokalen und zentralen Institutionen, der den Akteuren inner- wie außerhalb des Staatsapparats klare Rollen zuwies und der Entscheidung in Verwaltung und Gesellschaft Legitimität verschaffen sollte. Wer selbst Teil des Verfahrens war, konnte dessen Ausgang kaum in Frage stellen, wobei – anders als bei streng formalisierten Riten – das Endergebnis während der Entscheidungsphase unbekannt und ungewiss sein musste. Nur die schrittweise Konstruktion des Verfahrens durch die Erarbeitung eines noch unbestimmten Resultats motivierte die Beteiligten, das Verfahren mitzugestalten und die Entscheidung dann auch mitzutragen. Die Akteure wurden zu einem Teil des Verfahrens und inkorporierten dabei gleichsam das dahinterstehende staatliche System. Das Verfahren diente dementsprechend nicht so sehr der Wahrheits- und Gerechtigkeitsfindung, sondern eher als Machtfaktor, der die Entscheidung als einzig gangbare Lösung darstellte, indem er den Weg zu ihr (scheinbar) rationalisierte.[70]

Es kam jedoch nicht nur zu dieser von oben auferlegten »sozialen Disziplinierung der Untertanen« und Beamten, sondern auch zur selbstbestimmten Übernahme und Auslegung der Verfahrensnormen in eigenen und fluiden Praktiken – was die grundlegenden Verfahrenslogiken aber weiter festigte. Nur durch eine individuelle und situationsadäquate Aneignung der Herrschaftsmaximen erscheinen diese auch legitim,[71] sodass sich Gehorsam in Loyalität verwandelt.[72] Dadurch wurde nicht zuletzt der Kaiser zu einem wesentlichen Teil des Entscheidungsprozesses: Er symbolisierte in der Öffentlichkeit das hierarchische Entscheidungsprinzip[73] und damit die Rolle des unabhängigen Richters, der das Verfahren bis zuletzt in der Schwebe hielt und daher allein die Macht besaß, über die Adelsfähigkeit zu urteilen. In der Adelspolitik ergaben sich Legitimation und Effektivität der Entscheidungen eben nicht nur aus einem konsensfähigen Beschluss, sondern vielmehr aus der Anerkennung des

68 *Eberlein*, Burkhard/*Grande*, Edgar: Entscheidungsfindung und Konfliktlösung. In: *Schubert*, Klaus/*Bandelow*, Nils (Hg.): Lehrbuch der Politikfeldanalyse. München 2014, 151–177, hier 151.

69 *Stollberg-Rilinger*, Barbara: Einleitung. In: *Dies.*/*Krischer*, André (Hg.): Herstellung und Darstellung von Entscheidungen. Verfahren, Verwalten und Verhandeln in der Vormoderne. Berlin 2010, 9–31.

70 *Krischer*: Das Problem, 38; *ebenda*, 40–43.

71 *Tönsmeyer*: Adelige Moderne, 17 f.

72 Zum Begriff der Loyalität siehe etwa *Osterkamp*, Jana/*Schulze Wessel*, Martin: Exploring Loyalty. In: *Dies.* (Hg.): Exploring Loyalty. Göttingen 2017, 1–16.

73 Zu den Entscheidungstypen siehe *Eberlein*/*Grande*: Entscheidungsfindung, 154–171.

Kaisers. Seine Allerhöchste Bestätigung war wichtig, um die Loyalität des Bittstellers zur Dynastie zu festigen und die Bedeutung des Adels in der Gesellschaft zu sichern.[74]

Im Zentrum dieser Studie steht daher der imperiale Schreibtisch, der über andere Entscheidungsorte des Reiches herausgehoben ist: Beim »Büro des Herrschers«[75] handelte es sich nicht um den beliebigen Arbeitsplatz eines austauschbaren Beamten oder Ministers, sondern um die Schaltstelle des Letztentscheiders, ohne dessen Zustimmung die Adelsgesuche unerledigt geblieben wären. Alle Anträge, die dem Monarchen vorgelegt wurden, waren demnach theoretisch noch unentschieden und bedurften seiner einzigartigen Position im Staat, um zum Abschluss gebracht zu werden.

Im Rahmen der Nobilitierungen und Standeserhebungen bedeutete die Entscheidung des Kaisers und seiner Verwaltung also eine kontinuierliche Anpassung des Adelsnarrativs von staatlicher Seite, die auf gewissen Kriterien beruhte. Sie markierte eine tatsächliche Zäsur im Leben des Antragstellers, da sie dessen zukünftige Position in der Gesellschaft bestimmen, dadurch aber auch eine ewige Anhänglichkeit der Nobilitierten und ihrer Familien an das Kaiserhaus gewährleisten sollte. Die symbolische Politik entwickelte sich zu einem Werkzeug kaiserlicher Herrschaftsausübung und staatlicher Zentralisierungstendenzen, das vom Kaiser als wesentliches Monopol seiner Entscheidungsgewalt bis zuletzt verteidigt, zwischen verschiedenen Behörden ausgehandelt und von der Gesellschaft in einem öffentlichen Diskurs beobachtet und bewertet wurde.

Neben dem Monarchen erlangten daher auch eine ganze Reihe von staatlichen Behörden Einfluss auf die Entscheidungsfindung – verschiedene Gruppen im Staatsapparat versuchten dadurch, ihre eigenen Vorstellungen von »Adeligkeit« umzusetzen. Ihren Anteil am Selektionsprozess der Adelsanwärter nahm die Forschung bislang nicht systematisch in den Blick. Im ergänzenden Kontrast zu der Analyse der höchsten politischen Entscheidungsprozesse im Sinne einer »Top down«-Perspektive werden die Gesuche zu ihren Ursprüngen auf der lokalen Verwaltungsebene und zu den Antragstellern zurückverfolgt. Unterschiedliche Akteure, beispielsweise die Statthaltereien, sollen damit als Träger der Adelspolitik interpretiert werden. Durch die Auswahl der Kronländer Böhmen, Mähren, Niederösterreich, Oberösterreich und Venetien können Spezifika und Gemeinsamkeiten in der Verwaltungspraxis die-

74 Zu der Zweigliedrigkeit eines Entscheidungsverfahrens zwischen »bürokratischem« und »monarchischem« (in diesem Fall »geistlichem«) Modus am Beispiel von Selig- und Heiligsprechungen siehe *Emich*, Birgit: Roma locuta – causa finita? Zur Entscheidungskultur des frühneuzeitlichen Papsttums. In: *Brendecke* (Hg.): Praktiken der Frühen Neuzeit, 635–645.

75 So der Titel des Sammelbandes: *Ableidinger*, Clemens/*Becker*, Peter/*Dotter*, Marion/*Enderlin-Mahr*, Andreas/*Osterkamp*, Jana/*Weck*, Nadja (Hg.): Im Büro des Herrschers. Neue Perspektiven der historischen Politikfeldanalyse. Göttingen 2022.

ses Politikfeldes untersucht und die Verzahnungen sowie Machtstrukturen innerhalb des administrativen Apparats aufgedeckt werden. Der Staat erscheint dementsprechend nicht mehr als geschlossene Einheit, die einen kohärenten Kurs in Bezug auf die Adelspolitik verfolgte. Vielmehr können die einzelnen institutionellen Akteure, die auf den Prozess Einfluss nahmen, identifiziert und einander gegenübergestellt werden. Die Arbeit soll dazu beitragen, die Erkenntnisse über die habsburgische Nobilitierungspraxis in ihrer behördlichen Ausprägung und politischen Bedeutung zu erweitern. Nicht nur das Wissen über die Adelspolitik, auch generell jenes über das Zusammenwirken von administrativen und politischen Entscheidungsträgern in der späten Habsburgermonarchie wird dabei neu bewertet.

Um zu einer politischen, bürokratischen oder juristischen Entscheidung gelangen zu können, muss ein gesellschaftlicher Gegenstand zunächst als Entscheidungsproblem wahrgenommen und konstruiert werden.[76] Dass diese Entscheidungsprobleme nicht von vornherein vorhanden sind, sondern bewusst geschaffen werden, zeigt das untersuchte Thema besonders deutlich: Die Frage, ob bestimmte Personen einen Adelsrang verdienen, besitzt historisch sowohl zeitlich als auch räumlich eine stark begrenzte Relevanz. Die Herausbildung des dazugehörenden Entscheidungsverfahrens und die Gründe, die für die Lösung des Problems herangezogen wurden, unterlagen ebenfalls großen Veränderungen.[77] Das trug zur Markierung der Nobilitierungspraxis als Politikfeld bei:

> So entstanden [...] Politikfelder, in denen aufgrund bestimmter Heuristiken bestimmte Problemzusammenhänge als politisch entscheidbar und relevant markiert und ggf. zur Entscheidung und Implementierung an geeignete Verfahren transferiert wurden. In Politikfeldern werden entscheidbare Themen allerdings nicht nur aufgefunden, sondern vielfach überhaupt erst erzeugt.[78]

Im Zentrum dieser Untersuchung steht die Frage, welche »Kultur des Entscheidens« die späthabsburgische Adelspolitik bestimmte: Wie gestaltete sich das Beschlussverfahren im Rahmen der Nobilitierungspraxis, wer war daran beteiligt und inwiefern konnten die dabei getroffenen Entscheidungen zu einer klareren Definition beziehungsweise Vorstellung von der »Adeligkeit« der Menschen beitragen? Welche Normierungsschritte erlebte das habsburgische Adelssystem und wie konnte damit Politik betrieben werden? Inwieweit haben also diese multiplen, aber zunehmend regulierten Entscheidungs- und Austauschprozesse auch die Entstehung und Entwicklung eines Politikfelds Adel erwirkt und die Staatsbildung in der Habsburgermonarchie vorangetrieben? Die vielstimmige staatliche Perspektive wird bei der Betrachtung dieser Fragen im Vordergrund stehen, immer jedoch im Wechselspiel zu den Antragstellern

76 *Hoffmann-Rehnitz/Krischer/Pohlig*: Entscheiden, 228 f.

77 Siehe für die Entwicklung der Nobilitierungspolitik in der Habsburgermonarchie *Županič*: Adelspolitik.

78 *Hoffmann-Rehnitz/Krischer/Pohlig*: Entscheiden, 232 f.

und der breiteren Öffentlichkeit. Die Studie wird sich vorrangig auf den österreichischen Teil der Monarchie konzentrieren, punktuell wird sie allerdings auch Ungarn, das ab den 1860er Jahren eine eigenständige Adelspolitik betrieb, einbeziehen.

Das Konzept der »Kulturen des Entscheidens« wird als roter Faden dazu dienen, die Studie zu rahmen und zu gliedern. Die Perspektiven, unter denen Entscheiden im historischen Kontext betrachtet und analysiert wird, stellen somit den konzeptuellen Ausgangspunkt der einzelnen Kapitel dar. Unter dem Titel »Praktiken des Entscheidens« wird zunächst der Ablauf des Entscheidungsprozesses innerhalb des bürokratischen Apparats gezeigt und die Frage nach dem »Wie?« des Entscheidens im Vordergrund stehen: Wie begann der Entscheidungsprozess, wie verlief, wie endete er? Wo gab es Abweichungen zwischen den Nobilitierungsnormen, die der Staat sich selbst auferlegte, und der tatsächlichen Entscheidungspraxis? Welche Möglichkeiten zur Intervention und Einflussnahme gab es für außenstehende und interne Akteure, welche Rolle spielten dabei informelle Möglichkeiten? Das Kapitel geht also der Frage nach, wie ein einheitliches Entscheidungsverfahren in der Monarchie durch regelmäßige Praxis stabilisiert wurde.[79] Gleichzeitig trägt es dem Faktum Rechnung, dass Verwaltung und Politik nie nur über offizielle Wege abläuft, sondern auch auf »Hinterbühnen« ausgetragen wird, die eine informelle oder mikropolitische Einflussnahme ermöglichen.[80]

Im zweiten Kapitel zu den »Ressourcen des Entscheidens« konzentriert sich die Analyse auf die Frage nach dem »Warum« und dessen Aushandlung zwischen der kaiserlichen und der ministerialen Entscheidungskompetenz. Unter »Ressourcen« wird all das verstanden, was von den Antragstellern und Ministerien zur Begründung und Beförderung für die »richtige« und »gute« Entscheidung herangezogen wurde. Dabei handelte es sich vorrangig um die Verdienstlichkeit, das sittliche Verhalten, die Loyalität und die Familienverhältnisse der Nobilitierungskandidaten. Inwiefern deuteten die Vorträge, das heißt die ministerialen Eingaben an den Kaiser, diese individuellen Eigenschaften und Verhaltensweisen der Antragsteller zu Ressourcen um und instrumentalisieren sie diese für die Rechtfertigung der Entscheidung? Wie wurden die Inhalte argumentativ vereinheitlicht? Der Schwerpunkt wird dementsprechend auf dem gesammelten und aufbereiteten Wissen über den Antragsteller liegen. Aufgrund der langen Regierungszeit Franz Josephs können zusätzlich mögliche Verschiebungen und Anpassungen des staatlichen Verständnisses von Adelswürdigkeit in der Donaumonarchie zwischen den Märzrevolutionen und dem Ersten Weltkrieg nachvollzogen werden. Die »Ressourcen des Entscheidens« präsentieren eine Definition des Adels von staatlicher Seite und machen das

79 *Haas*, Stefan: Die Kultur der Verwaltung. Die Umsetzung der preußischen Reformen. 1800–1848. Frankfurt am Main 2005, 37.

80 Siehe etwa *Reinhard*, Wolfgang: Die Nase der Kleopatra. Geschichte im Lichte mikropolitischer Forschung. Ein Versuch. In: Historische Zeitschrift 293/3 (2011), 631–666.

Kapitel zu einem wichtigen Bindeglied zwischen den beiden Säulen der Studie, dem Adel und der habsburgischen Verwaltungspraxis beziehungsweise dem Kaiser.

Die Untersuchung wechselt daraufhin zu einem akteurszentrierten Ansatz und stellt die »Träger des Entscheidens« mit ihren »Narrativen« in den Mittelpunkt des Erkenntnisinteresses. Dabei soll die Frage im Vordergrund stehen, wie die Verfahrensbeteiligten – von der konkreten Person des Kaisers über nationale und internationale Behörden bis zu den Antragstellern und der Öffentlichkeit – Narrative konstruierten und nutzten, um Einfluss auf das Adelungsverfahren zu erlangen. Diese Erzählungen und Darstellungen von Adeligkeit ließen sich für unterschiedliche politische Positionen funktionalisieren, verschafften sie den Betreffenden doch eine wichtige Rolle im Verfahren und nahmen den umstrittenen Entscheidungen ihre Kontingenz. Die Beschlüsse im Rahmen der Nobilitierungspraxis erscheinen dabei nicht nur als Teil der kaiserlichen Gnade und des administrativen Tagesgeschäfts, sondern waren auch in juristische, journalistische und parlamentarische Diskurse eingebettet. Dadurch kann eine Verlinkung zwischen der staatlichen Nobilitierungspolitik und der Gesellschaft hergestellt und die Anerkennung von staatlicher sowie von öffentlicher Seite als gleichermaßen identitätsstiftend für den Adel gezeigt werden.

Kapitel IV nimmt durch die Analyse der »Entscheidungskonsequenzen« die Adelspolitik im ständigen Wechselspiel mit anderen Aspekten symbolischer Machtausübung in den Blick. Welche politischen Effekte konnten mit den staatlichen Adelsentscheidungen erzielt werden? Inwieweit konnte und sollte die Adelspolitik als untergeordneter Teil eines größeren Politikfeldes Symbolpolitik die imperialen Herausforderungen der späten Habsburgermonarchie glätten, inwieweit musste sie aber auch spezifische Probleme bewältigen und bildete dadurch Strukturen eines eigenen Politikfelds aus? Mit der Fokussierung auf die Folgen, die aus den Entscheidungen resultierten, nähert sich dieser Ansatz der historischen Politikfeldanalyse an.[81] Sie führt einzelne Handlungen der Entscheidungsträger in einen Kreislauf von »Agenda setting«, »Politikformulierung«, »Gesetzesimplementierung« und »Evaluation« zusammen.[82] Die Adelspolitik soll also sowohl als entstehendes Politikfeld wie auch als wirkmächtige Strategie zur Unterstützung anderer Politikfelder analysiert werden.

Anhand einer vollständigen, quantitativen Auswertung aller auf dem Schreibtisch des Kaisers verhandelten Adelsgesuche lässt sich darüber hinaus

81 Siehe dazu die Definition von *Schubert*, Klaus/*Bandelow*, Nils: Politikfeldanalyse. Dimensionen und Fragestellungen. In: *Dies.* (Hg.): Lehrbuch der Politikfeldanalyse, 1–24, hier 4. Zu Osteuropa siehe auch *Trencsényi*, Balázs/*Kopeček*, Michal/*Gabrijelcic*, Luka Lisjak/*Falina*, Maria/*Baár*, Mónika/*Janowski*, Maciej (Hg.): A History of Modern Political Thought in East Central Europe. Bd. 1. Oxford 2016.

82 *Pfister*, Ulrich: Entscheiden wird selbstreferenziell und reflexiv. Die Entstehung und Entwicklung von Politikfeldern, spätes 17. bis 19. Jahrhundert. Vortrag gehalten bei dem Workshop »Historische Politikfeldanalyse«, Wien 11.11.2018.

die regionale, soziale und institutionelle Streuung des Politikfeldes nachvollziehen. Es wird daher untersucht, welche Behörden an den Entscheidungen regelmäßig mitwirkten, welche Bevölkerungsteile systematisch von ihnen bevorzugt oder benachteiligt wurden und wie sich die Zusammensetzung des Neuadels im Laufe der Regierungszeit Kaiser Franz Josephs veränderte. Dadurch werden schließlich auch Zäsuren in der habsburgischen Adelspolitik in der zweiten Hälfte des 19. Jahrhunderts deutlich, die mit der gesellschaftlichen, politischen, wirtschaftlichen oder kulturellen Gesamtsituation des Reiches kontextualisiert werden. Das Kapitel zu den Folgen des Entscheidens soll also die bereits zuvor erlangten Erkenntnisse mit statistischen Resultaten zusammenführen und in einen größeren historischen Rahmen einbetten.

4. Quellen

Die Akten der kaiserlichen Kabinettskanzlei Franz Josephs I. bilden den Ausgangspunkt der Studie. Die Kabinettskanzlei[83] war das sogenannte »Vorzimmer« und »Büro« des Monarchen, das weder der höfischen noch der staatlichen Sphäre eindeutig zugeordnet werden kann. Als Schreibstube des Kaisers hatte sie die Aufgabe, den sogenannten Einlauf – alle Briefe und Geschäftsstücke an den Regenten – zu sichten und an die zuständigen Stellen, insbesondere Ministerien und parlamentarische Gremien, zu verteilen beziehungsweise dem Staatsoberhaupt die Vorträge zur finalen Entscheidung vorzulegen. Die Kabinettskanzlei hatte jedoch nicht nur die Stellung als Übergangs- und Durchzugsraum auf dem Weg zur eigentlichen Entscheidung inne, sondern sie griff bei der Vorselektion der Gesuche und der Kopiertätigkeit der Vorträge auch selbstständig in den administrativen Vorgang ein. Diese Dokumente machen die alltäglichen Entscheidungsprozesse Franz Josephs sowie ihre Veränderungen im Laufe seiner Regierungszeit sichtbar.[84]

Innerhalb der 68-jährigen Regentschaft Franz Joseph I. verzeichnen die Indices der Kabinettskanzlei unter dem Überbegriff »Adel« über 8.000 Vorträge,[85] das heißt durchschnittlich beschäftigten den Monarchen jährlich rund

83 Siehe dazu *Reinöhl*, Fritz: Geschichte der k. u. k. Kabinettskanzlei. Wien 1963.

84 Siehe dazu den Projektantrag *Osterkamp*, Jana/*Becker*, Peter: The Emperors's Desk. A Site of Policy Making in the Habsburg Empire? Francis Joseph I and his Cabinet Office. DACH-Research-Project, Wien, München 2018–2021; *dies.*: Regierungstätigkeit in der Habsburgermonarchie aus statistischer Perspektive. Vortrag gehalten beim Workshop »Das Büro des Kaisers. Neuere Ansätze in der historisch-soziologischen Politikfeldanalyse«, München 7.3.2019; *dies.*: Entscheiden wie ein Kaiser. Neue Perspektiven der historischen Politikfeldanalyse. In: *Ableidinger/Becker/Dotter/Enderlin-Mahr/Osterkamp/Weck* (Hg.): Im Büro des Kaisers, 1–18.

85 Die Vorträge der Kabinettskanzlei sind unter der Signatur AT-OeStA/Haus-, Hof- und Staatsarchiv (weiter HHStA) KA KK Vorträge MRZl., MCZl. und KZl. einsehbar.

100 Anfragen zu diesem Thema. Damit sind jedoch keineswegs alle Nobilitierungsfälle der späten Habsburgermonarchie erfasst. Die Verbindung von Adel und Kabinettskanzlei ermöglicht zwar einen weiträumigen Blick auf die Adelspolitik, er besitzt allerdings auch gewisse Einschränkungen und Lücken. Anträge des systemmäßigen[86] und systematisierten Adels[87] wurden in der Kabinettskanzlei ebenso wenig behandelt wie der Großteil der Renobilitierungen, also der Wiederbelebungen alter Adelstitel. Diese Fälle schienen auf dem kaiserlichen Schreibtisch nur dann auf, wenn den Antragstellern notwendige Unterlagen und Voraussetzungen zum Beweis beziehungsweise zur Anerkennung ihres Adelsanspruches fehlten und sie daher zur Bestätigung ihres Titels auf die monarchische Gnade angewiesen waren. In allen anderen Fällen war die Renobilitierung ebenso wie die Vergabe des systemmäßigen und systematisierten Adels ein Formalakt, für den das Innenministerium nicht die imperiale Bewilligung benötigte. Zudem war es üblich, dass die einlaufenden Anträge von den betreffenden Ministerien bereits vorselektiert wurden und lediglich aussichtsreiche Gesuche den Weg zum Kaiser fanden. Eine Rekonstruktion der Gesamtzahl aller – vor allem abgelehnter – Adelsgesuche könnte daher lediglich auf Basis der Einlaufprotokolle der diversen Ministerien (vor allem des Innen- und Verteidigungsministeriums) erfolgen. Die großflächigen Verluste des betreffenden Archivguts in der ersten Hälfte des 20. Jahrhunderts machen eine derartige quantitative Studie allerdings unmöglich.[88] Ausfälle und Fehlstellen gibt es zudem in den Beständen des innenministerialen Präsidiums: Unter der Kategorie »Orden und Auszeichnungen«[89] sind dort ebenfalls Anfragen zum Thema Adel zu finden, allerdings ist dieser Bestand erst ab 1900 vollständig vorhanden.

Im Fokus der Studie stehen daher weiters die Bestände des Innenministeriums, das entscheidenden Einfluss auf die Bewertung der Adelsgesuche und die Definition von »Adeligkeit« geltend machte. Obgleich die kaiserlichen Untertanen (mit Ausnahme der Armeeangehörigen) ihr Gesuch normalerweise direkt an die Kabinettskanzlei richteten, war für die Überprüfung der Unterlagen das Adelsdepartement des Innenministeriums[90] zuständig, das in den sogenannten »Hofadelsakten«[91] die Nobilitierungspraxis verwaltete. Um die Kommunikation zwischen den Behörden sichtbar zu machen, werden darüber hinaus exemplarische Bestände des Außenministeriums[92] sowie der Statthaltereien in die Betrachtung aufgenommen. Mit der Auswahl der Statthaltereiarchive von

86 Auf den systemmäßigen Adelsstand hatte jeder Offizier Anspruch, der mindestens 30 Jahre im Militärdienst tätig war und an einem Feldzug teilgenommen hatte. Siehe dazu Kapitel I.2.

87 Der systematisierte Adel folgte auf die Verleihung bestimmter Orden.

88 Auskunft der Archivare des OeStA.

89 AT-OeStA/AVA Inneres MdI Präsidium A.

90 Ab den 1860er Jahren separat in Wien und in Budapest.

91 AT-OeStA/AVA Adel Hofadelsakten, 1600–1918.

92 AT-OeStA/HHStA MdÄ AR F60-44, Miszellen 1871–1896, Adel.

Niederösterreich (zuständig auch für die Haupt- und Residenzstadt Wien), Oberösterreich, Böhmen, Mähren und Venedig wurden in ihrer Größe, Bevölkerungszusammensetzung, Wirtschaftsstruktur, Geschichte und Adelstradition sehr unterschiedliche Kronländer in die Analyse einbezogen.

Einen Sonderfall bildete Ungarn, das sich nach dem Ausgleich auch in Adelsfragen von Cisleithanien distanzierte. Nach den Revolutionsjahren 1848/1849 war das ungarische Adelswesen, das seine Autonomie – im Unterschied beispielsweise zum böhmischen oder venezianischen Adel – während des 18. Jahrhunderts und des Vormärz erhalten hatte, vollständig in das österreichische Nobilitierungssystem integriert worden. In den 1850er Jahren wurden Nobilitierungskandidaten daher immer durch das Wiener Innenministerium und ausschließlich in den österreichischen Adelsstand erhoben, unabhängig davon, ob sie diesseits oder jenseits der Leitha lebten. 1861, beziehungsweise vollständig 1867, lebte der ungarische Adel allerdings wieder auf. Die dortigen, neu etablierten Behörden bearbeiteten nun eigenständig Anträge der ungarischen Bevölkerung, schickten sie aber zur Allerhöchsten Entschließung an die Kabinettskanzlei. Ungarische Offiziere mussten ihren systemmäßigen Anspruch auf Nobilitierung dagegen auch weiterhin in Wien bestätigen lassen und erhielten den österreichischen Ritterstand.[93] Diese Praxis änderte sich nach dem Ausgleich erst schrittweise, zunächst durch die Abschaffung des systematisierten Adels 1884 und danach durch eine Verordnung in den 1890er Jahren, die zu einer vollständigen Trennung des österreichischen vom ungarischen Adel führen sollte.[94] Die weitgehend in ungarischer Sprache verfassten Quellen Transleithaniens sind für dieses Projekt lediglich in Form der aus Ungarn stammenden Vorträge in der Kabinettskanzlei greifbar. Diese liegen in deutschsprachiger Übersetzung vor.

93 *Heilmann*, Albert: Standeserhöhungen und Gnadenakte unter der Regierung seiner Majestät des Kaisers Franz Joseph I. In: Jahrbuch des Heraldisch-Genealogischen Vereines »Adler« VI. Wien 1876, 1–34, hier 23.

94 *Županič*: Nobilitierungspolitik der letzten Habsburger, 501.

I. WIE ENTSTEHT DER ADEL?
Praktiken des Entscheidens

1. Einführung

> Dieses Dorf ist Besitz des Schlosses, wer hier wohnt oder übernachtet, wohnt oder übernachtet gewissermaßen im Schloss. Niemand darf das ohne gräfliche Erlaubnis. Sie aber haben eine solche Erlaubnis nicht oder haben sie wenigstens nicht vorgezeigt.[1]

Mit diesen Worten leitet Franz Kafka sein Romanfragment »Das Schloss« ein, das immer wieder als Metapher auf den »undurchdringlichen« und »schwerfälligen« habsburgischen Verwaltungsapparat gelesen wurde.[2] Die »Erlaubnis«, die der Landvermesser K. vergeblich bei den Beamten zu erwirken versucht, steht sinnbildlich für die Vielfalt an administrativen Vorgängen in der kaiserlichen Bürokratie. Im Unterschied zur literarischen Darstellung eines intransparenten, langwierigen und umständlichen Entscheidungsprozesses erwiesen sich die Verfahren der österreichisch-ungarischen Nobilitierungspraxis als durchaus effektiv und zielgerichtet, stimmten mit jenen des namenlosen, winterlichen Dorfes in Kafkas Werk jedoch in ihrer auf Kontrolle ausgerichteten Wirkung überein.

Praktiken des Entscheidens beschreiben in erster Linie Routinen des Verwaltungsablaufs,[3] machen aber zugleich soziales Handeln nachvollziehbar.[4] Sie halfen der Administration bei der Machtausübung, da sie die Beteiligten durch die Zuweisung bestimmter Rollen aufwerten oder einschränken konnten.[5] Die Entscheidungsfindung in der Nobilitierungspolitik basierte auf einer Kombination aus drei Praktiken, dem hierarchischen, verhandelnden und formal-bürokratischen Prinzip: In Adelsfragen existierte bis zum Ende der Habsburgermonarchie offiziell eine hierarchische Entscheidungspraxis,[6] die seit Jahrhun-

1 *Kafka*, Franz: Das Schloss. München, Leipzig 1926, 2.

2 Zu Franz Kafka als Beamten und seinem Verhältnis zur habsburgischen Bürokratie siehe *Wolf*, Burkhardt: Kafka in Habsburg. Mythen und Effekte der Bürokratie. In: Administory. Zeitschrift für Verwaltungsgeschichte 1 (2016), 193–221.

3 *Pfister*, Ulrich: Einleitung. In: *Ders.* (Hg.): Kulturen des Entscheidens. Narrative – Praktiken – Ressourcen. Göttingen 2019, 11–34, hier 19.

4 *Reckwitz*, Andreas: Grundelemente einer Theorie sozialer Praktiken. Eine sozialtheoretische Perspektive. In: Zeitschrift für Soziologie 32 (2003), 282–301, hier 289.

5 *Stollberg-Rilinger*: Einleitung, 9.

6 Siehe dazu *Hoffmann-Rehnitz/Krischer/Pohlig*: Entscheiden, 238; *Eberlein/Grande*: Entscheidungsfindung, 154–157.

derten fester Bestandteil des politischen Alltags war und den Souverän zur wesentlichen Entscheidungsinstanz im Staat bestimmte. Die Legitimität seiner Position beruhte auf einer Kombination verschiedener Faktoren, seien es Charisma, sozialer Status, Macht oder Amtsgewalt.[7] Gerade als »richtig« wahrgenommene Entscheidungen zur »richtigen« Zeit konnten die Stellung des alleinigen Entscheiders weiter stützen, sodass seine Resolutionen als allgemein nützliche und kontingenzfreie Resultate eines in Wahrheit bürokratischen Verfahrens inszeniert wurden.[8]

Für die Auswahl geeigneter Auszeichnungskandidaten benötigte der Kaiser wie in vielen anderen Bereichen seiner Amtsgeschäfte jedoch die Unterstützung seiner Behörden, die die imperialen Entscheidungen mit Hilfe von Verhandlungen und im Rahmen formalisierter Verfahren vorbereiteten und rechtfertigten. Durch die Verhandlungen war es möglich, Stimmen und Akteure auch unterhalb der obersten Entscheidungsinstanz in die Beschlussfassung einzubeziehen, also beispielsweise den lokalen Ämtern und den Antragstellern Raum für eine fundierte Meinungsäußerung zu geben. Die Vorträge an den Kaiser sind gleichsam die Protokolle dieser Aushandlungsprozesse, sie listen die unterschiedlichen Haltungen und Überlegungen aus dem Verwaltungsapparat für den Monarchen auf. Im Unterschied zum Richtspruch des Letztentscheiders kann die Verhandlung die Zufriedenheit und Zustimmung aller Beteiligten erwirken, was den Verfahren wiederum eine determinierende Wirkung verlieh.[9] In formalen Verfahren »wird das Entscheiden an generalisierte Normen gebunden, die ohne Rücksicht auf eine konkrete Entscheidungssituation gelten«.[10] Zentral sind sie für Gerichts-, Gesetzgebungs- und zum Teil auch Verwaltungsabläufe, da sie eine Beschlussfassung garantieren und den Entscheidungsprozess in klar abgegrenzte Phasen teilen.[11]

Eine Verbindung dieser drei Entscheidungspraktiken – des hierarchischen, des verhandelnden und des formalen Prinzips – war wichtig, um dem symbolischen Politikbereich des Nobilitierungswesens eine entsprechende Wirkung zu verleihen. Ziel der Entscheidungspraktiken ist es stets, die Akzeptanz des Prozesses und seines Resultats bei den Beteiligten zu verankern. Dafür war, wie später noch zu zeigen sein wird, in der Adelspolitik ein Zusammenwirken der drei Verfahrensweisen notwendig.

7 Zur Legitimität von Herrschaft siehe vor allem die Arbeiten von Max Weber. *Fetting*, Martina: Zum Selbstverständnis der letzten deutschen Monarchen. Normverletzungen und Legitimationsstrategien der Bundesfürsten zwischen Gottesgnadentum und Medienrevolution. Frankfurt am Main 2013, 19–23.

8 *Hoffmann-Rehnitz/Krischer/Pohlig*: Entscheiden, 234–237; *Eberlein/Grande*: Entscheidungsfindung, 157–170.

9 *Ebenda.*

10 *Ebenda.*

11 *Ebenda.*

Parallel zur Normierung von administrativen und politischen Abläufen in klar strukturierten Verfahren erhöhte sich jedoch auch die Notwendigkeit zur Abkürzung und Umgehung dieser Prozesse mit Hilfe von inoffiziellen Netzwerken.[12] Diese wurden von Wolfgang Reinhard unter dem Begriff der Mikropolitik gefasst:

> Mikropolitik soll heißen der mehr oder weniger planmäßige Einsatz eines Netzes informeller persönlicher Beziehungen zu politischen Zwecken [...]. Erfolgreiche Politik ist demnach solche, die wichtige Personen zufrieden stellt und Positionen mit Leuten besetzt, deren Vernetzung ihre Loyalität garantiert, denn von Amtsinhabern wird eher loyale als kompetente Amtsführung erwartet.[13]

Der Einsatz sozialen, symbolischen und nicht zuletzt finanziellen Kapitals zur Erreichung persönlicher Ziele, die den generellen Intentionen des Politikfeldes entgegenlaufen konnten, war für das informelle Vorgehen charakteristisch.[14]

Untersucht wird im Folgenden vorrangig der »Vollzug der Gesetze in der alltäglichen Praxis der Verwaltung«, also die praktische Umsetzung des abstrakten Adelsrechts in der administrativen Durchführung.[15] Diese Phase der Implementierung gilt als eigenständiger und gleichwertiger Abschnitt des Entscheidungsprozesses, da von ihm in wesentlichem Maße die Wirkung abhängt, die eine politische und bürokratische Entscheidung generieren kann.[16] Hierzu wird dieser politische Entscheidungszyklus anhand der drei genannten Praktiken von seiner Initiierung bis zu seinem performativen Abschluss sowie im Wechselspiel zwischen formellen und informellen Wegen zum Adel nachvollzogen.

2. Formelles Verfahren, informelle Wege

Schon in der ersten Hälfte des 16. Jahrhunderts wurde unter Ferdinand I. eine für alle Regionen der Monarchie einheitliche Adelstitulatur eingeführt, die den Adel der neu hinzugewonnenen Königreiche der böhmischen und ungarischen Krone an jenen der habsburgischen Kernländer und diesen wiederum dem Heiligen Römischen Reich annähern sollte. Durchschlagenden Erfolg verzeichnete dieses Programm allerdings erst Mitte des 18. Jahrhunderts, als die maria-theresianischen Zentralisierungsmaßnahmen auch die Adelspolitik entscheidend veränderten. In den böhmischen und österreichischen Ländern bildete sich nun ein einheitliches Adelsrecht aus, Ungarn beteiligte sich dagegen

12 *Stollberg-Rilinger*: Praktiken, 633.

13 *Reinhard*, Wolfgang: Amici e creature. Politische Mikrogeschichte der römischen Kurie im 17. Jahrhundert. In: Quellen und Forschungen in italienischen Archiven und Bibliotheken 76 (1996), 308–334, hier 312.

14 *Reinhard*: Die Nase, 633 f.

15 *Haas*: Kultur, 13.

16 *Pfister*: Entscheiden.

nicht an diesem Integrationsprozess. In der Folge wurden auch die Adelsränge der habsburgischen Neuerwerbungen des späten 18. und frühen 19. Jahrhunderts, namentlich Galizien, die Bukowina und Lombardo-Venetien, dem österreichischen Adel angepasst.[17] Auswirkungen dieser Entwicklungen waren auch in der zweiten Hälfte des 19. Jahrhunderts noch deutlich spürbar.[18]

Das kaiserliche Entscheidungsvorrecht in Nobilitierungsfragen wurde unter Maria Theresia durch den systemmäßigen und den systematisierten Adel aufgeweicht. Diese hochgradig bürokratisierten Formen der Standeserhebung sollten vornehmlich den Staatsangestellten im Heer und in der Verwaltung zugutekommen.[19] Der systemmäßige Adel ermöglichte Offizieren nach 30-jähriger Militärdienstzeit und einem Einsatz im Gefecht einen automatisierten Zugang zum Adel,[20] während der systematisierte Adel an die Verleihung bestimmter Orden gekoppelt war und daher gerade die Beamtenschaft begünstigte, die regelmäßig für ihre Verdienste ausgezeichnet wurde.[21] Zu einem bedeutenden Einschnitt in der Adelspolitik kam es auch im Zuge der Revolution von 1848/49, die dem »ersten Stand« seine wichtigsten rechtlichen und politischen Privilegien nahm. Der Adel blieb als lose verbundene und stark hierarchisierte Interessensgemeinschaft zurück.[22]

In Ausnahmefällen wurde ein an ein Amt geknüpfter persönlicher Adel vergeben, der aber nicht an die Familie oder die nächste Generation übertragen werden durfte.[23] Weitaus häufiger war allerdings der erbliche Adel, der auf unterschiedlichstem Wege erworben wurde, beispielsweise durch Geburt, Heirat, Legitimation oder Adoption.[24] Zivilpersonen, die auf die Verleihung eines Ti-

17 *Županič*: Adelspolitik, 117–123.

18 Siehe dazu Kapitel IV.4.

19 Allgemein zur Nobilitierungspraxis im 18. Jahrhundert siehe *Margreiter*, Klaus: Konzept und Bedeutung des Adels im Absolutismus. (Dissertation) European University Institute Florenz 2005; *Brňovják*, Jiří: Ennoblement and new Nobility in the Estate Society of the Bohemian Lands in the 18th Century. In: *Ders./Županič* (Hg.): Changes of the Noble Society, 37–67.

20 Zu der militärischen Elitenbildung in Polen in der ersten Hälfte des 19. Jahrhundert siehe *Schmitt*, Bernhard: Der Militärdienst und die Neuformierung adliger Eliten in den habsburgischen und preußischen Teilungsgebieten. 1772–1830. In: *Holste/Hüchtker/Müller* (Hg.): Aufsteigen und Obenbleiben in europäischen Gesellschaften des 19. Jahrhunderts, 49–62. Siehe dazu auch Kapitel II.2.

21 *Waldstein-Wartenberg*: Adelsrecht, 128. Zu den habsburgischen Orden in der Zwischenkriegszeit: *Pouzar*, Vladimír: Rakouské záslužné řády v době předbřeznové [Österreichische Verdienstorden in der Vormärzzeit]. In: Heraldická rocenka (2007), 118–134. Siehe dazu auch Kapitel IV.4.

22 *Županič*: Neuer Adel, 132.

23 *Wiesflecker*: Nobilitierungen, 5–10.

24 Allerdings gingen der Adelstitel und das Wappen nicht automatisch auf ein Adoptivkind über, da der Adelige nicht selbst (durch die Adoption) über die Weitergabe des Titels

tels von staatlicher Seite hofften, richteten ihr Gesuch mit den Auszeichnungsgründen im Regelfall direkt an den Kaiser. Die Kabinettskanzlei als seine Schreibstube öffnete diese Briefe und nahm eine erste Vorselektion der Dokumente vor. Die weitere Bearbeitung der Gesuche wurde mit Hilfe unterschiedlicher Signaturtypen vorbereitet: Setzte der Kaiser seine »große Signatur« unter ein Gesuch, signalisierte er den Ministerien sein Interesse daran – er wollte demnach unter allen Umständen weitere Auskünfte darüber erhalten und verpflichtete die Behörden zur Vortragserstattung. Mit der sogenannten »kleinen Signatur« des Kabinettskanzleidirektors erklärte der Souverän dagegen, dass gegebenenfalls auch die Ministerien über den Fall amtshandeln konnten. Die Mehrheit der Gesuche enthielt dagegen keinen derartigen gesonderten Vermerk und wurde zumeist nicht weiterbearbeitet.[25] Die unterschiedlichen Signaturen gaben also an, wie wichtig der Kaiser und seine unmittelbaren Beamten das jeweilige Bittschreiben einschätzten und wie damit weiter verfahren werden sollte.[26] Es war außerdem die Aufgabe der Kabinettskanzlei, die Gesuche an die zuständigen Ministerien zu verteilen. Im Falle der Nobilitierungen gingen die entsprechenden Ansuchen in das Adelsdepartement im Innenministerium.[27]

Obwohl viele Gesuche auch auf anderem Wege – etwa durch ein direktes Anschreiben an das Adelsdepartement oder über die Statthaltereien – Eingang in das Ministerium fanden,[28] wurde an dem Prozedere des Majestätsgesuchs grundsätzlich festgehalten. Dadurch konnte der Entscheidungsprozess schon zu Beginn auf den Kaiser fokussiert werden. Zahlreiche Anträge, die nicht an den Monarchen adressiert waren, konnten dagegen nicht weiterbearbeitet werden, weil den Behörden die Berechtigung dazu fehlte. So verständigten die Beamten des Außenamtes den in Bukarest tätigen Bankdirektor Demeter Ritter von Frank, der sein Gesuch um Namensänderung zwar beim rumänischen Konsulat und der Prager Statthalterei, nicht aber bei der Kabinettskanzlei vorgebracht hatte,

> daß dieser Bitte keine Folge gegeben werden kann, weil Namensänderungen adeliger Personen nach den bestehenden Vorschriften der Allerhöchsten Schlußfassung vorbehalten sind

bestimmen sollte. Es bedurfte hier demnach ebenfalls der kaiserlichen Zustimmung im Rahmen einer sogenannten »Übertragung«.

25 *Reinöhl*: Geschichte, 243–24. Siehe dazu auch Kapitel III.2.

26 *Wiesflecker*: Nobilitierungen, 11–21.

27 Darüber hinaus gab es die Möglichkeit, Adelsgesuche aus dem höfischen Bereich über das Obersthofmeisteramt einzureichen.

28 So passierte es beispielsweise immer wieder, dass die mährische Statthalterei die Aufmerksamkeit des Innenministers auf verdienstvolle Bürger lenkte. Siehe dazu MZA, Moravské místodržitelství – presidium, B13, 597, pag. 364; *Županič*, Jan: Briefe, Vorträge, Suppliken. Nobilitierungen in der Donaumonarchie. In: *Dotter/Marlow*: »Alleruntertänigst unterfertigte Bitte«, 161–193.

und derlei Gesuche sonach nur über Allerhöchste Aufforderung in Verhandlung genommen werden.[29]

Mit ähnlichen Argumenten wandte sich auch der oberösterreichische Statthalter an die Freistädter Bezirkshauptmannschaft, nachdem diese ihm die Bitte eines Stadtarztes um Erhebung in den Adelsstand zugestellt hatte. In Linz sah man sich nicht in der Lage, die Unterlagen nach Wien weiterzuleiten, »da hierzu nach der bestehenden Vorschrift die höhere Aufforderung mangelt«.[30]

Die Behörden waren in ihrer Handlungsfähigkeit eingeschränkt, solange die Bittsteller nicht die notwendigen Schritte zur Erreichung ihrer Wünsche unternahmen. Für viele Adelskandidaten war es daher essenziell, über die amtlichen Vorgaben zur Antragstellung informiert zu sein. Gerade aus dem Ausland, wo die Gepflogenheiten des österreichischen Behördenapparats weniger bekannt waren, erreichten daher immer wieder allgemeine Anfragen zu den Voraussetzungen und dem Ablauf des Entscheidungsverfahrens die Schreibtische der Bürokraten. Durch diese Informationen sollten die Chancen auf Bewilligung des Antrages erhöht werden. Im Unterschied zu den administrativen Vorgängen in Kafkas »Schloss« schien die österreichische Beamtenschaft durchaus kooperationsbereit und an der Vermittlung der nötigen Informationen interessiert, spielte den Ball dann aber sogleich zurück an die Antragsteller, die ihre Ansprüche selbstständig nachweisen und dafür die notwendige Evidenz finden sollten.[31]

Um den rechtlichen und inhaltlichen Vorgaben entsprechen zu können und auf ein – möglicherweise langwieriges – Verfahren vorbereitet zu sein, suchten die Antragsteller vereinzelt auch Unterstützung von Juristen und Genealogen. So beauftragte der in Leipzig lebende Buchhändler Adolf Hartleben den Wiener Wappenmaler Carl Röss mit der »Erforschung des Ursprungs, Adels und Wappens« seiner Familie.[32] Die Baronin Anna Dumont de Beaufort-Varhegyi bevollmächtigte wiederum den »Hof- und Gerichtsadvokaten« Ferdinand Gnändinger zur Regelung ihrer Adelsansprüche gegenüber der italienischen und österreichischen Regierung.[33]

Die genannten Beispiele verweisen auf offizielle Möglichkeiten der Antragsteller, in das regulierte Nobilitierungswesen einzugreifen und dieses zu ihren Gunsten zu beeinflussen. Zum Teil waren sie jedoch auch bereit, ihre Ziele mit informellen Mitteln voranzutreiben, die verschiedene Abstufungen von Illegalität erreichen konnten. Informelle Strukturen, die mit Begriffen wie Patronage, Netzwerke oder Seilschaften gefasst werden, im Grunde aber immer auf

29 AT-OeStA/HHStA MdÄ AR F60-43, Miszellen, Adel 233.

30 Oberösterreichisches Landesarchiv (weiter OÖLA), Statthalterei Präsidium, 5H, 60, 1860–1863, 2944.

31 Siehe dazu etwa den Fall des Charles Tamm aus San Francisco: AT-OeStA/HHStA MdÄ AR F60-43, Miszellen, Adel 231.

32 AT-OeStA/HHStA MdÄ AR F60-43, Miszellen, Adel 251.

33 AT-OeStA/HHStA MdÄ AR F60-43, Miszellen, Adel 268.

der Nutzung personaler Beziehungen beruhten, waren für die frühe Neuzeit ein durchaus probates und anerkanntes Werkzeug zur Steuerung des politischen Entscheidungsprozesses. Mit der Stärkung staatlicher Autorität sowie der Normierung und Verrechtlichung des Behördenwesens Ende des 18. Jahrhunderts verloren sie jedoch in der allgemeinen und administrativen Wahrnehmung an Legitimität. Die klarere Trennung von »privater und öffentlicher Sphäre« im Staatsapparat verringerte die Toleranz für persönliche Absprachen und Bevorzugungen – amtliche Beschlüsse sollten von »objektiven« Gründen und korrekt geleiteten Verfahren abhängen.[34] Dessen ungeachtet blieben informelle Praktiken weiterhin ein wesentliches Element des Beschlussverfahrens und gaben den Adelskandidaten zumindest das Gefühl, Einfluss auf die verwaltungsinternen Vorgänge nehmen zu können.[35]

Zum Teil waren die von den Antragstellern ergriffenen Hilfsmaßnahmen jedoch wenig spezifisch und von dem Engagement externer Agenten bestimmt. Sie hatten die Aufgabe, die Interessen der Adelsanwärter vor den staatlichen Gremien zu vertreten. Dabei beriefen sie sich allerdings nicht auf eine rechts- oder geschichtswissenschaftliche Expertise, sondern sahen ihre Stärke in der Anbahnung sozial vorteilhafter Beziehungen. Von vielen Zeitgenossen – wie etwa dem hochrangigen Finanzbeamten Friedrich Kleinwächter – werden sie als »zweifelhafte Existenzen [beschrieben], die in gutgemachten Gehröcken sich an die Minister heranmachten, um sie für ihre Zwecke auszunützen«.[36] Sie näherten sich demnach also durch einen souveränen und charmanten Auftritt bei diversen Veranstaltungen den Entscheidungsträgern, um von ihnen schließlich einen kleinen Gefallen zu erbitten. Die Mandanten derartiger »Ordensjäger und Protektionswerber«,[37] wie sie wiederum der niederösterreichische Statthalter Erich von Kielmansegg bezeichnete, verwendeten unterschiedliche Strategien, um derartige Dienste und Netzwerke für ihre Sache zu nutzen.

Eine jener Gestalten, die zu ihrem eigenen Vorteil ihre Beziehungen für andere spielen ließen, war der Abbé Trouillet, Pfarrer von St. Epore in Nancy. Er hatte sich 1884 auf den Weg nach Paris gemacht, um beim österreichischen Botschafter eine Adelsübertragung für den lothringischen Glashüttenadministrator Marie Eugene Didierjean zu erwirken. Trouillet betonte, dass Didierjean ihm im Falle einer positiven Erledigung bei den Reparaturen seines Kirchengebäudes finanzielle Unterstützung zugesagt habe, und »sprach gleichzeitig die Absicht aus, selbst nach Wien zu reisen«, um seiner Bitte Gewicht zu

34 *Karsten*, Arne/*Thiessen*, Hillard von: Einleitung. In: *Dies.* (Hg.): Nützliche Netzwerke und korrupte Seilschaften. Göttingen 2006, 7–17, hier 7, 10–13.

35 Siehe dazu weiterführend *Engels*, Jens/*Fahrmeir*, Andreas/*Nützenadel*, Alexander (Hg.): Geld – Geschenke – Politik. Korruption im neuzeitlichen Europa. München 2009.

36 *Kleinwächter*, Friedrich: Der fröhliche Präsidialist. Wien 1955, 169.

37 *Kielmansegg*, Erich: Kaiserhaus, Staatsmänner und Politiker. Aufzeichnungen des k. k. Statthalters. Mit einer Einleitung von Walter Goldinger. Wien 1966, 245.

verleihen.[38] Er verstand sich als Günstling des »Grafen von Crenneville«,[39] den er als seinen »mächtigen Fürsprecher« bezeichnete und der ihm einige Jahre zuvor angeblich bereits den Franz-Joseph-Orden vermittelt hatte.[40] Der Hinweis auf eine Bekanntschaft mit bedeutenden Persönlichkeiten im Umfeld des Kaisers war eine weitere Strategie dieser selbsternannten Agenten, um ihrem Status Exklusivität zu verleihen und ihre eigenen Einflussmöglichkeiten in den Augen der eigentlichen Entscheidungsträger zu heben.[41]

Der Abbé konnte sein Ziel in diesem Fall nicht erreichen, da seinem Klienten jede Voraussetzung für die erwünschte Gnadenbezeugung fehlte. Tatsächlich blieb die Tätigkeit der »Protektionswerber«, die – folgt man zeitgenössischen Darstellungen – bei jeder Gelegenheit und mit allen Methoden die Nähe der Amtsträger suchten, zumeist erfolglos. Dennoch erhoffte sich Didierjean von der Lobbyarbeit des Pfarrers einen Vorteil, weil dieser durch seine Erfahrungen mit der österreichischen Bürokratie und vor allem durch die Bekanntschaft mit einem Hofmitglied – scheinbar – direkteren Zugang zur Macht besaß. Auftraggeber wie Didierjean sahen in Agenten wie dem Abbé also eine Möglichkeit, den offiziellen Weg abzukürzen und ihr Anliegen direkt auf höchster Ebene zu platzieren. Obwohl den findigen Agenten sowohl echter politischer Einfluss als auch fachliche Kompetenz fehlte, strahlten sie durch ihre (angeblichen oder tatsächlich vorhandenen) informellen Kontakte Reputation und Einfluss aus.

Ihr Kapital bestand dementsprechend in vagen Bekanntschaften mit tatsächlichen Entscheidungsträgern, die ihre Macht wiederum den aus ihrem Amt abgeleiteten Befugnissen verdankten. Der Einzelne empfing seinen öffentlichen Wert und sein Prestige vielfach also durch seine Stellung im Verfahren. Dennoch wurde gerade die persönliche Beziehung oder zumindest Bekanntschaft wesentlich für die unkomplizierte und positive Abwicklung eines Antrages erachtet, wobei man tonangebende Verbündete in allen Bereichen des öffentlichen Lebens vermutete und ein nur oberflächliches Verhältnis zu dem Amtsträger für die eigenen Ziele ausreichend schien. Der Innenminister, in dessen Ressort die Adelsangelegenheiten fielen, war für Nobilitierungswillige naturgemäß ein wichtiger Ansprechpartner bei ihren informellen Aktivitäten. Dementsprechend erhoffte sich beispielsweise Alexis von Noptsa bei Alexander von Bach Unterstützung für die Übertragung seines Freiherrenstandes auf seinen Bruder Ladislaus,[42] als er 1854 seine Bitte in einem direkten Brief an den Minister vorstellte: Neben seinem Alter und seiner Kinderlosigkeit, die

38 AT-OeStA/HHStA MdÄ AR F60-43, Miszellen, Adel 230.

39 Vermutlich Franz Folliot de Crenneville (1815–1888), Generaladjutant Kaiser Franz Josephs. Siehe Folliot de Crenneville Franz Graf. In: ÖBL I, 335.

40 AT-OeStA/HHStA MdÄ AR F60-43, Miszellen, Adel 230.

41 Ähnliches beschreibt auch *Kleinwächter*: Präsidialist, 169–173.

42 AT-OeStA/AVA Adel HAA AR, Alexis/Ladislaus von Noptsa.

ihn zu diesem Schritt bewegten, wies er vor allem auf die Loyalität seines Bruders hin, die die »mächtige Einflussnahme Euerer Excellenz« vollkommen rechtfertigen würde.[43]

Die Zuweisung von Autorität an die angerufene Person war in diesem Zusammenhang eine wichtige Strategie, da sie ihr jene Macht zugestand, die die Bittenden selbst von ihr erhofften. Sie zeigten sich überzeugt, dass für ihren Gönner nichts unmöglich sei, und gaben ihm das Gefühl, Bedeutung beziehungsweise Einfluss auf die Entscheidungen in der Habsburgermonarchie ausüben zu können. Dadurch steigerten sie nicht zuletzt auch die Erwartungen an einen positiven Ausgang ihres Verfahrens. So betonte beispielsweise der Major Anton Aschauer von Lichtenthurn, der bei Kabinettskanzleidirektor Adolf von Braun um die »Toison-Ordenspräbende«[44] ersuchte, die »alles vermögende Unterstützung« des Spitzenbeamten für sein Majestätsgesuch.[45] Weniger aufgrund seiner Stellung im Entscheidungsprozess, umso mehr allerdings durch seine unmittelbare Nähe zum Kaiser war nämlich auch der Kabinettskanzleidirektor eine bedeutende Referenz für Gesuchsteller. Diese wussten seine Verbindungen in die maßgebenden Institutionen des Reiches zu schätzen.[46]

Neben der Position im Entscheidungsprozess, die aus einem Amt resultierte, trug auch eine enge Verbindung zum Monarchen zur angesehenen Stellung einer Person in der Öffentlichkeit bei. Ihr Prestige stieg weiter, wenn sie selbst einem herrschaftlichen Geschlecht oder sogar der kaiserlichen Familie angehörte. Auch in der höfischen Sphäre fanden sich daher Förderer individueller Adels- und Auszeichnungswünsche. So erwirkte beispielsweise die Landgräfin Marie von Hessen-Philippsthal für ihren »Kavalier und Begleiter« Georg Rosenstock einen Adelstitel.[47] Einen solchen strebte 1893 auch Erzherzog Carl Ludwig mit einem Promemoria für den in China und Japan tätigen Delegierten Hermann Mandl an, der zuvor hohe Geldsummen und wertvolle Kunstwerke an das dem Kaiserbruder unterstellte Wiener Handelsmuseum gespendet hatte. Nichtsdestoweniger erhielt Mandl erst 16 Jahre später seine Nobilitierung.[48]

In der Beziehung zwischen Mandl und Erzherzog Carl Ludwig beziehungsweise jener zwischen Rosenstock und der Landgräfin von Hessen-Philippsthal spielte informelle Patronage eine wichtige Rolle, die sich in asymmetrischen

43 Alexis von Noptsa an Alexander von Bach. AT-OeStA/AVA Nachlässe AN Bach 8.1.26.

44 Orden vom Goldenen Vlies.

45 Brief von Anton von Aschauer, Freiherr von Lichtenthurm, 25.5.1893. AT-OeStA/HHStA SB Nl Braun 1-1-34.

46 Siehe dazu *Enderlin-Mahr*, Andreas: Kabinettskanzleidirektor Adolf Freiherr von Braun. Bürokratie und Patronage in der k. u. k. Kabinettskanzlei 1865–1899. (Dissertation) Universität Wien 2023.

47 AT-OeStA/HHStA MdÄ AR F60-43, Miszellen, Adel 262.

48 AT-OeStA/HHStA MdÄ AR F60-44, Miszellen, Adel 352.

Machtverhältnissen zeigte, häufig aber doch einseitig blieb.[49] Während beispielsweise Mandl mit seinen finanziellen Zuwendungen einen außergewöhnlich großen Einsatz für die Anbahnung der Patronageverbindung aufbot, erzielte das Schreiben seines Gönners als Gegengabe für diese Unterstützung nicht den gewünschten Effekt. Mandl war zwar Klient in der Beziehung zum Erzherzog, in seinem Wirkungskreis aber äußerst erfolgreich und bedeutend, was ihn zu einem wesentlichen Akteur für seinen Patron machte. Auf das Entscheidungsverfahren im Nobilitierungsprozess hatte Mandl dagegen keinen Einfluss und er erwartete für seine Loyalität und Verdienstlichkeit – allerdings vergebens – eine Gegengabe von dem kaiserlichen Familienmitglied. Normalerweise existierte in Patronageverhältnissen ein deutlicheres Ungleichgewicht zugunsten des gesellschaftlich Höherrangigen und Mächtigeren, der aufgrund seiner Überlegenheit auch größeren Spielraum bei der Förderung seines Schützlings hatte. Das Tauschobjekt des Klienten reduzierte sich zumeist auf hilfreiche Informationen[50] sowie auf »Höflichkeiten«, wie sie beispielsweise auch der Kavalier Rosenstock seiner Gräfin entgegenbrachte. Dem Patron diente die Unterstützung einer Vielzahl an Klienten vorrangig zur Hebung seines eigenen Status und Selbstbewusstseins.[51]

Ein bezeichnendes Beispiel für den – gescheiterten – Anbahnungsversuch eines Patronageverhältnisses stellten die Bemühungen der Brüder Emil und Eberhard von Alemann dar. Sie pflegten Kontakte zu zwei Beamten des Adelsdepartements und erhofften sich davon Vorteile bei der Anerkennung ihrer Ansprüche auf einen alten Grafentitel. Den Ministerialrat Stefan Freiherr von Kriegsan bat Alemann beispielsweise 1905 zum wiederholten Mal um Auskunft, »ob mein Majestätsgesuch richtig konzipiert sei und, ob jetzt der Zeitpunkt zur Überreichung desselben günstig gewählt sei«.[52] Da dieser Hilferuf jedoch offenbar unerhört blieb, drängten die immer ungeduldiger werdenden Antragsteller zwei Jahre später erneut auf eine Entscheidung – nun mit einem Hinweis auf die bedeutende Stellung ihrer angeblichen Vertrauensperson: »Bei dieser Gelegenheit erlaube ich mir nochmals an das gute Herz des Herrn Barons zu appellieren, unsere Angelegenheit wolwollend [sic] und baldmöglichst zu unsern Gunsten zu entscheiden, denn es steht, wie ich es bestimmt weiss, vollkomen [sic] in Eurer Hochwolgeboren [sic] Hand.«[53] Nachdem auch dieser

49 *Klein*, Andreas: Regeln der Patronage. Eine historisch-anthropologische Studie der Mikropolitik des John James Hamilton, First Marquess of Abercorn, in Irland. Augsburg 2009, 14.

50 Siehe etwa den Fall des August Alber, der in Briefkontakt mit Erzherzog Ludwig Salvator stand und schließlich 1888 den Freiherrenstand erhielt: Briefe von August Alber an Erzherzog Ludwig Salvator. AT-OeStA/HHStA HausA Nl Ludwig Salvator 10-4-1.

51 *Klein*: Regeln, 15.

52 AT-OeStA/AVA Adel HAA AR, Emil von Alemann, pag. 161v.

53 *Ebenda*, Brief vom 12.12.1907, unpag.

Vorstoß gescheitert war, wandten sie sich verstärkt an Ministerialsekretär Heinrich Seydl,[54] dem sie immer wieder für die »vielen Beweise des gütigen Entgegenkommens« dankten, gleichzeitig aber weiterhin Grüße an Kriegsan ausrichteten.[55] Zudem beriefen sie sich – ähnlich dem Abbé Trouillet – auf gesellschaftlich höhergestellte Persönlichkeiten, insbesondere die Stiftsdamen Baronin Jenny Henniger und Baronin Schäffer. Diese Intermediäre vermittelten zwischen zwei einander unbekannten Akteuren unterschiedlicher Hierarchie und wurden dadurch selbst zu Patronen beziehungsweise Klienten für andere Personen.[56] Wie der Fall der Alemanns beweist, konnten sich in dieser Vermittlerfunktion insbesondere auch Frauen aus einem vorrangig adelig-höfischen Umfeld verdient machen.[57]

Einen männlichen Broker nahm dagegen der Händler Adolph Woda in Anspruch: Der Diplomat Otto von Walterskirchen[58] bat um 1890 mehrmals beim niederösterreichischen Statthalter um eine Auszeichnung für den Kaufmann, die ihn für seine Freiwilligenarbeit in dem von Walterskirchen geleiteten Wohltätigkeitsverein belohnen sollte. Während Walterskirchen jedoch auf den Franz-Joseph-Orden für seinen Schützling plädiert hatte, erhielt dieser nach eingehender ministerialer Prüfung des Falls den Geheimratstitel.[59] Die Interventionsversuche der Klienten oder Intermediäre führten daher zwar nicht immer zu den erwarteten Ergebnissen, konnten aber dennoch zur priorisierten Bearbeitung der Gesuche beitragen. Die vorgenannten Beispiele sind dem Bereich der Informalität zuzuordnen, galten allerdings als durchaus anerkannte und adäquate Möglichkeiten der politischen und administrativen Einflussnahme, da die Beamten dabei nicht zwingend über die Grenzen ihrer behördlichen Kompetenzen hinausgingen. Auch in der Adelspolitik konnten allerdings die Grenzen akzeptierter Praktiken erreicht werden. Die Antragsteller waren jedoch durchaus bereit auch unlautere oder gar illegale Mittel zur Erlangung ihrer Ziele einzusetzen.

54 Heinrich Seydl (1868–1933), bekannt für den Entwurf des Wappens der Republik Österreich. Siehe zu ihm *Göbl*, Michael: Wie kamen Hammer und Sichel in das Wappen der Republik Österreich? In: Adler. Zeitschrift für Genealogie und Heraldik 25/7 (Wien Juli–September 1990), 233–238, hier 231, Fn. 5.

55 AT-OeStA/AVA Adel HAA AR, Emil von Alemann, pag. 150.

56 *Klein*: Regeln, 44.

57 Siehe dazu *Enderlin-Mahr*, Andreas: Akteure und Netzwerke im Umfeld der k. u. k. Kabinettskanzlei. In: *Ableidinger/Becker/Dotter/Enderlin-Mahr /Osterkamp/Weck* (Hg.): Im Büro des Herrschers, 35–50.

58 Möglicherweise handelt es sich dabei um Otto Wilhelm von Walterskirchen (1813–1912), kaiserlicher Gesandter in Stuttgart und Stockholm bzw. Mitarbeiter des Außenministeriums. Siehe zu ihm Walterskirchen, Otto Wilhelm. In: Biographisches Lexikon des Kaiserthums Oesterreich. Bd. 53. Wien 1886, 39.

59 Niederösterreichisches Landesarchiv (weiter NÖLA), Statthalterei Allgemeine Präsidialakten, K 778, 1892, FC1, C2/1823.

Im Strafgesetz von 1852 wurden mit den Paragraphen 101–105 klar die Tatbestände »Mißbrauch der Amtsgewalt«, »Geschenkannahme in Amtssachen« und »Verleitung zum Mißbrauche der Amtsgewalt« festgelegt und diese Vergehen mit sechs Monaten Kerker unter Strafe gestellt.[60] Unter Korruption verstand man die Ausnutzung amtlicher Befugnisse zu privaten Zwecken, die entweder dem Beamten selbst einen Vorteil verschaffen sollten oder aber als Gegenleistung für Geld- und Sachzuwendungen von Außenstehenden erwartet wurden. Um derartigen unlauteren Aktivitäten entgegenzuwirken beziehungsweise vorzubeugen, setzte die Monarchie neben der strafrechtlichen Verfolgung dieser Delikte allerdings auch auf politische Maßnahmen, insbesondere die Schaffung eines bürokratischen Berufsethos mit Hilfe von Beamteneiden und Dienstinstruktionen sowie die Erhöhung der Gehälter im öffentlichen Dienst.[61]

Im Falle des bereits erwähnten Ministerialrats Heinrich Seydl trugen diese »Regelungssysteme zur Verhinderung korruptiven Verhaltens« offenbar Früchte. Er widerstand nicht nur den Patronageofferten der Alemanns, sondern auch einem mutmaßlichen Bestechungsversuch des Jareslaus Bocek, der als Vermittler bei der Ritterstandsbestätigung für Franz Xaver Milner auftrat. Der im Adelsamt tätige Beamte erhielt am 5. September 1918 an seine private Adresse einen Brief und ein Paket zugeschickt:

> Das [...] Briefkuvert enthielt nur die unbeschriebene Visitenkarte des Direktors der Frankfurter Lebensversicherungs- und Aktiengesellschaft J. Bocek aus Prag [...], das Paket enthielt etwa 4 Kilogramm frischer Butter, also einen Artikel, der unter den gegenwärtigen Zeitläufen in dieser Menge nur im Schleichhandel und für einen sehr hohen Betrag erhältlich wäre. Ministerialrat Seydl [...] fand für die gedachte Zuwendung keine andere Erklärung, als daß es sich hier um einen Versuch des F. Milner und des J. Bocek handle, den genannten Ministerialrat im Sinne des § 105 des St. G. durch ein Geschenk zu einer Parteilichkeit oder zur Verletzung der Amtspflicht zu verleiten.[62]

Seydl verweigerte sich dieser Art der Einflussnahme, brachte das Paket schon am nächsten Tag unter Begleitung eines Dienstmannes zu seinem Besitzer zurück und berichtete den Vorfall dem Innenministerium, das diesen noch nach Kriegsende strafrechtlich weiterverfolgte. Im Dezember 1918 befragte die Wiener Oberstaatsanwaltschaft Milner und Bocek zu dem Sachverhalt. Die Beschuldigten gaben an, dass sie dem Staatsdiener mit der Butter lediglich eine

60 Allgemeines Reichs-, Gesetz- und Regierungsblatt des Kaiserthum Österreich. Wien 1852, XXXVI. Stück, Allgemeines Kaiserliches Patent vom 27. Mai 1852, Strafgesetz, §§ 101–105, 516f.

61 Siehe dazu *Silbernagl*, Rainer: Korruption im Staatsdienst. Gesetzliche Regelungssysteme aus dem Straf-, Zivil-, Dienst- und Besoldungsrecht zur Vermeidung korruptiven Verhaltens der Beamten der Habsburgermonarchie neben einem kurzen Vergleich mit den deutschen Staaten. ca. 1750–1918. (Dissertation) Universität Innsbruck 2016.

62 Gesuch des Friedrich Milner. Národní archiv (weiter NA), České místodržitelství, Všeobecná registratura, 6570, Protokollnr. 1780.

»Freude machen wollten« und nie an Bestechung gedacht hätten.[63] Daraufhin ließ man die Anklage gegen die beiden fallen.

Im Nobilitierungsverfahren wurde stets auf die Einhaltung eines regelhaften Ablaufs geachtet,[64] in dem informelle Praktiken zwar ihren Platz hatten, im Grunde aber nur begrenzte Wirkung erlangen konnten. Sie gaben den Antragstellern das Gefühl, in den Entscheidungsprozess eingreifen und dadurch ihre Chancen auf Dekoration erhöhen zu können. Diese Möglichkeiten blieben in vielen Fällen jedoch hinter ihren Erwartungen zurück, da Vermittler und Patrone ihre angebliche oder reelle Macht nicht zur Geltung bringen konnten beziehungsweise wollten. Oftmals half es den Petenten jedoch bereits, von einer kompetenten Person durch den Einreichungsprozess gelotst zu werden, um ihrem Gesuch eine bessere Ausgangsposition zu verschaffen.[65]

3. Aushandlung der Entscheidung

Sobald der Antrag auf Auszeichnung dem Adelsdepartement vorlag, trat dieses in Verhandlungen mit anderen staatlichen Akteuren der Adelspolitik ein, die eine kompetente Entscheidung ermöglichen sollten. Das Ziel dieses zumeist einhelligen, zum Teil aber auch konflikthaften Austausches bildeten die »Allerhöchsten Vorträge« an den Monarchen, die die kaiserliche Resolution vorwegnehmen sollten.[66] Seine wichtigsten Auskunftspartner fand das Innenministerium zunächst auf ministerialer Ebene, da beispielsweise das Außen- und das Verteidigungsministerium bei der Auswahl verdienter Antragsteller im Militärdienst oder aus dem Ausland helfen konnten. So bildeten die umfangreichen »Individualbeschreibungen« der Armeeangehörigen, die während ihrer Dienstzeit angefertigt wurden, eine wesentliche Datengrundlage für die Nobilitierungen.[67] Das Außenressort hatte dagegen vor allem die Aufgabe, die Anfragen des Innenministeriums an die habsburgischen Botschafter und Konsuln weiterzuleiten. Diese wiederum holten bei den Regierungen ihrer Entsendungsstaaten Erkundigungen über außerhalb der Habsburgermonarchie lebende Antragsteller ein.[68]

63 *Ebenda*, Protokollnr. 2035.

64 *Hüntelmann*, Axel: Die Gutachten-Maschine. Das Verfassen, Verwenden und Verwerten von Gutachten in obersten staatlichen Medizinalbehörden zwischen 1870 und 1930. In: *Geisthövel*, Alexa/*Hess*, Volker (Hg.): Medizinisches Gutachten. Geschichte einer neuzeitlichen Praxis. Göttingen 2017, 224–245, hier 229.

65 *Krischer*: Das Problem, 40.

66 Siehe dazu *Geisthövel*, Alexa/*Hess*, Volker: Handelndes Wissen. Die Praxis des Gutachtens. In: *Dies.* (Hg.): Medizinisches Gutachten, 9–39.

67 Siehe dazu etwa AT-OeStA/AVA Adel HAA AR, Paul Ritter von Airoldi.

68 Siehe dazu die Akten des Außenministeriums AT-OeStA/HHStA MdÄ AR F60, Miszellen, Adel.

Den größten Teil der Recherchen leisteten allerdings die Statthaltereien der einzelnen Kronländer, die durch die Bachsche Verwaltungsreform der 1850er Jahre einen starken Bedeutungszuwachs erlebt hatten und eine gewichtige Stimme der Zentralgewalt auf lokaler Ebene besaßen.[69] Die Statthalter, die ihren Eid auf den Kaiser leisteten, waren die obersten monarchischen Vertreter in ihrem Kronland. Im Kleinen waren die Statthaltereien der Verwaltung des gesamten Reichs nachempfunden, besaßen also ebenfalls wieder eine Zentrale, in der alle Informationen zusammenliefen und bewertet wurden.[70] Auch in Adelsfragen setzten die Ministerien auf die Kompetenzen der Landesrepräsentanten, welche die Aufträge jedoch gleichfalls wieder an untergeordnete Instanzen delegierten, namentlich an die Kreis-, Bezirks- und Gemeindevertreter.[71]

Als bedeutendste Partner der Statthaltereien erwiesen sich bei den lokalen Recherchen in Adelsfragen die Bezirkshauptmannschaften, die damit ihrer Rolle als »zweitwichtigste Verwaltungseinheit« der Monarchie auch in Adelsangelegenheiten gerecht wurden.[72] Zudem kam es im Auszeichnungswesen zu direkten Verhandlungen zwischen den Statthaltereibeamten und den Gemeindevorständen, da diese das Umfeld der Antragssteller kannten.[73] Der Landeschef bemühte sich also, die Lebenswelt der Adelsanwärter kennenzulernen,

69 *Heindl-Langer*, Waltraud: Einleitung. In: Österreichische Ministerratsprotokolle, Abteilung III. Das Ministerium Buol-Schauenstein. Bd. 2: März 1853–Oktober 1853 (= Die Protokolle des österreichischen Ministerrates 1848–1867 online [1979]), URL: https://mrp.oeaw.ac.at/pages/toc-introductions.html#myTable=vf5.6 (am 12.6.2024). Zum Verwaltungsaufbau der Habsburgermonarchie nach den Bach'schen Reformen siehe auch *Hellbling*, Ernst: Die Landesverwaltung in Cisleithanien. In: *Wandruszka*, Adam/*Urbanitsch*, Peter (Hg.): Die Habsburgermonarchie. 1848–1918. Bd. 2: Verwaltung und Rechtswesen. Wien 1975, 190–269; *Klabouch*, Jiří: Die Lokalverwaltung in Cisleithanien. In: *Ebenda*, 270–305; *Deak*: State, 112–131.

70 *Gottsmann*, Andreas: Venetien 1859–1866. Österreichische Verwaltung und nationale Opposition. Wien 2005, 22 f.

71 Zu der Vernetzung zwischen unterschiedlichen Herrschaftsebenen im internationalen Kontext siehe etwa *Löffler*, Ursula: Kommunikation zwischen Obrigkeit und Untertanen. Zum Aufgabenprofil dörflicher Amtsträger in der Frühen Neuzeit. In: *Pröve*, Ralf/*Winnige*, Norbert (Hg.): Wissen ist Macht. Herrschaft und Kommunikation in Brandenburg-Preußen. 1600–1850. Berlin 2001, 101–120; *Franz*, Norbert: Tätigkeitsfelder und Handlungsspielräume der »letzten Rädchen im Staat«. Durchstaatlichung und Ausweitung der Staatstätigkeit in politisch-administrativen Landgemeinden Frankreichs und Luxemburgs im 19. Jahrhundert. In: *Tönsmeyer*/*Ganzenmüller* (Hg.): Vom Vorrücken des Staates in die Fläche, 111–130. Zur Verwaltungsreform in den 1850ern siehe weiterführend *Seiderer*, Georg: Österreichs Neugestaltung. Verfassungspolitik und Verwaltungsreform im österreichischen Neoabsolutismus unter Alexander Bach. 1849–1859. Wien 2015.

72 *Osterkamp*: Vielfalt, 109. Siehe etwa NÖLA, Statthalterei Allgemeine Präsidialakten, K 241, 1870, 1818/P4 ad 32; OÖLA, Statthalterei Präsidium, 5H, 59, 1855–1859, 3172/3945, Pr. 1856, VFC.

73 Siehe etwa OÖLA, Statthalterei Präsidium, 5H, 64, 1876–1879, 368/641, Pr. 1876, 5FC.

beispielsweise auch durch einen Austausch mit ihren unmittelbaren Vorgesetzten. Dadurch wurden etwa Universitätsrektoren, Gymnasialinspektoren, Krankenhausvorstände oder Bischöfe zu kompetenten Auskunftspersonen der Nobilitierungspraxis.

Die jeweiligen für die staatlichen Recherchetätigkeiten genutzten Praktiken des Entscheidens hingen zudem eng mit den regionalen Unterschieden und Spezifika der einzelnen Kronländer zusammen. So setzte die in Wien mit einem großstädtischen Umfeld konfrontierte niederösterreichische Statthalterei in Auszeichnungsfragen verstärkt auf die Unterstützung der Polizeidirektion, die ebenfalls durch Alexander von Bach in den 1850er Jahren eine Neuorganisation erfahren hatte.[74] Obwohl das Sicherheitswesen dem Innenministerium unterstellt war, arbeitete die Wiener Polizeidirektion mit Informationen dem Landeschef zu, der diese wiederum an die Zentralbehörde weiterreichte.[75] Auch in Venetien vertrauten die zivilen Behörden bei der Informationsbeschaffung auf die militärischen und polizeilichen Exekutivorgane.[76]

Nicht nur in administrativen, sondern auch in Adelsfragen wiesen die Kronländer der Donaumonarchie immense, historisch gewachsene Unterschiede auf. Die habsburgischen Neuerwerbungen des 18. und frühen 19. Jahrhunderts, Lombardo-Venetien, Dalmatien, Galizien und Bukowina, stellten die Adelspolitik vor große Herausforderungen.[77] Insbesondere die italienischen und polnischen Eliten mussten ihre Adelstitel in einem langwierigen Prozess anerkennen lassen.[78] Eine wichtige Rolle kam dabei lange Zeit den Fiskalämtern zu, die im Mittelalter die kaiserliche Vertretung bei Gericht bildeten und seit den maria-theresianischen Reformen die »Wächter über die Gesetze« verkörperten.[79] Im Vormärz war daher beispielsweise das venezianische »Ufficio Fiscale« an der Bestätigung und Übertragung von alten, oftmals zweifelhaften Adels- und Wappenansprüchen beteiligt.[80] In der zweiten Hälfte des 19. Jahrhunderts ging

74 *Beer*, Siegfried: Die Nachrichtendienste in der Habsburgermonarchie. In: SIAK-Journal. Zeitschrift für Polizeiwissenschaft und polizeiliche Praxis 3 (2007), 53–63, hier 60. Siehe weiterführend *Oberhummer*, Hermann: Die Wiener Polizei. Neue Beiträge zur Geschichte des Sicherheitswesens in den Ländern der ehemaligen österreichisch-ungarischen Monarchie. 200 Jahre Sicherheit in Österreich. Wien 1938.

75 Siehe etwa NÖLA, Statthalterei Allgemeine Präsidialakten, K 241, 1870, 2107/P4 ad 32.

76 *Gottsmann*: Venetien, 27. Siehe etwa Archivio di Stato di Venezia (weiter ASV), Luogotenenza delle province venete 1849–1866, 23/1849, XVIII 1/2.

77 Der Adel Salzburgs ließ sich dagegen problemlos in das österreichische Adelssystem integrieren.

78 Siehe dazu Kapitel III.5.

79 *Peschorn*, Wolfgang: Die Geschichte der Finanzprokuratur. In: *Kremser*, Manfred (Hg.): Anwalt und Berater der Republik. Festschrift zum 50. Jahrestag der Wiedererrichtung der österreichischen Finanzprokuratur. Wien 1995, 15–34, hier 15 f., 22. Siehe dazu weiterführend *Peschorn*, Wolfgang: Finanzprokuratur. (Dissertation) Universität Wien 2005.

80 Siehe etwa ASV, Luogotenenza delle province venete 1849–1866, 621/1852–1856, LXVIII, 12/2.

diese Aufgabe in der gesamten Monarchie durch eine Strafrechtsreform an die Finanzprokuraturen als Nachfolgeinstitution der Fiskalämter über. Dabei kam es zudem zu einer Vereinigung mit den Kammerprokuraturen, die seit 1826 bei Adelsanmaßungen als Anklagebehörde auftraten.[81]

Allerdings standen nicht nur in den hinzugewonnenen Territorien der Monarchie adelige Familien vor der Notwendigkeit, ihre Ansprüche zu beweisen und erneuern zu lassen. Im 19. Jahrhundert, als die Nähe zum Kaiserhaus im Zusammenhang mit den Nationalisierungstendenzen in den Kronländern an Ansehen verlor, bemühten sich viele Antragsteller nicht mehr um die Verleihung eines neuen, sondern um die Bestätigung eines bereits bestehenden Adelstitels.[82] Daher waren die Finanzprokuraturen gerade in Regionen mit einer großen altadeligen Bevölkerungsschicht – beispielsweise in Böhmen – für die Anfertigung von Filations-, Adels- und Wappenproben zuständig.[83] Dabei variierte der Aufgabenbereich dieser Behörde je nach Kronland und der dort vorherrschenden Adelstradition sehr stark.[84]

Schließlich gelangten die aus den lokalen Behörden kommenden Einschätzungen ins Innenministerium und wurden zum Teil auch im Ministerrat diskutiert. Dieses 1848 gegründete Gremium beschäftigte sich regelmäßig mit den Auszeichnungsvorschlägen des Innenministers, die von seinen Kollegen großteils durchgewinkt wurden, gegebenenfalls aber auch zu Widerständen anregten. Im Oktober 1852 ergab sich beispielsweise eine Diskussion zwischen Innenminister Bach und Finanzminister Andreas von Baumgartner, die dem venezianischen Fiskaladjunkten Vinzenz Peregalli zwar beide den Ritterstand verleihen wollten, sich jedoch zunächst nicht einig waren, ob dieser dafür eine Taxe zu entrichten habe.[85] Da Bach allerdings für seinen Vorschlag, den Titel als »Lohn« der »langjährigen, ausgezeichneten und sehr nützlichen Dienstleistung« zu verstehen, von der Konferenz die »allseitige Zustimmung« erntete, unterstützte schließlich auch der Finanzminister die taxfreie Verleihung des Ritterstandes.[86] Selbst in den Vorträgen an Franz Joseph wurden die Unstimmigkeiten zwischen den Ministern zur Sprache gebracht, was den Verhandlungscharakter der Adelsentscheidungen besonders deutlich macht. So musste sich der Leiter des Innenressorts bei der Ritterstandsverleihung an die Familie

81 *Peschorn*: Geschichte, 24–26.

82 Siehe dazu Kapitel III.5.

83 Siehe etwa NA, České místodržitelství, Všeobecná registratura, 2424, 10/7/7.

84 Siehe dazu den Akt Frage der Competenz der Finanzprokuratur in Adelssachen, AT-OeStA/AVA Adel HAA Adelsgeneralien Normalien (7), 1867–1918, 593a, pag. 234r.

85 Siehe dazu auch Kapitel I.5.

86 Sitzung 50, Ministerkonferenz, Wien, 9.10.1852. In: ÖMR, Abteilung III, Das Ministerium Buol-Schauenstein, Bd. 1 (= Die Protokolle des österreichischen Ministerrates 1848–1867 online), URL: https://mrp.oeaw.ac.at/pages/show.html?document=MRP-1-3-01-0-18521009-P-0050.xml (am 12.6.2024).

Fibinger nach eigenen Angaben gegen das Veto des Justiz- sowie des Kriegsministers durchsetzen.[87] Die Erfolgschancen für das Verfahren stiegen, wenn es möglichst plausibel und objektiv gestaltet war, da die Entscheidung nicht nur vor dem Kaiser, sondern auch vor den anderen Verfahrensteilnehmern – in diesem Fall also den Ministern – gerechtfertigt werden musste.[88]

Um deren Beobachtungen und Meinungen authentisch vermitteln zu können, setzte das Innenministerium etwa auf den »Montagestil«.[89] Schon in den Statthaltereien waren oftmals alle Daten, die der Monarch für seine kompetente Entschließung benötigte, genannt – so beispielsweise im Bericht des niederösterreichischen Statthalters zu Julius von Wickede, der 1896 den Ritterstand erbat. Sein umfangreiches karitatives Wirken, seine vielfältigen Handelskontakte und sein Vermögen waren wesentlich für den weiteren Verlauf des Entscheidungsprozesses.[90] Das Innenministerium sparte Zeit, indem es die vom Statthalter gelieferten Informationen in wenig abgewandelter, gestraffter Form dem Kaiser präsentierte. Wie der Fall Wickede zeigt, behielten die Beamten dabei nicht nur die Inhalte, sondern auch die von den Statthaltereien in den lokalen Berichten gewählten Satzstrukturen und Formulierungen bei.[91]

Die offensichtlichen Redundanzen zwischen dem Gutachten des Statthalters und dem Vortrag des Innenministeriums zeigen, dass die genannten Daten und Fakten zwar gegebenenfalls neu verbunden und positioniert, die Inhalte und der Wortlaut aus den Berichten der Unterbehörden aber großteils übernommen wurden. Wie das Beispiel Wickedes nachweist, waren Paraphrasierung, Verdichtung und Selektion zentrale Arbeitsmethoden des Adelsdepartements. Die Regierungsbehörde fühlte sich tatsächlich weniger für die aktive Akquise von Wissen als vielmehr für die Erstellung einer eingängigen Narration aus dem gesammelten Material zuständig, wodurch die geschilderten Einzelfälle einen allgemeineren, generalisierten Charakter erhielten.[92]

Obgleich der Innenminister also die Verhandlungen leitete und dadurch die Oberhand über die Entscheidungen hatte, war auch er im Grunde auf seine Gewährspersonen in anderen Behörden angewiesen, die ihm die notwendigen Argumente zur Bewilligung oder Abweisung eines Gesuches bereitstellen mussten. Schon in der Statthalterei begann jedoch auch eine Auswahl jener Daten, die in weiterer Folge bis zum Kaiser gelangen sollten. Die Gutachten der einzelnen Unterbehörden wurden entweder in stark gekürzter Form wiedergege-

87 Robert Fibinger, AT-OeStA/HHStA KA KK Vorträge 11-1864, KZl. 2191.

88 *Hüntelmann*: Gutachten-Maschine, 240 f.

89 *Germann*, Urs: Plausible Geschichten. Zur narrativen Qualität gerichtspsychiatrischer Gutachten um 1900. In: *Geisthövel/Hess* (Hg.): Medizinisches Gutachten, 318–339, hier 325 und 327.

90 AT-OeStA/AVA Adel HAA AR, Julius von Wickede, pag. 17r, 18v.

91 *Ebenda*, 33r, 34v.

92 *Germann*: Geschichten, 320.

ben oder vollständig den Schreiben aus den Ländern an die Zentrale angeschlossen, um dadurch die Befürwortung oder Ablehnung der Landeschefs zu begründen. Die lokalen Behörden arbeiteten zudem stets unter einem gewissen Zeitdruck, da die aus Wien kommenden Aufträge möglichst rasch erledigt werden sollten. Normalerweise bearbeiteten die Statthaltereien die an sie gerichteten Aufgaben innerhalb weniger Wochen oder Monate, so beispielsweise bei Johann von Diviš-Ciotecky. Die Begutachtung seines Falles durch den Bezirkshauptmann, die Finanzprokuratur und die Statthalterei war in zwei Monaten abgeschlossen.[93] In komplexeren Fällen konnte die Bearbeitung der Aufträge dagegen deutlich länger dauern. Stefan Balbi Scordilli musste etwa ein Dreivierteljahr auf eine Entscheidung zu seinem Ansuchen warten, da die venezianische Statthalterei nicht nur die üblichen Nachforschungen beim Zentralarchiv, der Stadtverwaltung und dem Provinzialdelegaten führte, sondern über Monate hinweg auch mit dem österreichischen Konsul in Korfu korrespondierte, wo Balbi lebte.[94]

Nicht selten forderten die Beamten der Zentralbehörden ihre Kollegen im In- und Ausland jedoch auch zur Beschleunigung ihrer Arbeit auf und erinnerten sie an liegengebliebene Anträge, um diese rasch abzuschließen. Inwieweit es tatsächlich zu unberechtigten Verzögerungen bei der Bearbeitung der Akten durch die lokalen Beamten kam, ist aus den Quellen nicht immer eindeutig erkennbar. Klar ist aber, dass manche Anträge dringender als andere schienen und daher von Wien aus mit höherem Druck urgiert wurden. Im Oktober 1893 trat das Innenministerium zum Beispiel mit dem Wunsch an den böhmischen Statthalter heran, über die Angelegenheit der Familie Kruchina von Schwanberg »gefälligst ehethunlichst berichten zu wollen«, nachdem es bereits im Februar und Mai dieses Jahres den Auftrag dazu erteilt hatte.[95] Im Unterschied zu manchen der Monarchie benachbarten Staaten scheint die Bearbeitung der habsburgischen Ämter jedoch ohnehin ein hohes Tempo aufgewiesen zu haben, wie ein Antragsteller aus Rom andeutete: »Die italienischen Behörden fassen vielleicht das ›demnächst‹ anders auf, als die österreichischen.«[96]

Das Adelsamt achtete nicht nur auf eine umfassende, sondern auch eilige Abwicklung der Verhandlungen, die es gegebenenfalls durch den Einsatz moderner Techniken beschleunigen konnte. So setzte es für punktuelle Nachfragen, die einer schnellen Antwort bedurften, die Telegrafie zur Unterstützung ein.[97] Gleichzeitig wählte man bei der Erstellung der Gutachten in den Unterbehörden und den Vorträgen im Innenministerium eine durchaus arbeitsöko-

93 NA, České místodržitelství, Všeobecná registratura, 2424, 10/7/4.
94 ASV, Luogotenenza delle province venete 1849–1866, 1570/1862–1866, 46, 6/5.
95 NA, České místodržitelství, Všeobecná registratura, 2425, 10/13/14.
96 AT-OeStA/HHStA MdÄ AR F60-45, Miszellen, Adel, 48.
97 OÖLA, Statthalterei Präsidium, 5H, 59, 1855–1859, 6679/7429, Pr. 1859, VH.

nomische Herangehensweise, was nicht zuletzt durch die genaue und gut organisierte Verwaltungstätigkeit erleichtert wurde. So konnte die niederösterreichische Statthalterei 1896 in dem bereits angesprochenen Fall Wickedes auf jene Akten verweisen, die sie etwa zehn Jahre zuvor bei einem ähnlichen Antrag über den Gesuchsteller angelegt hatte. Die Gutachten entwickelten dadurch ein Eigenleben, das von ihrem ursprünglichen Zweck losgelöst erscheint und sie in einen neuen Kontext einordnete.[98] Im erweiterten Bericht von 1896 ergänzten die Beamten lediglich jene biografischen Angaben, die seit der ersten Einreichung hinzugekommen und für Wickedes Bitte von Bedeutung waren.

Die Idee, »Wissen als eine Handlungsermöglichung«[99] zu nutzen, wird im Bereich der Adelspolitik besonders deutlich. Ungeachtet der kaiserlichen Entscheidungsprärogative konnte nur die Sammlung von Informationen und deren gutachterliche Präsentation in den Allerhöchsten Vorträgen zu einer validen und allgemein anerkannten Resolution führen. Dies trug nicht zuletzt zu einer Machtverschiebung im Verfahren bei,[100] das den lokalen und fachfremden Institutionen der Nobilitierungspraxis, beispielsweise den Polizeidirektionen, den Finanzprokuraturen oder den Gemeindevertretern, größere Einflusssphären verlieh. Sie alle waren vereint in dem Anspruch, »dem übergeordneten Interesse des Reiches« zu folgen.[101] Jedoch vertraten sie dabei durchaus individuelle und gegenläufige Meinungen, die im Zuge einer objektiv anmutenden Narration präsentiert, zugleich aber den Präferenzen des Innenministeriums untergeordnet werden mussten. Die Mitarbeiter des Adelsdepartements verließen sich ganz und gar auf die Unterstützung der lokalen Staatsvertreter, kamen auf Basis ihrer Ausführungen jedoch nicht generell zu denselben Schlussfolgerungen. In den »Allerhöchst« erstatteten Vorträgen widersprachen sie daher bisweilen den Empfehlungen der Statthalter und optierten offen für eigene Entscheidungen in dem Verfahren.[102] Die Verhandlung als Praxis der Adelspolitik diente dementsprechend auch der Legitimation des zentralen Entscheidungsorgans und seiner Richtsprüche.

4. Hierarchisches Entscheiden

Es war durchaus bekannt, dass die Zentralbehörden gerade bei der Beurteilung von Gnaden- und Auszeichnungsfragen strenger vorgingen als von den lokalen Beamten aus den Kronländern vorgeschlagen. In der Kabinettskanzlei, die die Vorträge der Ministerien nach deren Begutachtungs- und Bewertungsprozess zurückerhielt, sollten die Berichte daher noch einmal zusammengefasst und

98 *Hüntelmann*: Gutachten-Maschine, 236.
99 *Geisthövel/Hess*: Wissen, 27, 33.
100 *Ebenda.*
101 *Hüntelmann*: Gutachten-Maschine, 228.
102 Eugen Dasy von Lacekova. AT-OeStA/HHStA KA KK Vorträge 6-1863, KZl. 1445.

überprüft werden. Sie mussten sicherstellen, dass Inhalt und Intention des eigentlichen Bittschreibens, aber auch die Expertise der niederrangigen Ämter erhalten blieben.[103] Obwohl diese sogenannte »Revision der Extrakte« bei dem ansteigenden Aktenaufkommen in der Kabinettskanzlei im Laufe des 19. Jahrhunderts nicht mehr lückenlos aufrecht erhalten werden konnte, wurde die Rolle der Kanzlei dadurch nicht grundsätzlich geschwächt. Sie blieb ein funktionales »Hilfsamt« des Monarchen, das an der Schwelle zwischen der staatlichen und der höfischen Administration des Reiches angesiedelt war und ihre Aufgabe bis zuletzt in der Unterstützung des Kaisers sah.[104] Ihre Stellung als »Schreibstube« ohne politisches Gewicht konnte sie vor allem durch informelle Netzwerke überwinden,[105] gerade der junge Kaiser Karl wies ihr in seinem täglichen Regierungshandeln zudem die inoffizielle Funktion eines Entscheiders zu.[106]

Obwohl Franz Joseph stets den »offiziellen« Weg zur Resolution bevorzugte, nutzte auch er Berater, die ihn bei seinen Beschlüssen unterstützten[107] oder ihm zumindest auf vertrauliche Weise Nachrichten zutrugen. Die unmittelbare Nähe zum Souverän, die es den Verfahrensbeteiligten wie beispielsweise dem Kabinettskanzleidirektor oder dem Obersthofmeister erlaubte, ihre Bitten mündlich vorzubringen und dadurch direkten Einfluss auf die Entscheidungspraxis zu erlangen, war eine zentrale Voraussetzung dieser Tätigkeit.[108] Der Kaiser erwies sich dabei nicht nur als äußerst informiert und mit den unzähligen Vorträgen seiner Behörden bestens vertraut, sondern auch als beharrlicher Vertreter klarer Regeln und Verfahrensweisen. Diese konnten zwar bis zu einem gewissen Grad aufgeweicht, aber nicht gänzlich ausgehebelt werden.

1906 sprach beispielsweise der imperiale Oberststallmeister Rudolf Fürst von und zu Liechtenstein[109] den Regenten auf die Ritterstandserhebung des

[103] *Reinöhl*: Geschichte, 253 f.

[104] *Becker*, Peter/*Osterkamp*, Jana: Der Kaiser und seine Kanzlei. Überlegungen zum Herrschaftssystem der Habsburgermonarchie. In: *Burz*, Ulfried/*Drobesch*, Werner/*Lobenwein*, Elisabeth (Hg.): Politik- und kulturgeschichtliche Betrachtungen. Quellen – Ideen – Räume – Netzwerke. Festschrift für Reinhard Stauber zum 60. Geburtstag. Klagenfurt u. a. 2020, 841–857, hier 845 f.

[105] Auf die Bedeutung Adolf Brauns als Vermittler von Auszeichnungen ist bereits hingewiesen worden: siehe dazu Kapitel I.1 sowie *Enderlin-Mahr*: Akteure.

[106] *Gonsa*, Gerhard: Geschichten vom Schreibtisch des Kaisers – Die »Vorträge der Kabinettskanzlei« und die Regierungspraxis Franz Josephs I. In: *Osterkamp*, Jana/*Becker*, Peter/*Weck*, Nadja: Geschichten vom Schreibtisch des Kaisers. Wien 2024, 9–28.

[107] Siehe dazu *Novotny*, Alexander: Der Monarch und seine Ratgeber. In: *Wandruszka*/*Urbanitsch* (Hg.): Die Habsburgermonarchie. 1848–1918. Bd. 2, 57–99.

[108] Nicht nur die Minister, auch die Inhaber der obersten Hofämter hatten das Recht, Nobilitierungsvorschläge zu machen: *Županič*: Nobilitierungspolitik der letzten Habsburger, 479.

[109] Siehe zu ihm Liechtenstein Rudolf Prinz von und zu. In: ÖBL V, 206 f.

Oberststallmeisteramtsdirektors Heinrich von Slatin an, wurde von Seiner Majestät allerdings auf die laufende Freiherrenstandserhebung für Heinrichs Bruder Rudolf Slatin Pascha hingewiesen:

> Als ich diese alleruntertänigste Bitte Seiner Majestät mündlich vortrug, geruhten mir Allerhöchstdieselbe mitzuteilen, daß für den jüngeren Bruder Dr.is Heinrich Slatin, den in aegyptischen Diensten stehenden General Rudolf Ritter von Slatin die Verleihung des oesterreichischen Freiherrenstandes im Zuge sei und daß Allerhöchstdieselben aus diesem Grunde auch dem Dr.is Heinrich Slatin den Freiherrenstand huldvollst zu verleihen gedenken.[110]

Franz Joseph erhöhte in dem hier geschilderten Gespräch nicht nur selbstständig die für den Hofangestellten vorgesehene Auszeichnung, sondern bat Liechtenstein auch, sich mit dem Außenminister über das weitere Vorgehen und den Zeitpunkt der Erhebung abzustimmen, damit den Richtlinien des offiziellen Entscheidungsprozesses Genüge getan werde.[111]

Zeitgenossen betonten immer wieder, dass der jede Art von Vetternwirtschaft ablehnende Kaiser gerade von seiner Familie keine Vorschläge für Gnadenbekundungen oder Dekorationen tolerierte und die Erzherzöge daher eher bei den politischen Würdenträgern um eine Unterstützung ihrer Günstlinge bitten mussten.[112] Dennoch waren auch die Verwandten des Monarchen bisweilen in der Lage, diesem im privaten Rahmen eine befürwortende Entschließung zu entlocken. Die Erinnerungen der Gräfin Ottilie von Coreth, die den Sternkreuzorden anstrebte, geben eine derartige Begebenheit wieder. Ihre Schwester hatte unter Kaiserin Elisabeth – als »höchster Schutzfrau« des Ordens – diese begehrte Auszeichnung problemlos erhalten. 1909 wurde Ottilie der Orden dagegen von Elisabeths Nachfolgerin Erzherzogin Maria Josepha wegen gewisser Ungereimtheiten in der Ahnenprobe verwehrt. Erzherzog Rainer erzählte dem Kaiser bei einem »kleinen Diner« »mehr als Gespräch« von diesem Sachverhalt, worauf der Monarch erwidert haben soll: »›Wenn die eine Schwester Sternkreuzordensdame werden konnte, so kann es die zweite Schwester ebenso werden.‹ Mit dieser winzigen Aussprache war die Sache erledigt.«[113] Der Kaiser griff hier selbstbewusst in eine Prärogative der Ordensvorsteherin ein, was ihm als Oberhaupt der Familie Habsburg und des Hofes auch zustand.[114]

110 AT-OeStA/HHStA MdÄ AR F60-45, Miszellen, Adel 79.

111 *Ebenda.*

112 Siehe dazu etwa *Kielmansegg*: Kaiserhaus, 49 f.

113 Zitiert nach *Wiesflecker*, Peter: Der hochadelige Sternkreuzorden. In: *Stolzer*, Johann (Hg.): Die Sklavinnen der Tugend. Damenorden aus dem alten Österreich. Graz 2018, 15–28, hier 19. Zum Sternkreuzorden siehe weiterführend *Kastner-Michalitschke*, Else: Geschichte und Verfassungen des Sternkreuzordens. Wien, Leipzig 1909.

114 Siehe dazu auch die Hinweise bei *Županič*, Jan: The Making of Business Nobility. The Social Rise of Austrian Businessmen after 1848. In: Studia Historica Slovenica 21/3 (2021), 655–694, hier 665.

Obwohl dieser Vorgang nicht in der Kabinetts-, sondern in der Ordenskanzlei verhandelt wurde, zeigt es doch das Potenzial des Souveräns, geregelte Verfahren bei Bedarf zu umgehen. Auch im Bereich der »verstaatlichten« Nobilitierungspraxis wurde dem Monarchen mit dem »Allerhöchsten Handschreiben« eine Möglichkeit geschaffen, seine Willensäußerung auf direktem und dabei offiziellen Wege bekanntzugeben. Diese Form der Standeserhebung galt jedoch als außergewöhnlich seltene Ehre und wurde lediglich Personen im engsten Umfeld des Monarchen sowie von internationalem Renommee zu Teil.[115] 1850 erlangte beispielsweise Anna Freiin von Brandhofen, die Ehefrau Erzherzog Johanns, von Franz Joseph mittels Handschreiben den Titel »Gräfin von Meran«.[116]

Auch die seltenen Fürstenstandsverleihungen, die die höchste staatliche Adelsauszeichnung in der Habsburgermonarchie darstellten, wurden zumeist in Form eines kaiserlichen Handschreibens bekannt gemacht. Der Kaiser richtete sich dazu mit einem Brief direkt an seinen Innenminister, den er mit den einleitenden Worten »ich finde mich in Gnaden bewogen« über seinen Beschluss informierte.[117] So geschah es etwa 1911, als der kaiserliche Flügeladjutant Karl Freiherr von Bronn, der als morganatischer Nachkomme einer unstandesgemäßen Ehe zwischen Ernst Fürst zu Hohenlohe-Langenburg und Maria Grathwohl die rangmäßige Gleichstellung mit seiner väterlichen Familie anstrebte, vom Monarchen den österreichischen Fürstenstand mit dem Namen »Weikersheim« erhielt.[118] Das Allerhöchste Handschreiben diente dem Kaiser daher vor allem dazu, wichtige Resolutionen direkt an seine Minister zurückzumelden und – im Falle der Nobilitierungspraxis – die Ausgezeichneten dadurch in besonderem Maße zu ehren. Gleichzeitig konnte Franz Joseph damit bereits zu Beginn des Verfahrens in dieses eingreifen und auf direktem Wege zur Bearbeitung eines für ihn persönlich wichtigen Gesuches auffordern, um dessen Bedeutung und Stellenwert zu betonen. Diese bewusste Intervention und Beeinflussung des Verwaltungsablaufs durch den Kaiser war zwar selten, bei Gesuchen von Personen in der Nähe des Staatsoberhaupts aber nahezu unumgänglich, um ihre Bitten aus der Masse der Anträge herauszuheben, ohne sie automatisch dem geregelten Entscheidungsprozess zu entziehen.

Die Unterstützung eines kaiserlichen Familienmitglieds wurde dem habsburgischen Konsul in Jerusalem, Giuseppe Pizzamano, zu Teil, der nach einem 1857 auf offiziellem Wege erfolglos eingereichten Gesuch um Bestätigung seines Grafenstands zwei Jahre später seine informellen Kontakte zu Erzherzog

115 *Županič*: Neuer Adel, 139.

116 AT-OeStA/HHStA KA KK Protokolle 4, M.R. Protokoll 1850/Band 1: Zahl 111.

117 AT-OeStA/AVA Adel HAA AR, Karl von Weikersheim, pag. 17.

118 Siehe zu ihm *Nemec*, Norbert: Erzherzogin Maria Annunziata (1876–1961). Die unbekannte Nichte Kaiser Franz Josephs I. Köln, Wien 2010, 63.

Maximilian nutzte, um sein Ziel doch noch zu erreichen.[119] Den Bruder des Kaisers hatte Pizzamano bereits 1855 bei dessen Reise ins Heilige Land kennengelernt und ihm dabei einen Eindruck von seiner Verdienstlichkeit gegeben.[120] Noch vier Jahre später konnte er sich auf diese Begegnung berufen, als er im Mai 1859 seine Bitte nicht mehr direkt vor dem Kaiser, sondern in einem Schreiben an den Erzherzog erneuerte. Dieser unterstützte den Vorstoß und richtete daraufhin selbstständig einen Vortrag an Franz Joseph, durch den wiederum ein offizieller Verwaltungs- und Entscheidungsvorgang – nun aber unter gänzlich geänderten Vorzeichen – in Gang gesetzt wurde.[121] Der Kaiser schrieb an den Innenminister: »Lieber Freiherr von Bach! Den beiliegenden Vortrag Meines Herrn Bruders, Erzherzog Ferdinand Max, betreffend die Bitte Meines Generalkonsuls [...] übersende Ich Ihnen zur Berichterstattung.«[122] Das Adelsamt, das schon 1857 für die Gunstbezeugung an Pizzamano eingetreten war, verwies in seinem Vortrag mehrmals explizit auf die Befürwortung des imperialen Familienmitglieds, das der ministerialen Stellungnahme das entscheidende Gewicht verleihen sollte.[123]

Die Kabinettskanzlei war zudem jener Ort, an dem ab den 1860er Jahren die Gesuche des ungarischen Reichsteils mit jenen aus Cisleithanien zusammentrafen. Während schon im Vormärz der ungarische Adel nur mehr selten vergeben wurde und im Neoabsolutismus das ungarische Adelssystem gänzlich in das österreichische Auszeichnungswesen integriert worden war,[124] kam es durch den Ausgleich zu einer schrittweisen Trennung der habsburgischen Nobilitierungstätigkeit. Vor allem die Entscheidungspraktiken wurden dadurch verändert und lediglich durch den Richtspruch des Kaisers beziehungsweise die Bearbeitungsvorgänge in der Kabinettskanzlei zusammengehalten, da der Kaiser als »König von Ungarn« berechtigt war, ungarische Adelstitel zu verleihen.[125] Im Unterschied zu der fünfstufigen Adelshierarchie Cisleithaniens fehlte in der ungarischen Titulatur der Ritterstand, der Freiherrenstand wurde auch von offizieller Seite als »Baronat« bezeichnet.[126] Im Gegensatz zu den österreichischen Anträgen, die direkt aus den jeweiligen Ministerien den

119 AT-OeStA/AVA Adel HAA AR, Giuseppe Pizzamano, pag. 41; AT-OeStA/HHStA KA KK Protokolle 22, K.K. Protokoll 1859/Band 1: Zahl 1973.

120 Laibacher Zeitung Nr. 245 v. 23.10.1855, 1061. Zu dem Fall siehe weiterführend auch *Dotter*, Marion: Der Adel auf dem Schreibtisch des Kaisers. In: *Mesarič*, Tomaž/*Peukert*, Arlene/*Roşu*, Răzvan/*Wekler*, András (Hg.): Methodenvielfalt in der Geschichtswissenschaft. Tagungsband zur 8. Internationalen Doktorandentagung des Doktoratskollegs für Mitteleuropäische Geschichte an der Andrássy Universität Budapest. Wien 2022, 41–65.

121 AT-OeStA/AVA Adel HAA AR, Giuseppe Pizzamano, pag. 29.

122 *Ebenda*, pag. 41.

123 Siehe dazu Kapitel III.6.

124 *Župančič*: Nobilitierungspolitik der letzten Habsburger, 480.

125 *Heilmann*: Standeserhöhungen, 23. Siehe dazu auch Kapitel IV.4.

126 Zum ungarischen Adel siehe weiterführend *Harmat*: Magnaten.

imperialen Schreibtisch erreichten, wurden die ungarischen Vorträge mit einer Übersetzung zunächst aus Budapest an den »ungarischen Minister am Allerhöchsten Hoflager« gesandt. Dieser gab sie an die Kabinettskanzlei weiter, um daraufhin eine Resolution in ungarischer Sprache zurückzuerhalten.[127]

Das hierarchische Entscheidungsprinzip war wesentlich von den Praktiken der Kabinettskanzlei beeinflusst, die an der Schnittstelle zwischen Hof und Staat ihren eigenen Regeln folgen konnte und dabei auf die Erfüllung der kaiserlichen Wünsche ausgerichtet war. Der Monarch erfuhr vordergründig zwar nur auf dem Verfahrensweg von den Nobilitierungskandidaten, war jedoch auch von einem Netzwerk aus Beratern und Verwandten umgeben, die ihre Nähe zum Souverän für ihre Lobbytätigkeit nutzen konnten. Neben einem aktiven Eingriff in den Dekorationsprozess blieben ihm symbolische Gesten wie das Allerhöchste Handschreiben, das einzelne Anträge besonders akzentuierte und daher als große Auszeichnung galt. Darüber hinaus erlaubte ihm die Resolution der ungarischen Fälle seine Rolle als König von Ungarn sichtbar auszuüben und damit als verbindendes Element der föderalen Monarchie und ihres geteilten Dekorationswesens aufzutreten.

5. Performanz des Entscheidens

Die Beschlüsse, die in Nobilitierungsfragen auf dem Schreibtisch des Kaisers oder im Adelsdepartement getroffen wurden, mussten im Anschluss auch entsprechend inszeniert werden, um den Beteiligten – vom Antragsteller bis zu den verhandelnden Behörden – deren Richtigkeit zu vermitteln. Um den performativen Akt der Standeserhebung als gesellschaftliche Erhöhung und individuelle Identitätsveränderung einer Person nach außen hin sichtbar zu machen und dabei gleichzeitig die rationale Unausweichlichkeit der Resolution zu demonstrieren, wurde von staatlicher Seite eine ganze Reihe von Maßnahmen ergriffen.[128] Nachdem die Bewilligung des Vortrages aus der Kabinettskanzlei an das Innenministerium zurückgemeldet worden war, begannen die Beamten mit der Ausfertigung des Adelsdiploms. Schon bei der Einreichung seines Gesuchs hatte der Antragsteller die Pflicht, einen Vorschlag für ein Wappen und – bei Bedarf – für drei Prädikate[129] beizulegen, der nach einer Überprüfung seiner Exklusivität und Würde für das Diplom herangezogen wurde.[130] Bei den Prädikaten achtete man insbesondere darauf, dass nur jene Ortsnamen gewählt

127 *Reinöhl*: Geschichte, 226. Zur ungarischen Verwaltung siehe weiterführend *Barany*, George: Ungarns Verwaltung. 1848–1918. In: *Wandruszka/Urbanitsch* (Hg.): Die Habsburgermonarchie. Bd. 2, 306–468.

128 *Krischer*: Das Problem, 55–57.

129 Namenszusätze für Adelige.

130 *Wiesflecker*: Nobilitierungen, 11, 14.

wurden, die den Geburtsort oder die Liegenschaften des Antragstellers bezeichneten. Selbst den Offizieren war es bis zum Ersten Weltkrieg offiziell nicht erlaubt, Namen der Ortschaften, die an für sie wichtige Schlachten erinnerten, als Prädikat zu führen.[131] Das Wappen wiederum musste von einem sogenannten Schildhalter mit dem Zertifikat »Der Kunst und dem Standesgrade angemessen« bewilligt werden.[132]

Während die reich verzierten Diplome, deren Ausgestaltung bis zu ein Jahr beanspruchen konnte,[133] an die Antragsteller übergeben wurden, blieben im Adelsarchiv die Reskripte dieser Urkunden zurück. Sie geben einen Eindruck von der Rationalisierung der habsburgischen Verwaltung in ihrer Spätphase, da im Laufe des 19. Jahrhunderts Vordrucke eingeführt wurden, um den Beamten das Befüllen mit den personenbezogenen Daten der Geadelten zu erleichtern.[134] Dies zeugt zudem von dem stark normierten Aufbau des Adelsdiploms, der klaren Regeln folgte und einheitliche Informationen bereitstellte. Nichtsdestoweniger kam es noch Ende der 1860er-Jahre, erneut im Zusammenhang mit dem österreichisch-ungarischen Ausgleich, zu einer wesentlichen Veränderung der Urkunden, die im Ministerrat intensiv diskutiert wurde. Da sich die Zweiteilung der Monarchie auch auf der Nobilitierungsurkunde widerspiegeln sollte, wurde die übliche Formulierung »Adels-, Ritterstand etc. des österreichischen Kaiserstaates« geändert, »weil dies[e] [Formulierung, Anm.] der neuen staatsrechtlichen Gestaltung widersprechen würde«.[135] Man einigte sich darauf, den jeweils verliehenen Standesgrad ohne jeden weiteren, spezifisch territorialen Zusatz zu nennen. Gleichzeitig wurde die kaiserliche Titulatur den neuen Gepflogenheiten angepasst.[136]

Für die Standeserhebungen war grundsätzlich eine Taxe in der Höhe zwischen 1.050 Gulden (2.100 Kronen) für den einfachen Adels- und 12.600 Gulden (25.200 Kronen) für den Fürstenstand zu entrichten, die um die Jahrhundertwende in den meisten Fällen jedoch bereits erlassen wurde. Da diese Beiträge

131 *Waldstein-Wartenberg*: Adelsrecht, 132.

132 Siehe dazu etwa AT-OeStA/AVA Adel HAA AR, Johann Nepomuk Alber, pag. 32r.

133 *Wiesflecker*: Nobilitierungen, 20.

134 Zur Automatisierung der Verwaltung siehe etwa *Becker*, Peter: Formulare als »Fließband« der Verwaltung? Zur Rationalisierung und Standardisierung von Kommunikationsbeziehungen. In: *Collin*, Peter/*Lutterbeck*, Klaus-Gert (Hg.): Eine intelligente Maschine? Handlungsorientierungen moderner Verwaltung (19./20. Jh.). Baden-Baden 2009, 281–298. Den Abdruck eines Diploms findet man bei *Heilmann*: Standeserhöhungen, 16.

135 Sitzung Nr. 31 Gemeinsamer Ministerrat, 22.1.1869. In: ÖMR, 01, Band 01/1 (= Die Protokolle des Gemeinsamen Ministerrates 1867–1918 online), URL: https://mrp.oeaw.ac.at/pages/show.html?document=MRP-2-0-01-1-18690122-P-0031.xml (am 12.6.2024).

136 *Ebenda*.

von 1840 bis zum Ende der Monarchie nicht mehr erhöht wurden,[137] handelte es sich im späten 19. Jahrhundert dabei jedoch ohnehin eher um eine symbolische Geste.[138] Dennoch konnte die Nichteinhaltung der einjährigen Zahlungsfrist zu einer Aberkennung des bereits erworbenen Titels führen, der danach durch eine vollkommen neue Antragstellung wiedererlangt werden musste.[139] Eine derartige Wiederaufnahme seines Verfahrens strebte beispielswiese 1857 der aus Šibenik stammende Faustus Draganich-Veranzio an, dessen finanzielle Verhältnisse durch »verschiedene Mißgeschicke sehr herabgekommen« waren und eine Bezahlung der Gebühren nicht zuließen. Ihm wurde nicht nur zum zweiten Mal der Adelsstand zugesprochen, sondern auch die Taxnachsicht gewährt.[140]

Das Innenministerium beachtete bei seinen Recherchen durchaus auch die individuellen monetären Lebensverhältnisse der Antragsteller, insbesondere, wenn es sich um Staatsdiener mit einem kleinen Einkommen handelte, die trotz ihres bescheidenen Lebensstils nicht an der Nobilitierung gehindert werden sollten. So betonte man mit Bezug auf die in Ungarn lebenden Brüder Friedrich und Anton Oelberg, dass sie

> bei ihrem geringen Gehalte von 945f rücksichtlich 840f, nicht im Stande sind die Ritterstandstaxe (welche dermalen für beide 3150f betragen würde) zu berichtigen, und es andererseits für diese braven, bereits über 30 Jahre dienenden Beamten hart wäre, sich bloß deshalb eines Standesvorzuges beraubt zu sehen.[141]

Die Erlassung der Adelstaxe war also ein zusätzlicher Gnadenakt, der die Ausgezeichneten finanziell entlasten sollte. Trotzdem musste der frisch Geadelte in jedem Fall die Gebühr für die Ausstellung der Urkunde begleichen, die den Beamten zugutekam und daher von diesen als ein Teil ihres Gehalts verteidigt wurde.[142]

Die sich seit dem 18. Jahrhundert manifestierende Aufteilung der Entscheidungskompetenz zwischen dem Monarchen und dem Ministerium führte auch zu der Frage, ab wann eine Nobilitierung ihre Rechtsgültigkeit erlangte: Mit der

137 1915 sollte mit der »Vorschrift betreffend Adelsangelegenheiten« vor allem eine Veränderung der Adelstaxen implementiert werden. Die neue Vorschrift ist zum Teil abgedruckt bei: Neue Freie Presse Nr. 18398 v. 10.11.1915, 10. Siehe weiterführend auch *Župančič*: Nobilitierungspolitik der letzten Habsburger, 506.

138 *Župančič*: Ennoblement Policies, 73. Etwas andere Werte nennt *Waldstein-Wartenberg*: Adelsrecht, 139; zweiterer mit Bezug auf das Taxpatent vom 27.1.1840. In Ungarn gab es gewisse Eigenheiten bei den Taxen. Siehe dazu *Župančič*: Nobilitierungspolitik der letzten Habsburger, 507 f.

139 *Binder-Krieglstein*: Adelsrecht, 123 f.

140 Faustus Draganich-Veranzio. AT-OeStA/HHStA KA KK Vorträge 18-1857, MCZl. 3414.

141 Friedrich und Anton Oelberg. AT-OeStA/HHStA KA KK Vorträge 10-1864, KZl. 1980.

142 *Binder-Krieglstein*: Adelsrecht, 121 f.

Allerhöchsten Entschließung oder mit der Ausfertigung des Diploms?[143] Wie erwähnt war die Ausstellung der Urkunde gerade für die Mitarbeiter der Adelsbehörde von großer Bedeutung, da sie mit der Diplomausfertigungsgebühr einen wichtigen Zusatzverdienst erhielten. Manche der Nobilitierten, wie der galizische Gutsbesitzer Stanislaus Michalow-Michalowski, wollten im Gegenzug jedoch gerade diese einsparen und beantragten daher bewusst kein ihren Adelstitel belegendes »Diplom oder Plakat«. Michalows Verzicht des Diploms aus Kostengründen rief umgehend die betroffenen Beamten auf den Plan. Sogleich ließ man dem Geadelten über den galizischen Statthalter ausrichten,

> daß Standeserhöhungen erst durch die Allh. Unterzeichnung des betreffenden Diplomes thatsächlich vollzogen werden. [...] Es ist kein Grund vorhanden, von diesem Verfahren dermaln [sic] abzugehen, zumal es nur als eine Geringschätzung des Allerh. Gnadenaktes erscheint, wenn es der Begnadigte unterläßt, die Ausfertigung der für die Nachkommen so wichtigen Urkunde anzusuchen.[144]

Die Staatsdiener brachten zum Schutz ihrer Einnahmequelle also eine ganze Reihe von Argumenten vor. Die Diplomausfertigung sei eine Routine, die zudem eine Versicherung für die zukünftigen Generationen darstelle, da die Urkunde ein Beweis für ihren erblichen Adel wäre. Insbesondere sah man aber die kaiserliche Gnade gefährdet, wenn diese nicht durch ein eigenes Diplom nach außen kommuniziert werden könne. Das Adelsdepartement betonte, »[d]aß das Recht der Adelsverleihung ein ausschließliches Recht Seiner Majestät ist«, »weil der Kaiser erst in dem Diplome die Adelserhebung feierlich und rechtsförmlich ausspricht«.[145]

Die Adelsexperten gingen zudem davon aus, dass die Antragsteller durch die »Allerhöchste Entschließung« lediglich einen »Rechtstitel« erhalten würden, »auf Grund dessen die Ausfertigung des Diploms erfolgt«.[146] Der Rechtstitel allein genüge aber noch nicht, um das Recht der Titel- und Wappenführung auszuüben. Der Sektionschef des Innenministeriums, Peter von Schlosser, bezeichnete die Urkunde in einem Gutachten dagegen lediglich als eine »Folge« der bereits durchgeführten Adelsverleihung: »[M]an erhält durch die Verleihung das Recht, ein Diplom zu fordern.«[147] Außerdem erinnerte er daran, dass häufig schon vor der Versendung dieses Dokuments die Kundmachung der Standeserhebung in der Wiener Zeitung erfolgte und die jeweiligen Personen allgemein als Adelige galten – auch ohne in Besitz eines entsprechenden Diploms zu sein.[148] Schließlich oblag es dem Kaiser, in dieser Causa ein

143 *Ebenda*, 117. Siehe zu dieser Frage und dem Folgenden weiterführend *Cornaro*, Andreas: Nobilitierungen ohne Diplom und Ausfertigungsgebühr. In: Scrinium. Zeitschrift des Verbandes österreichischer Archivare 43 (1990), 126–139.

144 AT-OeStA/AVA Adel HAA AR, Stanislaus Michalow-Michalowski, pag. 2v.

145 *Ebenda*, 16v, 17r.

146 *Ebenda*, 15v.

147 *Ebenda*, 24r.

148 *Ebenda*.

Urteil zu fällen. Er tat dies allerdings nicht in schriftlicher Form, sondern lediglich als mündliche Weisung an Innenminister Karl Giskra, die dieser 1868 im Adelsakt Michalows notierte. Franz Joseph bestätigte darin, dass seine Resolution durch die Allerhöchste Entschließung beziehungsweise das Allerhöchste Handschreiben zur tatsächlichen Verleihung des Titels führe, ein zusätzliches Diplom sei dafür nicht erforderlich.[149]

Ungeachtet der Frage, ob ein Gesuch bewilligt oder abgelehnt wurde, war es die Aufgabe der staatlichen Institutionen, den Antragsteller über die kaiserlichen Entscheidungen zu informieren. Dies geschah zuweilen direkt durch das Innenministerium, das dem Geadelten seine Auszeichnung beispielsweise durch Kuriere[150] oder telegrafisch bekannt machte.[151] In den meisten Fällen erfolgte dies aber erneut unter Mithilfe der Lokalbehörden, die den positiven oder negativen Bescheid an die Bürger ausfolgen mussten. Die Beamten nahmen auch diese Tätigkeit sehr ernst, wie etwa die langwierige Rücksendung der persönlichen Unterlagen an den venezianischen Grafen Giampietro Grimani Giustinian beweist. Dieser hatte Anfang der 1890er Jahre vergeblich um die Übertragung seines österreichischen Titels an einen Verwandten angesucht, musste nun aber die abschlägige Entscheidung und vor allem seine wertvollen Familiendokumente persönlich entgegennehmen. Da das Konsulat in Venedig den genauen Wohnort des Patriziers nicht kannte, holte man zunächst die notwendigen Auskünfte beim venezianischen Commendatore ein und schickte daraufhin den Vizekonsul zu Grimanis Palais. Die Abwesenheit des Grafen führte zu einer weiteren Verzögerung und zu einer Urgenz des Außenministeriums. Darin drängte es das Generalkonsulat bereits knapp drei Monate nach der kaiserlichen Entschließung zu einer raschen Übergabe der Unterlagen an Grimani.[152]

149 *Binder-Krieglstein*: Adelsrecht, 127 f.

150 Gräfin Leopoldine von Thun berichtete über die Bekanntmachung der Leopold-Ordensverleihung an ihren Mann Friedrich von Thun und Hohenstein: »Es war bei einem Abschiedsdiner in Darmstadt, als der gute Széchényi, der eben als Kurier von Wien gekommen war, uns sogleich dahin folgte, um Fritz das ihm eben verliehene Großkreuz des Leopold-Ordens zu überbringen, das ihm Se. Majestät in Anerkennung seiner großen Frankfurter Verdienste verliehen hatte.« *Thun*, Leopoldine: Erinnerungen aus meinem Leben. Innsbruck u. a. 1926, 63.

151 Ludwig von Pastor notierte dazu in seinem Tagebuch: »Heute abend [sic] wurde ich durch folgendes Telegramm freudig überrascht: ›Freue mich aufrichtigst zu Allergnädigster Verleihung des Adelsstandes gratulieren zu können – Ministerpräsident Baron Bienerth‹«. *Pastor*, Ludwig von: Tagebücher, Briefe, Erinnerungen. 1854–1928. Hg. v. Wilhelm *Währ*. Heidelberg 1950, 497; Cajetan Felder beschrieb Ähnliches in seinen Erinnerungen: »Noch am selben Tag erhielt ich folgendes Telegramm nach Weidling: ›Se. Majestät geruhten Ihnen das Kommandeurkreuz des Leopold-Ordens zu verleihen. Herzlich Glück wünschend Auersperg.‹« *Felder*, Cajetan: Erinnerungen eines Wiener Bürgermeisters. Wien 1964, 276.

152 AT-OeStA/HHStA MdÄ AR F60-44, Miszellen, Adel 343.

Problematisch konnte dieser Auftrag allerdings auch dann werden, wenn vor allem im Ausland lebende Bittsteller nicht mehr auffindbar waren und deswegen die Mitteilung von den Behörden nicht überbracht werden konnte. Als die Botschaft in Berlin 1885 beispielsweise dem aus Ungarn stammenden Ludwig Samuel von Lanyi die Anerkennung seines Familienadels mitteilen wollte, erfuhr sie, dass der als »Missionsaspirant im evangelisch-lutherischen Bruderhaus in Schleswig-Holstein« tätige Lanyi bereits zwei Jahre zuvor nach Amerika ausgewandert war. Das Außenministerium bat nun die Gesandtschaft in Washington um weitere Recherchen zum Verbleib des Dekorierten, der über die Ehrung noch nicht im Bilde war.[153]

Innerhalb der Habsburgermonarchie blieben die positiv beschiedenen Auszeichnungsgesuche allerdings zumeist nicht lange unbemerkt. Bei erfolgter Adels- oder Ordensverleihung gehörte zu den Aufgaben des Innenministeriums nämlich nicht nur die Benachrichtigung des Antragstellers, sondern auch die der Öffentlichkeit.[154] Täglich wurden demnach in der »Wiener Zeitung« wie auch in lokalen Blättern die Namen der Honorierten veröffentlicht, was einen nicht unwesentlichen Teil der Auszeichnung bildete. Gleichzeitig wird hier die zweite bedeutende Funktion der Nobilitierungen akzentuiert: Sie sollten nicht nur den Einzelnen in ein besonderes Loyalitätsverhältnis zum Kaiser stellen und ihn für seine Verdienste belohnen, sondern vorrangig Anderen zum Ansporn und zum Leitbild dienen. Aus einer ganzen Reihe von Aussagen in den Adelsakten wird deutlich, dass die Behörden von der Wirkung des Auszeichnungssystems auf die Gesellschaft überzeugt waren. Deshalb erschien es nicht unwichtig, die verdienstvollsten Vertreter des Staates mit ihren Leistungen in der Öffentlichkeit zu präsentieren. Zeitungen des gesamten Reiches, von überregionalen Organen wie »Die Presse«[155] bis hin zur »Temesvarer Zeitung«[156] oder »Klagenfurter Zeitung«[157] berichteten daher beispielsweise Ende Februar/Anfang März 1860 von der Erhebung Pizzamanos in den Grafenstand und gaben der Entscheidung damit einen vom Individuum losgelösten Wert. Die ausgezeichnete Person wurde dadurch noch stärker in die Monarchie integriert und das individuelle Einzelschicksal des Untertanen mit der Entwicklung des Staates und der Dynastie gleichgesetzt.[158]

Welche Informationen dabei über den Dekorierten in Umlauf gebracht wurden, war ebenfalls von Bedeutung, galten sie der interessierten Leserschaft doch als Grundlage und Voraussetzung der kaiserlichen Entscheidung. Nicht immer waren die von offizieller Seite publizierten Daten jedoch vollständig und korrekt, wie der Rechtsanwalt und Wiener Bürgermeister Cajetan Felder

153 AT-OeStA/HHStA MdÄ AR F60-43, Miszellen, Adel 203.
154 Siehe dazu Kapitel III.6.
155 Die Presse. Abendblatt Nr. 59 v. 28.2.1860, 2.
156 Temesvarer Zeitung Nr. 50 v. 1.3.1860, 1.
157 Klagenfurter Zeitung Nr. 51 v. 2.3.1860, 1.
158 Siehe dazu Kapitel II.2.

kritisch in seiner Autobiographie anmerkte: Obwohl er über Jahrzehnte hinweg die niederösterreichische Lokalpolitik mitbestimmt hatte, wurde er von der »Wiener Zeitung« aus Anlass einer Ordensverleihung lediglich als »Hof- und Gerichtsadvokat«, nicht aber als ehemaliger Wiener Bürgermeister bezeichnet. Dadurch entstand seiner Meinung nach der allgemeine Eindruck, dass er ausschließlich für seine »hingebungsvolle und verdienstvolle« Tätigkeit als Jurist, nicht aber als Stadtpolitiker die Auszeichnung erhalten hatte:

> Um wenigstens in mir nicht den etwaigen Zweifel aufkommen zu lassen, ob diese kaiserliche Anerkennung nicht meinem Wirken als Bürgermeister, sondern meinen Advokatenverdiensten gelte, fügte der Ordenskanzler [...] neben »Hof- und Gerichtsadvokat« auch »gewesener Bürgermeister der Reichshaupt- und Residenzstadt Wien« bei. Allein dieses Aktenstück wurde nicht veröffentlicht und das große Publikum konnte darüber denken, was es wollte.[159]

Unzählige zeitgenössische Texte belegen, dass die öffentliche Kundmachung der kaiserlichen Entscheidungen eine rege Rezeption sowie Reaktion erfuhr: Schon einen Tag nach seiner Standeserhöhung erhielt beispielsweise der in Rom tätige Historiker Ludwig von Pastor mehrere Glückwünsche aus seiner österreichischen Heimat, unter anderem von Erzherzog Franz Ferdinand und dem Bischof Paul Wilhelm von Keppler.[160] Die Mutter des damaligen Außenministers Alois von Aehrenthal las wiederum erstmals in der Zeitung von der Grafenstandserhebung ihres Sohnes, zu der sie ihm sogleich brieflich und telegraphisch gratulierte.[161] Häufig wurde die Ehrung außerdem in Form einer patriotischen Veranstaltung inszeniert, die die Öffentlichkeit an ihre Pflichten erinnern und durch die Auszeichnung Einzelner einen Anreiz für Loyalität und Eifer bieten sollte.

Die Inszenierung der Entscheidung sollte zu einer Vereinheitlichung regionaler Entwicklungen und nationaler Tendenzen führen. Sie diente also nicht nur der öffentlichen Präsentation von Einzelentscheidungen, sondern auch der »kollektiven Bindung«, die Zweifel an den Beschlüssen zerstreuen sollte.[162] Die Performanz der getroffenen Entscheidungen ermöglichte deren Durchsetzung und Rechtfertigung innerhalb wie außerhalb des Staatsapparats.

[159] *Felder*: Erinnerungen, 276 f.

[160] *Pastor*: Tagebücher, 497.

[161] *Adlgasser*, Franz (Hg.): Die Aehrenthals. Eine Familie in ihrer Korrespondenz. 1872–1911. 2 Bde. Wien u. a. 2002, 957.

[162] *Neu*, Tim: Zeremonielle Verfahren. Zur Funktionalität vormoderner politisch-administrativer Prozesse am Beispiel des Landtags im Fürstbistum Münster. In: *Haas*, Stefan/*Hengerer*, Mark (Hg.): Im Schatten der Macht. Kommunikationskulturen in Politik und Verwaltung. 1600–1950. Frankfurt am Main 2008, 23–50, hier 24.

6. Zwischenresümee

»Im Zug der Verrechtlichung administrativ-politischer Entscheidungsprozesse«, so Urs Germann über das 19. Jahrhundert, wurden »biografische Konstrukte zu ›Fällen‹ kondensiert«, um dadurch »soziale Wirkmacht« zu erzeugen.[163] Wie sich zeigte, war die Nobilitierungspraxis in der späten Habsburgermonarchie in ein engmaschiges Verfahren eingebunden, das zu einer Homogenisierung individueller Anfragen beitrug und ihnen eine geregelte, logische Narration einschrieb. Die normierten Beschlussverfahren enthielten dabei sowohl formale und verhandelnde als auch hierarchische Praktiken und inkludierten dadurch eine ganze Reihe administrativer Ebenen in den komplexen Prozess der Meinungsbildung. Vom Kaiser bis zum Gemeindevorsteher waren Akteure aller Art an der Entscheidungsfindung beteiligt. Ihre Interaktionen über verschiedene Stufen der administrativen Hierarchie hinweg sollte ein kontrolliertes und rationalisiertes Vorgehen in Adelsfragen ermöglichen.

Von Zeit zu Zeit konnte dieser offizielle Gang durch die Instanzen durch Schleichwege abgekürzt werden. Informelle Praktiken waren ein aus der Frühen Neuzeit übernommenes, aber integrales Element jeder Beschlussfassung. Obwohl Franz Joseph großen Wert auf geordnete Verhältnisse und die unbehelligte Tätigkeit der Bürokratie legte, konnte er im inoffiziellen Bereich seine Freiräume finden, in denen allerdings erneut eine ganze Reihe an Beratern und Vertrauten, beispielsweise die Erzherzöge, der Kabinettskanzleidirektor oder höfische Repräsentanten, ihren Einfluss geltend machten. Diesem informellen System waren allerdings Grenzen gesetzt, die in erster Linie den Amtsmissbrauch und die Bestechlichkeit der Beamten betrafen. Neben der Androhung rechtlicher Konsequenzen hoffte man vorrangig auf die zeremonielle Wirkung des Verfahrens, die zudem den performativen Akt der Auszeichnung unterstützte. Die durch die Standeserhebungen sichtbar gemachten Identitätsveränderungen mussten nicht nur durch verfahrenseigene Praktiken, sondern auch durch gut ausgewählte Ressourcen plausibilisiert werden.

163 *Germann*: Geschichten, 319.

II. WAS BEDEUTET ADELIGKEIT?
Ressourcen des Entscheidens

1. Einführung

> Adel wohnet nur in der Seele; und es ist keine wahre Ehre, als nur in der Tugend. Die Gunst der Fürsten kann man durch Laster erwerben; Rang und Titel lassen sich um Geld erkaufen: aber diese sind nicht wahre Ehre. [...] Wenn Titel die Belohnungen der Tugend sind; wenn der erhoben wird, der dem Vaterlande dienet; so hat der, der Ehre austeilet, eben so wohl Ruhm davon, als der, welcher sie empfängt: und dieses nutzet der Welt. Jagest du solcher Ehre nach, erwirb dir Verdienste: ohne sie wirst du mit den höchsten Ehrentiteln ein Spott der Welt.[1]

Die »Bürger-Bibel« von 1794, die den Menschen den »Weg der Weisheit und Tugend« ebnen wollte, rechtfertigte die staatliche Adelserhebung einzig mit selbst errungen Leistungen und Verdiensten. Im Unterschied dazu seien eine adelige Geburt sowie die »unehrenhafte« Erreichung eines Titels durch unlautere Mittel für den Ausgezeichneten wie für den Auszeichnenden völlig wertlos. Bereits in der Aufklärung gab es in der Publizistik rege Diskussionen darüber, dass lediglich ein »Adel der Seele«, der sich auf Wohltätigkeit und Tugend stützte, den Bürger[2] für die Standeserhebung qualifizieren konnte.[3] In diesem Sinne stellte auch der Dichter Johann Heinrich Voß in dem lyrischen Text »Zur Arbeit« ein direktes Verhältnis zwischen einer inneren, »edelmüthigen« Einstellung und der Adelsverleihung her, wobei der Ruhm des guten Bürgers vor allem auf seinen »arbeitsfrohen Händen« beruhen sollte.[4]

1 Bürgerbibel oder der Weg zur Weisheit und Tugend [...]. Wien 1794, 110 f. Kleine Teile dieses Kapitels wurden in komprimierter Form in folgendem Beitrag veröffentlicht: *Dotter*, Marion: Sich adelig schreiben. Nobilitierungsgesuche an das österreichische Kaiserhaus im 19. Jahrhundert. In: *Stobbe*, Urte/*Conter*, Claude (Hg.): Adel im Vormärz. Begegnungen mit einer umstrittenen Sozialformation. Bielefeld 2023, 71–94.

2 Der Begriff des Bürgertums wird jenem des Mittelstandes vorgezogen. Siehe zu Zweiterem etwa *Conze*, Werner: Mittelstand. In: *Brunner*/*Conze*/*Koselleck* (Hg.): Geschichtliche Grundbegriffe. Bd. 4, 49–92.

3 *Stekl*, Hannes: Ambivalenzen von Bürgerlichkeit. In: *Ders.*/*Bruckmüller*, Ernst (Hg.): Adel und Bürgertum in der Habsburgermonarchie. 18. bis 20. Jahrhundert. Hannes Stekl zum 60. Geburtstag. Wien 2004, 140–156, hier 151 f.

4 Zitiert nach *Münch*, Paul (Hg.): Ordnung, Fleiß und Sparsamkeit. Texte und Dokumente zur Entstehung der »bürgerlichen Tugenden«. München 1984, 332.

Derartige Aussagen reflektieren einen Adel, der sich nicht anhand eines Titels, sondern anhand einer inneren Gesinnung festmachen lässt, die durch bestimmte Eigenschaften sichtbar werde. Da die meisten Antragsteller aus dem bürgerlichen Milieu stammten, brachten sie vorrangig das mit dieser Schicht verbundene Leistungsideal in den Entscheidungsprozess ein.[5] Die bürgerlichen Tugenden hatten sich ebenfalls im 18. Jahrhundert normiert und sollten die heterogene Gruppe aus Offizieren, Akademikern (Beamte, Advokaten, Ärzte, Wissenschaftler) und Wirtschaftstreibenden (Großhändler, Industrielle, Grundbesitzer)[6] zusammenhalten. Ungeachtet zahlreicher interner Unterschiede folgte das Bürgertum demnach ganz generell Werten wie Toleranz, Rechtschaffenheit, Leistung, Ordnung, Fleiß und Sparsamkeit.[7] Wer derartige Eigenschaften inkorporierte, gehörte einer »neuen Aristokratie« an und besaß einen »inneren Adel«.[8] Öffentliche und aufklärerische Diskurse über bürgerliche Tugenden, wie sie von normativen Schriften und Enzyklopädien festgehalten und reproduziert wurden, setzten sich auch in den administrativen Entscheidungsgremien der Habsburgermonarchie fest, die neben dem alten immer häufiger auch den verbürgerlichten Adel zuließen. Es existierte allerdings von staatlicher Seite kein feststehendes Repertoire von Merkmalen und Qualitäten, die zu einer Adelung berechtigten. Vielmehr wurden die Informationen zu den Antragstellern als Ressourcen in den Entscheidungsprozess eingespeist und erwiesen sich als stark aufeinander bezogene Auslegungs- und Verhandlungssache.

Während im vorangegangenen Kapitel gezeigt wurde, welche Möglichkeiten und Wege die Behörden nutzten, um Wissen über die Antragsteller zu sammeln und in der Adelsbehörde des Innenministeriums zu vereinigen, wird im Folgenden der Wert und die Bedeutung dieses zusammengetragenen Wissens für die Entscheidung analysiert. Die von den Entscheidungsträgern zu Entscheidungsressourcen uminterpretierten Informationen gelten »als Mittel, die Entscheiden sowohl ermöglichen als auch bei seinem Vollzug zum Einsatz gelangen. [...] Generell dienen sie dazu, Handlungsalternativen zu erzeugen, zu bewerten und eine Option zu selegieren«[9] sowie die Entscheidung zu legitimie-

5 Zu der Entstehung und Entwicklung dieses Tugendkatalogs von der Frühen Neuzeit bis ins 19. Jahrhundert anhand von zeitgenössischen Texten siehe *Münch* (Hg.): Ordnung, Fleiß und Sparsamkeit.

6 *Kühschelm*, Oliver: Das Bürgertum in Cisleithanien. In: *Harmat/Rumpler/Wandruszka* (Hg.): Die Habsburgermonarchie. Bd. 9. Tlbd. 1/2, 849–907, hier 850.

7 *Rüschemeyer*, Dietrich: Bourgeoisie, Staat und Bildungsbürgertum. Idealtypische Modelle für die vergleichende Erforschung von Bürgertum und Bürgerlichkeit. In: *Kocka*, Jürgen (Hg.): Bürger und Bürgerlichkeit im 19. Jahrhundert. Göttingen 1987, 101–120, hier 102.

8 Siehe dazu für das Deutsche Kaiserreich etwa *Harkort*, Friedrich: Bemerkungen über die Hindernisse der Civilisation und Emancipation der untern Klassen. Elberfeld 1844, 47–48.

9 *Pfister*: Einleitung, 25.

ren. Zu den Entscheidungsressourcen zählt demnach jedes Element des Entscheidungsprozesses, das »zur Begründung ›guter‹, ›richtiger‹ oder ›rationaler‹ Entscheidungen herangezogen wird«.[10] Dazu gehören neben Expertenmeinungen, gesetzlichen Normen oder Gunstbezeugungen explizit auch Informationen und »erhobene Daten«.[11]

Das behördliche Idealbild der Adeligkeit zeigt sich daher als fluide Konstruktion: Einerseits musste die Vorstellung adeligen Lebens an die beruflichen und familiären Realitäten der Einreichenden angepasst werden, die durch ihr jeweiliges Selbstverständnis als Beamte, Offiziere, Wirtschafts- oder Bildungsbürger den Adelsbegriff dehnten und heterogenisierten. Die Ressourcen, die in den Behörden zur Feststellung von Adeligkeit herangezogen wurden, variierten daher sowohl in Bezug auf den angestrebten Adelsrang als auch auf die berufliche und soziale Stellung des Nobilitierungskandidaten. Andererseits vereinheitlichten die Entscheider die individuellen Eigenschaften der Petenten zu Entscheidungsressourcen und schufen dadurch allgemein wirksame Rechtfertigungsstrategien, die nach den Kategorien Verdienstlichkeit, Familie, Loyalität und Verhaltensweisen klassifiziert werden können.

Wie das Entscheidungsproblem selbst, sind auch die Ressourcen keineswegs naturgegeben oder a priori vorhanden, sondern werden von den Entscheidungsträgern erzeugt und in jeweils passender Weise in das Verfahren eingeflochten. Um die Ziele des Entscheidens zu erreichen, rekurrieren sie ständig auf die Deutungshorizonte des Verfahrens beziehungsweise des daran gekoppelten Politikfeldes.[12] Die Ressourcen von Adeligkeit, die durch die Verknüpfung und konnotative Aufladung der gesammelten und verhandelten Informationen entstehen, sind gerade deswegen so zentral, weil die lebensverändernden Entscheidungen der Behörden und des Kaisers umstritten sein konnten.

Aufgrund der Vielzahl unterschiedlicher und sich teilweise sogar widersprechender Argumente in den Vorträgen zu Adelsfragen ist nicht von einer automatisierten Schlussfolgerung bei der Entscheidungsfindung auszugehen. Die Daten allein stellten also noch keine nützliche Information dar, erst ihre Kommunikation, Verbindung und Bewertung, also ihre Klassifizierung machte sie

10 *Stollberg-Rilinger*: Praktiken, 633.

11 *Pohlig*, Matthias: Informationsgewinnung und Entscheidung. Entscheidungspraktiken und Entscheidungskultur der englischen Regierung um 1700. In: *Brendecke* (Hg.): Praktiken der Frühen Neuzeit, 667–677, hier 669. Zum Entscheiden als »Vollzug im Bericht« siehe weiterführend: *Quante*, Michael/*Rojek*, Tim: Entscheidungen als Vollzug und im Bericht. Innen- und Außenansichten praktischer Vernunft. In: *Pfister* (Hg.): Kulturen des Entscheidens, 37–67.

12 *Pfister*: Entscheiden.

zu relevanten Ressourcen des Entscheidungsprozesses.[13] Neben ihrer »informierenden« Funktion dienten sie zudem der Absicherung und Rationalisierung der Resolutionen sowie der Kontrolle und Machtausübung, aber auch der Herstellung von Beziehungen zwischen den verschiedenen Akteuren.[14]

Anhand der Kategorien Verdienstlichkeit, Verhalten, Loyalität und Familie soll im Folgenden gezeigt werden,[15] wie im Laufe des Entscheidungsprozesses das Wissen über eine Person umgedeutet wurde, um zu einer Ressource ihrer gesellschaftlichen Standortbestimmung zu werden. Die zentrale Frage ist dabei, welche Informationen in den »Allerhöchsten Vorträgen« zu welchen Argumenten beziehungsweise Ressourcen umgewandelt wurden und an welche politischen und diskursiven Konzepte der Zeit sie anschlossen. Kontextualisiert werden die Argumente aus den Vorträgen mit normativen Schriften, die den vorherrschenden Diskurs über den »guten« Beamten, Offizier und Bürger im 19. Jahrhundert widerspiegeln – von einer direkten Beeinflussung der habsburgischen Nobilitierungspraxis durch diese normativen Texte ist allerdings nicht auszugehen.

2. Verdienstlichkeit der Beamtenschaft

Gerade für die Staatsbediensteten, die die größte Gruppe unter den Nobilitierten auf dem Schreibtisch des Kaisers darstellten, war das Credo der »arbeitsfrohen Hände« von zentraler Bedeutung, da zumeist ihre Leistungen im Amt ihre für die Nobilitierung dringend benötigte Verdienstlichkeit begründeten. Für Beamte war es daher möglich, die Qualifikation für ihre Standeserhebung einzig aus ihren berufsspezifischen Tugenden abzuleiten, was mit ihrem Berufsethos zusammenhing.[16] Ihre prägende Gestalt erhielt die habsburgische Bürokratie im 18. Jahrhundert, als mit den Reformen Maria Theresias und Josephs II. die rechtlichen Grundlagen des modernen Zentralstaats geschaffen wurden. Das Beamtentum, das sich bereits unter Kaiser Maximilian und seinen Nachfolgern ausgebildet hatte, wurde in der Aufklärung zu einer geschlossenen Gruppe mit einem eigenen Berufs- und Standesverständnis umgewandelt.[17] Die

[13] *Sieger*, Constanze/*Gräfenberg*, Felix: Information als Ressource des Entscheidens in der Moderne. (1780–1930). Entwicklungen und Konstellationen in preußischen Zentralbehörden und westfälischen Lokalverwaltungen. In: *Pfister* (Hg.): Kulturen des Entscheidens, 333–355, hier 334 f. Siehe dazu auch *Pröve*, Ralf: Herrschaft als kommunikativer Prozess. Das Beispiel Brandenburg-Preußen. In: *Ders./Winnige*, Norbert (Hg.): Wissen ist Macht. Herrschaft und Kommunikation in Brandenburg-Preußen. 1600–1850. Berlin 2001, 11–21.

[14] *Pohlig*: Informationsgewinnung, 673 f.

[15] Es handelt sich dabei um Quellenbegriffe, die Loyalität soll allerdings gleichzeitig als analytisches Konzept genutzt werden.

[16] *Kučera*: Staat, 166, 168.

[17] Zu der Geschichte des habsburgischen Beamtentums siehe etwa: *Wandruszka*, Adam: Ein vorbildlicher Rechtsstaat? In: *Ders./Urbanitsch* (Hg.): Die Habsburgermonarchie. Bd. 2,

Beamten besaßen den Anspruch, Vertreter des monarchischen Prinzips[18] im Kleinen zu sein, repräsentierten also den Staat und den Kaiser auf ihren Posten.[19] Viele Zeitgenossen teilten diese verklärte Vorstellung des Bürokraten als Ebenbild des Regenten, der sich selbst wiederum als »erster Beamter im Staat« bezeichnete.[20] Die administrative Elite des Monarchen hatte die Aufgabe, das Wohl des Reiches und der Bevölkerung zu fördern, wodurch sie per se dem öffentlichen Interesse diente und es daher keiner über ihre Berufstätigkeit hinausgehenden Legitimation der Adelsgesuche bedurfte.

In Anlehnung an den »Hirtenbrief« Joseph II., dessen klassische Beamtentugenden das Leitbild des habsburgischen Bürokraten bis zum Ende der Monarchie mitbestimmten, entwarf 1849 auch Innenminister Freiherr von Bach ein Konzept des modernen Beamten, das zuallererst seiner Vorstellung eines zentralisierten Staates entsprechen sollte. Der starke administrative Apparat, den Bach in den 1850er Jahren aufbauen konnte, sollte in alle Teile des Reiches vordringen und die Beamten durch ihr loyales, aber selbstbewusstes Eingreifen dem Leben der Staatsbürger annähern. Zu ihrer Tätigkeit sollte es gehören, die Menschen »von der Wiege bis zum Grab« zu begleiten, um dadurch zur Bedeutung »der Regierung, zur Befestigung der Sicherheit, Einheit und Macht des Staates« beizutragen.[21] Der Beamte war daher nicht nur der Repräsentant des Monarchen, sondern auch des Staatsgebildes und spiegelte daher den dualen Charakter der Monarchie als dynastischer und moderner Staat wider. Diese Bachsche Vorstellung vom guten Staatsdiener lebte im Selbstverständnis vieler Bürokraten der Zeit weiter, etwa bei dem böhmischen

IX–XVIII; *Heindl-Langer*, Waltraud: Gehorsame Rebellen. Bürokratie und Beamte in Österreich. Bd. 1: 1780 bis 1848. 2. Aufl. Wien u. a. 2013; *Seiderer*: Österreichs Neugestaltung; *Megner*, Karl: Beamte. Wirtschafts- und sozialgeschichtliche Aspekte des k. k. Beamtentums. Wien 1985; *Heindl-Langer*, Waltraud: Zum cisleithanischen Beamtentum. Staatsdiener und Fürstendiener. In: *Harmat/Wandruszka/Rumpler* (Hg.): Die Habsburgermonarchie. Bd. 9. Tlbd. 1/2, 1157–1209; *Benedek*, Gábor: Die Beamten in Ungarn. In: *Ebenda*, 1211–1243.

18 Siehe dazu Kapitel III.2.

19 *Ebenda*; *Heindl-Langer*: Gehorsame Rebellen, 36; *Wolf*: Kafka, 194.

20 Siehe dazu etwa die Darstellung der Audienz des Bezirkshauptmanns von Trotta bei Kaiser Franz Joseph in Joseph Roths Roman »Radetzkymarsch«. Darin werden die »beiden Beamten« als aufeinander bezogene, wesensverwandte Spiegelbilder geschildert. *Roth*, Joseph: Radetzkymarsch. München 2006, Teil 3, Kapitel 1.

21 Statthalter Eduard Bach an Innenminister Alexander Bach vom 26.5.1853, zitiert nach *Heindl-Langer*, Waltraud: Josephinische Mandarine. Bürokratie und Beamte in Österreich. Bd. 2: 1848 bis 1914. Wien u. a. 2013, 52; Vortrag Bachs vom 18.8.1849. In: *Fellner*, Thomas/*Walter*, Friedrich (Bearb.): Die österreichische Zentralverwaltung. Bd. 3: Von der Märzrevolution 1848 bis zur Dezemberverfassung 1867. Tlbd. 2: Die Geschichte der Ministerien Kolowrat, Ficquelmont, Pillersdorf, Wessenberg-Doblhoff und Schwarzenberg. Aktenstücke. Wien 1964, 105–110.

Beamten und Fachschriftsteller Maximilian von Obentraut,[22] der 1857 einen »Leitfaden für angehende junge Beamte in practischen Umrissen« veröffentlichte. In seinen Augen war die Monarchie die einzige Regierungsform, die »Ruhe und Ordnung« schaffen könne – und dies verdanke sie der »geordneten einheitlichen staatlichen Administrazion«.[23]

Verdienstlichkeit durch Alter: Das Anciennitätsprinzip

Einer von jenen Beamten, der seinen Berufsstand mustergültig verkörperte und dadurch auch für den Adelstitel prädestiniert war, war der Krainer Landesrat Thomas Pauker:

> Mit der Bitte um Willfahrung des Pensionsgesuches des Pauker verbindet der Statthalter in Krain den Antrag auf Erhebung des Genannten in den Adelsstand, da derselbe während seiner mehr als 40-jährigen Dienstleistung im politischen Dienste sich durch unermüdlichen Eifer, vorzügliche Leistungen, musterhafte Haltung und unerschütterliche Anhänglichkeit an den Ah. Thron wahrhaft ausgezeichnet und die allgemeine Achtung erworben habe.[24]

Der hier vermittelte habsburgische Beamtenethos enthält sowohl modernere Elemente der Bachschen Ära als auch die traditionellen Eigenschaften josephinischer Prägung. Zu den wichtigsten Neuerungen der josephinischen Beamtenreform zählte die Einführung des sogenannten Anciennitätsprinzips, das den kontinuierlichen Aufstieg in der administrativen Hierarchie nach geleisteten Dienstjahren ermöglichte. Dadurch hoffte der aufgeklärte Monarch, eine Bevorzugung aristokratischer Staatsdiener, die die Posten aufgrund ihrer Herkunft und sozialen Stellung, nicht aber wegen ihrer Befähigung erhalten hatten, verhindern zu können.[25] Die Karriere der Staatsbediensteten sollte vorrangig auf ihrem Wissen und ihren Erfahrungen fußen, was ein klares Zugeständnis an die bürgerliche Leistungsbereitschaft darstellte.[26] Die Idee des Senioritätsprinzips – dass mit dem Alter auch die Verdienstlichkeit ansteigen würde – blieb bis ins 20. Jahrhundert ein wesentliches Argument für die Beförderungen im Behördenapparat[27] und wirkte schließlich auf die Nobilitierungspraxis zurück: Die Anzahl der Jahre, die ein Beamter dem Staat mit seiner Arbeitskraft gewid-

[22] Zu Obentraut siehe *Wurzbach*, Constantin von: Obentraut, Maximilian Ritter von. In: Biographisches Lexikon des Kaiserthums Oesterreich. Bd. 20. Wien 1869, 449 f.

[23] *Obentraut,* Maximilian von: Grundsätzlicher Leitfaden für angehende junge Beamte in practischen Umrissen. Prag 1857, 106.

[24] Thomas Pauker, AT-OeStA/HHStA KA KK Vorträge 8-1859, KZl. 1514.

[25] *Heindl-Langer*: Gehorsame Rebellen, 35, 253.

[26] *Ebenda*: 60, 245.

[27] *Becker*, Peter: Recht, Staat und Krieg. »Verwirklichte Unwahrscheinlichkeiten« in der Habsburgermonarchie. In: Administory. Zeitschrift für Verwaltungsgeschichte 1 (2016), 28–53, hier 44.

met hatte, konnte als Ressource für die Nobilitierung in einzelnen Fällen tatsächlich ausschlaggebend sein. So sollte beispielsweise der Obereinnehmer des Tilgungsfonds, Heinrich Tullinger, wegen seines 50. Dienstjubiläums ausgezeichnet werden, weitere bedeutende Qualitäten musste der Bittsteller nicht vorbringen. Daher resümierte das einreichende Finanzministerium am Ende des Vortrages für Tullinger, dass

> Eure Majestät in der Zurücklegung des 50. Dienstjahres schon öfter den willkommenen Anlaß gefunden haben, um ausgezeichnete Staatsbeamte bei diesem seltenen und wichtigen Zeitabschnitte ihres Geschäftslebens mit einem Zeichen der besonderen kaiserlichen Huld und Gnade zu beglücken.[28]

Die Vorstellung, dass Personen mit einer 50-jährigen Dienstzeit einer kleinen und exklusiven Gruppe von Beamten angehörten, die daher besonders auszeichnungswürdig seien, tritt hier deutlich hervor, auch eine 30- bis 40-jährige Laufbahn wurde aber bereits lobend erwähnt.

Das lange und erfolgreiche Wirken der Antragsteller im Sinne der Monarchie wurde in den Vorträgen zudem häufig durch einzelne Karrierestationen in unterschiedlichen Bereichen des Verwaltungsapparats nachvollzogen. Der Aufstieg des Antragstellers in der Beamtenhierarchie, der anhand seines Werdegangs gezeigt wurde, nahm dabei gleichsam den Eintritt in höhere gesellschaftliche Sphären vorweg.[29] Die stakkatoartige Nennung zahlreicher staatlicher Positionen in verschiedenen Teilen der Monarchie, die der Antragsteller in rascher Folge durchlaufen hatte, vermittelte Strebsamkeit und Ausdauer. Die Beamtenschaft war räumlich dabei außerdem keineswegs an ihren Herkunftsort gebunden, sondern wies eine hohe Mobilität auf, was ihre Rolle als »zentripetales« Element der Monarchie verstärkte.[30]

Die Berufung auf das Anciennitätsprinzip im Nobilitierungswesen schloss allerdings naturgemäß jüngere oder kürzerdienende Beamte von dieser Ehrung aus. Als 1865 die Finanzministerialsekretärswitwe Leokadia Hocheder in ihrem Adelsstandsgesuch auf die Verdienste ihres verstorbenen Gatten verwies, wurde ihre Bitte ausschließlich aufgrund der »doch nur kurzen Dienstzeit« von 22 Jahren abgelehnt. Dass Hocheder nicht durch eigenes Verschulden, sondern wegen seines Ablebens aus dem Dienst geschieden war, spielte in den Überlegungen des Finanzministeriums keine Rolle.[31] Das Anciennitätsprinzip als Gradmesser der Adeligkeit sollte das Nobilitierungswesen der Beamten jenem der Offiziere angleichen, die mit dem systemmäßigen Adel einen

28 Heinrich Tullinger, AT-OeStA/HHStA KA KK Vorträge 8-1855, MCZl. 1888.

29 Emanuel Matauschek, AT-OeStA/HHStA KA KK Vorträge 3-1873, KZl. 552.

30 Siehe dazu *Buchen*, Tim/*Rolf*, Malte: Eliten und ihre imperialen Biographien. In: *Dies.* (Hg.): Eliten im Vielvölkerreich. Imperiale Biographien in Russland und Österreich-Ungarn. 1850–1918/Elites and Empire. Imperial Biographies in Russia and Austria-Hungary. 1850–1918. Berlin, Boston 2015, 3–31.

31 Leokadia Hocheder, AT-OeStA/HHStA KA KK Vorträge 9-1865, KZl. 1778.

an die 30-jährige Dienstzeit gekoppelten »Adelsautomatismus« besaßen. Zudem konnte eine lange Dienstzeit und der rasche Aufstieg im Verwaltungsapparat auch als Anzeiger für andere wichtige Beamteneigenschaften wie Verlässlichkeit und Vertrauenswürdigkeit gelten. Wem diese beiden Charakterzüge fehlten, so folgerte der bereits erwähnte Maximilian von Obentraut, ist »in der That nicht wohl zu verwenden« und eigentlich »nicht gut brauchbar«,[32] da »[n]ur die Verläßlichkeit der zur Durchführung getroffener Maßregeln und Vorkehrungen berufenen Organe [...] die sichere Erreichung der mit denselben beabsichtigten Erfolge [verbürgt]«.[33] Wenn die Beamten die Gesetze und Verordnungen der Regierung nicht adäquat umsetzten, waren diese vollkommen wertlos, weil die Legislative ohne die Exekutive keine spürbare Wirkung auf die Menschen entfalten und von den Untertanen daher nicht positiv wahrgenommen werden konnte. Die Bedeutung des verlässlichen Beamten für den Staat spiegelte sich demnach auch als Adelsressource wider.

Verdienstlichkeit durch Tugend: Das Leistungsprinzip

Trotz der großen Wirkmacht des Anciennitätsprinzips im habsburgischen Verwaltungsapparat verstärkte sich spätestens seit den 1840er Jahren die Kritik an diesem Mechanismus. In immer deutlicherem Maße regte es nämlich zu einem Abfall der bürokratischen Leistungsbereitschaft an und erzielte damit die der Intention von Joseph II. entgegengesetzte Wirkung.[34] Neben den erreichten Arbeitsjahren rückten daher auch die Verdienste der Beamten als Ressource der Entscheidungen in den Fokus der Adelsbehörde. Das Durchhaltevermögen der Bürokraten war demnach nur bei einer besonders langen Dienstzeit für eine Nobilitierung ausreichend, während normalerweise noch andere Aspekte zu einer erfolgreichen Antragsstellung hinzutreten mussten. Parallel zum Prinzip der Seniorität etablierte sich seit dem Neoabsolutismus demnach noch stärker jenes der Leistung, auf dem die Mehrzahl der Adelsvorträge beruhten. Dieses sollte die Behörden vor allem gegen den öffentlichen Vorwurf rechtfertigen, »daß sich dieser Stand des Staatslebens [das Beamtentum, Anm.] nur selten einer solchen Gnade würdig zeigt, und sehr oft 40 und mehrere Dienstjahre, eigentlich aber oft kaum 40 Tage einer fleißigen eifrigen Dienstleistung nachzuweisen hat«.[35] Dementsprechend schrieb das Innenministerium beispielsweise 1890 über den bei der Statthalterei Brünn angestellten Hofrat Johann Ritter von Winkler:

32 *Obentraut*: Grundsätzlicher Leitfaden, 127.

33 *Ebenda*, 126.

34 *Heindl-Langer*: Gehorsame Rebellen, 55. Zur zeitgenössischen Beamtenkritik siehe etwa auch *Weber*, Alfred: Der Beamte. In: Neue Rundschau 21/4 (1910), 1321–1339.

35 *Schirnding*, Ferdinand Graf: Oesterreich im Jahr 1840. Staat und Staatsverwaltung, Verfassung und Cultur. Von einem Staatsmanne. Bd. 1/1. Leipzig 1840, 94.

Winkler hat sonach eine ununterbrochene anrechenbare Dienstzeit von mehr als 40 Jahren im Staatsdienste zurückgelegt u. [...] hat sich stets des besonderen Vertrauens der ihm vorgesetzten Statthalter erfreut und dieses Vertrauen auch durch gewissenhafte Verwendung seiner hervorragenden Fähigkeiten, seinen unermüdlichen Diensteifer und seine taktvolle Haltung auf das Beste gerechtfertigt.[36]

Der Leistungsbegriff, der im 18. Jahrhundert in den Beamtendiskurs aufgenommen wurde, beruhte daher weniger auf außergewöhnlichen Einzeltaten als vielmehr auf einer Reihe von Tugenden, die in den diversen Vorträgen regelmäßig wiederholt und kanonisiert wurden. Schon seit der Aufklärung – zum Teil aber auch bereits zuvor – hatte sich aus den Texten antiker und frühneuzeitlicher Schriftsteller ein Katalog bürokratischer Ideale gebildet.[37] Auf diesen basierte auch Obentrauts »Leitfaden«, der zwar in der Zeit des Neoabsolutismus entstanden war, im Grunde aber einen sehr stabilen und bis zum Ende der Monarchie gültigen Kanon von Werten umfasste. Diese wurden von Obentraut in drei Kategorien gegliedert: Die »allgemeinen Eigenschaften bezüglich Persönlichkeit und Charakter« umfassten vor allem die Treue und Anhänglichkeit an das Kaiserhaus sowie Unbescholtenheit, Ehrenhaftigkeit und Nüchternheit, zu den »besonderen Eigenschaften in Absicht auf den Dienst und die Haltung im Amte« zählte er Subordination, Verschwiegenheit, Fleiß und Eifer, Rechtlichkeit, Klugheit, Mäßigung, Entschlossenheit und Verträglichkeit. Im »dienstlichen Verkehr« waren schließlich Höflichkeit, Anstand, Gefälligkeit und Humanität gefordert.[38] Des Weiteren sprach man Gerechtigkeit und Unparteilichkeit, Moralität und Wohlverhalten sowie Bescheidenheit und Pünktlichkeit den Beamtentugenden zu.[39]

In der Regel konnte es für eine Adelung allerdings genügen, vom einreichenden Ministerium im Vortrag als »eifrig« »aufopfernd«, »strebsam« und »ersprießlich« bezeichnet zu werden, also mit Adjektiven, die den Fleiß des Antragstellers betonten. Diese Begriffe prägten über die amtliche Korrespondenz und die Lehrwerke den allgemeinen Beamtendiskurs: Friedrich Kleinwächter, selbst Angehöriger des Finanzministeriums, charakterisierte etwa seinen Vorgesetzten wie folgt: »Er war ein außerordentlich intelligenter Beamter von umfassendem Wissen und unermüdlichem Fleiß.« Er »war ein Beispiel jener nur aus Pflichterfüllung bestehenden zahlreichen österreichischen Beamten, von deren stillem Heldentum die Öffentlichkeit nichts erfuhr«.[40] Die Beamteneigenschaften waren in den Kanon der bürgerlichen Tugenden integriert und als Ressourcen einer möglichen Nobilitierung anerkannt.

36 Johann Ritter von Winkler, AT-OeStA/HHStA KA KK Vorträge 6-1890, KZl. 1281.

37 *Heindl-Langer*: Gehorsame Rebellen, 252 f.

38 Siehe dazu *Obentraut*: Grundsätzlicher Leitfaden, 107–143.

39 *Wandruszka*: Rechtsstaat, XIV.

40 *Kleinwächter*: Präsidialist, 116.

Der Fleiß als Grundlage bürokratischer Tätigkeit

Eifer und beständiges Streben stellten demnach sowohl für Joseph II., als auch für Innenminister Bach die Grundlage eines erfolgreichen Beamtenlebens dar. Beide setzten den Fleiß an die Spitze des bürokratischen Tugendkatalogs, entwickelten ihn daraufhin aber in unterschiedliche Richtungen. Während er für den »aufgeklärten Monarchen« Ausdruck von Gehorsam und Unterordnung war,[41] führte Bach in einem Rundschreiben an die Statthalter den »gesteigerten Eifer« und die »vermehrte Anstrengung« mit dem »erhöhten Nachdenken« zusammen.[42] Indem die Beamten mit der Bevölkerung im regen Austausch stehen und ihr in ihrem Lebenswandel als Vorbild dienen sollten, wurde ihnen größere Selbstständigkeit, aber auch Verantwortung zuteil. Sie sollten ihre Tätigkeit von der reinen Aktenbearbeitung hin zur mündigen Dienstleistung entwickeln und dadurch am Fortschritt des Staatsgebildes mitwirken.[43] Fleiß galt dabei als erlernbare Fähigkeit, die mit Auszeichnungen und Anreizen gefördert wurde. Sowohl bei der Vergabe von Stipendien[44] als auch bei der Auszahlung der Professorengehälter wurde auf den Fleiß als wesentliches Auswahl- und Bemessungskriterium geachtet.[45] Die Verschränkung der eifrigen Leistung des Einzelnen mit der affirmativen Gesamtwirkung des bürokratischen Apparats manifestierte sich dauerhaft im Reich: Noch 1915 galt die »›positive Förderung der Staatszwecke und des österreichischen Staatsgedankens‹ im Kontakt mit der Bevölkerung« den Statthaltern als wesentliches Argument, die Nobilitierung eines Beamten voranzutreiben.[46] Es war daher nicht ungewöhnlich, dass – wie im Falle des Grundentlastungskommissionspräsidenten Ignaz Hietzgern – »ausnehmender Fleiße [...] den Ruf eines ausgezeichneten Beamten« begründen konnte.[47]

Trotz dieser Überlegungen war es für einen Staatsdiener nicht notwendig, durch über die Anforderungen seines Arbeitsalltags hinausgehende Leistungen zu glänzen und sich mit ungewöhnlicher Eigeninitiative für die Erhebung in den einfachen Adelsstand zu qualifizieren. Nur wenige Beispiele bieten hierbei eine Ausnahme: Dem 1858 pensionierten und geadelten Matthäus Catticich kam seine »aufopfernde Hingebung im a[llerhöchsten] Dienste« zugute, deren Bedeutung für die Monarchie auch detailliert geschildert wurde: Catticich habe, »in Zeit weniger Monate, die Staatsbuchhaltung in Zara in einen Zustand von

41 *Heindl-Langer*: Gehorsame Rebellen, 254 f.

42 Vortrag Bachs vom 18.8.1849, 106 f.

43 *Heindl-Langer*: Josephinische Mandarine, 55–57. Siehe weiterführend *Seiderer*: Österreichs Neugestaltung; *Deak*: State.

44 Siehe etwa AT-OeStA/HHStA KA KK Vorträge 16-1856, MCZl. 3351.

45 *Heindl-Langer*: Gehorsame Rebellen, 255.

46 *Wullschleger*, Marion: »Gut österreichische Gesinnung«. Imperiale Identitäten und Reichsbilder der letzten österreichischen Statthalter in Triest. 1904–1918. In: *Buchen/Rolf* (Hg.): Eliten im Vielvölkerreich, 90–106, hier 102.

47 Ignaz Hietzgern, AT-OeStA/HHStA KA KK Vorträge 4-1853, MCZl. 763.

Ordnung versetzt, wie derselbe früher vergeblich angestrebt wurde«.[48] Catticich wird in dem ministerialen Vortrag als ein Mann gezeigt, der sowohl die Fähigkeiten als auch die Ausdauer und den Willen besaß, dem Staat zu dienen. Seine persönlichen Eigenschaften hoben ihn aus der Schar seiner Mitarbeiter heraus und wurden für sie zur Leitlinie des eigenen Handelns. Nicht nur durch Disziplin und Zwang – so die Meinung der Behörden –, auch durch sein Vorbild erreichte das staatliche Buchhaltungswesen einen vollkommen neuen Standard. Einzelpersonen wie Catticich waren es, die die Monarchie von unten modernisierten und zusammenhielten – und dafür gebührte ihnen die Allerhöchste Anerkennung. Aus Begeisterung und Passion für die Dienstaufgaben resultierte Eifer und der führte wiederum zu besonderen Leistungen um den Staat.

Als Bürokrat konnte man daher mit »opferwilliger Hingebung« und »eisernem Eifer« Erfolge für die gesamte Monarchie erringen – so beispielsweise auch der Sektionschef des Innenministeriums, Ferdinand Ritter von Erb, der mit seinem »organisatorischen Talent« mehrmals gegen die Cholera gekämpft hatte.[49] Fleiß bedeutete im Falle der Beamten also eine Aufopferung im Staatsdienst und sollte diese nicht nur als Tugend zieren, sondern vielmehr zu ihrer obersten Pflicht werden, die ihr gesamtes Selbstverständnis bestimmte:

> Eine solche fleißige Geschäftsgebarung sich ernstlich angelegen sein zu lassen, ist des Beamten Pflicht, deren Erfüllung von ihm darum streng gefordert werden kann, weil er dafür die Besoldung bezieht. Diese zu genießen ohne dafür nach Pflicht und Gewissen fleißig dem Dienste obzuliegen, ist unehrenhaft.[50]

Wer sich für seine Untätigkeit und seinen mangelnden Fleiß entlohnen ließ, mache sich eines moralischen Verbrechens schuldig und sei daher in seiner Ehre anzuzweifeln, so Obentraut. Damit folgte der Autor dem Ideal des militärischen Ehrbegriffs, der sich im 19. Jahrhundert auch im zivilen Leben mehr und mehr durchgesetzt hatte und die Männlichkeitsvorstellungen der Zeit intensiv prägte.[51] Besonders bedeutend war die Wahrung der Ehre für den Beamten nicht nur in seiner Rolle als Einzelperson, sondern vielmehr in seiner Position als Vertreter von Kaiser und Monarchie. Ähnlich dem Militärwesen[52] konnte die Legitimität und Überlegenheit der gesamten administrativen Organisation nur dann aufrechterhalten werden, wenn deren einzelne Glieder die Würde der In-

48 Matthäus Catticich, AT-OeStA/HHStA KA KK Vorträge 3-1858, MCZl. 407.

49 Ferdinand Ritter von Erb, AT-OeStA/HHStA KA KK Vorträge 12-1887, KZl. 2351.

50 *Obentraut*: Grundsätzlicher Leitfaden, 121.

51 *Schmale*, Wolfgang: Geschichte der Männlichkeit in Europa. 1450–2000. Wien 2003, 199. Siehe dazu auch die Ausführungen von Friedrich Kleinwächter, der sich an seinem ersten Arbeitstag als Ministerialbeamter mit dem Feldherren Napoleon vergleicht und hinzufügt: »Übrigens hat ja Napoleon auch als Leutnant angefangen. Und ich war als k. k. Finanzprokuraturkonzipist sogar im Range eines Oberleutnants, also schon von Anfang an dem Korsen um eine Sprosse voraus.« *Kleinwächter*: Präsidialist, 20.

52 Siehe unten.

stitution inkorporierten und dadurch bestmöglich vertraten. Nichtsdestoweniger waren besondere Verdienste für den Erhalt des einfachen Adels, wie bereits erwähnt, eher selten und zudem nicht erforderlich.[53]

Die Akkumulation von Tugenden: Verantwortlichkeit und Selbstständigkeit

Zu den höheren Adelsrängen hatten dagegen vorwiegend Beamte mit einer herausfordernden und verantwortungsvollen Position im Staat Zugang. Nicht nur zu folgen, sondern auch voranzuschreiten – und damit den Typus des »Bachschen Beamten« zu verkörpern – konnte das Adelsgesuch als Ressource wesentlich unterstützen. Immer wieder wird dementsprechend betont, dass Bürokraten, die einen großen und vertrauenswürdigen Verwaltungsbereich lenkten, einer Auszeichnung wie der des Freiherrenstands würdig seien.

Die Verdienste des Beamten definierten sich demnach häufig über die Anforderungen der Position, die er inne hatte. Schon die Tatsache, dass ihm herausfordernde Aufgaben überantwortet wurden, konnte seine Honorierung rechtfertigen, wie das Finanzministerium im Vortrag des »Tabakfabrikencentraldirektors« Georg Ritter von Plenker erklärte:

> Es gebe, bemerkt der F[inanz] Minister weiter, in Finanzdiensten wenige Beamte, deren Verdienste sich klarer durch Zahlen herausstellen, und kaum einen ähnlichen Posten, wo das Gedeihen des Ganzen und der finanzielle Erfolg so sehr von der persönlichen Tätigkeit des Vorstehers abhängt, und mit welchem eine so außerordentliche Verantwortlichkeit verbunden wäre, da mit jedem Fehlgriffe dem Staate ebenso sehr ein Schaden von Millionen zugefügt werden kann, als durch Geschicklichkeit und zweckmäßiges Gebaren ein ebenso großer Gewinn erzielt zu werden vermag.[54]

Das seit 1784 bestehende staatliche Tabakmonopol, das durch die »k. k. Zentraldirektion der Tabakfabriken und Einlösungsämter« repräsentiert wurde, war für die Habsburgermonarchie eine bedeutende steuerliche Einnahmequelle. In dieser Position benötigte der Staat daher einen verlässlichen und demgemäß auszeichnungswürdigen Beamten, dessen Leistungen durch die großen Veränderungen im Tabakwesen der 1850er Jahren um so anerkennungswerter erschienen.[55]

Um seine Pflicht erfüllen zu können, musste der Beamte mit dem ihm zugeteilten Posten in Symbiose stehen – sein ganzes Wesen musste den amtlichen Anforderungen entsprechen. Nicht nur das Verhalten im Dienst, auch die Eignung dafür war also ein wesentlicher Garant für seinen Erfolg, der weniger dem Einzelnen als dem Staat an sich nutzbringend sein konnte. Dadurch

53 Siehe dazu etwa Johann Brentano, AT-OeStA/HHStA KA KK Vorträge 17-1856, MCZl. 3573.

54 Georg Plenker, AT-OeStA/HHStA KA KK Vorträge 6-1863, KZl. 1392.

55 *Rupp*, Herbert: Die österreichische Tabakregie. 1848 bis 1913. (Dissertation) Universität Wien 1979, 25–39, 64–69; Geschichte der Österreichischen Tabakregie. 1784–1835. Hg. v. *Austria Tabakwerke*. Wien 1975, 42–58.

wurde eine enge Verschränkung zwischen dem Bürokraten und der ihn umgebenden Institution geschaffen: Das Amt war zwar nichts ohne den Amtsträger, der Amtsträger aber auch nichts ohne das Amt. Lediglich wer sich in dieses System einfügen und die ihm zugewiesene Position den Anforderungen entsprechend ausüben konnte, verdiente daher eine Dekoration oder Adelung, war also »adelsfähig«.

Das Beispiel Plenkers zeigt allerdings auch, dass der Beamte in bestimmten Positionen nicht nur Fleiß und Eifer besitzen, sondern auch Verantwortung tragen musste. Diese basierte für Obentraut auf der Redlichkeit seines Charakters: Sie lasse ihn »unabweichlich jenen Weg gehen, welcher ihn eben dem Rechte und dem öffentlichen Wohle« zuführte, half ihm aber gleichzeitig wiederum, seinen Ruf in der Öffentlichkeit und bei seinen Vorgesetzten zu stärken.[56] Dies traf exemplarisch auf Karl Rieger zu, dem vom mährischen Statthalter »bezüglich seiner als Staatsbuchhalter stets bewiesenen strengen Rechtlichkeit und erprobten Verläßlichkeit [...] das wärmste Lob gespendet« wurde.[57] Gerade im verantwortungsvollen Buchhaltungssektor konnte es zu Unterschlagungen und Betrugsfällen kommen, weshalb ein derart »rechtsliebender« Beamter, der aufgrund seiner Fähigkeiten rasch aufgestiegen war, durchaus auszeichnungswürdig erschien.

Wie bereits gezeigt wurde, umfasste der bürokratische Tugendkatalog mit Treue, Fleiß, Klugheit, Höflichkeit, Anstand und Humanität eine ganze Reihe von Eigenschaften, die sich gegenseitig ergänzten und miteinander korrespondierten – einzelne Vor- und Charakterzüge der Antragsteller konnten dementsprechend in den Fokus gerückt und unter Addition zusätzlicher Aspekte besonders betont werden. Die Person des Bittstellers in all ihren Facetten sollte möglichst weitgehend dem stereotypen Bild des idealen Staatsdieners entsprechen. So wurde auch Rieger nicht nur wegen seiner »Rechtlichkeit« und »Verläßlichkeit« gelobt, sondern auch seine »Gründlichkeit«, seine »Kenntnisse«, seine »Gediegenheit«, also seine Mäßigung und Ausdauer sowie sein »Diensteifer« hervorgehoben.[58] Diese Beschreibungen entsprechen der »Gründlichkeit«, »Bescheidenheit«, »Klugheit« und »Entschlossenheit«, die auch laut Obentrauts »Leitfaden« das Wesen des Beamten bestimmen sollten.

Die Ressourcen in ihrer variablen Vielfalt

In den Vorträgen wird die Erhebung in den Freiherren- und den Grafenstand, die zum höheren Adel qualifizierten, als besondere Auszeichnung definiert, die nur auf ausgewiesene Verdienste folgen sollte: So bezeichnete sie das Innenministerium 1856 als »Begünstigung, die jedenfalls eine hervorragende und daher

56 *Obentraut*: Grundsätzlicher Leitfaden, 136 f.
57 Karl Rieger, AT-OeStA/HHStA KA KK Vorträge 8-1865, KZl. 1661.
58 *Ebenda*.

wohl nur für ganz eminente Verdienste vorzubehaltende Auszeichnung bildet«,[59] und auch noch fast 40 Jahre später sollte sie »nur in seltenen Fällen und als Belohnung außerordentlicher Verdienste«[60] verliehen werden. Auf Basis solcher und ähnlicher Aussagen ließe sich schließen, dass die Vergabe dieser beiden hohen Adelstitel als »seltener und ausgezeichneter Gnadenakt«[61] auch bei Beamten nur auf eine ganz außergewöhnliche Leistung folgte. Da die »eminente« und »außerordentliche« Verdienstlichkeit in den Definitionen dieser Adelsstufen eine so wesentliche Rolle einnahm, sollte man annehmen, dass die simple Pflichterfüllung nach berufsspezifischen Vorgaben, wie sie für die Erlangung des einfachen Adels ausreichend war, für den hohen Adel nicht mehr genügen konnte.

Tatsächlich blieben diese Bekenntnisse zur Exklusivität des Freiherren- und Grafenstandes, die nur sehr selten verliehen werden sollten, in der Mehrzahl der Fälle aber eine leere Worthülse: In der Praxis wurde bei der Auswahl der Kandidaten darauf kaum Rücksicht genommen. Zwar wurden bei Erhebungen in den höheren Adel die jeweiligen Einzelbiografien der Antragsteller tendenziell detaillierter und umfangreicher dargestellt, generell erscheinen die präsentierten Leistungen der Freiherren- und Grafenstandswerber aber nicht größer als jene, die zum niederen Adel berechtigten. Auf die Bedeutung des hohen Adels als ganz exquisite Auszeichnung wurde nur dann gepocht, wenn es dem Adelsdepartement für seine Argumentation nützlich schien. Wollte man einen Antrag also ablehnend beurteilen, wurde auf den Wert dieser Auszeichnung in Staat und Öffentlichkeit hingewiesen, die man mit einem strengen Vorgehen schützen müsse. Wie schon beim einfachen Adel war es daher auch bei der Erhebung in den Freiherren- und Grafenstand zumeist ausreichend, als idealtypischer Beamter gezeigt zu werden – die vom Innenministerium selbst in einzelnen Vorträgen so intensiv geforderten herausragenden Verdienste fehlten dagegen in vielen Dokumenten. So wird etwa der Hofrat und Lottogeschäftsdirektor Josef Ritter von Spaun anlässlich seines Freiherrenstandsgesuchs als »ein Mann des biedersten und redlichsten Charakters, umfassender Kenntnisse und Bildung, des regsten Diensteifers und der aufopferndsten Tätigkeit, der lautersten Ehrenhaftigkeit, und der unverbrüchlichsten Anhänglichkeit an seinen Monarchen«[62] dargestellt. Da er keine Adelsstufe überspringen musste, war es nicht notwendig, außergewöhnliche Verdienste als Ressourcen vorzuweisen, die den Aufstieg in den Freiherrenstand von jener in den einfachen Adel unterschieden.

59 Anton Ritter von Piombazzi, AT-OeStA/HHStA KA KK Vorträge 21-1857, MCZl. 4098.
60 Walter Freiherr Nugent von Delion, AT-OeStA/HHStA KA KK Vorträge 26-1890, KZl. 5444.
61 Laurenz von Marzipanyi, AT-OeStA/HHStA KA KK Vorträge 17-1856, MCZl. 3600.
62 Josef Ritter von Spaun, AT-OeStA/HHStA KA KK Vorträge 14-1859, KZl. 3012.

Geradezu im Kontrast zu der in einzelnen Vorträgen erhobenen Forderung nach gesteigerter Verdienstlichkeit als Voraussetzung des höheren Adels stand die Freiherrenstandserhebung des ungarischen Rats Georg Bajzath von Peszak, die 1859 noch im österreichischen Innenministerium verhandelt wurde. Dieses schrieb: »Sind nun auch keine erheblichen Verdienste nachgewiesen, so wird doch die erprobte Loyalität des Bittstellers von den Behörden im Lande angerühmt.«[63] Bajzaths Auszeichnung wurde daraufhin anstandslos der kaiserlichen Gnade empfohlen und bewilligt. Dies zeigt sehr deutlich, dass die Vergabe eines Adelstitels nicht einzig an die Art und das Ausmaß der erbrachten Leistungen gekoppelt war beziehungsweise die Leistungen nicht automatisch ansteigen mussten, wenn man einen höheren Adelsrang beantragte. Tatsächlich spielten bei vielen Entscheidungen beispielsweise auch politische Komponenten eine Rolle. Gerade im Fall des Magyaren Bajzath liegt nahe, dass die Wiener Verwaltung die loyalen Beamten dieser Region mit Dekorationen fördern wollte, um dadurch die harten neoabsolutistischen Maßnahmen nach der Revolution in Ungarn durch Belohnungen für treue Untertanen abzuschwächen.

Es war in Beamtenkreisen daher nicht generell üblich, die Verleihung des Freiherren- wie auch des Grafenstandes an außerordentliche Verdienste zu koppeln. Bei derartigen Beteuerungen der Adelsbehörde in den Vorträgen handelte es sich vielmehr um Ressourcen, die immer dann herangezogen wurden, wenn noch Leerstellen in der Begründung existierten. Der Hinweis auf die Bedeutung und Exklusivität der Adelstitel war jedoch zumeist kein ausschlaggebendes, sondern eher ein verstärkendes Element der Argumentation, das zugleich die wichtige Rolle der Behörden bei der Auswahl und Bewertung der »richtigen« Antragsteller betonte und zumeist die Ablehnung eines Gesuches weiter absichern konnte.

Die Ressource »Verdienstlichkeit«, die in den Vorträgen zu Adelsfragen als Grundlage der Entscheidungsfindung diente, war an die typischen bürgerlichen Eigenschaften gekoppelt. Neben dem josephinischen Anciennitätsprinzip, das bis zum Ende der Donaumonarchie den Status des Bürokraten bestimmte, etablierte sich der bürgerliche Leistungsbegriff als wirkmächtige Entscheidungsgrundlage. Im Adelsdepartement ging man also nicht mehr automatisch davon aus, dass eine lange auch eine verdienstvolle Dienstzeit bedeutete, weshalb von den Antragstellern eine Vielzahl von Pflichten gefordert war. Als Verdienst erschien jedoch weniger die außergewöhnliche Einzelleistung denn vielmehr das beständige und intensive Wirken im administrativen Alltag im Sinne der feststehenden Beamtentugenden. Da man nämlich davon ausging, dass die Beamten nicht für sich selbst, sondern stets für die Öffentlichkeit und die Monarchie arbeiteten und ihr Leben damit wie selbstverständlich in den Dienst der Ge-

63 Georg Bajzath von Peszak, AT-OeStA/HHStA KA KK Vorträge 5-1859, KZl. 889.

meinschaft gestellt hatten, war eine außergewöhnliche Leistung für ihre Auszeichnung keineswegs von Nöten. Der verdienstvolle Beamte tat immer das »allgemein Beste«,[64] indem er als Säule der Monarchie mit seiner ganzen Persönlichkeit sein Amt ausfüllte und als Vorbild sowie Vorreiter für die Gesellschaft agierte. Fleiß, Eifer und Verantwortungsbewusstsein der Beamten, die – wie von Bach vorgeschrieben – die staatliche Macht in der Gesellschaft vertreten und bestärken sollten, waren daher die zentralen Ressourcen bei der Auswahl geeigneter Nobilitierungskandidaten. Obwohl der Dienst am Nächsten und am Staat also eine besondere Rolle in der Nobilitierungspraxis spielte, war die Verdienstlichkeit nur ein Aspekt des erfolgreichen Vortrags, der erst im Zusammenhang mit weiteren Ressourcen wirksam wurde. Gerade wenn Ausnahmen von den üblichen Regeln beantragt wurden, ein Bittsteller also beispielsweise eine Adelsstufe überspringen wollte, konnte dies zu Anpassungen in der Argumentation führen.

3. Verdienstlichkeit der Offiziere

Neben den Beamten wurde in gleicher Weise die Armee als Bollwerk des »allgemein Besten« und damit als unumstößliche Säule der Monarchie verstanden.[65] Auch von Seiten der Heeresleitung wurde dieses Bild gezielt gefördert und konstruiert. So bezeichnete der Verteidigungsminister Zeno Welser von Welsersheimb 1900 während einer Parlamentsdebatte die Armee als

> die sicherste und verlässlichste Stütze der Reichseinheit [...]. [S]ie ist eine Schule für Gemeingeist, Pflichtgefühl, Verlässlichkeit, Ausdauer und Opfermuth, für Arbeitsamkeit und Ordnungssinn – für alle Eigenschaften, welche den ganzen Mann und auch den guten Bürger ausmachen.[66]

Die Armee galt als transnationales Element der Donaumonarchie, das durch die 1867 eingeführte allgemeine Wehrpflicht die staatlichen Werte und Vorstellungen von Männlichkeit, Unterordnung und Pflichtgefühl in der gesamten Gesellschaft verbreiten sollte.[67] Durch die Wehrpflicht kam demnach

64 Carlo Noale, AT-OeStA/HHStA KA KK Vorträge 20-1857, MCZl. 3886.

65 Zu den folgenden Ausführungen siehe *Županič*, Jan: Militäradel der Österreich-ungarischen Monarchie während des Ersten Weltkriegs. In: West Bohemian Historical Review XII (2022/2), 177–232.

66 Heer und Parlament. In: Militär-Zeitung/Österreichischer Soldatenfreund Nr. 9 v. 8.3. 1900, 65 f. Siehe auch *Berger*, Elisabeth: Die Versorgung der Offizierswitwen der k. (u.) k. Armee und ihre Darlegung in militärischen Zeitschriften. 1867–1914. (Diplomarbeit) Universität Wien 2010, 27.

67 Zur Wehrplicht und ihren Auswirkungen auf Armee und Staat in der späten Habsburgermonarchie siehe etwa *Hämmerle*, Christa: Ein gescheitertes Experiment? Die Allgemeine Wehrpflicht in der multiethnischen Armee der Habsburgermonarchie. In: Journal of Modern European History. Bd. 5/2: Multi-Ethnic Empires and the Military. Conscription in

nahezu jeder männliche Bürger der Doppelmonarchie in Kontakt mit dem Heereswesen und seinem Ehrbegriff, im Folgenden soll aber ausschließlich auf das stehende Heer und seine Mitglieder aus dem Offizierskorps eingegangen werden. Sie bildeten die mit Abstand größte Gruppe der Nobilitierungsanwärter. Kontextualisiert werden die Vorträge der Kabinettskanzlei und das dort geschaffene Ideal des Offiziers mit dem »Leitfaden« Julius von Wickedes von 1857, in dem der aus Schwerin stammende Autor und Leutnant die »Rechte und Pflichten des Offiziers« der damaligen, das heißt gemäß der in der Restauration vertretenen Auffassung zusammenfasste:

> Der Soldat, so lange er die Ehre hat, die Uniform eines Fürsten und Kriegsherrn tragen zu dürfen, ist nicht bloß Mensch, nicht bloß Staatsbürger, sondern vor allem zuerst Soldat, und als solcher ganz anderen Gesetzen unterworfen, wie diese die übrigen Klassen der Bevölkerung haben.[68]

Wickede konnte bei der Abfassung dieses normativen Textes nicht nur auf seine eigene Dienstzeit in der österreichischen und mecklenburgischen Armee, sondern auch auf seine Erfahrungen als Kriegsberichterstatter rekurrieren und wurde von österreichischen Zeitgenossen umfassend rezipiert.[69]

Der »Adel der Gesinnung« und sein Fehlen

Obgleich in der zweiten Hälfte des 19. Jahrhunderts auch die höchsten Militärränge kein Monopol des Adels mehr darstellten und das Offizierskorps mehrheitlich bürgerlich besetzt war, hatte diese Gruppe bereits unter Maria Theresia

Europe between Integration and Desintegration (2007), 222–242; *dies.*: Die k. (u.) k. Armee als »Schule des Volkes«? Zur Geschichte der allgemeinen Wehrpflicht in der Multinationalen Habsburgermonarchie. 1866–1914/18. In: *Jansen*, Christian (Hg.): Der Bürger als Soldat. Die Militarisierung europäischer Gesellschaften im langen 19. Jahrhundert. Ein internationaler Vergleich. Essen 2004, 175–213; *Melichar*, Peter/*Mejstrik*, Alexander: Die bewaffnete Macht. In: *Harmat*/*Wandruszka*/*Rumpler* (Hg.): Die Habsburgermonarchie. Bd. 9. Tlbd. 1/2, 1263–1326. Zur Armee der Habsburgermonarchie siehe grundlegend und weiterführend *Allmayer-Beck*, Johann Christoph: Die bewaffnete Macht in Staat und Gesellschaft. In: *Wandruszka*, Adam/*Rumpler*, Helmut (Hg.): Die Habsburgermonarchie. 1848–1918. Bd. 5: Die bewaffnete Macht. Wien 1987, 1–141.

68 *Wickede*, Julius von: Die Rechte und Pflichten des Offiziers. Leitfaden für junge Männer, welche sich dem Offiziersstande gewidmet haben oder noch widmen wollen. Stuttgart 1857, 40. Allerdings pochten auch Ende des 19. Jahrhunderts die Armeemitglieder auf ihren sich beispielsweise in juristischen Fragen offenbarenden speziellen Status in der Gesellschaft, den sie durch ihre außergewöhnliche Opferbereitschaft gerechtfertigt sahen. Siehe dazu etwa *Hajdecki*, Alexander: Officiers-Standes-Privilegien. System und Praxis des geltenden Officiersrechtes der k. u. k. bewaffneten Macht. Wien 1897.

69 Zu Julius von Wickede siehe *Wurzbach*, Constantin von: Wickede, Julius von. In: Biographisches Lexikon des Kaiserthums Oesterreich. 55. Theil. Wien 1887, 221; *Poten*, Bernhard von: Wickede, Julius von. In: Allgemeine Deutsche Biographie. Bd. 42. Leipzig 1897, 318 f.

einen erleichterten Zugang zum Adel erhalten.[70] Welser von Welsersheimb beschrieb diesen Zusammenhang von militärischer Führung und Adeligkeit eindringlich in seiner zuvor erwähnten Parlamentsrede: »Wir führen keine Statistik über die Standesunterschiede. [...] Und wenn das Officirscorpe eine höhere sociale Stellung einnimmt, so ist es durch den Adel der Gesinnung. Der ist der Einzige, der in der Armee herrscht!«[71] Der hier beschworene »Adel der Gesinnung« wurde durch die systemmäßige Nobilitierung in einen tatsächlich zu tragenden Titel übersetzt. Dieser automatisierte Weg in die »zweite Gesellschaft« stand jedem Offizier offen, der bestimmte Voraussetzungen erfüllte – die kaiserliche Zustimmung war daher bei der Beschlussfassung nicht mehr notwendig, es reichte die Bestätigung durch das Ministerium aus. Der systemmäßige Adel als eine nur dem Militär offenstehende Nobilitierungsoption offenbart die rechtlich einzigartige Stellung der Offiziere und verwurzelte das Bild von einer im Militär vorherrschenden »Adelshaltung« auch im gesetzlichen Bereich. Wie in keiner anderen Berufsgruppe war es daher durch den systemmäßigen Adel im Heereswesen möglich, die Gleichheit der einzelnen Offiziere vor dem Kaiser zu gewährleisten, da nicht nur einzelne, besonders verdienstvolle Vertreter der Gruppe durch eine Nobilitierung hervorgehoben wurden, sondern jeder Offizier nach der Erfüllung klarer Kriterien Anspruch auf eine Standeserhöhung hatte.

Nichtsdestoweniger gab es gewisse Einschränkungen, die das Verständnis von der Adeligkeit der Armeeangehörigen weiter konkretisierten und restringierten. Nur jenen Offizieren gewährte der Kaiser Anspruch auf die taxfreie Erhebung in den Adelsstand, »welche durch 30 Jahre ununterbrochen in der Linie mit dem Degen in der Faust gedient, und sich während dieser Zeit durch stetes Wohlverhalten vor dem Feinde sowie durch eine ganz tadelfreie Conduite ausgezeichnet haben«.[72] Nicht nur die lange Dienstzeit, wie bei einzelnen Beamten, sondern auch die Zugehörigkeit zur aktiven Truppe und damit die beständige Bereitschaft, die Monarchie gegen den Feind im Feld zu verteidigen, waren daher Voraussetzung für eine systemmäßige Erhebung in den Adel. Darüber hinaus musste jeder Offizier zumindest einmal an einem Gefecht teilgenommen haben, um Anspruch auf diese normierte Form der Nobilitierung zu erwerben.

70 *Deák*: Beyond Nationalism, 128; *Allmayer-Beck*: Die bewaffnete Macht, 37, 103 f.

71 Heer und Parlament. In: Militär-Zeitung/Österreichischer Soldatenfreund Nr. 9 v. 8.3. 1900, 65. Zur Diskriminierung und der Chancengleichheit im Heer siehe *Schmidl*, Erwin: Habsburgs jüdische Soldaten. 1788–1918. Wien 2014, 85–112; *Horel*, Catherine: Soldaten zwischen nationalen Fronten. Die Auflösung der Militärgrenze und die Entwicklung der königlich-ungarischen Landwehr (Honvéd) in Kroatien-Slawonien. 1868–1914. Wien 2009, 140.

72 Österreichische Verordnungen in Bezug auf Adelserhebungen. In: Heraldisch-Genealogische Zeitschrift. Organ des Heraldisch-Genealogischen Vereins »Adler« I. Wien 1871, 11.

Die Regelung schloss jedoch automatisch eine Reihe von Personengruppen aus: Insbesondere jenen, die zwar dem Militärstand angehörten, dort aber eine »zivile« Tätigkeit innehatten, wurde die Bereitschaft zum Kampf und damit die »adelige Gesinnung« abgesprochen. Regelmäßig erschienen auf dem Schreibtisch des Kaisers beispielsweise Vorträge von Stabsärzten und -auditoren,[73] die trotz einer langen Dienstzeit in der Armee keinen Zugang zum systemmäßigen Adel besaßen: Sie wurden »wie jeder andere verdiente Beamte« behandelt.[74] Der Generalstabsauditor Wenzel Czedik wurde dementsprechend ganz im Sinne der üblichen Beamtentugenden als »bewährter«, »rechtlicher« und »ersprießlicher« Bürokrat geschildert und als solcher auch nobilitiert, von den systemmäßigen Vorzügen seines Standes konnte er dagegen nicht profitieren.

In der Mehrzahl der Fälle, die vom Innenministerium an die Kabinettskanzlei getragen wurden, fehlten den Antragstellern einzelne Bedingungen zur systemmäßigen Aufnahme in den Adelsstand, die wiederum mit erhöhten Verdiensten ausgeglichen werden mussten. Vielen Offizieren fiel es vor allem schwer, die erforderliche Dienstzeit von 30 Jahren vorzuweisen, die sie in einem Stück als aktive Offiziere abdienen mussten.[75] Wer seinen Dienst also auch nur wenige Monate zu früh quittierte[76] oder diesen unterbrochen hatte, musste auf die kaiserliche Gnade hoffen.

Die Chancen sanken dementsprechend, wenn mehrere Kriterien nicht erfüllt wurden, wie im Falle des pensionierten Hauptmanns Andreas Maurer: »Wenn dem Bittsteller nur ein Erforderniß abginge, der Minister des Inneren würde mit Rücksicht auf die über seine Person und seine Dienstleistung vorliegende günstige Schilderung [...] die Ag. Verleihung des Adelsstandes an denselben ausnahmsweise beantragen.« Da ihm aber nicht nur 14 Monate zur 30-jährigen Dienstzeit fehlten, sondern er seinen Dienst auch unterbrochen hatte, präferierte der Innenminister eine Abweisung.[77] Der Mangel an zwei Voraussetzungen konnte auch durch eine gute Führung im Dienst nicht ausgeglichen werden, darin waren sich Innenministerium und Heeresleitung in diesem Fall einig. Tatsächlich handelte es sich aber auch dabei nicht um eine generelle Regel, sondern um eine äußerst variabel einsetzbare Handlungsstrategie, die wiederum nur in Abstimmung mit einer Reihe anderer Argumente schlagend werden konnte. Bei dem pensionierten Obersten Rudolf Pfisterer sah die Situation dementsprechend anders aus: Das Innenministerium »glaubt

73 Angehörige der Militärgerichtsbarkeit.

74 Wenzel Czedik, AT-OeStA/HHStA KA KK Vorträge 8-1857, MCZl. 1572.

75 *Bundschuh*, Karl von: 1. Supplement zu dem im Jahre 1822 in drei Bänden herausgegebenen Handbuche über das bei der K. K. österreichischen Armee bestehende Militär-Oekonomie-System, enthaltend die in den Jahren 1822 und 1823 bis zum Schluße desselben nachgefolgten Verordnungen. Prag 1824, 157.

76 Siehe Anton Chaule, AT-OeStA/HHStA KA KK Vorträge 3-1872, KZl. 518.

77 Andreas Maurer, AT-OeStA/HHStA KA KK Vorträge 17-1874, KZl. 3766.

seine Bitte, obwohl er statt der vorgeschriebenen 30 Jahre nur 24 10/12 effektive Dienstjahre hat u. diese auch noch unterbrochen sind, zur A. h. Berücksichtigung empfehlen zu sollen«.[78]

Wesentlich bessere Konditionen herrschten für all jene Personen vor, die zwar nicht die erforderlichen 30 Jahre »in der Linie mit dem Degen« gestanden waren, ihren Dienst aber – möglicherweise in Folge einer Verwundung – in einem anderen Sektor des Militärwesens fortgesetzt und dabei eine zumeist ausgesprochen lange Dienstzeit erreicht hatten. Viele Platzkommandanten, Hafenkapitäne oder Militärjuristen, die zu früh aus dem aktiven Dienst geschieden waren, hatten zwar keinen systemmäßigen Adelsanspruch, wurden bei einem gewissen Maß an Leistungsbereitschaft aber trotzdem rasch und unkompliziert nobilitiert. Das Innenministerium verwies in dem Vortrag des Rittmeisters im Militärgestüt Joseph Wimmer[79] auf die diesbezügliche gesetzliche Regelung von 1824. Diese erlaubte es den Behörden, bei jenen Offizieren, »für welche jedoch ganz außerordentliche Verdienste und Rücksichten sprechen sollten, und die mehr als eine 30-jährige ausgezeichnete Dienstleistung zurückgelegt haben, von Fall zu Fall« eine Ausnahme zu erwirken.[80] Das Ausmaß und die Art dieser »außerordentlichen Verdienste« wurden jedoch nie konkret festgelegt. Sie oblagen dem Gutdünken des Kaisers sowie dem Aushandlungsprozess verschiedener weiterer Akteure, insbesondere dem Innen- und Kriegsministerium.[81]

Nichtsdestoweniger blieb die Länge der Dienstzeit ein wesentliches Nobilitierungsargument, wie der Fall des Johann Banniza zeigt. Obwohl er in seiner nur 23-jährigen Laufbahn das Militärverdienstkreuz erhalten und sich entschlossen und tapfer verhalten hatte, meinte das Armeeoberkommando, dass er »keine hervorragende Verdienstlichkeit nachgewiesen habe, welche zu seinen Gunsten eine Ausnahme von dem Systeme begründen könnte«.[82] Da er ohnehin noch im aktiven Dienst stand, stellte die Ablehnung wohl auch eine Ermutigung dar, die Armee nicht vor den erforderlichen 30 Dienstjahren zu verlassen, wie angedeutet wird: »Der Bittsteller steht ohnehin im 23. Dienstjahre, hat also die nicht zu ferne Aussicht vor sich, den diesfälligen Anspruch erwerben zu können.«[83] Der »Adel der Gesinnung«, der für die Armee und das Offizierskorps beschworen wurde, war dementsprechend an gewisse Bedingungen gebunden.

78 Rudolf Pfisterer, AT-OeStA/HHStA KA KK Vorträge 11-1878, KZl. 2489.

79 Joseph Wimmer, AT-OeStA/HHStA KA KK Vorträge 5-1854, MCZl. 3344.

80 *Bundschuh*: 1. Supplement, 157.

81 Siehe dazu Kapitel III.3.

82 Johann Banniza, AT-OeStA/HHStA KA KK Vorträge 5-1859, KZl. 985.

83 *Ebenda.*

Die Berührung mit dem Feind als Zeichen für Tapferkeit

Bereits 1842 und erneut mit einer umfangreichen Verordnung von 1862 wurde festgelegt,[84] dass »Offiziere, welche auch nur eines der vorgeschriebenen Erfordernisse [des systemmäßigen Adels, Anm.] nicht nachweisen können, nicht anders zu behandeln sind, als andere Staatsbürger«.[85] Die »außerordentlichen Verdienste«, die diese mangelnden Erfordernisse ausgleichen sollten, konnten eine ganze Reihe unterschiedlicher, von den Behörden als auszeichnungswürdig interpretierter Leistungen und Tätigkeiten für den Staat umfassen, die einerseits im Zuge des aktiven Militärdienstes, andererseits aber auch während der daran anschließenden Laufbahn in einem anderen Sektor der Armee erbracht werden konnten. Zunächst konzentrierten sich das Innen- und Kriegsministerium bei ihrer Beurteilung naturgemäß auf das Verhalten der Soldaten im Kampfeinsatz, wobei vereinzelt auch bedeutende »Heldentaten« hervorgestrichen wurden. Besonders gelobt wurde beispielsweise die »vorzügliche Qualifikation« des Rittmeisters Alfred Bassenheim, der in der Schlacht von Königgrätz »an der Seite des Generalmajors Fürst zu Windischgraetz[86] schwer verwundet« wurde und noch dazu in preußische Kriegsgefangenschaft geraten war, sodass er bei der Dekorierung der übrigen Offiziere direkt nach dem Gefecht unbedacht geblieben war.[87]

In den meisten Fällen erfolgten die Honorierungen einzelner Leistungen also unmittelbar nach den Schlachten oder den Feldzügen, deren Nennung in den Vorträgen galt als Indikator für das sogenannte »Wohlverhalten vor dem Feind«. Der Hauptmann Elias Novakovic hatte sich beispielsweise »dermaßen ausgezeichnet, daß er als einer der jüngsten Feldwebel sogleich zum Offizier befördert wurde«. Dieser Karriereschritt ließ das Innenministerium auch über die Tatsache hinwegsehen, dass der Genannte zwischen 1809 und 1814 in französischen Diensten gestanden war.[88] Die fünf Jahre unter feindlicher Flagge konnten ihm zwar nicht angerechnet werden, sollten ihm für sein Gesuch aber auch nicht zum Nachteil gereichen. In ähnlicher Weise nutzte dem Landwehrmajor Anton Chaule seine »vorzügliche Dienstleistung« als Entschuldigung

84 Josef Dahedl, AT-OeStA/HHStA KA KK Vorträge 3-1887, KZl. 436.

85 Ernst Sedlaczek, AT-OeStA/HHStA KA KK Vorträge 12-1887, KZl. 2544.

86 Ludwig Joseph Prinz zu Windisch-Graetz (1830–1904) war General. Siehe zu ihm Windisch-Graetz, Ludwig Joseph Prinz zu. In: ÖBL XVI, 245 f.

87 Alfred Bassenheim, AT-OeStA/HHStA KA KK Vorträge 3-1873, KZl. 553. Zu einer typischen Militärkarriere siehe *Wiesflecker*, Peter: »In der Rangtour«. Eine altösterreichische Offizierskarriere. In: *Gießauf*, Johannes (Hg.): Päpste, Privilegien, Provinzen. Beiträge zur Kirchen-, Rechts- und Landesgeschichte. Festschrift für Werner Maleczek zum 65. Geburtstag. Wien 2010, 465–480.

88 Elias Novakovic, AT-OeStA/HHStA KA KK Vorträge 3-1851, MCZl. 3804.

für die wenigen Monate, die ihm zur Erfüllung der 30-jährigen Dienstzeit fehlten, wobei drei Tapferkeitsmedaillen den Hauptgrund für seine Erhebung darstellten.[89]

Je weiter der Antragsteller von den Vorgaben des systemmäßigen Adelsanspruches entfernt war, desto größer mussten die Verdienste sein, die diese Lücke füllen sollten. Grundsätzlich war es dabei zentral, als »mutvoller«, »tapferer« und »entschlossener«, aber auch als »tadelloser«, »einsichtsvoller« und »braver« Soldat geschildert zu werden. Der vorbildliche Einsatz für die Armee und damit für das Vaterland war demnach Voraussetzung für die Nobilitierung. Schon damit hatte man wesentliche soldatische Pflichten wie Diensterfüllung, Tapferkeit, Beachtung der militärischen Strategien und der Kriegssitten[90] gewahrt. Vergleichbar den durchlaufenen Karrierestufen im Beamtenstand galten in der Armee die Feldzüge, an denen die Offiziere beteiligt waren, als Beweis für ihr ausdauerndes Wirken im Sinne der Monarchie. Viele der in den 1850er Jahren geadelten Bittsteller waren bereits an den Koalitionskriegen gegen das napoleonische Frankreich beteiligt gewesen – noch 1873 wurde der damals 82-jährige Franz Lux für seine Teilnahme an der Völkerschlacht bei Leipzig ausgezeichnet.[91] In der Folge verlagerte sich der Schwerpunkt auf die Revolutionskriege von 1848/49, die Konflikte gegen die sich neu ausbildenden Staaten Italien und Deutschland (1859/66) sowie den Deutsch-Dänischen Krieg von 1864 und schließlich die Besetzung Bosniens 1878.

Wenn ein Offizier dagegen an keiner kriegerischen Konfrontation teilgenommen hatte, hatte er große Schwierigkeiten, seine Verdienstlichkeit glaubhaft zu machen: Obwohl etwa Franz Gibel über 35 Jahre »ununterbrochen und tadellos in der Infanterie gedient hat«, war er nie in die Lage gekommen »seine Tapferkeit vor dem Feind zu bewähren«.[92] Nicht jedem Armeeangehörigen war es demgemäß vergönnt, seine Fähigkeiten und Haltung in der Schlacht unter Beweis zu stellen. Auch bei einer lobenswerten Haltung, wie sie das Kriegsministerium Franz Gibel attestierte, war eine Erhebung daher nicht möglich. Dies beweist, dass die Forderung nach dem »Wohlverhalten vor dem Feind« als Bedingung für die Nobilitierung gerade in der Frühphase des Untersuchungszeitraums oft noch höher eingeschätzt wurde als eine möglichst lange Dienstzeit. Das Innenministerium selbst betonte in einem Vortrag von 1873, dass das »Wohlverhalten vor dem Feinde eine der wesentlichsten Bedingungen zur Erlangung des systemmäßigen Anspruches auf taxfreie Verleihung des Adelsstandes an Offiziere bildet«.[93] Die unbedingte Betonung gerade dieses Aspek-

89 Anton Chaule, AT-OeStA/HHStA KA KK Vorträge 3-1872, KZl. 518.
90 *Lelewer,* Georg: Grundriß des Militärstrafrechts. Leipzig 1908, 17 f.
91 Franz Lux, AT-OeStA/HHStA KA KK Vorträge 9-1873, KZl. 1711.
92 Franz Gibel, AT-OeStA/HHStA KA KK Vorträge 3-1875, KZl. 550.
93 Maria Prüsker, AT-OeStA/HHStA KA KK Vorträge 12-1873, KZl. 2284.

tes des systemmäßigen Adels gründete in der Vorstellung, dass Mut und Tapferkeit den guten Offizier charakterisieren und man diese Wesenszüge eben anhand seines Verhaltens bei einer Gefährdungslage erkennen kann: »Zu den wichtigsten Eigenschaften, die jeder Offizier unbedingt besitzen muß, gehört nun einmal Muth, ja sogar viel Muth«,[94] predigte Julius von Wickede und verordnete dem Offizier dabei eine vorbildhafte Wirkung für den einfachen Soldaten.[95]

Auch die nicht mehr kampffähigen Offiziere konnten im Rahmen ihrer Möglichkeiten derartige Leistungen erbringen – und wurden dafür regelmäßig honoriert. Oberstleutnant Heinrich Schemmel, der nach einer schweren Schussverletzung die im Staatsbesitz befindlichen Militärpferde betreute, fällt in diese Kategorie. Er hatte die Hengste der Podiebrader Stallungen vor einem Brand bewahrt und 1848 »aus den Händen der Rebellen« gerettet.[96] Das vielbeschworene »Wohlverhalten vor dem Feind« – ob es sich bei diesem nun um Revolutionäre oder eine Feuersbrunst handelte – konnte man dementsprechend überall praktizieren und demonstrieren. Insofern waren auch die Stabsauditoren, die in vielen Vorträgen als reine Beamte beschrieben werden, zu außerordentlichen Verdiensten und Taten fähig: Dem »raschen, energischen und umsichtigen Vorgehen« des Generalstabsauditor Georg Poosch war es etwa zu verdanken, dass der »weiteren Verbreitung des Hochverrates« von »10 Unteroffizieren und Kadeten« in Mailand im Jahr 1833 »ein Damm gesetzt wurde«.[97] Die Leistungen vieler Einzelpersonen, die als Ressource der Adeligkeit galten, hatten entscheidenden Anteil an der Sicherung des Reichsbestandes.

Männlichkeit und Patriotismus als zwei Seiten derselben Tugend

Nur im aktiven Kampf gegen den Feind erwies sich also, ob dem Offizier die militärische Ehre, mit der man ihm begegnete, gebührte. Soldaten, die vor dem Feind keine Tapferkeit gezeigt hatten, waren dagegen nicht nur in ihrer sozialen Stellung, sondern auch in ihrer Männlichkeit angreifbar. Auszeichnungen wie die Tapferkeitsmedaille, auf lange Sicht aber auch die Adelung, galten daher als »Aktien der Männlichkeit«.[98] Gleichzeitig dienten Verletzungen in der Schlacht, wie die »zweimalige schwere Verwundung« des Honvéd-Obersten

94 *Wickede*: Rechte, 58.

95 *Ebenda*, 59 f.

96 Heinrich Schemmel, AT-OeStA/HHStA KA KK Vorträge 4-1852, MCZl. 624.

97 Georg Poosch, AT-OeStA/HHStA KA KK Vorträge 3-1858, MCZl. 405.

98 *Scheutz*, Martin: »Frontangst«, »Frontrisiko« und »Frontdrang«. Die Korrespondenz der Historiker Heinrich Ritter von Srbik, Wilhelm Bauer und Hans Hirsch im Ersten Weltkrieg. In: *Cole*, Laurence/*Hämmerle*, Christa/*Scheutz*, Martin (Hg.): Glanz – Gewalt – Gehorsam. Militär und Gesellschaft in der Habsburgermonarchie. 1800 bis 1918. Essen 2011, 77–99, hier 80, 87–91.

Johann Janik aus Ungarn, als Bestätigung seines tapferen Einsatzes für die Heimat.[99]

Allerdings war – wie etwa Wickede andeutete – vielen Männern die Courage nicht von Natur gegeben, sondern diese musste durch Anreize und Strafen ausgebildet werden. Das wichtigste Motiv für die eigene Überwindung und die entschiedene Pflichterfüllung sollten jedoch nicht Disziplinarmaßnahmen oder Verdienstmedaillen, sondern die Liebe zu Vaterland und Kaiserhaus darstellen. Tapferkeit als äußeres Symbol für Patriotismus wurde daher in der Adelsbehörde besonders honoriert.[100] Auch der Vortrag des Titularmajors Michael Lozinski stand dazu in keinem grundsätzlichen Widerspruch: Obwohl er ebenfalls keinem Gefecht beigewohnt hatte, wurde er zwar »ausnahmsweise« in den Adelsstand erhoben, hatte aber kein Anrecht auf die zusätzlich beantragte taxfreie Verleihung eines Prädikats, weil diese Auszeichnung nur »sehr verdienten Offizieren« zugesprochen werden konnte.[101] Wenige Jahre nach den Revolutionsereignissen von 1848/49 wollte man einen langgedienten Uniformträger wohl nicht zur Gänze abweisen, hatte aber doch Vorbehalte, über diesen entscheidenden Makel hinwegzusehen.

Wer in der »zweiten Reihe« am Schutz der Monarchie mitwirkte und damit auf andere Art seinen Patriotismus zeigte, galt ebenfalls als beachtenswert, jedoch nicht in gleicher Weise als auszeichnungswürdig. Eine Möglichkeit, sich als Offizier abseits des Schlachtfeldes für das Vaterland zu beweisen, waren Erfindungen, die den Alltag im Heer erleichtern und die Kampfführung verbessern konnten. Obwohl schon in der Anfangsphase des Untersuchungszeitraums solche Eigeninitiativen der Offiziere gern gesehen waren, konnten sie doch nicht den Ausschlag für eine Nobilitierung geben – wie im 1857 verhandelten Fall des Constantin Balassa, der eine »Hufbeschlagsmethode ohne Zwang«[102] entwickelt hatte.[103] Erst mehrere Jahrzehnte später, als die lange Friedenszeit, in der sich die Habsburgermonarchie befand, vielen Offizieren den Kampfeinsatz unmöglich machte, wurde auch solchen Leistungen bei der Argumentation größeres Gewicht beigemessen. Johann Schwab erhielt 1911 beispielsweise für die Einführung des »rauchschwachen Pulvers« den Ritterstand.[104] Eine erleichterte Aufnahme von Offizieren in den Adelsstand war Ende des 19. Jahrhunderts unbedingt notwendig, da die Habsburgermonarchie – mit Ausnahme der Besetzung Bosniens 1878 – seit den 1860er Jahren an

99 Johann Janik, AT-OeStA/HHStA KA KK Vorträge 14-1872, KZl. 2716.

100 *Frevert,* Ute: Die kasernierte Nation. Militärdienst und Zivilgesellschaft in Deutschland. München 2001, 111–113. Zu dem Konnex von Patriotismus und Militär siehe *Cole*, Laurence: Military Culture and Popular Patriotism in Late Imperial Austria. Oxford 2014.

101 Michael Lozinski, AT-OeStA/HHStA KA KK Vorträge 13-1853, MCZl. 2539.

102 Siehe dazu *Balassa*, Constantin: Der Hufbeschlag ohne Zwang. Eine Abhandlung. Wien 1828.

103 Constantin Balassa, AT-OeStA/HHStA KA KK Vorträge 17-1857, MCZl. 3353.

104 Johann Schwab, AT-OeStA/HHStA KA KK Vorträge 12-1911, KZl. 1152.

keinen größeren kriegerischen Auseinandersetzungen mehr teilgenommen hatte. Da diese historische Tatsache vielen Offizieren die Möglichkeit auf den systemmäßigen Adel vorenthielt, nahm Franz Joseph 1896 eine Änderung der Statuten vor: Es war seit diesem Zeitpunkt ausreichend, eine 40-jährige Dienstzeit vorzuweisen, der Einsatz an der Front stellte keine Voraussetzung für die systemmäßige Nobilitierung mehr dar.[105] Auch die Vorstellung von Patriotismus und Männlichkeit unterlag dementsprechend gewissen, auf die politischen und gesellschaftlichen Gegebenheiten abgestimmten Konjunkturen, die wiederum die Variabilität der Entscheidungsressourcen und damit der Adeligkeit verdeutlichen.

Die Leistungen, die die Offiziere erbringen mussten, um die Standeserhebung ohne einen systemmäßigen Anspruch zu erringen, waren also – auch in höheren Rangstufen – überschaubar. Wenn die Verdienste in den Argumentationsstrategien um den Freiherren- oder Grafenstand überhaupt eine Rolle spielten, unterschieden sie sich kaum von jenen des einfachen Adelsstandes. Zumeist wurde der bereits bekannte Kanon idealer Offizierseigenschaften zur Erreichung des hohen Adels allerdings voll ausgeschöpft: Arthur Arz von Straussenburg, während des Ersten Weltkriegs Generalstabschef der k. u. k. Armee, wurde beispielsweise schon 1909 aus Anlass seiner Freiherrenstandserhebung sehr günstig geschildert: »Mit Leib und Seele seinem Stande ergeben, [...] hingebungsvollst tätig, stets selbstlos und hilfsbereit, leistete dieser charaktervolle Offizier in allen Stellungen, [...] immer gleich hervorragende, durch vielfache Belobungen anerkannte Dienste.«[106]

»Mit Leib und Seele seinem Stande ergeben« zu sein, war tatsächlich das zentrale Element in der Nobilitierungspraxis der Staatsdiener: Sie sollten ihre Pflichterfüllung über alles andere stellen und sich den Vorgaben ihres Berufsbildes unterordnen, weitere Ressourcen waren dagegen vielfach nicht gefordert. Wer als Offizier eine lange Dienstzeit vorweisen konnte und seine Tapferkeit vor dem Feind unter Beweis gestellt hatte, war für die Adelung geeignet, da die militärischen Tugenden in der zeitgenössischen Vorstellung mit Werten wie Männlichkeit und Patriotismus verbunden waren. Die adelige Grundhaltung in der Armee, die sich – wie schon bei den Beamten – aus dem Dienst am Staat und der Nähe zum Monarchen speiste, verwirklichte sich im systemmäßigen Adelsanspruch, der die Länge des Dienstverhältnisses und den Kampfeinsatz als wesentliche Voraussetzung nannte. Auf den Schreibtisch des Kaisers gelangten die Gesuche aus der militärischen Sphäre demnach vorrangig, wenn einzelne Punkte der automatisierten Standeserhebungen von den Petenten nicht erfüllbar waren und daher die Ressourcen entsprechend angepasst werden mussten. Zumeist bedeutete dies die Aufwertung von bei den individuellen Antragstellern vorhandenen Kriterien zum Ausgleich fehlender Qua-

105 *Županič*: Eliten, 160.

106 Arthur Arz von Straussenburg, AT-OeStA/HHStA KA KK Vorträge 13-1909, KZl. 1245.

litäten, wobei der Begriff von Tapferkeit und Männlichkeit vor allem in Friedenszeiten weit gefasst war und jeden patriotischen Akt – bis hin zur Erfindertätigkeit – einschließen konnte.

Gerade dadurch ergab sich ein gewisser Wandel in den gängigen Entscheidungsressourcen für die Nobilitierungen im Offizierskorps, im Grunde blieben die notwendigen Voraussetzungen zur Erwirkung einer Standeserhebung im Beamten- wie im Armeestand in der 68-jährigen Regierungszeit Franz Josephs aber unverändert: Man forderte von ihnen Leistungen ein, die ihrem Berufsbild entsprachen und ganz der bürgerlichen Gedankenwelt von Pflichterfüllung, Vaterlandsliebe und Männlichkeit entnommen waren. Tatsächlich bildeten die nobilitierten Staatsdiener einen exklusiv männlichen Kreis. Obwohl vor allem im späten 19. Jahrhundert auch Frauen in den Verwaltungsapparat eintraten beziehungsweise Krankenschwestern im Ersten Weltkrieg für ihren Fronteinsatz mit Medaillen ausgezeichnet wurden,[107] blieben die Nobilitierungen ihren männlichen Kollegen vorbehalten. Ähnlich den Beamten galt auch für die Offiziere der Adelstitel als Ersatz für eine umfangreiche materielle Versorgung nach der Pensionierung. Diese blieb, trotz mehrerer gesetzlicher Anpassungen in der zweiten Hälfte des 19. Jahrhunderts, bis zum Ersten Weltkrieg auf einem unterdurchschnittlichen Niveau und wurde daher mit symbolischen Werten ausgeglichen.[108]

4. Verdienstlichkeit des Bürgertums

> Wenn ein Bankdirektor noch so viel Geld verdiente, sozial stand der Staatsdienst als Beamter, besonders der in den Ministerien, oder als Offizier hoch über ihm. Als Beamter und Offizier diente man dem Staate und nur einem einzigen Menschen, dem Kaiser. [...] Das Arbeitsziel des Staatsdieners war das Wohl des Staates. Das Arbeitsziel in der Finanzwelt war Geld für die Aktionäre.[109]

In der Gedankenwelt des 19. Jahrhunderts bestanden elementare Unterschiede zwischen dem staatlichen und dem privatwirtschaftlichen Berufsethos, die Friedrich Kleinwächter in dieser Textpassage ausformuliert.[110] Während man bei den öffentlich Bediensteten davon ausging, dass sie ihr Leben in den Dienst der Monarchie und der Gesellschaft gestellt hatten und den Grundsätzen des »allgemein Besten« folgten, wurden Zivilpersonen, die nicht beim Staat be-

[107] Siehe dazu etwa die Briefe von Edina Clam-Gallas: Zwei Schwestern an der Front. Edina Gräfin Clam-Gallas und Therese Gräfin Buquoy als Malteserschwestern im Ersten Weltkrieg. 1915–1918. Hg. v. *Sudetendeutsches Institut München*. München 2015.

[108] *Deák*: Beyond Nationalism, 127.

[109] *Kleinwächter*: Präsidialist, 256.

[110] *Županič*: The Making of Business Nobility, 688. Županič wertet in diesem Text viele der Gründe aus, die zu einer Nobilitierung des Wirtschaftsbürgertums geführt haben und auch im Folgenden vorgestellt werden.

schäftigt waren, dagegen strenger überprüft und mit eigenen Maßstäben gemessen. Zu ihnen zählte der venezianische Gynäkologe Ludwig Pöltl, der 1857 um den einfachen Adel antrug, von der Statthalterei aber negativ begutachtet wurde, weil seine Dienstleistung trotz seiner »ersprießlichen« Tätigkeit »niemals eine solche gewesen sei, um die von ihm angesprochene Ah. Begünstigung zu rechtfertigen«.[111] Seine Arbeit sei bereits durch Gehaltserhöhungen abgegolten worden. Während bei einem Beamten also der »ersprießliche Dienst« im Amt ausreichend für eine Adelung war, mussten Bildungs- und Wirtschaftsbürger umfassendere Leistungen erbringen, um für eine Auszeichnung in Betracht zu kommen. Für ein erfolgreiches Nobilitierungsgesuch war es vor allem unumgänglich, den von Kleinwächter angedeuteten Vorwurf der egoistischen und rücksichtslosen Gewinnmaximierung abzufedern und diesem das Narrativ des dem Staate dienenden Bürgers gegenüberzustellen.

Ihre wichtigsten Bezugspunkte – qualifizierende Bildung und ökonomische Eigenständigkeit[112] – verband die Bourgeoisie bis zur ersten Hälfte des 19. Jahrhunderts immer häufiger mit einer unabhängigen Lebensführung und einem selbstbewussten Ehrbegriff,[113] in dem ihr Selbstverständnis als »Mitte« des Staates und der Gesellschaft angelegt war.[114] Im Gegensatz zum hohen Adel[115] beanspruchte sie demnach keine herausgehobene soziale Position, sondern die staatliche Anerkennung ihrer Leistungen und politische Mitsprache.[116] Zudem sollte die Gemeinnützigkeit und Wohltätigkeit die autonome Rolle des Bürgertums für die Gesellschaft untermauern.[117] Wesentlich war dabei die in der Aufklärung entwickelte Vorstellung einer neu ergriffenen Freiheit, die nicht zuletzt dazu berechtige, in die politischen Entscheidungen des Staates einzugreifen und

111 Ludwig Pöltl, AT-OeStA/HHStA KA KK Vorträge 6-1857, MCZl. 1054.

112 *Lepsius*, Rainer: Zur Soziologie des Bürgertums und der Bürgerlichkeit. In: *Kocka* (Hg.): Bürger und Bürgerlichkeit im 19. Jahrhundert, 79–100, hier 79 f. Zum Bürgertum in der Habsburgermonarchie siehe vor allem die mehrbändige Reihe *Stekl*, Hannes (Hg.): Bürgertum in der Habsburgermonarchie. 10 Bde. Wien 1990–2003.

113 *Kühschelm*: Bürgertum, 851.

114 *Zunhammer*, Thomas: Zwischen Adel und Pöbel. Bürgertum und Mittelstandsideal im Staatslexikon von Karl v. Rotteck und Karl Theodor Welcker. Ein Beitrag zur Theorie des Liberalismus im Vormärz. Baden-Baden 1995, 60.

115 *Döcker*, Ulrike: »Bürgerlichkeit und Kultur – Bürgerlichkeit als Kultur«. Eine Einführung. In: *Bruckmüller*, Ernst (Hg.): Bürgertum in der Habsburgermonarchie. Bd. 1. Wien 1990, 95–104, hier 96; *Stekl*: Ambivalenzen, 148–156.

116 *Zunhammer*: Adel, 60.

117 *Bruckmüller*, Ernst: Wiener Bürger. Selbstverständnis und Kultur des Wiener Bürgertums vom Vormärz bis zum Fin de Siècle. In: *Stekl*, Hannes (Hg.): »Durch Arbeit, Besitz, Wissen und Gerechtigkeit«. Zur Geschichte des Bürgertums der Habsburgermonarchie. Wien 1992, 43–68, hier 47.

Verantwortung für die Allgemeinheit zu tragen.[118] 1834 stellten daher die Liberalen Carl Theodor Welcker und Karl von Rotteck die erste Auflage ihrer »Encyclopädie der sämmtlichen Staatswissenschaften«[119] (kurz: Staatslexikon) unter die folgende Losung: »Gerechtigkeit, Wahrheit, Gemeinwohl, innige, dem Geist des constitutionellen Systems entsprechende Vereinbarung der wahren Rechte und Interessen der Regierung, allernächst also der Throne, mit jenen der Völker.«[120] Das aufstrebende Bürgertum forderte demnach einen festen und verantwortungsvollen Platz im öffentlichen Raum, den es – unter dem Schirm monarchischer Herrschaft – mitgestalten und verbessern wollte. Durch die Revolution von 1848/49 und die Zeit der Konstitutionalisierung sowie Liberalisierung erhielten gerade Vertreter des Bildungs- und Wirtschaftsbürgertums die Möglichkeit, die Geschicke des Staates mitzubestimmen, was ihr Selbstverständnis weiter festigte.[121] Als früher Ausdruck dieses neuen bürgerlichen Geistes erlebte das genannte Staatslexikon im Vormärz große internationale Wirkung. Obwohl das in Baden entstandene und in Holstein gedruckte Werk von der österreichischen Zensur verboten wurde, prägten die renommierten Autoren aus den Reihen der Staats-, Politik-, und Rechtswissenschaft den deutschsprachigen Diskurs zu Liberalismus und bürgerlicher Gesellschaft.[122]

Wirtschaftskraft im In- und Ausland

Das Bürgertum beanspruchte seit dem 18. Jahrhundert eine Adeligkeit, die das Verhalten der Menschen tragen sollte und mit Hilfe staatlicher Nobilitierungsentscheidungen offiziell festgeschrieben wurde. Nicht eine Veränderung der bürgerlichen hin zur aristokratischen Lebensweise, sondern eine Perfektion der bürgerlichen Tugenden sollte demnach zur Nobilitierung berechtigen. So empfanden es nicht nur zeitgenössische Schriftsteller und Gelehrte, sondern

118 *Budde*, Gunilla: Bürgerliche Subjektkonstruktionen an der Schwelle vom 19. zum 20. Jahrhundert. In: *Pyta*, Wolfram/*Kretschmann*, Carsten (Hg.): Bürgerlichkeit. Spurensuche in Vergangenheit und Gegenwart. Stuttgart 2016, 47–63, hier 47 f.; *Stekl*: Ambivalenzen, 140. Der gegenteiligen Überzeugung, beispielsweise bei Münch, wonach »diese emanzipatorischen Bestandteile des aufklärerischen Programms später ausgespart wurden« und der bürgerliche Tugendkatalog auf »Fleiß, Ordnung, Genügsamkeit und Sparsamkeit« reduziert wurde, wird hier keine Folge gegeben. *Münch*, Paul: Einleitung. In: *Ders.* (Hg.): Ordnung, Fleiß und Sparsamkeit, 9–38, hier 14.

119 Siehe dazu weiterführend *Zunhammer*: Adel.

120 Vorwort zur ersten Auflage des Staatslexikons. In: *Rotteck*, Carl von/*Welcker*, Carl (Hg.): Staatslexikon. Encyclopädie der sämmtlichen Staatswissenschaften für alle Stände von Carl von Rotteck und Carl Welcker. Bd. 1. Leipzig 1856, V–IX.

121 Zu dieser Entwicklung siehe für die Habsburgermonarchie *Kühschelm*: Bürgertum.

122 Zum Staatslexikon siehe etwa *Werner*, Eva-Maria: Das Rotteck-Welckersche Staatslexikon. In: Forum Vormärz-Forschung 15 (2009), 205–219.

auch die kaiserlichen Beamten: Das Innenministerium sprach im Vortrag des Handelsmannes Jacob Weiß aus Agram daher explizit von »seinen moralischen und Bürgertugenden«, durch die er alle seine Mitmenschen überflügle.[123] Diese Tugenden, insbesondere der schon für die Beamten wesentliche Fleiß, befähigten die Bürger also zur Adeligkeit, wie auch einer der Autoren des »Staatslexikons« ausführte:

Es sei etwas Leichtes [...] auf alten Pergamenten zu ruhen und zu genießen, schwerer, durch eigene Kraftentwicklung es zu etwas zu bringen. Nur Intelligenz, Tüchtigkeit und Fleiß und der durch eigene Anstrengung erworbene Reichtum können Adel und Vorzüge in der Gesellschaft verleihen, nicht aber das Geburtsregister.[124]

Nur beruflicher Erfolg und der dabei gezeigte fleißige Einsatz auch über die eigenen Interessen hinaus könne – so die Essenz dieser Aussage – einen gesellschaftlichen Aufstieg rechtfertigen. Die Aufgabe des Bürgertums bestand darin, durch sein Wirken den Staat und die Gesellschaft positiv zu beeinflussen. Einzig die wirtschaftlichen und geistigen Aktivitäten des Bürgertums gaben einem »Volk« Ansehen und Wohlstand – soweit der ebenfalls im Staatslexikon erschienene Beitrag des Staatswissenschaftlers Robert von Mohl.[125]

Der wirtschaftliche Erfolg, die internationale Präsenz und die Sorge um die Arbeiter und Angestellten standen daher für die Behörden bei der Bewertung der Anträge im Vordergrund. Der Staat suchte vorwiegend Unternehmer, die mit innovativen Produktionsmethoden aus dem Ausland die ökonomische Lage der Monarchie zu modernisieren im Stande waren.[126] Hierfür ist der Vortrag des böhmischen Leinwandfabrikanten Peter Carl Schlechta ein repräsentatives Beispiel, da hervorgehoben wird, dass

sein [...] Vater Peter Anton Schlechta, im Jahre 1808 eine großartige Leinwandfabrik errichtet hatte; daß diese Fabrik späterhin einen bedeutenden Aufschwung genommen habe, daß in derselben zeitweise mehr als 10.000 Menschen beschäftigt wurden; daß die Erzeugnisse derselben einen namhaften Absatz selbst im Auslande gefunden haben, und bei mehreren Industrieausstellungen mit goldenen Preis-Medaillen gekrönt wurden.[127]

Dem Kaiser war es ein Anliegen, jene mit Auszeichnungen zu fördern, die dem Staat mit ihren beruflichen Leistungen dienten – sei es nun im Inland durch

[123] Jacob Weiß, AT-OeStA/HHStA KA KK Vorträge 15-1872, KZl. 2878.

[124] *Murhard*, Friedrich: Reaktion. In: *Rotteck*, Carl von/*Welcker*, Carl (Hg.): Staats-Lexikon oder Encyklopädie der Staatswissenschaften. In Verbindung mit vielen der angesehensten Publicisten Deutschlands. Bd. 13. Altona 1842, 423–466, hier 449.

[125] *Mohl*, Robert: Gewerbe- und Fabrikwesen. In: *Rotteck*, Carl von/*Welcker*, Carl (Hg.): Staats-Lexikon oder Encyklopädie der Staatswissenschaften. In Verbindung mit vielen der angesehensten Publicisten Deutschlands. Bd. 6. Altona 1838, 775–830, hier 781.

[126] Siehe zahlreiche Beispiele auch bei *Kučera*: Staat, 195–219.

[127] Peter Carl Schlechta, AT-OeStA/HHStA KA KK Vorträge 8-1859, KZl. 1706.

die Schaffung von Arbeitsplätzen und die Abgabe von Steuern oder im Ausland durch die Förderung des habsburgischen Ansehens in ökonomischen Fragen. Daraus ließ sich ein zentrales Argument auch für die Vorträge ableiten.

Der für den Liberalismus typische Fortschrittsglaube[128] war dementsprechend auch eine wichtige Ressource der Vorträge, weshalb Modernisierungsmaßnahmen in den Allerhöchsten Anschriften nicht selten namentlich erwähnt und ihr Wert für die wirtschaftliche Entwicklung des Landes erklärt wurden. Die Behörden beschäftigten sich mit den technischen Fachbereichen der Antragsteller, um deren Bedeutung für den betreffenden Sektor nachweisen und vor dem Kaiser rechtfertigen zu können – wie im Falle des schlesischen Gewerksdirektors Ludwig Hohenegger, der für die »Errichtung eines großartigen Eisenwalzwerkes im englischen Style« und die darin gefertigten, »solidesten und korrektesten Produkte«[129] verantwortlich war. Im agrarischen Bereich sorgte etwa Franz Horsky mit der »Reform des Landwirtschaftsbetriebes der Kleingrundbesitzer« in Böhmen, die zur Einführung der Fruchtwechselwirtschaft geführt hatte, für »allgemeine Aufmerksamkeit«.[130]

Um die Bedeutung der produzierenden und besitzenden Klasse für Staat und Gesellschaft zu zeigen, agierten die Vorträge mit zahlreichen Superlativen. Stets musste bewiesen werden, dass der Unternehmer in seinem Sektor »eine der größten und besteingerichteten« Fabriken sein Eigen nannte.[131] Auch im Falle des zivilständischen Bürgertums waren es dementsprechend die Initiativen vielseitiger Einzelpersonen, die durch ihr Engagement das Wirtschaftswachstum der Monarchie anregten und dabei den sogenannten »Nationalwohlstand«[132] der Kronländer verbesserten. Von eben diesen Innovationen war das Habsburgerreich, das in seiner wirtschaftlichen Entwicklung einen erheblichen Verzug im Vergleich zu den west- und nordwestlich gelegenen Großmächten Europas aufwies, auch abhängig, weshalb das Kaiserhaus und die Regierung seit den 1850er Jahren vor der Herausforderung standen, den

[128] Zum Liberalismus im 19. Jahrhundert siehe etwa *Hanisch*, Ernst/*Urbanitsch*, Peter: Die Prägung der politischen Öffentlichkeit durch die politischen Strömungen. In: *Rumpler*, Helmut/*Wandruszka*, Adam (Hg.): Die Habsburgermonarchie. 1848–1918. Bd. 8: Politische Öffentlichkeit und Zivilgesellschaft. Tlbd. 1: Vereine, Parteien und Interessenverbände als Träger der politischen Partizipation. Wien 2006, 15–111, hier 34–61.

[129] Ludwig Hohenegger/Mathias Kaspertik, AT-OeStA/HHStA KA KK Vorträge 12-1864, KZl. 2346.

[130] Franz Horsky, AT-OeStA/HHStA KA KK Vorträge 13-1863, KZl. 2986. Siehe dazu weiterführend *Osterkamp*, Jana: Wasser, Erde, Imperium. Eine kleine Politikgeschichte der Meliorationen in der Habsburgermonarchie. In: *Tönsmeyer*/*Ganzenmüller* (Hg.): Vom Vorrücken des Staates in die Fläche, 179–197, hier 183. Siehe dazu auch die Ausführungen von *Günther*, Franz: Der Österreichische Großgrundbesitzer. Ein Handbuch für den Großgrundbesitzer und Domainebeamten. Wien 1883, 33.

[131] Carl Linzer, AT-OeStA/HHStA KA KK Vorträge 13-1884, KZl. 2540.

[132] Franz Horsky, AT-OeStA/HHStA KA KK Vorträge 13-1863, KZl. 2986.

Wirtschaftsstandort durch staatliche Maßnahmen wie Fabrikgründungen und Infrastrukturprojekte zu stärken.[133]

In den Vorträgen war dieser Drang nach Modernisierung daher sehr präsent. Das Wirtschafts- und Bildungsbürgertum wurde immer wieder als Motor einer Erneuerung präsentiert, die für die gesamte Gestalt der Monarchie bereichernde Effekte haben sollte. Wie in dem Antrag Schlechtas angedeutet, konnte die Errichtung einer erfolgreichen Firma nämlich nicht nur zu technischen und ökonomischen Innovationen, sondern durch die dabei geschaffenen Arbeitsplätze auch zu einem Aufschwung in der jeweiligen Region führen, der schließlich gesellschaftliche Auswirkungen zeitigen konnte. Dies traf unter anderem auf die wirtschaftlichen Aktivitäten des ungarischen Fabrikanten Moritz Fischer zu, der in Herend eine der bedeutendsten Porzellanmanufakturen des Kontinents führte, »allwo aus den ursprünglich wenigen Hütten nun ein ansehnliches Dorf entstand, mit einer wohlhabenden Gemeinde von nahezu 100 Familien, wodurch der Werth des Grund und Bodens sowie die intellektuelle Bildung wesentlich gefördert erscheint«.[134] Indem Fischer seiner Profession nachging, stieg er nicht nur selbst in eine erfolgreiche und anerkannte Position auf, sondern hatte auch wesentlichen Einfluss auf eine Reihe anderer Menschen, die von ihm abhingen und sich auf ihn verließen. Die berufliche Tätigkeit der Antragsteller aus dem bürgerlichen Milieu verbesserte also auch die Lebensverhältnisse seiner Mitmenschen.

Dadurch sollte es zu einer Aufwertung lokaler Wirtschaftsräume wie auch zur Hebung des gesamtstaatlichen Exportvolumens und des internationalen Renommees österreichisch-ungarischer Produkte kommen. Die im Vortrag von Carl Schlechta angesprochenen Preise bei Weltausstellungen und ähnlichen Veranstaltungen galten im Zusammenhang mit der Nobilitierungspraxis als wesentlicher Gradmesser für die Adeligkeit der betreffenden Bittsteller. Nicht selten behaupteten daher die Beamten der Statthaltereien, dass die von ihnen befürworteten Unternehmer den Ruf ihres jeweiligen Wirtschaftsbereiches im »In- und Ausland« gehoben hätten.[135] An dieser Argumentationslinie änderte sich im Laufe des 19. Jahrhunderts wenig, sodass noch 1908 der slawonische Zementfabrikant Heinrich Ohrenstein für seine einschlägigen Verdienste um

[133] *Judson*, Pieter: The Habsburg Empire. A New History. Cambridge, Massachusetts, London 2016, 218 f. Zur Wirtschaftsgeschichte Österreichs siehe weiterführend *Eigner*, Peter/*Helige*, Andrea: Österreichische Wirtschafts- und Sozialgeschichte im 19. und 20. Jahrhundert. Wien 1999; *Sandgruber*, Roman: Ökonomie und Politik. Österreichische Wirtschaftsgeschichte vom Mittelalter bis zur Gegenwart. Wien 1995; *Schiffer*, Josef: The Late Habsburg Monarchy. Economic Spurt or Delayed Modernization? In: *Hafner*, Wolfgang/*Zimmermann*, Heinz (Hg.): Vinzenz Bronzin's Option Pricing Models. Exposition and Appraisal. Berlin, Heidelberg 2009, 307–322; *Mohl*: Gewerbe- und Fabrikwesen, 781.

[134] Moritz Fischer, AT-OeStA/HHStA KA KK Vorträge 7-1866, KZl. 1352.

[135] Ludwig Hohenegger/Mathias Kaspertik, AT-OeStA/HHStA KA KK Vorträge 12-1864, KZl. 2346.

den Exporthandel in die Balkanstaaten und nach Kleinasien geadelt wurde.[136] Im internationalen Wettbewerb konnte sich die Habsburgermonarchie nicht nur auf den großen Ausstellungen mit anderen Mächten messen, sondern sich durch den dort präsentierten ökonomischen und technischen Vorsprung auch einen Vorteil in ihren Handelsbeziehungen erarbeiten. Die Adeligkeit des Maschinenherstellers Joseph Herzegh offenbarte sich deshalb unter anderem darin, dass seine Firma die »mächtige deutsche Konkurrenz« vom rumänischen Absatzgebiet verdrängt hatte.[137]

Wissenschaftliche Erfolge für den Kaiser

Der nobilitierte Unternehmer sollte ein internationales Aushängeschild des Wirtschaftsstandorts Österreich sein. Die nobilitierten Wissenschaftler und Mediziner steigerten die Bedeutung des Landes dagegen durch Forschung und Lehre.[138] Auch für das Bildungsbürgertum waren dementsprechend besondere Leistungen in ihrem Berufsleben entscheidende Voraussetzungen für ihre Adelung. Mehrere Beispiele bestätigen den Innovationswillen österreichischer Ärzte und Universitätsprofessoren, die für ihre professionelle Tätigkeit ausgezeichnet wurden. Im Zuge der Erhebung des Innsbruckers Ignatz Vinzenz Zingerle, Lehrstuhlinhaber am Institut für deutsche Philologie der dortigen Universität, führte das Innenministerium beispielsweise seine »Erforschungen des Lebens u. Wirkens Walther's von der Vogelweide« an. »Seinen Bemühungen ist es gelungen, die Gegend bei Klausen, wenigstens mit hoher Wahrscheinlichkeit, als die Heimat dieses Dichters festzustellen.«[139] Der ebenfalls in Innsbruck tätige Ludwig von Pastor wurde wiederum als einer der »hervorragendsten Historiker auf dem Gebiete der neueren Geschichte« benannt.[140] Nicht minder beeindruckend und für die Wissenschaft bedeutend wurden die Studien des Wiener Kosmologen Julius Hann geschildert, der »zu den bedeutendsten Naturforschern der Gegenwart« zählte und als »einer der Begründer der wissenschaftlichen Meteorologie«[141] gilt.

Die Gelehrten wie auch die Industriellen wurden dabei als Stellvertreter »ihrer« Monarchie inszeniert, die in ihrem beruflichen Wirken wie selbstverständlich deren Werte repräsentierten. Den Genannten war gemeinsam, dass

136 Heinrich Ohrenstein, AT-OeStA/HHStA KA KK Vorträge 31-1912, KZl. 3099.

137 Joseph Herzegh, AT-OeStA/HHStA KA KK Vorträge 31-1910, KZl. 3052.

138 Zu den Wissenschaftssystemen in der Habsburgermonarchie siehe etwa *Surman*, Jan: Universities in Imperial Austria. 1848–1918. A Social History of an Academic Space. West Lafayette 2019; *Feichtinger*, Johannes/*Klemun*, Marianne/*Surman*, Jan/*Svatek*, Petra (Hg.): Wandlungen und Brüche. Wissenschaftsgeschichte als politische Geschichte. Göttingen 2018; *Ash*, Mitchell/*Ehmer*, Josef (Hg.): Universität – Politik – Gesellschaft. Wien 2015.

139 Vinzenz Zingerle, AT-OeStA/HHStA KA KK Vorträge 1-1890, KZl. 116.

140 Ludwig von Pastor, AT-OeStA/HHStA KA KK Vorträge 13-1916, KZl. 1259.

141 Julius Hann, AT-OeStA/HHStA KA KK Vorträge 31-1909, KZl. 3025.

sie durch sorgsame Beachtung und Pflege ihres wissenschaftlichen Instrumentariums und ihre fleißige Publikationstätigkeit neue und bahnbrechende Erkenntnisse in ihrer Disziplin hervorbringen konnten, die auch dem Staat eine achtbare Stellung im europäischen Vergleich einbrachten – so erwähnte der Vortrag Pastors, dass seine nahezu enzyklopädische Papstgeschichte bislang ins »Französische, Englische, Italienische und Spanische« übersetzt worden war. Pastor wurde nicht nur als zuverlässiger und sorgfältiger, sondern auch als katholischer Historiker bezeichnet, was ihn zusätzlich an die Dynastie band beziehungsweise mit ihr identifizierte. Die Betonung »habsburgischer Elemente« im Wissenschaftsdiskurs stellte dementsprechend eine wichtige Ressource der Auszeichnungspolitik dar. Deutlich wird dies auch anhand der Biografie Zingerles, der seinen »patriotischen« Ruf in der Öffentlichkeit nicht durch politische, sondern durch akademische Erungenschaften erworben habe. So zeigte er sich beispielsweise für die Errichtung des Walther-Denkmals in Bozen und die Errettung der »Tiroler Volkspoesie« verantwortlich. Durch seine wissenschaftliche Tätigkeit war er mit den Traditionen seiner Heimat verbunden, was Respekt und Würdigung von staatlicher Seite verdiente.

Die Wahrung konservativer Werte und des althergebrachten Erbes der Kronländer stand jedoch keineswegs in Kontrast zu den Bemühungen um die Modernisierung und Internationalisierung der Monarchie.[142] Neben der Ökonomie war seit jeher auch die Wissenschaft stark vernetzt, sodass in der Donaumonarchie vor allem die Naturwissenschaften enge internationale Kontakte aufwiesen. Die Restriktionen bei dem Auf- und Ausbau neuer Institute verlangsamten aber Innovationen und die Möglichkeiten der überregionalen Zusammenarbeit.[143] Die Entwicklung und Etablierung neuer Arbeitsmethoden und Fachbereiche wurde vom Kaiser allerdings mit der Vergabe von Adelstiteln gefördert und honoriert, was zeigt, dass der positive Einfluss und individuelle Einsatz des Einzelnen hochgeschätzt wurde. Man suchte nach Personen, die im Ausland, beispielsweise auf ausgedehnten Reisen oder längerfristigen Bildungsaufenthalten, Wissen und Fertigkeiten erworben hatten, um sie in der Heimat zur Anwendung zu bringen. Dies traf beispielsweise auf den Pester Arzt Moriz Moskovitz zu, der seine Ausbildung »sowohl in Paris als auch in den bedeutenderen Spitälern des Auslandes« vertieft und daraufhin »in den nördlichen Gegenden Ungarns die homöopatische [sic] Heilmethode« eingebürgert hatte.[144] Manifest gewordenes Symbol der internationalen Anerkennung habsburgischer Untertanen war deren Auszeichnung durch fremde Mächte, die in vielen Vorträgen penibel aufgelistet wurden und die Notwendigkeit eines kaiserlichen Gnadenaktes zusätzlich verdeutlichen sollten. So durfte sich etwa

142 Siehe dazu *Zimmer*, Matthias: Moderne, Staat und Internationale Politik. Wiesbaden 2008, 112.

143 *Surman*: Universities, 31 f.

144 Moriz Moskovitz, AT-OeStA/HHStA KA KK Vorträge 13-1867, KZl. 2532.

der in Aleppo praktizierende, aber aus Galizien stammende Klinikbesitzer Josef Zakrzewski schon vor dem Erwerb des österreichischen Adels über eine Reihe französischer, osmanischer und griechisch-katholischer Dekorationen freuen.[145]

Da jedoch naturgemäß nicht jeder Akademiker derartige Erfolge feiern konnte, galten auch Verdienste im Zusammenhang mit seinen beruflichen Alltagspflichen wie die Lehre als durchaus anerkennungswürdig und dem Staat dienlich. Obgleich der »Doctor Medicina« Friedrich Jäger beispielsweise keine nennenswerten Forschungsleistungen erbracht hatte, erhob er unter anderem aufgrund seiner 25-jährigen Lehrtätigkeit am Josefinum, »welche durch Heranbildung gediegener Militärärzte im vollsten Maße der Armee zu Gute« kam,[146] Anspruch auf einen Adelstitel. Das gebildete und wirtschaftstreibende Bürgertum wurde also »in der zweiten Reihe« hinter den offiziellen Amtsdienern als ein wesentlicher Faktor für das Funktionieren staatlicher Institutionen sowie den Aufstieg der Monarchie zu einer in jeder Hinsicht bedeutenden europäischen Großmacht dargestellt.

Wie im Fall der Unternehmer konnte das berufliche Engagement von Wissenschaftlern ein entscheidender Impulsgeber für ihre Heimatregion werden und sich mit dem der Industriellen sogar ergänzen. Erneut sei hierbei auf den nutzbringenden Einfluss der Ärzte verwiesen, die beispielsweise die Bekanntheit eines Kurortes durch ihre Publikationen begründen und befeuern sollten. Symptomatisch dafür steht der Vortrag des Brunnenarztes Carl Heidler, der die Heilkraft der Marienbader Quellen erkannte und dort einen »Curorte ersten Ranges« begründete.[147] Im Gefolge von fachlichen Pionieren wie Heidler drangen jedoch sogleich auch Industrielle in diesen sich bildenden Erwerbssektor vor und entwickelten die Erkenntnisse der Experten zu konkreten Geschäftsideen, die wiederum der Wissenschaft und der lokalen Bevölkerung zugutekommen sollten. Demgemäß wurde der Nobilitierungsantrag des böhmischen Großindustriellen Heinrich Mattoni 1889 von »mehreren angesehenen Ärzten in verschiedenen Curorten Böhmens« eingereicht und vom Handelsminister unterstützt. In dem Vortrag an den Kaiser wurden insbesondere seine Mineralwasserfabrik und die von ihm gegründete »Curanstalt in Gießhübl-Puchstein« hervorgehoben.[148] Indem er den Wunsch auf Gesundheit zum Geschäft machte, steigerte er nicht nur die ökonomische Lage Böhmens und des Reiches, sondern auch die generelle Bedeutung von Kurorten und der sich dort entfaltenden medizinischen Tätigkeit.[149]

145 Josef Zakrzewski, AT-OeStA/HHStA KA KK Vorträge 25-1906, KZl. 2482.

146 Friedrich Jäger, AT-OeStA/HHStA KA KK Vorträge 14-1859, KZl. 3131. Zu seinen weiteren Leistungen siehe unten.

147 Carl Heidler, AT-OeStA/HHStA KA KK Vorträge 21-1857, MCZl. 4127.

148 Heinrich Mattoni, AT-OeStA/HHStA KA KK Vorträge 20-1889, KZl. 4110.

149 Zu Mattoni siehe etwa *Karell*, Viktor: Mattoni, Heinrich Edler von. In: Neue Deutsche Biographie. Bd. 16. Berlin 1990, 416 f.; Mattoni Heinrich von. In: ÖBL VI, 150.

Kapital und Reputation

Sowohl wirtschaftliche als auch soziale Komponenten gaben den Beamten daher Rückschluss auf die Adelswürdigkeit des aus dem bürgerlichen Milieu kommenden Nobilitierungskandidaten. Sein symbolisches und finanzielles Kapital wurde als miteinander verbundenes Ganzes gesehen, da der erfolgreiche und vermögende Unternehmer auch Ansehen in der Öffentlichkeit genießen musste, um auszeichnungswürdig zu erscheinen. Die materiellen Mittel und die Reputation der Antragsteller wurden zumeist in Kombination als Zeichen ihrer guten Geschäftspraktiken und ihrer öffentlichen Verdienste gedeutet. Wie in zahlreichen anderen Biografien verbanden sich beispielsweise bei dem Prager Zementfabrikanten Franz Ellenberger beide Aspekte miteinander: »Seine moralische Haltung ist makellos, er genießt wegen der Ehrenhaftigkeit seines Charakters die allgemeine Achtung und befindet sich in einer angesehenen sozialen Stellung und in günstigen Vermögensverhältnissen.«[150] Ähnliches galt auch für die Gebrüder Julius und Jakob Eisner, Großhändler aus Triest, die als »tüchtige Geschäftsmänner« die »allgemeine Achtung« genossen[151] und deren Geschäft »über bedeutende Geldmittel verfügt[e]«. Im Gegensatz dazu besaßen der Anwalt Adriano Noale und sein als Arzt wirkender Bruder Karl aus der Provinz Treviso »weder besonderes Ansehen noch erhebliche Einkünfte«.[152]

Wohlstand und Ansehen waren in den Augen der Adelsbehörde zwei Seiten derselben Medaille, da nur jener geachtet war, der seinen Reichtum mit ehrlicher Arbeit und Eifer erworben hatte.[153] Hinzu kam die Sparsamkeit, eine der zentralen Bürgertugenden und die wichtigste wirtschaftliche Kompetenz, die keinem Selbstzweck diente, sondern stets ein Versprechen für die Zukunft bedeutete.[154] Konnte ein Bürger nicht mit Geld umgehen, war seine Standeszugehörigkeit dagegen generell in Frage zu stellen, wie Karl Welcker in einem Beitrag des Staatslexikons erklärt: »[D]ie Not und Pein häufiger Verschuldungen und Geldverlegenheiten – und dieses alles noch in Verbindung mit dem Mangel des Familienlebens und einer unabhängigen Stellung – bildet leider nur allzu häufig Klippen der Männertugend, der Bürgertugend, der Wahrheitstreue« und habe zudem negative Auswirkungen auf das »öffentliche Urtheil« über die Person.[155] Es erschien daher unmöglich, für die Bestätigung des polnischen Adelstitels von Anastasius Ritter von Siemonski zu optieren, der

150 Franz Ellenberger, AT-OeStA/HHStA KA KK Vorträge 21-1873, KZl. 4362.

151 Gebrüder Eisner, AT-OeStA/HHStA KA KK Vorträge 16-1874, KZl. 3382.

152 Gebrüder Noale, AT-OeStA/HHStA KA KK Vorträge 20-1857, MCZl. 3886.

153 *Zunhammer*: Adel, 81.

154 *Bollnow*, Otto: Wesen und Wandel der Tugenden. Frankfurt am Main 1958, 42 f.

155 *Welcker*, Carl: Friedrich Gentz. In: *Rotteck*, Carl von/*Welcker*, Carl (Hg.): Staats-Lexikon oder Encyklopädie der Staatswissenschaften. In Verbindung mit vielen der angesehensten Publicisten Deutschlands. Bd. 6. Altona 1838, 528–571, hier 565.

»ein, seine Kräfte weit übersteigendes Hauswesen führt, den äußeren Aufwand ungemein liebt, und eben dadurch in so bedrängte Verhältnisse und Schulden gerieth, aus welchen er bei seiner Kreditlosigkeit, nur mit Aufopferung des größten Theiles seines Vermögens einige Trümmer werde retten können«.[156] Diese Passage aus seinem negativ beurteilten Vortrag verweist zudem auf die Verletzung einer weiteren Tugend, da bei dem von Siemonski betriebenen, übermäßigen »äußeren Aufwand« auch die vom Bürger geforderte Selbstbeherrschung und Bescheidenheit verloren gehen musste. Der tugendhafte Bürger sollte seinen Besitz mit Sparsamkeit vermehren und durfte diesen nicht durch Verschwendungssucht in Gefahr zu bringen.[157]

Alles andere konnte nicht nur das Ansehen der Einzelperson, sondern vor allem auch die Staatsfinanzen beeinträchtigen, wie der Innenminister 1875 mit Bezug auf den aus Bayern eingewanderten Philipp Graf Schenk von Stauffenberg bemerkte: Dieser besaß zwar »die auf mehr als eine Million geschätzte Domäne Zinkau in Böhmen«, seine »durch unverhältnismäßigen Aufwand« vermehrten »Schulden und Geldverlegenheiten« verhinderten jedoch »öfters selbst die pünktliche Entrichtung der Steuern«, weshalb »die Bitte um Ag. Verleihung des österreichischen Grafenstandes« nicht befürwortet werden konnte.[158] Beide Beispiele zeigen, dass auch Personen aus der alten Aristokratie, die ihre Position in der adeligen Hierarchie verbessern wollten, auf bürgerliche Werte verpflichtet wurden und ihren Beitrag für den Erhalt der Monarchie leisten mussten. Der allgemeinen Steuerpflicht nicht nachzukommen zeugte von mangelndem Pflichtbewusstsein und fehlender Verdienstlichkeit, da Wirtschaftstreibende nicht nur den ökonomischen Kreislauf, sondern auch den kaiserlichen Haushalt aufbessern sollten. Dem Kaufmann Milisav Georgievic aus Mitrovitz kamen bei seinem Antrag von 1857 beispielsweise seine »Verdienste um den inländischen Handel« zugute, namentlich, dass er in einem Jahr »allein an Zöllen und Zuschlagsgebühren, andere namhafte Beiträge umgerechnet, 261.202 f abgeführt habe«.[159] Ähnliche Leistungen waren auch in Ungarn, mit seinem gänzlich eigenständigen Steuersystem,[160] höchst erwünscht.[161]

156 Anastasius Ritter von Siemonski, AT-OeStA/HHStA KA KK Vorträge 3-1854, MCZl. 593.

157 *Bollnow*: Wesen, 122–129; *Raasch*, Markus: »Ich habe in Seinem Schlafzimmer oft Seine Hände geküsst«. Adel und Männlichkeit am Beispiel des Katholizismus. In: *Ders.* (Hg.): Adeligkeit, Katholizismus, Mythos. Neue Perspektiven auf die Adelsgeschichte der Moderne. München 2014, 134–152, hier 146.

158 Philipp Graf Schenk von Stauffenberg, AT-OeStA/HHStA KA KK Vorträge 2-1875, KZl. 303.

159 Milisav Georgievic, AT-OeStA/HHStA KA KK Vorträge 19-1857, MCZl. 3798.

160 Siehe dazu *Pammer*, Michael: Österreichische und ungarische Finanzpolitik. 1868–1913. In: *Ableidinger/Becker/Dotter/Enderlin-Mahr/Osterkamp/Weck* (Hg.): Im Büro des Kaisers, 97–112.

161 Siehe z. B. die Vorträge von Carl Linzer, AT-OeStA/HHStA KA KK Vorträge 13-1884, KZl. 2540 und Moritz Glück, AT-OeStA/HHStA KA KK Vorträge 1-1879, KZl. 12.

Übermäßig zur Schau gestellter Luxus und Verschwendungssucht wurden von den Liberalen dagegen lange Zeit als »unmoralischer Unglaube«, der den Blick auf »Großes und Edles« verstelle, abgelehnt. Erst gegen Ende des 19. Jahrhunderts veränderte sich diese Einstellung, es kam zu einer »zunehmenden Materialisierung des Lebens«.[162] Besitz und Kapital wurden dabei zur entscheidenden Kategorie für die Klassifizierung des Bürgertums und in den kaiserlichen Vorträgen immer häufiger zur ausschlaggebenden Ressource für die Adelswürdigkeit des Bürgers. Dabei kam es zu einem Wandel in der Darstellung noblen Verhaltens auf dem Schreibtisch des Kaisers. Erneut passten sich die Ressourcen an die aktuellen Verhältnisse der Gesellschaft an und beeinflussten dadurch das offizielle Bild des Adels, der gegen Jahrhundertende vermehrt auch ein Geldadel sein konnte.

Entscheidend war aber nicht nur die Größe des Vermögens, sondern vor allem auch, auf welche Weise dieses erworben und wofür es ausgegeben wurde. Einen äußerst schlechten Eindruck machte es, wenn man, wie der Pester Großhändler Philipp Köppely, durch »glückliche Speculationen« reich geworden war[163] und daher nie intensiv für sein Vermögen gearbeitet habe. Mit der Abneigung gegen Spekulanten und Börsenhändler verband sich nicht zuletzt eine antisemitische Haltung, die als Entscheidungsressource auf dem Schreibtisch des Kaisers ebenfalls eine Rolle spielen konnte.[164]

So gelangte 1906 ein vom ungarischen Handelsminister eingereichter Vortrag für den Privatier Mathias Löbl in die kaiserliche Kabinettskanzlei, der den Bittsteller mit den rühmendsten Worten als Patriot und Förderer der ungarischen Industrie schilderte. Da der Ungar jedoch seit längerer Zeit in Österreich ansässig war, wurde dem Vortrag ein Gutachten des Wiener Polizeipräsidenten hinzugefügt, das ein gänzlich anderes Bild der genannten Person zeichnete: Mehrmals wurde darin sein »mosaischer« Glaube erwähnt – eine Information, die in dem Text des ungarischen Handelsministers vollkommen fehlte – und sein Reichtum als Zufallsprodukt seiner Börsenspekulationen interpretiert. Auch sein von ungarischer Seite hochgelobter Einsatz für die Wirtschaftsinteressen Transleithaniens geriet durch einen beigelegten Zeitungsartikel aus dem »Deutschen Volksblatt« ins Zwielicht, weil dieser explizit die Aktivitäten Löbls als »judäomagyarische Hetze gegen unsere [d. h. die österreichische, Anm.] Industrie« diffamierte. Obgleich die Wiener Behörden ihre Meinung zu dem Antragsteller in der Einschätzung nicht offen kundgaben, um keine Konflikte mit der ungarischen Reichshälfte zu provozieren, kreierten diese Zusatzinformationen einen negativen Eindruck, der die Entscheidung des Kaisers beeinflusste: Der Vortrag wurde zwei Mal »ad acta« gelegt, bis er etwa ein Jahr später

162 *Zunhammer*: Adel, 82.
163 Philipp Köppely, AT-OeStA/HHStA KA KK Vorträge 22-1857, MCZl. 4241.
164 Siehe dazu auch *Drewes*: Jüdischer Adel.

– nach mehrfacher Intervention aus Ungarn – doch noch die Allerhöchste Bewilligung erhielt.[165]

Zwischen 1789 und 1918 wurden 233 Personen jüdischer Konfession in Österreich mit dem Adels-, Ritter- oder Freiherrenstand ausgezeichnet. Insbesondere die jüdischen Freiherren gehörten beinahe ausschließlich dem Wirtschaftsbürgertum an, da sie – im Unterschied zu jüdischen Beamten, Künstlern oder Gelehrten – in ihrer finanziell abgesicherten und erfolgreichen Position weniger deutlich vor die Notwendigkeit gestellt wurden, ihren Glauben durch Konversion zu verbergen.[166] Man kann grundsätzlich davon ausgehen, dass in Nobilitierungsfragen »die Verdienste für den Staat [...] wichtiger [waren] als die Zugehörigkeit zu einer bestimmten Religion«.[167] Einzelne Vorträge zeigen jedoch, dass die Konfession in der Nobilitierungspraxis durchaus einbezogen und von unterschiedlicher Seite zur Entscheidungsressource gemacht wurde. Während es im Falle des erwähnten Löbl die Wiener Behörden waren, die daraus die Ablehnung seiner Bitte ableiteten, war es beim Herender Porzellanfabrikanten Moritz Fischer der »Magistratsfiskal des Veszprimer Comitats«, der Einspruch gegen eine Nobilitierung erhob, weil »nur Anhänger der gesetzlich anerkannten Religionen, wohin die israelitische als bloß geduldete nicht gehöre, mit dem ungarischen Adel betheilt werden können«.[168] Diesen Einwand konnte die ungarische Hofkanzlei mit Verweis auf einen Präzedenzfall allerdings entschärfen. Dementsprechend hatte der Antisemitismus, der mit gesetzlichen oder moralischen Argumenten getarnt wurde, auch Auswirkungen auf die Adelspolitik.[169]

Kapital und Reputation waren eng aufeinander abgestimmte und in einer sensiblen Beziehung verzahnte Ressourcen der Nobilitierungspraxis, wie sich gerade anhand der sogenannten »Spekulanten« zeigte: Ihre angeblich »unehrlichen« Arbeitsmethoden würden öffentlichen Unmut auslösen und seien daher des Adels nicht würdig. Um standesgemäß leben zu können, mussten die Nobilitierungskandidaten demnach über Kapital verfügen, dieses Geld sollte allerdings auf »ehrhaftem« Wege erworben werden, um den guten Ruf des zukünftigen Adeligen schon vor der Auszeichnung zu begründen. In den letzten Jahren der Monarchie verschob sich die Ressource allerdings von der Reputation stärker auf die Besitztümer der Kandidaten, die detailreich aufgelistet wurden und als Grundlage ihrer Adeligkeit galten.

165 Mathias Löbl, AT-OeStA/HHStA KA KK Vorträge 25-1906, KZl. 2460. Siehe auch *Drewes*, Jüdischer Adel.

166 *Županič*: Nobilitierungen der Juden, 549 f.

167 *Županič*: Entstehung, 497.

168 Moritz Fischer, AT-OeStA/HHStA KA KK Vorträge 7-1866, KZl. 1352.

169 Zum Antisemitismus in der Habsburgermonarchie siehe etwa *Rozenblit*, Marsha: Die sozialen Grundlagen des Antisemitismus in der Habsburgermonarchie. 1848–1918. In: *Harmat/Wandruszka/Rumpler* (Hg.): Die Habsburgermonarchie. Bd. 9. Tlbd. 1/2, 1369–1418.

Persönlicher gesellschaftlicher Aufstieg

Obwohl Köppely und Löbl ihr Vermögen zum Wohle des Staates und der Wirtschaft einsetzten, waren diese mit »unehrenhaftem Geld« finanzierten Verdienste als Ressource zumeist wertlos. Im Zentrum des arbeitsweltlichen Idealbildes stand dementsprechend immer noch das Handwerk, das sich im Zeitalter der Industrialisierung zwar verändert und den neuen technischen Möglichkeiten angepasst hatte, aber weiterhin die Produktion hochwertiger Waren voraussetzte.[170] Aufgrund dessen wurden die Erzeugnisse der Antragsteller bei Bedarf von den Vorträgen genau und ähnlich einer erlesenen Handarbeit vorgestellt. Von besonderer Meisterschaft erzählte in diesem Zusammenhang unter anderem der Vortrag des ungarischen Buchdruckereibesitzers Gustav Emich, der in seiner »Wiener Bilder-Chronik« Abbildungen von besonderer Reinheit veröffentlicht hatte, »die der vaterländischen Industrie zur vollsten Zierde« gereichten.[171] Inwieweit diese detailreichen Schilderungen den Vorlieben des Kaisers oder des bearbeitenden Beamten entsprachen, kann nicht mehr rekonstruiert werden, in jedem Fall zeigen sie aber, dass die Fabrikanten, trotz der Größe und des Erfolgs ihres Unternehmens, noch immer in einem engen Bezug zu ihren Produkten und damit auch zu ihren Arbeitern standen. Zahlreiche Wirtschaftsmagnaten sollen als Kleinunternehmer oder sogar als Angestellte begonnen und schließlich durch ihren Fleiß und ihre Kenntnisse den wirtschaftlichen Durchbruch und ein bedeutendes Vermögen errungen haben.

In diesem Sinne wurde beispielsweise die Biografie des Maschinenherstellers Joseph Herzegh als Aufstiegsgeschichte eines einfachen, aber strebsamen Praktikers geschildert, der eine kleine »Reparaturwerkstätte, welche sechs Arbeiter beschäftigte und aus einer Drehbank für Handbetrieb bestand«,[172] zu einem börsenotierten Großunternehmen mit internationalen Kontakten entwickelt hatte. Die geradezu primitiven Bedingungen, welche der Genannte bei seinem Eintritt in die Firma vorgefunden hatte, standen in klarem Kontrast zu der späteren, erstrangigen Position des Unternehmens im ungarischen Wirtschaftsgefüge und hoben Herzeghs Wirken in besonderem Maße hervor. Seine Herkunft aus gewöhnlichen Verhältnissen war gleichzeitig ein Hinweis auf die

[170] *Mohl*: Gewerbe- und Fabrikwesen, 794. Zum Gewerbe in der Habsburgermonarchie siehe *Meißl*, Gerhard: Die gewerblich-industrielle Arbeitswelt in Cisleithanien mit besonderer Berücksichtigung der Berufszählungen 1890 und 1910. In: *Harmat*, Ulrike/*Rumpler*, Helmut/*Wandruszka*, Adam (Hg.): Die Habsburgermonarchie. 1848–1918. Bd. 9: Soziale Strukturen. Tlbd. 1/1: Von der feudal-agrarischen zur bürgerlich-industriellen Gesellschaft. Lebens- und Arbeitswelten in der Industriellen Revolution. Wien 2010, 323–377; *Szulovszky*, János: Die gewerblich-industrielle Arbeitswelt in Ungarn. In: *Ebenda*, 379–422.

[171] Gustav Emich, AT-OeStA/HHStA KA KK Vorträge 13-1867, KZl. 2452.

[172] Joseph Herzegh, AT-OeStA/HHStA KA KK Vorträge 31-1910, KZl. 3052.

soziale Fluidität der Monarchie, in der Leistung und Wissen in jedem Fall belohnt werden würden. Gerade daran machte der deutsche Rechtsanwalt und Demokrat Gustav von Struve in seinem Staatslexikonartikel zu dem Stichwort »Proletariat« 1848 das Funktionieren des geordneten Staates fest:

> In gut verwalteten Staaten sind die Einrichtungen so getroffen, daß es jedem Proletarier möglich ist, sich im Laufe einiger Jahre so viel zu erwerben, um sich in den Stand der besitzenden Arbeiter aufschwingen zu können. [...] In einem gut eingerichteten Staate sollte jeder Mensch als Proletarier anfangen, allein im Stande sein, sich durch seine Tüchtigkeit zu den höchsten Ehrenstellen des Staates aufzuschwingen.[173]

Die Möglichkeit, in das Bürgertum aufzusteigen, ebenso wie die Notwendigkeit, als Kind privilegierter Eltern »mühevolle« Arbeit zu verrichten, war in bürgerlichen Kreisen daher ein Symbol für die Funktionsfähigkeit der Monarchie, die den Untertanen in seinem Drang nach gesellschaftlicher Verbesserung unterstützen müsse. Von einem der tugendhaften Genügsamkeit inhärenten »Bescheiden der eigenen Person«, ihrer Ziele und Lebenswünsche,[174] kann in diesem Zusammenhang demgemäß keine Rede mehr sein: Der Staat förderte vielmehr die ständige Vergrößerung von Kapital und Mitarbeiterzahlen.

Wohltätigkeit als Reaktion auf die soziale Frage

Umso stärker wurde daher – quasi als Kompensation für die mangelnde Bescheidenheit – mit der Freigiebigkeit eine andere, weitaus ältere Tugend betont, die in keinem Vortrag eines erfolgreichen Wirtschaftsbürgers fehlen durfte.[175] Zahlreiche Industrielle inszenierten sich vor dem Hintergrund ihrer ökonomischen Aktivitäten als wahre Wohltäter, die mit dem Aufbau einer Produktionsstätte in den habsburgischen Provinzen auch infrastrukturelle Einrichtungen und Arbeitsplätze für die Bevölkerung geschaffen hatten. Bereits 1859, im Rahmen der Nobilitierung des böhmischen Industriemagnaten Albert Klein, wurde dieses Argument als Ressource besonders forciert:

> Im J[ahr] [1]846 unternahm Klein den Bau der Königssaaler Straße zur Linderung der damaligen Arbeitsnoth u. ließ Brot gegen eine kaum die Hälfte des Erzeugungspreises deckende Vergütung verteilen. – Im J[ahr] [1]848 entschloß er sich zur Fortsetzung des Baus der Prag-Bodenbacher Eisenbahnstraße auf eigene Kosten um die damals gefährliche Arbeiterentlassung zu verhindern [...], endlich leitet er als Chef des Hauses alle Unternehmungen u. die großartigen industriellen Etablissements, wodurch er Tausenden eine lohnende Beschäftigung gibt.[176]

173 *Struve*, Gustav von: Proletariat. In: *Rotteck*, Carl von/*Welcker*, Carl (Hg.): Staats-Lexikon oder Encyklopädie der Staatswissenschaften. In Verbindung mit vielen der angesehensten Publicisten Deutschlands. Bd. 19. Supplemente. Bd. 4. Altona 1848, 272–281, hier 273.

174 *Bollnow*: Wesen, 128 f.

175 *Münch* (Hg.): Ordnung, 24.

176 Albert Klein, AT-OeStA/HHStA KA KK Vorträge 14-1859, KZl. 3011.

Allein die Möglichkeit, an einem der Kleinschen Großprojekte mitarbeiten zu können, wurde demnach als wichtige Maßnahme zur Bekämpfung gesellschaftlichen Unfriedens und des Arbeiterleides gewertet.

Das durch eine feste Anstellung entstehende Patronageverhältnis war tief in den Logiken und Herrschaftspraktiken der alten, landbesitzenden Aristokratie verwurzelt, die auf ihren Gütern seit Jahrhunderten derartige soziale Maßnahmen – nicht zuletzt zu ihrem eigenen Nutzen – pflegten. Über die Wohltätigkeit knüpften sie ein Band zu ihren Untergebenen, verdeutlichten gleichzeitig aber ihre gesellschaftliche, ökonomische und moralische Überlegenheit. Gefestigt wurde die symbolische Beziehung zwischen Arm und Reich einerseits durch die persönliche und identitätsstiftende Anwesenheit des jeweiligen Adeligen, dem der Herrschaftsangehörige Gehorsam schuldete, von dem er aber eben auch »Schutz und Schirm« erwarten konnte. Andererseits bildete sich diese Verbindung durch eine permanente Beschäftigung der Arbeiter auf den adeligen Besitzungen, die selbst in Krisen- oder Notzeiten aufrechterhalten wurde. Fürst Johann Adolph zu Schwarzenberg ermöglichte seinen Bauern beispielsweise im Winter die Arbeit in wenig rentablen Kohlegruben, um sich deren dauerhafter Anhänglichkeit zu versichern.[177] Ähnlich ging auch der bereits erwähnte Carl Schlechta vor, der »oft in Epochen, welche dem Fabriksgeschäfte minder günstig waren, seine eigenen Interessen, dem Wohle der armen Fabriksarbeiter zum Opfer gebracht«, das Dienstverhältnis also trotz Konjunkturschwierigkeiten aufrecht erhalten hatte.[178] Die Beziehung der Arbeiter zu dem Unternehmen war daher ein klarer Beweis für den rücksichtsvollen und humanitären Umgang mit ihnen, wie aus einem Vortrag des Stuhlweißenburger Fabrikanten Karl Felmayer hervorgeht, der auch »ältere Arbeiter« behielt, um ihr Auskommen zu sichern.[179]

Diese Beispiele erscheinen aus kapitalistischer Perspektive zwar irrational, führten aber zur Sesshaftwerdung der Menschen im Einflussbereich des Adeligen oder Wirtschaftsmagnaten. Nur wer sich vor Ort befand und den lokalen Grundbesitzer als Bezugsperson anerkannte, war berechtigt, auch von der dort existierenden Fürsorge zu profitieren.[180] Tatsächlich existierte eine lange adelige Tradition der Wohltätigkeit, die sich beispielsweise in der Gründung karitativer Vereine zeigte.[181] Der Staat nutzte diese Initiativen, um die soziale Frage

177 *Tönsmeyer*: Adelige Moderne, 198; *Paleczek*: Modernisierung.

178 Peter Carl Schlechta, AT-OeStA/HHStA KA KK Vorträge 8-1859, KZl. 1706.

179 Karl Felmayer, AT-OeStA/HHStA KA KK Vorträge 17-1894, KZl. 4119.

180 *Tönsmeyer*: Adelige Moderne, 198 f.

181 Siehe dazu etwa die »Gesellschaft adeliger Frauen zur Beförderung des Guten und Nützlichen«, *Schütz*, Waltraud: Hilfe für Abgebrannte, ländliche Feste und medizinische Versorgung. Wohltätiges Engagement von Frauen im Niederösterreich des 19. Jahrhunderts. In: *Kühschelm*, Oliver/*Loinig*, Elisabeth/*Eminger*, Stefan/*Rosner*, Willibald (Hg.): Niederösterreich im 19. Jahrhundert. Bd. 2: Gesellschaft und Gemeinschaft. Eine Regionalgeschichte der Moderne. St. Pölten 2021, 379–408, hier 384–391.

als immer drängenderes Problem des 19. Jahrhunderts an Eliten wie den Adel oder das wirtschaftstreibende Bürgertum auszulagern. Sie sollten insbesondere die größer werdende Gruppe der Arbeiterschaft unterstützen und dadurch ruhig stellen. In der Anfangsphase der franzisko-josephinischen Regierungszeit förderte die Regierung – so zumindest das in den Nobilitierungsvorträgen an den Kaiser gezeichnete Bild – weniger eine moderne, klar geregelte Sozialpolitik, als vielmehr die traditionellen und stabilisierenden Formen des ständischen Zusammenlebens in Gestalt des »ganzen Hauses«.[182] Obgleich diese auf gegenseitiger Abhängigkeit und persönlicher Bindung beruhende Beziehung durch die Verbürgerlichung und Industrialisierung aus der Gesellschaft verschwand, sollte das Verhältnis zwischen Fabriksbesitzer und -arbeiter weiterhin von Treue, Achtung und Hilfsbereitschaft geprägt sein.

Wie in anderen europäischen Ländern änderte sich die untätige staatliche Haltung in der sozialen Frage erst mit dem Ende der liberalen Ära im Angesicht der Wirtschaftskrise von 1873. In der Amtszeit des konservativen Ministerpräsidenten Eduard Taaffe und unter Mitwirkung des christlich-sozialen Vordenkers Karl von Vogelsang wurden in den 1880er Jahren zahlreiche Reformen, etwa das Gewerbeordnungs-, das Unfallversicherungs- und das Krankenversicherungsgesetz eingeführt.[183] Nichtsdestoweniger blieben die Guts- und Fabriksbesitzer eine wichtige Stütze bei der Verringerung von Not und Armut in der Arbeiterschaft. Dementsprechend beschrieb der Spitzenbeamte Rudolf Sieghart die Gründe, die das habsburgische Wirtschaftsbürgertum auch noch um die Jahrhundertwende für eine Nobilitierung empfahlen, wie folgt:

> [B]is zum Ende der Monarchie führten Beiträge zu öffentlichen Zwecken oder die Errichtung wohltätiger Stiftungen den wohlhabenden Industriellen, Kaufmann oder Bankier zu einer Standeserhöhung. Allerdings dauerte die Verschmelzung dieser Zuzüge aus dem Wirtschaftsleben verhältnismäßig länger als die von Leuten aus der Armee und dem Beamtentume.[184]

Tatsächlich wurden daher in den Vorträgen an den Kaiser besonders häufig die von den Antragstellern ihren eigenen Arbeitern und Angestellten gegenüber erbrachten Verdienste betont, die zudem sprachlich in die Tradition des »ganzen Hauses« gestellt wurden. Der Holzstoffpappefabrikant Robert Fuchs erhielt seine Adelung beispielsweise nicht nur wegen seines Exporthandels, sondern auch aufgrund seiner »außergewöhnlichen Wohltätigkeit«, die sich

[182] Siehe dazu *Brunner*, Otto: Das »ganze Haus« und die alteuropäische »Ökonomik«. In: *Ders.* (Hg.): Neue Wege der Verfassungs- und Sozialgeschichte. Göttingen 1968, 103–127; *Weiß*, Stefan: Otto Brunner und das Ganze Haus oder Die zwei Arten der Wirtschaftsgeschichte. In: Historische Zeitschrift 273/2 (2001), 335–369.

[183] *Mesch*, Michael: Die sozialen Strukturen der Habsburgermonarchie. 1848–1918. Rezension. In: Wirtschaft und Gesellschaft 37/4 (2011), 146–153, hier 147. Siehe weiterführend *Drobesch*, Werner: Ideologische Konzepte zur Lösung der »sozialen Frage«. In: *Harmat/Rumpler/Wandruszka* (Hg.): Die Habsburgermonarchie. Bd. 9. Tlbd. 1/2, 1419–1463.

[184] *Sieghart*, Rudolf: Die letzten Jahrzehnte einer Großmacht. Menschen, Völker, Probleme des Habsburger-Reichs. Berlin 1932, 256.

»insbesondere durch seine väterliche Fürsorge für die in seinen Betrieben beschäftigte[n] Personen«[185] auszeichnete – noch 1912 wurde demnach die »väterliche Figur« als Kopf und Mittelpunkt »des Hauses« auf den liberalen Unternehmer und seine vielgestaltige Wirtschaftstätigkeit übertragen.

Ein makelloses, auf Freigiebigkeit und Güte basierendes Verhältnis zwischen Belegschaft und Fabriksbesitzer sollte gesellschaftliche Spannungen lösen oder deren Auftreten sogar verhindern. Diese Ansicht war tief im Selbstverständnis des Staates wie auch der frühindustriellen Unternehmer verwurzelt. Franz Wertheim etwa, der 1871 über den Orden der Eisernen Krone II. Klasse den Adelsstand erhielt, sprach seinen Mitarbeitern im Rahmen eines »Arbeiterfestes« einen entscheidenden Anteil am Erfolg seiner Firmen zu, betonte ihre große Vertrauenswürdigkeit und resümierte schließlich mit Bezug auf die gesamtgesellschaftliche Lage der Monarchie: »Dort, wo die Arbeiter so zu ihrem Herrn stehen, da giebt es keine Arbeiterfrage.«[186] Eine nahezu identische Formulierung wählte auch das ungarische Innenministerium, als es 1903 für die Erhebung der Holzgroßhändler Albert, Armin und Bernhard Grödel plädierte: Die Familie

> sorgte mit einer edlen Opferwilligkeit mittelst Errichtung gesunder und zweckmäßiger Arbeiter-Wohnungen für das Wohl ihrer Arbeiter, wodurch erreicht wurde, daß die Arbeiter ihr gegenüber die größte Anhänglichkeit an den Tag legten und daß zwischen den selben die sozialistischen Bewegungen keinen Platz greifen konnten.[187]

Ein gegenseitiges Geben und Nehmen zwischen Unternehmer und Arbeiter sowie ein gewisses Maß an Verantwortungsgefühl der Industriellen für ihre Beschäftigten sollte demnach den sozialdemokratischen Einfluss auf die Gesellschaft minimieren und galt als entscheidende Ressource für eine Nobilitierung. Die Fabriksinhaber erfüllten durch ihre Fürsorgeleistungen daher auf lokaler Ebene jene Aufgaben, die in späterer Folge von staatlichen Stellen übernommen werden sollten, wie die Errichtung von Arbeiterunterkünften, die Einführung einer unternehmenseigenen Krankenversicherung und den Bau eigener Krankenhäuser, die selbstverständlich mit »moderner Einrichtung« und »innovativen Heilmethoden« geglänzt haben sollen. Derartige Unterstützungsmaßnahmen waren im Wirtschaftsbürgertum keine Seltenheit und fanden ihre Entsprechung ebenfalls im hochadeligen Fürsorgesystem.[188]

Wohltätigkeit und Mäzenatentum hatten jedoch niemals ein aristokratisches Privileg gebildet. Schon in der Frühen Neuzeit sind auch von hochrangigen

185 Robert Fuchs, AT-OeStA/HHStA KA KK Vorträge 31-1912, KZl. 3099.
186 Wiener Abendpost. Beilage zur Wiener Zeitung Nr. 60 v. 15.3.1869, 238.
187 Brüder Grödel, AT-OeStA/HHStA KA KK Vorträge 17-1903, KZl. 1612.
188 Heinrich Ohrenstein, AT-OeStA/HHStA KA KK Vorträge 31-1908, KZl. 3085; Brüder Grödel, AT-OeStA/HHStA KA KK Vorträge 17-1903, KZl. 1612. Siehe dazu weiterführend *Tönsmeyer*: Adelige Moderne, 212–218.

bürgerlichen Familien wie den Fuggern[189] Projekte zu Gunsten der leidenden Bevölkerung überliefert. Spätestens seit der Aufklärung stellte die Freigiebigkeit eine höchst bürgerlich konnotierte Eigenschaft dar:

> Die Grundelemente mäzenatischen und wohltätigen Stiftens und Schenkens [...] lassen sich zusammenfassend als öffentlichkeitsbezogenes, kompensatorisches, zweckgerichtetes, die Persönlichkeit des Mäzens hervorhebendes repräsentatives Handeln umschreiben, mit dem strategischen Ziel, eine eigene bürgerliche Standesehre zu begründen.[190]

Während sich das Bürgertum also ursprünglich mit seinem öffentlichen Engagement dem Adel angleichen wollte, verband es im 19. Jahrhundert damit vor allem seine gruppenspezifischen Qualitäten, wie gesteigerte Wirtschaftskraft und gesellschaftlichen Reformwillen. Ziel der sozialen Aktivitäten war demnach nicht nur die eigenen Interessen dem »allgemein Besten« zu opfern,[191] sondern dem Staat in seiner Gesamtheit das bürgerliche Lebensmodell einzuprägen. In den Bereichen Kunst und Kultur, Soziales, Bildung und Erziehung konnte das Bürgertum seine Unabhängigkeits- und Selbstständigkeitsbestrebungen sowie seine Hoffnung auf kontinuierlichen Fortschritt individuell ausleben und daraus nicht zuletzt einen persönlichen Nutzen generieren.[192]

Während die Wohltätigkeit im 18. Jahrhundert noch zur Rettung des Seelenheils beitragen sollte, führte die Säkularisierung zu einer verminderten Unterstützung kirchlicher Einrichtungen bei gleichzeitiger Anpassung der damit verbundenen mäzenatischen Einzelinteressen.[193] In der Regel war mit der humanitären Großzügigkeit auch die Hoffnung verbunden, soziales Kapital zu akkumulieren und für den gesellschaftlichen Aufstieg einzusetzen – was sich

189 *Schulz*, Andreas: Mäzenatentum und Wohltätigkeit. Ausdrucksformen bürgerlichen Gemeinsinns in der Neuzeit. In: *Kocka*, Jürgen/*Frey*, Manuel (Hg.): Bürgerkultur und Mäzenatentum im 19. Jahrhundert Berlin 1998, 240–262, hier 240. Siehe allgemein zu dem Thema des Stiftens und des Mäzenatentums *Pielhoff*, Stephen: Stifter und Anstifter. Vermittler zwischen »Zivilgesellschaft«, Kommune und Staat im Kaiserreich. In: *Kocka*, Jürgen/*Lingelbach*, Gabriele (Hg.): Schenken, Stiften, Spenden. Geschichte und Gesellschaft 33/1 (2007), 10–45. Zum Mäzenatentum in der Habsburgermonarchie siehe auch *Reiter*, Wolfgang: Mäzenatentum, Naturwissenschaft und Politik im Habsburgerreich und in der Ersten Republik Österreich. In: Österreichische Zeitschrift für Geschichtswissenschaften 25/3 (2014), 212–247; *Stekl*, Hannes: Adeliges Mäzenatentum und karitative Leistungen (1973). In: *Ders.* (Hg.): Österreichs Aristokratie im Vormärz. Berlin, Boston 2019, 185–212.

190 *Schulz*: Mäzenatentum, 243.

191 *Ebenda*, 240.

192 *Kocka*, Jürgen/*Frey*, Manuel: Einleitung und einige Ergebnisse. In: *Dies.* (Hg.): Bürgerkultur und Mäzenatentum im 19. Jahrhundert, 7–17, hier 9 f.

193 Interessant sind in diesem Zusammenhang vor allem die Stiftungen für katholische Kirchen durch die jüdische Minderheit. Siehe dazu *Županič*, Jan: Militäradel der Österreich-ungarischen Monarchie während des Ersten Weltkriegs. In: West Bohemian Historical Review XII (2022/2), 177–232.

nicht zuletzt in einer Nobilitierung äußern konnte.[194] An der Schwelle zwischen christlicher Mildtätigkeit und weltlichem Belohnungswesen stand der galizische Großgrundbesitzer Peter von Romaskan, der ein marodes Nonnenkloster durch diverse Reformen wieder gewinnbringend bewirtschaften konnte. Statthalter und Erzbischof unterstützten den Antrag auf Verleihung des Freiherrenstandes einhellig, da Romaskan so angespornt werde, »noch mehr zu tun«.[195] Obwohl der Gönner also für eine sakrale Einrichtung tätig wurde, sollte er durch die Mehrung seines irdischen Ruhms zur Fortsetzung seines Wirkens angeregt werden. Nicht mehr sein Seelenheil, sondern seine gesellschaftliche Reputation sollte ihm als Ziel seiner Verdienste dienen. Auch wird hier eine besondere Form kirchlicher Patronage präsentiert: Der erfolgreiche Unternehmer nahm nicht nur Geld in die Hand, um beispielsweise eine Kirche zu stiften, sondern brachte sich mit seinem wirtschaftlichen Geschick aktiv in die Sanierung des Klosters ein.[196]

Um selbstbestimmt in die von ihnen begünstigten Institutionen einzugreifen und zugleich ihrem Namen ein langlebiges Denkmal an Selbstlosigkeit setzen zu können, griffen zahlreiche Spender auf das klassische Instrument der Stiftung zurück.[197] In Annäherung an die aristokratische Wohltätigkeit, die seit Jahrhunderten mit ihren Stiftungen institutionalisierte Hilfe leistete, dienten auch reich gewordenen Industriellen derartige Einrichtungen als probates Mittel zur Minderung von Armut und Ungleichheit.[198] Eine ausgesprochen weitreichende Verdienstlichkeit erwarb sich in diesem Bereich der Besitzer des Triester Großhandlungshauses »Kallister«, Josef Gorup.[199]

Sein Beispiel zeigt symptomatisch mehrere Facetten der Ressource »Wohltätigkeit«: Zunächst war die Höhe der geleisteten Beiträge für den Ausgang des Entscheidungsverfahrens keineswegs unwesentlich. Es reichte nicht, überhaupt zu spenden, wichtig war vielmehr, dadurch selbst einen spürbaren Vermögensverlust in Kauf zu nehmen – die auszeichnungswürdigen Summen bemaßen sich daher eher am Einkommen des Gebers, weniger am Nutzen des Nehmers. Diese Praxis musste 1864 der in Wien und Prag lebende Fabriks- und Realitätenbesitzer Jakob Christian Schik erfahren, dessen »Widmung von

194 *Schulz*: Mäzenatentum, 248.

195 Peter von Romaskan, AT-OeStA/HHStA KA KK Vorträge 17-1857, MCZl. 3269.

196 Zu den »Pfarr- und Kirchenpatronaten« adeliger Familien in Böhmen siehe *Tönsmeyer*: Adelige Moderne, 231–238.

197 *Stekl*, Hannes: Wiener Mäzene im 19. Jahrhundert. In: *Kocka/Frey* (Hg.): Bürgerkultur und Mäzenatentum im 19. Jahrhundert, 164–191, hier 166 f. Siehe auch *Bahlcke*, Joachim/ *Winkelbauer*, Thomas (Hg.): Schulstiftungen und Studienfinanzierung. Wien u. a. 2011.

198 Siehe dazu etwa eine Lokalstudie zu Köln: *Kleinertz*, Everhard: Bürgerliches Stiftungsverhalten während des 19. Jahrhunderts in Köln vor dem Hintergrund katholischer und liberaler Weltanschauung. In: Jahrbuch des Kölnischen Geschichtsvereins 81/12 (2011), 199–250.

199 Josef Gorup, AT-OeStA/HHStA KA KK Vorträge 17-1903, KZl. 1627.

100 f [Gulden]« für einen von »Baron Gablenz gegründeten Fond« zwar als sehr »anerkennungswürdiger Akt« beschrieben wird, »jedoch mit Rücksicht auf die notorische große Wohlhabenheit Schiks durchaus nicht als besonders hervorragend angesehen werden« könne.[200]

In der Frühphase des Untersuchungszeitraums präferierten die Entscheidungsträger des Nobilitierungswesens den persönlichen, zeitintensiven Einsatz der Antragsteller für gemeinnützige Projekte, zum Beispiel durch die Leitung von Wohltätigkeitsvereinen oder die Übernahme von diversen Ehrenämtern,[201] vor simplen Geldleistungen. Lange Zeit dominierte in den Vorträgen daher der Kritikpunkt, dass eine finanzielle Spende des Nobilitierungskandidaten als mildtätige Gabe deutlich zu kurz greife und nicht zu einer Adelung berechtigen könne. Die Langlebigkeit und Kontinuität der wohltätigen Verdienstlichkeit war demnach besonders entscheidend, während einmalige materielle Maßnahmen zum »allgemein Besten« als berechnendes Verhalten ausgelegt wurden und dem Gesuch daher eher abträglich waren. Mit Bezug auf den Spekulanten Philipp Köppely, der in Pest für Kirchenbauten und Stiftungen gespendet hatte, sprach das Ministerium beispielsweise »die Vermuthung aus, daß Alles, was Köppely gethan, nicht ohne Nebenabsicht geschehen sei; denn sein Wohlstand scheint nicht erst seit den letzten Jahren zu datieren und doch liege nichts darüber vor, daß er schon früher gemeinnützig und patriotisch gewirkt habe«.[202]

Gleichzeitig ergab sich daraus auch für weniger wohlhabende Gruppen des Bürgertums die Möglichkeit, über ihren persönlichen Einsatz für das öffentliche Wohl einen Adelstitel zu beanspruchen. Insbesondere Ärzte führten die rege Nächstenliebe und intensive Betreuung ihrer Patienten im Nobilitierungsverfahren als Ressource ins Feld, obgleich die »Willfährigkeit und Uneigennützigkeit gegen die leidende Menschheit«[203] von behördlicher Seite weniger als Kür denn als die in ihrem Berufsbild angelegte Pflicht erachtet wurde. Mehr noch als anderen Bevölkerungsgruppen wurde Medizinern daher eine menschenfreundliche und humanitäre Rolle in der Gesellschaft beigelegt, die sie durch besondere Barmherzigkeit und Mildtätigkeit unter Beweis stellen mussten. Der Leibzahnarzt Florian Fuchs konnte daher weder mit der Behandlung hochrangiger Mitglieder des Herrscherhauses noch mit seiner Gemeinnützigkeit überzeugen, da »diese Verdienste mit keiner besonderen Selbstaufopferung oder außerordentlichen Mühewaltung verbunden waren, abgesehen davon, daß sie auch in seinem ärztlichen Berufe gelegen sind«.[204] Als »Freund und Wohltäter der leidenden Menschheit« erwiesen sich hingegen Ärzte, die durch ihre Tätigkeit finanzielle oder sogar gesundheitliche Nachteile in Kauf nahmen. So

200 Jakob Christian Schik, AT-OeStA/HHStA KA KK Vorträge 11-1864, KZl. 2144.
201 Siehe etwa Brüder Spirta, AT-OeStA/HHStA KA KK Vorträge 4-1853, MCZl. 764.
202 Philipp Köppely, AT-OeStA/HHStA KA KK Vorträge 22-1857, MCZl. 4241.
203 Florian Fuchs, AT-OeStA/HHStA KA KK Vorträge 2-1852, MCZl. 345.
204 *Ebenda.*

wurde etwa der Kaschauer Stadtphysikus Joseph Wajnarovits als uneigennütziger, hilfsbereiter und humaner Vertreter des Bürgertums gezeigt – auf dieses Wirken bezog sich seine Adelsfähigkeit.[205]

Mit der Aufwertung des kapitalistischen Denkens am Ende des 19. Jahrhunderts veränderte sich in den Adelsakten auch die Ressource der Wohltätigkeit. Im Unterschied zu der Frühphase des Untersuchungszeitraums, als die einzelne, große Geldspende bei den bearbeitenden Beamten kein hohes Ansehen und daher keine einschlägige Wirkung für den Entscheidungsprozess hatte, verschob sich deren Aufmerksamkeit nun auf singuläre materielle Gaben, die in den Vorträgen breiten Raum einnehmen konnten. Immer häufiger erscheint der Adelstitel daher als behördliche – und damit auch kaiserliche – Gegenleistung für die stattliche finanzielle Unterstützung staatlicher Projekte und Institutionen. Mehrere Fälle geben darüber Aufschluss, dass diese Zahlungen nicht nur informell zwischen den Beamten und den Antragstellern ausverhandelt und vereinbart wurden, sondern durchaus auch in den allerhöchsten Anschreiben als Ressource genutzt werden konnten. Der Kaiser kannte und unterstützte die Praxis, wohlhabende Untertanen für bedeutende finanzielle Einzelleistungen mit einer Nobilitierung zu belohnen.[206]

Die Wohltätigkeit nahm als Ressource der Adelspolitik vielfältige Gestalten an und stand dabei zwischen der aristokratischen und der bürgerlichen Vorstellung von Nächstenliebe. Sie gehörte seit jeher zum unbedingten Tugendkanon der Wohlhabenderen, erlangte jedoch gerade ab der Mitte des 19. Jahrhunderts eine neue Bedeutung, da sie auch von staatlicher Seite als probate Reaktion auf die soziale Frage gewertet wurde. Ungeachtet der seit den 1880er Jahren gesetzlich geschaffenen Verbesserungen für die Arbeiterschicht waren die individuellen Maßnahmen der Fabriksbesitzer im Bereich der Kranken-, Pensions- und Bildungsversicherung ein willkommenes und auszeichnungswürdiges Element der Antragstellung. Ebenso wichtig erschien jedoch auch der aufopfernde und sich selbst gefährdende Dienst der Ärzte, die nicht mit Geld, sondern mit ihrem Wissen Hilfe leisten konnten. Nichtsdestoweniger nahm das kapitalistische Denken im habsburgischen Innenministerium zu: Während eine Wohltätigkeit, die sich auf einzelne, finanzielle Zuwendungen reduzieren ließ, lange Zeit als berechnende Einflussnahme auf die Beschlussfassung gewertet wurde, wurden dem Kaiser im Laufe seiner Regierungszeit immer häufiger Vorträge unterbreitet, die ausschließlich auf einer Großspende beruhten. Dadurch wuchs nicht zuletzt auch der Vorwurf der Bestechlichkeit.

205 Joseph Wajnarovits, AT-OeStA/HHStA KA KK Vorträge 6-1865, KZl. 1262.

206 Siehe dazu etwa die Vorträge von Albert Mayer, AT-OeStA/HHStA KA KK Vorträge 19-1890, KZl. 3916 und Carl Pfeiffer, AT-OeStA/HHStA KA KK Vorträge 6-1887, KZl. 1297. Siehe dazu weiterführend Kapitel IV.2.

Förderung von Bildung und Kultur

Zahlreiche Spenden richteten sich allerdings weniger auf den sozialen und humanitären, als vielmehr auf den kulturellen und wissenschaftlichen Sektor und förderten somit das ideelle und symbolische Erbe der Monarchie. Mit Investitionen in diesem Bereich wurden nicht zuvörderst Nächstenliebe, sondern vielmehr umfassende Bildung und Patriotismus zur Schau gestellt, weshalb sie für Adelige und Bürger gleichermaßen zum guten Ton gehörten und vor allem der Dynastie dienen sollten.[207] Der Vortrag des böhmischen Textilfabrikanten Adolf Neumann manifestiert diese Vorstellung: Er konnte den »Verkauf des berühmten Porzellanzimmers, das sich bisher im gräflich Dubsky'schen Palais in Brünn befindet«, ins Ausland verhindern und schenkte dieses wertvolle barocke Kunstwerk dem Österreichischen Museum für Kunst und Industrie in Wien.[208] Der Hinweis auf die Bedeutung dieses Kulturdenkmals gerade für Österreich und dessen drohenden Verlust durch ausländische Interessenten betonte nicht nur Neumanns kunsthistorisches Verständnis, sondern auch seine Leistungsbereitschaft für die Monarchie, die ihr kulturelles Erbe mit Hilfe der bürgerlichen Adelsanwärter schützen konnte.[209]

Das kulturbeflissene Mäzenatentum konstituierte sich in unterschiedlichen Formen, so beispielsweise durch Zusammenschlüsse wohlhabender Spender in eigens gegründeten Vereinen[210] – etwa dem gleichermaßen adelige und bürgerliche Mitglieder zählenden Musikverein – oder durch die Stiftung und Ausstattung ganzer Museen, die wiederum das gesamtstaatliche und lokale Erbe bewahren sollten. In beiden Funktionen war der Prager Großindustrielle Adalbert Lanna tätig, der mehreren Kunsträten und wissenschaftlichen Instituten in Wien und Böhmen angehörte. Besondere Sympathien hegte er aber für das »Kunstgewerbliche Museum der Prager Handels- und Gewerbekammer«, dem er ein eigenes Gebäude sowie eine »in ihrer Art einzig dastehende, 1200 Objekte umfassende Sammlung von Glasarbeiten« schenkte. Dafür wurde er mit dem Freiherrenstand belohnt.[211] Darüber hinaus existierte weiterhin die gezielte Förderung einzelner Kunstschaffender im klassischen Sinne eines fürstlichen Protektoratsverhältnisses.[212]

[207] Siehe dazu *Clemens*, Gabriele: Die Stadt als Bühne. Kulturelle und politische Inszenierungen des italienischen Adels. 1800–1914. In: *Tönsmeyer/Ganzenmüller* (Hg.): Vom Vorrücken des Staates in die Fläche, 267–289, hier 287.

[208] Adolf Neumann, AT-OeStA/HHStA KA KK Vorträge 5-1913, KZl. 458. Die Ausstattung des sogenannten »Dubsky-Zimmers« befindet sich bis heute im »Museum für angewandte Kunst« in Wien.

[209] Auch dabei handelte es sich lange Zeit um eine adelige Prärogative. Siehe dazu *Clemens*: Die Stadt, 286.

[210] Zu Vereinen in der Habsburgermonarchie siehe allgemein *Schütz*: Hilfe.

[211] Adalbert Lanna, AT-OeStA/HHStA KA KK Vorträge 31-1907, KZl. 3041.

[212] Siehe dazu den Vortrag von Josef Koppay, AT-OeStA/HHStA KA KK Vorträge 31-1912, KZl. 3090. Siehe dazu auch Kapitel I.2.

Gleichzeitig kann die Ausstattung von Museen oder Bibliotheken als ein Beitrag zur Volksbildung gewertet werden, die nach Ansicht des liberalen Lagers vom Staat gefördert werden sollte.[213] Da dessen Forderung nach kostenlosem Unterricht allerdings von staatlicher Seite nicht generell umgesetzt wurde, erschien auch in diesem Bereich die Unterstützung durch private Kräfte äußerst auszeichnungswert: Vor allem aus Ungarn berichteten zahlreiche Vorträge von den individuell organisierten Maßnahmen der Guts- und Fabriksbesitzer, die Schulen auf ihrem Land[214] oder in den angrenzenden Dörfern errichteten,[215] die Ausbildung der Arbeiterkinder organisierten[216] oder Stipendien für deren Universitätsbesuch vergaben.[217] Durch einen Fokus auf das Bildungswesen rückten zudem die Lehrer als weitere Berufsgruppe in das Blickfeld des Nobilitierungsapparats. Obgleich die Gymnasiallehrer für ihre Verdienste zumeist auf lokaler Ebene mit kleineren Auszeichnungen abgefunden wurden, konnten sie in Einzelfällen auch einen Adelstitel erwerben. Zu deren Unterstützung wurde normalerweise nicht nur eine erfolgreiche Lehrtätigkeit, sondern auch die administrative und organisatorische Arbeit im Schulbetrieb angeführt.[218]

Politischer Gestaltungswille

Die von den Liberalen geförderte Bildung diente allerdings keinem Selbstzweck, sondern sollte die herausgehobene soziale Stellung des Bürgertums weiter legitimieren.[219] Der sich darin erneut offenbarende bürgerliche Drang nach Selbstständigkeit und Verantwortung für die Zukunft des Staates würde das

213 *Struve*, Gustav von: Menschenrechte. In: *Rotteck*, Carl von/*Welcker*, Carl (Hg.): Das Staats-Lexikon. Encyklopädie der sämmtlichen Staatswissenschaften für alle Stände. Neue durchaus verbesserte und vermehrte Auflage. Bd. 9. Leipzig 1847, 64–72, hier 71. Siehe zum Bildungsbürgertum *Langewiesche*, Dieter: Bildungsbürgertum. Zum Forschungsprojekt des Arbeitskreises für moderne Sozialgeschichte. In: *Hettling*, Manfred/*Pohle*, Richard (Hg.): Bürgertum. Bilanzen, Perspektiven, Begriffe. Göttingen 2019, 37–58. Zu der Schule in der Habsburgermonarchie siehe *Friedrich*, Margret/*Mazohl*, Brigitte/*Schlachta*, Astrid von: Die Bildungsrevolution. In: *Harmat*/*Rumpler*/*Wandruszka* (Hg.): Die Habsburgermonarchie. Bd. 9. Tlbd. 1/1, 67–107.

214 Eugen Dasy von Lacekova, AT-OeStA/HHStA KA KK Vorträge 6-1863, KZl. 1445.

215 Josef Szentirmai, AT-OeStA/HHStA KA KK Vorträge 12-1874, KZl. 2605; Ferdinand Böhm, AT-OeStA/HHStA KA KK Vorträge 30-1907, KZl. 2931.

216 Salomon Mayer, AT-OeStA/HHStA KA KK Vorträge 10-1876, KZl. 2327.

217 Familie Holtzer, AT-OeStA/HHStA KA KK Vorträge 12-1911, KZl. 1143.

218 Siehe etwa Franz Großbauer, Professor an der Mariabrunner Forstakademie: AT-OeStA/HHStA KA KK Vorträge 19-1875, KZl. 4373; Aladar Nesnera, Direktor der Holz- und Metallfachschule in Arad: AT-OeStA/HHStA KA KK Vorträge 31-1910, KZl. 3036.

219 *Sparn*, Walter/*Walther*, Gerrit: Fortschritt. In: *Jaeger*, Friedrich (Hg.): Enzyklopädie der Neuzeit Online. Essen 2005–2012, URL: http://dx-doi-org.uaccess.univie.ac.at/10.1163/2352-0248_edn_COM_265591 (am 12.6.2024).

Bürgertum zur politischen Mitbestimmung und Trägerschaft prädestinieren. Diese Forderung erhob auch der deutsche Staatstheoretiker Karl von Rotteck in einem frühen Beitrag zum Staatslexikon:[220] Darin zeigte er sich überzeugt, dass die politische Teilhabe größerer, gebildeter Bevölkerungsgruppen positive Auswirkungen auf die Gesellschaft haben werde. Zahlreiche Vertreter des Bürgerstandes engagierten sich in dieser Hinsicht und machten diese Tätigkeit zum Ausgangspunkt ihres Nobilitierungsverfahrens. Vor allem die österreichische Unternehmerschaft, die sich durch die Gründung diverser lokaler Gewerbevereine bereits vor 1848 auf eine politische Einflussnahme vorbereitet hatte und durch die Errichtung von Wirtschaftskammern auf den ökonomischen Sektor einwirkte,[221] wurde durch das 1861 entstandene Kurienwahlrecht für die Aufnahme in das Abgeordnetenhaus besonders begünstigt. Mit dem Reichsrat und den Landtagen war zu dieser Zeit nämlich auch eine begrenzte Bevölkerungsgruppe zur politischen Mitbestimmung zugelassen worden – die Wählerschaft war in vier Kurien geteilt und wurde nach dem Bildungsgrad sowie der Steuerleistung ausgewählt. Der Anteil der Wahlberechtigten war demnach noch sehr gering, eröffnete jedoch gerade dem wohlhabenden und studierten Bürgertum die Möglichkeit zur gesellschaftlichen Mitgestaltung.[222]

Diese politischen Veränderungen machten ab den 1860er Jahren auch die Betätigung in den diversen Volksvertretungen zu einer bedeutenden Ressource der Nobilitierung. In der zweiten Hälfte des 19. Jahrhunderts konnten sich Großgrundbesitzer und Industrielle daher immer häufiger durch Sitze in den Gemeinderäten, Landtagen oder dem Reichsrat für eine kaiserliche Auszeichnung qualifizieren. Idealtypisch bildete der studierte Jurist und agrarisch tätige Fideikommissbesitzer Eduard Ritter von Hayden zu Dorff den politischen Werdegang eines Wirtschaftstreibenden ab, der auch für seine Standeserhöhung von großer Bedeutung werden sollte. Der Vortrag bemerkte, dass Hayden

> bereits 1848 in die Nationalversammlung in Frankfurt gewählt wurde, nach deren Auflösung [...] zu den Gründern und eifrigsten Mitgliedern der kk. o[ber-] ö[sterreichischen] Landwirtschaftsgesellschaft, sowie des landwirtschaftlichen Bezirksvereins in Kirchdorf zählte. In den

220 *Rotteck*, Carl von: Census. In: *Ders./Welcker*, Carl (Hg.): Staats-Lexikon oder Encyklopädie der Staatswissenschaften. In Verbindung mit vielen der angesehensten Publicisten Deutschlands. Bd. 3. Altona 1836, 366–388, hier 384 f.

221 *Mentschl*, Josef: Das österreichische Unternehmertum. In: *Brusatti*, Alois/*Rumpler*, Helmut/*Wandruszka*, Adam (Hg.): Die Habsburgermonarchie. 1848–1918. Bd. 1: Die wirtschaftliche Entwicklung. Wien 1973, 250–277, hier 257–260. Siehe dazu auch die biografische Studie *Türk*, Henning: Ludwig Andreas Jordan und das Pfälzer Weinbürgertum. Bürgerliche Lebenswelt und liberale Politik im 19. Jahrhundert. Göttingen 2016.

222 *Höbelt*, Lothar: Franz Joseph I. Der Kaiser und sein Reich. Eine politische Geschichte. Wien 2009, 52–54. Zur parlamentarischen Entwicklung der Habsburgermonarchie siehe weiterführend *Gottsmann*, Andreas: Der Reichstag 1848/49 und der Reichsrat 1861 bis 1865. In: *Rumpler*, Helmut/*Wandruszka*, Adam (Hg.): Die Habsburgermonarchie. 1848–1918. Bd. 7: Verfassung und Parlamentarismus. Tlbd. 1: Verfassungsrecht, Verfassungswirklichkeit, zentrale Repräsentativkörperschaften. Wien 2000, 569–665.

Jahren 1861, 1867, 1871 und 1884 aus dem Großgrundbesitze in den o. ö. Landtag gewählt, hat sich derselbe durch seine vielseitige Verwendung bei den Ausschussberathungen und durch Übernahme wichtiger Referate als eines der thätigsten Mitglieder des Landtages bewährt. [...] Seit 1880 sitzt er im Reichsrathe als Abgeordneter des o. ö. Großgrundbesitzes und fungierte wiederholt in den Delegationen.[223]

Von der Mitwirkung an den parlamentarischen, aber monarchienahen Reformbestrebungen der Frankfurter Nationalversammlung, den privaten Initiativen in selbstgegründeten Vereinen bis zu einer institutionellen Verstetigung solcher Bemühungen auf Landes- und Reichsebene waren in der Biografie Haydens alle Schritte bürgerlich-politischer Aktivität verschränkt, was der Adelsbehörde als auszeichnungswürdige Ressource galt. Eine besonders prägende Wirkung für die Lokalpolitik und damit das Leben in der Gemeinde entfalteten auch die Bürgermeister, wie etwa in Korneuburg bei Wien der Großindustrielle Franz Schaumann, dessen weitreichende Umgestaltung des Stadtbildes für nobilitierungswürdig befunden wurde.[224]

In vielen Fällen konnte das durch demokratische Wahl erreichte politische Amt daher eine aus kaiserlicher Gnade verliehene Dekoration vorbereiten. Indem die Entscheidungen der Bürgerschaft oder des Gemeinderates als Gradmesser für das öffentliche Prestige und die lokale Bedeutung eines Antragstellers gewertet wurden, galten diese Ressourcen als Grundlage und Voraussetzung für die innerbürokratischen Entschlüsse. Man ging also davon aus, dass die Berufung in offizielle Ämter von der Akzeptanz durch die Bevölkerung zeuge und die Auszeichnung daher schon vorwegnehme.[225] Öffentliche Anerkennungen und ein lokalpolitischer Werdegang gaben der Adelsbehörde demnach Rückschlüsse auf den »biederen Charakter«[226] sowie die unermüdlichen Leistungen des jeweiligen Bittstellers für Staat und Gesellschaft, die nicht nur auf regionaler, sondern auch auf zentraler Ebene gefördert und honoriert werden sollten. So erging es etwa dem Laibacher Primararzt Johann Zhuber, der 1865 den Adelsstand erhielt: »[D]as Vertrauen der Bürgerschaft«, das sich in seiner Wahl zum Vizebürgermeister offenbarte, war eine wichtige Ressource dieser Entscheidung.[227]

Das Leistungsspektrum, das vom gebildeten und wirtschaftstreibenden Bürgertum als Ressource der Standeserhebung vorgebracht wurde, basierte also auf drei zentralen Säulen, die etwa Peter Schlechta mustergültig verkörperte: Er »stützt[e] seine diesfällige a. u. Bitte auf seine, seit einem Zeitraume von 50

223 Eduard Ritter von Hayden, AT-OeStA/HHStA KA KK Vorträge 8-1888, KZl. 1553.

224 Franz Schaumann, AT-OeStA/HHStA KA KK Vorträge 12-1901, KZl. 2147. Ähnliches ist für Ungarn von Friedrich Strizic überliefert: AT-OeStA/HHStA KA KK Vorträge 5-1913, KZl. 493.

225 Rudolf Mayr, AT-OeStA/HHStA KA KK Vorträge 12-1911, KZl. 1165.

226 Joseph Casanova, AT-OeStA/HHStA KA KK Vorträge 19-1857, MCZl. 3719.

227 Johann Zhuber, AT-OeStA/HHStA KA KK Vorträge 1-1865, KZl. 111.

Jahren sich erworbenen Verdienste um die Industrie, um die leidende Menschheit, und um öffentliche Anstalten«.[228] Aus ihren professionellen Kompetenzen, ob nun im ökonomischen, medizinischen oder wissenschaftlichen Bereich, schöpften die Bürger jene finanzielle und symbolische Kapitalkraft, die sie zur Unterstützung karitativer und politischer Interessen benötigten. Sowohl die berufliche Gebarung als auch die persönliche Entwicklung vom erfolgreichen Unternehmer und Gelehrten zum Repräsentanten des gnädigen Staates wurden genau überwacht und geprüft. Ihre Auszeichnung steigerte nicht nur ihr Prestige, sondern war auch für die Monarchie ein wirkmächtiges Mittel der Aneiferung zu weiteren Taten. Während der gesamten Regierungszeit Kaiser Franz Josephs wurde der bürgerlich geprägte Lebenswandel der Antragsteller, die sich in den Dienst des Reiches stellten, zum wesentlichen Gradmesser ihrer Adeligkeit inszeniert. Dennoch war – im Unterschied zu dem sehr stabilen Ressourcenkatalog der Staatsdiener – ein Wandel der bürgerlichen Verhaltensweisen zu beobachten, der auf die staatliche Vorstellung von Adeligkeit zurückwirkte. Das Kapital und seine Bedeutung für die Wohltätigkeit, ebenso wie die aktive politische Beteiligung, wurden im Laufe des Untersuchungszeitraums stark aufgewertet.

Gerade Aktivitäten im Bereich des Gemeinwohls waren für Zivilisten mit Adelsambitionen unerlässlich, um ihre Uneigennützigkeit und ihren Wert für Staat beziehungsweise Gesellschaft zu betonen. Die Vorträge aus dem gutbürgerlichen Bereich sind daher als Versuch zu lesen, die individuellen Anstrengungen um den persönlichen Erfolg und Aufstieg als gewichtigen Beitrag für die Allgemeinheit zu inszenieren: Wissenschaftliche Erkenntnisse und wirtschaftliche Innovationen dienten dem internationalen Ansehen der Monarchie und steigerten das »Volksvermögen«, Zuwendungen an die Arbeiterschaft reduzierten die Gefahr von Aufständen und linderten die soziale Not, Investitionen in Bildungs- und Kultureinrichtungen schützten das Erbe der Monarchie. Tatsächlich entfalteten zahlreiche Antragsteller ein Wirken, das zwischen Internationalität und Regionalität schwankte. Die beruflichen Kompetenzen und Tugenden des Bürgers reflektierten jedoch im besten Fall auch sein Standesbewusstsein, das sein Verhalten und seine Loyalität prägte. »Unehrenhafte« Personengruppen wie Spekulanten galten dementsprechend als nicht adelsfähig.

5. Verhalten

Das Bürgertum definierte sich allerdings nicht nur über Erwerb und Einkommen, sondern auch über eine innere Einstellung und bürgerliche Gesinnung, welche die unterschiedlichen (Berufs-)Gruppen der Schicht verbanden. Renommee und Reputation waren für den Bürger daher ebenso essenziell wie seine berufliche Tätigkeit und seine finanzielle Stellung, wie auch die Autoren

228 Peter Carl Schlechta, AT-OeStA/HHStA KA KK Vorträge 8-1859, KZl. 1706.

des Staatslexikons häufig betonten: »Der Mensch ist ein sittliches Wesen, seine Bestimmung ist eine sittliche Bestimmung, sein höchstes Gesetz das Sittengesetz. [...] Der Mensch soll und darf also streben, tugendhaft und zugleich durch Tugend auch glückselig zu werden«,[229] meinte beispielsweise Carl Theodor Welcker.[230] Mit dieser Tugend verband der Bürger sein bereits angesprochenes Ehrgefühl, das »eine der herrlichsten Seiten unserer ganzen neueren Cultur bildet«[231] und eng mit der liberalen Vorstellung vom »Individuum als Basis der Gesellschaft« verbunden war.[232]

Die Ehrenhaftigkeit der Staatsdiener in ihrer Vorbildwirkung für die Gesellschaft

Dementsprechend gehörte zu den Vorgaben des für das Offizierskorps so wichtigen systemmäßigen Adels seit Maria Theresia nicht nur das bereits mehrmals angesprochene »Wohlverhalten vor dem Feind«, sondern zudem die »tadelfreie Conduite«, also das dem Staatsrepräsentanten angemessene Benehmen in Friedenszeiten. Als Stellvertreter des Kaisers war es für Offiziere wie für Beamte unumgänglich, in ihrem Privatleben ein gewisses Maß zu halten und dem Rest der Bevölkerung als Vorbild an Tugend und Ehrenhaftigkeit zu dienen.[233] So beschrieb es auch Julius von Wickede in seinem bereits zitierten Handbuch:

> Eine zweite Pflicht der Standesehre des Offiziers ist die unbedingte Hingabe für seinen Beruf. Ja, ein Offizier soll von der Hingebung für seinen Stand so durchdrungen sein, soll so stolz sich fühlen, demselben angehören zu dürfen, daß er gerne auf manche andere Vorzüge, die er in sonstigen Lebenskreisen finden würde, deßhalb Verzicht leistet.[234]

Jeder Umstand, der die Stellung des Offiziers in der Gesellschaft diskreditieren konnte, sollte daher vermieden werden. Ein derart »schädliches« Verhalten durch Offiziere, das ihre Leistungen auf dem Schlachtfeld in den Schatten stellen konnte, wurde in den Vorträgen jedoch nur äußerst selten beschrieben.

229 *Welcker*, Carl: Gesammtwohl, Gemeinwohl oder öffentliches Wohl. In: *Rotteck*, Carl von/*Welcker*, Carl (Hg.): Staats-Lexikon oder Encyklopädie der Staatswissenschaften. In Verbindung mit vielen der angesehensten Publicisten Deutschlands. Bd. 6. Altona 1838, 579–584, hier 580.

230 Siehe auch die weiteren Ausführungen in der späteren Ausgabe *Welcker*, Carl: Bürgertugend. In: *Rotteck*, Carl von/*Welcker*, Carl (Hg.): Das Staats-Lexikon. Encyklopädie der sämmtlichen Staatswissenschaften für alle Stände. Neue durchaus verbesserte und vermehrte Auflage. Bd. 2. Leipzig 1846, 763–770, hier 764.

231 *Ebenda*.

232 *Hettling*, Manfred: Politische Bürgerlichkeit. Der Bürger zwischen Individualität und Vergesellschaftung in Deutschland und der Schweiz von 1860 bis 1918. Göttingen 1999, 220.

233 *Heindl-Langer*: Josephinische Mandarine, 189–191.

234 *Wickede*: Rechte, 44.

Umso bemerkenswerter ist daher der Fall des pensionierten Oberstleutnants Joseph Maurer von Kronegg aus dem Jahr 1856, der sich um den Freiherrenstand bemühte. Dieser »umsichtige, muthige und tapfere« Kommandant war eine Geldheirat eingegangen, wobei hervorgehoben wurde, dass diese Verbindung nicht nur ihm, sondern vor allem dem »Karakter des Offiziers nicht angemessen« gewesen sei.[235] Allerdings wurde sogleich hinzugefügt, dass das Problem offenbar weniger in seinem berechnenden Verhalten als in dem »gemeinen Benehmen seiner Frau, die eine von ihrem Mann geschiedene Jüdin« sei, liege. Sie sei es, die »ihm seine Stellung im Regimente und in der militärischen Welt sehr erschwere«.[236] Das Armeeoberkommando, das den Antrag Maurers unbedingt befürwortet sehen wollte, hatte mit Bezug auf diese prekäre Lage jedoch einzuwenden, »daß diese Gattin des Bittstellers am 28. Sept. 1855 gestorben sei, und durch diesen Todesfall die früheren Besorgnisse beseitigt wurden«.[237] Die Behörden kritisierten dementsprechend nicht die unstandesgemäße Geldheirat des Offiziers, sondern vielmehr das sichtbare Symbol dieser Verbindung, die Ehefrau: Sie stand seiner Standeserhöhung im Wege.

Die sogenannten »Offiziersfrauen« waren wichtige Aushängeschilder der Armee, die das jeweilige Regiment ihres Mannes nach außen sowie ihren Gatten innerhalb des Heeres repräsentierten, weshalb die Kommandanturen nicht selten die Kontrolle über die Ehen ihrer Offiziere ausübten.[238] Erschwerend kam in Maurers Fall allerdings hinzu, dass der Bittsteller wegen der Hochzeit mit der getauften Jüdin vom Katholizismus zur evangelischen Konfession übergetreten war und nun, nachdem er die Verstorbene beerbt hatte, aus Anlass einer neuerlichen Verlobung wieder zu seinem ursprünglichen Glauben wechseln wollte. Maurer wurde daher, trotz seiner Verdienste, »eines a. h. Gnadenaktes nicht vollkommen würdig« beschrieben, wobei, wie gesagt, nicht die Geldheirat, sondern nicht zuletzt der »wiederholte, aus eigennützigen Absichten unternommene Religionswechsel« gegen ihn sprach.[239]

Maurer missachtete durch seine unschicklichen Familienverhältnisse und seine mangelnde religiöse Standhaftigkeit zwei wesentliche Bestandteile bürgerlicher Wert- und Sittlichkeitsvorstellungen, die auch zentrale Kriterien für die Nobilitierung darstellten. Ein unstetes Verhältnis zum Glauben, der als Grundpfeiler der Monarchie und der »kriegerischen Zucht« zu respektieren war,[240] konnte vom Innenministerium nicht toleriert werden, insbesondere,

[235] Josef Maurer von Kronegg, AT-OeStA/HHStA KA KK Vorträge 6-1856, MCZl. 3225.

[236] *Ebenda.*

[237] *Ebenda.*

[238] *Funck*, Marcus: Vom Höfling zum soldatischen Mann. Varianten und Umwandlungen adeliger Männlichkeit zwischen Kaiserreich und Nationalsozialismus. In: *Wienfort / Conze* (Hg.): Adel und Moderne, 205–235, hier 223.

[239] *Ebenda.*

[240] *Frevert*: Nation, 117. Zum Verhältnis der Monarchie bzw. des Kaisers und der katholischen Kirche siehe etwa *Harmat*, Ulrike: Kaiser Franz Joseph. »Treuer Sohn der Kirche«

weil dieser Sachverhalt auf den Ungehorsam des Bittstellers hindeuten konnte. Seit der Wende zum 19. Jahrhundert waren Werte wie »Moralität und Religiosität« den idealen Staatsdienern immer häufiger zugeschrieben worden, um sie ganz und gar auf ihre Beständigkeit zu verpflichten.[241] Die Anerkennung der Kirche und des Glaubens waren die Grundlage jeder bürgerlichen Tugend:

> Nun giebt es eine allgemeine göttliche oder sittliche Weltordnung, welcher der Mensch angehört und worauf sich seine allgemeinste, die sittlich religiöse Tugend gründet, welche durch die religiöse und kirchliche Vereinigung für dieselbe als Frömmigkeit [...] oder auch die weltbürgerliche Tugend erscheint,

zeigte sich Welcker überzeugt.[242] Nicht nur die berufliche Präsenz, auch die Persönlichkeit des Bürgers, die in allen Bereichen des Lebens gezügelt werden musste, sollte eine Anpassung an die staatlich-bürgerlichen Werte erfahren.[243] Das Verhalten des Bittstellers war demnach, neben seinen professionellen Leistungen, stets ein wichtiger Referenzpunkt der Allerhöchsten Entscheidung, da man daran seine innere Haltung und somit seine »Adeligkeit« abzulesen glaubte.

Daher wurde das Gesuch des Hauptmanns Johann Hladky »sofort abweislich erledigt, weil Bittsteller keine ganz tadelfreie Aufführung nachzuweisen im Stande war«.[244] Auch ein weiterer Antrag zwei Jahre später blieb ohne Erfolg, da dem Bittsteller »moralische Gebrechen, Trunkenheit, schmutzige Schuldenmacherei und Nachlässigkeit im Dienste zur Last fallen, für die nicht einmal jugendlicher Leichtsinn zur Entschuldigung angeführt werden kann«.[245] Das Heer galt als ein »Hort der Sittlichkeit«, der alle zivilgesellschaftlichen Einflüsse ablehnte und die Armee als geschlossene und sich selbst genügende Einheit verstand. Es begriff sich zwar grundsätzlich als eine Schule (staats-)bürgerlicher Werte und wollte die Soldaten in diesem Sinne erziehen, bei den Offizieren sollte die entsprechende Haltung aber eine intrinsische sein. Allerdings wurde die Trunk- und Spielsucht normalerweise sehr großzügig gehandhabt.[246] Die grundsätzlich nachsehbaren Laster des Alkoholismus und des Glückspiels, die in den Vorträgen sonst nicht angeführt wurden, dienten im Falle Hladkys also vorrangig zur Untermauerung der negativen Entscheidung und zur Illustration seines ganz und gar ungebührlichen Charakters, der eben nicht nur im

und konstitutioneller Monarch. In: Römische Historische Mitteilungen 59 (2017), 105–132. Zum Verhältnis zwischen den Eliten der Monarchie und dem Katholizismus siehe *Raasch*, Markus (Hg.): Adeligkeit, Katholizismus, Mythos. Neue Perspektiven auf die Adelsgeschichte der Moderne. München 2014.

241 *Heindl-Langer*: Gehorsame Rebellen, 53.

242 *Welcker*: Bürgertugend, 764.

243 *Hämmerle*, Christa: Den Militärdienst erinnern – eine Einleitung. In: *Dies.* (Hg.): Des Kaisers Knechte. Erinnerungen an die Rekrutenzeit im k. (u.) k. Heer 1868 bis 1914. Wien 2012, 7–27; *Raasch*: »Ich habe in Seinem Schlafzimmer...«, 146.

244 Johann Hladky, AT-OeStA/HHStA KA KK Vorträge 2-1854, MCZl. 235.

245 *Ebenda.*

246 *Frevert*: Nation, 108 f., 232 f.; *Allmayer-Beck*: Die bewaffnete Macht, 105.

Dienst, sondern auch im privaten Bereich unangenehm auffiel. Die Beschreibung des Kandidaten durch das Armeeoberkommando wies noch einmal explizit auf die eigentlichen Gründe der Ablehnung hin: Er wurde »als leichtsinnig, keinen gewählten Umgang habend, im Regimente nicht geachtet, nur unter den Augen seiner Vorgesetzten als diensteifrig [...] und endlich in Diensten nur bei Überwachung als brauchbar geschildert«.[247]

Weder unter den Kameraden noch unter den Vorgesetzten war er angesehen, da er lediglich dann seine Pflicht erfüllte, wenn er beobachtet wurde – er hatte also keinen inneren Antrieb zu dienen, sondern war nur unter Zwang dazu zu bewegen, was ihn eindeutig nicht für eine kaiserliche Auszeichnung qualifizierte. Wie Maurer konnte sich auch Hladky nicht in seine Truppe und das Heeresleben einfügen. Während der eine jedoch anscheinend nur seiner Frau wegen gemieden wurde, war der andere – folgt man den Ausführungen des Armeeoberkommandos – selbst für seinen schlechten Ruf verantwortlich.[248] Dementsprechend nahm das Privatleben des Soldaten in den Vorträgen immer dann einen bedeutenden Platz ein, wenn sein Gebaren negativen Einfluss auf seine Diensterfüllung und seine Standesehre hatte.

Wie der Offizier sollte auch der Beamte die Sinnerfüllung einzig in seinem beruflichen Wirken finden und Bestätigung in dem »lohnenden Gefühl« erhalten,

> welches ihm die Selbstzufriedenheit dafür entgegenbringt, daß er auf jeden unerlaubten Zufluß materieller Mittel gern verzichtend, seinen Haushalt nach der Ziffer und Zwänglichkeit seiner redlich und rechtlich erworbenen Subsistenzmittel einrichtet, und sich dafür den Besitz eines guten Gewissens sichert und wahrt.[249]

Auch für den administrativen Staatsdiener galt es, »in seinem ganzen Handel und Wandel« Ehrenhaftigkeit zu zeigen – »wie im amtlichen so auch im bürgerlichen und im häuslichen Familienleben«.[250] Im Vergleich zu den Offizieren rückten die privaten Verhältnisse im Bürgertum noch stärker in den Mittelpunkt, da ihnen nur ein tadelloses und tugendhaftes Betragen zu Hause jene allgemeine und öffentliche Anerkennung bieten könne, die sie für die Erfüllung ihrer Pflichten benötigten. Derartige Diskurse besaßen durchaus das Potenzial, die Lebenswelt und das Handeln der Einzelpersonen zu beeinflussen und zu steuern.[251]

247 AT-OeStA/AVA Adel HAA AR, Johann Hladky.
248 *Frevert*: Nation, 115; *Hämmerle*: Militärdienst, 16.
249 *Obentraut*: Grundsätzlicher Leitfaden, 132.
250 *Ebenda*, 113.
251 Siehe dazu etwa eine Episode bei *Kleinwächter*: Präsidialist, 93. Siehe dazu weiterführend das Kapitel II.5.

Gehorsam als Symbol für Kaiser- und Vaterlandsliebe

Niemals durfte es im Bürgertum – und vor allem unter den Staatsdienern – zu jener »einseitigen und selbstsüchtigen Entgegensetzung« kommen, die Welcker zwischen der »Familienliebe« und der »wahren, aufopfernden muthigen, patriotischen« Vaterlandsliebe konstatierte.[252] Auch hier berief er sich auf Diskurse des späten 18. Jahrhunderts, die die Familie im Zusammenhang mit »Staat, Vaterland und Gesellschaft« verorteten.[253] Die Familie sollte also den Patriotismus lehren und die Menschen auf ihre Aufgaben im Staat vorbereiten, insbesondere jene im öffentlichen Dienst, deren Verhalten von »Subordinazion und Gehorsam« geprägt sein sollte.[254] Wie stark die mündige und selbstständige Mitarbeit des Beamten im aufklärerischen und Bachschen Sinne auch hervorgehoben wurde, durfte sie doch niemals zu einer Übertretung oder Abkehr von den Vorgaben des hierarchisch gegliederten Beamten- und Armeeapparats führen. Nur die staatliche Legislatur könnte das »allgemein Beste« erwirken. Dementsprechend waren auch Gefälligkeiten gegenüber den Untertanen nur in den von den Gesetzen und Normen errichteten Grenzen möglich.[255]

Im Rahmen einer Auszeichnung konnte man grundsätzlich nicht über fehlenden Gehorsam und mangelnde Disziplin hinwegsehen. Der diesbezüglich außergewöhnliche Fall der Gebrüder Noptsa, beide wohlhabende Gutsbesitzer und hochrangige Beamte in Siebenbürgen, erreichte den Schreibtisch des Kaisers im Jahr 1851: Während Alexis von Noptsa allein aufgrund des ihm verliehenen St. Stephans-Ordens Anrecht auf den Freiherrenstand besaß, fiel es Ladislaus schwer, seine Ansprüche auf eine Übertragung des brüderlichen Titels zu rechtfertigen: »[S]o lauten die Schilderungen der Landesbehörden bezüglich seiner Willkürherrschaft als Obergespan, seiner moralischen Lebensweise, so wie seiner Haltung ungünstig.« Ihm wurden »vielfältige Beschuldigungen, insbesondere wegen Mißbrauch der Amtsgewalt, Verkürzung des Ärars, dann Bevorteilung und Mißhandlung von Privatpersonen zur Last gelegt«, die »unzweifelhaft zu einer Disziplinaruntersuchung geeignet wären«.[256]

Durch seine Pflichtverletzungen habe Noptsa die Bürger und den Staat betrogen und dabei vor allem seinen Platz in der Verwaltungshierarchie missachtet. Anstatt sich in seine Rolle zu fügen, habe er eine »Willkürherrschaft« errichtet und damit vorgegeben, selbst das Gesetz bestimmen zu können. Allein die Tatsache, dass dieser Antrag bis an die oberste Entscheidungsbehörde des

252 *Welcker*: Bürgertugend, 766. Siehe dazu auch Kapitel II.4.

253 *Osterkamp*, Jana: Familie, Macht, Differenz. Familienrecht(e) in der Habsburgermonarchie als Herausforderung des Empire. In: *Kraft*, Claudia/*Lanzinger*, Margareth (Hg.): Ehe imperial. L'Homme. Europäische Zeitschrift für Feministische Geschichtswissenschaft 31/1 (2020), 17–34, hier 19 f.

254 *Heindl-Langer*: Gehorsame Rebellen, 21 und 28 f.; *Obentraut*: Grundsätzlicher Leitfaden, 117 f.

255 *Ebenda*, 142.

256 Gebrüder Noptsa, AT-OeStA/HHStA KA KK Vorträge 11-1851, MCZl. 2771.

Staates dringen konnte und seine Abweisung keineswegs unzweifelhaft erschien, beweist jedoch auch, dass der Gehorsam ein wesentlicher, nicht aber der einzige Faktor in den Nobilitierungsgesuchen war, der von anderen gewichtigen Aspekten allerdings wiederum ausgehebelt werden konnte – beispielsweise von der traditionellen Bedeutung der Familie Noptsa für Siebenbürgen.

Noch Jahrzehnte später hatte sich in Bezug auf die harte Gangart gegen aufsässige Beamte keine Änderung ergeben – Unterwürfigkeit und Folgsamkeit gehörten auch zu Beginn des 20. Jahrhunderts zur Grundlage eines erfolgreichen Nobilitierungsgesuches. So wurde der ungarische Fiskal Samuel Dózsa von den Behörden zwar als »uneigennütziger und unermüdlicher« Staatsdiener geschildert, konnte aufgrund einer Suspendierung »wegen Renitenz« aber nicht auf eine Standeserhebung hoffen.[257] Dass der Kaiser diesen Vortrag selbst, gegen den Vorschlag des ungarischen Hoflagers, abwies, ist ungewöhnlich und zeigt die Prioritäten des Herrschers bei der Auswahl der Nobilitierungskandidaten.[258] Das Verhalten der Antragsteller, das die Behörden genau beobachteten, wurde stets in Bezug auf Disziplin und Treue, die man dem Stand und dem Herrscher unhinterfragt entgegenbringen musste, bewertet. Wickede beschrieb die »Treue für den Fürsten und Kriegsherren« als eine der »heiligsten Pflichten der Ehre des Offiziers«.[259] Die enge Verschränkung von Standesehre und Treue spiegelt sich auch in der Eidesformel auf den Kaiser wider.[260]

Es war daher undenkbar, einen Offizier, der wie Ignaz Seemann »wegen Insubordination im 2. Grade kriegsrechtlich behandelt« und insgesamt »17 mal im Disziplinarwege geahndet worden ist« eine Auszeichnung zu verleihen, da damit keine »tadellose Conduite« gegeben war.[261] Dieser Grundsatz blieb bis zum Ende des 19. Jahrhunderts bestehen,[262] wurde allerdings offensichtlich während des Ersten Weltkriegs, als die Donaumonarchie die Unterstützung ihrer Armee mehr denn je benötigte, aufgeweicht: So konnte etwa der auf Mobilitätsdauer aktivierte Oberst des Ruhestandes, Hermann Hoernes, zwar aufgrund der »Mißhandlung von Privatpersonen« und mehrfachen »Subordinationsverletzungen« keinen Anspruch auf systemmäßigen Adel erheben, das Kriegsministerium räumte jedoch ein, dass die gerichtlichen Bestrafungen »wegen solcher Vergehen erfolgt sind, die ihrer Natur nach im allgemeinen [sic] die Würdigkeit für eine eventuelle ag. Standeserhebung nicht ausschließen«.[263] 1916 einem reaktivierten Offizier wegen mangelnden Gehorsams den Adelstitel zu verweigern, hielten wohl weder das Kriegs- noch das Innenminis-

257 Samuel Dózsa, AT-OeStA/HHStA KA KK Vorträge 29-1906, KZl. 2804.

258 Siehe dazu Kapitel III.2.

259 *Wickede*: Rechte, 41.

260 *Allmayer-Beck*, Johann Christoph: Das Heeresgeschichtliche Museum Wien. Bd. 4. Wien 1989, 50 f.

261 Ignaz Seemann, AT-OeStA/HHStA KA KK Vorträge 4-1859, KZl. 618.

262 Siehe etwa Ferdinand Svoboda, AT-OeStA/HHStA KA KK Vorträge 9-1881, KZl. 1839.

263 Hermann Hoerens, AT-OeStA/HHStA KA KK Vorträge 13-1916, KZl. 1230.

terium für ratsam. Auch der Gehorsam entwickelte sich unter der Extremsituation des Krieges demnach zu einer verhandelbaren Ressource des Adelungsprozesses.

Die Ehrenhaftigkeit des Antragstellers, die als zentrale Ressource für seine Adelsfähigkeit gewertet wurde, galt grundsätzlich als Voraussetzung der Nobilitierung. Angemessenes und angepasstes Verhalten bildete die Basis der Standeserhebung, während Verstöße und Defizite im privaten sowie Ungehorsam im beruflichen Bereich ausschlaggebend für eine abweisliche Erledigung der Bitte sein konnten. Neben kriminellen Handlungen gehörten auch Sittlichkeitsverletzungen, die die Ehre des Einzelnen, seiner Familie und dadurch des ganzen Standes gefährden konnten, zu den Ausschlusskriterien aus dem Adel. Das Verhalten des Individuums in seinem engeren Umfeld stand damit in direkter Relation zu seiner Haltung als Bürger, Staatsbürger und Untertan, da man im privaten und beruflichen Umfeld dieselbe Sorgfalt anwenden musste wie gegenüber dem Kaiser. Dadurch rückt zudem das Verhältnis zwischen Herrscher und Beherrschten als Ressource in den Fokus des Entscheidungsverfahrens.

6. Loyalität

Die Treue, die Wickede in seinem Handbuch beschrieb, war eng an den Gehorsam geknüpft, da sie lediglich den Vollzug von Befehlen und die »Ausführung von Taten« beschrieb, die den Offizieren aufgetragen wurden. Allerdings wurde von den Adelswerbern inner- und außerhalb der Armee nicht nur Gehorsam, sondern Loyalität gefordert, die in ihrem relationalen Verhältnis zu einer übergeordneten Person weit über die simple Erfüllung von Anweisungen hinausgeht, sondern eine Verinnerlichung der Bestimmungen voraussetzt.[264] Es handelt sich also um »freiwillig eingegangene und auf Dauer angelegte soziale Bindungen, die sich an einem institutionellen oder persönlichen Gegenüber ausrichten und mit der Bereitschaft einhergehen, für diesen einzustehen«.[265] Dementsprechend ist Obentrauts Beschreibung der beamtlichen Loyalität zum Kaiserhaus zu verstehen, für den die »Anhänglichkeit an das monarchische

264 *Cole*, Laurence/*Hämmerle*, Christa/*Scheutz*, Martin: Glanz – Gewalt – Gehorsam. Traditionen und Perspektiven der Militärgeschichtsschreibung zur Habsburgermonarchie. In: *Dies.* (Hg.): Glanz – Gewalt – Gehorsam, 13–28, hier 26.

265 *Osterkamp*, Jana: »Kooperatives Imperium«. Loyalitätsgefühle und Reich-Länder-Finanzausgleich in der späten Habsburgermonarchie. In: Geschichte und Gesellschaft. Loyalitäten in supranationalen Ordnungen 42/4 (2016), 592–620, hier 594. Siehe dazu weiterführend *Schulze Wessel*, Martin: Loyalität als geschichtlicher Grundbegriff und Forschungskonzept. Zur Einleitung. In: *Ders.* (Hg.): Loyalitäten in der Tschechoslowakischen Republik. 1918–1938. Politische, nationale und kulturelle Zugehörigkeiten. München 2007, 1–22.

Prinzip [...] in allen ihren Richtungen, in allen ihren Detailhandlungen der lebendige Ausdruck der innersten Gesinnung und des reinen Pflichtgefühls des Beamten« darstellte.[266] Die Treue definierte er – im Unterschied zu Wickede – als jene Tugend, die »der Anhänglichkeit erst die volle Haltung« gäbe und »sie vor Schwankung und Abfall« sichere.[267] Nicht nur die strikte und blinde Befolgung von Gesetzen, sondern auch die Internalisierung ihrer Sinnhaftigkeit als Symbol einer tiefen Verbundenheit zur Dynastie war für den Beamten demnach unerlässlich.[268] Auch andere Bevölkerungsgruppen, die außerhalb des Staatsdienstes standen, sollten diese Verbundenheit zu »ihrem« Kaiser und Staat verspüren und ihre innere Disposition mit Taten in der Gesellschaft manifestieren.

Loyalität als eine aufopfernde Beziehung von langer Dauer

Beständige Loyalität zum Kaiserhaus, die das ganze Leben bestimmen sollte, ging einher mit der »unbedingten Aufopferung« für den Kaiser,[269] also der Reduktion persönlicher Ansprüche und der Zurückstellung des eigenen Lebens hinter die Verpflichtungen des Standes und des Staates. Dies verweist auf das christlich geprägte Grundverständnis von Loyalität und bezeichnet die Haltung derer, die »darauf brennen zu dienen«.[270] Armeeangehörige erlangten daher beispielsweise besonderes Ansehen, wenn sie nach einer vorzeitigen Pensionierung wieder in den Dienst eintraten, um die Monarchie im Ernstfall erneut zu verteidigen. Der Offiziersethos band die Soldaten auch nach ihrem Ausscheiden aus der Armee an den militärischen Ehrenkodex[271] – eine Verpflichtung, der viele Antragsteller, wie Major Anton Hummel, ganz selbstverständlich nachkamen. Obwohl er krankheitsbedingt in den Ruhestand versetzt worden war, kehrte er für den Feldzug 1866 an die Front zurück, wofür er den Titel eines »Major ad honores«[272] und eine Nobilitierung erhielt.[273]

Eindrücklich wurde von der ungarischen Hofkanzlei auch im Grafenstandsvortrag des Abraham von Gyürky darauf hingewiesen, dass er

266 *Obentraut*: Grundsätzlicher Leitfaden, 108.
267 *Ebenda*, 109.
268 Siehe dazu eine Episode bei *Kleinwächter*: Präsidialist, 76.
269 *Wickede*: Rechte, 41.
270 *Schulze Wessel*: Loyalität, 3.
271 *Marin*, Irina: Reforming the Better to Preserve. A k. u. k. General's View on Hungarian Politics. In: *Buchen/Rolf* (Hg.): Eliten im Vielvölkerreich, 155–177, hier 174.
272 Anton Hummel, AT-OeStA/HHStA KA KK Vorträge 10-1875, KZl. 2077.
273 Ähnliches ist für Ludwig Meinzinger überliefert, der zwar 1860 als »Realinvalide« pensioniert wurde, sich aber 1866 freiwillig gemeldet und »ungeachtet seiner körperlichen Leiden als berittener Hauptmann den ganzen Feldzug der Nordarmee, namentlich die Akzion Königgrätz und das Gefecht von Tobischau mitgemacht« hat. Ludwig Meinzinger, AT-OeStA/HHStA KA KK Vorträge 10-1872, KZl. 1856.

jede Gelegenheit ergriffen habe, um seine unverbrüchliche Loyalität und Unterthanstreue mit Thaten zu beweisen; so [...] sei [er] bei dem Ausbruche des jüngsten Krieges mit Zurücklassung seiner Familie und Hintansetzung seiner Privatverhältnisse zur Verteidigung der Rechte Eurer Majestät und der Monarchie in die Reihen der k. k. Armee geeilt, und habe nach dem Friedensschluße durch die Gnade Eurer Majestät den Militärcharakter mit der ausgesprochenen Absicht beibehalten um zu jeder Zeit bei Vertheidigung des Vaterlandes in dem Dienste Eurer Majestät persönlich mitwirken zu können.[274]

Dieser Vortrag spricht von einem besonderen Loyalitätsverhältnis, das über Jahre hinweg unter Beweis gestellt und somit vertieft und bestätigt wurde. Die einzelne loyale Handlung ist dabei in eine dauerhafte Beziehungsgeschichte zwischen dem Staat und dem Antragsteller eingebunden. Sie beruhte also keineswegs nur auf einer beispiellosen Einzeltat des Bittstellers, sondern wird erst im Kontext der bereits existierenden Verbindung zwischen Kaiser und Untertan verständlich. Vor allem der Wille des Antragstellers, auch in Zukunft den Monarchen und das Vaterland nach Kräften zu unterstützen und zu verteidigen, ohne dafür eine Gegenleistung zu erwarten, war ein wichtiger Hinweis für die intensive und ergebene Bindung, die Gyürky zur Monarchie eingegangen war[275] – und dafür verdiente er das Prädikat »adelig«.

Mit dem Adelstitel konnte die Liebe zur Dynastie zudem auf die nächste Generation, insbesondere die Söhne, übertragen werden, was der Dauer dieses Bundes eine neue Dimension gab. Dem Lemberger Oberlandesgerichtsrat Raimund Dornbach wurden in einem Vortrag von 1864 sowohl besonderer Eifer und Treue als auch das Bestreben attestiert, »seine Söhne zu loyalen Staatsbürgern heranzubilden«.[276] Wer sich treu zur Monarchie verhielt, wurde dadurch beispielsweise auch als guter und verantwortungsvoller Vater angesehen, der seine Kinder im Sinne der Monarchie erziehen würde, welche daher – wie er selbst – eine Auszeichnung verdienten. Die Dauerhaftigkeit der Loyalitätsbeziehung[277] war eine Grundvoraussetzung der Standeserhöhung und wurde durch den erblichen Adelstitel gleichermaßen öffentlich manifestiert. Aufgrund der Nobilitierung konnte kein Zweifel mehr bestehen, dass der Geadelte mit seiner Nachkommenschaft eine starke Anhänglichkeit an das Kaiserhaus besaß, die bereits über einen längeren Zeitraum gefestigt worden war und durch die Auszeichnung weiter verstetigt beziehungsweise präsentiert werden konnte. Loyale Untertanen verdienten dementsprechend eine Dekoration, die ihre Treue nach außen hin festschrieb und sie gleichzeitig für die Ewigkeit manifestierte. Zahlreiche Antragsteller nutzten gerade diesen impli-

274 Abraham von Gyürky, AT-OeStA/HHStA KA KK Vorträge 1-1867, KZl. 190.

275 *Osterkamp*, Jana/*Schulze Wessel*, Martin: Texturen von Loyalität. Überlegungen zu einem analytischen Begriff. In: Geschichte und Gesellschaft. Loyalitäten in supranationalen Ordnungen 42/4 (2016), 553–573, hier 555–557.

276 Raimund Dornbach, AT-OeStA/HHStA KA KK Vorträge 7-1864, KZl. 1282.

277 Siehe dazu auch *Osterkamp*/*Schulze Wessel*: Exploring Loyalty, 3.

ziten Zusammenhang für ihre Argumentation. Der Prager Oberlandesgerichtsrat Karl Marauschek verzichtete beispielsweise freiwillig auf »die Erhöhung seiner Ruhegenüsse«, um stattdessen »eine ah. Anerkennung der geleisteten Dienste« zu erbitten, »welche ihm als Vater zweier Söhne die Beruhigung zu geben geeignet wäre, dieselbe auch noch in seinen Kindern fortleben zu sehen«.[278] In einer Zeit, in der Nationalisten immer lauter den Anspruch auf die Kinder als »Besitz der Nation« reklamierten,[279] wurde es für den Fortbestand der Monarchie wichtiger, die Nachkommenschaft auf die von ihren Eltern bewiesene Loyalität zu verpflichten. Der Adelstitel spielte dabei eine entscheidende Rolle, da durch seine Erblichkeit die Anhänglichkeit an den Kaiser über mehrere Generationen hinweg gewährleistet schien.

In Krisenzeiten: Die Intensität des Loyalitätsverhältnisses

Neben der Länge musste jedoch auch die Intensität des Loyalitätsverhältnisses, also das Maß an »Hingebung« und »Opferbereitschaft« unter Beweis gestellt werden. Maximilian von Obentraut bemerkte dazu: »Wo die Treue zugleich mit der Anhänglichkeit an den Monarchen dem Beamten im Herzen lebt, da fehlt ihm auch nicht die Entschlossenheit zur vollsten Hingebung und bereitwilligsten Aufopferung.«[280] Bei Gyürky wurde die Entfernung von der Familie als besondere Ergebenheit der Dynastie gegenüber interpretiert, in den meisten Fällen waren es aber eher konkrete gesundheitliche Nachteile, die die Adelsanwärter aufgrund ihres unermüdlichen Wirkens für den Staat ertragen hatten. Sowohl bei Beamten wie auch bei Offizieren ergaben sich hier sehr ähnliche Argumentationslinien: Joseph Weiretter, Appellationsrat in Böhmen, soll aufgrund seiner »übermäßigen Dienstanstrengung« erblindet sein,[281] während Ludwig Ripka auf seinem Posten am Böhmischen Oberlandesgericht sogar so schwer erkrankte, dass der Landesgerichtspräsident sein plötzliches Ableben »auf diese seine außergewöhnliche Tätigkeit zurückführt«.[282]

Auch ein Mangel an anderen Nobilitierungsgründen konnte durch ein unermüdliches und verlustreiches Wirken für den Staat aufgewogen werden: Der Kommandant August Daler konnte dem Innenministerium beispielsweise begreiflich machen, dass seine zwischen ihm und der systemmäßigen Nobilitierung stehenden Dienstunterbrechungen aus einer Krankheit resultierten, die er sich wegen seiner Überanstrengung im Dienst zugezogen hatte.[283] Ohne

278 Karl Marauschek, AT-OeStA/HHStA KA KK Vorträge 21-1872, KZl. 4246.

279 Siehe dazu *Zahra*, Tara: Kidnapped Souls. National Indifference and the Battle for Children in the Bohemian Lands. 1900–1948. Ithaca 2008.

280 *Obentraut*: Grundsätzlicher Leitfaden, 109.

281 Josef Weiretter, AT-OeStA/HHStA KA KK Vorträge 17-1856, MCZl. 3454.

282 Wilhemine Ripka, AT-OeStA/HHStA KA KK Vorträge 25-1906, KZl. 2474.

283 August Daler, AT-OeStA/HHStA KA KK Vorträge 12-1911, KZl. 1150.

Rücksicht auf seine persönlichen Verluste und ohne den eigenen Interessen zu folgen, zeigte er sich bereit, die Staatsidee vorbehaltlos mitzutragen. Spuren übereinstimmender Argumentation finden sich auch in literarischen und biografischen Werken – immer wieder wurde darin beklagt, dass gerade Beamte »kein Privatleben mehr hatten«,[284] oder ein »früher Tod nicht zum geringsten [sic] auf Überarbeitung im Dienste zurückzuführen« sei.[285]

Auch für Zivilpersonen außerhalb des Staatsdienstes fungierte ein eindeutiges Bekenntnis zur Monarchie, das insbesondere in Krisensituationen geleistet werden sollte, als Ressource ihrer Nobilitierung. Dies zeigt der Fall des Kaschauer Arztes Joseph Wajnarovits, der »wegen seines korrekten politischen Verhaltens und wegen seiner bewährten Loyalität mehrfachen Verfolgungen ausgesetzt« war und deswegen seine Kandidatur für ein politisches Amt zurückziehen musste.[286] Wajnarovits hatte aufgrund seiner Kaisertreue konstante Anfeindungen zu ertragen, die das Ende seiner Karriere bedeuteten. Die Nobilitierung, gewissermaßen als Ausgleich für den erlittenen Schaden, galt daher als gerechtfertigt. Die für den Adelstitel notwendige Loyalität verband sich sehr stark mit dem persönlichen Leidensweg des Loyalitätsgebers, der für seinen Kaiser jedes Opfer unhinterfragt in Kauf nahm. Man schätzte demnach die Assoziation des Fides-Begriffs mit »Aufrichtigkeit und Festigkeit«, wie sie sowohl im Glauben als auch in der Beziehung zum Landesherrn eingefordert wurde.[287]

All diese Beispiele lassen die Tendenz zur »Monopolisierung individueller Loyalitäten«[288] erkennen, und tatsächlich stiegen die Chancen auf eine Adelung, wenn sich der Antragsteller bewusst für die Monarchie und gegen jeden anderen Loyalitätsgeber entschied.[289] Die Loyalität zur monarchischen Regierungsform und zum Staat war gerade für Beamte und Offiziere eine ausschließliche, so zeigt es der Fall des wohlhabenden Kämmerers Orsat de Bonda aus Ragusa:

> Da es ferner auch Anerkennung verdienen dürfte, daß derselbe sich an Oesterreich angeschlossen hat, um demselben seine ganze Thatkraft zu widmen, während er bei seinen beträchtlichen Besitzungen in den päpstlichen Staaten sich leicht daselbst Titel und Würden hätte verschaffen können, erlaubt sich der Minister des Innern [...] den österreichischen Grafenstand zu verleihen.[290]

[284] *Kleinwächter*: Präsidialist, 137.
[285] *Ebenda*, 116.
[286] Joseph Wajnarovits, AT-OeStA/HHStA KA KK Vorträge 6-1865, KZl. 1262.
[287] *Wiedenmann*, Rainer: Treue und Loyalität im Prozess gesellschaftlichen Wandels. Eine soziologische Skizze. In: *Buschmann*, Nikolaus/*Murr*, Karl (Hg.): Treue. Politische Loyalität und militärische Gefolgschaft in der Moderne. Göttingen 2008, 37–41, hier 43 f.
[288] *Schulze Wessel*: Loyalität, 10.
[289] Siehe dazu die Ausführungen bei *Obentraut*: Grundsätzlicher Leitfaden, 107.
[290] Orsat de Bonda, AT-OeStA/HHStA KA KK Vorträge 17-1856, MCZl. 3547.

Bonda wählte freiwillig den schwereren Weg und bestätigte seine dabei bewiesene Loyalität ständig mit »voller Thatkraft«. Obwohl er im Kirchenstaat sehr leicht zu einem Adelstitel hätte kommen können, wollte er seinem Loyalitätsbund mit dem Kaiser auf diese Weise Ausdruck verleihen.

Von den Staatsbediensteten wurde dementsprechend nicht nur eine »aufopfernde«,[291] sondern auch eine »unerschütterliche«[292] Treue gefordert, die keinen »politischen Schwankungen«[293] unterliegen und sich gerade deswegen ausschließlich um das Wohl der Monarchie kümmern sollte. So war auch die »33-jährige ausgezeichnete aktive Militärdienstzeit« des Titularfeldmarschallleutnants Emanuel von Maravic aufgrund seiner »politischen Haltung« für den Entscheidungsprozess ohne Wert – nicht nur, was man tat, sondern auch aus welchen Gründen und mit welchen Zielen, galt den Adelsbehörden als einschlägige Entscheidungsressource. Stets versuchte man dadurch die Frage nach der »inneren Disposition«, die sich als Entscheidung des freien Willens äußerte, und damit nach der »tatsächlichen« Haltung und Einstellung der Antragsteller zu beantworten. Nicht wer nach rationalen und berechnenden Gründen vorging, sondern wer seinem Gewissen folgte, galt dementsprechend als loyal und als adelig.[294]

»Beweise treuer Ergebenheit«, wie sie gerade bei höheren Adelsstufen gefordert wurden, konnten vorrangig in Krisensituationen erbracht werden, in denen die herrschende Ordnung von alternativen Ideologien unter Druck gesetzt wurde und die Standhaftigkeit der Loyalitätsgeber entsprechend hervortreten konnte.[295] Aus diesem Grund betonten viele Anträge in den 1850er Jahren (und auch noch darüber hinaus) die politische Gesinnung der Bittsteller in Zusammenhang mit der Revolution von 1848/49. Ein kaisertreues und dadurch patriotisches Verhalten wurde im Grunde zu jeder Zeit vorausgesetzt, gerade in dieser Periode traten loyale Handlungen in der Argumentation der Antragsteller aber besonders häufig auf. Obwohl es unmittelbar nach den Revolutionsereignissen zu einer Auszeichnungswelle verdienter Amtsträger in Verwaltung und Heer gekommen war, die 1850 abgeschlossen wurde,[296] blieben die Aufstände als Zäsur in der behördlichen Erinnerung auch danach über Jahre hinweg präsent. Noch 1907 verwies der Legationssekretär Hans Ludwig Wagner auf die Leistungen seines Großvaters: Dieser »bekleidete 1848 die Stelle eines Hofburg-Inspektors u. hat sich auf diesem Posten während der Oktobertage ganz besonders ausgezeichnet«.[297]

291 Brüder Kromer, AT-OeStA/HHStA KA KK Vorträge 20-1857, MCZl. 3891.
292 Matthäus Catticich, AT-OeStA/HHStA KA KK Vorträge 3-1858, MCZl. 407.
293 Orsat de Bonda, AT-OeStA/HHStA KA KK Vorträge 21-1872, KZl. 4246.
294 *Osterkamp/Schulze Wessel*: Exploring Loyalty, 6.
295 *Osterkamp/Schulze Wessel*: Texturen, 556.
296 Mathias Salvini, AT-OeStA/HHStA KA KK Vorträge 8-1857, MCZl. 1571.
297 Ludwig Wagner, AT-OeStA/HHStA KA KK Vorträge 30-1907, KZl. 2923.

Dies zeigt, welche Wirkung das loyale Verhalten während der Revolutionswirren auch noch mehr als ein halbes Jahrhundert später entfalten konnte. Die Krisen, die die Monarchie überstehen musste, bildeten Proben für die Einsatzfähigkeit und den Leistungswillen der Beamten und Offiziere. Während zweitere ihre Tapferkeit im Feld belegen konnten, oblag es den Bürokraten gerade in unübersichtlichen und besorgniserregenden Zeiten, ihre Treue zum Kaiserhaus von ihrem Schreibtisch aus unter Beweis zu stellen. Das Bild des sich freiwillig fürs Vaterland opfernden und leidenden Beamten wurde in den Vorträgen immer wieder beschworen,[298] so etwa beim Präsidenten der Krakauer Grundentlastungskommission Ignaz Hietzgern: Er wurde von seinen Vorgesetzten bereits während der galizischen Bauernaufstände von 1846[299] belobigt, als er in der Ortschaft Horoszana »sehr zweckdienliche Maßregeln« ergriffen hatte. Obwohl er daraufhin »vielfachen Anfechtungen und Bedrohungen ausgesetzt« war, stellte er auch 1848 seine Treue unter Beweis. Das Innenministerium schrieb: »Auch unter diesen schwierigen Verhältnissen, dauerte derselbe mit Festigkeit aus.«[300] Loyalität bedeutete in diesem Fall also Standhaftigkeit und Durchhaltevermögen sowie in Krisenzeiten ohne Angst und Zögerlichkeit als kleine Säule der Monarchie vorbildhaft auf andere zu wirken.

Unter Feinden zu leben, aber trotzdem auf der richtigen Seite zu stehen und auszuharren, kostete zwar Überwindung, war jedoch bei Ignaz Hietzgern durch seine offizielle Stellung als Repräsentant des Staates und seine institutionelle Bindung an das Amt noch abgesichert. Gänzlich anders gestaltete sich die Lage für Ludwig von Földvary, der 1857 um den Freiherrenstand bat. Er war nach seinem Dienst im k. k. Heer in die ungarische Nationalgarde eingetreten und bis zum »Brigadier der Essegg'er Festungsbesatzungstruppen« aufgestiegen. In dieser Position stand er während der Revolution allerdings plötzlich auf Seiten der Revolutionäre und damit seinem ehemaligen Dienstgeber feindlich gegenüber, was ihn dazu veranlasste,

> mit Aufgebot seiner Energie und Geltendmachung seines persönlichen Einflusses auf das Offizierscorps und die Besatzungsmannschaft hauptsächlich dazu bei[zu]tragen, daß der Akt der Uibergabe der Festung Essegg im Interesse S. M. sowohl als der Beteiligten auf humane Weise vollzogen werden konnte.[301]

Földvary gelang es anscheinend, die Aufständischen zur Übergabe der Stadt zu bewegen. Er beschränkte sich also nicht nur aufs Ausharren, sondern griff aktiv ins Geschehen ein und trug seiner Loyalität mit erfolgreichen Taten Rechnung.

298 Kajetan Ruthner, AT-OeStA/HHStA KA KK Vorträge 9-1853, MCZl. 1757.

299 Siehe dazu etwa *Sked*, Alan: Austria and the »Galician Massacres« of 1846. In: *Höbelt*, Lothar/*Otte*, Thomas (Hg.): A Living Anachronism? European Diplomacy and the Habsburg Monarchy. Festschrift für Francis Roy Bridge zum 70. Geburtstag. Wien 2010, 49–118.

300 Ignaz Hietzgern, AT-OeStA/HHStA KA KK Vorträge 4-1853, MCZl. 763.

301 Ludwig von Földvary, AT-OeStA/HHStA KA KK Vorträge 18-1857, MCZl. 3498.

Des Weiteren lehnte er Kriegsentschädigungen ab, weil »ihm das Bewusstsein der erfüllten Pflicht vollkommen genüge«.[302]

Gerade darin lag das Wesen der von den Behörden erwarteten Loyalität: Die Untertanen mussten den Dienst am Staat über alles andere stellen und, wie selbstlose Märtyrer, weder auf einen Vorteil spekulieren noch die Nachteile, die ihre Treue bringen konnte, fürchten. Die reine, gewissenhafte Pflichterfüllung, die ohne Erwartung einer Gegenleistung erbracht wurde und daher von einer inneren Überzeugung für die Sache spricht, qualifizierte erst zur kaiserlichen Gnade. Auch die »heftigsten Verfolgungen von Seiten der revolutionären Parthei«, die Földvary danach sein Vermögen und fast sein Leben gekostet haben sollen, verstärken das in dem Vortrag konstruierte Bild eines sich für den Kaiser aufopfernden, ergebenen Monarchisten.

Vergleichbare Argumentationslinien erschienen in späteren Jahren auch in Verbindung mit anderen Krisen- und Gefährdungslagen, so beispielsweise im Vortrag des Hilfsämterdirektors der Prager Statthalterei, Anton Müller, der zur Zeit der »feindlichen Okkupation« Prags im Rahmen des preußisch-österreichischen Krieges 1866 »zum Schutze des Statthalterei-Gebäudes in Prag blieb, mittelst eines insgeheim aufgerichteten Telegraphenapparates manche wichtige Nachricht nach Pilsen und auch nach Wien gelangen ließ«.[303] Auch er blieb also bewusst bei den Feinden zurück, um trotz persönlicher Risiken für sein Land einzustehen, und war damit den Offizieren gleichzustellen. Dies unterstützt die Vorstellung von Treue und Loyalität als »Handlungspostulat«, als Performanz, die beinahe unbewusst das eigene Denken und Tun bestimmte, ganz gleich, ob man dadurch einen Vorteil erreichen konnte oder in einen Konflikt mit der eigenen Umwelt geriet. Die Loyalität zum Herrscherhaus wurde damit als Teil der Identität inszeniert, den man nicht aufgeben konnte, ohne ein Stück seiner Selbst zu verlieren – die eigenen Überzeugungen verbanden sich dementsprechend mit jenen der Monarchie. Als Loyalitätsgeber war man verpflichtet, Verantwortung für die Ziele und Werte des Loyalitätsnehmers zu tragen und diese freiwillig, über alle Hürden hinweg, zu vertreten.[304]

Die überstimmte Loyalität

Im Gegenzug wurden Anzeichen von Illoyalität oder offensichtliche Treuebrüche, die sich häufig in Flucht und Desertion äußerten, den Kandidaten im Nobilitierungsprozess schwer angelastet.[305] Der Fall des Polen Camill Siemonski,

302 *Ebenda.*

303 Anton Müller, AT-OeStA/HHStA KA KK Vorträge 18-1873, KZl., 3540.

304 *Wiedenmann*: Treue, 45 f.; *Osterkamp/Schulze Wessel*: Exploring Loyalty, 6.

305 *Buschmann*, Nikolaus/*Murr*, Karl: »Treue« als Forschungskonzept? Begriffliche und methodische Sondierungen. In: *Dies.* (Hg.): Treue. Politische Loyalität und militärische Gefolgschaft in der Moderne, 11–35, hier 22.

der »im Jahre [1]830 sich an der polnischen Revoluzion betheiligte, nach Frankreich ging und dahin [1]841 mit Bewilligung der Regierung förmlich auswanderte«,[306] zeugte beispielsweise von einem unsteten und politisch bedenklichen Verhalten, das einer Auszeichnung keineswegs würdig schien. Genauestens wurde in diesem Zusammenhang auch der familiäre Hintergrund und das Verhalten der Nachkommenschaft in die Bewertung des Antragstellers miteinbezogen. Aufgrund des verräterischen Verhaltens seines Sohnes war daher etwa auch eine Adelung für den kaisertreuen Girolamo de Capitani aus Mailand undenkbar: »Dieser [Sohn, Anm.] Antonio de Capitani, früher Offizier in der k. k. lomb. venez. Leibgarde, hatte sich während der Revoluzion bei der piemontesischen Armee anwerben lassen, und ist derselben beim Rückzuge nach Piemont gefolgt.«[307] Ein Angehöriger der Leibgarde, der diese verantwortungsvolle Position aufgab, um dem Feind zu dienen, hatte offensichtlich ein anderes Loyalitätsangebot angenommen, für das er sogar bereit war, Nachteile und Schwierigkeiten zu ertragen.

Andererseits wurde die Anhänglichkeit an Staat und Kaiser, die man in bedrohlichen Situationen zeigte, nicht automatisch als Adeligkeit und Loyalität anerkannt. Einzelne Informationen mussten demnach immer erst als Ressourcen markiert werden, um ihre Wirkung als entscheidungsbildender Faktor der Nobilitierungspolitik entfalten zu können. So blieb der ungarischen Gutsbesitzerin Franziska von Besan und ihrem Sohn 1852 der Freiherrenstand verwehrt, obwohl sie »in moralischer und politischer Beziehung als tadellos geschildert« wurden und »während der Rebellion in Gefahr [waren] ihr Vermögen zu verlieren, wenn die Rebellenpartei gesiegt hätte«. Der Innenminister bemerkte dazu, dass

> Mutter und Sohn kein anderes Verdienst [haben], als daß sie sich den ungarischen Wirren durch Übersiedlung nach Wien entzogen und dadurch wie alle treu gebliebenen Familien in Ungarn, mehr oder weniger bedroht waren, ihr Vermögen einzubüßen. Dieser Umstand reicht aber nicht hin um auf eine so hervorragende Belohnung durch Verleihung des Freiherrenstandes Anspruch zu geben.[308]

Die Familie Besan hatte sich während der Revolution zwar loyal und kaisertreu gezeigt, wesentliche Nachteile waren ihr aus dieser Haltung aber nicht entstanden, weshalb sie sich auch nicht mit einem derartig hohen Titel schmücken durfte.

Loyalität war demnach nicht a priori gesetzt, sondern entstand im Zusammenspiel oder in Abgrenzung von unterschiedlichen Akteuren des Entscheidungsverfahrens.[309] In diesem Fall stellte die Herkunft der Antragstellerin ein Hindernis für die Klassifizierung ihres Verhaltens als »loyal« dar. Gegebenenfalls konnte die Ressource der Treue ihre Rolle als adelsstiftender Aspekt des

306 Camill Siemonski, AT-OeStA/HHStA KA KK Vorträge 3-1857, MCZl. 593.
307 Girolamo de Capitani, AT-OeStA/HHStA KA KK Vorträge 19-1857, MCZl. 3726.
308 Familie Besan, AT-OeStA/HHStA KA KK Vorträge 4-1852, MCZl. 760.
309 *Osterkamp/Schulze Wessel*: Exploring Loyalty, 8.

Entscheidungsprozesses auch gänzlich einbüßen, wenn ihre Definition von verschiedenen Seiten herausgefordert wurde. So hielt Feldmarschall Graf Radetzky die von Luigi Trezza während der Revolutionskriege geleistete Spende für unbedingt loyal und auszeichnungswürdig, während die involvierten Behörden aufgrund Trezzas ungebührlichen Verhaltensweisen von der Befürwortung des Gesuchs abrieten.[310]

Auch im bereits geschilderten Fall des Siebenbürgischen Obergespans Ladislaus Noptsa konnte die loyale Haltung während der Revolutionsphase keinen entscheidenden Einfluss auf den Ausgang des Verfahrens nehmen. Noptsa hatte die Wiener Behörden im Sommer 1848 beispielsweise vor weiteren Aufständen in der Walachei und in Siebenbürgen gewarnt, die von den Franzosen unterstützt werden sollten. Während die »Rebellen« ihn zu einer tatkräftigen Mitwirkung an dieser Revolution aufgefordert hatten, beteuerte er seine Vaterlandsliebe.[311] In diesem Sinne beklagte das Innenministerium im Freiherrenstandsvortrag von 1851,

> daß ein Mann, der durch seine Anhänglichkeit an das a. h. Kaiserhaus, und durch die während der Revolutionswirren erlittenen Verluste, immerhin Berücksichtigung verdiente, doch mit Rücksicht auf seine anderweitigen persönlichen Verhältnisse, zu der fraglichen a. h. Auszeichnung nicht empfohlen werden kann.[312]

Einzelne Ressourcen mussten demnach gegeneinander aufgewogen werden, um zu einer Entscheidung gelangen zu können.

Aufgrund seines scheinbar entschieden kaisertreuen Verhaltens während der Revolution wäre das Innenministerium durchaus gewillt gewesen, den Antrag anzunehmen, da sich jedoch in seinem Fall eine deutliche Diskrepanz zwischen seinen »persönlichen Verhältnissen« beziehungsweise seinem Berufsethos[313] und seiner Loyalität in kritischen Ausnahmesituationen zeigte, war eine Nobilitierung unmöglich. Die außergewöhnliche Einzeltat eignete sich nur zur Bestätigung kontinuierlicher Verdienste und loyaler Verhaltensweisen, konnte aber nicht den grundsätzlich negativen Eindruck von einer Person ins Gegenteil verkehren. Loyalität spiegelte sich nicht in außergewöhnlichen Leistungen wider, sondern war eine innere Haltung, die den gesamten Charakter bestimmte und zu »Ehrlichkeit« und »Aufrichtigkeit« der »legitimierten politischen Führung« gegenüber verpflichtete.[314] Wer sich – wie Noptsa – nicht an die Regeln hielt, konnte demnach nicht als loyal gelten.

310 Luigi Trezza, AT-OeStA/HHStA KA KK Vorträge 13-1853, MCZl. 2519.

311 *Walter*, Friedrich (Hg.): Magyarische Rebellenbriefe 1848. Aemtliche und Privat-Correspondenzen der magyarischen Rebellenregierung, ihrer Führer und Anhänger. München 1964, 43.

312 Gebrüder Noptsa, AT-OeStA/HHStA KA KK Vorträge 11-1851, MCZl. 2771.

313 Siehe dazu oben.

314 *Wiedenmann*: Treue, 47.

Besonders kritisch wurde auch der Fall der Gebrüder Martinengo della Palle diskutiert, die über einen Zeitraum von mehr als zehn Jahren insgesamt vier Gesuche um den Grafenstand einreichten. Wenzel Martinengo hatte sich bereits 1847 diskreditiert, als er seine Teilnahme an dem Begräbnis von Erzherzog Friedrich[315] verweigert hatte. Dieser Eindruck verstärkte sich 1848, als er in Revolutionszeiten liberale Schriften verbreiten ließ und als Hauptmann in der guardia civica diente.[316] Die Vielzahl an Vertrauensverletzungen gegenüber dem Kaiser durften keinesfalls unterstützt werden, zumal den beiden Brüdern weitere Verdienste fehlten. Drei Jahre später, beim letzten und schließlich erfolgreichen Antrag der Kandidaten, sah die Argumentation dagegen anders aus: Man erwähnte zwar erneut ihr »nicht ganz vorteilhaftes« Verhalten während der Revolutionszeit, betonte aber sogleich, »daß die Haltung desselben [Wenzels, Anm.] in letzterer Zeit ganz anstandslos gewesen sei«.[317] Durch die Übernahme lokalpolitischer Positionen und karitativer Aufgaben war es Wenzel gelungen, die Achtung des Kaisers wiederzugewinnen und auch seinen Bruder, der stets als vollkommen unauffällig geschildert worden war, für die Dekoration zu qualifizieren. Das inakzeptable Verhalten während der Revolutionszeit konnte in diesem Fall und damit im Gegensatz zu den oben genannten Beispielen also durch andere Aktivitäten kompensiert werden. Obwohl die Loyalität als Ressource zentrale Bedeutung bei der staatlichen Zuschreibung von Adeligkeit besaß, stand auch sie in enger und permanenter Abstimmung mit anderen Eigenschaften und Verhaltensweisen der Antragsteller und war daher ein wandlungsfähiges Gut. Sowohl der Treuebeweis als auch der Treuebruch waren demnach eine variable Ressource im Entscheidungsprozess, die von anderen Argumenten gegebenenfalls überschattet und ausgehebelt wurden.

Loyalität als Lobbytätigkeit für den Kaiser

Im Unterschied zu den bereits charakterisierten Personengruppen, die in ihrer Loyalität weit über ihre beruflichen Verpflichtungen hinausgingen, gab es durchaus auch Antragsteller, die ihre politische und dynastische Treue aus ihrem professionellen Wirken ableiteten. Sie konnten ihre Monarchentreue somit ganz ohne Beeinträchtigung ihrer Wirtschaftstätigkeit und ihres öffentlichen Ansehens beweisen. Ihre Aufgabe sahen sie darin, Lobbytätigkeit für den Monarchen zu betreiben, wofür sich vor allem der die öffentliche Meinung lenkende Journalismus eignete. Die einflussreiche Stellung der Medienmacher, die als Zeitungsbesitzer oder -redakteure ihre patriotische Haltung mit ihrer Leserschaft teilten und dadurch das Renommee der Dynastie stärken konnten,

315 Friedrich Ferdinand Leopold von Österreich (1821–1847), Sohn von Erzherzog Karl, siehe zu ihm *Wurzbach*, Constantin von: Habsburg, Friedrich Ferdinand Leopold. In: Biographisches Lexikon des Kaiserthums Oesterreich. 6. Theil. Wien 1860, 272–275.

316 Brüder Martinengo della Palle, AT-OeStA/HHStA KA KK Vorträge 17-1854, MCZl. 3330.

317 Brüder Martinengo della Palle, AT-OeStA/HHStA KA KK Vorträge 7-1857, MCZl. 1380.

wurde auch im Rahmen eines Nobilitierungsverfahrens erkannt und befördert. Eben dieses Szenario schildert der Vortrag für den deutschsprachigen Verlagsleiter Karl Steiner, der zwei Zeitungen besaß und

> stets bestrebt war, den großen Einfluss dieser Tagesblätter edlen und patriotischen Zwecken dienstbar zu machen. Besonders im Jahre 1849 wirkte hauptsächlich die »Grazer Zeitung« sehr beruhigend auf das Publikum, bei welche[m] sie die loyale Gesinnung anzuregen, mit vielem Erfolge bestrebt war.[318]

Auf eine ähnliche Argumentationslinie berief sich weiters der Ungar Moriz Gans, der als Chefredakteur des politischen Blattes »Debatte« 1867 die öffentliche Stimmung zu Gunsten des Ausgleichs zwischen Österreich und Ungarn heben konnte.[319]

In den genannten Fällen äußerte sich die Treue der Antragsteller also in einer intensiven journalistischen Überzeugungsarbeit, durch die sie weitere Loyalitätsgeber für die Monarchie gewinnen wollten. Die Pressevertreter rückten damit selbst in die Rolle des Loyalitätsnehmers: Analog zu den Staatsdienern waren auch sie Repräsentanten des Kaisers im Kleinen, verbanden mit dieser Position aber nicht nur eine persönliche Hingabe, sondern auch die Hoffnung auf ökonomischen Erfolg. Sie waren darauf angewiesen, dass ihre Meinung in der Gesellschaft auf Widerhall stoßen würde, um ihre Auflage zu steigern und dadurch nicht nur den Erhalt ihres Blattes, sondern auch des Staates abzusichern. Ihr Leben war demnach eng mit jenem der Dynastie verbunden. Während in anderen Zusammenhängen der Einzelne zur starken Stütze des Staates stilisiert wurde und die Aufgabe hatte, allein in einem feindlich gesinnten Umfeld die Monarchie zu verteidigen, galt es hier die Zahl der imperialen Anhänger – und damit gleichermaßen der Zeitungsleser – zu erhöhen.

Im Unterschied zu jenen Antragstellern, die ihr Leben und ihren guten Ruf für die Monarchie aufs Spiel setzten, versuchten wohlhabendere Bevölkerungsgruppen dagegen häufig, solche Verdienste durch finanzielle Zuwendungen zu kompensieren und dadurch ebenfalls das Prestige des Kaiserhauses zu steigern. Die Entschärfung von für die Monarchie kritischen Situationen wie Kriegen oder Epidemien war demnach nicht nur durch abwartendes oder widerständiges Verhalten, sondern auch durch materielle Vergütungen zu erreichen.

Das behördlich-kaiserliche Verständnis von Adeligkeit, das sich in den Ressourcen ausdrückte, unterlag in der zweiten Hälfte des 19. Jahrhunderts allerdings einem regen Wandel, sodass mit der bereits angesprochenen Kapitalisierung der Gesellschaft auch die Konzeption von Loyalität stärker materialisiert wurde. Dies zeigt sich bereits in den 1870er Jahren, als die Gebrüder Julius und Jakob Eisner aus Triest für die »Verpflegung kranker und verwundeter Militärs« sowie die »Rettung werthvoller ärarischer Güter« in den Kriegen von 1859 und 1866 ausgezeichnet wurden. Allerdings manifestierten sie ihre »loyale und pat-

[318] Karl Steiner, AT-OeStA/HHStA KA KK Vorträge 11-1888, KZl. 2233.
[319] Moriz Gans, AT-OeStA/HHStA KA KK Vorträge 14-1867, KZl. 2684.

riotische Gesinnung [...] aus Anlaß der Feier der glorreichen 25-jährigen Regierung Euerer Majestät« durch die dem Militärärar gewidmeten Schenkung eines »an das Garnisonsspital Nr. 9 in Triest anstossenden lastenfreien Gartengrund[es] in dem Außmaße von 200 Flächenklaftern«.[320] Die Donation komplettierte also den persönlichen Einsatz für den Staat und wurde als erfolgreiches Loyalitätsangebot anerkannt.

Die Eisner-Brüder wiederholten ihre Loyalitätsbekundungen in regelmäßigen Abständen und waren sowohl in für die Monarchie kritischen als auch in freudigen und feierlichen Situationen dem Kaiser zu Diensten. Der relationale Charakter von Loyalität wird gerade anhand der von Franz Joseph und seinem Hof besonders gepflegten Festlichkeiten anlässlich seiner Thronjubiläen, Geburtstage oder Reisen deutlich.[321] »Von oben« kreierte der Herrscher dabei eine Reihe von in ideologische Legitimierungsstrategien eingebetteten Loyalitätsangeboten, indem er seine Präsenz, seine Nähe und sein Interesse an der Bevölkerung und ihren Bedürfnissen in der Region zeigte.[322] Er präsentierte sich als Wohltäter, der die Nöte und Probleme seiner Untertanen ernst nahm, erwartete im Gegenzug aber auch die Anwesenheit und ungetrübte Begeisterung der Bevölkerung bei diesen öffentlichen Auftritten und Anlässen.[323] Durch Verdienste bei diesen Gelegenheiten konnte man sich somit ebenso für eine Auszeichnung qualifizieren. Immer wieder wurde in den Vorträgen karitatives Engagement, das jenes des Kaisers spiegeln sollte, mit loyalen Leistungen assoziiert und daher wiederum dekoriert.

Die bürgerliche Tugend konnte mit der Kaisertreue verknüpft werden, die Wohltätigkeit wurde zur Loyalität umgedeutet. Besonders aktiv wirkte in dieser Hinsicht der Korneuburger Bürgermeister Franz Schaumann:

> Anläßlich des 50-jährigen Regierungsjubiläums Eurer Mayestät hatte der Genannte nebst vielen anderen gemeinnützigen Schöpfungen ein 4classiges, den Ah Namen Eurer Majestät führendes Realgymnasium in Korneuburg sowie einen monumentalen Stadtbrunnen am Hauptplatze errichtet und einen Kaiserpark geschaffen.[324]

Die »Allerhöchste Anwesenheit« in Venedig in den 1870er Jahren nahm dagegen der Händler Emil Parente zum Anlass, um einen Förderverein für die österreichischen Untertanen in der Stadt zu etablieren.[325] Karl Pfeiffer nutzte wiederum einen Aufenthalt des Kaisers im Jahr 1883 in der Steiermark zur Gründung der dem Denkmalschutz verschriebenen »Habsburger Stiftung«.[326]

320 Brüder Eisner, AT-OeStA/HHStA KA KK Vorträge 16-1874, KZl. 3382.

321 Siehe dazu auch Kapitel IV.2.

322 *Osterkamp/Schulze Wessel*: Exploring Loyalty, 6.

323 *Unowsky*, Daniel: Dynastic Symbolism and Popular Patriotism. Monarchy and Dynasty in Late Imperial Austria. In: *Leonhard*, Jörn/*Hirschhausen*, Ulrike von (Hg.): Comparing Empires. Encounters and Transfers in the Long Nineteenth Century. Göttingen 2011, 237–265, hier 243, 245.

324 Franz Schaumann, AT-OeStA/HHStA KA KK Vorträge 12-1901, KZl. 2147.

325 Emil Parente, AT-OeStA/HHStA KA KK Vorträge 12-1875, KZl. 2565.

326 Karl Pfeiffer, AT-OeStA/HHStA KA KK Vorträge 6-1887, KZl. 1297.

Personalisierte und entpersonalisierte Loyalität

Die Namen der genannten Einrichtungen, zum Beispiel »Franz Joseph Gymnasium«, »Kaiserpark« oder »Habsburger Stiftung«, verwiesen auf die persönliche Bindung zwischen Untertan und Herrscher, die in einem engen Treueverhältnis Ausdruck fand. Indem man mit seinen Leistungen den Landesvater adressierte, unterstellte man sich selbst sowie die eigene Initiative dessen Schutz und trat hinter den Regenten zurück. Der personalisierte Bund zwischen Treuegeber und -nehmer diente dem Aufbau einer intensiven, nahezu familiären Bindung zu »Seiner Majestät«, aber auch der Simplifikation des komplexen Verhältnisses zwischen Bürger und Staat. Man hatte ein Gesicht, einen individuellen Bezug zu dem Landesoberhaupt, nicht nur die namenlose und schwer fassbare Bürokratie und Legislative vor sich, und wusste dadurch genau, wem man Pflicht und Treue schuldig war.[327] Eben dies offenbart sich beispielsweise im Fall der Anna Clanner, die neben ihrem karitativen Einsatz anlässlich des Kaisergeburtstags auch für eine Statue Franz Josephs in Bad Ischl spendete und sich damit mehrere Auszeichnungen erwarb.[328]

Tatsächlich wurde von den Antragstellern bei derartigen Loyalitätsbekundungen zumeist direkt auf den Kaiser selbst Bezug genommen. Nur selten erwähnen die Vorträge der Kabinettskanzlei auch Reminiszenzen an andere imperiale Familienmitglieder durch die Untertanen – wie im Akt des Prager Großindustriellen Franz Waldek beschrieben, der seine Stiftung »Kronprinzessin Stefanie Kranken- und Armenhaus in Winterberg« nannte und dafür von der Kronprinzessin die besondere Anerkennung erhielt.[329] Die Angehörigen des Hauses Habsburg traten durchaus selbst als Akteure symbolischer Politik in Erscheinung.[330]

Die in den Vorträgen geschaffene Ressource der adeligen Loyalität konzentrierte sich demnach sehr stark auf den Herrscher und dessen engstes privates Umfeld. Gleichzeitig kopierten die von den Antragstellern gegründeten humanitären und kulturellen Institutionen ganz bewusst die kaiserlichen Wohltätigkeitsorganisationen und demonstrierten dadurch eine untrennbare Einheit zwischen ihrer Liebe zum Vaterland mit jener zur Dynastie.[331] Die Wohltätigkeit war nicht nur ein Teil der bürgerlichen Tugenden, sondern auch

[327] *Wiedenmann*: Treue, 42; *Buschmann/Murr*: Treue, 28.

[328] Anna Clanner, AT-OeStA/HHStA KA KK Vorträge 12-1911, KZl. 1138. Zu der Rolle adeliger Frauen im 19. Jahrhundert siehe etwa *Wienfort*, Monika: Gesellschaftsdamen, Gutsfrauen und Rebellinnen. Adelige Frauen in Deutschland. 1890–1939. In: *Conze/Wienfort* (Hg.): Adel und Moderne, 181–204.

[329] Franz Waldek, AT-OeStA/HHStA KA KK Vorträge 10-1887, KZl. 2029.

[330] Siehe dazu *Marlow*, Ulrike: Monarchinnen im deutschsprachigen Raum im 19. Jahrhundert (laufendes Dissertationsprojekt an der LMU München).

[331] *Unowsky*: Dynastic Symbolism, 243.

ein deutliches Bekenntnis zum Schutz der Allgemeinheit. Diese Beobachtungen schließen an die Vorstellung an, dass »Loyalität eine intrinsische – und zur selben Zeit soziale – Disposition darstellt, für andere einzustehen«.[332] Loyalität rückt damit in eine semantische Nähe zur Solidarität, die ein Treueverhältnis auf horizontaler Ebene darstellt.[333]

Die Monarchie galt als »großer Freundschaftsbund«,[334] in dem der Einzelne nicht nur die Aufgabe hatte, sich in einem vertrauensvollen, aber unterwürfigen Verhältnis an den Herrscher zu binden, sondern auch in einem rechtlich korrekten Rahmen mit den staatlichen Institutionen zu interagieren. Schon im 18. Jahrhundert hatte der Theoretiker und Rechtswissenschaftler Johann Heinrich Gottlob von Justi »die Treue gegen den Staat, in welchen man lebet« als eine »wesentliche Tugend« bezeichnet: »Sie ist die unmittelbarste Folge aus der Verbindung vieler Menschen, die sich zu einem gemeinschaftlichen Zweck, nämlich zu ihrer gemeinschaftlichen Wohlfahrt, mit einander vereinigen; und man kann sich ohne Treue der Bürger gegen den Staat gar keine bürgerliche Verfassung vorstellen.«[335] Dementsprechend wird mit Loyalität – im Unterschied zur freundschaftlichen und subjektiven Treue – eher eine Gesetzesnähe und eine Rechtlichkeit beschrieben[336] sowie ihre politische Dimension akzentuiert.[337]

In der Tat unterschied auch das Innenministerium in den Vorträgen – zumindest rein semiotisch – die Anhänglichkeit zum Staat von jener zum Kaiserhaus: »Der Statthalter von Venedig bemerkt, daß Ritter von Piombazzi sich stets durch unerschütterliche Anhänglichkeit und Treue an das a. h. Kaiserhaus und den Staat [...] hervorthat.«[338] Inwieweit diese Differenzierung im Einzelfall auch inhaltlich reflektiert und dadurch zu einer tatsächlichen Ressource des Entscheidungsprozesses wurde, muss offen bleiben. Sie war jedoch scheinbar von derartiger Bedeutung, dass sie auch von den Gesuchstellern in ihre Argumentation übernommen wurde: So führte der ungarische Bischof Michael Fekete 1859 zur Unterstützung seiner Bitte an, »daß schon seine Ahnen sich namhafte Verdienste um das Ah. Kaiserhaus und den Staat erworben hätten«.[339] Die Verortung in dem rechtlich gerahmten Staatsverband und die emotional empfundene Treue zu dessen Oberhaupt standen sich demnach nicht gegenüber, sondern waren zwei Seiten derselben Medaille, die sich gegenseitig perfekt ergänzten.

332 »Loyalty is the internal – and at the same time social – disposition to stand up for one another.« *Osterkamp/Schulze Wessel*: Exploring Loyalty, 3.

333 *Ebenda*, 5.

334 *Buschmann/Murr*: Treue, 28.

335 Zitiert nach *Wiedenmann*: Treue, 59 f.

336 *Ebenda*, 40.

337 *Osterkamp/Schulze Wessel*: Exploring Loyalty, 4.

338 Anton von Piombazzi, AT-OeStA/HHStA KA KK Vorträge 21-1857, MCZl. 4098.

339 Michael Fekete de Galantha, AT-OeStA/HHStA KA KK Vorträge 5-1859, KZl. 884.

Der Kaiser galt nämlich nicht nur als väterlicher Freund und absolutistischer Entscheider, sondern auch als konstitutioneller Gesetzeswahrer.[340] Bereits Justi drängte in seinen Ausführungen auf eine Verfassung als Grundlage des bürgerlichen Zusammenlebens, als dessen Garant der Monarch begriffen wurde.[341] Die Behörden wählten daher seit den 1860er Jahren vermehrt die »Anhänglichkeit« der Antragsteller an die Verfassung als Ressource ihrer Entscheidung.[342] Diese Formulierung ist dem liberalen Geist der 1860er und 70er Jahre geschuldet, dessen Anhänger neben dem absolutistischen Treueanspruch des Staatsoberhaupts auch eine Verbundenheit zur verfassungsmäßigen Gesetzgebung und somit zu ihrer eigenen Politik schaffen wollten.[343] Dadurch entstand kein konkurrierendes, aber ein ergänzendes Loyalitätsangebot, das in vielen Fällen als Entscheidungsgrundlage für die Adeligkeit der Antragsteller herangezogen wurde.

An die Konstitutionalisierung des Landes band sich jedoch auch der Versuch, das Zusammenleben der sich national emanzipierenden Gruppen des Vielvölkerreiches unter dem zentralistischen Schirm der Monarchie zu ordnen und zu gestalten.[344] Im Gegensatz zu anderen Großmächten des 19. Jahrhunderts, wie Deutschland oder Frankreich, kam es in der Donaumonarchie nie zu einer konsequenten Nationalisierung ihrer zahlreichen Ethnien unter Vorherrschaft der deutschsprachigen Bevölkerung und zur Kreierung eines österreichischen Selbstbewusstseins. Ein überregionales »Österreichertum« manifestierte sich höchstens durch die Identifikation mit der Dynastie und den staatsbürgerlichen Grundlagen.[345] Man knüpfte den Zusammenhalt des Reiches nicht an ein nationales, sondern an ein transnationales Konzept, das vielfach mit dem Schlagwort von der »Einheit in der Vielfalt« beschrieben wurde.

Die Liebe zum Herrscher, die Gesetzlichkeit und Rechtmäßigkeit des eigenen Handelns und schließlich die Transregionalität gehörten also zu einem untrennbaren Werte- und Verhaltenskatalog, der gemeinsam die Loyalität jedes Adelsanwärters bestimmen musste.[346] Loyalität zur Habsburgermonarchie bedeutete demnach auch die Unterstützung ihrer politischen Doktrin, die auf Diversität und das Nebeneinander unterschiedlicher Nationalitäten setzten. Noch in der Spätphase der Monarchie wurde ein derartiger Konnex in den

340 *Wiedenmann*: Treue, 59.

341 *Buschmann/Murr*: Treue, 28.

342 Siehe etwa Karl Unger, AT-OeStA/HHStA KA KK Vorträge 15-1872, KZl. 2850; Filipp von Skrbensky, AT-OeStA/HHStA KA KK Vorträge 12-1869, KZl. 2199.

343 *Judson*: Habsburg Empire, 277.

344 Siehe dazu weiterführend *Osterkamp*: Vielfalt.

345 *Komlosy*, Andrea: Imperial Cohesion, Nation-Building, and Regional Integration in the Habsburg Monarchy. In: *Miller*, Alexei/*Berger*, Stefan (Hg.): Nationalizing Empires. Budapest 2014, 369–428, hier 369, 372.

346 *Wiedenmann*: Treue, 24 f.

amtlichen Nobilitierungsakten für den ungarischen Notar Nikolaus Bernhard hergestellt und als Ressource des Entscheidens markiert:

[I]nsbesondere wird hervorgehoben, daß der Bittsteller durch seine ausgedehnten Kenntnisse, seine Charakterfestigkeit, seine taktvollen und gewinnenden Umgangsformen sich nicht nur die ungeteilte Sympathie und das Vertrauen der verschiedenen Nationalitäten angehörenden Bevölkerung von Hatszeg erworben hat [...]. Den auf diese Weise erlangten maßgebenden Einfluß bethätigt der Genannte nach besten Kräften in der Richtung, daß die unwandelbare Treue für Thron und Vaterland, daß die auf die Förderung des allgemeinen Wohles abzielenden Bestrebungen und die Eintracht unter den verschiedenen Nationalitäten feste Wurzel fassen.[347]

Bernhard, der über die nationalen Einzelinteressen seiner Mitbürger hinweg ausschließlich das Wohl aller und damit des Staates im Blick behielt, wurde in diesem Vortrag zu einem kaiserlichen Ebenbild im Kleinen stilisiert. Franz Joseph nutzte jede Gelegenheit, um sich als Herrscher aller seiner Untertanen zu präsentieren sowie die kulturelle, ethnische und konfessionelle Diversität seines Reiches als dessen bedeutendste Stärke zu interpretieren.[348]

Dem Drängen nationaler Parteien zu widerstreben, galt den österreichischen Adelsbehörden demnach als sicheres Anzeichen für die Loyalität und damit die Adeligkeit der Bittsteller, auch wenn eine Anhänglichkeit an das Kaiserhaus damit noch nicht automatisch nachgewiesen war. Nichtsdestoweniger erkannten bereits die habsburgischen Beamten die Vielschichtigkeit des Loyalitätskonzepts, das sich schwerpunktmäßig auf das Vaterland als Vielvölkerreich konzentrieren sollte. Neben politischen Bezügen, wie der Verbundenheit zur Verfassung, war es den Adelskandidaten aber auch möglich, auf nationale Identifikationsangebote zu reagieren und solche ihrer Persönlichkeit einzuverleiben.[349] Explizit wurde dies in dem Vortrag des Krainer Handelstreibenden Josef Gorup ausformuliert:

In politischer Hinsicht ist Gorup, obwohl er seine slowenische Nationalität keineswegs verleugnet, nie hervorgetreten und hat es auch stets vermieden, an den sich innerhalb der slowenischen Bevölkerung Krains abspielenden Parteikämpfen teilzunehmen; seine Haltung war stets und in jeder Hinsicht tadellos, seine Gesinnung ist streng loyal.[350]

[347] Nikolaus Bernard, AT-OeStA/HHStA KA KK Vorträge 26-1890, KZl. 5418.

[348] *Judson*: Habsburg Empire, 317. Siehe dazu auch *Schennach*, Martin: Die »österreichische Gesamtstaatsidee«. Das Verhältnis zwischen »Gesamtstaat« und Ländern als Gegenstand rechtshistorischer Forschung. In: *Ders.* (Hg.): Rechtshistorische Aspekte des österreichischen Föderalismus. Beiträge zur Tagung an der Universität Innsbruck am 28. und 29. November 2013. Wien 2015, 1–29.

[349] *Cole*, Laurence/*Unowsky*, Daniel: Introduction. Imperial Loyalty and Popular Allegiances in the Late Habsburg Monarchy. In: *Dies.* (Hg.): The Limits of Loyalty. Imperial Symbolism, Popular Allegiances, and State Patriotism in the Late Habsburg Monarchy. New York 2007, 1–10, hier 2 f.; *Osterkamp/Schulze Wessel*: Exploring Loyalty, 4.

[350] Josef Gorup, AT-OeStA/HHStA KA KK Vorträge 17-1903, KZl. 1627. Zu nationalen Politikern unter den Adelswerbern siehe Kapitel IV.2/III.5.

Gorups Loyalitäten waren also vielstimmig, die Liebe zur Nation und die Treue zum Vaterland schlossen sich aber nicht aus und stellten deswegen auch kein Hindernis für die Adelung dar.

Ein konkurrierendes Loyalitätsangebot in Ungarn

Eine gänzlich andere Politik entfaltete sich nach dem Ausgleich von 1867 in Ungarn, das einen immer entschiedeneren Magyarisierungskurs seiner pluralen Gesellschaft vor allem in der Sprachenfrage verfolgte.[351] Die Förderung des Ungarischen, die im Vormärz bereits intensiv für Literatur und Wissenschaft diskutiert wurde und mit größerer Selbstbestimmung einhergehen sollte, entwickelte sich ab den 1860ern gerade in Schule und Verwaltung rasch zu einem wesentlichen Werkzeug für die angestrebte Homogenisierung Transleithaniens.[352] Aus Sicht des Politikfelds Adel ist jedoch bemerkenswert, dass der Kaiser derartige Abgrenzungs- und Nationalisierungsbemühungen der ungarischen Antragsteller regelmäßig als adelswürdig anerkannte. So wurde beispielsweise der Ödenburger Bürgermeister Josef Gebhardt für die Magyarisierung einer lokalen deutschsprachigen Bildungseinrichtung belobigt: »Unter seiner Leitung wurde die Abschaffung des Schulgeldes in den Elementarschulen beschlossen und auf diese Weise die unentgeltliche Volksschule geschaffen, in welcher auf seine Anregung an Stelle der deutschen Vortragssprache die Ungarische eingeführt wurde.«[353] Auch die Förderung der ungarischen Nationalisierungstendenzen und damit die Verschiebung von einer gesamt- zu einer partikularstaatlichen Loyalität wurde demnach immer öfter als Ressource der Adelsentscheidungen in das Verfahren inkludiert.

Durch die Aufhebung des Schulgeldes eröffnete sich nun jedem Kind in diesem Bezirk flächendeckend der Unterrichtsbesuch in ungarischer Sprache. Trotz einer Gesetzgebung, die gerade im Elementarschulbereich eine Gleichstellung aller Sprachen und Ethnien versprach, wurde das Postulat der ungarischen Schule von der Budapester Regierung immer rigoroser vertreten. Da linguistischer Pluralismus mehr und mehr in die öffentliche Kritik geriet, sank die Zahl deutschsprachiger Bildungseinrichtungen bis zum Ende des Jahrhunderts rapide.[354] Eine ungarisch geprägte Sozialisation der Jugend, die tief in die Biografien und Lebenswelten vieler Bürger der östlichen Reichshälfte eindrang, war Voraussetzung für alle weiteren staatlichen Vereinheitlichungsmaßnah-

351 Siehe dazu *Puttkamer*, Joachim von: Schulalltag und nationale Integration in Ungarn. Slowaken, Rumänen und Siebenbürger Sachsen in der Auseinandersetzung mit der ungarischen Staatsidee. 1867–1914. München 2003.

352 *Komlosy*: Cohesion, 385 f.

353 Josef Gebhardt, AT-OeStA/HHStA KA KK Vorträge 13-1897, KZl. 1840.

354 *Komlosy*: Cohesion, 387.

men und wurde daher als besonders anerkennungswürdige Ressource der Adeligkeit akzeptiert. Wie auch in den nationalen Nachfolgestaaten der Monarchie entwickelte sich das Unterrichtswesen zu einem essenziellen Teil der Loyalitätsbildung.[355]

Noch deutlicher trat dieser Aspekt etwa zehn Jahre später in dem Vortrag des Pester Juden Moses Freudiger hervor, der sich als Repräsentant seiner Minderheit durch außergewöhnliche Treue auszeichnen wollte und sich dabei für das national-ungarische Loyalitätsangebot entschied:

> Seit 1883 Präsident der orthodoxen israelitischen Kultusgemeinde gelang es ihm, die Magyarisierung in der Verwaltung und der Schule dieser Institution rasch voranzutreiben, [...] so daß er auf die heranwachsende Schuljugend schon heute mit Stolz blicken kann, die aus den konfessionellen Schulen mit ungarischen Herzen und ungarischer Gesinnung antretend, zu nützlichen Bürgern ihres Vaterlandes erzogen wird.[356]

Wie bereits in anderen Zusammenhängen gezeigt, hatte der Nobilitierte auch hier eine wichtige Vorbildwirkung für seine Umwelt, harrte also nicht allein mit seiner Überzeugung aus, sondern verbreitete diese in seinen Kreisen und trug damit zur Erfüllung staatlich erwünschter Ziele bei. Derartige Aktivitäten, die sich einem der Gesamtmonarchie konkurrierenden Loyalitätsangebot zuwandten, erschienen daher ebenfalls adelswürdig – und wurden gerade von der jüdischen Minderheit praktiziert: Die Forschungsliteratur spricht für das 19. Jahrhundert von einer »magyarisch-jüdischen Symbiose«, die den Juden um den Preis national-ungarischer Angleichung und Identifikation freie wirtschaftliche Entfaltungsmöglichkeiten bot.[357] Ungarisch zu sein führte dabei nicht automatisch zur Aufgabe jüdischer Lebensweisen und Gemeinschaften, wie Freudigers Fall eindrucksvoll unter Beweis stellt, sondern – so hoffte zumindest die jüdische Gemeinschaft – zu einer Emanzipation von antisemitischen Vorurteilen und zu einer gesellschaftlichen Aufwertung.[358]

Neben der politischen Loyalität, die die Juden der ungarischen Regierung entgegenbrachten, existierte demnach auch eine ethnisch-konfessionelle Loyalität, die den Traditionen und der Geschichte der eigenen Minderheit galt. Wie Freudiger konnten viele jüdische Reformer in dieser Zeit eine Nobilitierung aufgrund ihrer modernisierenden und assimilierenden Tätigkeit erwirken.[359] Tatsächlich wurde diese Überlegung anscheinend von der Mehrheit der Juden akzeptiert und inkorporiert, sodass bei der Volkszählung von 1910 etwa 77 Prozent dieser Gruppe Ungarisch als ihre Muttersprache nannten, was die

355 *Osterkamp/Schulze Wessel*: Exploring Loyalty, 8 f.; *Puttkamer*, Joachim von: Schooling, Religion and the Integration of Empire. Education in the Habsburg Monarchy and in Tsarist Russia. In: *Leonhard/Hirschhausen* (Hg.): Comparing Empires, 359–371, hier 364.

356 Moses Freudiger, AT-OeStA/HHStA KA KK Vorträge 31-1910, KZl. 3051.

357 *Rozenblit*: Grundlagen, 1412 f.

358 *Komlosy*: Cohesion, 387.

359 Siehe dazu *McCagg*: Austria's Jewish Nobles, 89 f. Siehe dazu auch *Drewes*: Jüdischer Adel.

hohe Akzeptanz des Magyarisierungsprozesses gerade in dieser Bevölkerungsgruppe zeigt.[360] Der zitierte Ausschnitt des Vortrages für Moses Freudiger zeugt von eben jenem Zusammenspiel zwischen Loyalitätserwartung und Loyalitätserbringung, wie sie die transleithanische Reichshälfte gegenüber ihren Minoritäten vertrat: Die »Performanz von Loyalität« durch eindeutige Gesten wurde ihnen gleichsam aufgezwungen, es kam zu einer »Loyalisierung« des Verhältnisses von Staat und Untertan beziehungsweise der sie vertretenden Minderheit.[361]

Ob Freudiger mit seinem Verhalten tatsächlich eine tief empfundene Loyalität für Ungarn zum Ausdruck brachte oder sich selbst vorrangig den Gepflogenheiten seiner Gruppe anschloss und die Notwendigkeit erkannte, die israelitische Kultusgemeinde durch eine aktive Assimilierung gegen Nachteile zu schützen, ist ungewiss. Im Vortrag des ungarischen Innenministeriums wurde er allerdings nicht als »treuer Bürger der Monarchie« oder »anhänglicher Untertan des Kaisers«, sondern als »patriotisch ungarisch« apostrophiert.[362] Die Ressource seiner Adelsentscheidung speiste sich demnach aus der Loyalität zur ungarischen Regierung, nicht aus jener zum habsburgischen Gesamtstaat. Tatsächlich war die Vorstellung des verdienstlichen Bürgers bei den transleithanischen Behörden eng an das Konstrukt einer ungarischen Identität geknüpft und die Loyalität auf die Idee des sich autonomisierenden transleithanischen Staates konzentriert.

Dies führte jedoch auch zu einer Exklusion und Diskreditierung alles »nicht-Ungarischen«, dem man den adeligen Charakter absprechen wollte.[363] Die Loyalität wies demgemäß eine gewisse Regionalität auf – was in Cisleithanien unmöglich schien, setzte sich als wichtige Ressource des ungarischen Nobilitierungswesens bereits in den 1860er Jahren durch. Ein frühes Beispiel, das die Verabsolutierung der magyarischen Loyalität verdeutlicht, findet sich bereits ein Jahr vor dem Ausgleich, als die transleithanischen Adelsakten noch von der ungarischen Hofkanzlei betreut wurden: »[D]ie Primar- und Secundar-Ärzte des Wiener allgemeinen Krankenhauses, und mehrere Mitglieder des Doktoren-Kollegiums der medizinischen Fakultät« baten darin um eine Auszeichnung für ihren ungarischen Kollegen Karl Sigmund, der zwar in Wien lehrte und praktizierte, aber aus Ungarn stammte. Ungeachtet seiner zahlreichen Leistungen auf medizinischem Gebiet verweigerte der ungarische Statthalter seine Zustimmung, »weil sich die Verdienste Sigmunds mehr auf die Monarchie als speziell auf Ungarn beziehen, nach dem ung. Gesetze aber der ung. Adel nur an solche Individuen zu verleihen ist, die sich insbesondere um Ungarn Verdienste erworben haben«.[364]

360 *Rozenblit*: Grundlagen, 1412 f.

361 *Osterkamp/Schulze Wessel*: Texturen, 557.

362 Moses Freudiger, AT-OeStA/HHStA KA KK Vorträge 31-1910, KZl. 3051.

363 *Buschmann/Murr*: Treue, 26; *Osterkamp/Schulze Wessel*: Texturen, 566 f.

364 Karl Sigmund, AT-OeStA/HHStA KA KK Vorträge 26-1866, KZl. 3820.

Obwohl von oberster Stelle dieses Argument noch mit dem Hinweis entkräftet wurde, »daß er als Professor, auch zahlreichen ungarischen Schülern aus Ungarn Unterricht gab« und daher einer ungarischen Anerkennung würdig sei, war die Stoßrichtung dieser Aussagen eindeutig. Nur wer dem ungarischen Staatsverband angehörte und sich diesem gegenüber loyal verhielt, hatte Anrecht auf eine Nobilitierung. Auch »von unten«, das heißt von den lokalen Behörden, den Antragstellern und ihren Gewährsleuten, konnten demnach Ressourcen ausformuliert werden, die Teil des Entscheidungsprozesses wurden. Was als loyal empfunden wurde, hing daher von verschiedenen Faktoren ab und war, wie bereits erwähnt, auch in einen Aushandlungsprozess eingebettet. Die Betonung des ungarischen Elements in den Anträgen machte die Ressource Loyalität zu einer fluiden Größe, die sich nicht ausschließlich auf die Kaisertreue festlegen ließ, sondern stets mit konkurrierenden Konzepten zu kämpfen hatte.

Für Personen ungarischer Herkunft, die außerhalb der Landesgrenzen lebten, wurde ihre Anhänglichkeit an die magyarische Staatsidee ebenfalls zur wesentlichen Ressource ihrer Nobilitierung. So konnte sich der in Bukarest lebende Großaktionär Bela Albert Abonyi beispielsweise rühmen, die »Interessen der nach Rumänien ausgewanderten Ungarn« zu fördern.[365] Dreh-, Bezugs-, und Angelpunkt stellte auch in diesem Vortrag das Wohle Ungarns und seiner Bevölkerung dar. Diesem musste man sich ganz und gar verschreiben, um als adelig gelten zu können, selbst wenn man bereits über einen langen Zeitraum mit anderen Identitätsbezügen lebte. Einen diesbezüglich außergewöhnlichen Loyalitätsbeweis erbrachte die ungarische Familie des Champagnerherstellers Friedrich Fischer, die seit 40 Jahren in Wien lebte: Fischers Vater

> wurde von angesehener Seite aufgefordert, das Wiener Heimatsrecht und die österreichische Staatsangehörigkeit zu erlangen; er lehnte jedoch ab, hielt seine ungarische Staatsangehörigkeit auch mit Geldopfer [sic] aufrecht, und der 67-er Grundlage treu, liess er auch seinen Sohn im Geiste der grossen Prinzipien Deáks erziehen. Das Vermögen der gemeinsamen Firma liegt grössten Teils in ungarischen Werten.[366]

Trotz des äußeren Druckes hielt der alte Fischer an seiner Staatsbürgerschaft als äußerem Zeichen seiner magyarischen Herkunft und Identität fest, was die ungarischen Behörden als klaren Beweis seiner national-patriotischen Überzeugung deuteten.

Der erwähnte Ferenc Deák, der bei der Entstehung des zitierten Gesuches 1911 bereits seit 35 Jahren tot war, galt aufgrund seiner Leistungen um den Ausgleich bis zum Ende der Monarchie als eine Symbolfigur für den Zusammenhalt des Reiches. In der Tat hatten Deák und seine nach ihm benannte Partei (die vormalige Adreß-Partei) in den 1860er Jahren den Kompromiss mit dem Kaiserhaus gesucht und damit dem Programm der radikaleren Revolutions-

[365] Bela Albert Abonyi, AT-OeStA/HHStA KA KK Vorträge 16-1914, KZl. 1513.
[366] Friedrich Fischer, AT-OeStA/HHStA KA KK Vorträge 12-1911, KZl. 1128.

anhänger, die auf die Unabhängigkeit des Landes und die vollständige Wiederherstellung der Verfassung von 1848 gedrängt hatten, eine klare Absage erteilt. Dadurch entwickelte er sich zu einem Sinnbild des Dualismus und des selbstständigen Ungarn unter dem Schirm der Habsburger, was ihm auch Sympathien in Cisleithanien, insbesondere in Wien, einbrachte.[367]

Da die Deák-Partei und ihre Nachfolger selbst lange Zeit die für die Adelsfragen zuständigen Minister stellten, ist es kaum verwunderlich, dass eine Zugehörigkeit oder zumindest Verbindung zu dieser Fraktion Vorteile für das Nobilitierungsverfahren brachte. Der persönliche Einsatz und die langlebige Unterstützung für deren politische Sache war von großer Wichtigkeit für die Entscheidung – so wurde der Advokat Paul Belicza »bezüglich seiner politischen Gesinnung« als »unerschütterlicher Anhänger des siebenundsechziger Ausgleichs« bezeichnet.[368] Wollte man als ungarischer Antragsteller also verdeutlichen, dass man einerseits den ungarischen Zentralstaat, andererseits aber die föderale Lösung mit Österreich befürwortete, konnte man mit der Anhängerschaft zu dieser Partei auch im Nobilitierungsverfahren eindeutige Botschaften übermitteln. Die Ungarn waren demnach mit mehreren Loyalitäten ausgestattet, die nicht notwendigerweise konkurrieren und einander ausschließen mussten. Jene Adelskandidaten, die sich als Mitstreiter Deáks identifizieren ließen, konnten gleichfalls als nicht nur Budapest, sondern auch dem Kaiser gegenüber loyal gelten. Die Anerkennung der Deákschen Grundsätze ließ dementsprechend auch auf eine imperiale Gesinnung schließen, da die Stellung des Kaisers – beziehungsweise Königs – als Staatsoberhaupt in dieser politischen Fraktion nie hinterfragt wurde. Dass ein guter ungarischer Bürger gleichzeitig auch ein treuer Diener des Monarchen sein konnte, zeigt beispielhaft der Vortrag für Anton Erreth:

> Als Beweis des hohen Ansehens, in welchem derselbe bei seinen Mitbürgern steht, dient auch der Umstand, daß er seit der Wiederherstellung der Verfassung Vizepräsident der Deák-Partei bis zu deren Auflösung war […]. Überhaupt wird sein politisches Verhalten durch unwandelbare Treue an das Allerhöchste Kaiserhaus und wahren Patriotismus charakterisiert.[369]

Dieses widerspruchslose Nebeneinander von kaiserlicher und nationaler Loyalität ist bis etwa 1900 zu beobachten – danach stieg die Zahl der ungarischen Nobilitierungsanträge weiter sprunghaft an,[370] während die Loyalität zur Dynastie bei den ungarischen Adelskandidaten im Sinken begriffen war. »Quantität vor Qualität« scheint nun vermehrt das Gebot der Stunde bei den trans-

[367] *Gottas*, Friedrich: Grundzüge der Geschichte der Parteien und Verbände. In: *Wandruszka/Rumpler* (Hg.): Die Habsburgermonarchie. Bd. 8. Tlbd. 1, 1133–1168.

[368] Paul Belicza, AT-OeStA/HHStA KA KK Vorträge 5-1913, KZl. 413. Siehe auch Theodor Holtzer, AT-OeStA/HHStA KA KK Vorträge 12-1911, KZl. 1143.

[369] Anton Erreth, AT-OeStA/HHStA KA KK Vorträge 26-1890, KZl. 5400.

[370] Siehe dazu Kapitel IV.3.

leithanischen Entscheidungsträgern gewesen zu sein. Mit dem Sieg der Unabhängigkeitspartei bei den ungarischen Wahlen 1905 und dem damit verbundenen Nationalisierungsschub[371] kam es also auch zu einem Anstieg der beim Kaiser eingeforderten Auszeichnungen, die zu einer Unterstützung des ungarischen Selbstbewusstseins beitragen sollten.[372] Dennoch entschied sich der Kaiser nur in den seltensten Fällen gegen die Vorschläge des »Ministers am ungarischen Hoflager« – so beispielsweise im Fall des Bajaer Großhändlers Julius Drescher: Obwohl dieser als Präsident der lokalen Unabhängigkeitspartei und Redakteur der Unabhängigkeitszeitung der einzigen politischen Fraktion angehörte, die sich in Ungarn entschieden für die gänzliche Selbstständigkeit des Landes aussprach, wurde sein Gesuch von den ungarischen Ministerien nicht nur befürwortet, sondern eben diese illoyalen Aktivitäten als positive Ressource für Dreschers Befürwortung eingesetzt. Der Kaiser selbst deutete diese Informationen jedoch in gegenteiliger Weise und entschied zu Ungunsten des Antragstellers.[373]

Gänzlich anders wurde mit den ungarischen Offizieren umgegangen, die – im Sinne der imperialen Strategie – weiterhin als übernationale Garanten für Einheit und Zusammenhalt präsentiert wurden.[374] Obgleich auch die Armee nicht frei von nationalen Konflikten war und gerade von ungarischer Seite eine abgrenzende Sprachpolitik betrieben wurde,[375] wurden die Nobilitierten als Repräsentanten des Einheitsstaates und der Kaisertreue dargestellt, da sie ihre Tapferkeit Seite an Seite mit ihren cisleithanischen Kameraden bewiesen und in denselben Schlachten gekämpft hatten.[376] Auch dieser verbindende Aspekt des Adelsrecht wurde allerdings 1894 aufgegeben. Seitdem wurde auch der systemmäßige Adelsanspruch in Wien und Budapest separat vergeben.[377]

Loyalität entsteht in erster Instanz nicht bei der Erfüllung und Befriedigung von Eigeninteressen, sondern beschreibt die »individuelle Identifikation mit den Zielen der Gesellschaft«.[378] Während »Loyalität« als Ressource stets wichtig für die Entscheidungen blieb, war die Vorstellung von dem, was unter den »Zielen der Gesellschaft« zu summieren sei, im Laufe des Untersuchungszeitraums einem regen Wandel unterworfen: Zunächst verband man damit vor allem die Standhaftigkeit der Revolutionsverweigerer, die den Verlockungen

371 *Gottas*: Grundzüge, 1157 f.

372 Siehe dazu auch Kapitel IV.4.

373 Julius Drescher, AT-OeStA/HHStA KA KK Vorträge 6-1908, KZl. 524.

374 *Cole*: Military Culture, 3.

375 *Scheer*, Tamara: K. u. K. Regimentssprachen. Institutionalisierung der Sprachenvielfalt in der Habsburgermonarchie in den Jahren 1867/8–1914. In: *Ehlers*, Klaas-Hinrich/*Nekula*, Marek/*Niedhammer*, Martina/*Scheuringer*, Hermann (Hg.): Sprache, Gesellschaft und Nation in Ostmitteleuropa. Institutionalisierung und Alltagspraxis. Göttingen 2014, 75–92.

376 Siehe etwa Michael Szabo, AT-OeStA/HHStA KA KK Vorträge 5-1907, KZl. 483.

377 Siehe dazu auch Kapitel IV.6.

378 *Furubotn*, Eirik/*Streissler*, Monika/*Richter*, Rudolf: Neue Institutionenökonomik. Eine Einführung und kritische Würdigung. Tübingen 2010, 187 f.

eines konkurrierenden Loyalitätsangebots widerstanden hatten. In der Zeit der militärischen Auseinandersetzungen gegen Italien und Preußen bezog man sich vermehrt auf die Opferbereitschaft der Soldaten und Beamten. Letztlich wurde das karitative und soziale Engagement der Privatbürger, das insbesondere im Rahmen von Jubiläumsfeierlichkeiten und kaiserlichen Reisen hervortreten konnte, für loyal angesehen. Obwohl eine monopolisierte Loyalitätsbeziehung immer wieder als Voraussetzung für den Erwerb des Adels in den Vorträgen angedeutet wurde, fungierten die Loyalitätsgeber auch als Brückenbauer zu einer breiteren und skeptischeren Öffentlichkeit beziehungsweise zu nationalen und politischen Gruppierungen. Die Mehrschichtigkeit loyaler Bindungen lässt sich insbesondere am ungarischen Beispiel beobachten, das zwar einen strikt nationalisierenden Kurs verfolgte, seinen Platz als Teil des Habsburgerreiches dabei aber nicht zwingend in Frage stellte.

7. Familie

Die zentralen inhaltlichen Ressourcen, die dem Kaiser von seinen Beamten für die Entscheidung über die Adeligkeit der Antragsteller zur Verfügung gestellt wurden, beschäftigten sich dementsprechend mit Fragen der Verdienstlichkeit, des Wohlverhaltens und der Loyalität. Da viele Nobilitierungskandidaten ihre eigenen Leistungen in diesen Bereichen allerdings offensichtlich selbst nicht für ausreichend ansahen, flochten sie in ihre Argumentation zusätzlich die Erfolge und Verdienste ihrer Familienmitglieder ein, die von der Adelsbehörde in die Vorträge übernommen und erneut sehr unterschiedlich konnotiert wurden. Die gesammelten Informationen mussten demnach wiederum erst zur Ressource umgewandelt werden.

Das bürgerliche Familienmodell

Ehe und Familie[379] als Mittelpunkt des bürgerlichen Privatlebens waren daher auch für die Aufnahme in den Adel ein relevantes Argument, das in den Vorträgen immer wieder unterstützend herangezogen wurde. Häufig lobten die Vorträge die »geordneten Familienverhältnisse«[380] der Antragsteller. Im Gegensatz dazu waren Fälle, die Zweifel an deren Sittlichkeit erzeugten, sehr selten. Hervorzuheben ist in diesem Zusammenhang die Biographie des Veronesers Luigi Trezza: »Von obskurer Abkunft, durch glückliche Spekulationen

[379] *Heindl-Langer*: Josephinische Mandarine, 209–220. Zur Beamtenfamilie siehe auch *Röskau-Rydel*, Isabel: Zwischen Akkulturation und Assimilation. Karrieren und Lebenswelten deutsch-österreichischer Beamtenfamilien in Galizien. 1772–1918. Berlin 2015; *Vošalíková*, Pavla (Hg.): Von Amts wegen. K. k. Beamten erzählen. Wien u. a. 1998.

[380] Siehe etwa Franz Almstein, AT-OeStA/HHStA KA KK Vorträge 3-1865, KZl. 595.

reich geworden, habe Trezza während der Ehe mit seiner ersten Frau, mit seinem Stubenmädchen 5 Kinder gezeugt, und solches nach dem Tode seiner Frau erst geehelicht.«[381] Obgleich im öffentlichen Diskurs normalerweise die Frauen wegen Ehebruch oder Scheidung Kritik und Missbilligung ausgesetzt waren,[382] wurde hier explizit das Verhalten des Mannes als »unsittlich« bezeichnet, weil die »bemakelte Geburt seiner Kinder, [...] welche er durch den Adel über ihre bürgerliche Stellung erheben will«,[383] dem Innenministerium nicht tragbar erschien. Da nicht nur die Einzelperson durch die Nobilitierung ausgezeichnet wurde, standen im Zuge der behördlichen Überprüfung insbesondere auch die Nachkommen und die Lebensgefährtin des Bittstellers unter Beobachtung und mussten den staatlichen Vorstellungen von Adeligkeit entsprechen. Aus diesem Grund wurde weiters das Gesuch des »Honorarkonsuls Adolf Bader in New Orleans« abgelehnt, der »sich durch seine Vermählung mit einer, anscheinend nicht den besten Ruf genießenden Schauspielerin bei der Gesellschaft mißliebig gemacht hat«.[384]

Der Bürger, in der privaten Sphäre mit patriarchalen Befugnissen und Pflichten ausgestattet, wurde sowohl für seine eigenen Verfehlungen als auch für jene seiner Familie zur Verantwortung gezogen.[385] Diesen Maßnahmen lag die Idee zu Grunde, dass mit der Familie auch die bürgerliche Gesellschaft geschützt werden könnte. Die Ehe wurde dabei zur Keimzelle und zum Prototyp aller weiteren Beziehungen stilisiert und durfte auf keinen Fall durch Vergehen wie »Geschlechts-, Fleisches- oder Unzuchtsverbrechen« bedroht werden: Sie »verletzen ja die wichtigsten Grundlagen der Gesellschaft, die Reinheit der Sitten und der Familien, die Ordnung des Familien- und des Staatslebens, die Tugend und die Kraft des Volkes« sowie »die heiligsten Rechte der Bürger«.[386] Diese von Welcker vorgebrachten Forderungen verwiesen auf den Bedeutungswandel

381 Luigi Trezza, AT-OeStA/HHStA KA KK Vorträge 13-1853, MCZl. 2519.

382 *Heindl-Langer*: Josephinische Mandarine, 58. Zur bürgerlichen Ehe im 19. Jahrhundert siehe allgemein *Arni*, Caroline: Entzweiungen. Die Krise der Ehe um 1900. Köln 2004; *Duncker*, Arne: Gleichheit und Ungleichheit in der Ehe. Persönliche Stellung von Frau und Mann im Recht der ehelichen Lebensgemeinschaft. 1700–1914. Köln 2004; *Blasius*, Dirk: Die Last der Ehe. Zur Rechts- und Sozialgeschichte der Frau im frühen 19. Jahrhundert. In: Tel Aviver Jahrbuch für deutsche Geschichte. Neuere Frauengeschichte 21 (1992), 1–19. Zur Treue siehe etwa *Görtz-Meiners*, Vanessa: Treue und Untreue in der Partnerschaft. Historische Entwicklungen – moraltheologische Perspektiven. Münster 2016.

383 Luigi Trezza, AT-OeStA/HHStA KA KK Vorträge 13-1853, MCZl. 2519.

384 Adolf Bader, AT-OeStA/HHStA KA KK Vorträge 18-1877, KZl. 3980.

385 *Heindl-Langer*: Josephinische Mandarine, 58.

386 *Welcker*, Carl: Geschlechtsverhältnisse, Frauen, etc. In: *Rotteck*, Carl von/*Welcker*, Carl (Hg.): Staats-Lexikon oder Encyklopädie der Staatswissenschaften. In Verbindung mit vielen der angesehensten Publicisten Deutschlands. Bd. 6. Altona 1838, 629–665, hier 659.

der Familie in der Sattelzeit um 1800.[387] Welcker verstand die Familie als eine Schmiede des Staats, da man in beiden Gesellschaftsformationen Grundwerte wie »Gemeinsinn« und »Altruismus« erlernen könne. Daher sah sich auch die von regional unterschiedlichen Rechtstraditionen geprägte Habsburgermonarchie vor der Herausforderung, Begriffe wie »Ehe«, »Scheidung« oder »Erziehung« auf eine juristisch einheitliche Basis zu stellen.[388]

Während der persönliche Bereich in den Vorträgen der Militärpersonen zumeist ausgespart wurde, interpretierte man das »musterhafte« Familienleben der Bildungs- und Wirtschaftsbürger[389] vielfach als Ausgangspunkt und Voraussetzung ihrer positiven Wirkung auf Politik und Gesellschaft. In diesem Sinne beschrieb Welcker die Familie als kleinste und intimste Form der bürgerlichen Zugehörigkeit und Identität, die eine Basis für die Staatsbildung darstellte.[390] Dementsprechend setzte auch der Triester Statthalter, der den Großgrundbesitzer Anton von Dottori degli Alberoni für eine Auszeichnung vorgeschlagen hatte, den familiären Patriarchalismus des Nobilitierungskandidaten mit seinem monarchischen Patriotismus gleich:

> Nachdem in seiner patriarchalischen Häuslichkeit dynastischer Sinn und streng österreichischer Patriotismus gepflegt wird, läßt sich mit Sicherheit voraussetzen, daß nicht nur sein, leider kränklicher Sohn, sondern auch seine Enkel diesen Traditionen treu bleiben werden.[391]

Man setzte also voraus, dass Dottoris »korrekter« Charakter auch auf die zukünftigen Generationen übergehen werde und sein Wirken für den Staat aus seiner Rolle als Familienvater ablesbar sei.

Die genealogische Linie als Ressource der Nobilitierungspraxis

Dementsprechend konnten für die Antragsteller vor allem die Dienste ihrer Vorfahren oder Nachkommen aus dem bürokratischen und militärischen Sektor von Nutzen sein, stellten sie diese doch in eine lange Reihe tatkräftig wirkender und loyaler Staatsangestellter. »Beamten-« oder »Armeedynastien«, wie jene des Oberst August Daler, dessen Ahnen bereits unter Maria Theresia das Heer verstärkt hatten,[392] generierten den Eindruck einer über Generationen tradierten und der Familie eigenen monarchischen Tradition, die das Anrecht

387 Zur Bedeutungsverschiebung von Begrifflichkeiten in der Sattelzeit siehe etwa *Reichardt*, Rolf: Einleitung. In: *Ders./Schlieben-Lange*, Brigitte (Hg.): Handbuch politisch-sozialer Grundbegriffe in Frankreich. 1680–1820. Bd. 1/2: Allgemeine Bibliographie. Die Wörterbücher in der Französischen Revolution. München 1985, 39–148.

388 *Osterkamp*: Familie, Macht, Differenz, 19 f.

389 Ignaz Hietzgern, AT-OeStA/HHStA KA KK Vorträge 4-1853, MCZl. 763; *Heindl-Langer*: Gehorsame Rebellen, 54.

390 *Welcker*: Bürgertugend, 765.

391 Anton von Dottori degli Alberoni, AT-OeStA/HHStA KA KK Vorträge 18-1887, KZl. 3778.

392 August Daler, AT-OeStA/HHStA KA KK Vorträge 12-1911, KZl. 1150.

auf ein mögliches Adelsprädikat bereits vorweggenommen hatte. Neben den Vorvätern standen aber insbesondere auch die Kinder, die als direkte Angehörige des Ausgezeichneten ebenfalls in den Genuss der Anerkennung kommen würden, unter genauer Beobachtung des Ministeriums, wobei ihre Vorzüge und Schwächen jedoch sehr variabel in die institutionellen Begründungen einbezogen wurden. In der Regel waren deren Leistungen additive Elemente der Argumentation, die das Bild des treuen und vielversprechenden Antragstellers weiter festigen und ausschmücken sollten.

In Ausnahmen konnte die Familie jedoch auch zum entscheidenden Kriterium für die Abweisung oder Befürwortung eines Adelsgesuchs werden – so im Falle des Hilfsämterdirektors des Oberlandesgerichts, Bernhard Vetsera, »welcher seine Erhebung in den Ritterstand oder Adelsstand hauptsächlich wegen seines als Legationssekretär bei der Internunziatur in Konstantinopel dienenden Sohnes anstrebt«.[393] Ähnliches gilt für das Gesuch des steirischen Gutsbesitzers Franz Gödel, der bereits mehrmals vergeblich um den Adelstitel gebeten hatte. 1853 führte er zur Unterstützung seiner Bitte »die Dienstleistung seiner beiden Söhne, von welchen Rudolph als österr. Generalkonsul in Syrien und Palästina, Hermann als Finanzrath in Triest angestellt ist«,[394] an. Beide Gesuche konnten das Innenministerium jedoch nicht überzeugen: Man folgte der Einstellung, dass »die allfälligen Verdienste der Söhne, kein Motiv zur Auszeichnung des Vaters abgeben«,[395] oder zumindest dessen Defizite nicht ausgleichen könnten, da die Söhne bei Bedarf selbst das Recht hätten, ihre beruflichen Leistungen in einem Antrag aufzuzeigen und bestätigen zu lassen.[396]

Gleichermaßen schwierig gestaltete es sich jedoch auch für Söhne, den Anspruch auf Adel einzig aus den ersprießlichen Tätigkeiten des Vaters (beziehungsweise des Bruders) zu speisen: Derartige Versuche des Bürgermeisters Alois Macozig[397] und des Hofrates Karl Ritter von Rauscher[398] scheiterten. Allerdings ist in diesem Zusammenhang ebenfalls keine konsistente Haltung der Adelsbehörden zu beobachten, wenn das Außenministerium das Gesuch des Legationsrates Joseph Ritter von Stahl befürwortete, »da Eure Majestät schon öfters die Verdienste ausgezeichneter Staatsmänner in ihren Nachkommen zu belohnen geruhten«.[399] Die Familie konnte als positive wie als negative Ressource flexibel in den Entscheidungsprozess eingebunden werden, wobei die Verfehlungen der eigenen Verwandtschaft grundsätzlich schwerer wogen als

393 Bernhard Vetsera, AT-OeStA/HHStA KA KK Vorträge 11-1863, KZl. 2428.
394 Franz Gödel, AT-OeStA/HHStA KA KK Vorträge 12-1853, MCZl. 2210.
395 *Ebenda.*
396 Bernhard Vetsera, AT-OeStA/HHStA KA KK Vorträge 11-1863, KZl. 2428.
397 Alois Macozig, AT-OeStA/HHStA KA KK Vorträge 12-1875, KZl. 2735.
398 Karl Ritter von Rauscher, AT-OeStA/HHStA KA KK Vorträge 19-1877, KZl. 4331.
399 Joseph Ritter von Stahl, AT-OeStA/HHStA KA KK Vorträge 4-1860, KZl. 741.

ihre Leistungen. Den Grund dafür erklärten die Behörden im Vortrag des Mailänder Patriziers Girolamo de Capitani, dessen Sohn mehrere Loyalitätsbrüche begangen hatte:

Da der Bittsteller im Alter bereits sehr vorgerückt u. schwächlich ist, so dürfte derselbe beabsichtigen, diesem seinen Sohne, nebst einem großen Vermögen, auch den angesuchten Grafentitel zur Hebung des Glanzes seiner Familie, zu hinterlaßen. Diese außerordentliche höhere Standeserhebung würde demnach in kurzer Zeit an einen Mann gelangen, der sich ihrer durch sein bisheriges Verhalten unwürdig bezeigt hat.[400]

Trotz der in den Vorträgen gegebenenfalls zaghaft erhobenen Beteuerungen, doch nicht den Vater für die Delikte seiner Söhne verantwortlich machen zu wollen,[401] war die Furcht, mit den verdienstvollen Eltern auch ihre straffälligen[402] oder illoyalen Erben einer Nobilitierung zuzuführen, groß.

Da die Übertrag- und Vererbbarkeit des Titels einen wesentlichen Teil dieses kaiserlichen Gnadenakts darstellte, spielten derartige Überlegungen eine wesentliche Rolle bei der Entschlussfassung. Gleichzeitig rückte dadurch aber auch die schiere Existenz und Zahl der Nachkommenschaft, die die Auszeichnung weitertragen konnte, als Ressource in den Vordergrund. Immer wieder wurde betont, dass für ein Familienoberhaupt die Nobilitierung »die erfreulichste und beglückendste Art der a. g. Auszeichnung« sei, da sie »ihm nicht nur den Lohn für seine ausgezeichneten Dienste, sondern auch das erhebende Gefühl gewähren würde, das Andenken an seine, dem Staate rühmlich gewidmete Thätigkeit durch die Standeserhebung seiner Familie begründet zu wissen«.[403] Das Innenministerium setzte dementsprechend voraus, dass viele Antragsteller mit dem Adelstitel ihren »Söhnen ein werthvolles Andenken an den Vater und die ah. Gnade, mit welcher dieser stets beglückt worden war, hinterlassen«[404] wollten und damit alle Nachfahren auf die Treue zum Kaiserhaus verpflichten könnten.

Die Beamten mussten nun einen Ausgleich zwischen diesem berechtigten Wunsch der Antragsteller und dem Nimbus der Standeserhebung als exklusiver, einer ausgewählten Elite vorbehaltener Dekoration herstellen. Deshalb waren Ignaz Laschans »11 meist unversorgte Kinder«[405] dem Gesuch des Innsbrucker Landesmedizinalrates eher abträglich, weil die Sorge bestand, die Adelsgemeinschaft könne sich durch die Nobilitierung mittelloser Großfamilien zu stark zerstreuen. Vor allem bei höheren Adelsrängen wie dem Freiherren- und

400 Girolamo de Capitani, AT-OeStA/HHStA KA KK Vorträge 19-1857, MCZl. 3726.
401 Johann Zamboni, AT-OeStA/HHStA KA KK Vorträge 8-1854, MCZl. 1659.
402 Walter Freiherr Nugent von Delion, AT-OeStA/HHStA KA KK Vorträge 26-1890, KZl. 5444.
403 Heinrich Tullinger, AT-OeStA/HHStA KA KK Vorträge 8-1855, MCZl. 1888.
404 Franz von Hein, AT-OeStA/HHStA KA KK Vorträge 8-1871, KZl. 1581.
405 Ignaz Laschan, AT-OeStA/HHStA KA KK Vorträge 11-1864, KZl. 2185.

Grafenstand agierte man daher äußerst vorsichtig und zurückhaltend.[406] Insofern konnte – wie im Falle des Krakauer Domherren Johann Schindler – die Kinder- und damit Erbenlosigkeit des Klerikers durchaus einen Vorteil im Antragsprozess bedeuten:

Der k. k. Minister des Inneren findet demnach das vorliegende Gesuch um so mehr zur Gewährung geeignet, als die angesuchte Erhebung, da Schindler dem geistigen Stande angehört, und eine weitere Vererbung der hierdurch erlangten Standesvorzüge nicht eintritt, nur als eine höchst persönliche Auszeichnung erscheint.[407]

Solange sich die Adelserhebung ausschließlich auf eine Person beschränkte, konnten sich auch die geforderten Verdienste in Grenzen halten.

Die Familie als Ressource für Antragstellerinnen

Da die bürgerliche Bevölkerung von den teilweise gravierenden Heiratsbeschränkungen, die noch bis in die zweite Hälfte des 19. Jahrhunderts für die Unterschichten galten,[408] ausgenommen war, blieben ledige Personen im Adelungsprozess allerdings eher die Ausnahme als die Regel. Das Fehlen einer eigenen Familie stellte eine Lücke dar, die von Zeitgenossen als eine Bedrohung bürgerlicher Werte kritisiert wurde und als negative Ressource in vielen Fällen zu einer Abweisung des Nobilitierungsgesuches führen konnte. Die häusliche Gemeinschaft, die als monarchiestabilisierende Grundlage und Keimzelle des Staates gleichsam zur »Religion« erhoben wurde, versteifte zudem Geschlechterunterschiede und -bilder.[409] Die Kritik an ledigen Frauen[410] konnte in Einzelfällen auch Einfluss auf die Nobilitierungsvorträge gewinnen, so beispielsweise bei der aus Venetien stammenden Franziska von Labia, die 1851 um die Bestätigung des Grafenstandes ihrer Mutter bat. Dafür fehlten jedoch »triftigste Gründe«, wie das Innenministerium betonte: »Sie ist bereits in den Jahren soweit vorgerück [sic],

406 Josef von Tahy, AT-OeStA/HHStA KA KK Vorträge 17-1851, MCZl. 4085.

407 Johann Schindler, AT-OeStA/HHStA KA KK Vorträge 13-1853, MCZl. 2538.

408 *Ehmer*, Josef: Heiratsverhalten, Sozialstruktur, ökonomischer Wandel. England und Mitteleuropa in der Formationsperiode des Kapitalismus. Göttingen 1991, 55–61; *Gestrich*, Andreas: Geschichte der Familie im 19. und 20. Jahrhundert. München 2013, 29 f.

409 *Kuhn*, Bärbel: Familienstand: ledig. Ehelose Frauen und Männer im Bürgertum. 1850–1914. Köln, Wien 2000, 1–3; *Wienfort*, Monika: Verliebt, verlobt, verheiratet. Eine Geschichte der Ehe seit der Romantik. München 2014, 10 f.; *Osterkamp*: Familie, Macht, Differenz. Zu den Geschlechterrollen in der Habsburgermonarchie siehe *Heindl-Langer*, Waltraud: Geschlechterbilder und Geschlechterrollen, Ideologie und Realitäten. In: *Harmat/Rumpler/Wandruszka* (Hg.): Die Habsburgermonarchie. Bd. 9. Tlbd. 1/1, 701–741.

410 *Kuhn*: Familienstand, 27–36. Siehe dazu auch *Lamott*, Franziska: Virginität als Fetisch. Kulturelle Codierung und rechtliche Normierung der Jungfräulichkeit um die Jahrhundertwende. In: Tel Aviver Jahrbuch für deutsche Geschichte. Neuere Frauengeschichte 21 (1992), 153–170.

/46 J./ daß kaum anzunehmen ist, es werde sich für sie eine eheliche Verbindung finden, wobei es für sie von Wichtigkeit sein könnte, als Gräfin anerkannt zu sein.«[411] Da die Behörden es für sehr unwahrscheinlich erachteten, dass Labia in ihrem Alter noch eine Ehe eingehen und Nachkommen bekommen könne, erschien ihnen auch eine Standeserhebung nicht notwendig. Allerdings passte sich das Bild der Frau in den Nobilitierungsvorträgen im Laufe der Jahrzehnte partiell an die veränderten Gegebenheiten der Zeit an, sodass beispielsweise die Lehrtätigkeit einer Antragstellerin an der Wiener Mädchenschule 1887 positiv gewertet wurde.[412] Nichtsdestoweniger kam dem weiblichen Geschlecht, das durchaus häufig mit Verdienstkreuzen und Orden dekoriert wurde, in Adelsfragen keine bedeutende Stellung zu. Obwohl es für Frauen im cisleithanischen Reichsteil möglich war, Adelsgesuche einzureichen,[413] war ihr Anteil an den auf dem Schreibtisch des Kaisers erscheinenden Nobilitierungsvorträgen äußerst gering und auf zwei Antragsformen konzentriert: Es handelte sich zum überwiegenden Teil um Witwen, die die Adelsansprüche ihrer verstorbenen Gatten geltend machten, und um Töchter altadeliger Familien, die einen Dispens ihrer Ahnenprobe für den Eintritt in ein Damenstift erbaten.

Beide Gruppen von Frauen, die »Witwen« wie auch die »Töchter«, blieben weitgehend auf eine Existenz in Relation zu Mann und Familie beschränkt und konnten keine eigene Identität in den Vorträgen entwickeln. Insbesondere die hinterbliebenen Ehefrauen erschienen zumeist nicht als eigenständige Individuen, sondern beispielsweise als »Majors-«, »Hauptmanns-« und »Statthaltereirathswitwen«, die die Legitimität ihrer Gesuche aus den Verdiensten ihrer seligen Gatten ableiteten. Auch dieser Befund entspricht dem bürgerlichen Verständnis, wonach »Frauen ganz wesentlich in ihrer Eigenschaft als Ehefrauen (und manchmal auch als Töchter) von Bürgern als soziale Gruppe« zu erfassen seien.[414] Im Unterschied zum Mann, der sich über seinen Beruf und seine Leistungen definierte, blieb der Frau die Rolle des »schönen Eigentums«[415] und die häusliche Sphäre.[416] Hinzu kam außerdem, dass viele Frauen ihre »Witwenschaft zur Berufung« machten und ihre Ehe auch nach dem Ableben ihres Partners als stilisierte Beziehung fortführten.

411 Franziska von Labia, AT-OeStA/HHStA KA KK Vorträge 12-1851, M. C. Zl. 2983.

412 Paulina Schreiber, AT-OeStA/HHStA KA KK Vorträge 18-1887, KZl. 3746.

413 In Ungarn war es Frauen gesetzlich nicht möglich, Adelstitel zu beantragen.

414 *Mazohl-Wallnig*, Brigitte: Einleitung. In: *Dies.* (Hg.): Bürgerliche Frauenkultur im 19. Jahrhundert. Köln, Wien 1995, 9–24, hier 16 f.

415 Siehe dazu weiterführend *Duden*, Barbara: Das schöne Eigentum. Zur Herausbildung des bürgerlichen Frauenbildes an der Wende vom 18. zum 19. Jahrhundert. In: Kursbuch Frauen 47 (1977), 125–143.

416 *Kuhn*: Familienstand, 43 f. Siehe dazu weiterführend *Mittendorfer*, Konstanze: Die ganz andere, die häusliche Hälfte. Wi(e)der die Domestizierung der Biedermeierin. In: *Mazohl-Wallnig*, Brigitte (Hg.): Bürgerliche Frauenkultur im 19. Jahrhundert. Köln, Wien 1995, 27–80.

Zur Wiederverheiratung kam es dagegen eher selten, sodass im Europa des 19. Jahrhunderts circa 10–17 Prozent der weiblichen Bevölkerung einen Witwenstatus besaßen.[417] In den kaiserlichen Vorträgen nutzten die Damen daher die Erfolge ihrer Gemahle, um ihre Hoffnung auf Standeserhöhung – und damit vor allem auf die gesellschaftliche Aufwertung ihrer Kinder – zu erfüllen. Sie selbst traten in den amtlichen Dokumenten dagegen zurück: Gelegentlich wurde auf ihren »besten Ruf«,[418] ihre »sehr geachtete Stellung in der Gesellschaft«,[419] ihre »vornehme Bildung«[420] und ihr »eigenes Vermögen«,[421] das ihnen ein standesgemäßes Leben sichern sollte, verwiesen. Unter den Witwen waren die »Offizierswitwen«, die aufgrund ihrer Nähe zum Militär generell eine gesellschaftliche Sonderposition innehatten,[422] gleichzeitig aber vielfach in außergewöhnlich prekären finanziellen Verhältnissen lebten,[423] am stärksten vertreten.

In den vorgenannten Beispielen spiegelt sich das seit dem Vormärz an Bedeutung gewinnende Bild der bürgerlichen Familie. Diese stand im Zentrum des bereits beschriebenen bürgerlichen Wertekanons und setzte auf eine klare Trennung von privater und öffentlicher Sphäre, die zu einer eindeutigen Verteilung der Geschlechterrollen führte.[424]

Das adelige Familienmodell

Neben dem Bürger definierte sich auch der alte Adel über die Familie, die er als wesentliches Element und Ressource seines Konzepts von »Adeligkeit« erkannte. Im 19. Jahrhundert, als der Habitus und die Bedeutung dieser sozialen Gruppe in vielen Bereichen zur Diskussion gestellt wurden, generierte sie gerade aus den familiären Traditionen und Netzwerken Halt und Stabilität.[425]

417 *Wienfort*: Verliebt, 281–285. Zu Witwen im 19. Jahrhundert siehe weiterführend *Machtemes-Titgemeyer*, Ursula: Leben zwischen Trauer und Pathos. Bildungsbürgerliche Witwen im 19. Jahrhundert. Osnabrück 2001.

418 Anna Spatzer, AT-OeStA/HHStA KA KK Vorträge 1-1878, KZl. 178.

419 Wilhemine Haas, AT-OeStA/HHStA KA KK Vorträge 11-1888, KZl. 2158.

420 Wilhemine Ripka, AT-OeStA/HHStA KA KK Vorträge 24-1906, KZl. 2474.

421 Maria Sermonet, AT-OeStA/HHStA KA KK Vorträge 19-1907, KZl. 1874.

422 *Kubrova*, Monika: Vom guten Leben. Adelige Frauen im 19. Jahrhundert. Berlin 2011, 161.

423 *Deák*: Beyond Nationalism, 153.

424 *Schäfers*, Bernhard: Die bürgerliche Gesellschaft. Vom revolutionären bürgerlichen Subjekt zur Bürgergesellschaft. Wiesbaden 2017, 23–25. Zu den Familienstrukturen in der Habsburgermonarchie siehe auch *Grandits*, Hannes: Ländliches und städtisches Familienleben. In: *Harmat/Rumpler/Wandruszka* (Hg.): Die Habsburgermonarchie. Bd. 9. Tlbd. 1/1, 621–699, hier 689–699.

425 Zur Familie im Zusammenhang mit dem Adel siehe etwa *Conze*: Von deutschem Adel.

Die Vorstellung von »Familie« beschränkte sich jedoch – wie im Falle vieler nobilitierter Bürger – keineswegs auf eine überschaubare Zahl unmittelbarer Angehöriger, deren Verdienste und Erfolge man dem eigenen Gesuch einverleiben wollte, sondern beschrieb vielmehr das Bewusstsein, in einer jahrhundertealten Kette von angesehenen Leistungsträgern zu stehen, deren Geschichte mit jener des Landes und der herrschenden Dynastie verwoben war. Gleichzeitig wies die Geschichte der Familie eine räumliche Konstante durch ihren Stammsitz auf.[426] Alter und Adeligkeit eines Geschlechts waren aufs Engste verzahnt, da sich nach aristokratischer Vorstellung charakterliche Qualitäten und Tugenden vergangener Generationen in jedem neuen Vertreter der Familienlinie wie Sedimente ablagerten und sein Prestige weiter steigerten. Die Qualitäten des Einzelnen konnten als Reflexionen familiärer Eigenschaften interpretiert werden und bestimmten daher nicht nur dessen Identität, sondern begründeten auch dessen Elitenposition. Gemäß dieser Lesart basierte die Macht des Adels auf einer »ererbten Überlegenheit«.[427] Die Bürger adaptierten bis zu einem gewissen Grad dieses adelige Konzept von Familie, um ihre Anwartschaft auf eine Nobilitierung zu rechtfertigen, und auch die aristokratischen Geschlechter jüngeren Alters mussten diese Ressource ihrer Standeszugehörigkeit bewusst konstruieren.[428]

Die Familie als legitimitätsstiftendes Element des Adels tritt insbesondere im Zusammenhang mit den adeligen Fräulein- und Damenstiften hervor,[429] die ihren Mitgliedern ein gewisses Maß an finanzieller und räumlicher Freiheit von den familiären Zwängen und vor allem eine vom Kloster unabhängige Versorgung bedürftiger, adeliger und ungebundener Frauen boten.[430] Die sogenannten weltlichen, internen Damenstifte in Wien, Innsbruck, Hall, Graz, Prag und Brünn, die den Frauen nicht nur monetäre Präbenden, sondern auch

426 *Clemens*, Gabriele: Obenbleiben mittels Historiographie. Adeligkeit als Habitus. In: *Dies./König/Meriggi* (Hg.): Hochkultur als Herrschaftselement, 189–209, hier 191. Siehe dazu auch *Margreiter*: Konzept, 45–67.

427 *Margreiter*: Konzept, 6.

428 *Clemens*, Gabriele/*König*, Malte/*Meriggi*, Marco: Einleitung. In: *Dies.* (Hg.): Hochkultur als Herrschaftselement, 1–17, hier 2.

429 Zu den Damenstiften in der Habsburgermonarchie siehe etwa *Dikowitsch*, Hermann: Die Abzeichen der adeligen Damenstifte. In: *Stolzer* (Hg.): Die Sklavinnen der Tugend, 33–41; *Žáková*, Michaela: The Theresian Foundation for Noblewomen at Prague Castle. The Institution, its Female Members and Aristocratic Philanthropy. In: *Brňovják/Županič* (Hg.): Changes of the Noble Society, 189–200; *Gampl*, Inge: Adelige Damenstifte. Untersuchungen zur Entstehung adeliger Damenstifte in Österreich unter besonderer Berücksichtigung der alten Kanonissenstifte Deutschlands und Lothringens. Wien 1960; *Langer*, Ellinor: Die Geschichte des Adeligen Damenstiftes zu Innsbruck. Innsbruck 1950.

430 Zur Rolle adeliger Frauen im 19. Jahrhundert siehe weiterführend *Diemel*, Christa: Adelige Frauen im bürgerlichen Jahrhundert. Hofdamen, Stiftsdamen, Salondamen. 1800–1870. Frankfurt am Main 1998; *Singer*, Johanna: Arme adelige Frauen im deutschen Kaiserreich. Tübingen 2016.

eine Unterkunft gaben, legten großen Wert auf die Herkunft ihrer Mitglieder: Die in den Stiftspräambeln festgelegte Restriktion auf Kandidatinnen mit einer acht oder 16 Generationen umfassenden Ahnenreihe[431] bezog sich auf das fundamentale, bereits aus dem Mittelalter tradierte Selbstverständnis des Adels. Er versuchte die »Reinheit seines Blutes« durch das sogenannte Konnubium, die standesgemäße Hochzeit, zu festigen, um seine Privilegien und Vorzüge zu rechtfertigen. Obgleich der Sonderstatus adeliger Familien im 19. Jahrhundert im Schrumpfen begriffen war, blieben diese Institutionen ein Relikt der aristokratischen Überlegenheit, die sich zum großen Teil auf genealogische Argumente stützte.[432]

Der Staat selbst verteidigte diese vom Hochadel beanspruchten Begünstigungen und machte sie dabei sogar zur Ressource seiner Entscheidungen. Noch im Jahr 1888 wurde daher das Gesuch von Hermine Gräfin Leiningen-Westerburg, die sich im Innsbrucker adeligen Damenstift eine Versorgungsstelle erhoffte, abgewiesen, »weil, wenn das Moment der Bedürftigkeit ohne Rücksicht auf den Nachweis der vorgeschriebenen Aufnahmsbedingungen allein entscheidend wäre, die Vortheile dieser Stiftung dem Kreise, für den sie errichtet wurde, mit der Zeit ganz oder doch größtentheils entzogen werden würden«.[433] Die Privilegien, die die Stiftungen beinhalteten, sollten also jener aristokratischen Gruppe vorbehalten bleiben, für die sie geschaffen worden waren, sonst würden sie – trotz der Not auch anderer Bevölkerungsgruppen – ihren Zweck grundsätzlich verfehlen. Der Kaiser hatte zwar das Recht, Dispense im Bereich der Ahnenproben zu erteilen, die Zahl dieser Gnadenakte musste allerdings begrenzt bleiben, um den Adel nicht eines seiner letzten wichtigen Vorrechte zu berauben.[434]

Das Alter der adeligen Familie des Bittstellers hatte auch Auswirkungen auf die Behandlung seines Gesuchs und konnte sogar mangelnde Verdienstlichkeit ausgleichen, wie die Freiherrenstandserhebung des niederösterreichischen Fideikommissbesitzers Thomas Balthasar Ritter von Thavonat zeigt. Ihm wurden keine »hervorragenden persönlichen Verdienste« attestiert, seine Bitte aber doch angenommen, »[d]enn, der Adel der Familie Thavonat von Thavon stammt aus dem Jahr 1344 und wird in allen späteren Diplomen als uralter Adel bezeichnet«.[435] Darauf folgte eine ausführliche Auflistung all jener Dokumente, die den Adel der Familie belegten und ihren gesellschaftlichen Aufstieg nachvollziehbar machten, sowie der Hinweis, dass bereits andere Zweige des

431 *Langer*, Carl Edmund: Die Ahnen- und Adelsprobe, die Erwerbung, Bestätigung und der Verlust der Adelsrechte in Österreich. Wien 1862.

432 *Dikowitsch*: Abzeichen, 33; *Margreiter*: Konzept, 48.

433 Mathilde Freiin von Stadl, AT-OeStA/HHStA KA KK Vorträge 5-1888, KZl. 915.

434 *Žáková*: Arme Aristokratinnen.

435 Thomas Balthasar Ritter von Thavonat, AT-OeStA/HHStA KA KK Vorträge 2-1862, KZl. 386.

Geschlechts Thavonat einen freiherrlichen Status erlangt hatten, was das Gesuch in besonderem Maße unterstützte. Gleichzeitig gab es allerdings die Tendenz, die Zahl freiherrlicher und gräflicher Familien überschaubar zu halten. Auch das sprach für Thavonats Standeserhöhung, da die freiherrlichen Linien seiner Familie bereits ausgestorben waren und die Würde nun einzig an ihn und seine Nachkommen fallen würde. Für die Standeserhöhungen bereits adeliger Personen spielte die Familiengeschichte als Ressource bis nach 1900 eine wichtige Rolle, da ein allzu rascher gesellschaftlicher Aufstieg jüngerer Geschlechter ohne weitere Verdienste in der neuen Generation eher vermieden wurde. Dementsprechend wurde Anton Ritter von Piombazzi's Freiherrenstandsgesuch abgewiesen, weil »der Adel dieser Familie erst von kurzer Dauer sei«, also durch seinen Vater erworben worden war.[436]

Die Zugehörigkeit zum alten Adel

In dieser Hinsicht erlebte auch die Ahnenforschung gerade im 19. Jahrhundert besondere Aufmerksamkeit und Bedeutung: Die Familie fungierte gleichsam als »Erinnerungsgemeinschaft«, aus der der noble Stand sein Selbstbewusstsein schöpfte. Vom Stammbaum über das Wappen bis zum repräsentativen Landsitz, der renoviert und erweitert wurde, pflegten nun viele auch weniger renommierte Familien ihre Vergangenheit als Ausdruck ihres gegenwärtigen Status.[437] Zahlreiche Personen suchten daher auch in der Vergangenheit ihrer eigenen Familie nach adeligen Spuren und Traditonen, die beispielsweise durch Kriege, Verarmung oder andere Krisen in Vergessenheit geraten waren, aber von staatlicher Seite durch eine Adelsbestätigung wiederbelebt werden sollten. Die Wiederaufnahme nicht mehr genutzter Adelstitel, die sogenannte Renobilitierung, stellte jedoch nur einen Teil der Bestätigungsgesuche dar.[438] In den meisten Fällen bezogen sich diese auf die Anerkennung vormalig ausländischer Adelstitel, die nach den Territorialgewinnen im Laufe des späten 18. und frühen 19. Jahrhunderts an das habsburgische Auszeichnungssystem angepasst werden mussten. Die zu bestätigenden Titel, vor allem aus dem italienischen und polnischen Raum, unterschieden sich in ihrer historischen Tradition und ihrem gesellschaftlichen Stellenwert sehr stark. Sie sollten daher nach Möglichkeit auf eine neue, gemeinsame Basis gestellt und unter dem verbindenden Schirm des Kaiserhauses vereinigt werden.[439]

436 Anton Ritter von Piombazzi, AT-OeStA/HHStA KA KK Vorträge 21-1857, MCZl. 4098.
437 *Lalić*, Daniel: Hochadel Kroatien-Slawoniens. Zwischen Verlust, Verteidigung und Neuerwerb gesellschaftlicher Elitenpositionen. 1868–1918. Berlin, Boston 2017, 181–184.
438 Siehe dazu *Županič*: Renobilitierungsprozesse.
439 *Županič*: Adelspolitik, 117.

Trotz der Schwierigkeiten bei der Durchsetzung dieser Homogenisierungstendenzen[440] blieben die Entscheidungsvorgaben im Rahmen der Bestätigungsvorträge auch in der zweiten Jahrhunderthälfte eine Kombination aus normierender Gesetzgebung und individualisierender Genealogiebetrachtung. Zwei Aspekte galten als Voraussetzung für die Anerkennung fremder Adelstitel:

> die vom Bittsteller gelieferten Beweise (a) über die von seinem Großvater Nicolaus de Lubomierz-Treter im ehemaligen Königreiche Pohlen [sic] bekleideten Landesämter, welche nur an Adelige verliehen werden konnten, und (b) über seine Abstammung von diesem Großvater.[441]

Der Bittsteller war demnach aufgefordert, sowohl die adelige Herkunft der Familie, als auch seine eigene Zugehörigkeit zu derselben nachzuweisen. Zur Untermauerung adeliger Ansprüche waren schriftliche Dokumente, wie »Diplome«,[442] »öffentliche Bücher«,[443] »Stammtafeln«[444] oder andere Akten erforderlich, Zeugenaussagen galten dagegen nicht als ausreichend.[445]

Die Dekonstruktion unglaubwürdiger Beweismittel gehörte dabei zu den zentralen Aufgaben der Wiener Adelsbehörde in Zusammenhang mit den Bestätigungen,[446] setzte allerdings detailliertes und vielfältiges historisches, genealogisches und juristisches Wissen voraus. So war es beispielsweise leicht möglich, die Nachfahren eines am polnischen Hof dienenden Mundschenks in den Ritterstand zu erheben, da diese Tätigkeit den Adelsrang vorausgesetzt hatte.[447] Die Erben eines im Consiglio von Bergamo amtierenden Rats hatten hingegen kein Anrecht auf einen Adel, weil dem Genannten das Privileg zur Adelsverleihung nicht zugestanden war.[448] Trotz aller Bestimmungen und Beweismittel war mit den Entscheidungen aber immer eine gewisse Unsicherheit verbunden, was sich auch anhand der vorsichtigen Formulierungen in den Vorträgen zeigt: Bestätigungen, die nicht restlos nachgewiesen werden konnten, waren stets als ein Prozess des Abwägens und letztlich als ein Akt der »Allerhöchsten Gnade« aufzufassen. Obgleich dieser grundsätzlich auch Verdienste, Wohlverhalten und Loyalität erforderte, spielten solche Qualitäten in der Argumentation bei Bestätigungen nur eine untergeordnete Rolle – familiäre Bande und die von den Vorfahren erworbenen beziehungsweise abgeleiteten Ansprüche galten als zentrale Befürwortungskriterien.[449]

440 Siehe Kapitel III.3.
441 Syiridion de Lubomierz-Treter, AT-OeStA/HHStA KA KK Vorträge 1-1851, MCZl. 60.
442 Franz Anton Freiherr Marenzi, AT-OeStA/HHStA KA KK Vorträge 8-1864, KZl. 1599.
443 Josef Hueber, AT-OeStA/HHStA KA KK Vorträge 8-1867, KZl. 1544.
444 Aurelia Seiff, AT-OeStA/HHStA KA KK Vorträge 4-1860, KZl. 730.
445 Johann Czay Koroski, AT-OeStA/HHStA KA KK Vorträge 18-1867, KZl. 3647.
446 Siehe dazu Kapitel IV.6.
447 Ambros Eugen Lachowski, AT-OeStA/HHStA KA KK Vorträge 20-1881, KZl. 4692.
448 Pietro Paolo Addobati, AT-OeStA/HHStA KA KK Vorträge 7-1863, KZl. 1536. Siehe dazu auch *Cornaro*: Die österreichischen Adelsbestätigungen.
449 Siehe zu den Bestätigungen auch Kapitel IV.4.

Zwischen Familie und Verdiensten: Die Übertragung

Weniger eindeutig gestaltete sich die behördliche Strategie mit Blick auf die sogenannten Übertragungen, die erbenlosen Adeligen die Möglichkeit geben sollten, ihrem Namen und Titel das Fortleben in einer Person ihrer Wahl zu sichern. Auch bei der Behandlung dieser Anträge kam der Familie als Ressource entscheidendes Gewicht zu. Im Fall von Rudolph Freiherrn Koudelka und seinem Adoptivsohn Karl Kamel war es beispielsweise erforderlich

> daß derjenige[,] der den Adel einer Familie übernehmen und fortpflanzen soll, zu dieser Familie in einer näheren Beziehung stehe[,] in Folge welcher er ein natürliches Interesse hat, den übernommenen Nahmen [sic] und Adel zu vertreten. – Wo, wie hier eine solche nähere Familienbeziehung fehlt und erst durch eine Adoption künstlich herbeigeführt werden will, gewinne der ganze Vorgang, statt daß die Adelsübertragung als eine nebensächliche Folgerung des Hauptaktes der Adoption sich darstellt – den Anschein, daß die Adoption nur als Mittel zum Hauptzwecke nemlich [sic] zur außergewöhnlichen Adelserwerbung benüzt [sic] werden will.[450]

Mehrere Gründe sprachen demgemäß gegen die Übertragung eines Titels an familienfremde Personen: Zum einen wollte man dadurch verhindern, dass die Würde des Adels nach dessen Weitergabe verloren ging, da nur dessen Verbleib in der »Blutlinie« eine Translation der damit verbundenen Eigenschaften und Vorzüge sicherstellen könne. Zum anderen fürchtete man den Missbrauch der Übertragung, die nicht zu einer vereinfachten Form der Nobilitierung herabgewürdigt werden sollte. Im deutschsprachigen Raum wurde Kritik an den häufigen Adoptionen – vornehmlich reicher – Nichtadeliger geübt, die durch die Übertragung zu einer »inakzeptablen Aneignung von Adel« führen würden. Die klassische Vorstellung einer auf Blutsverwandtschaft basierenden Identitätsstiftung in der hohen Aristokratie erlebte dadurch eine neue, bis ins 20. Jahrhundert reichende Konjunktur.[451] Daher wurden Übertragungen vor allem dann bewilligt, wenn sie Personen im engsten Umfeld des Antragstellers, wie Neffen, Brüder, Schwiegersöhne oder auch legitimierte Kinder, begünstigten. Gerade bei Letzteren war jedoch ebenfalls Vorsicht geboten, da man durch die Vergabe an uneheliche Nachkommen das hohe Prestige der Dekoration beschädigt sah. Im Falle des unehelich geborenen Lehrers Alois Heinrich Denise fürchtete man beispielsweise »eine ungünstige Rückwirkung auf die unter ihm stehende Jugend« aufgrund seiner »bemakelten Geburt«. Er konnte daher zwar legitimiert, aber nicht nobilitiert werden.[452] Tatsächlich durften also nur Personen durch eine Übertragung anerkannt werden, die dem weitergegebenen Adel und ihrer neuen Familie zur Ehre gereichten.

Die Argumentation in den Übertragungsvorträgen stand daher in besonderem Maße zwischen den Verdiensten einzelner Bittsteller und dem Wert der

450 Rudolf Freiherr von Koudelka, AT-OeStA/HHStA KA KK Vorträge 6-1862, KZl. 1253.

451 *Wienfort*, Monika: Adlige Handlungsspielräume und neue Adelstypen in der »Klassischen Moderne«. 1880–1930. In: Geschichte und Gesellschaft 33 (2007), 416–438, hier 427.

452 Alois Ritter von Schildenfeld, AT-OeStA/HHStA KA KK Vorträge 8-1854, MCZl. 1693.

Familie für das Kaiserreich. Insbesondere in den 1850er Jahren konnten für eine Übertragung die klassischen bürgerlichen Tugenden daher nicht ausreichend sein, wie sich beispielsweise im Falle des Fiskals Josef von Syprak zeigte: Die Verdienste und die tadellose politische Haltung des Beamten rechtfertigten noch keine Übertragung, da diese

> nur bei vorzüglichen Geschlechtern eines Landes angemessen erscheinen, und selbst bei Adoptionen die Übertragung des Adels nur aus a. h. Gnade platzgreifen kann, im vorliegenden Falle aber die Übertragung eines wenig bekannten Namens und Adels ohne Adoption angestrebt wird.[453]

In diesem Kontext erscheint die Übertragung weniger als Belohnung der lobenswerten Einzelperson denn vielmehr als Ehrung eines bedeutenden Adelsgeschlechts, das geschützt werden musste. Die Stellung und das Alter der Familie sowie die Leistungen ihrer Mitglieder legten fest, ob sie erhalten werden sollte oder verschwinden konnte.

Durch die Verweise auf das bemerkenswerte Wirken der Vorväter in den Vorträgen erscheint die Übertragung als dankbare Reminiszenz des Staates an die gesamte Ahnenreihe.[454] Gleichzeitig erlangte sie aber auch eine politische Dimension, indem sie die lokalen beziehungsweise regionalen Adelstraditionen stärken oder zumindest aufrechterhalten sollte, wie ein Fall aus Siebenbürgen in den 1850er Jahren belegt: »Da die Zahl der gräflichen Familien in Siebenbürgen nicht groß ist, [erscheint] es daher immer wünschenswerth [...], daß am Aussterben befindliche Namen in anderen, und, wenn thunlich, verwandten Geschlechtern erhalten werden.«[455] Die Monarchie selbst erkannte damit die Ehrwürdigkeit und nicht zuletzt den Nutzen alter Geschlechter als über ihre persönliche Geschichte hinausgehende Erben und Träger der Tradition und Kultur ihrer Herkunftsregionen an. Als Symbol einer starken gesellschaftlichen Schichtung erschienen sie schützenswert.

Bereits in den 1860er Jahren wandelte sich die Übertragung jedoch ebenfalls zu einem Honorierungsinstrument verdienstvollen Verhaltens, das nun nicht mehr exklusive Adelsfamilien, sondern – wohlgemerkt je zwei – leistungsfähige und loyale Individuen protegieren sollte. Noch 1865 beteuerte das Staatsministerium bislang »strenge an dem Grundsatz festgehalten« zu haben, Übertragungen nur bei »historisch wertvollen Adelsgeschlechtern« vorzunehmen.[456] Allerdings wurden zu jener Zeit bereits regelmäßig Adelstitel transferiert, die erst von den Antragstellern selbst erworben worden oder gar nur auf eine Ordensverleihung gefolgt waren.[457] 1871 wurde schließlich darauf hingewiesen, dass eine Übertragung »zur Belohnung höchst persönlicher Verdienste«

[453] Josef von Syprak, AT-OeStA/HHStA KA KK Vorträge 5-1857, MCZl. 935.
[454] Nicolaus Freiherr von Banffy, AT-OeStA/HHStA KA KK Vorträge 8-1855, MCZl. 1463.
[455] Samuel Graf von Tholdy, AT-OeStA/HHStA KA KK Vorträge 21-1857, MCZl. 4091.
[456] Anton von Becsey, AT-OeStA/HHStA KA KK Vorträge 16-1865, KZl. 3169.
[457] Siehe etwa Franz von Liszt, AT-OeStA/HHStA KA KK Vorträge 5-1867, KZl. 899.

diente.[458] An eben dieser Prämisse wurden die Kandidaten in weiterer Folge gemessen, so beispielsweise auch ein besonders prominenter Vertreter der österreichischen Musiklandschaft: Johann Strauss sehnlichen Wunsch auf Nobilitierung erfüllte das Innenministerium auch nicht in Form eines von seinem Schwiegervater Joseph Franz Ritter von Scherer weitergereichten Adels, da es seine Erfolge im musikalischen Bereich bereits ausreichend abgegolten habe.[459]

Als Hindernis für die Übertragung erwies sich außerdem das Ableben des letzten adeligen Titelträgers und damit das Erlöschen des zu übertragenden Adels. Verschiedentliche Versicherungen der Antragsteller, dass der verstorbene Stammhalter, von dem man den Titel beziehen wollte, stets den Plan und Wunsch gehegt habe, um eine Übertragung einzuschreiten, und schließlich vom Tod überrascht worden sei,[460] waren meist sinnlos: Die bearbeitenden Beamten scheuten grundsätzlich vor der Erneuerung bereits durch Tod erloschener Adelstitel zurück.[461] Wiederum waren es in solchen Fällen die Verdienste, die zu einer Ausnahme führen konnten. So wurde schon 1855 die Bitte des aus der Walachei stammenden Demeter Bellio zur Befürwortung empfohlen, weil er die erste »österreichische Partei« in der Region gegründet und damit die antirevolutionären Tendenzen des Landes unterstützt hatte. Obwohl sein Adoptivvater und Onkel Constantin zum Zeitpunkt von Bellios Antragstellung bereits verstorben war, hatte seine Loyalität in diesem Fall positiven Einfluss auf die Entscheidung.[462] Zum Teil konnte auch ein Kompromiss geschlossen werden: Als 1859 der verdiente Major Carl von Magdeburg den Freiherrenstand seines verstorbenen Oheims erwerben wollte, fand es das Innenministerium »bei den sich häufenden Gesuchen um Übertragung erloschener Adelsgrade, zur Vermeidung von Exemplifikationen angemessener [...], wenn Bittsteller [...] mit dem Freiherrenstande ex novo beglückt werden möchte«.[463]

Zudem galt die Übertragung für Frauen als nahezu einzige Möglichkeit, ihren ererbten Adelsstand an Personen ihrer Wahl, wie ihre Kinder oder Ehegatten, weiterzureichen. Auch diese Variante wurde von staatlicher Seite allerdings nur ungern gesehen und musste daher von etwaigen männlichen Verwandten der Antragstellerin unterstützt werden.[464] Derartige Anfragen wurden als Angriff auf die klassischen Gesetzmäßigkeiten des Adelsrechts verstanden, da sie

458 Josephine Freiin von Wöber, AT-OeStA/HHStA KA KK Vorträge 7-1871, KZl. 1431.

459 Joseph Franz Ritter von Scherer, AT-OeStA/HHStA KA KK Vorträge 6-1873, KZl. 1109.

460 Ferdinand Körner, AT-OeStA/HHStA KA KK Vorträge 9-1873, KZl. 1623.

461 Theodor Wanka von Lenzenheim, AT-OeStA/HHStA KA KK Vorträge 6-1908, KZl. 562.

462 Demeter und Alexander Bellio, AT-OeStA/HHStA KA KK Vorträge 13-1855, MCZl. 2424. Seinem Bruder, der keine loyalen Aktivitäten nachweisen konnte und sogar als Mann von schlechtem Ruf geschildert wurde, wurde die Übertragung nicht zugestanden.

463 Carl Edler von Magdeburg, AT-OeStA/HHStA KA KK Vorträge 8-1859, KZl. 1489.

464 Anna Freiin von Malcamp-Beaulieu, verehelichte Wattmann, AT-OeStA/HHStA KA KK Vorträge 5-1853, MCZl. 827.

seine fundamentalsten Funktionsweisen auszuhebeln suchten: Mit Blick auf die Familie Cappellini meinte das Innenministerium beispielsweise, dass

> nach den Grundsätzen des bürgerlichen Rechtes sowohl als nach den Prinzipien der österr. Adelshierarchie der Name u. Adel sich immer nur in der männlichen Descendenz vererbt und fortpflanzt, während die weiblichen Descendenten den Adel nur für ihre Person besitzen u. in Folge der Verehelichung den Namen u. die Standesvorzüge des Mannes erhalten.[465]

Frauen konnten sich demnach auch hier nur selten mit ihren Bitten durchsetzen.

Die bürgerliche wie auch die adelige Vorstellung von Familie glichen sich im 19. Jahrhundert immer weiter an. Zwar baute die Aristokratie auf das Alter und die Länge der Ahnenreihe, um ihre diversen Ansprüche auf Bestätigung, Übertragung und Besitzerhalt geltend zu machen, bald verdrängte jedoch auch bei der Bearbeitung dieser Anfragen die Verdienstlichkeit des Einzelnen seinen familiären Hintergrund als zentrale Ressource des Entscheidungsprozesses. Lediglich im Rahmen der Adelsstiftungen, einer der wenigen Bastionen ständischer Privilegien in der zweiten Hälfte des 19. Jahrhunderts, behielt der Kaiser bis zuletzt eine strenge Anschauung der adeligen Familie als Entscheidungsgrundlage bei.

Die Bürger wiederum nutzten die vorzeigbaren Leistungen der eigenen Familie zu ihren Gunsten und versuchten dadurch bewusst eine dynastische Tradition zu erzeugen, die sie mit der »ersten Gesellschaft« verbinden konnte. Durch die Erblichkeit der adeligen Vorzüge war es den Behörden ein Anliegen, auch Informationen über die Kinder der Antragsteller zu erhalten, die mit dem Vater in den Genuss der Auszeichnung kommen sollten. Sie galten als Garant für die Beständigkeit einer loyalen und verdienstvollen Beziehung zwischen Herrscher und Beherrschten. Oft konnte jedoch bereits die Existenz oder das Fehlen der Nachkommenschaft den Entscheidungsprozess wesentlich beeinflussen. Erneut wird deutlich, dass die Ressourcen nicht nur in enger gegenseitiger Abhängigkeit zueinanderstanden, sondern variabel zur Empfehlung oder Abweisung eines bestimmten Gesuchs ins Feld geführt wurden.

Darüber hinaus stellte für Frauen die Familie eine der wenigen Ressourcen zur Legitimation ihrer Bitten dar. Witwen beriefen sich in ihren Anträgen auf die Leistungen ihrer Gatten, wurden dabei allerdings großteils zurückgewiesen. Im Unterschied dazu pochten Töchter aus hochadeligem, aber verarmtem Haus auf die Standesvorzüge ihrer Ahnenreihe väterlicher-, wie mütterlicherseits. Auch sie waren auf dem Schreibtisch des Kaisers demnach nur das Produkt ihrer Vorfahren, nutzten diese jedoch gezielt, um größere Eigenständigkeit im Familienverband gewinnen zu können.

465 Adolf Edler von Cappellini, AT-OeStA/HHStA KA KK Vorträge 7-1870, KZl. 1406.

8. Zwischenresümee

Im Rahmen des Nobilitierungsprozesses wurden die gesammelten biografischen Daten zu Entscheidungsressourcen verdichtet und an bestehende Diskurse angepasst. Aus den Vorträgen der einreichenden Ministerien wurden mit Verdienstlichkeit, Verhalten, Loyalität und Familie vier Kategorien abgeleitet, die in den Verfahren über Jahrzehnte hinweg eine zentrale Stellung einnahmen. Diese Ressourcen bildeten die notwendigen Voraussetzungen, die die Allerhöchsten Entschließungen ermöglichten.[466] Dabei stellten sie allerdings keine wertneutralen und a priori bestehenden Wissensbestände dar, die ungefiltert zum Schreibtisch des Kaisers gelangten, sondern waren vielmehr hochgradig konnotative Legitimationswerkzeuge, die der Entscheidung Rationalität und Eindeutigkeit verleihen sollten.[467]

Die Ressourcen konnten demnach äußerst variabel in die Argumentation der Vorträge eingeflochten werden und sowohl positive als auch negative Entschließungen rechtfertigen. Darüber hinaus wurden sie keineswegs unverbunden aneinandergereiht, sondern erhielten ihre Wirksamkeit lediglich in ihrer direkten Kombination, also in einem engmaschigen Abhängigkeitsverhältnis zueinander. Dabei dienten die Ressourcen allerdings nicht nur der Legitimierung scheinbar inkontingenter Entscheidungen, sondern auch der Festlegung eines staatlichen Adelsverständnisses. Die durch den Kaiser getroffenen und durch die Behörden vorbereiteten Beschlüsse sollten demnach immer auch Adeligkeit zuerkennen oder absprechen. Je nach Situation wurde den Leistungen, Charakterzügen und Verhaltensweisen der Antragsteller also mit Hilfe der Ressourcen Adelsfähigkeit zugeschrieben.

Die Gründe für diese Klassifizierungen konnten durchaus außerhalb des eigentlichen Politikfeldes liegen, mussten sie doch beispielsweise auf die aktuelle politische Situation Rücksicht nehmen. So war die Standeserhebung minder verdienstvoller ungarischer Beamter zur Stärkung ihrer Loyalität in der neoabsolutistischen Ära ebenso möglich wie die Auszeichnung ungehorsamer Offiziere während des Ersten Weltkriegs. Die Ressourcen erscheinen damit als selektiertes Destillat passend gemachten Wissens, das ein vielschichtiges Bild von Adeligkeit in der späten Habsburgermonarchie vermittelt und den Facettenreichtum der »zweiten Gesellschaft« im 19. Jahrhundert veranschaulicht.[468] Obwohl die Ressourcen die Aufgabe hatten, Entscheidungen als automatisierte und unzweifelhafte Ableitungen der Faktenlage vorzubereiten, wird demnach keine gänzlich einheitliche, sondern eher eine pragmatische Adelspolitik in der späten Habsburgermonarchie sichtbar. Dennoch existierte mit den Ressourcen ein gewisser Kriterienkatalog für die Vergabe von Adelstiteln, Übertragungen oder Bestätigungen. Dieser wurde zwar flexibel angewandt, aber er schuf doch

[466] *Pfister*: Einleitung, 19.
[467] *Ebenda*, 25.
[468] *Pohlig*: Informationsgewinnung, 670.

Regeln und Vorgaben, an denen sich die Beamten und Antragsteller orientieren konnten.

Welche Eigenschaften und Aktivitäten der Nobilitierungswilligen erlangten nun unter welchen Bedingungen das Prädikat »adelig«? Mit den Ressourcen musste zunächst ihrer Heterogenität Rechnung getragen werden, wobei sowohl ihre regionale als auch ihre berufliche Diversität den Adelsbegriff beeinflusste und verbreiterte. Der Tugendkatalog des selbstbewussten Bürgertums verschränkte sich in den Allerhöchsten Vorträgen mit den tradierten Qualitäten der Aristokratie. Die gegenseitige Beeinflussung der beiden Stände bei der Erschaffung eines neuen Adelsverständnisses[469] wird besonders anhand der Offiziere deutlich. Diese Gruppe speiste sich lange Zeit aus den höheren Adelsrängen, doch bot die systemmäßige Nobilitierung seit Maria Theresia umgekehrt bürgerlichen Offizieren einen erleichterten und automatisierten Weg in den Adel. Noch im 19. Jahrhundert wurde der Offiziersstand durch die Werte des modernen Rittertums bestimmt. Diesem lag sowohl eine auf Gewaltausübung als auch auf Galanterie basierende Männlichkeitskonzeption zugrunde. Kultiviertheit und Bildung, eine – zumindest ideelle – Nähe zu Kaiser und Hof und eine aus ihrer Abgeschlossenheit resultierende enge Verbindung zu den Kameraden gehörten zu den wichtigsten Merkmalen der höheren adeligen Militärriege.[470] Insbesondere war aber das Tapferkeitsideal als »aristokratische Basistugend« auf den Adel bezogen, das auf ein gesamtheitliches »Ethos der Haltung« verwies: Unter Einsatz des eigenen Lebens sollten die Offiziere für die Ziele des Staates und der Gesellschaft eintreten.[471] Erst im Lauf des 19. Jahrhunderts intensivierte sich mit dem Auftreten eines neuen Männlichkeitsbildes die Kritik am »weibischen« Adeligen, der eines militärischen Charakters, bestehend aus »Härte, Disziplin und Kargheit« bedurfte, um öffentlich anerkannt zu werden.[472]

Der Gesetzgeber ging davon aus, dass dem Offizierskorps ein »Adel der Gesinnung« anhafte, und hatte daher bereits im 18. Jahrhundert den diese Vorstellung repräsentierenden systemmäßigen Adel geschaffen. All jene, die diesem Ideal nicht entsprachen, wurden zunächst aus dem Adelsstand exkludiert.

469 Derartige Zuschreibungen von Eigenschaften, Merkmalen oder Tugenden an den Adel, normalerweise unter dem Schlagwort der »Adeligkeit« zusammengefasst, leben immer auch von zeitgenössischen und retrospektiven Verallgemeinerungen und Selbststilisierungen. Dementsprechend handelt es sich bei dem Folgenden nur um eine grobe Skizze, die sich der mit dem Begriff der Adeligkeit verbundenen Generalisierung durchaus bewusst ist. Siehe dazu *Conze/Wienfort*: Einleitung, 12; *Kubrova*: Frauen, 19; *Tacke*, Charlotte: »Es kommt also darauf an, den Kurzschluss von der Begriffssprache auf die politische Geschichte zu vermeiden.« ›Adel‹ und ›Adeligkeit‹ in der modernen Gesellschaft. In: Neue Politische Literatur 52 (2007), 91–123.

470 *Funck*: Höfling, 217–224.

471 *Margreiter*: Konzept, 199.

472 *Funck*: Höfling, 228; *Schmale*: Geschichte, 195.

Um die kaiserliche Gnade zu erlangen, mussten sie besondere Verdienste vorweisen, deren Wert für den Adelsbegriff allerdings wiederum mit Hilfe der Ressourcen bestimmt wurde. Über allem stand in der Armee der lebensbedrohliche Einsatz gegen den Feind, der als Beweis von Tapferkeit, Männlichkeit und Patriotismus interpretiert wurde. Kriegsdienst bedeutete immer auch Staatsdienst, sodass der unbedingte Gehorsam und die Einordnung in ein klar hierarchisiertes Abhängigkeitsverhältnis zu den geforderten Eigenschaften des Offiziers zählten.

Gleichermaßen wichtig für den Erhalt des Vielvölkerreiches erwies sich die Beamtenschaft, für die mit der Zeit in Bezug auf Disziplin, Treue und Standesbewusstsein ebenfalls die Ideale des Militärs galten. Obgleich der habsburgische Verwaltungsadel nie gänzlich systematisiert wurde, profitierten auch die Bürokraten von einer langjährigen, stets verdienstvollen Tätigkeit für die Monarchie. Bereits Kaiser Joseph II. hatte mit dem Anciennitätsprinzip einen auf Leistung basierten Karriereweg für den öffentlichen Dienst geschaffen, der zu einer Aufwertung des bürgerlichen Elements in der Beamtenschaft führen sollte. Da sich die Seniorität als Aufstiegskriterium im administrativen Apparat jedoch nicht dauerhaft bewährte, trat als weitere Ressource die fleißige und rege Erfüllung der Amtspflichten in den Vordergrund. Obwohl der Leistungsbegriff im 19. Jahrhundert dem Bürgertum zur Legitimation ihres eben nicht auf Herkunft, sondern auf Erfolg ruhenden Selbstverständnisses diente, standen die Bürokraten nicht vor der Herausforderung für eine Nobilitierung besondere Verdienste erwerben zu müssen. Sie mussten lediglich die von ihnen geforderte Arbeit erfüllen, konkrete Taten oder übermäßiger Einsatz im Dienst stellten keine wesentliche Ressource dar.[473]

Auch außerhalb der Verwaltung übernahm die Bourgeoisie in der Zeit des sich entwickelnden modernen Staates die Aufgaben des Adels, besetzte hohe und höchste politische Posten, bestimmte den wirtschaftlichen Aufbau und wissenschaftlichen Diskurs des Landes mit und engagierte sich für den Erhalt von Tradition und Kultur. Mangelndes finanzielles und soziales Kapital erarbeitete man sich mit Fleiß und Eifer, wobei die Akkumulation großen Reichtums und dessen Verteilung für wohltätige und mäzenatische Zwecke wiederum an aristokratische Traditionen erinnerten. Der Adel als »staatstragender Stand«, der sich opferwillig für die Belange der Monarchie einsetzte,[474] spiegelte sich

473 *Margreiter*: Konzepte, 198 f.; *Hartmann*, Andreas: Was ist Adel? Bemerkungen eines Althistorikers zu einer angeblichen historischen Konstante. In: *Raasch* (Hg.): Adeligkeit, Katholizismus, Mythos, 12–32, hier 29. Siehe dazu weiterführend auch *Denzler*, Alexander: Adelige und bürgerliche Standes- und Leistungseliten im 18. Jahrhundert. In: *Ebenda*, 35–57. Zur Dekonstruktion adeliger Tugenden siehe *Wienfort*: Handlungsspielräume.

474 *Keller*, Katrin: Der Hof als Zentrum adliger Existenz? Der Dresdner Hof und der sächsische Adel im 17. und 18. Jahrhundert. In: *Asch*, Ronald (Hg.): Der europäische Adel im Ancien Régime. Von der Krise der ständischen Monarchien bis zur Revolution. ca. 1600–1789. Köln 2001, 207–234, hier 231.

eins zu eins in den Nobilitierungsvorträgen der Bürger wider. Das Vorrecht war aufs Engste mit der Unterordnung verbunden, sodass in der franzisko-josephinischen Periode nur ein treuer Diener des Monarchen und der Monarchie die Anerkennung des Kaisers fand.[475]

Vorteile bei ihren Anträgen hatten daher die Staatsangestellten, von denen unablässige Uneigennützigkeit und Anhänglichkeit an die Dynastie gerade in Krisenzeiten gefordert wurde. Doch auch Privatpersonen mussten durch loyales Verhalten, das nicht nur eine starke Bindung an das Herrscherhaus, sondern auch Verantwortlichkeit für die Allgemeinheit dokumentierte, hervortreten. Dafür stand eine Vielfalt an Möglichkeiten bereit, denn nahezu alle Aktivitäten konnten zu einer Ressource allgemeiner Nützlichkeit umgedeutet werden. Ein auszeichnungswürdiger Antragsteller wahrte die »habsburgischen Traditionen«, unterstützte regionale Wirtschaftsräume oder engagierte sich in Forschung und Lehre. Dadurch konnte er sich als treuer Staatsdiener und gleichzeitig als »gutbürgerlicher Adeliger« inszenieren. Die Verdienstlichkeit, die als Ressource zur Aufnahme in den Adel beitrug, war zwar sehr stark vom beruflichen Hintergrund der Antragsteller abhängig und dementsprechend differenziert, zielte aber stets auf die Förderung der Gemeinschaft ab.

Ebenfalls von Antragstellern aller Berufsgruppen gefordert, schloss die Loyalität – verstanden als ein konstanter Austausch von Treue und Gnade – im 19. Jahrhundert ungebrochen an adelige Verhaltensweisen im absolutistischen Zeitalter an.[476] Rasch fanden sich allerdings auch hier moderne Bezugspunkte: Abstrakte Loyalitätsnehmer wie die Verfassung oder der Nationalstaat widersprachen zwar dem monopolisierenden Loyalitätsanspruch von Dynastie und Vielvölkerreich, betonten aber das Potenzial der Monarchie zur Liberalisierung.[477] Einen wesentlichen Beitrag dazu leisteten nicht zuletzt die liberalen und nationalen Minister, die parallel zur kaiserlichen Symbolpolitik ein eigenes, auf ihre Ziele abgestimmtes Dekorationssystem etablierten. Während sich die Verdienste vorrangig nach der Profession der Antragsteller unterschieden, war die Loyalitätsbeziehung, die in den Vorträgen für die Adeligkeit der Petenten sprechen sollte, wesentlich von deren Herkunft abhängig. Insbesondere nach dem Ausgleich stieg in Ungarn die Bedeutung der nationalen Zugehörigkeit, die das Konzept des multiethnischen Imperiums negierte und die ethnisch-religiösen Minderheiten auch über die Adelspolitik homogenisierte.

475 *Werner,* Karl Ferdinand: Schlußwort. In: *Oexle,* Otto Gerhard/*Paravicini,* Werner (Hg.): Nobilitas. Funktion und Repräsentation des Adels in Alteuropa. Göttingen 1997, 453–462.

476 *Stollberg-Rilinger,* Barbara: Gunst als Ressource? Personalentscheidungen am Wiener Hof des 18. Jahrhunderts. In: *Pfister* (Hg.): Kulturen des Entscheidens, 230–247.

477 Zum Verhältnis von Nationalstaat und Adel in Deutschland und Italien siehe *Caruso,* Amerigo: Nationalstaat als Telos? Der konservative Diskurs in Preußen und Sardinien-Piemont. 1840–1870. Berlin 2017.

Mit den Tugenden, Handlungsweisen und Werthaltungen der Neuadeligen verblieben jedoch zahlreiche die Adelswelt konstruierende Merkmale unberührt. Bis ins 19. Jahrhundert speiste die Aristokratie ihr Anrecht auf Privilegien und eine soziale Sonderstellung aus der Anciennität ihrer Familie und der Reproduktion ihrer Abstammung durch Eheschließungen im gleichrangigen Standeskreis. Um diesem altadeligen Anspruch zu genügen, führten auch viele Nobilitierungskandidaten ihre Verwandtschaft und deren Leistungen zur Unterstützung ihrer Bitte an – vor allem für Frauen bot sich dadurch eine der wenigen Partizipationsmöglichkeiten an der kaiserlichen Nobilitierungspraxis. Zu tatsächlicher Relevanz gelangte diese Ressource jedoch eher bei Übertragungen, Bestätigungen und Dispensen für Stiftungen und Fideikommisse – also im Zusammenhang mit Gesuchstypen, die die Kluft zwischen Aristokratie und Bürgertum aufrechterhielten. Hier ist allerdings erneut eine dynamische Verschiebung der Argumentationslinien im Laufe des 19. Jahrhunderts, von der Betonung der Würde und des Prestiges alteingesessener Geschlechter hin zur Forcierung des Leistungsbegriffs, zu beobachten. Die Familie als Ressource erlangte im Verbund mit Sittlichkeit und Ehrenhaftigkeit zudem weitere Konnotationen, passte sich also vermehrt an die bürgerliche Vorstellung von Privatheit und patriarchaler Hierarchie an. Auch hier galt, dass durch Verstöße gegen das bürgerliche Wertesystem eine Gefährdung der Gesellschaft als Ganzes befürchtet wurde. Die Familie war daher nicht nur eine Keimzelle des Staates und ein Rückzugsort der Bourgeoisie, sondern ein starkes Argument für die Nobilität der Bittsteller.

Die Ressourcen und damit der Adel wurden in den Vorträgen vorrangig von den Behörden geschaffen, die dabei allerdings in engem Austausch mit den Präferenzen des Kaisers und den Erwartungen der Antragsteller standen. Als »Träger des Entscheidens« prägten sie die »Adelsnarrative« ihrer Zeit jedoch nicht allein: Als »Meister des Sichtbaren«[478] existierte der Adel nicht nur in seiner Relation zum Souverän, der Verwaltung und sich selbst, sondern immer auch in Austausch und Abgrenzung zur Öffentlichkeit.

478 *Reif*, Heinz: Einleitung. In: *Ders.* (Hg.): Adel und Bürgertum in Deutschland. Entwicklungslinien und Wendepunkte im 19 Jahrhundert. Bd. 1. Berlin 2008, 7–27, hier 14.

III. WER BESTIMMT ÜBER DEN ADEL?
Träger des Entscheidens und ihre Narrative

1. Einführung

»Es gibt doch bei einem Akt nicht bloß eine mögliche Erledigung. Man kann doch verschiedene Erledigungen machen. Wie soll der Apparat gerade die herausfinden, die ich haben will?«,[1] gibt Friedrich Kleinwächter in seiner autobiografisch inspirierten Romanskizze »Der fröhliche Präsidialist« gegenüber dem amerikanischen Geschäftsmann Mister Jonson zu bedenken, nachdem dieser ihm seinen neuesten Apparat zur Revolutionierung der staatlichen Verwaltung vorgestellt hatte. Die Maschine ermöglichte es doch tatsächlich, unbearbeitete Akten ohne mentales Zutun eines geschulten Beamten zu prüfen und mit einer »glänzenden Erledigung« abzuschließen, wie sie auch der »gescheiteste Konzipist« nicht besser hätte verfassen können. Selbst für den eingangs erwähnten Einwand Kleinwächters hatte sich der findige Erfinder eine Lösung einfallen lassen:

> Logisch gibt es nur eine mögliche Erledigung. Alle anderen sind eine Vergewaltigung der logischen Voraussetzungen. Aber ich gebe zu, die Verwaltung braucht auch Erledigungen, die nicht der Logik entsprechen, sondern einer bestimmten Absicht. Auch dafür ist vorgesorgt, denn der Apparat soll ja praktischen Zwecken dienen.[2]

Dieser Traum des in der Mittagshitze eingenickten Präsidialisten stellt eine selbstkritische Reflexion des altösterreichischen Verwaltungsapparats und seiner Entscheidungsprozesse dar: Sie geht davon aus, dass die Interpretation der Fakten und Gesetze nur eine einzige rationale Entscheidung zulassen. Die Beamten müssten – folgt man diesem Ansatz – bei ihrer Arbeit also lediglich Konsequenzen aus den vorgefundenen Informationen ziehen, um zu einem korrekten Beschluss zu gelangen. Aufgrund dieser absoluten Logik wird die Entscheidungsfreiheit der Bürokratie daher generell angezweifelt. Das Verfahren erscheint bei Kleinwächter dementsprechend als inkontingent und als nicht entscheidungsbedürftig.[3] Kontingenz ist zwar die Voraussetzung jeder

1 *Kleinwächter*: Präsidialist, 295 f.

2 *Ebenda.* Kleine Teile dieses Kapitels wurden in komprimierter Form in folgendem Artikel veröffentlicht: *Dotter*, Marion: Gnade, Anspruch oder Kalkül? Die Habsburgische Nobilitierungspraxis als ein Politikfeld des Kaisers. In: *Ableidinger/Becker/Dotter/Enderlin-Mahr/Osterkamp/Weck* (Hg.): Im Büro des Kaisers, 51–67.

3 *Pfister*: Einleitung, 13. Die Frage nach der Entscheidungsgewalt der Beamten und Verwaltungsorgane wurde seit dem 18. Jahrhundert und sehr intensiv speziell in der zweiten

Entscheidung, sollte aber nach Möglichkeit verschleiert werden, um den Beschluss zu rechtfertigen und als unbestreitbare Konsequenz der gesammelten Informationen zu zeigen. In der Praxis entschieden die Staatsdiener jedoch nicht nur auf der Basis von Gesetzmäßigkeiten, Regeln und Ableitungen, sondern handelten gegebenenfalls auch nach dem eigenen Willen beziehungsweise nach politischer Opportunität. Die kontingenzfreie Selektion einer eindeutigen Option erwies sich demnach als Illusion.[4]

Diese Illusion basierte auf Narrativen beziehungsweise Semantiken des Entscheidens: Auch der Apparat Jonsons konnte die Akten nicht substanziell und inhaltlich verändern, er konnte lediglich all jene Argumente auswählen und adäquat präsentieren, die die gewünschte Entschließung begründeten und dadurch ihre Kontingenz nach außen hin eindämmten. Die Narrative werden demnach als Sinnstifter des Entscheidens,[5] als Meistererzählungen mit einem festen und zielgerichteten Muster gesehen, die auf die jeweiligen Entscheidungsträger bezogen waren und diesen Legitimität gaben.[6] »Danach ist es nicht so sehr [...] die tatsächliche Rationalität des institutionellen Entscheidungshandelns, die dessen Legitimität hervorbringt, sondern vielmehr die Darstellung von Rationalität«,[7] betont beispielsweise die Luhmannsche Verfahrenstheorie mit Bezug auf die Verwaltung. Nicht nur die Verwaltungsbeamten, auch die übrigen Akteure im Beschlussprozess, wie etwa die Antragsteller und die Öffentlichkeit, nutzten derartige Narrative, um Rationalität bewusst zu erschaffen.

Das Entscheidungsnarrativ rechtfertigt die getroffenen Entschlüsse durch die Einbettung in eine kulturell geprägte Erzähltradition, die sich sowohl im staatlich gelenkten Entscheidungsprozess als auch in der öffentlichen Wahrnehmung und Beobachtung desselben widerspiegelt und manifestiert. Diese »symbolisch-expressive Dimension« des Entscheidens erhält zugleich einen performativ-politischen Charakter, indem sie den beteiligten Akteuren Handlungsfähigkeit und -ermächtigung über die Beschlussfassung verleiht und das gesamte Verfahren inklusive seines Ergebnisses legitimiert.[8] Durch die Narrative des Entscheidens werden die Beschlüsse zudem in eine Dramaturgie von staatlicher Aktion und gesellschaftlicher Reaktion und dadurch in einen ständigen Kreislauf zyklischer Politikausübung und -evaluation eingebunden.[9]

Hälfte des 19. Jahrhunderts diskutiert. Siehe dazu *Elsner*, Thomas: Das Ermessen im Lichte der reinen Rechtslehre. Rechtsstrukturtheoretische Überlegungen zur Rechtsbindung und zur Letztentscheidungskompetenz des Rechtsanwenders. Berlin 2011, 28–41.

4 *Heindl-Langer*: Josephinische Mandarine, 156; *Sieger/Gräfenberg*: Information; *Haas*: Kultur.

5 *Pfister*: Einleitung, 19.

6 *Wagner-Egelhaaf*, Martina/*Quast*, Bruno/*Basu*, Helene: Einleitung. In: *Dies.* (Hg.): Mythen und Narrative des Entscheidens. Göttingen 2019, 7–20, hier 8.

7 *Stollberg-Rillinger*: Einleitung, 11.

8 *Stollberg-Rilinger*: Praktiken, 633; *Pfister*: Einleitung, 20 f.

9 *Pfister*: Entscheiden.

Die Kausalitäten der vielfältigen, zirkulierenden Nobilitierungs- und Adelsnarrative verringerten die Kontingenz des Verfahrens. Um sie gruppierten sich unterschiedliche »Erzählgemeinschaften« von Akteuren,[10] die das Bild vom Adel in der späten Habsburgermonarchie prägten. Nachdem im Vorangegangenen mit den »Praktiken des Entscheidens« der formelle wie auch informelle Weg zum Adel und mit den »Ressourcen des Entscheidens« das staatliche Verständnis von Adeligkeit analysiert wurde, wird im folgenden Kapitel die Frage im Vordergrund stehen, wer auf Basis welcher Narrative zur Definierung des Adels in der späten Habsburgermonarchie beitrug. Die Bestimmung und Fassung des Adelsbegriffs war dabei häufig in Überlegungen eingebunden, die über den Einzelfall hinausgingen. Fünf Träger beziehungsweise Akteursgruppen (Kaiser, Verwaltungsapparat, internationale Akteure, Antragsteller, Öffentlichkeit) entwickelten und gestalteten mit unterschiedlichen Mitteln und Motiven das Politikfeld Adel als Symbol und Instrument eines sich modernisierenden Imperiums. Die Entscheidungsträger verfolgten dabei jeweils individuelle Ziele und hatten mit ihren Narrativen großen Einfluss auf die Adelspolitik beziehungsweise deren jeweilige Definition von Adeligkeit. Als Leitlinie der folgenden Ausführungen und zur Gliederung der Unterabschnitte dieses Kapitels dient jeweils ein Eingangszitat, das das gängige Narrativ des Akteurs beispielhaft beschreibt.

2. Kaiser

Wir Franz Joseph der Erste betrachten es stets als eines Unserer angenehmsten Regentenvorrechte, wahres Verdienst durch öffentliche Merkmale Unserer Anerkennung auszuzeichnen und Andere dadurch zur Verdienstlichkeit um das allgemeine Beste anzueifern. Mit Vergnügen haben Wir demnach vernommen, daß Unser lieber getreuer Generalkonsul in Jerusalem Josef Nobile Pizzamano um die Erhebung in den österr. Grafenstand des öst. Kaiserstaates eingeschritten ist. [...] So haben Wir Uns aus kaiserlicher und königlicher Machtvollkommenheit bewogen gefunden, ihn Josef Nobile Pizzamano sammt seiner eheligen Nachkommenschaft beiderlei Geschlechtes für alle künftigen Zeiten in den Grafenstand Unseres Kaiserreiches zu erheben.[11]

Noch vor der Nennung des Ausgezeichneten lenkt das Adelsdiplom für Pizzamano alle Aufmerksamkeit gekonnt auf den Kaiser. Damit bedeutete es dem Nobilitierten wie auch seiner Nachkommenschaft zweifelsfrei, dass ihr neuer Gesellschaftsstatus und alle daraus resultierenden Vorteile einzig dem Souverän zu verdanken waren und dessen Schutz oblagen. Bis zum Ende der Monarchie sprachen sich Franz Joseph und sein Nachfolger Karl diese »kaiserliche und königliche Machtvollkommenheit« zu.[12] Zwar muss der realpolitische Einfluss des Souveräns in vielen Verwaltungs- und Politikbereichen insbesondere nach

10 *Pfister*: Einleitung, 20.
11 AT-OeStA/AVA Adel HAA AR, Giuseppe Pizzamano, pag. 60.
12 AT-OeStA/AVA Adel HAA AR, Edmund Herz, pag. 84r.

dem Ende des Neoabsolutismus in Zweifel gezogen werden, jedoch behielt er bis zu seinem Tod die formale Vormachtstellung in »seiner« Monarchie, wie sie zwischen 1849 und 1867 in den diversen Verfassungsentwürfen verankert wurde.[13] Ausdruck fand diese einzigartige kaiserliche Position im Rechtssystem durch den ersten Artikel des Staatsgrundgesetzes über die Ausübung der Regierungs- und Vollzugsgewalt, in dem es heißt: »Der Kaiser ist geheiligt, unverletzlich und unverantwortlich.«[14]

»Aus kaiserlicher und königlicher Machtvollkommenheit«: Das monarchische Prinzip

Während diese drei Attribute für die zeitgenössischen Juristen des späten 19. Jahrhunderts nur noch eingeschränkte rechtliche Bedeutung besaßen,[15] hatten sie gerade für die Stellung des Monarchen in der Öffentlichkeit, die Wirksamkeit seiner Entscheidungen und die Logik seines Entscheidungsnarrativs prägenden Charakter. Sie stellen ihn in eine enge Relation zu den Ursprüngen seiner kaiserlichen Würde in historischer Tradition und christlicher Religion. Sie beruhten auf der frühmittelalterlichen Idee des Gottesgnadentums, das die Legitimität des Herrschers aus dem göttlichen Willen begründete und – über eine Vielzahl von Anpassungen und Abstufungen – bis ins 19. Jahrhundert zur Abwehr konstitutioneller Freiheiten gedient hatte.[16] Noch Franz Joseph verstand sich als irdisch-weltlicher Stellvertreter Gottes, der mit seinen Entscheidungen dessen Willen umsetzen und daher in seinem Namen handeln würde. Sein Selbstverständnis als »Advocatus Ecclesiae« speiste sich nicht nur aus seinem persönlichen Glauben, sondern auch aus der Überzeugung, dass die Kirche eine wesentliche Säule der habsburgischen Herrschaftslegitimation bilde und er selbst vorrangig Gott gegenüber verantwortlich sei.[17] Dementsprechend

13 *Hautmann*, Hans: Die Verfasstheit Österreichs unter dem Zepter Franz Josephs. In: *Klahr*, Alfred (Hg.): Gesellschaft Mitteilungen 23/2 (2016), 1–10, hier 1; *Schmetterer*, Christoph: Geheiligt, unverletzlich und unverantwortlich. Die persönliche Rechtsstellung des Kaisers von Österreich im Konstitutionalismus. In: Journal on European History of Law 1/2 (2010), 2–8, hier 2.

14 Staatsgrundgesetz vom 21.12.1867, Reichsgesetzblatt für das Kaiserthum Österreich. Wien 1867, 400.

15 *Schmetterer*: Geheiligt, 2.

16 *Ruppert*, Stefan: Gottesgnadentum. In: *Jaeger* (Hg.): Enzyklopädie der Neuzeit Online, URL: http://dx-doi-org.uaccess.univie.ac.at/10.1163/2352-0248_edn_COM_275472 (am 12.6.2024). Siehe auch *Brunner*, Otto: Vom Gottesgnadentum zum monarchischen Prinzip. Der Weg der europäischen Monarchie seit dem Hohen Mittelalter. In: *Hofmann*, Hans (Hg.): Die Entstehung des modernen souveränen Staates. Köln, Berlin 1967, 115–136.

17 *Harmat*: Kaiser, 106. Der Begriff *advocatus ecclesiae* bei: *Malfèr*, Stefan: Advocatus Ecclesiae oder konstitutioneller Monarch. Die Habsburger und das Verhältnis zwischen Kirche und Staat im 19. Jahrhundert. In: Sarner Kollegi Chronik 58/1 (1996), 26–40, hier 35.

nahm Franz Joseph eben jenen Titelzusatz »von Gottes Gnaden«, den sein Vorgänger Ferdinand I. angesichts der Revolutionswirren 1848 abgelegt hatte, bei seiner Thronbesteigung wieder wie selbstverständlich an und behielt ihn bis zuletzt als wirkmächtige Konstante seines Entscheidungsnarrativs bei.[18]

Allerdings ging die moderne Vorstellung des monarchischen Prinzips weit über die sakrale Komponente der Herrschaft hinaus: Während im 19. Jahrhundert von einer »Gottesgnadendämmerung« gesprochen werden muss,[19] erwies sich die überrechtliche Sonderstellung des Souveräns im Staat als durchaus resilient, da sie »derart mit der ganzen Struktur des Reiches [...] verwachsen« war,[20] dass sie trotz des konstitutionellen und administrativen Bedeutungszuwachses »in der Praxis fortlebte«.[21] Der Herrscher wurde zum ersten Repräsentanten des Staates und zog seine Rechte vordergründig nicht mehr aus einem göttlichen Auftrag, sondern aus der »Verabsolutierung der Staatsgewalt«, die ihm exklusiv oblag.[22] Das monarchische Prinzip sah dementsprechend alle Macht beim Monarchen, der zwar »aus freien Stücken Teile seiner Regierungsgewalt abtreten« konnte, aber dennoch der »Inbegriff der Staatsgewalt« blieb.[23]

Ohne es in den Gesetzestexten des Vormärz explizit niederzuschreiben, war daher auch in der Habsburgermonarchie bis 1848 der Kaiser die einzige gesetzgebende Kraft seines Reiches.[24] Erst die im Zuge des Konstitutionalisierungsprozesses der 1860er Jahre anerkannte Gewaltenteilung löste eine intensivere Diskussion über die Machtverschiebung im Staat aus und beschränkte

Siehe auch *Fillafer*, Franz Leander: Aufklärung habsburgisch. Staatsbildung, Wissenskultur und Geschichtspolitik in Zentraleuropa 1750–1850. Göttingen 2020.

18 Siehe dazu *Urbanitsch*, Peter: Pluralist Myth and Nationalist Realities. The Dynastic Myth of the Habsburg Monarchy. A Futile Exercise in the Creation of Identity? In: Austrian History Yearbook 35 (2004), 101–141, hier 106.

19 *Reinhard*, Wolfgang: Geschichte der Staatsgewalt. Eine vergleichende Verfassungsgeschichte Europas von den Anfängen bis zur Gegenwart. München 1999, 122–124; *Böckenförde*, Ernst-Wolfgang: Der deutsche Typ der konstitutionellen Monarchie im 19. Jahrhundert. In: *Ders.* (Hg.): Recht, Staat, Freiheit. Studien zur Rechtsphilosophie, Staatstheorie und Verfassungsgeschichte. Frankfurt am Main 2013, 273–305, hier 301 f.

20 *Hintze*, Otto: Das monarchische Prinzip und die konstitutionelle Verfassung (1911). In: *Ders.*: Staat und Verfassung. Gesammelte Abhandlungen zur allgemeinen Verfassungsgeschichte. Hg. v. Gerhard *Oestreich*. Göttingen 1970, 359–389, hier 379.

21 *Fetting*: Zum Selbstverständnis, 12.

22 *Brunner*: Gottesgnadentum, 131, 134.

23 *Gollwitzer*, Heinz: Ein Staatsmann des Vormärz. Karl von Abel. 1788–1859. Beamtenaristokratie – monarchisches Prinzip – politischer Katholizismus. Göttingen 1993, 45; *Böckenförde*: Der deutsche Typ, 278.

24 *Schmetterer*, Christoph: Der Kaiser von Österreich als (alleiniger?) Gesetzgeber. Vom Absolutismus zum Konstitutionalismus. In: Beiträge zur Rechtsgeschichte Österreichs (2012), 381–392, hier 382.

das monarchische Prinzip auf ausgewählte imperiale Prärogativen.[25] Nicht nur von der Politik, auch in juristischen Kreisen wurde die kaiserliche Entscheidungsgewalt in der Gesetzgebung immer häufiger abgelehnt. Vielmehr sollte die Legislative an eine breitere Volksvertretung abgegeben werden und das monarchische Prinzip damit eine rechtliche Absicherung erfahren, die sich nicht nur aus ihrer historischen Bedeutung speiste.[26]

Während der Kaiser auf viele politische Entscheidungen nur mehr formellen Einfluss ausüben konnte,[27] blieb das habsburgische Auszeichnungs- und Nobilitierungswesen wie kein anderer Bereich mit dem monarchischen Prinzip verbunden.[28] Die Standeserhöhungen, die ab der Mitte des 19. Jahrhunderts vor allem symbolisches Kapital und soziales Prestige versprachen, benötigten die kaiserliche Zustimmung, um ihre Wirkung entfalten zu können und auf die erhoffte allgemeine Anerkennung zu stoßen – diese Anerkennung stellte schließlich die eigentliche Auszeichnung dar. Der Mythos, den die Dynastie um sich errichtete, sollte demnach nicht nur die Rechtskraft der kaiserlichen Entscheidungen untermauern, sondern diese auch in der Öffentlichkeit durchsetzen. Die Nobilitierungen erzielten ihre Wertigkeit durch die öffentliche Akzeptanz jener Menschen, die Vertrauen in die monarchische Entschließung hatten. Während politische Fragen ab den 1860er Jahren also regelmäßig an die parlamentarischen Entscheidungsgremien delegiert wurden, wäre ein Volksentscheid im Bereich der Nobilitierungen nicht angebracht gewesen. Eine von parlamentarischer Seite durchgeführte Nobilitierung wäre mit dem Konzept des Gottesgnadentums nicht vereinbar gewesen.

Zum Nobilitierungsnarrativ gehörte es, die Entscheidung über die Adeligkeit der Kandidaten als genuin kaiserliches Vorrecht zu interpretieren. Diese Lesart akzeptierten und reproduzierten auch die Antragsteller. Ihre zumeist direkt an den Monarchen adressierten Gesuche betonten ihren Glauben an seine Machtvollkommenheit, die das bedeutende Potenzial besaß, ihr »Leben glücklich zu machen«.[29] Diese und ähnliche Aussagen zeigen den Stellenwert, den die Adelung in der Gedankenwelt des Einzelnen einnehmen konnte, wie auch die Hoffnungen, die in diesem Zusammenhang auf den Kaiser projiziert wurden. Wesentlich war dabei die Vorstellung, dass die göttliche Gnade auf den Kaiser übergegangen war und nun er befähigt sei, Gnadenakte auf seine Untertanen zu verteilen. Die Abhängigkeit des eigenen Lebens von der kaiserlichen Gnade manifestierte sich in zahlreichen Adelsgesuchen, beispielsweise

25 *Malfèr*, Stefan: Der Konstitutionalismus in der Habsburgermonarchie. Siebzig Jahre Verfassungsdiskussion in »Zisleithanien«. In: *Rumpler/Urbanitsch/Wandruszka* (Hg.): Die Habsburgermonarchie. Bd. 7. Tlbd. 1, 11–67, hier 16–18.

26 *Schmetterer*: Der Kaiser, 389.

27 *Böckenförde*: Der deutsche Typ, 302.

28 *Gollwitzer*: Staatsmann, 51.

29 AT-OeStA/HHStA MdÄ AR F60-43, Miszellen, Adel 238.

in dem Brief des Feldmarschallleutnants Paul Ritter von Airoldi, der seinen Erfolg und Aufstieg in der Armee der habsburgischen Gunst zuschrieb:

> Die unbegränzte Huld und Gnade Euer k. k. apostolischen Majestaet, und jene [...] Ihrer glorreichen Vorfahren belohnten huldvollst den guten Willen, die strenge Pflichterfüllung, dann unwandelbare Anhänglichkeit, und unerschütterliche Treue des allerunterthänigst Gefertigten an das Allerhöchste Kaiserhaus mit den größten Auszeichnungen.

Vor dem Hintergrund dieser Erfahrungen hoffte er nun erneut von der »Huld und Gnade« seines Staatsoberhaupts zu profitieren und den Freiherrenstand zu erwerben.[30]

Der Kaiser und sein Adelsnarrativ waren demnach aufs Engste miteinander verschränkt, da beide voneinander profitieren konnten: Für den Souverän war die Nobilitierungspraxis eine willkommene Gelegenheit seine Machtvollkommenheit durch den Eingriff in die Gesellschaft zu demonstrieren. Für die Geadelten stellte das – nur noch lose auf dem Gottesgnadentum, aber intensiv auf den historischen Traditionen der Dynastie basierende – monarchische Prinzip jedoch die Quelle ihres sozialen Kapitals dar. Dabei inkludierte auch der Einzelne einen Teil des monarchischen Selbstverständnisses in sein Leben.

»Unser lieber getreuer Generalkonsul«: Die Gabenökonomie

Die Einreichenden waren sich jedoch durchaus bewusst, dass sie ihrem Herrscher für seine »gnädigen Gaben« eine Gegenleistung schuldeten, die ebenso wie die erhaltene Auszeichnung ein symbolisches Versprechen in die Zukunft darstellen sollte. Der Sächsische Hofrat Theodor Grässe lockte den Kaiser beispielsweise mit dem Schwur, dass »Zeit unseres Lebens ich und meine ganze Familie für diese Wohltat Eurer Kaiserlichen Majestät zu höchster Dankbarkeit verpflichtet sein« würden.[31] Dieser Tauschhandel, der Gnade gegen Loyalität aufwog, präsentiert die österreichische Nobilitierungspraxis des 19. Jahrhunderts als Relikt der frühneuzeitlichen Gabenökonomie.[32] Obwohl die Entscheidungen in eine dauerhafte soziale Beziehung des Gebens und Nehmens eingebettet waren und daher von beiden Seiten gestaltet wurden, besaßen sie einen rein willkürlichen Charakter. Der loyale oder verdienstvolle Untertan konnte zwar darauf hoffen, dass seine Leistungen bemerkt und akzeptiert wurden, er konnte jedoch keinerlei Ansprüche auf die angestrebte Gegengabe erheben und die herrscherliche Gnade voraussetzen oder gar erzwingen.[33] Je un-

30 AT-OeStA/AVA Adel HAA AR, Paul Ritter von Airoldi, pag. 22r.

31 AT-OeStA/HHStA MdÄ AR F60-43, Miszellen, Adel 240.

32 Zur Gabenökonomie siehe *Gareis*, Iris: Gabe. In: *Jaeger* (Hg.): Enzyklopädie der Neuzeit Online, URL: http://dx-doi-org.uaccess.univie.ac.at/10.1163/2352-0248_edn_SIM_268344 (am 12.6.2024).

33 *Stollberg-Rilinger*: Gunst, 239 f.

sicherer die Stellung des Bittstellers, desto stärker die Position des Kaisers, dessen Gunstbezeugungen in besonderem Maße nachgefragt wurden. Bis zu seinem Tod verteidigte Franz Joseph daher die Standeserhebungen als eine seiner traditionellsten und tief in der höfischen Welt verwurzelten Prärogativen, um sich damit vor seinen Untertanen unentbehrlich zu machen.[34] Die Menschen verließen sich auf die imperiale Gnade, die sie schützen würde, wenn sie dem Regenten ihr Leben gewidmet und sich dadurch seine Anerkennung erworben hatten.

Das imperiale Adelsnarrativ betonte demnach nicht nur die Machtposition des Kaisers, sondern bettete diese auch in ein größeres, dialogisches Kommunikationsfeld zwischen Untertan und Herrscher ein. Einer von diesen jederzeit im Sinne des Staates brillierenden Antragstellern war der Oberlandesgerichtspräsident Franz Ritter von Hein, der über Jahrzehnte in verschiedenen Positionen des öffentlichen Dienstes tätig war und dafür den Freiherrenstand erbat. Er »strebt diese ah. Gnade namentlich in der Absicht an, um seinen für den Staatsdienst sich heranbildenden beiden Söhnen ein werthvolles Andenken an den Vater und die ah. Gnade, mit welcher dieser stets beglückt worden war, hinterlassen zu können«.[35] Nahezu identisch argumentierte auch der bereits erwähnte Feldmarschallleutnant von Airoldi, der mit seinem Antrag den Wunsch verband, »meinen seit dem Jahre 1848 als Officiere in der k. k. Armee dienenden zwei Söhnen ein bleibendes aneiferndes Denkmahl der mir von Euer Majestaet zu Theil gewordenen vielen allergnädigsten Wohlthaten für meine treu ergebenen Dienste, zu hinterlaßen«.[36] Vertrauen in die kaiserliche Gnade bedeutete auch Vertrauen in den Fortbestand des Reiches und ein Bekenntnis zu seiner Stabilität. Insbesondere der Verweis auf die noch jungen Söhne sollte den langfristigen Bund zwischen Untertan und Imperium zum Ausdruck bringen. Durch ihr Vertrauen in die kaiserliche Gunst übernahmen die Antragsteller die Verhaltens- und Denkmuster ihres Regenten, der seine positiv erledigten Entschließungen »aus besonderer Gnade« traf und im Gegenzug dafür Treue und Anhänglichkeit erwartete.

Wie bereits angedeutet, beinhaltete die Gabenökonomie jedoch nicht nur den Aspekt des Gebens und Nehmens, sondern vor allem auch jenen der Unsicherheit, ob auf eine Gabe eine Gegengabe folgen würde. Der Monarch erscheint in seinem Entscheidungsnarrativ als Kontingenzbringer, der das Verfahren bis zuletzt in der Schwebe hielt. Da Kontingenz jedoch grundsätzlich

34 Siehe für Preußen *Bittner*, Anja: Der lange Arm des Monarchen. Königliche Prärogative und Verrechtlichungstendenzen am preußischen Hof? In: *Ableidinger/Becker/Dotter/Enderlin-Mahr/Osterkamp/Weck* (Hg.): Im Büro des Kaisers, 69–80.

35 Franz Rittter von Hein, AT-OeStA/HHStA KA KK Vorträge 8-1871, KZl. 1581.

36 AT-OeStA/AVA Adel HAA AR, Paul Ritter von Airoldi, pag. 22v.

angreifbar macht, war die verfassungsrechtliche Position des Staatsoberhauptes durch seine »Unverantwortlichkeit« gegen jede Kritik abgesichert.[37] Diese kaiserliche Eigenschaft basierte auf der Überzeugung, dass der Monarch für seine Handlungen keiner irdischen Gewalt Rechenschaft schulde und mit dem Staat selbst identisch sei.[38] Seine Gnade war einzigartig und die Reproduktion der Allerhöchsten Entschließungen im Zuge der Nobilitierungspraxis daher grundsätzlich ausgeschlossen. Dennoch begründeten zahlreiche Antragsteller ihre Bewerbungen um eine Auszeichnung mit Verweisen auf frühere Entscheidungen in vergleichbaren Kontexten: In seinem Antrag von 1852 hatte der kk. Leibzahnarzt Florian Fuchs beispielsweise mit der Adelsstandsverleihung seines Amtsvorgängers argumentiert, die auch ihn zu einer solchen Honorierung qualifizieren sollte. Der Innenminister stellte jedoch fest, dass dieser Sachverhalt »natürlich für den Bittsteller keinen Anspruch begründen [kann], weil eben die Erhebung in den Adelsstand nur ein Akt der Ah. Gnade ist, der zu keiner Folgerung berechtigt. Es kann daher seine Bitte nur nach Maßgabe seiner eigenen Würdigkeit beurteilt werden«.[39] Die kaiserlichen Entschließungen bestachen daher durch ihre Singularität und Exklusivität. Es widersprach ihrer Eigenart die »Allerhöchste Gnade« durch gesetzliche Normen und Ansprüche lenken und beschränken zu wollen.

Schon zu Beginn des Verfahrens griff der Kaiser mit der sogenannten »Allerhöchsten« oder »großen Signatur« lenkend und – nach außen hin – willkürlich in den weiteren Entscheidungsprozess ein.[40] Es handelt sich dabei um die kaiserliche Unterschrift, die nur unter eine geringe Zahl ausgewählter Gesuche gesetzt wurde und bereits unmittelbar nach der Einreichung eine Auswahl der Bittschriften nach den Interessen und Präferenzen des Monarchen traf. Damit wurde automatisch auch den in den Ministerien tätigen Beamten ein bestimmtes Verhalten vorgegeben, da der Kaiser über die Anträge mit der »großen Signatur« in jedem Fall eine Berichterstattung und eine Beschlussempfehlung erwartete. Schon Mitte des 18. Jahrhunderts wurde diese Methode vom jeweiligen Regenten genutzt, um über ein Gesuch, das sein Interesse in besonderem Maße geweckt hatte, verpflichtend von den Ministerien weiterführende Informationen und Gutachten einzufordern. Unter Franz Joseph wurde das System bereits wenige Wochen nach seiner Thronbesteigung weiterentwickelt und verstetigt.[41] Während der Ministerratssitzung vom 19. Dezember 1848 äußerte er

37 Zur »Unverantwortlichkeit« der kaiserlichen Entscheidungen siehe etwa *Czech*, Philip: Der Kaiser ist ein Lump und Spitzbube. Majestätsbeleidigung unter Kaiser Franz Joseph. Wien 2010, 65.

38 *Rotteck*, Carl von: Monarchie. In: *Ders./Welcker*, Carl (Hg.): Das Staats-Lexikon. Encyklopädie der sämmtlichen Staatswissenschaften für alle Stände. Bd. 9. Altona 1847, 161–174, hier 173.

39 Florian Fuchs, AT-OeStA/HHStA KA KK Vorträge 2-1852, MCZl. 345.

40 Siehe dazu auch Kapitel I.4.

41 *Reinöhl*: Geschichte, 243 f.

die »Ah. Willensmeinung über die Manipulation mit den vielen Allerhöchstenorts einlangenden Gesuchen von Parteien«, die von nun an in drei Kategorien eingeteilt werden sollten: Neben den weniger erfolgsversprechenden Schreiben, die ganz ohne Kennzeichnung oder mit der Unterschrift des Kabinettskanzleidirektors an die Ministerien weitergegeben wurden, erwähnte er auch

[d]iejenigen, welche ganz besonderer Umstände wegen die Ah. Aufmerksamkeit in der Art auf sich gezogen haben, daß Se. Majestät darüber einen Vortrag des bezüglichen Ministeriums zu erhalten wünschen, ob und in welcher Art etwa ein Ah. Gnadenakt einzutreten hätte. Derlei Gesuche würden mit der Ah. Signatur an die Ministerien geleitet werden.[42]

Diese kaiserlich und behördlich vorgenommene Gruppierung und Zuteilung der in ihrer Zahl laufend zunehmenden Bittschriften sollte die eigentliche Resolution allerdings nicht vorwegnehmen. Auch Gesuche, die die »Allerhöchste Signatur« erhalten hatten, konnten also negativ beurteilt werden, während solche ohne diese Kennzeichnung ebenfalls weiterverfolgt werden sollten. Dennoch regte sich insbesondere bei Justizminister Bach schon während der Misterratssitzung die Sorge, dass die »Allerhöchste Signatur« von den »Unterbehörden« als Aufforderung zur befürwortenden Empfehlung gewertet werden könnte und diese ihre Arbeit daher nicht unvoreingenommen erledigen würden. Tatsächlich gingen viele Beamten in der Folge davon aus, dass mit der Kategorisierung der Gesuche in der Kabinettskanzlei auch bereits eine informelle kaiserliche Entscheidung getroffen worden sei. Mehrere Versuche, die Priorisierung der Anträge von der finalen Entschließung zu trennen, schlugen fehl. Immer wieder sorgte die »Allerhöchste Signatur« in den habsburgischen Ämtern für Verunsicherung, was sich auch auf die Bearbeitung der Einzelfälle auswirkte. Selbst in den Vorträgen an den Kaiser wurde diese Problematik diskutiert, so zum Beispiel im Falle der Anna Bernauer, die 1857 bereits ihr zweites mit der »Allerhöchsten Signatur« gewürdigtes Gesuch eingereicht hatte. Das Innenministerium bemerkte dazu:

Obwohl von der Bittstellerin durchaus keine neuen, berücksichtigungswürdigen Umstände angeführt werden, spricht sich das Armee-Ober-Commando doch dermal für die Willfahrung des Gesuches aus dem Grunde aus, weil der Bittstellerin abermals die Ah. Bezeichnung ihrer Bitte zu Theil wurde, woraus die Ah. Willensmeinung abgeleitet werden müßte, derselben eine ausnahmsweise Behandlung angedeihen zu lassen. Da jedoch diese Auffassung der Ah. Entschließung v. 4. Mai 1822 widerstreite, erlaubt sich der tg. Minister des Inneren eine Abweisung des Antrages vorzuschlagen.[43]

Der Innenminister versuchte damit vorrangig die Rationalität des Verfahrens zu wahren und das bürokratische Element im Entscheidungsprozess zu stärken, da die »Allerhöchste Signatur« nicht die Arbeit der Beamten beeinflussen und

[42] Sitzung Nr. 5, Ministerrat, Olmütz, 19.12.1848. In: ÖMR. Abteilung II. Das Ministerium Schwarzenberg. Bd. 1. Die Protokolle des österreichischen Ministerrates 1848–1867 online, URL: https://mrp.oeaw.ac.at/pages/show.html?document=MRP-1-2-01-0-18481219-P-0005.xml (am 12.6.2024).

[43] Anna Bernauer, AT-OeStA/HHStA KA KK Vorträge 19-1857, MCZl. 3718.

vorwegnehmen sollte. Während er aber einerseits die automatische Befürwortung eines Gesuches als Folge der »Allerhöchsten Signatur« verweigerte, nutzte er andererseits häufig das Fehlen derselben, um Bittschriften ohne nähere Prüfung rasch einer Ablehnung zuzuführen. Nicht selten diente den Beamten des Adelsdepartements die mangelnde Unterstützung durch das Staatsoberhaupt sogar als Rechtfertigung für die negative Erledigung eines vom Kaiser unsignierten Gesuchs:

> Nachdem diesem einen Akt der besonderen Allerhöchsten Gnade anstrebenden Gesuche die Allerhöchste Bezeichnung nicht zu Theil geworden ist, so ist das Ministerium des Inneren nicht in der Lage, die bezügliche Bitte des Dr. Meyer in weitere Verhandlungen zu nehmen,

heißt es beispielsweise mit Bezug auf Adolf Bernhard Meyer, Direktor des zoologischen Museums in Dresden.[44] Dem Kaiser stand mit der Allerhöchsten Signatur dementsprechend ein mächtiges Gestaltungswerkzeug zur Verfügung, das es ihm erlaubte, sein Adelsnarrativ in den Verwaltungsprozess einzuspeisen. Obgleich die damit geschaffene Position Franz Josephs innerbehördlich keinen Einfluss auf die Entscheidung haben sollte, war die Selektionsmacht des Kaisers bei den Antragstellern durchaus bekannt und erhöhte seine Bedeutung.

Die Bittenden waren sich demnach bewusst, dass sie schon bei der Einreichung die imperiale Aufmerksamkeit für ihre Sache gewinnen mussten und schöpften dazu alle erdenklichen Möglichkeiten aus. Für ihr Anliegen schien es ihnen vor allem dienlich, eine persönliche Nähe zum Souverän aufzubauen, wie sie beispielsweise der böhmische Gutsbesitzer Wilhelm Gemrich Ritter von Neuberg anstrebte: Bei einem Aufenthalt Franz Josephs in Böhmen hatte Gemrich versucht, diesem seine Bitte bei einer Audienz mündlich vorzutragen, konnte allerdings lediglich sein Schreiben bei einem Amtsdiener einreichen. Daher schickte er zusätzlich ein Promemoria nach Wien, in dem er sein Anliegen noch einmal kurz zusammenfasste und schließlich resümierte:

> Geruhen Eure Majestät in Berücksichtigung der in gedrängter Kürze angedeuteten Gründe, welche ich in dem Eingangs angezogenen Majestäts-Gesuche näher auseinander zu setzen mir gestattete, dieses der Allerhöchsten Bezeichnung zu würdigen und damit [...] dem Bittsteller [...] auch die Hoffnung der Willfahrung seines [...] sehnlichsten Wunsches zu gewähren.[45]

Mit dem Promemoria hoffte Gemrich sein Gesuch in jene vorteilhafte Kategorie einzureihen, die nur die »Allerhöchste Signatur« ihm versprach. Auch seine Ausführungen brachten die Überzeugung zum Ausdruck, dass die Nobilitierungen dem Kaiser exklusiv obliegende Entscheidungen zum Wohle seiner Untertanen seien, weisen jedoch gleichzeitig dem Einreichenden eine aktive

44 AT-OeStA/HHStA MdÄ AR F60-43, Miszellen, Adel 163. Eine nahezu identische Argumentation findet sich auch bei Demeter Ritter von Frank (AT-OeStA/HHStA MdÄ AR F60-43, Miszellen, Adel 233) und bei Anna Stark (NA, České místodržitelství, Všeobecná registratura, 80, 10/5/11).

45 AT-OeStA/AVA Adel HAA AR, Wilhelm Gemrich Ritter von Neuberg, pag. 5v/6r.

Rolle im Verfahren zu. Nicht nur seine vielfältigen Initiativen zur Erregung der imperialen Aufmerksamkeit, auch der Hinweis auf seine zahllosen Verdienste, die er mehrmals detailliert aufzählte, sollten seine Bitte untermauern. Der Gnadenbegriff, dessen Ursprünge im christlichen Heilsgeschehen liegen, positioniert sich dabei in einem Spannungsfeld zwischen menschlicher Freiheit und einer von göttlicher – beziehungsweise hier kaiserlicher – Gnade gelenkten Welt.[46]

Über das frühneuzeitliche Werkzeug der Gabenökonomie war es dem Monarchen möglich, mit seinen Untertanen in ein direktes Verhältnis zu treten. Die Nobilitierung als »Gegengabe« für Treue und Loyalität band das Narrativ noch stärker an den mächtigen und allwissenden Souverän, der jedoch in keiner Weise zu diesem Gnadenakt verpflichtet war – ganz im Gegenteil besaß die Gunst des Herrschers eine wechselvolle Instabilität, kein Untertan hatte Anrecht darauf. Werkzeuge kaiserlicher Willkür, wie die Vergabe der »Allerhöchsten Signatur«, stellten die Nobilitierungspraxis daher als ganz und gar von dem monarchischen Wohlwollen gelenkte Vorgänge dar, die man durch Eigeninitiative befördern, derer man sich aber nie sicher sein konnte.

»Eines unserer angenehmsten Regentenvorrechte«: Der Schutz von Untertanen und Adel

Durch die von der Gabenökonomie erzeugte Kontingenz ragte der Kaiser in einer normierten Bürokratie als rechtsfreie und übergesetzliche Instanz hervor. Durch die dabei entstehende persönliche Beziehung zu den Untertanen machte er den Staat zu einer greif- und fassbaren Größe im Leben der Antragsteller.[47] Für viele galt die imperiale Gnade als einzige Chance, ihren auf administrativjuristischem Weg unerfüllbaren Wunsch durchzusetzen – so auch für den bereits erwähnten Theodor Grässe, der bekennt:

> Obwohl ich nun nicht den allergnädigsten Anspruch auf eine solche Gnade besitze, so wage ich dennoch an Eure Majestät die Allerunterthänigste Bitte zu richten, vielleicht in Betracht meines Rufes als Gelehrter mir diese Gnade zu Teil werden lassen zu wollen.[48]

Der Monarch war also immer dann gefordert, wenn die gesetzliche Grundlage für eine Standeserhöhung fehlte, beispielsweise, wenn notwendige Dokumente (wie im Falle von Adelsbestätigungen und Anerkennung ausländischer Titel)

46 Zu dieser Diskussion siehe *Ruhstorfer*, Karlheinz: Gnade. In: *Jaeger* (Hg.): Enzyklopädie der Neuzeit Online, URL: http://dx-doi-org.uaccess.univie.ac.at/10.1163/2352-0248_edn_COM_274937 (am 12.6.2024).

47 *Stickler*, Matthias: Die Herrschaftsauffassung Kaiser Franz Josephs in den frühen Jahren seiner Regierung. Überlegungen zu Selbstverständnis und struktureller Bedeutung der Dynastie für die Habsburgermonarchie. In: *Brandt*, Harm-Hinrich (Hg.): Der österreichische Neoabsolutismus als Verfassungs- und Verwaltungsproblem. Wien 2014, 35–72, hier 44.

48 AT-OeStA/HHStA MdÄ AR F60-43, Miszellen, Adel 241.

oder Voraussetzungen (wie im Zusammenhang mit dem systemmäßigen Adel) für die behördliche Bewilligung des Titels nicht eingebracht werden konnten.

Spätestens seit der Französischen Revolution wurde der bis dahin auch in Justizfragen absolutistisch agierende Monarch nicht mehr uneingeschränkt als oberster Gerichtsherr anerkannt und in dieser Position durch das sogenannte Machtspruchsverbot eingeschränkt. Zwar wurden auch im 19. Jahrhundert noch alle gerichtlichen Urteile »im Namen Seiner Majestät« gefällt, in Wahrheit oblag die Entscheidung jedoch bereits der unabhängigen Richterschaft. Obwohl der Kaiser dadurch nicht mehr in einzelne Gerichtsverfahren eingreifen konnte,[49] blieben einige seiner Interventionsrechte im juristischen Bereich dennoch gewahrt. Zu einem zentralen »Reservatrecht des Landesherrn«, das zum Teil sogar zu den monarchischen »Regalien« gezählt wurde, gehörte nämlich insbesondere die Begnadigung. Trotz intensiver Kritik aus aufgeklärten Kreisen überlebte sie als Ausdruck der willkürlichen, dem Gesetz übergeordneten Herrschergewalt auch die konstitutionellen Umwälzungen des 19. Jahrhunderts und half dem Kaiser, seine herausgehobene Position im Staat zu behaupten.[50] Für Fragen des Adels war dieses herrscherliche Recht insofern von Bedeutung, als mit einer strafgerichtlichen Verurteilung auch der Titelverlust verbunden sein konnte.[51] Die Aberkennung des Adelstitels wurde also nicht vom Kaiser bestimmt, sondern von den Gerichten. Für die Krone wären solche negativen Entscheidungen ehrschädigend gewesen, daher wurden sie an die Judikative übergeben.[52] Auch diese Konstellation vergrößerte den Nimbus imperialer Unantastbarkeit, weil der Souverän erst nach dem richterlichen Urteil zur Wiederverleihung des aberkannten Titels angerufen werden konnte. Im Adelsnarrativ spielte dieses Reservatrecht eine zentrale Rolle, da der Kaiser in letzter Instanz nicht nur über die Aufnahme in den, sondern auch über den Ausschluss aus dem Adel entschied.

Daher setzten zahlreiche Verurteilte und deren Angehörige ihre Hoffnungen auf den kaiserlichen Richtspruch, der als letzter Schutz vor einem unerträglich empfundenen Schicksal gewertet wurde:

> Im Rechtswege kann für meinen unglücklichen Bruder nichts mehr unternommen werden, da alle vom Gesetze angedeuteten Rechtsmittel erschöpft sind; es erübrigt nur der Appell an

49 *Olechowski*, Thomas: Der österreichische Verwaltungsgerichtshof. Geschichte der Verwaltungsgerichtsbarkeit in Österreich – das Palais der ehemaligen Böhmisch-Österreichischen Hofkanzlei. Wien 2001, 15–17.

50 *Oestmann*, Peter: Begnadigung. In: *Jaeger* (Hg.): Enzyklopädie der Neuzeit Online, URL: http://dx-doi-org.uaccess.univie.ac.at/10.1163/2352-0248_edn_SIM_245414 (am 12.6.2024).

51 *Waldstein-Wartenberg*: Adelsrecht, 144.

52 *Stollberg-Rilinger*: Gunst, 237 f.

die kaiserliche Gnade, ohne welche mein unglücklicher Bruder sich einer längeren empfindlichen Kerkerhaft mit Verschärfung von Fasten unterziehen muß, seines Adels verlustig [...] und dadurch entehrt, gebrandmarkt aus seiner Familie ausgeschieden wird.[53]

Eben aus jenem hier von Ferdinand Graf von Hompesch zusammengefassten Sachverhalt leitete man das Vorrecht des Alleinherrschers ab, zum Wohle seiner Untertanen in die Jurisdiktion einzugreifen und ungeachtet der geltenden Gesetzeslage Gnade zu geben.[54]

Grundsätzlich stand Franz Joseph der Verringerung oder Abmilderung schwerer Kerkerstrafen offen gegenüber.[55] Da die Wiedervergabe eines aberkannten Adelstitels an einen ehemaligen Straftäter allerdings die Reputation des gesamten Standes gefährden konnte, hielt er sich damit zumeist zurück. Es schien nicht angebracht, Personen wie den »Aufrührer« Anton Carl Holl »vormals von Stahlberg«, der 1848 »einen Landsturm zum Zuzuge nach Wien gegen die kk. Truppen« organisiert hatte und schon zuvor wegen Gewalttätigkeit und Bestechung aufgefallen war, zu rehabilitieren.[56] Der gute Ruf des Adels als einer elitären Gruppe erschien dem Kaiser schützenswerter als der Wunsch des Einzelnen, seine soziale Position zurückzugewinnen. Selbst bei weniger schwerwiegenden Fällen, wie dem des der Veruntreuung schuldigen Alexander Farkas, konnte sich Franz Joseph nicht zu einer Zurücknahme der Adelsentsetzung entschließen: Obwohl das kroatische Ministerium den ehemaligen Beamten aufgrund seiner Unbescholtenheit, seiner Reue und seiner tadellosen Familienverhältnisse der Allerhöchsten Gnade anempfahl, schloss der Kaiser Farkas Rückkehr in den Adel aus.[57]

Im Falle des Alexander Farkas änderte Franz Joseph die für ihn vom Innenministerium vorbereitete Entschließung also selbstständig ab, was einen weiteren wichtigen Teil des imperialen Selbstverständnisses und der imperialen Rechte darstellte. Obgleich der Monarch in Adelsfragen immer die unbestreitbare Befugnis besaß, den Empfehlungen seiner Behörden zu widersprechen und ein davon unabhängiges Urteil zu fällen, ließ er sich bei seinen Nobilitierungsentscheidungen zum überwiegenden Teil von den Überlegungen und

53 Ferdinand Graf von Hompesch in einem Memorandum an Kabinettskanzleidirektor Freiherrn von Braun, Beilage zum Vortrag: Heinrich Graf von Hompesch, AT-OeStA/HHStA KA KK Vorträge 7-1871, KZl. 1439.

54 *Oestmann*: Begnadigung.

55 *Schmetterer*, Christoph: Kaiser Franz Joseph I. Köln 2016, 111. Zur Todesstrafe und der Rolle des Kaisers bei der Begnadigung siehe etwa *Unseld*, Margit: Die Todesstrafe unter Kaiser Franz Joseph I. im ordentlichen Verfahren. 1848–1916. (Diplomarbeit) Universität Wien 2010.

56 Anton Ritter Holl von Stahlberg, AT-OeStA/HHStA KA KK Vorträge 7-1855, MCZl. 1295.

57 Alexander Farkas, AT-OeStA/HHStA KA KK Vorträge 10-1876, KZl. 2178.

Vorgaben der Beamten leiten.[58] Es war also üblich, dass der Kaiser die Vorschläge der Ministerien übernahm und lediglich resolvierte, weshalb er sich in Adelsfragen während seiner fast 70-jährigen Regierungszeit nur etwa 200 Mal gegen die ihm vorgelegten Gutachten entschied. Die Gründe dafür sind anhand der Quellen nicht mehr eindeutig zu klären, da der Kaiser seine Entschlüsse nicht rechtfertigen musste. Ein Blick auf das statistische Datenmaterial lässt allerdings zumindest einige Tendenzen in seiner Denkweise erkennen.

In jenen seltenen Fällen, in denen sich der Kaiser gegen die Vorschläge seiner Ministerien entschied, war er zumeist »ungnädiger« als seine Beamten und lehnte vom Adelsdepartement positiv beschiedene Gesuche doch noch ab. Mit der Abweisung befürworteter Ansuchen war er bemüht – wie im Falle des verurteilten Alexander Farkas –, den elitären Stand des Adels vor »unpassenden« Kandidaten zu schützen oder aber das Kaiserhaus vor einer möglichen Rufschädigung zu bewahren. 1853 bat beispielsweise der Hofrat Johann Seeburger um »Aufnahme des kk. Adlers im goldenen Felde in das ihm bei Gelegenheit seiner Ritterstandserhebung zu verleihende Wappen«.[59] Franz Joseph stimmte diesem Gesuch trotz der Unterstützung des Innenministeriums nicht zu, womöglich, weil er dieses imperiale Symbol seiner Familie nicht für private Zwecke zugänglich machen wollte. Der Kaiser präsentierte sich in seinem Adelsnarrativ gegenüber den Antragstellern sowohl als gnädiger, wie auch als strenger und unerbittlicher Herrscher. Für ihn war der Adelstitel weniger eine Auszeichnung für eine individuelle Person als vielmehr ein gesellschaftliches Differenzierungsmerkmal, das ausschließlich einem kleinen, exklusiven Kreis zur Verfügung stehen sollte. Verstöße gegen das makellose Bild, das der Adel nach außen hin besitzen sollte, konnten daher auch von der kaiserlichen Gnade nicht toleriert werden, weil sie die gesamte Adelsgemeinschaft in Misskredit bringen würden. Das Glück und die Wünsche des Einzelnen standen gerade in Adelsfragen immer hinter dem Gemeinwohl zurück. Auch diese konsequente Haltung[60] brachte dem Kaiser große Sympathien ein.[61]

Die Nobilitierungspraxis zeigte den Souverän als Akteur in einem Spannungsverhältnis zur rechtsstaatlichen Gesetzgebung, aus dem er aber durchaus auch seine Handlungsfähigkeit schöpfte. Er konnte die Nobilitierungskandidaten gegen die Entscheidung von Justiz und Verwaltung absichern, gleichzeitig aber auch den Adelsstand schützen. Mit diesen Maximen setzte er eigenständige Akzente und erhielt dafür auch den Respekt der Bevölkerung. Diese nahm ihn nicht nur als hilfsbereites und persönliches Gegengewicht zu einer

[58] Die Adelspolitik wurde dabei in vollkommener Analogie zu anderen Politikfeldern behandelt. Zu den Entscheidungspraktiken auf dem Schreibtisch des Kaisers siehe auch *Osterkamp/Becker*: Regierungstätigkeit.

[59] Johann Seeburger, AT-OeStA/HHStA KA KK Vorträge 8-1853, MCZl.1518.

[60] In seinen letzten Regierungsjahren scheint er diese Konsequenz verloren zu haben. Siehe dazu Kapitel IV.6.

[61] Siehe dazu etwa den Bericht: Franz Joseph I. zu seinem 85. Geburtstage. In: Die Drau. Unabhängiges Wochenblatt Nr. 188 v. 17.8.1915, 2.

anonymen Staatsgewalt, sondern auch als eigenständigen Entscheidungsträger wahr. Indem der Monarch das Wohl der Menschen im Blick hatte, verlor er nie den Sinn für Gerechtigkeit und Berechtigung.

»Wahres Verdienst auszuzeichnen«: Verdienstlichkeit und die Verstetigung von Gnade

In der eingangs zitierten Adelungsformel bezeichnete es der Kaiser als eines seiner »angenehmsten Regentenvorrechte, wahres Verdienst durch öffentliche Merkmale Unserer Anerkennung auszuzeichnen«. Damit präsentierte er sich als Herrscher, der sich von den Leistungen seiner Untertanen beglückt fühlte und die Möglichkeit, sie dafür zu belohnen, als Privileg empfand. Seine Machtvollkommenheit äußerte sich nicht darin, beliebig und wahllos seine Gnade zu verteilen, sondern in der Chance, jene auszuwählen, die dafür schon immer prädestiniert waren. Die aus gesammelten Informationen konstruierten »Ressourcen des Entscheidens« zeigen, dass sich jeder Antragsteller zunächst der Allerhöchsten Gnade würdig erweisen musste. Dieser implizite Zusammenhang von Gunst und Leistung wird in den Vorträgen immer wieder deutlich gemacht. So betont das Innenministerium im Fall des galizischen Gutsbesitzers Joseph Pruszinki, dass

> umso weniger auf Gewährung des erbetenen Gnadenaktes angetragen werden konnte, als die für diesen Fall vorgeschriebene ganz besondere Verdienstlichkeit, welche [...] nur die gnadenweise Verleihung einer so ausgezeichneten Standeserhebung rechtfertigen könnte, nicht nachgewiesen ist.[62]

Die kaiserliche Gnade konnte dementsprechend nicht völlig willkürlich gewährt werden, sondern unterlag einem gewissen Rechtfertigungsdruck: Wenn der Regent Personen begünstigte, die diese Ehre verdient hatten, waren seine Entscheidungen legitim.[63]

Dieses von der herrscherlichen Laune losgelöste System regte die Adelsanwärter allerdings nicht nur dazu an, ihr Bestes zu geben, sondern auch ihre eigenen Erfolge mit jenen ihrer bereits belobigten Vorgänger zu vergleichen und daraus ein Argument für ihre Anträge abzuleiten. Der Fabriksbesitzer Gustav Ritter argumentierte etwa, dass er den Adelsstand verdiene, »da doch während der Regierung Euer apostolischen Majestät jede That ihre Belohnung gefunden hat«.[64] Derartige Verweise auf bereits getroffene Entscheidungen widersprachen der Singularität der imperialen Gunst, die, wie bereits erläutert, nicht reproduzierbar sein sollte. Dennoch verlangte der Wunsch nach einem

62 Joseph Pruszinki, AT-OeStA/HHStA KA KK, Vorträge 3-1854, MCZl. 506.

63 *Stollberg-Rilinger*: Gunst, 240 f. Siehe auch *Sellin*, Volker: Gewalt und Legitimität. Die europäische Monarchie im Zeitalter der Revolutionen. Berlin, Boston 2012, 5–7.

64 AT-OeStA/HHStA MdÄ AR F60-44, Miszellen, Adel 330.

gerechten Nobilitierungssystem auch nach der Wiederholbarkeit jener Gnadenakte, die ihre Stärke gerade in ihrer Exklusivität gefunden hatten. Durch die Reduktion von Kontingenz, die bereits seit dem 18. Jahrhundert in der Nobilitierungspraxis eingeleitet worden war, wurde die kaiserliche Prärogative im Entscheidungsprozess verringert, während die Behörden als Überwacher und Garanten eines »normierten Adelsnarrativs« an Wichtigkeit gewannen.

Es stellt sich die Frage, wie frei das Staatsoberhaupt angesichts dieser Vereinheitlichungstendenzen tatsächlich im Feld der Nobilitierungen agieren konnte und wie er mit den Restriktionen, die daraus erwuchsen, umging. Aus dem monarchischen Prinzip und dem Gottesgnadentum allein konnte der Herrscher seine exponierte Position nun nicht mehr ableiten: Auch im Habsburgerreich hatte er im Laufe des 19. Jahrhunderts Kompetenzen abgeben müssen. Durch die Konstitutionalisierung und den Ausbau des Verwaltungsapparates war er zu einem »Staatsorgan« geworden.[65] Trotz seiner Unverletzlichkeit und Unverantwortlichkeit stand er demnach nicht generell über dem Gesetz, sondern wurde von der – von ihm selbst erlassenen – Verfassung in der Gesetzgebung beschränkt.[66] Zudem wurde seine eigene Unverantwortlichkeit, die ihn von den Folgen seiner Handlungen und Entscheidungen befreite, seit 1867 durch die Verantwortlichkeit seiner Minister gedeckt. Grundsätzlich war es aber kein Novum des modernen Staates, die Kompetenzen und Einflusssphären des Regenten einzudämmen und ihn an Gesetze zu binden.[67] Die Autoren des Staatslexikons von Rotteck und Welcker formulierten es 1847 wie folgt: »Die Gewalt des Monarchen ist – wodurch sie von der Despotie sich unterscheidet – eine beschränkte, und zwar grundgesetzlich, sei es durch förmliche und geschriebene Acte, sei es durch sonst als verbindlich anerkannte Bestimmungen.«[68] Auch die Charakterisierung des Herrschers als »unverantwortlich« zielte nicht darauf ab, ihn von einer gesetzesmäßigen Handlungsweise zu entbinden, sondern drückte vor allem die zeitgenössische Überzeugung aus, »daß niemand getreuer die Gesetze befolgen werde als derjenige, der sie erlassen hat, und in der Erkenntnis, daß der Glanz der Krone nicht durch Strafverfolgung getrübt werden dürfe«.[69] Seit dem Mittelalter galt die Anschauung, dass der Herrscher besser als alle anderen Personen das von ihm selbst festgelegte Recht und den Staat verkörpere. In der Moderne wurden dem Staatsoberhaupt gewisse Entscheidungsfelder entzogen und sein Handlungsspielraum bei der Beschlussfassung verkleinert.

65 *Brandt,* Harm-Hinrich: Einleitung. Verwaltung als Verfassung – Verwaltung und Verfassung? Zum historischen Ort des »Neoabsolutismus« in der Geschichte Österreichs. In: *Ders.* (Hg.): Der österreichische Neoabsolutismus, 11–34, hier 15.

66 Den vorgesehenen Eid auf die Verfassung leistete Franz Joseph – wie auch sein Nachfolger Kaiser Karl – jedoch nie. Siehe *Schmetterer*: Geheiligt, 7.

67 Siehe dazu *Brunner*: Gottesgnadentum; *Schmetterer*: Kaiser Franz Joseph, 112.

68 *Rotteck*: Monarchie, 173.

69 *Ulbrich*, Josef: Das österreichische Staatsrecht. Tübingen 1909, 72.

Ungeachtet der zuvor genannten Einzelfälle brachte der Souverän dem Rat seiner Beamten tatsächlich ein hohes Maß an Akzeptanz entgegen – folgte er doch bei über 90 Prozent[70] der Adelsanträge den Vorschlägen des Ministeriums. Dieses Verhalten könnte ihm als Schwäche ausgelegt werden, da es ihn lediglich als »Unterschreiber«, nicht aber als »Entscheider« der Allerhöchsten Resolutionen zeigt.[71] Diesem Bild muss bis zu einem gewissen Grad zwar zugestimmt werden, tatsächlich war das Verhältnis zwischen dem Regenten und seinen bürokratischen Organen jedoch deutlich differenzierter. Auf der einen Seite wussten die Behörden um die monarchische Rolle als letztgültige Entscheidungsinstanz, was schon bei der Antragsüberprüfung und Vortragsformulierung zu »verhaltensregulierenden Effekten« bei den »Verwaltungsspitzen« im Sinne des »Königsmechanismus« führte.[72] Auf der anderen Seite war sich auch Franz Joseph bewusst, dass seine Dienststellen gewisse Kompetenzen und weiterführende Informationen besaßen, die sie zu ausgewogenen Schlussfolgerungen befähigten. Es wäre daher nicht nur sinnlos, sondern möglicherweise sogar schädlich gewesen, wenn er nach eigenem Gutdünken die vorhandenen Vorschläge überstimmt hätte. Gerade wenn er versuchte, die verdienstvollsten Personen für seine Adelselite auszuwählen, musste er auf die Fähigkeiten der administrativen Kräfte vertrauen. Ein permanentes Changieren der Beamten zwischen rechtlicher Restriktion und gnädigen Zugeständnissen war die Folge.

Das Zusammenwirken von Gnade und Gesetzlichkeit war Ausdruck des »bürokratisierenden monarchischen Obrigkeitsstaates«, wie er sich in der Phase des Neoabsolutismus ausprägte und auch danach bestimmend blieb.[73] Programmatisch dafür steht eine Aussage des Staatsministers Anton von Schmerling während der Ministerratssitzung vom 5. Juli 1862: Er »bemerkte, [...] daß es jedoch ebenso ein unbestreitbares Recht der Krone sei, einen Akt der Ah. Gnade zu üben und aus speziellen Gründen einen verdienstvollen Staatsdiener eine über das Normalausmaß hinausgehende außerordentliche Begünstigung [...] angedeihen zu lassen«.[74] In der Adelspolitik war es daher durchaus üblich, die rechtlichen Leerstellen des Systems mit Gnade zu füllen. Wer die Verwalter der kaiserlichen Gunst sein sollten, war jedoch stets umstritten und unterschiedlich. »Spezielle Gründe«, wie sie Schmerling eingefordert hatte, restringierten die kaiserliche Gnade, da sie in der Praxis nicht vom Monarchen selbst, sondern von seinen Beamten definiert und bestimmt wurden.

70 Zu den Zahlen siehe auch Kapitel IV.3.

71 Siehe dazu *Becker/Osterkamp*: Der Kaiser.

72 *Brandt*: Einleitung, 15.

73 *Heindl-Langer*, Waltraud: Verwaltungseliten im Neoabsolutismus. Professionelles und politisches Profil vor dem Horizont der Modernisierung. In: *Brandt* (Hg.): Der österreichische Neoabsolutismus, 145–167, hier 152.

74 Sitzung Nr. 245, Ministerrat, Wien, 5.7.1862. In: ÖMR, Abteilung V, Die Ministerien Erzherzog Rainer und Mensdorff. Bd. 4. Die Protokolle des österreichischen Ministerrates 1848–1867 online, URL: https://mrp.oeaw.ac.at/pages/show.html?document=MRP-1-5-04-0-18620705-P-0245.xml (am 12.6.2024).

Einen anschaulichen Einblick in das komplexe Zusammenwirken von Monarch und Ministerien liefert Friedrich Kleinwächter mit Bezug auf die kurze Regierungsphase Kaiser Karls. Er beschrieb die jährlich vom Finanzpräsidium vergebenen Massenauszeichnungen »in Form von Orden und Titeln für verdiente Beamte« als ein vielschichtiges und heikles Abwägen unterschiedlicher Rangklassen, Leistungen und Interessen: »Ideal war das Problem nicht zu lösen.« Franz Joseph habe die Schwierigkeiten in diesem Prozedere gekannt und die ministerialen Vorlagen ohne Anfechtungen durchgewunken, Karl habe dagegen besondere Güte zeigen wollen und einige Dekorationen eigenmächtig erhöht, was unter den Amtsträgern einen kleinen Eklat auslöste.[75] Das symbiotische Einvernehmen, das Kleinwächter – selbst ein Vertreter der administrativen Sphäre – zwischen dem alten Kaiser und der Bürokratie erkennen wollte, ist wohl ebenso missverständlich wie die Vorstellung eines permanenten Kampfes um Einfluss und Kompetenzen. Am ehesten kann dem Letztentscheider und seinem Behördenapparat ein gegenseitiges Abhängigkeitsverhältnis attestiert werden, in dem jeder Akteur seinen Platz finden musste und das Pendel der Kontrolle von Fall zu Fall in unterschiedliche Richtungen ausschlug beziehungsweise regelmäßig neu ausgehandelt wurde.

Die kaiserlichen Gunstbezeugungen sollten nicht nur willkürlich vergeben werden, sondern standen vor der Herausforderung, durch die Auswahl verdienter Personen eine staatsnahe Elite aufzubauen. Das Narrativ des Kaisers hatte daher die Aufgabe, Gerechtigkeit ohne Verbindlichkeit zu schaffen, was ausschließlich unter Einbeziehung der Verwaltungsbehörden zu leisten war. Der Kaiser wies sich mit seinem Entscheidungsnarrativ vielfältige, wandelbare Rollen zu: Hochgradig formalisiert, dienten sie mehr als alles andere seiner Selbstdarstellung, zeigten sie ihn doch in seiner ganzen Machtfülle als von Gott eingesetzte Gestalt, die das Leben des Antragstellers und seiner gesamten Nachkommenschaft entscheidend verändern konnte. Die Legitimität dieser Entscheidung beruhte auf dem traditionellen Konzept der imperialen Gnade, die es dem Monarchen bis zu einem gewissen Punkt erlaubte, Gesetze zu umgehen und einzelnen Menschen das abstrakte Gefühl der gesellschaftlichen Besserstellung einzupflanzen. Unverzichtbare Unterstützung erhielt er dafür nicht zuletzt von seinen treuen Untertanen, die ungeachtet der Entstehung moderner Staatselemente an dem Kontinuität versprechenden Narrativ des Kaisers festhielten. Im Unterschied zu den Gesetzmäßigkeiten des Rechts, das alle Antragsteller gleich behandeln wollte, fühlten sie sich durch Formulierungen wie »Unser lieber getreuer Generalkonsul« persönlich angesprochen und in eine direkte Beziehung zum Monarchen gesetzt. Nichtsdestoweniger verlangte die Öffentlichkeit eine gerechte Gnade und damit eine informierte und reflektierte Entscheidung des Staatsoberhaupts, die lediglich von einem starken Verwaltungsapparat gewährleistet werden konnte.

75 *Kleinwächter*: Präsidialist, 235 f.

Der t. gh. Staatsminister glaubt auch jetzt an dieser Anschauungsweise festhalten zu sollen, zumal bei Würdigung ähnlicher Gesuche bisher mit der größten Strenge vorgegangen worden ist und die Gewährung solcher Gesuche immer eine große Anzahl ähnlicher Einschreiten hervorruft, welche ohne Unbilligkeit und kränkende Zurücksetzung vieler gleich würdiger oder noch würdigerer Bittsteller nicht zurückgewiesen werden können. Eine solche Anschauungsweise mag wohl dem einzelnen Individuum hart erscheinen, allein der t. gh. Staatsminister hält dieselbe in ihrer Gesammtheit [sic] für gerecht und gegenüber so vielen Militärs, welche fast durchgängig ohne ihre Schuld nicht die gesetzlichen Erfordernisse zur Erlangung des Adels nachzuweisen vermögen, für vollkommen begründet.[76]

Mit dieser klar strategischen Äußerung rechtfertigte das Staatsministerium, wie sich das Innenministerium in den 1860er Jahren nannte, die Abweisung des Gesuchs Ferdinand Bilimeks wegen fehlender Verdienste. Obwohl sich die Beamten in diesem Fall mit ihrer Argumentation beim Kaiser nicht durchsetzen konnten und dessen gegenteilige Entschließung hinnehmen mussten, hatte sich die Behörde mit dieser Aussage klar positioniert: Es sollte einheitliche Richtlinien bei der Bearbeitung der Adelsgesuche geben, die Objektivität und Fairness für alle Antragsteller versprachen und von einer kompetenten Institution überwacht werden konnten. Das Innenressort schuf sich dadurch eine Schlüsselposition bei der Gestaltung der habsburgischen Nobilitierungspraxis und führte diese gleichzeitig an die Grenzen des kaiserlichen Gnadensystems. Sobald die Auszeichnung des Einzelnen nicht mehr von der imperialen Gunst, sondern von einem ihm rechtmäßig zustehenden Anspruch abhing, wurde der Monarch ein Unterzeichner ohne Entscheidungsgewalt.

»Eine große Anzahl ähnlicher Einschreiten«: Nobilitierung im Dienst der Staatsbildung

Die Staatsbildungsprozesse des 18. und 19. Jahrhunderts hatten auch eine »Entpersonalisierung von Herrschaft« zur Folge, die das direkte Verhältnis zwischen Souverän und Untertan veränderte.[77] Die Nobilitierungspraxis nahm dabei in besonderer Weise eine Zwitterstellung ein. Sie bezog ihre Legitimität einerseits aus dem monarchischen Prinzip des Souveräns, setzte andererseits aber mehr und mehr auf Gerechtigkeit und Vergleichbarkeit. Bei den Antragstellern festigte sich daher die Überzeugung, das Anrecht auf eine bestimmte Auszeichnung zu besitzen, für das es sich auch zu kämpfen lohnte. Der moderne Staat, der sich im 19. Jahrhundert immer stärker ausdehnen konnte, war von Zentralisierung, Normierung und Rationalisierung geprägt. Um die Bürger in ihren individuellen Lebenssituationen zu erfassen, zu unterstützen und

[76] Ferdinand Bilimek, AT-OeStA/HHStA KA KK Vorträge 18-1865, KZl. 3540.

[77] *Tönsmeyer/Ganzenmüller*: Einleitung, 18 f.

schließlich zu lenken, benötigte die politische Führung eine starke Administration, die neben dem Schutz von Staatsvolk und -territorium[78] auch die Gestaltung der Gesellschaft betrieb. Die Definierung des Adels durch die Behörden und die Auszeichnung verdienter Adelskandidaten entwickelte sich daher zu einem Baustein der Staatsbildung.

Dabei waren es die gekrönten Häupter selbst, die in vielen Bereichen ihres Landes den Aufbau des Staatsapparats anregten und zu einer »Verdichtung von Herrschaft« beitrugen. Ihre Machtsteigerung hatte zunächst den empfindlichen Machtverlust der sogenannten »nicht-staatlichen Akteure« (z. B. Adel, Kirche) zur Folge.[79] Entscheidungen im Zusammenhang mit dem Adelsrecht und der Nobilitierungspraxis wurden im 19. Jahrhundert dem Einfluss der adeligen Feudalherren entzogen und in einen immer enger werdenden rechtlichen Rahmen eingebettet. Während es fürstlichen Familien wie den Schwarzenberg durch das »Große Palatinat« des Heiligen Römischen Reiches noch bis in die 1790er Jahre gestattet war, die Angehörigen ihres Herrschaftsbereiches in den Ritterstand zu erheben, legte der (ab 1804 österreichische) Kaiser diese Aufgabe einzig in die Hände seiner Beamten.[80] Privilegien wie das »Große Palatinat« verloren mit dem Ende des Heiligen Römischen Reiches also ihre Wirkung. Zudem lag es noch zu Beginn des 19. Jahrhunderts in der Kompetenz der Stände, die Adelsbestätigungen durchzuführen, was nicht nur die Adelsgemeinschaft rasant vergrößerte, sondern insbesondere auch eine Aushöhlung des kaiserlichen Adelungsvorrechts bedeutete. 1817 gelang es der Hofkanzlei jedoch, auch die Adelsanerkennungen als eine alleinige Aufgabe der Verwaltung und des Monarchen zu zentralisieren – die Stände behielten lediglich die

78 *Ebenda*, 7 f.

79 *Langewiesche*, Dieter: Die Monarchie im Jahrhundert Europas. Selbstbehauptung durch Wandel im 19. Jahrhundert. Heidelberg 2013, 26 f.; *Raphael*, Lutz: Recht und Ordnung. Herrschaft durch Verwaltung im 19. Jahrhundert. Frankfurt am Main 2000, 145 f.

80 *Paleczek*: Modernisierung, 55. Siehe dazu auch die Diplomarbeit von *Záloha*, Jiří: Eggenberské a schwarzenberské nobilitační diplomy [Eggenberger und Schwarzenberger Nobilitierungsdiplome]. (Diplomarbeit) Karls-Universität Prag 1962, insbesondere den Abdruck des Ritterstandsdiploms für Leopold Pläch auf Seite 120–126; Das »Große Palatinat« wurde vom Kaiser des Heiligen Römischen Reiches oder vom Papst vergeben und enthielt, je nach Ernennungsdekret, unterschiedliche Kompetenzen, unter anderem auch die Nobilitierungsberechtigung. Noch in den 1840er Jahren wurde überprüft, ob etwa die Grafen Cateletti oder die Herzöge Sforza-Cesarini das Recht besessen haben, Adelstitel zu verleihen: Palatinatsadel, AT-OeSTA/HHStA StK Adelsakten 2-9, Konvolut A10. Siehe dazu weiterführend *Arndt*, Jürgen: Zur Entwicklung des kaiserlichen Hofpfalzgrafenamtes von 1355–1806. In: Hofpfalzgrafen-Register. Bd. 1. Neustadt an der Aisch 1964, V f.; *Dobler*, Eberhard: Das kaiserliche Hofpfalzgrafenamt und der Briefadel im alten Deutschen Reich vor 1806 in rechtshistorischer und soziologischer Sicht. Freiburg im Breisgau 1950.

Aufgabe, die kaiserlichen Entscheidungen in den jeweiligen Adelsmatriken zu verzeichnen.[81]

Da sich gerade die Beamtenschaft dem Kaiser mit besonderer Hingabe verpflichtet fühlte, musste mit der Bürokratisierung des Entscheidungssystems nicht automatisch auch ein Machtverlust des Staatsoberhaupts verbunden sein.[82] Ganz im Gegenteil hatte bereits im 18. Jahrhundert der Aufbau einer loyalen und kaisernahen Verwaltungselite eingesetzt, die nach der Revolution von 1848/49 einen wichtigen Grundstock der öffentlich Bediensteten bildete[83] und dadurch insbesondere die Administration, aber auch die Regierung zum Reservat des Monarchen bestimmte.[84] Ihr Glaube an die Rechtmäßigkeit der imperialen Herrschaft machte die Amtsdiener zu Hütern und Organen des Gnadensystems, das sie repräsentierten und verteidigten.

Diese Chance ergriff die Administration beispielsweise im Falle des Giovanni Batista Fiorioli aus Padua, der um die Bestätigung seines lucchesischen Adels bat. Der Antragsteller hatte bereits einige Jahre zuvor ein Nobilitierungsgesuch beim Kaiser eingereicht, und, als dieses von Seiten der Wiener Behörden abgelehnt worden war, dieselbe Anfrage mit Erfolg in Lucca unterbreitet. Von dem Kleinstaat nun offiziell mit einem Adelstitel ausgezeichnet, kehrte er kurz darauf in die Donaumonarchie zurück und erhoffte sich eine Anerkennung des lucchesischen als österreichischen Adel, da ihm dieser deutlich prestigeträchtiger erschien. Das Innenministerium, das durch die Evaluation seiner früheren Entscheidungen den Plan des Antragstellers durchschaut hatte, schrieb dazu: »Eine derartige Connivenz könnte nur zur Schmälerung des Begriffes von der kaiserlichen Gnade und der Abhängigkeit der Unterthanen von derselben, in der öffentlichen Meinung führen.«[85] Die Würde und Integrität der »kaiserlichen Gnade«, die von dem Antragsteller zur Disposition gestellt wurde, musste von den Beamten durch ihre Entscheidungen geschützt werden. Die Administration hatte also die Aufgabe, den Zugang zur kaiserlichen Gnade, der sich die Adelskandidaten mit ihrem ganzen Betragen erst würdig erweisen mussten, zu überwachen.[86]

81 *Waldstein-Wartenberg*: Adelsrecht, 114.

82 *Ursprung*, Daniel: Herrschaftslegitimation zwischen Tradition und Innovation. Repräsentation und Inszenierung von Herrschaft in der rumänischen Geschichte in der Vormoderne und bei Ceaușescu. Kronstadt 2007, 26; *Goldinger*, Walter: Die Zentralverwaltung in Cisleithanien. Die zivile gemeinsame Zentralverwaltung. In: *Wandruszka/Urbanitsch* (Hg.): Die Habsburgermonarchie. Bd. 2, 100–189, hier 101.

83 *Raphael*: Recht, 22.

84 *Böckenförde*: Der deutsche Typ, 285.

85 Giovanni Batista Fiorioli, AT-OeStA/HHStA KA KK Vorträge 21-1857, MCZl. 4061.

86 Sitzung Nr. 619, Ministerrat, Wien, 28.1.1852. In: ÖMR. Abteilung II. Das Ministerium Schwarzenberg. Bd. 5: Die Protokolle des österreichischen Ministerrates 1848–1867 online, URL: https://mrp.oeaw.ac.at/pages/show.html?document=MRP-1-2-05-0-18520128-P-0619.xml (am 12.6.2024); AT-OeStA/HHStA KA KK Vorträge 18-1874, KZl. 3844.

Zur Staatsbildung gehörte des Weiteren die Ausprägung von bürokratischen Routinen und Normen sowie die Zentralisierung der höchst unterschiedlichen Kronländer. Diese Maßnahmen zielten jedoch nicht nur auf eine Regulierung des Verwaltungsapparats und seiner Tätigkeit, sondern auch auf eine Homogenisierung der Bevölkerung ab, die mit ihren jeweiligen Talenten und Kompetenzen in den Prozess des Staatsaufbaus einbezogen wurde.[87] Aufgrund seiner disziplinierenden Wirkung kam dem Auszeichnungswesen sowohl bei der Förderung gewünschten Verhaltens und der Implementierung staatlicher Werte, als auch bei der Vereinheitlichung einer äußerst differenzierten Gesellschaft große Bedeutung zu.[88] Den Ausgangspunkt derartiger Entwicklungen, die dem Nobilitierungswesen den Charakter eines Politikfelds gaben,[89] bildete zunächst die Schaffung von Präzedenzfällen. Bereits getroffene Entscheidungen sollten für zukünftige Beschlüsse ausschlaggebend sein. Daher mussten solche Musterfälle je nach individueller Situation entweder gefördert oder vermieden werden, wie dem eingangs zitierten Vortrag für Ferdinand Bilimek zu entnehmen ist.

Der Gerechtigkeit wegen waren ältere Entscheidungen demnach ein wesentlicher Leitfaden, der von den Behörden bewusst zur Orientierung herangezogen wurde. Neben den Beamten wurden auch Experten aus anderen Bereichen in den Entscheidungsprozess einbezogen: Bei der Bearbeitung der Grafenstandsbestätigung für Ignaz Kolisch ließ sich der ungarische Ministerpräsident unter anderem vom Landesarchivar beraten, »um über die ähnlichen Angelegenheiten in früherer Zeit beobachtete Gepflogenheit bestimmte Anhaltspunkte zu gewinnen«.[90] Ein einzelner Antrag stand nun nicht mehr allein, sondern war in ein ganzes System von miteinander verflochtenen und voneinander abhängigen Entscheidungen eingebunden, die sich gegenseitig ausschlossen oder bedingten. Die Verweise, die zwischen den Gesuchen hergestellt wurden und somit als verbindendes Raster der Einzelbeschlüsse dienten, schlossen den kaiserlichen Willen aber nicht aus – ganz im Gegenteil nutzten die Beamten diesen als Argument, um Präzedenzfälle in ihr Adelsnarrativ einbeziehen zu können.

Auf diese Weise kam es beispielsweise zur negativen Erledigung einer von Generalmajor Johann von Szilliak eingereichten Bitte aus dem Jahr 1853:

> Gleichwohl kann der Minister des Innern sich nicht erlauben, die vorliegende Bitte zu bevorworten, weil Eure Majestät mit a. h. Entschließung vom 21. Juni v. J. [...] dem, unter gleichen Verhältnissen überreichten Gesuche des F. M. L. Kerpan, um Erhebung in den Freiherrenstand, mit der auch auf den Gm. v. Szilliak ganz anwendbaren Motivierung keine Folge zu geben geruhten.[91]

87 *Deak*: State, 2, 6 f.

88 *Raphael*: Recht, 23 f.

89 Siehe dazu Kapitel IV.

90 AT-OeStA/HHStA MdÄ AR F60-43, Miszellen, Adel 227.

91 Johann von Szilliak, AT-OeStA/HHStA KA KK Vorträge 5-1853, MCZl. 812.

Stand der aktuelle Antrag also in der Nachfolge älterer Beschlüsse oder konnte er für zukünftige Entscheidungssituationen zum Vorbild werden, war er nicht mehr aus sich selbst heraus verhandelbar, und die Gründe, die den Einzelfall bestimmten, mussten allgemeineren Logiken untergeordnet werden. Dadurch wurde die Nobilitierungspraxis in einen selbstreflexiven Politikzyklus umgewandelt, der durch die Evaluation getroffener Beschlüsse neue Entscheidungsstrategien und -muster hervorbrachte.[92]

Der Ausgang des Entscheidungsprozesses war auch von jenen Auszeichnungen abhängig, die der Antragsteller schon vor dem Adelsgesuch erhalten hatte. Insbesondere vorangegangene Ordensverleihungen und Belobigungen konnten äußerst flexibel sowohl für dessen Befürwortung als auch dessen Abweisung herangezogen werden. Auf der einen Seite zeugte eine bereits erfolgte Honoration von der Verdienstlichkeit des Adelskandidaten und war daher positiv zu interpretieren: Der Oberbergrat Franz Grimm, den »Euere Majestät bereits zweimal seine vorzügliche Dienstleistung anzuerkennen die a. h. Gnade hatten«,[93] war daher auch für eine Adelung prädestiniert. Auf der anderen Seite musste jede Ehrung und Dekoration auch mit neuen Leistungen und Verdiensten verknüpft sein und graduell ansteigen, um eine weitere Belobigung zu rechtfertigen: Die den Antragstellern bereits gewährte Gunst konnte daher immer auch ein Hindernis für angestrebte Gnadenakte darstellen. Der böhmische Finanzprokurist Ferdinand Fritz erlebte 1863 die Abweisung seiner Bitte demnach vor allem deswegen, weil sein »gemeinnütziges und humanitäres Wirken, durch die a. h. Verleihung des goldenen Verdienstkreutzes mit der Krone schon zur Genüge belohnt erscheint«.[94]

Der Verwaltungsapparat band die kaiserlichen Einzelentscheidungen durch die laufende Sammlung und Evaluierung von Informationen in ein Politikfeld und eine bürokratische Kontinuität ein, die durch die Wiederholbarkeit der Beschlüsse die »Denk-, Wahrnehmungs- und Wertvorstellungen« der Bürger beeinflusste.[95] Auch die Behörden empfanden die Nobilitierungspraxis daher als ihre Prärogative, über die sie ihre Expertise und Kompetenzen ausspielen und die sie als Teil ihres Verstaatlichungsauftrags nutzen konnten. Die Bürger wurden daher von einem administrativ geprägten Adelsnarrativ ummantelt, das sich ganz und gar der Vergrößerung staatlicher Einflusssphären verschrieben hatte und den Beamten, als Regulierer und Überwacher des Entscheidungsprozesses, besondere Bedeutung zuwies. Für sie war die Nobilitierungspraxis demnach eine Methode zur Ausdehnung ihrer eigenen Aufgabenbereiche und der reichsweiten Verstaatlichung.

92 *Pfister*: Entscheiden.

93 Franz Grimm, AT-OeStA/HHStA KA KK Vorträge 9-1865, KZl. 1761.

94 Ferdinand Fritz, AT-OeStA/HHStA KA KK Vorträge 13-1863, KZl. 2969.

95 *Becker*: Staat, 319 f.

»In ihrer Gesammtheit gerecht«: Die Vereinheitlichung der Nobilitierungspraxis

Die Transformation der Habsburgermonarchie in einen Rechts- und Verwaltungsstaat[96] führte demnach auch zur Entstehung einer nobilitierungspolitischen Agenda. Seit dem 18. Jahrhundert bildete sich durch die Einführung des systematisierten beziehungsweise systemmäßigen Adels zumindest eine partielle Gesetzesbasis aus, die die imperialen Entscheidungen verstetigte und den willkürlichen Gnadenakt des Souveräns um einen Adelsautomatismus ergänzte. Insbesondere für die Offiziere existierten dadurch klare Kriterien zur Regelung ihres gesellschaftlichen Aufstiegs, die von offizieller Seite überwacht wurden. Dementsprechend entstanden aus dem Willen nach Gerechtigkeit und der Reflexion bereits getroffener Beschlüsse Ansprüche, die unabhängig von der Kontingenz der kaiserlichen Gnade für jeden Staatsbürger gelten sollten. Den Beamten war es dadurch möglich, den »Allerhöchsten« Schreibtisch zu umgehen. Erst die »relative Unabhängigkeit von der Gunst des Herrschers und das Befolgen professioneller Standards« machte die Verwaltung zum Garanten einer modernen Politikformulierung und -vollziehung, wie sie für Politikfelder üblich ist.[97] Tatsächlich emanzipierte sich auch die habsburgische Bürokratie während der Regierungszeit Franz Josephs durch die Ausformung eines autonomen Status im Staatsapparat von ihrer »Rolle als exekutiver Arm der Dynastie« und wurde zur Leitfigur umfangreicher Zentralisierungsbestrebungen seit den 1850er Jahren.[98]

Die Stärkung der Bürokratie resultierte aus eben jenem Regulierungsdrang in der Moderne, der zum einen die Untertanen den Zielen des Staates unterordnen und gleichzeitig ihren Wunsch nach gesellschaftlichem Aufstieg für seine Zwecke nutzen wollte.[99] Seine Bedeutung schöpfte der Behördenapparat daher aus seiner Mittlerstellung zwischen dem Herrscher und den Beherrschten. Ohne seine Assistenz war eine Kommunikation zwischen den beiden Polen nicht möglich, sodass die Beamten als Stellvertreter des Volkes vor dem Monarchen und zugleich als Repräsentanten des Kaisers in der Öffentlichkeit fungierten. Die Nobilitierungsvorträge zeugen von dieser Ausbalancierung obrigkeitlich und öffentlich akzeptabler Adelsnarrative.

Schon in der ersten Regierungsphase Kaiser Franz Josephs war das Innenministerium zu einer bestimmenden Kraft des Staates und der Politik aufge-

96 Zum Konzept des Rechtsstaats siehe etwa *Raphael*: Recht, 28–30.

97 *Pfister*: Entscheiden, 22.

98 *Lindström*, Fredrik: The State and Bureaucracy as a Key Field of Research in Habsburg Studies. In: *Adlgasser*, Franz/*Lindström*, Fredrik (Hg.): The Habsburg Civil Service and Beyond. Bureaucracy and Civil Servants from the Vormärz to the Inter-War Years. Wien 2019, 13–47, hier 14.

99 *Tönsmeyer*/*Ganzenmüller*: Einleitung, 14.

stiegen, weil es sich hauptverantwortlich für die Verwaltungsreform der Habsburgermonarchie in den 1850er Jahren zeigte und in der folgenden Periode eine Vorrangstellung bei der Administrationsorganisation behauptete.[100] Auch bei der Behandlung der Adelsangelegenheiten begann die Institution im Neoabsolutismus mit gesteigertem Selbstbewusstsein zu agieren und sich dabei vor allem gegen andere Akteure der Nobilitierungspolitik durchzusetzen. Diese Führungsrolle im Auszeichnungswesen legitimierte das Innenministerium mit dem aus den verschiedenen Kanälen des Reiches zusammengetragenen Wissen sowie seiner Expertise im Adelsrecht. Als sich 1880 daher beispielsweise das Außenressort – in Übereinstimmung mit der belgischen Regierung – für eine Adelsübertragung an Alfred L'Olivier aussprach, machte ihm der Innenminister unmissverständlich klar, dass »es nicht anginge, bei Seiner kais. u. kön. Apostol. Majestaet die allergnädigste Uibertragung [...] in Antrag zu bringen«.[101]

Obwohl die Entscheidung über den Adel also beim Kaiser verblieb, kam dem Innenministerium das nicht unwesentliche Recht zu, die erfolgsversprechendsten Gesuche auszuwählen und einer weiteren Bearbeitung auf dem monarchischen Schreibtisch zuzuführen. All jene Anträge, die bereits zuvor von den Beamten des Adelsdepartments ausgesiebt worden waren, hatten dagegen keine Aussicht auf Bewilligung, was dem Innenministerium eine unbestreitbare Machtbasis verschaffte und in der Selbstnarration der Beamten entsprechend gewürdigt wurde. Auch die anderen Ressorts erkannten diese Argumentation an und reproduzierten sie: Es läge »nur im Ermessen« des Innenministers, betonte etwa das Außenamt 1886, ein bestimmtes Gesuch »zur a. h. Entscheidung vorzulegen oder nicht«.[102] Die Beamten des Adelsdepartements votierten demnach nicht nur für oder gegen einen Antragsteller in den Allerhöchsten Vorträgen, sondern trafen auch selbst Entscheidungen, indem sie Anträge aus dem Beschlussverfahren exkludierten.

Um in dieser exponierten Position nicht angreifbar zu werden, verbarg das Innenministerium sein eigenmächtiges Entscheiden hinter einer scheinbar aus den Akten hervorgehenden Rationalität. So erklären die Beamten des Adelsdepartements beispielsweise mit Bezug auf die Familie Arenstorff:

> [E]s konnten aber in dieser Dienstleistung [...] der genannten Brüder keine derartigen Momente einer hervorragenden Verdienstlichkeit [...] gefunden werden, welche es dem Ministerium des Inneren als obersten Adelsbehörde ermöglicht hätten, den [...] Allerhöchsten Gnadenakt zu befürworten.[103]

Die Entscheidung verlor durch diese Formulierung jede Kontingenz, da in dieser Situation und mit diesen »Ressourcen« gar kein anderes Vorgehen möglich sei. Als »oberste Adelsbehörde« und damit als Hüter und Verwalter aller Verordnungen, Regeln und informellen Normen der Nobilitierungspraxis war die

[100] *Goldinger*: Zentralverwaltung, 125–128.
[101] AT-OeStA/HHStA MdÄ AR F60-43, Miszellen, Adel 178.
[102] AT-OeStA/HHStA MdÄ AR F60-43, Miszellen, Adel 250.
[103] AT-OeStA/HHStA MdÄ AR F60-44, Miszellen, Adel 376.

Institution – im Unterschied zu anderen Staatsorganen – dazu berufen, die »korrekten« Entscheidungen zu treffen. Indem das Innenministerium sich geschickt hinter Gesetzen und Informationen versteckte, konnte es seine Interpretation der Fakten als logische Ableitung präsentieren. Mit dieser Strategie war die Adelsabteilung im Innenministerium nicht nur vor den übrigen Ministerien überaus erfolgreich: Wie bereits gezeigt, nahm der Kaiser mehr als 90 Prozent der Vorschläge aus dem Adelsdepartement an, auch Unstimmigkeiten und Konflikte mit anderen Behörden konnte die Adelsabteilung zumeist für sich entscheiden.

Im Rahmen der Staatsbildung war es dem Behördenapparat also gelungen, eine eigenständige Machtposition aufzubauen und neben dem monarchischen Prinzip ein ergänzendes Adelsnarrativ mit staatsbildendem Charakter zu protegieren. Die Vereinheitlichung der Adelserhebungen führte auch zur Formulierung einer Reihe von Kriterien und Voraussetzungen, die wiederum die Beamten als Bewacher und Regulierer des Systems notwendig erscheinen ließen. Seine Rolle als »oberste Adelsbehörde«, die das Innenministerium mit einer gewissen Schärfe auch gegenüber anderen Ministerien verteidigte, resultierte insbesondere aus seiner Stellung im Zentrum vielgestaltiger Informationskanäle.[104] Sein Wissen und seine Erfahrungen mit dem Auszeichnungswesen ermöglichten es ihm, zahlreiche Entscheidungen selbstständig zu treffen und andere intensiv mitzubestimmen. Daher war das vom Innenministerium forcierte Adelsnarrativ nicht nur eines des modernen Rechtsstaats, sondern auch seiner eigenen Stärke.

»Das t. gh. Staatsministerium glaubt«: Die Vielfalt der Verwaltungspositionen

Da jedoch gerade die Gutachten und Auskünfte aus den unterstützenden Behörden das Kapital des Innenministeriums in Adelsfragen darstellten, konnte es sich nicht erlauben, deren – auch gegenteilige – Meinungen vollkommen zu ignorieren. Vielmehr war es seine Aufgabe, die einzelnen Fälle in ihrer ganzen Differenziertheit zu präsentieren, um dem Kaiser eine eigenständige Urteilsbildung zu ermöglichen. Obwohl das Innenministerium dem Monarchen in den Vorträgen eindeutige Vorschläge machte, gab es darin auch der Expertise anderer Ämter und Institutionen eine Stimme, die dadurch ebenfalls Einfluss auf das Verfahren gewannen. Ein ständiges Neben- und Miteinander unterschiedlicher Akteure prägte den Prozess der Beschlussfassung. Die Administration zerfiel daher in eine Vielzahl von Einzelstimmen, die sich gegenseitig stärken, aber auch widersprechen und aufheben konnten.

Beispielhaft dafür ist die Rolle von Kriegs- und Innenministerium bei Fragen des Militäradels: Das Armeeoberkommando informierte die Adelsbehörde

104 Siehe dazu auch Kapitel I.2.

über Antragssteller aus ihren Reihen, legte die notwendigen Unterlagen zu deren Verdienstlichkeit vor und beurteilte deren Würdigkeit. Diese Empfehlungen wurden vom Innenministerium zwar noch einmal überprüft und bewertet, in den meisten Fällen aber ohne Weiteres bestätigt und dem Kaiser vorgelegt. Üblich waren Formulierungen wie die Folgende: »Der Minister des Inneren vereinigt sich mit der Ansicht des Armeeoberkommando, daß der Bittsteller, seiner langen fast 40-jährigen Dienstleistung und seines ehrenhaften loyalen Benehmens wegen, der a. g. Willfahrung seiner Bitte würdig sei.«[105] Der Innenminister stimmte den Überlegungen der Heeresleitung also aufgrund der Leistungen des Bittstellers zu und behielt sich, als wesentliche Entscheidungsinstanz, die rege Mitsprache in diesem Verfahren vor.

Dagegen schien zu Beginn der 1870er Jahre diese selbstbewusste Position des Innenministeriums ins Wanken geraten zu sein. In dieser Zeit verstand sich das Adelsdepartement vorrangig als Vermittler der vom Kriegsministerium bereits getroffenen Entscheidung. Man fühlte sich nicht mehr verpflichtet, selbst zu der Frage Stellung zu beziehen, sondern reproduzierte schlichtweg die Aussagen und Einschätzungen des Kriegsministers für den Kaiser. Wendungen, wie jene in Bezug auf den Hauptmann Moriz Kiebast, waren in dieser Phase keine Seltenheit: »Nachdem das Kriegsministerium den Gesuchswerber als des erbetenen a. h. Gnadenaktes würdig bezeichnete [...] stellt der Minister des Inneren die Bitte auf die a. g. Willfahrung des vorliegenden Gesuches.«[106] Nicht die Verdienste des Hauptmanns an sich, sondern deren positive Bewertung durch den Kriegsminister scheinen in diesem Fall das ausschlaggebende Argument für die Befürwortung des Antrages darzustellen. Der Innenminister bildete im Entscheidungsprozess lediglich das ausführende Element. Noch deutlicher wird dies anhand des Vortrags für den Rittmeister Alfred Bassenheim, der zwar vom Innenministerium eingereicht wurde, aber mit den Worten schließt: »Das Reichskriegsministerium erachtet den Bittsteller einer ausnahmsweisen Ag. Berücksichtigung würdig bezeichnen zu sollen.«[107] Das Innenministerium trat hier gänzlich hinter das Kriegsministerium zurück, dessen Willen für die Begründung des Entschlusses eine ausschlaggebende Rolle einnahm und scheinbar ebensolches Gewicht hatte, wie alle inhaltlichen Argumente.

Diese Phase der Schwäche des Innenministeriums, die nur wenige Jahre zu beobachten ist, wandelte sich bis zum Ende der 1880er Jahre jedoch zu einer rigorosen Ablehnung aller vom Kriegsministerium vorgeschlagenen Entscheidungen. Dazu wurde zunächst auf die geltenden Bestimmungen des systemmäßigen Adels verwiesen, der lediglich bei Vorhandensein aller Vorgaben erteilt werden könne. Das Innenministerium betonte unmissverständlich, dass

[105] Joseph Baumrucker, AT-OeStA/HHStA KA KK Vorträge 17-1857, MCZl. 3276.
[106] Moriz Kiebast, AT-OeStA/HHStA KA KK Vorträge 14-1873, KZl. 2809.
[107] Alfred Bassenheim, AT-OeStA/HHStA KA KK Vorträge 3-1873, KZl. 558.

sich ein Antragsteller bei einem Mangel der Kriterien nur auf »besonders ausgezeichnete Verdienste« stützen könne. Diese Regelung war bereits mehrere Jahrzehnte zuvor, in einer »Ah. Entschließung vom 20. März 1842«, festgelegt worden.[108] Die genaue Definition und Einschätzung »besonders ausgezeichneter Verdienste« hatte jedoch stets Raum zur Interpretation gelassen und wurde in den späten 1880er Jahren zu einem Streitthema der Behörden.

Während nämlich das Reichskriegsministerium normalerweise die im Dienst allgemein erwartbaren Leistungen der Gesuchsteller für ausreichend empfand und den Antrag zur Befürwortung empfahl, reagierte das Innenministerium klar ablehnend:

> Derartige Momente besonderer Verdienstlichkeit des Hauptmannes Johann Audreić zu Gunsten seiner vorliegenden Bitte werden aber von keiner Seite geltend gemacht. Bei diesem Sachverhalte und danach den bestehenden Ah. Anordnungen, die in Adelsangelegenheiten für das Militär erlassenen Vorschriften bei derlei Adelsgesuchen strenge auszulegen sind, sieht sich Gf. Taaffe ungeachtet der befürwortenden Äußerung des Reichskriegsministeriums außer Stande, die [...] Bitte der Ah. Gewährung zu empfehlen.[109]

Wie so oft präsentierte sich das Innenministerium hier als vollkommen sachliche Institution, die aufgrund der vorliegenden Fakten »außer Stande« sei, dem Antrag Folge zu leisten. Die Objektivität, die dabei beschworen wurde, täuschte allerdings lediglich über eine Vielfalt unterschiedlicher Meinungen hinweg und half dem Innenressort seine Vorstellung von Adeligkeit lückenlos durchzusetzen.

Eine ungewöhnliche Ausnahme stellte in dieser Hinsicht das Verfahren um die Grafenstandserhebung Giuseppe Pizzamanos, Konsul in Jerusalem, dar, die erstmals 1857 verhandelt wurde. Das Innenministerium nannte in seinem Vortrag vielfältige Gründe, die für den Antragsteller sprachen: Er stamme aus einer alten venezianischen Familie, die hohe politische Ämter zur Zeit der Republik bekleidet hatte, der Vater Pizzamanos sei nach den napoleonischen Kriegen in den österreichischen Staatsdienst übergetreten und habe – wie Pizzamano selbst – verschiedene Posten in der habsburgerischen Verwaltung bekleidet. Auch die politische Anschauung der Familie sei völlig tadellos, was sich nicht zuletzt darin manifestiere, dass der Antragsteller bei der Krönung Ferdinands zum König von Lombardo-Venetien seinen Pflichten als kaiserlicher Kämmerer nachgekommen sei.[110]

Das Innenministerium empfahl daher in Übereinstimmung mit dem lombardo-venezianischen Generalgouverneur und den venezianischen Lokalbehörden die Bewilligung des Gesuches. Das Außenministerium, das als Arbeitgeber des Konsuls ebenfalls einvernommen werden musste, gelangte allerdings

[108] Siehe dazu Kapitel II.2.
[109] Johann Andreić, AT-OeStA/HHStA KA KK Vorträge 17-1887, KZl. 3457.
[110] Giuseppe Pizzamano, AT-OeStA/HHStA KA KK Vorträge 21-1857, MCZl. 4061.

zu einem gänzlich gegenteiligen Urteil. Es schätzte Pizzamanos berufliche Verdienste, die durch die bislang gewährten Gehaltszulagen bereits ausreichend honoriert worden seien, lediglich als »befriedigend« ein. Obgleich es das Außenministerium »dem Innenministerium anheimstellt, in der Sache die weitere Verhandlung zu pflegen«,[111] sah sich die Adelsbehörde wiederum offensichtlich nicht in der Lage, über die ablehnende Haltung des Außenministeriums vollkommen hinwegzusehen. Sie unterstützte den Antrag zwar, präsentierte aber auch die Vorbehalte gegen den Bittsteller eingehend und überließ es schließlich dem Kaiser, nach eigenem Ermessen zu urteilen.[112] Beide Varianten, die positive wie auch die negative Resolution, wurden in dem Vortrag also zur Unterschrift vorbereitet. Der Monarch folgte dermal allerdings nicht den Einschätzungen des Innenministeriums, sondern dem Vorschlag seines Außenministers auf Abweisung des Gesuchs. Auch diese Entscheidung wurde in einem reflexiven Prozess von den Beamten evaluiert und zur Konstruktion neuer Narrative herangezogen. Als Pizzamano zwei Jahre später erneut ein Gesuch einreichte, hatte das Innenministerium seine Vorgangsweise grundlegend geändert. Die weiterhin strikt ablehnende Haltung des Auswärtigen Amtes erwähnte es in seinem zweiten, Pizzamano gewidmeten Vortrag nur mehr kurz und schloss diesen mit einem eindeutigen Resolutionsentwurf für den Bittsteller, der vom Kaiser dann auch angenommen wurde.[113]

Das differenzierte Adelsnarrativ, das aus verschiedenen Institutionen an den Kaiser herangetragen wurde, zeugt von einem vielstimmigen Behördenapparat, der unterschiedliche Auffassungen und Interessen vertrat. Die monolithische Vorstellung eines einheitlichen Staatsgebildes muss daher um das Bild einer untereinander konkurrierenden Akteursgruppe ergänzt werden, was nicht zuletzt Auswirkungen auf die Nobilitierungspraxis hatte. Neben dem Monarchen als moralische Instanz und dem Innenministerium als »oberster Adelsbehörde« erhoben demnach auch weitere Institutionen, die nicht nur Informationen, sondern vor allem Meinungen in den Entscheidungsprozess einbrachten, in der Adelspolitik ihre Stimme. Das Adelsnarrativ entpuppt sich dabei als Konfliktfeld der Verwaltung, über das auch die administrativen Hierarchien und Zuständigkeiten immer wieder neu ausgehandelt wurden.

»Dem einzelnen Individuum hart erscheinen«: Schutz vor der Verwaltungsvereinheitlichung

Die Vielfalt der Verwaltungsnarrative zeigt, dass in den Ministerien immer sowohl nach klaren Kriterien, wie auch nach dem freien Ermessen geurteilt wurde,

111 AT-OeStA/AVA Adel Hofadelsakten, Giuseppe Pizzamano, pag. 25–26.

112 Giuseppe Pizzamano, AT-OeStA/HHStA KA KK Vorträge 21-1857, MCZl. 4061.

113 Giuseppe Pizzamano, AT-OeStA/HHStA KA KK Vorträge 12-1859, KZl. 2743. Zu der weiteren Geschichte Pizzamanos siehe auch Kapitel I.4.

was sie bereits im zeitgenössischen Verständnis vom richterlichen Entscheiden abgrenzte: »Demnach entschied die Verwaltung nach nicht justiziablen Notwendigkeits- und Zweckmäßigkeitsgesichtspunkten, die Justiz dagegen ausschließlich nach Rechtmäßigkeitsgesichtspunkten.«[114] Dabei handelte es sich um eine Grundsatzdiskussion zum bürokratisch-juristischen Entscheiden im 19. Jahrhundert: Während die Administration die allgemeine Gültigkeit und gesamtheitliche Nützlichkeit zur Grundlage ihrer Entschlüsse machte, sollte das Rechtswesen allein die Gesetzgebung und deren individuelle Anwendung im jeweiligen Einzelfall für ihre Bewertung heranziehen.[115] Dementsprechend forderte der Politiker und Jurist Carl Josef Mittermaier bereits 1821:

> Mag der dem Gerichte vorgelegte Fall mit noch so vielen Verwaltungsrücksichten zusammenhangen, [...], so findet doch der Richter, [...] leicht die juristische Entscheidung, da sie sich nicht auf das Wohl des Staats oder auf Prüfung der Zweckmäßigkeit einläßt, sondern bloß darin besteht, daß nach den bestehenden Gesetzen der Kläger in seinen erworbenen Rechten verletzt sey. Es ist dies gerade die Natur der Justiz, daß sie ohne eine Nebenrücksicht, ohne den einzelnen Fall im Zusammenhange mit dem Wohl des Ganzen zu würdigen, nur den einzelnen Fall für sich betrachtet.[116]

Die gerichtliche Kontrolle der Administration ebnete der Donaumonarchie zumindest in Ansätzen den Weg zum modernen Rechtsstaat.[117] Parallel zu den klassischen Werkzeugen der Protektion und Patronage[118] sowie der kaiserlichen Gnade als Verwaltungsregulativ[119] schuf dieser neue Wege der Exekutivkontrolle und Gesetzessicherung. Es entstand die Vorstellung eines sich selbst regulierenden Systems, das den Schutz seiner Bürger nicht mehr durch die dem monarchischen Prinzip eingeschriebene Korrektur, sondern im Gegenteil durch die von der Verwaltungsgerichtsbarkeit getragene rigide Einhaltung des Rechts gewährleistete.[120] Seit 1875[121] teilte der Souverän daher seine Ansprüche auf die exponierte Position des Allein- und Letztentscheiders mit dem neu gegründeten Verwaltungsgerichtshof, der wiederum all seine Beschlüsse »im

114 *Elsner*: Ermessen, 30.

115 *Ebenda*, 29 f.

116 *Mittermaier*, Carl Josef: Beiträge zur Lehre von den Gegenständen des bürgerlichen Processes. In: Archiv für die civilistische Praxis 4 (1821), 305–370, hier 313 f.

117 *Raphael*: Recht, 30; *Jabloner*, Clemens: Vorwort. In: *Olechowski*, Thomas: Der österreichische Verwaltungsgerichtshof. Geschichte der Verwaltungsgerichtsbarkeit in Österreich – das Palais der ehemaligen Böhmisch-Österreichischen Hofkanzlei. Wien 2001, 5 f., hier 5.

118 Siehe dazu Kapitel I.2./I.4.

119 Siehe dazu Kapitel III.2.

120 *Pabel*, Katharina: Verwaltungsgerichtsbarkeit – Wesen und Wandel. In: Zeitschrift für öffentliches Recht 67 (2012), 61–79, hier 62 f.

121 Die Institution des Verwaltungsgerichtshofs wurde bereits 1867 durch das Grundgesetz geschaffen, erst 1875 wurde jedoch seine Gestalt von der Regierung und dem Parlament festgelegt.

Namen Seiner Majestät des Kaisers« traf und sich damit in den Dienst des Monarchen stellte.[122] Allerdings war die Verwaltungsgerichtsbarkeit naturgemäß nur in jenen Fällen anrufbar, die sich auf eine klare Rechtsbasis zurückführen ließen, während Gnadenakte von einer gerichtlichen Beanspruchung unberührt blieben.

Um 1900 sah sich jedoch auch die »oberste Adelsbehörde« vermehrt gezwungen, ihre Entscheidungen vor den kritischen Augen des Verwaltungsgerichtshofes zu rechtfertigen. Zwischen 1897 und 1916 verhandelte dieser 14 auf das Adelsrecht bezogene Streitfälle, die sich vorrangig mit Bestätigungen alter und ausländischer Adelstitel beschäftigten. In Einzelfällen wurden zudem generelle Fragen der behördlichen Zuständigkeit behandelt.[123] So nutzte der Verwaltungsgerichtshof das Verfahren des eingebürgerten Felix von Brusselle-Schaubeck, um auch eine allgemeine Entscheidung über den Aufgabenbereich des Adelsdepartements zu treffen. Brusselle-Schaubeck hatte an seine Bitte um Staatsbürgerschaft auch jene um die Anerkennung seines ausländischen Adels geknüpft, das Innenministerium sollte darüber urteilen. In ihrer Rechtfertigungsschrift betonten die Beamten dieses Departements aber, dass sie bislang keine Entscheidung zu seinem Adelsstatus getroffen, sondern ihn lediglich über seine Rechte informiert hätten. Sie bezeichneten die Beschwerde beim Verwaltungsgerichtshof als »gesetzlich nicht zulässig«, weil sie über die Standeserhöhung des Klägers »überhaupt noch nicht entschieden« hätten und baten demgemäß um sofortige Rückstellung der betreffenden Akten.[124] Das Gericht verteidigte jedoch seine Handlungsbefugnis in diesem Zusammenhang mit Blick auf die geltende Gesetzeslage: Das für den Fall als maßgebend betrachtete Hofkanzleidecret vom 12. Juni 1838 erkenne nämlich »die Führung eines ausländischen Adelstitels als ein Recht« an, »und es wird den politischen Behörden [...] die Aufgabe zugewiesen, zu untersuchen und zu entscheiden, ob dem Petenten dieses Recht wirklich zustehe oder nicht«. Der Gerichtshof kam daher zu dem Schluss, dass das Innenministerium seiner gesetzlich vorgeschriebenen Beschlusspflicht nachgekommen und der VwGH daher für diesen Fall zuständig sei.[125]

122 Siehe weiterführend *Olechowski*, Thomas: Die Einführung der Verwaltungsgerichtsbarkeit in Österreich. Wien 1999.

123 Siehe dazu die Erkenntnisse des k. k. Verwaltungsgerichtshofes. XXI.–XXIII. Jahrgang. Wien 1897–1899; und Budwinski's Sammlung der Erkenntnisse des k. k. Verwaltungsgerichtshofes. XXIV.–XL. Jahrgang, Wien 1900–1916. Siehe dazu außerdem *Frölichsthal*, Georg: Die adelsrechtlichen Erkenntnisse des k. k. Verwaltungsgerichtshofes. In: Adler. Zeitschrift für Genealogie und Heraldik 22/6, Wien April/Juni 2004, 185–191.

124 AT-OeStA/AVA Adel Hofadelsakten, Felix von Brusselle-Schaubeck, pag. 99r.

125 Entscheidung Nr. 12254 vom 10.12.1898, Z. 6827. In: Erkenntnisse des k. k. Verwaltungsgerichtshofes. XXII. Jahrgang. Wien 1898, 1321.

Die vor dem Verwaltungsgerichtshof verhandelten Adelsentscheidungen erscheinen dabei von jeder Kontingenz befreit und von Gnaden- zu Rechtsakten transformiert. Für das Tribunal handelte es sich bei der Frage nach der Führung eines fremden Adelstitels »um eine Entscheidung über einen im Gesetze anerkannten Anspruch, demnach über ein subjectives öffentliches Recht einer Partei, nicht aber um eine dem staatlichen Machtbereiche vorbehaltene, dem freien Ermessen der Behörde überlassene Verfügung derselben«.[126] Die Entwicklung der Verwaltungsgerichtsbarkeit hing eng mit der staatsrechtlichen Ausprägung des subjektiven öffentlichen Rechtes zusammen. Bis in die Mitte des 19. Jahrhunderts war man davon ausgegangen, dass Einzelpersonen ausschließlich über Privatrechte verfügen, die im Rahmen eines »ordentlichen Gerichtsverfahrens« und unter Anwendung der Zivilgesetzlichkeit gewahrt werden könnten. Die Notwendigkeit eines eigenen Verwaltungsrechts, das den Menschen in ihrer Funktion als Bürger oder Untertan und damit in ihrer Relation zum Staat zukam, wurde erst in den 1850ern erkannt.[127]

Mit Bezug auf Brusselle-Schaubeck ging der VwGH demnach davon aus, dass dem Kläger ein Entscheidungsanspruch über die Rechtmäßigkeit der Adelsführung durch die Behörden zustand. Er hatte zwar kein Anrecht auf Anerkennung seines Adels, aber zumindest auf eine Klärung seines Gesellschaftsstatus in Österreich. Da der Gerichtshof in Fragen des »freien Ermessens« nicht eingreifen konnte,[128] stellte er den Sachverhalt als ein »subjektives öffentliches Recht« dar, um dadurch auch seine eigene Entscheidungsgewalt zu schützen. Die gesetzliche Verpflichtung zur bürokratischen Beschlussfassung in ausgewählten Adelsfragen ermöglichte demnach der juristischen Instanz ihre Machtposition auszubauen. Mit der kontinuierlichen Aushandlung von Rechten und Pflichten der Ämter und Staatsorgane war immer auch eine Engerfassung und Konkretisierung des Adelsbegriffs auf Basis legaler Normen verbunden.

Inhaltlich folgte das Verwaltungsgericht in der »Sache Brusselle-Schaubeck« der Argumentation der Adelsbehörde.129 Auch generell stimmte die Auslegung des Adelsrechts im Ministerium und bei Gericht mehrheitlich überein, sodass die Juristen die Entscheidungen der Beamten zum Großteil bestätigen konnten. Eine Ausnahme bildete in diesem Zusammenhang der Fall der Familie Alemann: Den Anstoß zu diesem Prozess gab ein von Emil Alemann 1906 an das Kultusministerium gerichtetes Gesuch um einen Ausbildungsplatz in der Graf Strakaschen Akademie für seinen Sohn. Da die Bewerber für die Aufnahme in diese Stiftung über das schlesische Inkolat verfügen mussten, stellte

126 *Ebenda.*

127 *Olechowski*: Verwaltungsgerichtshof, 19.

128 Reichsgesetzblatt für die im Reichsrathe vertretenen Königreiche und Länder. Wien 1876, XIII. Stück Ausgegeben und versendet am 2.4.1876, Gesetz vom 22.10.1875, 85 f./§3.

129 *Ebenda.*

das Kultusministerium Nachforschungen zu der Familie beim Innenministerium an. Dort wurde es jedoch in Zweifel gestellt, dass die Familie das Inkolat je besessen hatte.[130] Der Streitpunkt betraf also die Frage, ob mit dem Kauf einer bestimmten Liegenschaft im Breslau des 17. Jahrhunderts automatisch auch die Verleihung des Inkolats verbunden gewesen sei, oder ob, wie das Innenministerium argumentierte, »der Besitz von Klein-Briesa [...] ein bloß faktischer, aber kein den landesherrlichen Bestimmungen entsprechender und das Inkolat begründender« gewesen sei.[131] Auch eine Neuregelung des schlesischen Inkolatwesens im Jahr 1726 sei auf diesen Fall nicht anwendbar, da die Familie das Gut bereits 1711 wieder veräußert hatte und nach Ungarn ausgewandert war.[132] Von dieser eindeutigen Entscheidung ließen sich die Alemanns jedoch nicht entmutigen. Sie brachten den Sachverhalt vor den Verwaltungsgerichtshof, der seit seiner Einrichtung 1875 als »Gewissen der Verwaltung« deren »gesetzliche Schranken« aufzeigen und vertreten sollte.[133] In seiner Beschwerdeschrift bemühte sich Emil Alemann, die vom Innenministerium vorgebrachten Argumente sukzessive zu entkräften.

Ungeachtet dessen beharrte das Innenministerium in seiner Gegendarstellung auf der strengen Anschauung, dass nur ein von mindestens 1701 bis 1726 währender Gutsbesitz in Schlesien auch das Inkolat zur Folge haben konnte.[134] Der Verwaltungsgerichtshof zweifelte hingegen die vom Innenministerium verfolgte Interpretation an, weshalb er die »angefochtene Entscheidung« des Innenministeriums »als gesetzlich nicht begründet« aufhob.[135]

Daran wird auch die Handlungsfähigkeit des Verwaltungsgerichtshofs deutlich, der aufgrund seiner begrenzten Ressourcen zwar keine eigenständige Prüfung der Beschwerden vornehmen konnte,[136] aber trotzdem den Verfahrensablauf und die inhaltliche Richtigkeit der Entscheidung beurteilte. »In der Sache« lag es daraufhin wiederum bei den Behörden »die weiteren Verfügungen zu treffen, wobei sie an die Rechtsanschauung gebunden sind, von welcher der Verwaltungsgerichtshof bei seinem Erkenntnisse ausgegangen ist«.[137] Die Beamten waren demnach verpflichtet, das Urteil anzuerkennen und gegen ihre

[130] Siehe dazu NA, České místodržitelství, Všeobecná registratura, 6569, 8/4/4.

[131] *Ebenda*.

[132] *Ebenda*.

[133] So Joseph Unger, Mitinitiator des Gerichtshofs, im Zuge der parlamentarischen Diskussion über die Einsetzung des Verwaltungsgerichtshofs. Zitiert nach *Lehne*, Friedrich: Rechtsschutz im öffentlichen Recht. Staatsgerichtshof, Reichsgericht, Verwaltungsgerichtshof. In: *Wandruszka/Urbanitsch* (Hg.): Die Habsburgermonarchie. Bd. 2, 663–715, hier 698.

[134] *Ebenda*, pag. 83r, gesamte Gegenschrift: pag. 65–83.

[135] Entscheidung vom Nr. 7004 vom 17.11.1909, Z. 10.187. In: Budwinski's Sammlung der Erkenntnisse des k. k. Verwaltungsgerichtshofes. XXXIII. Jahrgang. Wien 1909, 1122–1126.

[136] *Olechowski*: Verwaltungsgerichtshof, 24 f.

[137] Reichsgesetzblatt für die im Reichsrathe vertretenen Königreiche und Länder, Wien 1876, XIII. Stück. Ausgegeben und versendet am 2.4.1876, Gesetz vom 22.10.1875, 86/§7.

eigentliche Anschauung von Adeligkeit zu handeln – dementsprechend zwiespältig wurden die Entscheidungen des VwGH vom Innenressort aufgenommen. Eine interne Evaluation des verwaltungsgerichtlichen Beschlusses durch die Bürokraten macht ihre abschätzige Haltung deutlich: Die Beamten betonten, dass der Verwaltungsgerichtshof sich bei seiner Argumentation nur auf den »buchstäblichen Wortlaut« des Gesetzes beziehe, den historischen Kontext und die adelspolitischen Hintergründe aber vollkommen außer Acht lasse.[138] Durchaus spöttisch wird in diesem Zusammenhang angemerkt, dass Kaiser Karl VI. wohl kaum ein Interesse hatte, einer protestantischen Familie die »gar nicht erbetene Ritterstandserhebung u. Inkolatsverleihung« ins von Rakozci-Anhängern[139] bedrohte Ungarn nachzusenden. Dennoch wird schließlich resignierend festgestellt: »Der böhmische Ritterstand des Emil von Alemann u. seiner Geschwister muß nun – wohl oder übel – anerkannt werden.«[140] Offiziell gab das Innenministerium dem Drängen des Verwaltungsgerichtshofs also nach, informell war es von dessen Anschauung jedoch nicht überzeugt.

Dem Verwaltungsgerichtshof diente das Nobilitierungswesen zur Verringerung des freien, bürokratischen Ermessensspielraums und der Verschränkung des Adels- mit dem öffentlichen subjektiven Recht. Im Unterschied zur vereinheitlichenden und homogenisierenden Strategie des Innenministeriums, die in der habsburgischen Adelspolitik eine Strategie zur gesellschaftlichen Gestaltung sah, hatte der Gerichtshof den Schutz individueller Ansprüche einzelner Rechtssubjekte zur Aufgabe. Das von der Verwaltungsjustiz vertretene Adelsnarrativ achtete demnach weder auf historische Zusammenhänge noch auf wesensverwandte Vergleichsfälle, sondern auf die besondere Beschaffenheit des vorliegenden Sachverhalts und dessen Gesetzmäßigkeit. Die Entscheidungen in Adelsfragen entwickelten sich zu einem Rechtsakt, der wiederum nur auf Basis von bürokratischen Informationen aus dem Innenministerium entschieden werden konnte.

»Die gesetzlichen Erfordernisse«: Adelsverlust als Strafe

Das Adelsnarrativ, auf das das Innenministerium seine Stellung als »oberste Adelsbehörde« baute, erwies sich zum Teil als durchaus brüchig und angreifbar. Gerade wenn seine Meinung von anderen Akteuren angezweifelt wurde, erzeugte es nur theoretische Kontingenz. Während allerdings die Vorbereitung der Standeserhebung als Auszeichnung und Anspruch trotz allem im Wesentlichen eine innerministeriale Kernkompetenz blieb, war der Adelsentzug

138 *Ebenda*, pag. 33v/34r.

139 Franz II. Rákóczi führte mehrere Aufstände gegen die Habsburgische Herrschaft an. Siehe etwa: *Benda*, Kalman: Artikel Rakocy. In: *Bernath*, Mathias (Hg.): Biographisches Lexikon zur Geschichte Südosteuropas. Bd. 4. München 1981, 22–25.

140 *Ebenda*, pag. 34v.

als Strafe der Administration vollkommen entzogen und dezentral über die Landesgerichte organisiert.[141] Im Unterschied zur Anerkennung und Verleihung des Adels war dessen Verlust beziehungsweise Entzug als Folge delinquenter Handlungen demnach aus dem bürokratischen Machtbereich der Zentrale ausgegliedert und hatte in den Gerichten noch deutlich stärker eine gesellschaftliche Disziplinierungsfunktion.[142]

Die sogenannten »Adelsentsetzungen«[143] dienten daher als Sanktion gegen all jene Personen, die sich durch ihr Verhalten für den Adel diskreditiert hatten und aus dieser von Staat und Kaiser ganz besonders begünstigten Elite ausgeschlossen werden mussten. Der Entzug dieser monarchischen Auszeichnung war daher ein gesetzlich verankertes Strafmaß, wie es auch der Oberste Gerichtshof im Rahmen des aufsehenerregenden Falls um den schießwütigen Grafen Heinrich von Hompesch dem Kaiser gegenüber aufrechterhielt: »Wenn auch die gesetzlichen Rechtsfolgen der Aburtheilung, nämlich der Adelsverlust für den G[ra]fen Hompesch empfindlich seyn mag, so liegt aber darin das Merkmal der Strafe u. kann nicht zugleich einen Grund für die Nachsicht dieser Rechtsfolge bilden.«[144] Der Adelsverlust bedeutete für Hompesch einen gravierenden Einschnitt, da er dadurch aus seinem sozialen Umfeld gerissen werden sollte. Daher kann man hier tatsächlich von einer juristischen Maßnahme sprechen, die eine in sich eigenständige Strafe darstellte.

In der Mehrzahl der Fälle hatte die Adelsaberkennung allerdings weniger die Abschreckung und Sanktionierung von Verbrechern als vielmehr den Schutz der noblen Gesellschaft zur Folge. Die soziale Zusammensetzung der aus dem Adel ausgeschlossenen Personen verdeutlicht diese Annahme (Abb. 1):[145] Die etwa 600 Entsetzungen, die die Adelsausweise zwischen 1849 und 1916 verzeichnen, nennen insgesamt circa 500 Mitglieder des einfachen Adels unter den Delinquenten. Zusammen mit den Rittern (10 Prozent – etwa 60 Personen) war zu ungefähr 90 Prozent die niedere Nobilität von den Urteilen der Gerichte betroffen. Sie gehörten zudem mehrheitlich den untersten sozialen Schichten an, waren also etwa als Tagelöhner, Diener, Bauern oder Trafikanten

141 Zur Entwicklung der Gerichtsbarkeit in der Habsburgermonarchie im 19. Jahrhundert siehe etwa *Ogris*, Werner: Die Rechtsentwicklung in Cisleithanien. 1848–1918. In: *Wandruszka/Urbanitsch* (Hg.): Die Habsburgermonarchie. Bd. 2, 538–662.

142 Zu Adel und Kriminalität siehe etwa *Bub*: Bittschriften; *Begass*, Chelion: Armer Adel in Preußen. 1770–1830. Berlin 2020, 329–340; *Menning*, Daniel: Standesgemäße Ordnung in der Moderne. München 2014, 289.

143 Siehe dazu *Binder-Krieglstein*: Adelsrecht, 73 f. Zu Adelsentsetzungen siehe weiterführend *Bill*, Claus Heinrich: Strafrechtlicher Adelsentzug in den deutschen Ländern des langen 19. Jahrhunderts. Sonderborg 2018; *Roth*, Franz Otto: Adelsentsetzungen. Bestandsaufnahme und Deutungsversuche. In: Blätter für Heimatkunde 46 (1972), 39–48.

144 Heinrich Graf von Hompesch, AT-OeStA/HHStA KA KK Vorträge 7-1871, KZ. 1439.

145 Zu den folgenden Auswertungen siehe AT-OeStA/AVA Adel HAA, Adelsgeneralien (ab Kartonnr. 583a). Siehe zudem die Liste der Adelsentsetzungen bei *Binder-Krieglstein*: Adelsrecht, 242–265.

tätig. Ihre gesellschaftliche Herkunft macht auch ihre Straftaten erklärbar: Zu beinahe 44 Prozent (etwa 265 Nennungen) verübten sie einen Diebstahl oder Raub. Delikte wie Betrug, Fälschung und Veruntreuung stellten nahezu ein Drittel der Entsetzungsgründe dar, wobei an diesen kriminellen Aktivitäten nicht selten auch niedere Beamte beteiligt waren. Das Milieu, in dem sich zahlreiche Adelige des 19. Jahrhunderts bewegten, wird auch durch seltener genannte Vergehen wie Abtreibung, Kindsmord oder Kuppelei umrissen. Diese Befunde beleuchten ein kaum bekanntes Adelsnarrativ – jenes des verarmten, elenden Adeligen, der ungeachtet seines Titels keinen Bezug mehr zu der einstigen Bedeutung seiner Familie besaß und kriminell geworden war. Der Adelsentzug bedeutete hier lediglich den Endpunkt eines langen, gesellschaftlichen Abstiegs, der sich über Jahrzehnte vorbereitet hatte.[146]

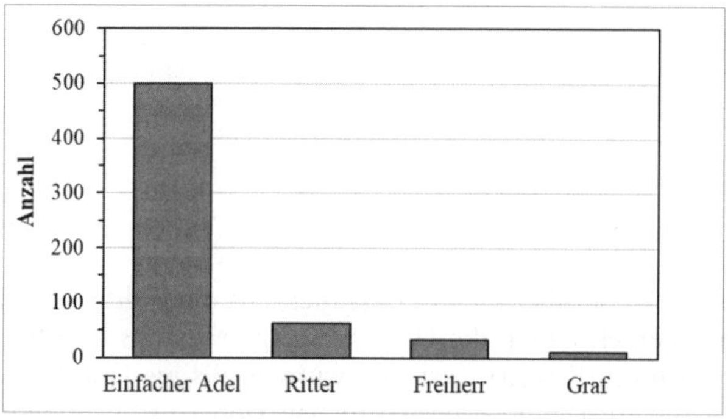

Abb. 1: Aberkannter Adelstitel

Für diese Gruppe der Nobilität hatte die Entsetzung deutlich geringere Auswirkungen als für die sogenannte erste Gesellschaft, die nur zu knapp 8 Prozent (etwa 45 Nennungen – 6 Prozent der Freiherren und 2 Prozent der Grafen) in den Adelsausweisen aufscheinen. Während einfache Adelige insbesondere Diebstähle begingen, waren die Aristokraten mit dem Vorwurf des Betrugs oder des Aufruhrs, von der Majestätsbeleidigung bis zum Hochverrat, konfrontiert. Nur in den seltensten Fällen wurden sie allerdings für Gewalttaten (10 Prozent bzw. etwa 70 Nennungen – Zusammenziehung von »Mord« und »Gewalttätigkeit/Körperverletzung«) verurteilt (Abb. 2). Anhand von Einzelfällen wie jenem des Grafen Hompesch, der seine Adelsentsetzung trotz mehrmaliger Verurteilung durch ein Gnadengesuch an den Kaiser verhindern konnte, müssen diese statistischen Daten jedoch in Zweifel gezogen werden. Es ist nicht klar, ob Hochadelige tatsächlich generell seltener straffällig wurden oder aber durch ihre Verbindungen zum Hof und der Kabinettskanzlei eher vor der Adelsentsetzung als Folge ihrer Handlungen geschützt wurden.

146 Zum Phänomen der armen Adeligen siehe etwa *Žáková*: Arme Aristokratinnen.

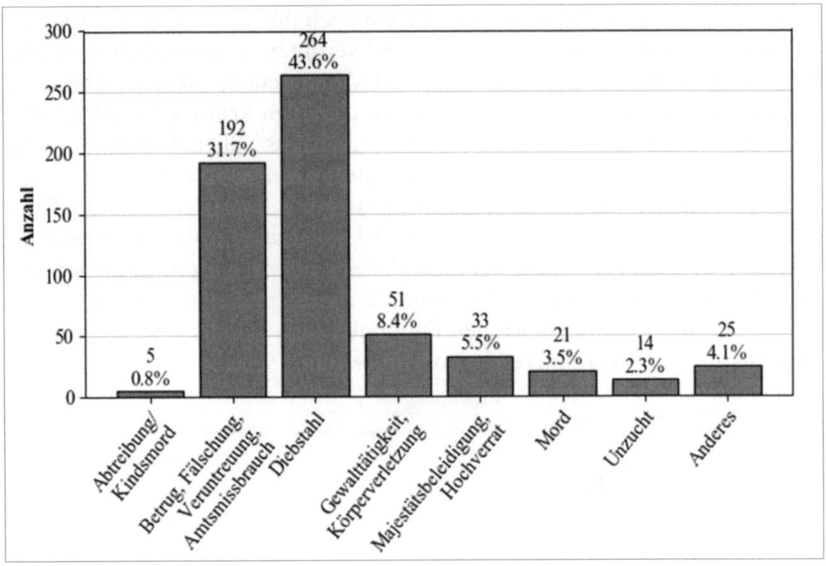

Abb. 2: Typ des Delikts

Bemerkenswert ist darüber hinaus, dass mehr als die Hälfte der Entadelungsfälle in den ersten elf Jahren des Untersuchungszeitraums beziehungsweise in Niederösterreich und Ungarn verhängt wurden. Bis ins Jahr 1867 wurden in Ungarn über 200 Entsetzungen ausgesprochen, wobei die Verurteilten unter anderem für 45 Prozent (15 Nennungen) der Majestätsbeleidigungen verantwortlich waren (Abb. 3). Ungarn, das nach der Niederschlagung der revolutionären Separationsbestrebungen 1848/49 durch die Aufhebung seiner historischen Verfassung von den neoabsolutistischen Maßnahmen der Zentralregierung besonders hart getroffen wurde, wehrte sich gegen diese Einschränkungen mit zivilem Ungehorsam: Verwaltungs- und Steuerboykotte[147] waren ebenso Teil davon wie kritische Äußerungen und staatsfeindliche Aktivitäten gegen Kaiser und Monarchie. Mit dem Ausgleich von 1867 verschwanden die magyarischen Straftäter aus den österreichischen Adelsausweisen, sodass die Zahl der Adelsentsetzungen ab den 1870er Jahren stark zurückging. Darüber hinaus korrelierten die Werte in keiner Weise mit der Größe, Bevölkerungs- oder Adelsdichte des jeweiligen Kronlandes: Neben Niederösterreich wurden nämlich lediglich aus Tirol und der Steiermark häufiger Titelaberkennungen gemeldet, die Zahlen lagen trotzdem noch über jenen aus Böhmen und Galizien, wo größere Gruppen verarmter Adeliger lebten (Abb. 4). Neben Ungarn verschwand auch Lombardo-

147 Siehe etwa *Rebhan*, Hanno: Österreich wird Verfassungsstaat. Entstehung und Entwicklung moderner Verfassungsstaatlichkeit. 1848–1918. Marburg 2012, 159.

Venetien aus den Adelsausweisen, andere Kronländer waren in der zweiten Hälfte des Untersuchungszeitraums nicht mehr von Entsetzungen betroffen.

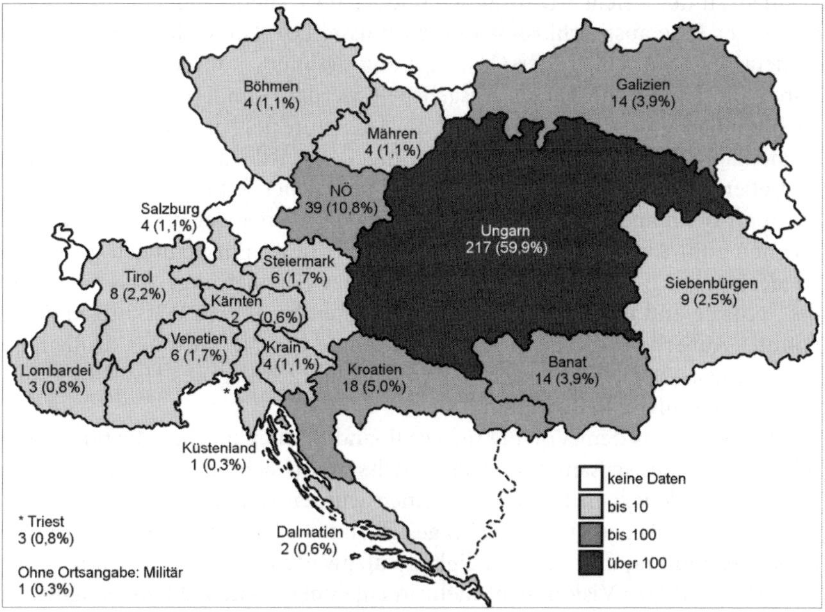

Abb. 3: Herkunft der Delinquenten (1849–1867)

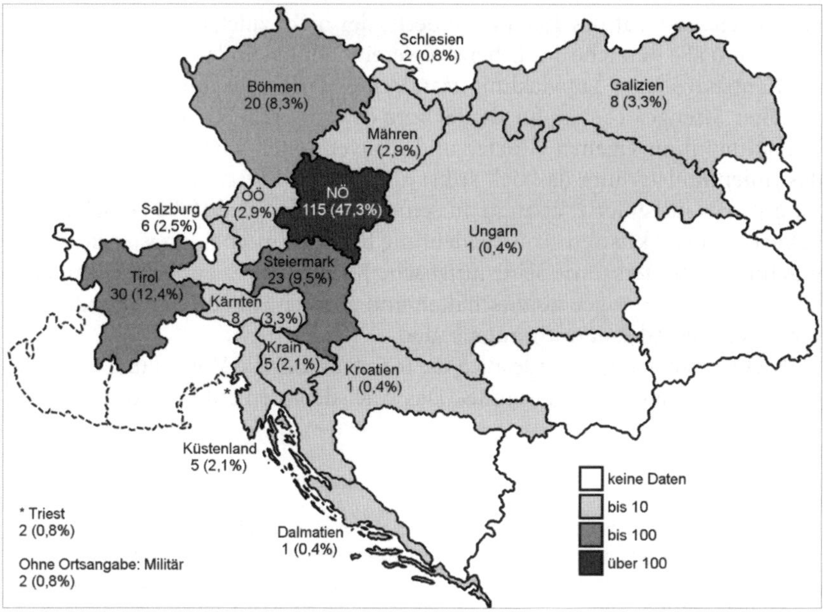

Abb. 4: Herkunft der Delinquenten (1868–1916)

Für die Landesgerichte, die dem Adelsnarrativ eine lokale Perspektive hinzufügten, stellte sich nicht die Frage, was zum Adel befähigen konnte, sondern vielmehr, unter welchen Umständen und nach welchen Taten ein Krimineller aus dieser Elite ausgeschlossen werden müsse. Der Titelverlust war zwar als eindeutiges Strafmaß in der Gesetzgebung definiert, konnte aber nicht nur durch die kaiserliche Gnade ausgehebelt werden, sondern möglicherweise auch mit Bezug auf die Herkunft und die Adelsstufe des Angeklagten variieren. Dementsprechend wurden die Entsetzungen speziell im Ungarn der 1850er und 60er Jahre als Teil weitreichenderer politischer Repressalien genutzt,[148] während sie in anderen Regionen den sozialen Abstieg der verarmten Delinquenten zum Ausdruck brachten. Die hohe Zahl an Entsetzungen gerade in Niederösterreich mit der Hauptstadt Wien beweist allerdings, dass auch hier die Zentrale und ihre Reglementierungstätigkeit besondere Wirkung erzielen konnte. Außerhalb dieses Kronlandes erlangte das Narrativ des drohenden Adelsverlusts, vor allem in den letzten fünf Jahrzehnten des Habsburgerreiches, keine größere Bedeutung.

Die Worte aus dem Vortrag für Ferdinand Bilimek machen die bürokratische Vision eines »gesamtheitlichen« Adelssystems sichtbar. Die Wünsche des und die Gnadengaben für den Einzelnen wurden hinter die verrechtlichten Ansprüche der Allgemeinheit zurückgestellt, um die Nobilitierungspraxis durch Gleichbehandlung und Regelmäßigkeit aufzuwerten. Die Auszeichnungspolitik zerfiel in dieser Vision nicht mehr in eine unendliche Zahl von singulären Entscheidungssituationen, sondern konstituierte sich als reflexiv-reproduzierbare Einheit aus Präzedenzfällen und Normen. Sie repräsentierte damit den aufstrebenden Staat des 19. Jahrhunderts, der nicht zuletzt die Symbolpolitik nutzte, um alle Bereiche des Lebens zu vereinnahmen und zu homogenisieren. Im Zentrum dieser Entwicklung stand eine starke Administration, die mit »größter Strenge« ebenso für den Schutz der kaiserlichen Gnade wie für die Einhaltung ihrer eigenen Gesetze und Konventionen kämpfte. Insbesondere das Innenministerium, das sich selbst als oberster Entscheider der Nobilitierungspraxis inszenierte, erlangte in seiner Rolle als Schaltstelle zwischen den Behörden und Akteuren große Bedeutung für den Entscheidungsprozess. Sein inhaltliches Wissen sowie seine juristische Kompetenz erlaubten es ihm, konkurrierende Meinungen auszuschalten und ein sich laufend anpassendes und verbesserndes Adelsnarrativ aufzubauen.

Nichtsdestoweniger wurde auch die innerministeriale Vorstellung von Adeligkeit hinterfragt und beanstandet: Das Adelsdepartement war sowohl durch

148 Zur Zeit des Neoabsolutismus in Ungarn siehe etwa *Lengyel*, Zsolt: Zum Problem der Landesvertretung im neoabsolutistischen Ungarn. In: *Brandt*, Harm-Hinrich (Hg.): Der österreichische Neoabsolutismus als Verfassungs- und Verwaltungsproblem. Wien 2014, 383–412; *Péter*, László: Die Verfassungsentwicklung in Ungarn. In: *Rumpler/Urbanitsch/Wandruszka* (Hg.): Die Habsburgermonarchie. Bd. 7. Tlbd. 1, 239–540, hier 295–299.

die benachbarten Behörden als auch durch die Gesetze, die es als Exekutivorgan vertreten musste, beschränkt. Das »freie Ermessen«, das zwar dem Kaiser unbegrenzt zugebilligt, der Bürokratie aber sukzessive entzogen wurde, musste seit der Gründung des Verwaltungsgerichtshofs in Wien auch in Adelsfragen in ein subjektiv-öffentliches Rechtssystem eingeordnet werden. Neben den Vereinheitlichungsbestrebungen wurde damit gleichzeitig eine gesetzlich anerkannte Aufwertung des Individuums – gegebenenfalls zu Lasten des »großen Ganzen« – festgeschrieben. Juristische Instanzen vollstreckten auf dezentraler Ebene schließlich das negative Adelsnarrativ der Entsetzungen. Der Einflussbereich Habsburgischer Bürokratie erweist sich dementsprechend auch in der Nobilitierungspraxis als begrenzt.

4. Internationale Akteure

Artikel VIII. der rumänischen Constitution hat die Adelstitel im Lande gänzlich abgeschafft. [...] Minister Stourdza [...] sagte mir, dass die königliche Regierung eine von einem fremden Souverain ausgehende Adelsverleihung an einen rumänischen Staatsbürger nicht anzuerkennen vermöchte und fügte die Bitte hinzu, derlei Ansuchen – um der Regierung Verlegenheiten zu ersparen – keine Folge zu geben.[149]

Diese Stellungnahme von 1884, die der diplomatischen Korrespondenz zwischen Bukarest und Wien entnommen ist, lokalisiert die Adelspolitik in einem internationalen Rahmen[150] gegenseitiger Abhängigkeiten und Verflechtungen. Nicht nur die wechselnden Herrschaftsverhältnisse der Habsburgermonarchie – wie im Falle der Familie Alemann – , auch die zunehmende Mobilität der europäischen Gesellschaft machte bilaterale Absprachen zwischen den Adelsbehörden unterschiedlicher Regierungen notwendig. Dadurch konnten fremde Mächte faktischen Einfluss auf die österreichisch-ungarische Nobilitierungspolitik nehmen. Mit der kaiserlichen Verleihung von Adelstiteln an ausländische Bürger und der Prävalierung[151] fremder Adelstitel bei deren Einbürgerung gab

149 AT-OeStA/HHStA MdÄ AR F60-43, Miszellen, Adel 215.

150 Zur internationalen Geschichte siehe etwa *Sluga*, Glenda: Internationalism in the Age of Nationalism. Philadelphia 2013; *Clavin*, Patricia/*Sluga*, Glenda (Hg.): Internationalisms. A Twentieth Century History. Cambridge 2017. Mit stärkerem Blick auf die Habsburgermonarchie: *Haider-Wilson,* Barbara: Humpty Dumpty, die Geschichtswissenschaft und der Pluralismus. Einlassung auf die historische Subdisziplin »Internationale Geschichte«. In: *Dies./Godsey/Mueller* (Hg.): Internationale Geschichte in Theorie und Praxis, 7–62; *Haider-Wilson*, Barbara/*Graf*, Maximilian (Hg.): Orient & Okzident. Begegnungen und Wahrnehmungen aus fünf Jahrhunderten. Wien 2016; *Becker,* Peter: Von Listen und anderen Stolpersteinen auf dem Weg zur Globalisierung. Die Habsburgermonarchie und der Internationalismus des »langen« 19. Jahrhunderts. In: *Haider-Wilson/Godsey/Mueller* (Hg.): Internationale Geschichte in Theorie und Praxis, 665–694.

151 Die Prävalierung ist die Angleichung eines fremden Adelstitels an das österreichische Adelssystem.

es zwei konkrete Szenarien, die Akteuren aus dem Ausland eine Teilhabe am heimischen Adelsdiskurs ermöglichten.

»Um der Regierung Verlegenheiten zu ersparen«: Adelspolitik als Teil der Diplomatie

Bei der Auszeichnung eines fremdländischen Untertanen gehörte es zur guten diplomatischen Praxis, die Heimatregierung eines Antragstellers um ihr Einverständnis zu bitten. Dieses wurde im Falle des aus dem Deutschen Kaiserreich stammenden, aber in der österreichischen Armee dienenden Majors Filipp Liebler vom preußischen Außenamt aufgrund seiner politisch unzuverlässigen Haltung verweigert Daher sprach sich auch der österreichische Kaiser gegen die Gewährung dieser Bitte aus.[152] Sowohl im Allerhöchsten Vortrag als auch im negativen Bescheid an Liebler wird vom Innenressort explizit und einzig mit der Ablehnung der deutschen Regierung argumentiert. Auch die generelle politische Haltung einer auswärtigen Regierung zum Adel als solches konnte die Entscheidung über einen Einzelantrag beeinflussen. Dementsprechend stellte es von Seiten Rumäniens eine Grundsatzentscheidung dar, konsequent alle und damit auch die ausländischen Adelstitel von seinem Staatsgebiet zu verbannen, um Begehrlichkeiten unter den entadelten Staatsbürgern zu vermeiden.

Diese respektvolle Rücksichtnahme der habsburgischen Adelsbehörde auf die Haltungen und Gepflogenheiten benachbarter Staaten widerspricht der Vorstellung eines permanenten und allseitigen imperialen Konkurrenzkampfes, wie er immer wieder für die zweite Hälfte des 19. Jahrhunderts konstatiert wurde.[153] Die Adelspolitik erweist sich demnach als ein Ort des »inter-imperial encounter«,[154] in dem transnationale Lösungen angestrebt wurden, ohne jedoch die einzelstaatlichen Vorstellungen von Adeligkeit und das jeweilige Adelsrecht in Frage zu stellen. Unerheblich schien es dabei zudem, ob die österreichischen Verantwortlichen mit anderen Monarchien oder mit konstitutionell geführten Bundesstaaten und Republiken verhandelten. Auch letztere wurden vom Innenministerium gleichberechtigt als internationale Ansprechpartner für Adelsfragen in ihre Entscheidungsprozesse eingebunden. 1881 wandte sich beispielsweise der österreichische Botschafter in Bern aus Anlass der Ritterstandserhebung des Genfers Victor Fatio an einen Vertrauensmann des Schweizer Parlaments. Er brachte in Erfahrung, dass die Eidgenossenschaft, obwohl sie »keine Vorrechte des Ortes, der Geburt, der Familien oder der Personen«

152 Filipp Liebler, AT-OeStA/HHStA KA KK Vorträge 18-1877, KZ. 3947.

153 *Barth*, Volker/*Cvetkovski*, Roland: Introduction. Encounters of Empires. Methodological Approaches. In: *Dies.* (Hg.): Imperial Co-operation and Transfer. 1870–1930. Empires and Encounters. London 2015, 6.

154 *Ebenda*, 3.

kannte, dennoch Toleranz gegenüber ausländischen Standeserhebungen zeigen würde.[155] Auf Basis dieser Aussage der helvetischen Regierung befürwortete das Außenministerium die Nobilitierung, da »somit in der Schweiz die Gefahr nicht besteht, daß ein von S. M. dem Kaiser einem Ausländer verliehener Adelstitel im Heimatlande des Betreffenden nicht respectiert wird (wie dies beispielsweise in Frankreich der Fall ist)«.[156]

Diese Einschätzung wirft allerdings ein gänzlich anderes Licht auf die internationale Ebene der Nobilitierungspraxis. Den österreichischen Behörden war die Pflege diplomatischer Kontakte und eines professionellen Einvernehmens mit der europäischen Staatenwelt, zu der auch die Adelspolitik beitragen sollte, ein zentrales Anliegen. Deutlich wichtiger war ihnen jedoch ohne Zweifel die Wahrung des kaiserlichen Prestiges und der Würde seiner Entscheidungen auch im Ausland. Während man diesbezüglich von Schweizer Seite keine Bedrohung erkennen konnte, hatte wenige Jahre zuvor eine mit Frankreich verhandelte Standeserhöhung Anlass zur Sorge gegeben.[157] Als der in Paris tätige Botschafter nämlich erste Erkundigungen über eine österreichische Ritterstandserhebung für den Franzosen Alexander Daminos einholte, musste er feststellen, dass der Bittsteller den Titel in Frankreich nicht würde tragen dürfen. Von dieser Einstellung der Dritten Republik offensichtlich brüskiert, riet das österreichisch-ungarische Außenamt am 29. Dezember 1878 dem Innenministerium,

> daß in der Regel alle Gesuche, worin franz. Staatsangehörige um die Verleihung von öst. Adelsgraden bitten würden, abzuweisen sein wären. Es kann der Regg. S. kuk. ap. Maj. nicht gleichgültig sein, daß ah. Gnadenakte, welche zu Gunsten fremder Staatsangehöriger erflossen sind, Gefahr laufen, in dem Heimathlande des Begnadeten nicht respektiert zu werden.[158]

Auch hier entwickelte die Haltung einer fremden Macht also direkte Effekte auf das habsburgische Auszeichnungswesen, da der Mangel an französischer Kooperationsbereitschaft ein generelles Nobilitierungsverbot für französische Antragsteller in der Donaumonarchie zur Folge haben sollte. Das Innenministerium verallgemeinerte diese Regel rasch und wandte sie beispielsweise auf den – vom Außenressort befürworteten – Fall des Alfred L'Olivier aus Brüssel an, der 1880 um eine Freiherrenstandsübertragung bat. In seiner Abweisung

155 AT-OeStA/HHStA MdÄ AR F60-43, Miszellen, Adel 188.

156 *Ebenda.*

157 Zur Situation des Adels in Frankreich im 19. Jahrhundert siehe etwa *Haupt*, Heinz-Gerhard: Der Adel in einer entadelten Gesellschaft. In: *Wehler*, Hans-Ulrich (Hg.): Europäischer Adel. 1750–1950. Göttingen 1990, 286–305; *Brelot*, Claude-Isabelle: Das Verlangen nach Adel und Standeskultur im nachrevolutionären Frankreich. In: *Conze*, Eckart/*Wienfort*, Monika (Hg.): Adel und Moderne. Deutschland im europäischen Vergleich im 19. und 20. Jahrhundert. Köln, Wien 2004, 59–64.

158 AT-OeStA/HHStA MdÄ AR F60-43, Miszellen, Adel 152.

argumentierte das Innenresort mit eben jenen Worten, die das Außenministerium in Bezug auf Alexander Daminos gebraucht hatte:

> Wie das löbliche k. u. k. Ministerium des Aeussern selbst in der geschätzten Note vom 29.ten December 1878 aus Anlaß eines ähnlichen Falles bemerkt hat, kann es der k. u. k. Regierung nicht gleichgiltig [sic] sein, wenn die zu Gunsten fremder Staatsangehöriger erschlossenen allerhöchsten Gnaden-Akte Gefahr laufen, in dem Heimatlande des Begnadeten gar nicht respectirt zu werden.[159]

Erneut offenbart sich hier der reflexive Charakter der Adelspolitik, der wiederkehrende Muster der Entscheidungsfindung erkannte oder konstruierte, um seiner Arbeit Einheitlichkeit zu verleihen. Das französische Adelsverbot beschäftigte das österreichische Innenressort erneut 1896, als die französisch-englische Kaufmannsfamilie Clermont um Bestätigung ihres Adels bat. Während die britische Krone keine Einwände erhob, fürchtete man in Wien die bekanntermaßen kritische Haltung der Pariser Regierung und legte dem Außenministerium daher nahe, explizit auf die alte Adelstradition und Ahnenreihe der Clermonts hinzuweisen. Damit sollte verdeutlicht werden, dass man keine Neuverleihung, sondern lediglich »die formale Beurkundung eines denselben vermöge ihrer Abstammung rechtmäßig zukommenden Adels-Titels« anstrebe.[160]

Mit der Auszeichnung fremder Staatsangehöriger bemühte sich die Habsburgermonarchie um die Bindung nützlicher und »einflussreicher Personen« aus dem Ausland an den Staat.[161] Da diese Strategie jedoch nicht zu diplomatischen Verstimmungen mit den benachbarten und befreundeten europäischen Mächten führen durfte, bezog das Innenministerium auch politische Überlegungen in seine Adelsentscheidungen ein. Man wusste um die Notwendigkeit, andere Staaten bei der Nobilitierung ihrer Untertanen um Erlaubnis zu bitten, hielt gleichzeitig aber ohne Einschränkungen an den eigenen Grundsätzen der Nobilitierungspraxis fest. Das dabei verfolgte Adelsnarrativ stellte sich als eines der internationalen Rücksichtnahme und Vernetzung dar, verschrieb sich insbesondere aber auch dem Schutz der kaiserlichen Entscheidungen – sobald die österreichisch-ungarischen Titel im Ausland nicht anerkannt wurden, mussten Adelungen generell vermieden werden.

»Von einem fremden Souverän«: Schutz der kaiserlichen Deutungshoheit

Allerdings stimmte auch die Wiener Regierung keineswegs großzügig und leichtfertig der Auszeichnung habsburgischer Bürger durch auswärtige Mächte zu. Ganz im Gegenteil fürchtete man stets einem Bedeutungsverlust des eigenen Entscheidungsverfahrens Vorschub zu leisten, wenn man die Gnadenakte

159 AT-OeStA/HHStA MdÄ AR F60-43, Miszellen, Adel 178.
160 AT-OeStA/HHStA MdÄ AR F60-45, Miszellen, Adel 3.
161 *Drewes*: Jüdischer Adel, 284.

fremder Herrscher ohne eingehende, selbstständige Prüfung genehmigte. Um die strengen Beschränkungen des österreichischen Adelsrechts zu umgehen, verzichteten die Regierungen fremder Mächte beizeiten auf die Zustimmung der kaiserlichen Beamten, wie beispielsweise im Fall des Görzer Großgrundbesitzers Rudolf Völkl: Dieser bat 1882 um die Bestätigung des Marchese-Titels, den ihm der italienische König einige Jahre zuvor verliehen hatte. Da weder das Innen- noch das Außenamt von der Angelegenheit Kenntnis hatte, ersuchte der österreichische Botschafter in Rom das italienische Außenministerium um weitere Auskünfte. Dieses gestand ein, dass es

> seiner Zeit bereits in der Lage gewesen war, gegen die in Rede stehende Adelsverleihung Einspruche zu erheben, da der königliche Botschafter von Wien [...] berichtet hatte, daß er bezüglich Völkl's die übliche Anfrage an die k. u. k. Regierung nicht stellen werde, da er einer negativen Antwort schon gewiss sei.[162]

Der italienische Marchesetitel war Völkl offenbar von einem gewissen »Deputierten Correnti« als Gegenleistung für die Erbauung eines Turiner Spitals versprochen worden. Der Abgeordnete hatte diese Standeserhebung daher – trotz der ablehnenden Haltung in der Habsburgermonarchie – »persönlich beim königlichen Minister des Inneren betrieben« und den Ministerpräsidenten dazu überredet, das betreffende Dekret ohne die Zustimmung des italienischen und des österreichischen Außenamtes dem König vorzulegen.

Ohne Rücksicht auf die diplomatischen Gepflogenheiten hatten Völkl und sein politischer Unterstützer Correnti Fakten geschaffen, in der Hoffnung, dass die Anerkennung eines bereits verliehenen Adelsgrades in Wien leichter zu erreichen sein würde. Die österreichischen Verantwortlichen interpretierten dieses Vorgehen jedoch als gravierenden Vertrauensbruch und sahen sich in ihrer Ansicht bestätigt, ausländische Titel nur in besonders begründeten Ausnahmefällen zu prävalieren. Diese Einstellung manifestierte sich auch im Fall des Prager Statthaltereirats Joseph Ritter von Grimm, der sich den sächsisch-meiningischen Freiherrenstand als Dank für eine großzügige Spende erworben hatte, ohne dafür bei der österreichischen Regierung eine Bewilligung einzuholen. Der Außenminister bezeichnete die Adelsprävalierungen daraufhin als »Strebethümer«, denen »nicht kräftig genug entgegengearbeitet werden kann«.[163] Insbesondere das Verhalten der herzoglichen Regierung wurde von österreichischer Seite scharf kritisiert, da ihr eigenmächtiges Vorgehen als »Eingriff in die Souveränitätsrechte Seiner Majestät« zu verstehen sei. Obwohl die Anerkennung des Grimmschen Adels einen – wie die Botschaft in Dresden betonte –, »lebhaften Wunsch« des Herzogs bildete, stimmten die Habsburgischen Beamten nicht zu. Sie legten dem sächsischen Heroldsamt vielmehr nahe, »derartige Verleihungen an unsere Staatsangehörige überhaupt nicht oder doch nicht ohne vorherige ah. Zustimmung vorzunehmen«.[164]

162 AT-OeStA/HHStA MdÄ AR F60-43, Miszellen, Adel 202.
163 AT-OeStA/HHStA MdÄ AR F60-45, Miszellen, Adel 46.
164 *Ebenda.*

In Europa besaßen neben dem Herzogtum Sachsen-Meiningen unter anderem auch der Vatikan, San Marino oder Portugal eine äußerst liberale Nobilitierungspraxis. Gerade das westliche iberische Königreich war auf dem gesamten Kontinent als »Adelsfabrik« verschrien, wo – wie in der diplomatischen Korrespondenz und der Presse berichtet – Titel gegen eine finanzielle Zuwendung zum Verkauf angeboten wurden. Vor allem die Erhebung reicher jüdischer Familien aus ganz Europa sorgte für vielfache Aufregung und Unverständnis, weshalb Staaten wie Großbritannien und Preußen die Adelsprävalierungen zum Schutz des heimischen Adels generell ablehnten.[165] Von der zuvor attestierten internationalen Rücksichtnahme und diplomatischen Ausbalancierung unterschiedlicher Interessen auf dem europäischen Parkett kann in Anbetracht der vorangegangenen Beispiele keine Rede mehr sein. Vielmehr muss davon ausgegangen werden, dass die Staaten mit ihren adelspolitischen Entscheidungen auch ihrem Anspruch auf Deutungshoheit in Sachen Adel Rechnung trugen.[166]

Aufschlussreich dafür ist der aus Sachsen-Weimar-Eisenach berichtete Fall des kaiserlichen Hofrats Eichler von Eichkron, der seinen österreichischen Freiherrenstand ohne Zustimmung der habsburgischen Behörden in Weimar an seinen sächsisch-weimarischen Schwiegersohn Ignaz Carl Giger übertragen ließ. Der Großherzog versuchte die diplomatischen Wogen zu glätten, indem er mit seinem Bedauern über diesen Fehltritt auch die Bitte äußerte, die Angelegenheit auf »sich beruhen zu lassen«. Das Innenministerium in Wien stellte jedoch klar, dass »es nach hierortiger Auffassung den Grundsätzen der Adels-Institution widerstreitet, wenn ein von Seiner Majestät dem Kaiser von Österreich als Belohnung besonderer Verdienste a. g. verliehener Freiherrenstand [...] in der Zukunft aber nur als ausländischer Adel fortbestehen soll«.[167]

Der österreichische Staat positionierte sich und sein Oberhaupt mit diesen Worten in einer adelspolitischen Vorrangstellung gegenüber dem kleinen Großherzogtum. Dieses habe sich genuin habsburgischer Befugnisse ermächtigt und damit einer Schmälerung österreichischer Titel und Würden sowie des imperialen, internationalen Ansehens Vorschub geleistet. Das kaiserliche Selbstverständnis – eine historisch gewachsene Vorrangstellung vor anderen europäischen Herrschern inne zu haben – wirkte sich bis in die zweite Hälfte des 19. Jahrhunderts auf die Außen-, wie auch auf die Adelspolitik der Habsburgermonarchie aus. Von der Hochachtung, die der Kaiser auch jenseits seiner Landesgrenzen genoss, zeugen nicht zuletzt die Anträge aus ganz Europa, in

165 *Drewes*: Jüdischer Adel, 302–308.

166 *Viktorin*, Carolin/*Gienow-Hecht*, Jessica: Was ist und wozu braucht man »Nation Branding«? Versuch eines neuen Zugriffs auf Macht und Kultur in den internationalen Beziehungen am Beispiel der spanischen Diktatur unter Franco. In: *Haider-Wilson/Godsey/Mueller* (Hg.): Internationale Geschichte in Theorie und Praxis, 695–720, hier 695 f.

167 AT-OeStA/HHStA MdÄ AR F60-44, Miszellen, Adel 286.

denen er häufig als »edelster Herrscher der Welt« betitelt wurde.[168] Obgleich derartige Superlative Teil des Genres Bittschriften sind,[169] zeugen sie gleichzeitig vom symbolischen Prestige des österreichischen Kaisers. Für Franz Joseph selbst besaß die Großmachtstellung seines Reiches seit seinem Regierungsantritt oberste Priorität, andere Aspekte der österreichischen Politik mussten diesem Anspruch untergeordnet werden.[170]

Die ausländischen Antragsteller wählten den Kaiser häufig nicht zufällig zur Befriedigung ihrer Ansprüche aus, sondern verbanden damit zum Teil sehr klare politische und persönliche Botschaften. So erkannte etwa Friedrich Emil August von Schleswig-Holstein-Sonderburg-Augustenburg den Monarchen auch jenseits seines eigentlichen Staatsgebiets als adelspolitische Autorität an, als er 1864, unter Ablegung seiner bisherigen Namen und Würden, vom österreichischen Kaiser den Titel eines »Fürsten von Noer« erbat.[171] Er verband damit vorrangig die Hoffnung, ohne Bewilligung seines Familienoberhaupts die unstandesgemäße Ehe mit der amerikanischen Kaufmannstochter Mary Esther Lee eingehen zu können. Die österreichische Außenpolitik bemühte sich mit dieser Allerhöchsten Geste dagegen um eine Aufwertung und Versöhnung der durch den Deutsch-Dänischen Krieg von 1864 endgültig entmachteten Familie Schleswig-Holstein-Sonderburg-Augustenburg. Gleichzeitig sahen sie darin die Möglichkeit, die Position Preußens zu schwächen, das in den diplomatischen Verhandlungen nach diesem militärischen Konflikt größeren Einfluss auf die Herzogtümer im Norden forderte.[172]

Zur selben Zeit bat der Ministerialrat Jakob Reinlein um die Ausfertigung des Ritterstandsdiploms mit dem Prädikat »Marienburg«. Eben dieser Na-

168 AT-OeStA/HHStA MdÄ AR F60-45, Miszellen, Adel 81.

169 Zur sprachlichen und argumentativen Ausgestaltung der Bittschriften siehe etwa *Ehlers*, Klaas-Hinrich: Raumverhalten auf dem Papier. Der Untergang eines komplexen Zeichensystems dargestellt an Briefstellern des 19. und des 20. Jahrhunderts. In: Zeitschrift für germanistische Linguistik. Deutsche Sprache in Gegenwart und Geschichte (2004), 1–31; *Ehlers*, Klaas-Hinrich: Zur Rhetorik der großen Bitte. Am Beispiel Berliner U-Bahn-Bettler. In: *Haferland*, Harald (Hg.): Höflichkeit. Osnabrücker Beiträge zur Sprachtheorie 52 (1996), 124–168; *Ellermann*, Julia: Zwang zur Barmherzigkeit. Ausdruck und Vermessung herrschaftlicher Spielräume im Umgang mit Armut in mecklenburgischen Residenzstädten. 1750–1840. Eine argumentationsgeschichtliche Annäherung. Ostfildern 2016. Zu Bittschriften im 19. Jahrhundert allgemein siehe *Dotter*, Marion/*Marlow*, Ulrike: Bittschriften als Forschungsgegenstand des 19. Jahrhunderts. Eine Einführung. In: *Dies.* (Hg.): »Alleruntertänigst unterfertigte Bitte«. Bittschriften und Petitionen im langen 19. Jahrhundert. Berlin 2024, 7–42.

170 *Bellabarba*, Marco: Das Habsburgerreich. 1765–1918. Berlin, Boston 2020, 19; *ebenda*, 95.

171 AT-OeStA/HHStA KA KK Vorträge 15-1864, KZl. 2874.

172 *Wulf*, Peter: Stationen eines standesgemäßen Exils. Zur Biographie des Prinzen von Noer 1864/65. In: Zeitschrift der Gesellschaft für Schleswig-Holsteinische Geschichte 131 (2006), 51–66, hier 57.

menszusatz bereitete Teilen des habsburgischen Verwaltungsapparates allerdings Sorgen, da er »als Ort in Preußen« bekannt war und die Zuerkennung dieses Titels zu zwischenstaatlichen Spannungen führen könnte. In Anbetracht der Ereignisse nach dem Schleswig-Holsteinischen Krieg kam man allerdings zu dem Schluss, dass »kein Grund vorhanden [ist], warum man dem Auslande gegenüber eine übertriebene Courtoisie üben sollte«.[173] Mit symbolischen Mitteln versuchten der Kaiser und sein Verwaltungsstab die traditionelle Bedeutung des Kaisertums Österreich, das sich als Nachfolger des Heiligen Römischen Reiches sah, auch im europäischen Kontext neu zu beleben. In Folge der desaströsen Kriegsentwicklung 1866, der Auflösung des Deutschen Bundes, ebenfalls 1866, und der Gründung des Deutschen Kaiserreichs 1871, verlor der österreichische Souverän jedoch an internationalem Prestige.[174]

Die Adelsnarrative, die der Kaiser und seine Behörden innerhalb der Monarchie vertreten hatten, setzten sich im internationalen Umfeld fort: Die Ministerien versuchten die Deutungshoheit über den Begriff der Adeligkeit vor fremdem Einfluss zu schützen. Unterstützt wurden sie dabei von der tradierten Anerkennung, die die kaiserliche Symbolik noch in der zweiten Hälfte des 19. Jahrhunderts besaß, eine Symbolik, die sich jedoch aufgrund der europapolitischen Großwetterlage als zunehmend brüchig erwies und durch eigenmächtige Standeserhebungen österreichischer Untertanen im Ausland geschmälert werden konnte. Von diesen Entscheidungen ließ sich auch das österreichische Adelsnarrativ beeinflussen.

»An einen rumänischen Staatsbürger«: Adel als Zeichen territorialer Abgrenzung und Staatsbürgerschaft

Die Behörden der Donaumonarchie benötigten die ausländischen Regierungen jedoch gleichzeitig zur Legitimierung ihrer eigenen Entscheidungen, gerade für die Prävalierung fremder Adelstitel.[175] Im Rahmen der Staatsbürgerschaftsverleihungen an in die Monarchie zugewanderte Personen fand auch eine Prüfung und gegebenenfalls eine Anerkennung der aus der alten Heimat mitgebrachten Adelsansprüche durch das österreichische beziehungsweise ungarische Innenministerium statt. Lagen alle Dokumente vor, die eine derartige Bestätigung rechtfertigen konnten, handelte es sich bei dem Vorgang um einen Formalakt. In vielen Fällen mussten jedoch Nachforschungen im jeweiligen Herkunftsland oder an den früheren Wohnorten der Bittsteller eingeholt und verhandelt werden. Dementsprechend wurden nicht selten umfangreiche Gutachten aus allen Teilen des Kontinents, von Sankt Petersburg[176] bis Madrid,[177]

173 AT-OeStA/AVA Adel HAA AR, Jakob Edler von Reinlein, pag. 1.
174 *Osterkamp*: Vielfalt, 49.
175 Siehe dazu *Binder-Krieglstein*: Adelsrecht, 110–116.
176 Siehe etwa AT-OeStA/HHStA MdÄ AR F60-43, Miszellen, Adel 259.
177 Siehe etwa AT-OeStA/HHStA MdÄ AR F60-43, Miszellen, Adel 255.

angefordert, die auf Basis archivalischer Quellen die Berechtigung zur Titelführung eines Titels nachweisen sollten.

In diesem Zusammenhang interessierte die Habsburgischen Behörden vorrangig die von dem fremden Souverän getroffene Entscheidung, die bei erbrachtem Nachweis respektiert werden musste. Die Nobilitierung durch ein gekröntes Haupt galt den kaiserlichen Beamten als unverbrüchliche Leitlinie ihres Handelns, führte also in der Regel zu der Prävalierung des Titels auch in der Donaumonarchie. Nichtsdestoweniger spiegelte sich die immense politische und historische Differenziertheit der europäischen Staatenwelt auch anhand ihrer Adelssysteme wider, was Auswirkungen auf die internationale Akzeptanz der dabei verliehenen Adelstitel hatte. Nicht jedem Souverän wurde dementsprechend uneingeschränkt die Fähigkeit und Legitimität zur Standeserhebung zugesprochen, wobei es wiederum nicht selten Einzelfälle waren, die zu einer generellen Klärung der Gesetzeslage beitrugen.

Im Zuge seiner Aufnahme in den österreichischen Staatsverband wollte der in Graz lebende Leutnant Felix von Brusselle-Schaubeck jenen Grafenstand bestätigen lassen, den er kurz zuvor von Herzog Georg II. von Sachsen-Meiningen erhalten hatte.[178] Während ihrer Nachforschungen sollten die österreichischen Vertreter allerdings nicht nur die Ansprüche des Antragstellers prüfen, sondern insbesondere auch in Erfahrung bringen, »welche Stellung die beiden vorgenannten Regierungen [Preußen und Württemberg, Anm.] gegenüber den Standeserhebungsacten der Regenten der kleinen deutschen Staaten, wie der sächsischen Herzogthümer, der Fürstenthümer Reuss etc. im Allgemeinen einnehmen«.[179] Für die österreichischen Behörden stellte sich die Frage, wie etwa Preußen und Würtemberg mit Standeserhebungen aus den deutschen Kleinstaaten umgingen, um möglicherweise eine ähnliche Vorgehensweise wählen zu können.

Zu einer Klärung dieses allgemeinen Sachverhalts kam es jedoch erst einige Jahre später, als sich die Familie Schaubeck mit einer anderen Anfrage an das Innenministerium in Ungarn wandte. Man holte daraufhin Informationen von mehreren deutschen Heroldsämtern zur Wertigkeit von Titeln aus den »kleinen deutschen Staaten« ein. Aus Dresden meldete man, dass »die Königreiche Preußen, Sachsen, Bayern und Württemberg i. J. 1888 einen Vertrag unter einander abgeschlossen haben, in welchem sie sich verpflichten, fortan die von den kleineren deutschen Bundesstaaten vollzuziehenden

178 Zu der Zusammensetzung der deutschen Staaten im 19. Jahrhundert und ihrer Höfe siehe etwa *Möckl*, Karl: Hof und Hofgesellschaft in den deutschen Staaten im 19. und beginnenden 20. Jahrhundert. Berlin, Boston 1990.

179 AT-OeStA/HHStA MdÄ AR F60-45, Miszellen, Adel 25.

Rangserhöhungen oder Adelsverleihungen nicht anzuerkennen«.[180] Tatsächlich hatte es 1888 Verhandlungen zu adelsrechtlichen Fragen gegeben, die eine enge Zusammenarbeit zwischen den Königreichen Preußen, Württemberg, Bayern und Sachsen zur Folge haben sollte. Alle vier Länder verpflichteten sich dabei vor allem, einen Adelstitel nur mit Zustimmung der drei anderen Regierungschefs zu verleihen, um Missbräuche zu verhindern.

Auch den Regenten kleiner Fürsten- und Herzogtümer war das Recht, ihre Untertanen auszuzeichnen, nicht generell zu nehmen, ob diese Auszeichnungen in der Folge jedoch jenseits ihrer Landesgrenzen Geltung beanspruchen konnten, war wiederum Auslegungssache. Mit deutlichen Worten formuliert diesen Zusammenhang nicht zuletzt die Sachsen-Meininger Regierung selbst: »Die Standeserhöhung hatte naturgemäss zunächst nur für das Herzogthum Meiningen Gültigkeit. Die Anerkennung derselben in anderen Staaten, insbesondere in den deutschen Bundesstaaten, herbeizuführen, ist stets den betreffenden Persönlichkeiten überlassen.«[181] Obwohl es für diesen Bereich also keine allgemein gültige Regelung gab, der das habsburgische Innenministerium folgen konnte, versteht sich der Vertrag von 1888 doch zumindest als Versuch, eine partielle, innerdeutsche Angleichung des Adelsrechts zu schaffen. Einer Homogenisierung des Adelsrechts im Inneren des Staates sollte demnach ein – an bestimmte Fragen gebundener – gemeinsamer Kurs auf internationaler Ebene folgen. Trotz des Wunsches sich abzugrenzen, sah man also stets die Notwendigkeit, voneinander zu lernen und die Praktiken anderer Monarchien für die eigenen Zwecke zu übernehmen.[182] Diese Strategie verfolgte beispielsweise die badische Regierung, die 1856 eine Neuordnung ihres Adelssystems plante und bei den Wiener Behörden Informationen über die Höhe der Adelsdiplomsgebühren einholte.[183] Das Innenministerium verwies in seiner Antwort auf eine ähnlich gelagerte, gesamteuropäische Befragung der österreichischen Behörden von 1842/43, deren Ergebnisse sie den Badenern zur Verfügung stellten.[184] Die Expertise ausländischer Heroldsämter konnte

180 Im Gegensatz dazu vermerkte die bayrische Gesandtschaft, »daß ein Übereinkommen der deutschen Königreiche, wonach sie nur die von einem mit königlichen Rechten ausgestatteten Souverän verliehenen Grafentitel anerkennen würden, nicht besteht«. *Ebenda.*

181 AT-OeStA/HHStA MdÄ AR F60-45, Miszellen, Adel 25.

182 Zum gegenseitigen Austausch zwischen Monarchien siehe *Paulmann*, Johannes: Pomp und Politik. Monarchenbegegnungen in Europa zwischen Ancien Régime und Erstem Weltkrieg. Paderborn, Wien 2000; *Geyer*, Martin/*Paulmann*, Johannes (Hg.): The Mechanics of Internationalism. Culture, Society and Politics from the 1840s to the First World War. London, Oxford 2001. Zum internationalen Recht zwischen Imperien siehe etwa *Koskenniemi*, Martti/*Rech*, Walter/*Fonseca*, Manuel Jiménez (Hg.): International Law and Empire. Historical Explorations. Oxford 2017; *Pitts*, Jennifer: Boundaries of the International. Law and Empire. Cambridge, London 2018.

183 AT-OeSTA/HHStA StK Adelsakten 2-9, Konvolut A13: Die in Österreich zu entrichtenden Gebühren für Standeserhöhungen und Adelsanerkennungen 1856, pag. 218/219.

184 *Ebenda*, pag. 224v.

somit gegebenenfalls zur Untermauerung und zur Rechtfertigung adelsrechtlicher Grundsatzentscheidungen genutzt werden.

Auch diese Strategie findet sich im Fall des Felix von Brusselle-Schaubeck: Sein Grafentitel war nicht nur von zweifelhafter Herkunft, er hatte diesen zudem als Staatenloser entgegengenommen. Daraus ergab sich die gewichtige Frage, ob er, ohne an den rechtlichen Rahmen eines Staates gebunden zu sein, überhaupt fähig und berechtigt sei, die Dekoration eines Einzelstaates anzunehmen und zu tragen. Das preußische Heroldsamt erklärte dazu in einer Reaktion auf die Anfrage der Wiener Beamten: »Die Standeserhebungen, welche demselben in der heimathlosen Zwischenzeit geworden [sic] sind, werden sowohl nach dem Wortlaute, als nach dem Sinne der oben angegebenen Bestimmung außer Betracht bleiben müssen.«[185] In übereinstimmender Weise urteilte dazu der cisleithanische Verwaltungsgerichtshof, den Brusselle-Schaubeck nach Abweisung seiner Bitte angerufen hatte:

> [D]er Beschwerdeführer gehört festgestellter- und zugestandenermaßen seit 1859 keinem Staatsverbande an. Da nun der Adel eine von der höchsten staatlichen Gewalt verliehene Qualität ist, kann Derjenige, der keinem Staate angehört, für den internationalen Verkehr einen Adel nicht erwerben, d. h. eine von einem Souverän an einen Heimatslosen erfolgte Adelsverleihung gilt nur für den Bereich des betreffenden Staates, da für einen Heimatslosen, solange er es bleibt, überhaupt keine Instanz besteht, welche seine Statusverhältnisse für den internationalen Verkehr wirksam regeln und ihm daher Statusrechte mit anderer als rein territorialer Wirkung verleihen könnte.[186]

Darin offenbart sich eine junge Anschauung von Staatlichkeit, die die Prärogative des fremden Herrschers zwar anerkennt, aber auf sein Territorium begrenzt und die internationale Vertretung des Bürgers uneingeschränkt seiner Heimatregierung zuweist. Monarchen besaßen demnach die Macht sowohl über ihre Länder als auch über die dort rechtlich verortbaren Bürger – aber eben nur über diese –, was der Idee des modernen Staates als Konglomerat aus Territorial- und Personenverbandsstaat entspricht.[187] Die Argumentation des preußischen Heroldsamts und des österreichischen Verwaltungsgerichtshofs, die die Staatenlosigkeit Schaubecks gewichtiger einschätzten als die Willensäußerung des Regenten, ist ein Symbol für die Modernisierung der Adelspolitik sowie für den unbedingten Zugriff, den der Staat auf seine Bürger ausüben wollte. Diesen Zugriff erreichte er über das zentrale Werkzeug der Staatsbürgerschaft, das im Laufe des 19. Jahrhundert zu einer nahezu weltweiten Unterscheidung von »Einheimischen« und »Fremden« geführt, die Menschen un-

185 AT-OeStA/HHStA MdÄ AR F60-45, Miszellen, Adel 25.

186 Entscheidung Nr. 12254 vom 10.12.1898, Z. 6827. In: Erkenntnisse des k. k. Verwaltungsgerichtshofes. XXII. Jahrgang, Wien 1898, 1321.

187 *Brubaker*, Rogers: Citizenship and Nationhood in France and Germany. Cambridge 1992, 22 f.

missverständlich an einen Ort gebunden und den Staaten eine klare Verfügungsgewalt über diese Menschen gegeben hat.[188] Die zuvor beschriebenen Beispiele rund um Grimm, Völkl oder Daminos sind daher auch als Versuche unterschiedlicher Staaten zu lesen, ihre Ansprüche auf einen festgelegten Personenverband, über den sie ihre Existenz definierten, zu wahren. Das Adelsrecht gehörte daher zu einer »form of closure«, zu einem Element jener Rechte und Pflichten, die das exklusive Segment der Staats- aus dem unbestimmbar großen Kreis aller Erdenbürger hervorhob und ihre Zugehörigkeit zu dem Staatsgebilde ausdrückte.[189]

»Den vollen Genuss der bürgerlichen Rechte erreicht man durch die Staatsbürgerschaft«,[190] erklärte daher das 1811 entstandene Allgemeine Bürgerliche Gesetzbuch, und schon ein Jahr später wurden auch die Bestimmungen des Nobilitierungswesens zu einem Distinktionsfeld zwischen In- und Ausländern erhoben. Fremde wurden über bestimmte Mechanismen aus dem Adel ausgeschlossen oder aber zumindest ihr Zugang zu dieser Elite beschränkt. Erst durch den Erwerb der Staatsbürgerschaft erlangte man beispielsweise das Recht der Adelsprävalierung.[191] Unterschiede zwischen den In- und Ausländern zeigten sich unter anderem auch bei der Adelsübertragung sowie dem systematisierten Adel, der von Ordensträgern außerhalb der Habsburgermonarchie nur auf dem Wege der allerhöchsten Gnade erreicht werden konnte.[192] Hinzu kam, dass der Staatsangehörigkeit keine »rückwirkende Kraft« zugestanden wurde: Heinrich von Dumreicher hatte beispielsweise als Ausländer den Orden der Eisernen Krone II. Klasse und erst danach die österreichische Staatsbürgerschaft erworben. Auf eine Ritterstandserhebung hatte er mit dieser Konstellation dennoch keinen automatisierten Anspruch.[193]

188 *Ebenda*, 21–34. Siehe dazu weiterführend *Gosewinkel*, Dieter: Einbürgern und Ausschliessen. Die Nationalisierung der Staatsangehörigkeit vom Deutschen Bund bis zur Bundesrepublik Deutschland. Göttingen 2011, 11–25. Zur Staatsbürgerschaft siehe allgemein *Pahlow*, Louis: Staatsbürgerschaft. In: *Jaeger* (Hg.): Enzyklopädie der Neuzeit Online, URL: http://dx-doi-org.uaccess.univie.ac.at/10.1163/2352-0248_edn_COM_354971 (am 26.8.2020). Zur österreichischen Staatsbürgerschaft siehe *Heindl-Langer*, Waltraud/*Saurer*, Edith/*Burger*, Hannelore (Hg.): Grenze und Staat. Paßwesen, Staatsbürgerschaft, Heimatrecht und Fremdengesetzgebung in der österreichischen Monarchie. 1750–1867. Wien 2000; *Hirschhausen*, Ulrike von: Von imperialer Inklusion zur nationalen Exklusion. Staatsbürgerschaft in Österreich-Ungarn. 1867–1923. (Discussion Paper) 2007.

189 *Brubaker*: Citizenship, 23.

190 Allgemeines bürgerliches Gesetzbuch für die gesammten deutschen Erbländer der oesterreichischen Monarchie. 1. Theil. Wien 1911, 11, § 28.

191 Siehe dazu *Waldstein-Wartenberg*: Adelsrecht, 129–131; *Hahn*, Michael: Handbuch für den Adel und für Ordensritter. Pest 1856, 2 f.; Seiner Majestät Kaiser Ferdinand des Ersten Gesetze und Verordnungen im Justizfache. Wien 1852, 240–243.

192 Siehe etwa: AT-OeStA/HHStA MdÄ AR F60-43, Miszellen, Adel 217; *ebenda*, 241.

193 AT-OeStA/HHStA MdÄ AR F60-43, Miszellen, Adel 198.

Neben Rechten war eine Staatsbürgerschaft allerdings immer auch mit Aufgaben und Einschränkungen verbunden, die vor allem dem Schutz und der Würde von Dynastie und Land dienlich sein sollten. Eben jene Pflichten hatte der bereits erwähnte Eichler von Eichkron vernachlässigt, als er die sächsisch-weimarische Regierung um die Übertragung seines österreichischen Adels an seinen ausländischen Schwiegersohn bat. Sein Vorgehen in dieser Angelegenheit wird von den Behörden dementsprechend »als inkorrekt u. mit den Pflichten eines österreichischen Unterthans keineswegs im Einklange stehend« bezeichnet.[194] Das Denken, Fühlen und Handeln der Staatsangehörigen erweist sich daher keineswegs als frei – die eigenen Wünsche mussten jenen des Staates untergeordnet werden, und dies hatte nicht zuletzt auch Auswirkungen auf den Adel.

Staatsbürgerschaft war jedoch seit 1867 auch in der Habsburgermonarchie nicht gleich Staatsbürgerschaft. Cis- und Transleithanien schufen sich unterschiedliche Regelungen zur gesellschaftlichen Einhegung ihrer Bevölkerung.[195] Obgleich in der Kabinettskanzlei und vor dem Kaiser die Differenzen zwischen Ungarn und den Erblanden aufgehoben sein sollten, wurden die verschiedenen Auffassungen eines »staatsbürgerlichen Adels« auch auf den imperialen Schreibtisch getragen: Die Spaltung der beiden Nobilitierungssysteme nach staatsrechtlichen Prämissen zeigte sich auf der einen Seite vor allem anhand der zahlreichen Anerkennungen österreichischer als ungarischer Adelstitel – der Titel, den man trug, sollte der nationalen Zugehörigkeit entsprechen.[196] Auf der anderen Seite galt eine Standeserhebung im transleithanischen Reichsteil als weitaus leichter erreichbar, sodass zahlreiche Nobilitierungswillige ihre Staatsbürgerschaft ihrem Adelswunsch anpassten. Dieses Verhalten erweckte jedoch die Ablehnung des Kaisers, für den ein Staatsbürgerschafts- ebenso wie ein Konfessionswechsel aus opportunistischen Gründen nicht zum Adel berechtigte.[197] Trotz der partiellen Unterschiede im Adelsrecht sahen sich die beiden Reichshälften daher vielfach auch zur Zusammenarbeit auf ministerialer Ebene gezwungen.[198]

Mit dem international orientierten Adelsnarrativ war das Konzept der Staatsbürgerschaft aufs Engste verwoben. Man ging davon aus, dass der jeweilige Souverän das Recht besaß, seine Bürger auf seinem Territorium zu adeln, für das Ausland mussten dagegen allgemein anerkannte Regeln und Normen getroffen werden, die auf längere Sicht auch zu internationalen Abkommen hätten führen können. In der Praxis erwies sich der Adel nicht nur als Merkmal

194 AT-OeStA/HHStA MdÄ AR F60-44, Miszellen, Adel 286.

195 Siehe dazu *Komlosy*: Cohesion.

196 Siehe etwa August Freiherr Stummer, AT-OeStA/HHStA KA KK Vorträge 11-1887, KZl. 2214. Siehe dazu auch Kapitel II.4.

197 *Drewes*: Jüdischer Adel, 295–302. Siehe dazu auch Kapitel II.2/II.3.

198 Siehe etwa Heinrich Drasche von Wartinberg, AT-OeStA/HHStA KA KK Vorträge 21-1874, KZl. 4590.

der gesellschaftlichen, sondern auch der staatlichen Abgrenzung – eine Abgrenzung, die ungeachtet der verbindenden kaiserlichen Entscheidungsgewalt eine Linie zwischen Cis- und Transleithanien zog. Obgleich für Franz Joseph die Staatsbürger beider Länder gleichwertig erschienen, musste auch er sie – gemäß des jeweiligen Adelsrechts – unterschiedlich behandeln.

Die eingangs zitierte Bitte der rumänischen Regierung, die von gegenseitiger, internationaler Rücksichtnahme in Adelsfragen zeugt, macht die Bedeutung und den Einfluss auswärtiger Akteure auf die habsburgische Nobilitierungspraxis erkenntlich. Generell konnten diese ihre Narrative von Adeligkeit auf zwei Wegen in den österreichischen Adelsdiskurs einbringen: Einerseits hatten sie eine wichtige Rolle als Lizenzierer fremder Auszeichnungen für ihre Untertanen, andererseits dienten sie den kaiserlichen Behörden als Auskunftsorgane über die Adelsberechtigung einzubürgernder Standespersonen. Beide Pflichten hatten nachweislich wesentliche Effekte auf das österreichische Verständnis von Adeligkeit und den Umgang der habsburgischen Behörden mit den ausländischen Antragstellern. Dieser europäische Austausch transportiert zugleich eine moderne Vorstellung von Staatlichkeit: Die Nobilitierungspraxis manifestierte den Anspruch des Staates auf seine Bürger, die auch in Adelsfragen den Bürgern anderer Staaten gegenüber bevorzugt waren. Im Ausland sollten sie dagegen als Repräsentanten ihres Staates fungieren und waren daher in ihren Entscheidungen (was die Annahme fremder Adelstitel betraf) restringiert.

Neben den Bürgern war aber auch die Adelspolitik selbst den Zielen des Staates unterworfen. Er nutzte sie zur Demonstration von Macht vor anderen europäischen Regierungen sowie zur Inszenierung von besonderer Exklusivität und Integrität, die wiederum nur den verdienstvollsten und loyalsten Nobilitierungskandidaten offenstand. Mit dem Adelsnarrativ transportierte man daher häufig auch international ein Staatsprogramm oder zumindest ein öffentlich wirksames Bild des Staates, was die Vereinheitlichung des Adelsrechts auf europäischer Ebene deutlich erschwerte. Schließlich blieb dieses – abgesehen von situationsadäquaten Absprachen – ein abgrenzendes Merkmal geschlossener territorialer Einheiten, die, wie die Donaumonarchie selbst, bis weit ins 19. Jahrhundert damit beschäftigt waren, die vielfältigen Adelstraditionen ihrer eigenen Länder zusammenzuführen und dadurch ihre Bevölkerung zu homogenisieren. Auch diese Bestrebung blieb nach der Dualisierung der Habsburgermonarchie allerdings eine Illusion.

5. Antragsteller

Mein Bruder hat unmöglich aus bösem Vorsatze gehandelt, und dennoch soll er auf das empfindlichste gestraft werden, u[nd] z[war] doppelt so hart, als ein Bürgerlicher, weil er durch den ausgesprochenen Verlust des Adels seiner bis jetzt makellos dastehenden Familie entrissen, diese letztere in ihrem Ehrgefühl und in ihrem bisherigen Ansehen auf das empfindlichste berührt wird, und weil ihm durch den Verlust des Adels ein unersetzlicher [sic] großer materieller Schaden bevorsteht. [...] Der Verlust der Freiheit, der Ehre, der Familie – und zuletzt des Verstandes wäre für meinen bis jetzt unbescholtenen [...] Bruder allzuhart![199]

Für den Grafen Heinrich von Hompesch, dessen Verurteilung wegen Körperverletzung zu seiner Adelsentsetzung geführt hatte, bedeutete der Verlust des Adelstitels einen unwiderruflichen Angriff auf seine Identität. Um Familie, Besitz und Ehre – als den drei charakteristischen Kristallisationspunkten altaristokratischen Selbstverständnisses – gebracht, würde Hompesch nach Ansicht seines Bruders auch seine geistige Gesundheit einbüßen. Staatlicher Freiheitsentzug und gesellschaftliche Bedeutungslosigkeit standen in seinen Augen auf einer Stufe. Dementsprechend wurde auch von den juristischen Behörden die öffentliche Ächtung des Delinquenten als zentrales Strafmaß wahrgenommen und genutzt.[200]

Die Antragsteller als die unmittelbar von der habsburgischen Adelspolitik Betroffenen waren eine Projektionsfläche der kaiserlichen und behördlichen Entscheidungen für die Gesellschaft. Sie waren jedoch nicht nur passive Empfänger der administrativen Beschlüsse, sondern konnten sich aktiv dazu positionieren und dadurch ebenfalls rege an der diskursiven Bestimmung des Adelsbegriffs beteiligen. Das Beispiel Hompesch zeigt darüber hinaus, dass die Selbst- und Fremdwahrnehmung von Adeligkeit gravierende Differenzen aufweisen konnte. Während der gewalttätige Graf sein Verhalten für durchaus opportun und mit den Gepflogenheiten seines Standes vereinbar hielt, plädierten die Öffentlichkeit und die Gerichtsbarkeit für den Entzug des Adelstitels.[201] Als letzte Instanz wandte er sich daher an den Kaiser, der die gräfliche Vorstellung von aristokratischer Gebarung akzeptierte und unterstützte. Hompesch blieb der Grafentitel demnach erhalten. Immer wieder sahen sich Einzelpersonen vor der Herausforderung, ihrem Selbstverständnis, das sie zum Teil aus ihrer familiären Vergangenheit, zum Teil aber auch aus ihrer gegenwärtigen Lebenssituation zogen, mit der Hilfe anderer adelspolitischer Akteure allgemeine Anerkennung und Gültigkeit zu verleihen. Es kam zu einem »Ringen um Aufsteigen und Obenbleiben«, bei dem sich wiederum moderne und traditionelle Eliten des Landes trafen:[202] »Ein Adliger dagegen ist immer schon adlig, während im Verlauf des 19. Jahrhunderts von bürgerlichen Kreisen unendliche Anstrengungen unternommen werden, um sich auch ›Adel‹ – verstanden als persönliche Eigenschaft, als moralische Qualität – zu erwerben.«[203]

Dementsprechend sahen auch viele Bürger noch im 19. Jahrhundert ihre Bestimmung im Adel, der als Symbol ihres »individuellen Erfolgs« vom Kaiser

199 Heinrich Graf Hompesch, AT-OeStA/HHStA KA KK Vorträge 7-1871, KZl. 1439.

200 Zum adeligen Selbstverständnis im 19. Jahrhundert siehe etwa *Tönsmeyer*: Adelige Moderne; *Raptēs*, Kōnstantinos: Die Grafen Harrach und ihre Welt. 1884–1945. Wien 2017.

201 *Conze/Wienfort*: Einleitung, 6.

202 *Holste/Hüchtker/Müller*, Aufsteigen, 10.

203 *Hettling*: Politische Bürgerlichkeit, 7.

und seinen Beamten anerkannt und vor der Öffentlichkeit bestätigt werden sollte.[204] Die Nobilitierung war jedoch weniger ein Ausdruck der Aristokratisierung der Bourgeoisie, als eher ein Zeichen für ihre Annäherung an den Staat.[205] Gemeinsam war beiden Gruppen die Überzeugung, dass das Adelsprädikat ihre gesellschaftliche Stellung in ganz einzigartiger Weise widerspiegeln und bereichern würde. Der Titel, den sie anstrebten oder verteidigten, symbolisierte – möglicherweise mehr noch als ihr habituelles Auftreten – den Willen, sich einem bestimmten Stand, insbesondere aber auch der Monarchie, zugehörig zu erklären. In diesem Zwiespalt von Vergesellschaftung und Einzigartigkeit versuchten die Menschen eine Gruppenidentität auszubilden:[206] »Die Frage: ›Wer ist diese Person?‹ führt kontinuierlich zu der Frage ›Was für eine Person ist das?‹«.[207] Der moderne Staat neigte dazu, durch die Kategorisierung seiner Bevölkerung Identifikationen vorzunehmen und bestimmte Personen adelig zu machen,[208] aber auch die Bürger selbst hatten es in der Hand, die Kriterien für diesen Prozess mitzugestalten und ihr Narrativ von Adeligkeit in das Verfahren einzuspeisen, um ihre Identität mit ihrer Außenwirkung in Einklang zu bringen.

»Mein Bruder«: Das Individuum und seine Rolle im Verwaltungsapparat

Stets waren es daher die zahlreichen Möglichkeiten und Werkzeuge des Verwaltungsapparates, die dem Einzelnen bei der Erfüllung und Umsetzung seiner Ziele dienen sollten.[209] Obgleich die Adelspolitik in der Habsburgermonarchie im 19. Jahrhundert bereits hochgradig formalisiert war, blieb dennoch Raum für die Förderung der »individuellen Lebensverhältnisse« des jeweiligen Staatsbürgers. Die Idee einer josephinisch-paternalistischen Administration, die sich für, aber nicht durch das Volk entfaltete, vermengte sich mit einer liberalisierten Bürokratie, in der den Menschen Identität und Gestaltungsfreiheit eingeräumt wurde.[210] Wie auch für andere Politikfelder konstatiert, war deren Entstehung und Entwicklung nicht ausschließlich »von oben« planbar, sondern

[204] *Kučera*: Staat, 25.

[205] *Augustine*: Patricians, 36 f; *Buchen/Rolf*: Eliten, 12.

[206] *Hettling*: Politische Bürgerlichkeit, 11.

[207] »The question ›who is this person?‹ leaches constantly into the question ›what kind of a person is this?‹«, *Caplan*, Jane/*Torpey*, John: Introduction. In: *Dies.* (Hg.): Documenting Individual Identity. The Development of State Practices in the Modern World. Princeton 2001, 1–12, hier 7.

[208] *Ebenda*, 3. Zu dem schwierigen Begriff der Identität siehe auch *Bachinger/Dornik/Lehnstaedt*: Einleitung, 19 f.

[209] *Schumann*, Dirk: Bayerns Unternehmer in Gesellschaft und Staat. 1834–1914. Fallstudien zu Herkunft und Familie, politischer Partizipation und staatlichen Auszeichnungen. Göttingen 1992, 256; *ebenda*, 260.

[210] *Gottsmann*: Venetien, 500; *ebenda*, 503.

basierte auf einer Reihe komplexer Dynamiken, die außerstaatliche Akteure zu einem zentralen Entwicklungsfaktor des Wandels machten.[211] Eine sich ausschließlich auf die bürokratischen und monarchischen Entscheidungsgremien konzentrierende Darstellung wäre demnach »zu einseitig vom Staat aus gewählt«.[212] Auch die Symbolpolitik kannte das »Aushandeln« als wesentlichen Teil der Herrschaftspraxis,[213] das in die asymmetrische Beziehung zwischen den Bürgern und den offiziellen Instanzen eingebettet war.[214]

Auf die ab den 1870er Jahren geschaffene Möglichkeit zur Durchsetzung individueller adeliger Ansprüche vor dem Verwaltungsgerichtshof ist bereits eingegangen worden. Zum Teil ergab sich aus den politischen Rahmenbedingungen aber auch die Gelegenheit, das Nobilitierungswesen den Lebensumständen der Antragsteller anzupassen. Die Symbolpolitik funktionierte stets als ein gesellschaftliches Regulativ, das speziell dann zum Einsatz kam, wenn die Monarchie einer angespannten Situation gegenüberstand und der Kaiser den Rückhalt seiner Untertanen besonders dringend benötigte.[215] Gerade in diesen Zeiten traten die Antragsteller selbst als wesentliche Akteure des Entscheidungsprozesses auf, da sie Ausnahmen von den gesetzlichen Verfahren erwirken konnten und der Staat seine tradierten Normen dem aktuellen Tagesgeschehen anpassen musste.

So hatten die verheerenden Schlachten und Feldzüge, die das Habsburgerreich in den 1850er und 1860er Jahren verkraften musste, auch Einfluss auf die habsburgische Nobilitierungspolitik: Um die menschlichen Verluste dieser Kriege für die Hinterbliebenen verkraftbarer zu machen, wurde im April 1867 vom Kaiser die Entscheidung getroffen, »in Hinkunft in jenen Fällen, in welchen an vor dem Feinde gebliebenen oder ihren Wunden erlegenen Offiziere Ritterorden Ag. verliehen werden, den statutenmässigen Adelsanspruch auch deren allenfalls hinterbliebenen Wittwen [sic] und ehelichen Nachkommen ausdehnen zu dürfen«.[216] Diese allgemeine Entschließung, die zukünftiges Handeln generell regelte, basierte auf dem Gesuch der Oberstwitwe Karoline Schwaiger, deren Mann Karl 1866 in der Schlacht von Custozza gefallen und

211 *Laak*, Dirk van: Infrastrukturen und Macht. In: *Duceppe-Lamarre*, François/*Engels*, Jens Ivo (Hg.): Umwelt und Herrschaft in der Geschichte. München 2008, 106–113, hier 108 f.

212 *Wienfort*, Monika: Patrimonialgerichte in Preußen. Ländliche Gesellschaft und bürgerliches Recht. 1770–1848/49. Göttingen 2001, 17.

213 *Lüdtke*, Alf: Herrschaft als soziale Praxis. Historische und sozial-anthropologische Studien. Göttingen 1991, 12 f.

214 *Reinhard*, Wolfgang: Zusammenfassung. Staatsbildung durch »Aushandeln«? In: *Asch*, Ronald (Hg): Staatsbildung als kultureller Prozess. Strukturwandel und Legitimation von Herrschaft in der Frühen Neuzeit. Köln 2005, 429–438, hier 433 f.; *Wagner*, Patrick: Bauern, Junker und Beamte. Lokale Herrschaft und Partizipation im Ostelbien des 19. Jahrhunderts. Göttingen 2005, 19 f.

215 Siehe dazu auch Kapitel IV.2.

216 Karoline Schwaiger, AT-OeStA/HHStA KA KK Vorträge 7-1867, KZl. 1430.

dafür posthum mit dem Leopoldsorden ausgezeichnet worden war. Da er den damit verbundenen Ritterstandsanspruch aus verständlichen Gründen nicht mehr geltend machen konnte, versuchte nun seine Witwe die Erhebung in den Ritterstand für sich selbst zu erwirken, um selbst davon zu profitieren. Unbeabsichtigt gelang ihr dadurch nicht nur die positive Erledigung ihres Antrags, sondern auch eine Änderung der Adelsparagraphen bestimmter habsburgischer Orden. Eine Vielzahl von Frauen nach ihr erhielt dadurch die Möglichkeit zur unkomplizierten Erfüllung ihres Nobilitierungswunsches.[217] Karoline Schwaigers Vorstoß war demnach, in Kombination mit der schwierigen militärpolitischen Lage nach den erfolglosen Kriegen gegen Italien und Preußen, der Ausgangspunkt für eine Gesetzeslockerung, die den unmittelbar Betroffenen des Krieges zugutekommen sollte. Der Kaiser hatte mit solchen symbolischen Gesten die Möglichkeit, seine generalisierte Gnade all jenen zuteilwerden zu lassen, deren Ehemänner oder Väter sich für den Staat geopfert hatten – jedoch immer unter der Voraussetzung, dass sich diese für eine entsprechende Auszeichnung qualifiziert hatten.

In dem betreffenden Vortrag für Karoline Schwaiger wurde der Monarch auch ganz explizit als Impulsgeber der Reform inszeniert:

> Da jedoch Eure Majestät wiederholt die A. h. Absicht dahin auszusprechen geruht haben, daß auch die Hinterbliebenen der mit der Ordensverleihung verbundenen Standeserhöhung theilhaftig werden, so glaubt Graf Taaffe der A. h. Willensmeinung Eurer Majestät zu entsprechen, wenn er sich die Ermächtigung allerunterthänigst erbittet.[218]

Das Innenministerium – so die Botschaft dieser Aussage – versuchte also keineswegs seine eigenen Ideen und Vorstellungen von Adelswürdigkeit umzusetzen, sondern folgte scheinbar explizit den Vorschlägen des Kaisers, die lediglich in konkrete Verordnungen gegossen wurden. Tatsächlich musste diese Entscheidung gerade vor dem Souverän als umstritten gelten, da sie dem Innenministerium eine »Erweiterung seines Wirkungskreises«[219] versprach – wie es im dazugehörigen Eintrag des Protokollbuches heißt. Demnach musste dieser Schritt entsprechend gerechtfertigt werden.

In diesem Beispiel verbinden sich drei adelspolitische Narrative in erfolgreicher Weise: Zunächst wird auf die Machtvollkommenheit des Kaisers verwiesen, der nicht nur die Einzelentscheidung bewilligte, sondern bereits in deren Vorfeld für eine situationsadäquate Lösung des akut gewordenen Problems eingetreten war. Die imperiale Gnade, die einem tapferen und loyalen Soldaten über seinen Tod hinaus gewährt wurde, war als symbolische Geste der Dankbarkeit und Demut gegenüber dem Leid und dem Verlust der Hinterbliebenen zu verstehen. Als zweites starkes Narrativ tritt in diesem Fall also die Spezifik des individuellen Anliegens hervor, dessen Bedeutung über die Vorteile einer

[217] Charlotte Poeckh, AT-OeStA/HHStA KA KK Vorträge 8-1867, KZl. 1543.
[218] Karoline Schwaiger, AT-OeStA/HHStA KA KK Vorträge 7-1867, KZl. 1430.
[219] AT-OeStA/HHStA KA Kabinettskanzlei Protokolle 38, 1867, Band 1, KZl. 1430.

formalisierten Entscheidungsfindung hinausging und eine Ausnahme ermöglichten. Erneut nahm jedoch auch das Innenministerium dieses Ereignis zum Anlass, generalisierte Regeln zu formulieren, die aus sich heraus zwar allgemeine Gültigkeit besaßen, das Adelsrecht aber gleichzeitig personalisierten und spezifischen Einzelsituationen anpassten.

Den Antragsteller in seiner besonderen Lebenslage zu sehen und zu berücksichtigen, führte immer wieder zu einer selektiven Anwendung des Anspruchssystems. Gerade die Offiziere, »welche durch 30 Jahre ununterbrochen in der Linie mit dem Degen in der Faust gedient, und sich während dieser Zeit durch stetes Wohlverhalten vor dem Feinde, sowie durch eine ganz tadelfreie Conduite ausgezeichnet hatten«,[220] waren von formalisierten Bestimmungen stark begünstigt. Allerdings konnten auch diese Ansprüche, wenn es die individuellen Voraussetzungen erforderten, rasch wieder verfallen oder durch ein erwiesenes Fehlverhalten in Frage gestellt werden. Während nämlich die Nobilitierung für einen Offizier zu einem bürokratischen Akt wurde, war es für Witwen bereits verstorbener Armeeangehöriger[221] nahezu unmöglich, noch posthum die Verdienste ihrer Ehegatten bestätigen zu lassen und dadurch vor allem die soziale Stellung ihrer Kinder zu verbessern.

Das Innenministerium betonte beispielsweise in dem Vortrag für Anna Bernauer von 1857, dass der Anspruch auf systemmäßigen Adel »nur auf das dießfällige Einschreiten des bezüglichen Officiers beschränkt sei, u., wenn er bei Lebzeiten das Ansuchen unterließ, nicht auch von seiner Descendenz angesprochen werden kann«.[222] Einzig der Offizier selbst hatte dementsprechen das Recht, einen systemmäßigen Adel zu beantragen. Diese Regel wurde nur dann außer Kraft gesetzt, wenn er durch sein plötzliches Ableben an seiner Antragstellung gehindert worden war. Darauf verwies das Innenministerium etwa im Vortrag für die Familie Fritsche von 1903: »Bei der Beurteilung derartiger Gesuche kommt – bemerkt der Vortragende – in Betracht, ob der Betreffende Offizier durch außer seinem Willen gelegene Umstände an der Geltendmachung des erworbenen systemmäßigen Anspruches auf die Erhebung in den Adelsstand verhindert wurde.«[223] Da der hier betroffene Ignaz Fritsche erst 14 Jahre nach der Erlangung des systemmäßigen Adelsanspruchs verstorben war, wäre genügend Zeit gewesen, diesen selbst geltend zu machen, was er aber scheinbar bewusst verabsäumt hatte.

Obgleich äußere Umstände, die die Familie des verdienstlichen Offiziers ihres Rechts auf Nobilitierung berauben konnten, vorstellbar waren und auf diese mit gezielten Ausnahmeregeln bis zu einem gewissen Grad eingegangen wurde, basierte der automatisierte Adel doch auf einem ganz eigenen Grundgedanken:

[220] Österreichische Verordnungen, 11.

[221] Trotz ihrer prekären finanziellen Lage konnten sie erst ab 1887 auf eine gesicherte Pension hoffen. *Deák*: Beyond Nationalism, 149–155.

[222] AT-OeStA/HHStA KA KK Vorträge 19-1857, MCZl. 3718.

[223] AT-OeStA/HHStA KA KK Vorträge 17-1903, KZl. 1614.

Er war in erster Linie eine Auszeichnung, die dem einzelnen Offizier für seine Leistungen im Dienst zustand, die er jedoch auch bewusst ablehnen – beziehungsweise nicht beanspruchen – konnte. Dem individuellen Wunsch des Antragstellers, egal ob er nun auf die Annahme oder Ablehnung der Dekoration plädierte, wurde der Vorrang vor der staatlichen Formalisierung gegeben. Der Wille des Armeeangehörigen, der sich für oder gegen die Honorierung entscheiden durfte, wurde damit über eine generelle Anerkennung von vorhandenen Ansprüchen gestellt. Bei der systemmäßigen und systematisierten Nobilitierung handelte es sich immer um ein staatliches Angebot, das die Loyalitätsbeziehung zwischen dem Untertanen und dem Kaiser festigen sollte. Die Dekoration auszuschlagen, zeugte von mangelndem Interesse an der Stabilisierung des vom Kaiser dem Ausgezeichneten angetragenen Vertrauensverhältnisses.

In Ausnahmesituationen hatten dementsprechend auch die Antragsteller das Potenzial auf das Adelsnarrativ einzuwirken und dadurch das gesamte gesetzliche Gleichgewicht der Nobilitierungspraxis zu ihren Gunsten zu verändern. Neben allen behördlichen Vereinheitlichungstendenzen bot die Adelspolitik immer auch Raum für die individuelle Entfaltung des Einzelnen, dessen besondere Situation im Entscheidungsprozess nicht notwendigerweise homogenisiert, sondern identifiziert und geschützt wurde. Der Wille des Bürgers, der die Konsequenzen des Beschlusses tragen und nach außen hin vertreten musste, konnte dementsprechend über dem Willen des Monarchen stehen.

»Als ein Bürgerlicher«: Gruppenidentität in Abgrenzung zum Adel

Die Botschaft, welche die Nobilitierten mit der Beantragung eines Titels aussandten, wurde von ihrem Umfeld gelesen und interpretiert. Daher fürchteten manche Personen die Wirkung staatlicher Einverleibung und entschieden sich bewusst gegen die Annahme derartiger Ehrungen. Für diesen Beschluss konnten unterschiedliche Überlegungen ausschlaggebend sein, die im Einzelnen zumeist nicht mehr rekonstruierbar, im Grunde aber immer auf das Selbst- und Fremdbild des Auszuzeichnenden zurückführbar sind. Die Frage nach der eigenen Identität stellte sich etwa der Bauingenieur Johannes Schebek, der mit dem folgenden, häufig zitierten Satz eine Nobilitierung ausschlug: »Baron Schebek wird nicht um ein Haar besser als Ingenieur Schebek.«[224] Sein Selbstverständnis als Bürgerlicher und Techniker würde daher nicht mit dem neuen Titel in Übereinstimmung stehen, weshalb er die Standeserhebung bewusst ablehnte.

Gerade in der aufstrebenden bürgerlichen Gesellschaft, deren Selbstvertrauen durch die Revolution von 1848 und die Liberalisierung der Monarchie stetig angestiegen war, setzte sich mehr und mehr ein eigenständiges Standesbewusstsein durch. Bereits während der Verhandlungen über den Verfassungsparagraphen zur Adelsaufhebung am Kremsierer Reichstag betonte daher der

224 *Županič*: Eliten, 166.

Abgeordnete Alois Borrosch: »Ich für meinen Theil hatte in einer früheren Zeit keinen sehnlicheren Wunsch, als den geadelt zu werden, aber deshalb, um dem Bürger zu zeigen, daß man Bürgerstolz genug besitzen kann, das Geadeltwerden abzulehnen.«[225] Die Abweisung einer derartig hochrangigen Auszeichnung richtete sich nicht notwendigerweise gegen den nobilitierenden Staat und Kaiser, sondern gegen ein System der sozialen Ungleichheit, in dem nicht die Leistung, sondern die Geburt ausschlaggebend war. Sich selbst genug zu sein, galt vielen Angehörigen des Bildungs- und Wirtschaftsbürgertums in den Jahrzehnten der liberalen Ära als wichtige Leitlinie ihrer Entscheidung, einer staatlich verordneten Ordens- keine Adelsverleihung folgen zu lassen.[226]

Es gab eine Reihe von erfolgreichen Wirtschaftstreibenden, die das aus dem systematisierten Auszeichnungsmodell hervorgehende Privileg zur Adelsverleihung ungenutzt ließen, da sie ihre Identität in ihrer bürgerlichen Rolle ausreichend repräsentiert sahen.[227] Zu ihnen gehörten etwa der oberösterreichische Waffenproduzent Josef Werndl[228] sowie die jüdischen Textilfabrikanten Moritz Zweig und Heinrich Klinger. Sie wurden von ihren berühmten Nachkommen, dem Autor Stefan Zweig und dem Historiker Friedrich Engel-Janosi, in ihrem bürgerlichen Lebensgefühl charakterisiert: Beide galten als fleißig, geschäftstüchtig und sparsam, leisteten sich zwar einen gewissen Luxus, aber keinen übertriebenen Prunk und besaßen schließlich ein ambivalentes Verhältnis zu der kaiserlichen Dekorationspraxis. Stefan Zweig konstatierte über seinen Vater, dass »er beharrlich sich jeder Ehre und jedem Ehrenamte verweigert, zeitlebens keinen Titel, keine Würde angestrebt oder angenommen« habe, weil er »niemals zu ›bitte‹ oder ›danke‹ verpflichtet« sein wollte. Dies habe seinem »geheimen Stolz« widersprochen.[229] In übereinstimmender Weise berichtete auch Engel-Janosi von seinem Großvater Heinrich Klinger: Er nahm Anerkennungen wie den Titel des kaiserlichen Rats, den Franz-Josephs-Orden und jenen der Eisernen Krone zwar »willig an«, »[e]ine Aufforderung, sich um den Adel zu bewerben, lehnte er [aber] ab: er wollte nicht als mehr erscheinen als ein liberaler Bürger«.[230]

Ein weiterer Vertreter der leistungsorientierten und amerikanophilen Bourgeoisie war der Stahlmagnat Karl Wittgenstein, der die Nobilitierung ebenfalls

225 Reichstag Österreich, Verhandlungen des österreichischen Reichstages nach der stenographischen Aufnahme. Bd. 4: 53. bis 83. Sitzung. Wien 1848–1849, 374.

226 Siehe dazu auch die Hinweise bei *Sandgruber*, Roman: Traumzeit für Millionäre. Die 929 reichsten Wienerinnen und Wiener im Jahr 1910. Wien u. a. 2013, 140–143.

227 *Augustine*: Patricians, 39. Zum preußischen Fall siehe auch *Drewes*: Jüdischer Adel, 70 f.

228 *Županič*: Eliten, 166 f.

229 *Zweig*, Stefan: Die Welt von Gestern. Erinnerungen eines Europäers. Frankfurt am Main 2011, 22.

230 *Engel-Janosi*, Friedrich: »...aber ein stolzer Bettler«. Erinnerungen aus einer verlorenen Generation. Graz, Wien 1974, 17 f.

beharrlich ausschlug. Obwohl ihn sein prachtvoller Lebensstil, seine zahlreichen Anwesen in der Nähe des Hofes, die Liebe zur Jagd und die Ehrfurcht vor den kaiserlichen Repräsentanten in gewisser Weise der »Ersten Gesellschaft« annäherten, konnte er durch die Zurückweisung des Adelstitels gerade in der zweiten Gesellschaft besondere Akzente setzen. Während insbesondere die nobilitierten Juden in der Aristokratie zumeist wenig beliebt und geachtet waren, gelangte er als staatstreuer, aber unabhängiger Bürger in seinem Stand zu Reputation und Prestige.[231]

Die Genannten empfanden den Titelerwerb nicht als Auszeichnung, sondern als eine Einschränkung ihres Lebens- und Gesellschaftskonzepts, in dem eine derartige Honoration für ihre Geltung gar nicht nötig war. Der Adelstitel hatte für viele Personen seinen Wert und seine Bedeutung verloren, weil er nicht mehr aktuell, nicht mehr zeitgemäß erschien und vor allem durch die steigende Zahl der Standeserhebungen in der Allgemeinheit großer Kritik ausgesetzt war.[232] Der hochrangige Beamte Rudolf Sieghart, dem als Berater bei den ökonomischen Ausgleichsverhandlungen 1907 – nach eigener Aussage – der Freiherrenstand zugestanden wäre, bevorzugte die weitaus seltenere Beförderung in der Beamtenhierarchie. Er meinte:

> Ich habe aber keinen Wert auf ein Adelsprädikat gelegt, weil ich das Streben der Bürgerlichen danach nie verstanden und im Adel eher etwas Geschichtliches gesehen habe, das man in der Gegenwart nicht künstlich ersetzen sollte. Ich war aber auch der Meinung, daß ich in meinem dienstlichen Verkehre mit Mitgliedern der Aristokratie als bürgerlicher Sektionschef mehr zu gelten habe denn als neugebackener Freiherr.[233]

Mit der Frage der Adelsverleihung verband sich demnach immer auch die Frage der öffentlichen Wirkung, die diese Maßnahme für den Einzelnen erzielen konnte. Speziell Politiker mussten hierbei mit größter Vorsicht agieren, um ihren Wählern kein falsches Bild ihrer Gesinnung zu vermitteln. Für den liberalen Wiener Bürgermeister Cajetan Felder, der alle drei großen Orden der Habsburgermonarchie und damit sogar mehrmals den Adelsanspruch erworben hatte, schien es unmöglich, diesen Titel vor seinem politischen Rücktritt anzunehmen, »denn Bürgermeister und ›Frei-Herr‹ zugleich zu sein, wäre eine zu arge Contradictio in terminis et in re gewesen«.[234] Für ihn ließ sich das Selbstverständnis als bürgerlicher Volksvertreter demnach unter keinen Umständen mit jenem als Adeliger vereinbaren. Es hätte seine Identität zerrissen, wäre er als bürgerlicher Repräsentant gleichzeitig auch in aristokratische Kreise

231 *Prokop*, Ursula: Margaret Stonborough-Wittgenstein. Bauherrin, Intellektuelle, Mäzenin. Köln 2016, 25; *Immler*, Nicole: Das Familiengedächtnis der Wittgensteins. Zu verführerischen Lesarten von (auto-) biographischen Texten. Bielefeld 2011, 232 f. Zur Familie Wittgenstein siehe weiterführend auch die Erinnerungen von Karls Tochter: *Somavilla*, Ilse (Hg.)/*Wittgenstein*, Hermine: Die Familienerinnerungen. Innsbruck 2015.

232 *Županič*: Ennoblement Policies, 91.

233 *Sieghart*: Die letzten Jahrzehnte, 127.

234 *Felder*: Erinnerungen, 277.

aufgestiegen. Bis zu seiner Pensionierung musste eine Aufnahme in den Adel seiner Wählerschaft und Parteigänger wegen unterbleiben, die ihn als Nobilitierten nicht mehr akzeptiert hätten.

Sehr deutlich wird diese »Contradictio« zwischen den Wünschen der Wählerschaft und des Staates im Falle des Brünner Verlegers und deutsch-liberalen Vizebürgermeisters Rudolf Rohrer, dem 1908 der einfache Adel angetragen wurde. Der mährische Statthalter berichtete allerdings an den Ministerpräsidenten in Wien,

> dass der Vizebürgermeister Rudolf M. Rohrer gestern bei mir erschienen ist und gebeten hat, da er in Erfahrung gebracht habe, dass seine Nobilitierung in Erwägung gezogen werde, von derselben Umgang zu nehmen, weil er hiedurch eine Schädigung seines Einflusses in bürgerlichen Kreisen befürchte und glaube, dass wenn er nicht nobilitiert werde, er der Regierung viel leichter durch Beibehaltung seines Einflusses gefällig sein könnte.[235]

Er erbat daher ersatzweise einen Orden, was – zumindest von Seiten der Statthalterei – auch befürwortet wurde. Ähnlich gestaltete sich die Situation auch bei dem Brauereibesitzer Anton Dreher,[236] der als Herrenhausmitglied ebenfalls Anspruch auf die Nobilitierung hatte, diese aber nie beantragte. Die unerwünschten Signale, die eine staatlich verordnete Adelung für den bürgerlichen Politiker bei seiner Klientel auslösen könnte, bewogen die Behörden auf seine individuellen Umstände Rücksicht zu nehmen und seinen Wunsch ihren strategischen Überlegungen vorzuziehen.[237] Die Situation, in der sich Dreher, Felder und Rohrer befanden, war für die Spätphase des Habsburgerreiches keineswegs ungewöhnlich: Zahlreiche Liberale besaßen zwar eine kaiser- und monarchietreue Gesinnung, wollten diese jedoch, mit Rücksicht auf ihre politischen Interessen, nicht durch eine Standeserhebung zur Schau stellen. Ihre Loyalität wollten sie dagegen durch ihre politische Tätigkeit beweisen.

Gänzlich andere Gründe bewegten dagegen demokratisch und national orientierte Personen, eine Standeserhebung auszuschlagen. Einer von ihnen war der im böhmischen Ústí nad Labem (Aussig) tätige Industrielle Carl Wolfrum, der im Vormärz Verbindungen zu Vertretern des »Jungen Deutschlands«, beispielsweise zu Heinrich Heine und Ludwig Börne, aufgebaut hatte und 1833 in Paris mit dem französischen Aufklärer und Revolutionär Marie-Joseph Motier Marquis de La Fayette bekannt geworden war. Obgleich er in seiner bayrischen Heimat wegen dieser Kontakte inhaftiert war und zwischen 1868 und 1885 in

235 MZA, Moravské místodržitelství – presidium, B13, 608, 5445.

236 Siehe zu ihm Dreher, Anton d. Jüng. In: ÖBL I, 199 f.

237 Ähnliches wird auch von dem Niederösterreichischen Statthalter Erich von Kielmansegg über den Wiener Bürgermeister Richard Weiskirchner berichtet: »Weiskirchner hätte damals den Freiherrenstand erhalten sollen; alles war schon vorbereitet, als er im letzten Augenblick bat, davon Abstand zu nehmen. Der Handel wäre zu auffällig geworden und der Freiherrenstand hätte Weiskirchner bei seinen Wählern, den Kleingewerbetreibenden, denn doch schaden können. Diese Standeserhöhung wurde also im freundlichen Einvernehmen vertagt.« *Kielmansegg*: Kaiserhaus, 363.

verschiedenen Positionen für »die Linken« im böhmischen Landtag saß, erhielt er 1872 den Orden der Eisernen Krone – eine Beantragung des Ritterstandes blieb aber aus.[238] Mit der Verweigerung, den staatlich erworbenen Anspruch geltend zu machen, verknüpfte sich auch eine Ablehnung des dahinter stehenden politischen Systems – damit wollte er sich unter keinen Umständen identifizieren. In besonderer Weise vertraten diese Haltung die Nationalisten der diversen habsburgischen Minderheiten, die der Monarchie teilweise zwar noch die Treue hielten, aber größere Freiheit für ihre Nation im föderalen Reichsverband erhofften. Ihre Unzufriedenheit mit der gesamtstaatlichen Situation zeigten sie unter anderem durch die Zurückweisung erlangter Auszeichnungen, die ihnen als Ersatz für realpolitische Veränderungen nicht genügten. Angesprochen auf seine mögliche Nobilitierung formulierte es der Alttscheche Ladislaus Rieger beispielsweise wie folgt: »Erst muss die Nation etwas bekommen, dann ihr Führer.«[239]

Der Boykott einer imperialen Gunstbezeugung galt ihnen daher als Teil ihres politischen Programms, dem sie ihre individuelle gesellschaftliche Besserstellung unterordneten. Rieger entschied sich jedoch 14 Jahre nach seiner Ordensverleihung und mehrere Jahre nach seinem Rückzug aus der Partei – möglicherweise zum Wohle seiner Nachkommen – doch noch für die Beantragung des Adelsstandes.[240] Deutlich konsequenter verhielt sich dagegen der Vorkämpfer der tschechischen Nationalbewegung, František Palacký, dem im Zuge der Ausgleichsverhandlungen mit Ungarn und der daraus resultierenden Zurücksetzung Böhmens 1866 über den Orden der Eisernen Krone die Nobilitierung angeboten wurde.[241] Als 1892 sein Sohn Johann die vom Vater verpasste Chance auf Standeserhebung nachholen wollte, wurde dieses Gesuch konsequenterweise vom Kaiser abgewiesen.[242]

Auch innerhalb des oppositionellen Lagers war die Einstellung zum Adel demnach gespalten. Während es für einzelne Politiker undenkbar war, sich auf diese Weise mit der kaiserlichen Machtsphäre und den vom Monarchen vertretenen Zentralisierungsmaßnahmen zu identifizieren, scheuten sich andere lediglich vor der Wirkung, die sie damit nach außen hin vermitteln würden. Sie wollten also für ihre Anhänger die Distanz zum Gesamtstaat und der kaiserlichen Politik wahren, sahen aber – vor allem nach ihrer politischen Karriere – auch die Vorteile der gesellschaftlichen Aufwertung für ihre Erben. In der

238 Wolfrum, Carl, In: *Kunštát*, Miroslav/*Luft*, Robert/*Melville*, Ralph/*Winkelbauer*, Thomas: Biographisches Lexikon zur Geschichte der böhmischen Länder (in Vorbereitung). Siehe zu ihm weiterführend seine eigenen Erinnerungen *Wolfrum*, Carl: Erinnerungen an Carl Wolfrum. Eigene Aufzeichnungen, Briefe, Reden und Zeitungsartikel. Als Manuskript gedruckt. Leipzig 1893.

239 *Kučera*: Staat, 98.

240 *Ebenda*, 97 f.; *Županič*: Eliten, 167.

241 *Kučera*: Staat, 97; Neue Freie Presse (Abendblatt) Nr. 779 v. 30.10.1866, 1.

242 NA, České místodržitelství, Všeobecná Registratura, Šlechtické záležitosti, 2427, 10/18/8.

liberal und national gesinnten Bevölkerung verschlechterte sich die Haltung zum Adel im Laufe des 19. Jahrhunderts zusehends, sodass nicht nur altadelige, sondern auch nobilitierte Abgeordnete der lokalen und zentralen Volksvertretungen an Einfluss und Anerkennung verloren. Insbesondere böhmische Politiker, beispielsweise Karel Kramář und Vladimír Srb, entzogen sich dieser Ehrung mit Blick auf ihre politische Reputation und Überzeugung.[243]

Einen Sonderfall stellt in diesem Zusammenhang die Biografie des Rudolf Prinzen von Thurn und Taxis dar, der seit seiner Studienzeit enge Verbindungen zu der tschechischen Nationalbewegung pflegte und sich beispielsweise als Autor für Riegers Enzyklopädie »Slovník naučný« sowie als Mitbegründer des Turnvereins »Sokol« betätigte. Als harscher Kritiker der Regierung Schmerling musste er sogar eine kurzzeitige Haftstrafe verbüßen.[244] Da weder seine familiären und finanziellen Verhältnisse noch seine persönliche Einstellung dem Hochadel entsprach, entschied er sich für die Ablegung seines Fürstentitels und die Annahme des neuen Namens »Troskow«, was ihm Franz Joseph 1894 bewilligte.[245] Dieser Schritt sollte ihm nicht zuletzt auch an seine eigentliche Identität als Anhänger der Jungtschechen angleichen. Obgleich er sich in den 1890er Jahren bereits aus dem politischen Leben zurückgezogen hatte, bekannte er in seinem Majestätsgesuch, dass »die Führung des prinzlichen Titels Thurn und Taxis für mich mehr drückend als erhebend« sei.[246]

Im Gegenzug versuchten die Behörden jedoch nach der Aufhebung des systematisierten Adels 1884 weiterhin über die Standeserhöhung symbolischen Einfluss auf die konkurrierenden politischen Positionen in der Monarchie zu erheben: Einen Sonderfall stellte in dieser Hinsicht die Ritterstandserhebung des Slowenen Ivan Žolger dar, die von Kaiser Karl noch 1917 zur Annäherung der südslawischen Kronländer an die Regierung in Wien vergeben wurde. Žolger soll seine Zustimmung zu dieser Verleihung allerdings nie gegeben, die Auszeichnung nicht anerkannt und den Titel nicht getragen haben, um seine Identität vor der Vereinnahmung durch die Dynastie zu bewahren.[247]

Insbesondere der letztgenannte Fall verdeutlicht die Machtlosigkeit der Behörden im Bereich der Symbolpolitik: Trotz aller Hoffnungen auf eine Einverleibung der dekorierten Person für staatliche Zwecke, konnte diese sich der

243 *Luft*, Robert: Parlamentarische Führungsgruppen und politische Strukturen in der tschechischen Gesellschaft. Tschechische Abgeordnete und Parteien des österreichischen Reichsrats. 1907–1914. München 2012, 388.

244 Troskow (Troskov), Rudolf Frh. von; bis 1894 Prinz von Thurn und Taxis (1833–1904). In: ÖBL XIV, 472. Siehe weiterführend zu ihm *Votýpka*, Vladimír: Rückkehr des böhmischen Adels. Köln, Wien 2010, 144–154.

245 AT-OeStA/AVA Adel HAA AR, Rudolf Prinz von Thurn und Taxis.

246 *Ebenda*, 28v.

247 *Wakounig*, Marija: Ivan Žolger – Staatsrechtler, Minister ohne Portefeuille und Delegationsteilnehmer der Pariser Friedensverhandlungen. Vortrag gehalten bei der Tagung »Elitenwandel in der ersten Hälfte des 20. Jahrhunderts«, Prag 11.10.2018.

Ehre auch erfolgreich entziehen und damit aktiven Widerstand gegen das Honorierungssystem leisten. Befehl, Zwang und Gewalt als Werkzeuge der Behörden waren machtlos in Anbetracht der Verweigerung des für die Nobilitierung Ausgewählten.[248] Der »Eigensinn« des Einzelnen, der seine Identität und Überzeugung gegen eine äußere Vereinnahmung schützen wollte, wird hier besonders deutlich.[249] Das Adelsnarrativ der Nobilitierungsverweigerer war demnach auch eines der größtmöglichen Freiheit, da es dem Antragsteller eine unabhängige Entscheidungsgewalt über ihre zukünftige soziale Stellung gewährte. Nichtsdestoweniger sahen sich die selbstbewussten liberalen Bürger und Nationalisten vor der Herausforderung, ihre Identität dem Gruppenbewusstsein in ihrem politischen, familiären oder sozialen Umfeld anzugleichen, um Anerkennung und Erfolg zu erzielen. Die Ablehnung der Nobilitierung und damit der staatlichen wie kaiserlichen Gunst war demnach eine eindeutige Botschaft an die Öffentlichkeit, in der sich die Unzufriedenheit mit den tradierten Standesunterschieden oder aber eine grundsätzliche Kritik an der politischen Gesamtlage in der Donaumonarchie widerspiegeln konnte.

»In ihrem Ehrgefühl, in ihrem Ansehen«: Die Nobilitierungswilligen zwischen Selbst- und Fremdwahrnehmung

Ein gewisser Eigensinn ist jedoch nicht nur bei jenen Personen, die sich gegen ihre Standeserhebung zur Wehr setzten, beobachtbar: Auch viele Nobilitierungsanwärter, die sich aktiv um den Aufstieg in den Adel bemühten, deren Gesuche aber abgewiesen wurden, erklärten die Verwirklichung ihres Wunsches und damit ihres Adelsnarrativs zur ihr Leben bestimmenden Passion. Mit einer Ablehnung ihrer Bitte im Innenministerium oder auf dem Schreibtisch des Kaisers gaben sich diese Antragsteller demnach nicht zufrieden – ganz im Gegenteil erneuerten sie ihre Anliegen mehrmals, ohne diesen jedoch entscheidende Argumente hinzufügen zu können. Der pensionierte Ministerialsekretär Johann Baptist Bolza reichte insgesamt vier Mal um die Bestätigung seines alten Familienadels ein, davon drei Mal in kurzer Abfolge zwischen 1867 und 1869. Dementsprechend ungeduldig reagierte das Innenministerium auf das letzte Majestätsschreiben Bolzas in seinem Vortrag an den Kaiser:

> Diese motivirte Bescheidung des Johann Baptist Bolza veranlaßte denselben zu einem neuerlichen Gesuche, worin er von ganz irrigen Anschauungsweisen geleitet, und festhaltend an seiner auf unrichtigen Voraussetzung basirten Beweisführung, sich bemühte, die obwaltenden Anstände zu widerlegen.[250]

[248] *Reinhard*: Zusammenfassung, 433.

[249] *Lüdtke*, Alf: Geschichte und Eigensinn. In: *Diekwisch*, Heike (Hg.): Alltagskultur, Subjektivität und Geschichte. Zur Theorie und Praxis von Alltagsgeschichte. Münster 1994, 139–153, hier 145 f.

[250] AT-OeStA/AVA Adel HAA AR, Johann Baptist Bolza, pag. 66.

Tatsächlich war den Behörden eine zu große Hartnäckigkeit der Antragsteller, die die kaiserliche Autorität im Entscheidungsverfahren limitieren und zu einem »Aushandeln« des Adelsnarrativs führen würde, ein Dorn im Auge. Im Unterschied zu den vorgenannten Unternehmern und Politikern, deren Entscheidung gegen den Adel man anerkannte, attestierte man den Nobilitierungswilligen eine verwerfliche Geltungssucht. Sie sollen um jeden Preis nach Titeln und Auszeichnungen gegiert und zu ihrer Befriedigung alle Hebel in Bewegung gesetzt haben. Einer von ihnen war der in Paris praktizierende Augenarzt Ludwig Wecker, der »den größten Werth auf die Erlangung von Ehren und Auszeichnungen legt, und in dieser Hinsicht nichts unversucht läßt«.[251] Er habe den österreichischen Botschafter zwei Mal um einen Orden »angegangen«, für die Verleihung des österreichischen Ritterstandes vertraute er dagegen auf die Unterstützung einer weitaus bedeutenderen Persönlichkeit: Diese fand er bei der ehemaligen Königin von Neapel, Marie in Bayern,[252] die sich beim Obersthofmeister Erzherzog Carl Ludwigs für ihn einsetzte. In dieser heiklen Lage war für den Monarchen jedoch Vorsicht geboten: Da Franz Joseph weder seine Schwägerin, die neapolitanische Königin, kränken noch die Titelsucht des Augenarztes befeuern wollte, entschied er sich gegen eine Entscheidung – er ließ den Fall auf sich beruhen, was den Entscheidungskulturen auf dem kaiserlichen Schreibtisch einen zusätzlichen Aspekt hinzufügt: Das Entscheiden wurde zum Teil bewusst vermieden, wenn ein strittiger oder problematischer Beschluss drohte, der die monarchische Urteilsfindung in Zweifel ziehen konnte.

Die Abhängigkeit der Antragsteller von staatlicher Anerkennung zur Bestätigung ihres Selbstbildes bewog sie, ihre Wünsche mit Hilfe ganz unterschiedlicher Strategien und nicht zuletzt mit steigender Zudringlichkeit zu verfolgen. Wie in der Stellungnahme des Pariser Diplomaten bereits angesprochen, versuchten sie ihr Adelsnarrativ durch exzessive Eigenwerbung bei den Behörden zu propagieren, erwarben sich dadurch aber nur selten einen vorteilhaften Ruf. In diesem Sinne bewertete auch der Berliner Botschafter das Verhalten des Industriellen Gustav Ritter, den er von seiner Zeit in Warschau kannte:

> Ritter gehört nämlich zu jenen, in ausländischen Colonien nicht selten vorkommenden Individuen, welche die Jagd nach oesterreichischen Orden und Titeln jeder Art in systematischer Weise betreiben und muß derselbe zu den unermüdlichsten, um nicht zu sagen unverschämtesten, Amtsbelästigern dieser Categorie gerechnet werden.[253]

Ritter, der von seiner Loyalität, Leistungsfähigkeit und daher Auszeichnungswürdigkeit überzeugt war, konnte sich mit seinem permanenten Drängen nicht durchsetzen, da die Beamten zwar die Verdienste der Antragsteller belohnen,

251 AT-OeStA/HHStA MdÄ AR F60-44, Miszellen, Adel 333.

252 Sie war die Schwester von Kaiserin Elisabeth. *Körner*, Hans-Michael: Marie Sophie (Maria Sofia). In: Neue Deutsche Biographie. Bd. 16. Berlin 1990, 202 f.

253 AT-OeStA/HHStA MdÄ AR F60-44, Miszellen, Adel 330.

nicht jedoch ihr Geltungsbedürfnis nähren wollten. Während die Adelsverweigerer für ihr Desinteresse an den staatlichen Anerkennungen zu verurteilen waren, wurden die sogenannten »Titelsüchtigen« für ihren übertriebenen Eifer kritisiert, der nicht der staatlichen, sondern lediglich ihrer eigenen Reputation dienen sollte. Ihre Bemühungen um die Standeserhebung erschienen daher vor allem als Versuch, die kaiserliche Administration zu ihrer persönlichen Selbstbestätigung und Besserstellung zu missbrauchen. Den bürokratischen und kaiserlichen Beschlüssen durfte aber grundsätzlich nicht widersprochen oder vorgegriffen werden.

Um sich diesem Vorwurf gar nicht erst aussetzen zu müssen, betonten viele Bittsteller schon in ihrem Gesuch das »große Widerstreben«, mit dem sie ihr Anliegen vorbrachten: »Denn mir, dem bescheidenen Staatsbürger, liegt überspannter Ehrgeiz, Großmanns- und Titelsucht ferne. Dazu bin ich zu alt, habe zu viel erfahren, ertragen, verloren und gelitten.«[254] Weshalb er sich dennoch für ein kaiserliches Anschreiben zur Klärung seiner angeblichen Ansprüche entschied, beschreibt der hier zitierte Major Alfred Conte Begna im Folgenden: »Aber ich kann nicht anders! Ich habe mit meiner Familie durch mehr als 23 Jahre den schweren Druck unerträglicher Verhältnisse in uns aufgenötigter Vereinsamung ohne Klage erduldet.«[255] Der Adel, der für die Mehrzahl der Antragsteller lediglich als äußeres Zeichen übersteigerter Eitelkeit diente, wird in seinen Ausführungen zu einem Fluchtpunkt unüberwindlicher Sehnsüchte und Leidenschaften, die sein gesamtes Leben prägten.

Seit mehreren Jahrzehnten kämpfte der aus dem dalmatinischen Raum stammende Begna zu diesem Zeitpunkt bereits für die Bestätigung seines venezianischen Conte- als eines österreichischen Grafentitels und damit für ein Recht, das im 19. Jahrhundert immer wieder erfolglos von ehemals venezianischen Familien nachgefragt wurde. Für viele Bürger italienischer Abstammung war es vollkommen unverständlich, weshalb der Begriff des »Conte« nicht mit der deutschen Form »Graf« gleichgesetzt wurde. Ihre öffentliche Wirkung wurde dadurch vor allem im deutschsprachigen Raum geschmälert: »[I]m April 1875 hatten wir Begna's die erbetene kaiserliche Anerkennung unseres alten venetianischen Conte-Titels erhalten. – ›Conte‹ heißt zu Deutsch: ›Graf‹. Wir dachten, es bedeute auch dasselbe, bis wir durch das so kränkende Verbot: jene Titel nicht ins Deutsche zu übersetzen, überrascht wurden!«[256] Die kaiserlichen Gesetze strebten mit derartigen Bestimmungen eine klare Abgrenzung zwischen monarchischen und republikanischen (beispielsweise venezianischen) Adelserhebungen an. Den Betroffenen galten sie aber als ungerecht und regten daher zu vielfältigen Protesten an.

Für Begna war dieses Verbot in doppelter Hinsicht problematisch, da es sowohl seine Beziehung zu Monarchie und Dynastie als auch seine Stellung in

254 AT-OeStA/AVA Adel HAA AR, Alfred Conte Begna, pag. 2v.

255 *Ebenda*, 21r.

256 *Ebenda*, 27r.

der Gesellschaft negativ beeinflusste. Er konnte nicht nachvollziehen, weshalb der Kaiser gerade die italienische Volksgruppe durch derartige Regeln benachteiligte und demütigte: »Welche Beschämung, welche Blamage und bittere Kränkung« mussten bereits seine Vorfahren aufgrund dieser Nachreihung ertragen, obwohl die Familie Begna sich schon vor Jahrhunderten mit »Gut, Blut und Leben« für den Adel empfohlen habe. Auch die Kooperation mit den Behörden schilderte er in seinen zahlreichen Memoranden sehr nachteilig: Die Bürokraten hätten ihn nicht über die rechtlichen Rahmenbedingungen und Konditionen aufgeklärt, die in Österreich aus einem »Conte« einen »Grafen« machten. Daher sah er sich vor der Herausforderung, eigene Nachforschungen anzustellen und sich zum Adelsrecht wie auch zu seiner Familiengeschichte umfassende Kenntnisse zu erwerben. Diese sollten ihm für die Konfrontation mit den Behörden dienlich sein: »So aber steigerten diese wahrhaft unerträglichen Verhältnisse meine Sucht nach Klärung zur Leidenschaft, der ich jeden freien Moment opferte.«[257]

Der Aufbau eines eignen Adelsnarrativs wurde für den Major zur Passion, dem er sein ganzes Leben unterordnete. Seine Selbstwahrnehmung korrespondierte jedoch nicht mit seinem offiziellen Status. Daher wurde er in der Öffentlichkeit auch nicht so behandelt, wie es ihm seiner Meinung nach zustand. Er zog sich immer weiter aus der Öffentlichkeit ins Privatleben zurück, was ebenfalls zu einer ständigen Belastung in seinem Alltag führte:

> Meine Vettern in Dalmatien – Italiener von Geburt und in der Umgangssprache – wurden davon allerdings weniger berührt. Was aber ich, der in deutschen Landen lebende Offizier und meine Familie unter diesem Verbot seither gelitten, spottet jeder Beschreibung. Es war und blieb auf Schritt und Tritt die unversiegbare Quelle qualvollster Verlegenheiten oder Demütigungen – ein wahres Schreckgespenst nicht nur für uns, sondern auch für diejenigen, mit denen uns der Zufall zusammenführte.[258]

Die gesellschaftlichen Konsequenzen der kaiserlichen Entschließung trieben ihn daher in »Selbstacht und Selbstverbannung«.[259] Um gegen diese »unhaltbare« Situation anzugehen, strebte Begna jedoch nicht nur eine Klärung seiner persönlichen Adelsverhältnisse an. Vielmehr bemühte er sich um eine Gesetzesänderung, die auch nach ihm kommende Antragsteller italienischer Herkunft in den gleichstellenden Genuss des Grafentitels bringen sollte. In seiner Vorstellung war die Adelsfähigkeit demnach eng mit Gerechtigkeit verbunden: Kein Bürger und keine Nation sollten bei der Vergabe benachteiligt werden.

Ungeachtet seiner Bemühungen blieben die Behörden bei der strengen Auslegung des Adelsrechts, kamen dem Bittsteller also in keiner Weise entgegen. Während in einer politischen Ausnahmesituation, wie sie die Monarchie in den 1860er Jahren gegenüberstand, Kulanz etwa für Armeeangehörige gewährt wurde, konnte sich der Einzelne mit seiner Anschauung in diesem Fall

257 *Ebenda*, 5v.
258 *Ebenda*, 27r.
259 *Ebenda*.

nicht durchsetzen. Es war eine Kombination aus öffentlicher und staatlicher Fremdwahrnehmung, die im Falle Begnas nicht mit seinem gräflichen Selbstverständnis korrelierte und ihm sein Leben zu einer Last werden ließ. Die Beamten, die auf seine verzweifelten Anschreiben reagierten, zeigten sich zwar verständnisvoll und bemerkten, dass die Öffentlichkeit dem Conte-Titel Unrecht tue und herabwürdige. In Wahrheit spekulierte der Gesetzgeber aber gerade auf diese gesellschaftlichen Reaktionen und nutzte sie für seine Politik: Das Übersetzungsverbot verfolgte das Ziel, in der öffentlichen Wahrnehmung einen Unterschied zwischen den Trägern des »Conte-« und des »Grafentitels« zu manifestieren. Damit überantworteten sie die Überwachung und Sanktionierung dieser Verordnung dem sozialen Umfeld des Betroffenen. Schließlich zielte das Verbot einzig darauf ab, den venezianischen dem österreichischen Adel unterzuordnen – und zwar nicht nur vor den Behörden, sondern insbesondere vor der interessierten Bevölkerung. Auf Basis ihrer Erfahrungen versuchten die Behörden demnach bereits präventive Maßnahmen zur Eindämmung eines möglichen Missbrauchs zu setzen. Unbewusst erwirkten die Menschen durch ihre Anfragen und Regelübertretungen also die Engerfassung des Adelsnarrativs von staatlicher Seite.

Für die erfolglosen Antragsteller wurde die Zusammenführung des fremden mit dem eigenen Adelsnarrativ zu einer Passion, die ihren Alltag bestimmen und sie zu immer neuen Nobilitierungsstrategien anregen konnte, die bürgerlichen Titelverweigerer sahen ihre Identität in jenem Stand verankert, dem sie bereits angehörten. Die »titelsüchtigen« Bittsteller fühlten sich von jenem Stand angezogen, den sie anstrebten. Obwohl sie sich mit ihren vielfältigen Aktivitäten zur Erreichung ihres Zieles bei den Behörden kein Ansehen erwarben, vertrauten sie auf die staatliche Entscheidungsgewalt, die ihnen auch in der Öffentlichkeit den erhofften Status verleihen sollte. Die Exekutive reagierte darauf bis zu einem gewissen Grad verständnisvoll. In den vielfältigen Aktivitäten der Bittsteller, etwa der mehrmaligen Erneuerung ihrer Anträge, der Beiziehung hochrangiger Unterstützer oder dem eigenständigen Studium des Adelsrechts, sahen die Behörden aber eine Beschneidung ihrer Entscheidungsgewalt. Ganz im Gegenteil konnten die Beschwerden und Gesetzesübertretungen der Adelsanwärter auch einen Anlass darstellen, die rechtlichen Vorgaben zu präzisieren und vor allem in der Öffentlichkeit zu kommunizieren. Die Behörden wussten um die Bedeutung der Gesellschaft bei der Kontrolle und Sanktionierung ihrer Gesetze – gerade im Bereich der Symbolpolitik.

»Aus bösem Vorsatze«: Nobilitierung durch die Öffentlichkeit und als Straftat

Die Einflussnahme auf die staatlichen und kaiserlichen Entscheidungen durch die Antragsteller war häufig stark eingeschränkt. Viele von ihnen verzichteten daher bewusst auf eine amtliche Unterstützung ihrer Interessen und vertrauten sich bei der Erfüllung ihrer Wünsche einzig der Gesellschaft als selbstständige »Adelsmacherin« an. Die sogenannte betrügerische Adelsanmaßung lebte von der Überzeugung, dass die öffentliche Anerkennung adeliger Ansprüche jener der Behörden übergeordnet sei oder dieser sogar vorausgehen könne. Während man also normalerweise einzig aus der staatlichen Akzeptanz des Nobilitierungsansuchens adeliges Prestige für eine breitere Öffentlichkeit ableiten konnte, basierte die Adelsfälschung auf einer Absolutierung der gesellschaftlich-sozialen Komponente des Adels.[260] Erst in einem zweiten Schritt sollte dann auch eine monarchische Anerkennung des von der Allgemeinheit bereits als gegeben aufgefassten Titels folgen.

Ein außergewöhnlich ausgeklügelter Betrugsfall in Sachen Adelsanmaßung wurde in den 1890er Jahren durch die internationale Zusammenarbeit zwischen Deutschland und dem Habsburgerreich aufgedeckt. Ihr Urheber war der Schlesier Philipp Roschütz,[261] der ab 1830 mit seiner Identität als mittelloser Buchhändler nicht mehr zufrieden war und sich daher sukzessive seinen sozialen Aufstieg erschlich. Dabei spielte die Öffentlichkeit eine gewichtige Rolle, weil sie seinen Ansprüchen auf ihre Art Rechtsgültigkeit verlieh.[262] Da mit den Raschütz in Schlesien und den Rothschütz in Meißen noch im 18. Jahrhundert zwei namensähnliche adelige Familien existiert hatten, versuchte er, eine Verbindung zu beiden Linien herzustellen und »annectierte« sogar beide Wappen.[263] Der Beamte des königlichen Heroldsamts in Berlin bemerkte zu diesem Vorgehen:

> Wann derselbe mit seinen Prätentionen öffentlich hervorgetreten ist, bleibt schwer festzustellen. Anfangs mag das in bescheidenem Maße geschehen sein, später durch den Erfolg kühn gemacht, beging der im Ganzen mit äußerster Vorsicht und Geschicklichkeit agirende Roschütz die seinen geringen historischen Kenntnissen entspringende oben berührte Unklugheit, von zwei verschiedenen Familien abstammen zu wollen und sich solche unmögliche Abstammung durch mehrere aus Würben[264] datirte kirchliche – selbstredend von irgend wem gefälschte – Atteste zu bezeugen.[265]

Mit Hilfe eines gefälschten Doktortitels sowie der fingierten Mitgliedschaft in mehreren »Gelehrten-Gesellschaften« verschaffte er sich die Autorität, als Verfasser genealogischer Studien seine Adelsansprüche in der Fachwelt geltend zu machen.[266] Es war also

> das gedruckte Wort, durch welches Roschütz zu wirken und den Glauben an seine adelige Abstammung zu stärken wußte. Jede der meist auf freiwilligen Beiträgen beruhenden neuen

260 *Oexle*: Aspekte, 21–23.

261 Siehe zu diesem Fall *Dotter*, Marion: Betrug, Selbstmord und – Adel. Von der Geschichte der Familie Roschütz oder Wie man sich einen Freiherrentitel anmaßt. In: *Osterkamp*, Jana/*Becker*, Peter/*Weck*, Nadja: Geschichten vom Schreibtisch des Kaisers. Wien 2024, 257–272.

262 AT-OeStA/AVA Adel HAA AR, Roschütz/Rothschütz, pag. 53r.

263 *Ebenda*, pag. 43v, 44r.

264 Ort in Schlesien.

265 *Ebenda*, pag. 44v, 45r.

266 *Ebenda*, pag. 53r.

Erscheinungen der heraldisch-genealogischen Fachliteratur benutzte Roschütz um den Samen zu streuen, welcher zur Frucht gereift, seinem späteren Zwecke nützen sollte.[267]

Zwei gefälschte Dokumente, die den Adel seiner Vorfahren auf das 14. beziehungsweise 16. Jahrhundert zurückführen sollten, ermöglichten es ihm schließlich, beim preußischen König eine Bestätigung des angeblichen Reichsfreiherrenstandes zu erwirken. Dieser fand in der Folge Eingang in das Gothaische »freiherrliche Taschenbuch«.

Die Propagierung seines Selbstbildes in der Öffentlichkeit hatte demnach Erfolg gezeigt und im Umkehrschluss auf die staatlichen Entscheidungsnarrative zurückgewirkt. Mit der aus dem königlichen Beschluss resultierenden Aufnahme in den Gotha hatte Roschütz seinen Betrug endgültig konsolidiert und konnte nun mit größerer Wirkung sein gesellschaftliches Prestige nutzen. Der »Gotha«, der als wichtigstes Referenzwerk zum Adel auch von den staatlichen Behörden konsultiert wurde,[268] führte noch 1889 Philipp Roschütz als letzten Nachkommen einer sich angeblich einst auf Mähren und Kroatien erstreckenden Dynastie. Die Wirkung, die diese Publikation erlangte, darf nicht unterschätzt werden: Laut dem »Biographischen Lexikon des Kaisertums Österreich« von 1874, das sich auf den Gotha stützte, ließe sich die Geschichte der Familie Roschütz auf das kreuzritterliche Geschlecht »von Rothschütz« aus dem 12. Jahrhundert zurückverfolgen. Zum Beweis bezog sich das Werk explizit auf die Wappen- beziehungsweise Freiherrenstandsbestätigung durch Herzog Albrecht und Kaiser Karl V., und erwähnte zudem die von Philipp Roschütz selbst erfundene Verbindung zu der in Meißen ansässigen, aber bereits erloschenen Linie.[269]

Als die Adelsanmaßung bekannt wurde, mussten die Redakteure des Gotha ihre Mitverantwortung an dem Schwindel in einer öffentlichen Stellungnahme von 1891 eingestehen:

Ehe der vorstehende Name [Roschütz, Anm.] dauernd von dieser Stelle verschwindet, ist hiedurch zu konstatiren, daß die Redaktion bei Gelegenheit der im Jahre 1857 erfolgten Aufnahme der angeblich dem Freiherrenstande angehörenden Familie [...] wissentlich getäuscht worden ist. [...] [D]ie Redaktion glaubt, die dem Philipp Roschütz durch so lange Jahre – wenn auch ohne ihren Willen und Absicht – gewährte Unterstützung durch diese Darlegung des Sachverhaltes sühnen zu müssen.[270]

267 *Ebenda*, pag. 44v, 45r.

268 Zum »Gotha« siehe etwa *Eybl*, Franz: Wie der Gotha zum Gotha wurde. Vom Staatskalender zum Medium adeliger Selbstverständigung. In: *Stobbe*, Urte/*Conter*, Claude (Hg.): Adel im Vormärz. Begegnungen mit einer umstrittenen Sozialformation. Bielefeld 2023, 23–56.

269 *Wurzbach*, Constantin von: Rothschütz, die Familie. In: Biographisches Lexikon des Kaiserthums Österreich. 27. Theil. Wien 1874, 144 f.; Gothaisches genealogisches Taschenbuch der freiherrlichen Häuser. Zugleich Adelsmatrikel der im Ehrenschutzbunde des Deutschen Adels vereinigten Verbande Bd. 2. 39. Jg. Gotha 1889, 728.

270 Neues Wiener Tagblatt Nr. 354 v. 28.12.1890, 3.

Die Autoren des »Gotha« waren sich demnach ihres nicht unwesentlichen Anteils an der Irreführung der Öffentlichkeit durch den falschen Freiherren bewusst und verstanden sich mit Recht als Werkzeug seines Betruges. Ohne ihr Zutun hätte die Fälschung wohl niemals eine derartig weitreichende Wirkung entfaltet.

Tatsächlich zielten Roschütz Bemühungen jedoch nicht nur auf symbolische Anerkennung, sondern insbesondere auch auf konkrete, materielle Vorteile ab, die vor allem seinen Nachfahren zugutekommen und sein Betrugssystem verstetigen sollten. Wie so oft verband sich bei Roschütz das Gefühl der Adelszugehörigkeit mit der Überzeugung, gewisse Vorrechte und Privilegien beanspruchen zu können, die gegebenenfalls mit unlauteren Mitteln erreicht werden sollten. Einen wichtigen Meilenstein dafür stellte die Hochzeit zwischen seinem nach Krain ausgewanderten Sohn Nikolaus Emil und der Gräfin Cäcilia Philomena von Lichtenberg dar. Die Verbindung bedeutete für Nikolaus Emil nicht nur einen ungeahnten gesellschaftlichen Aufstieg, sondern auch eine wichtige finanzielle Absicherung.[271] Mit diesem Schritt hatte Roschütz seine Täuschung perfektioniert und die Stellung seiner Familie in dem von ihm angestrebten Stand konsolidiert – die Rechtmäßigkeit und Echtheit seiner Ansprüche wurde nun nicht mehr in Frage gestellt. Auch von den heraldischen Ämtern erhoffte er sich daher in der Folge weitere Zugeständnisse, beispielsweise bei der Versorgung und Unterbringung seiner Enkel. Ihnen verschaffte er durch zusätzliche Fälschungen einen über 16 Generationen reichenden adeligen Stammbaum und damit verbundene Stipendiengelder.[272]

Nur der Zufall und eine ständig gesteigerte Gier nach weiteren Auszeichnungen brachte die preußischen und österreichischen Beamten schließlich auf die Spur des angeblichen Freiherren.[273] Obwohl das Delikt der Adelsanmaßung durch ein Hofdekret von 1827 mit einer Geld- oder Arreststrafe zu ahnden war,[274] beließ man es im Falle der österreichischen Roschütz bei der Entziehung des Adelsprädikats. Nikolaus Emil und seinen Kindern konnte die Mittäterschaft an den von Philipp in Schlesien begangenen Straftaten nämlich niemals nachgewiesen werden.[275]

Für die preußische und österreichische Bürokratie stellten derartige Skandale stets einen Prestigeverlust dar, da sie die Autorität des Souveräns im Entscheidungsprozess in Frage stellten und ihre Position als Wahrer der monarchischen Gnade an Wert verlor. Auch der aristokratischen Welt muss die Entlarvung des angeblichen Freiherren als einfachen Buchhändlergesellen die Oberflächlichkeit ihres exklusiven Wertesystems vor Augen geführt haben. Die Willkür, mit der die imperiale Bestätigung den Stand und die Identität einer

271 *Wurzbach*: Rothschütz, 144 f.

272 AT-OeStA/AVA Adel HAA HR, Roschütz/Rothschütz, pag. 49.

273 AT-OeStA/HHStA MdÄ AR F60-44, Miszellen, Adel 304.

274 NA, České místodržitelství, Všeobecná registratura, 2424, 10/7/1.

275 AT-OeStA/AVA Adel HAA AR, Roschütz/Rothschütz, pag. 33.

Person definierte, wurde durch Betrüger, die problemlos ihre Stellung – auch ohne die staatliche Zustimmung, einzig auf Basis der gutgläubigen Öffentlichkeit – verbessern konnten, besonders deutlich. Bereits unter Maria Theresia hatte man daher Bestimmungen getroffen, die die Adelsanmaßungen bekämpfen und sanktionieren sollten. 1827 wurde die Regelung in einem Hofkanzleidekret noch einmal verstetigt und insbesondere ein Strafrahmen gegen die unbefugte Führung »adeliger Titel und Wappen«[276] »bei Urkunden, Briefen, Bittschriften, auf Grabsteinen oder anderen Denkmälern, bei Leichen(begängnissen), Verzierungen der Gebäude oder Wägen, auf Zuschriften und in öffentlichen Ankündigungen« festgesetzt.[277] Ungeachtet der strengen Gesetzgebung konstatierten österreichische Adelsexperten des 19. Jahrhunderts, dass in den letzten Jahrzehnten der Monarchie »die Zahl der zweifelhaften Adelsansprüche auffallend zugenommen«[278] habe und »die Häufigkeit der Adelsanmaßung im schneidenden Contraste zur Seltenheit diesbezüglicher Prozesse stünde«.[279] Die staatlichen Kontrollinstanzen schienen dieser Entwicklung machtlos gegenüberzustehen. Wie im Falle Roschütz gezeigt, führte eher der unvorsichtige Fehler des Betrügers als die Achtsamkeit der Behörden zu seiner Entlarvung.

Hinzu kam, dass die Roschütz, als erfolgreiche Unternehmer und Adelsrechtsfachleute, ganz und gar dem aristokratischen Verständnis des 19. Jahrhunderts entsprachen. Bereits die erste Generation, die nach der »Selbstnobilitierung« von den gesellschaftlichen Privilegien profitierte, hatte ihre Individualität der adeligen Gruppenidentität angepasst und kämpfte daher über Jahre mit zahlreichen Majestätsgesuchen für die Wiedererlangung ihres Status.[280] Auch in der Öffentlichkeit wehrten sie sich vehement gegen den Vorwurf der Adelsanmaßung und versuchten durch Zeitungskommentare erneut den Glauben an ihre Ansprüche zu schüren. Nikolaus Emil kritisierte darin zum Beispiel die voreilige Verurteilung durch das Gothaische Taschenbuch und die mangelnde Kommunikation der Behörden.[281] Als Teil ihres Schwindels hatten die Roschütz adeliges Verhalten nicht nur angenommen, sondern auch verinnerlicht und in ihr Selbstverständnis integriert. Mit dessen Verlust konnten sie kaum umgehen: Philipp nahm sich nach Bekanntwerden der Vor-

276 *Waldstein-Wartenberg*: Adelsrecht, 145 f.; *Zaleisky*, Adalbert (Bearb.): Handbuch der Gesetze und Verordnungen, welche für die Polizei-Verwaltung im österreichischen Kaiserstaate von 1740–1852 erschienen sind. Bd. 1. Wien 1853, 18.

277 *Binder-Krieglstein*: Adelsrecht, 131.

278 *Bauer*, Josef Ritter von: Soll die Anlegung staatlicher Adelsbücher nach dem Muster des sächsischen Adelsbuches angestrebt werden? In: Korrespondenzblatt des Gesamtvereins der deutschen Geschichts- und Altertumsvereine 59 (1911), Sp. 217–224, hier 219.

279 *Pöttickh*, Eduard Carl Gaston Graf von Pettenegg: Ideen über die Errichtung eines Heroldsamtes in Oesterreich. Wien 1880, 12.

280 AT-OeStA/AVA Adel Hofadelsakten, Roschütz/Rothschütz, pag. 138–140.

281 Die Presse, Beilage zur Nr. 8 v. 8.1.1891, 9.

würfe das Leben und sein unter der gesellschaftlichen Ächtung schwer leidender Sohn Nikolaus Emil beantragte eine Namensänderung von »Roschütz« auf »Ravenegg«.

Im Unterschied zu diesen aristokratisch lebenden Nichtadeligen gab es allerdings – vor allem in den polnischen und ungarischen Gebieten, aber auch in den böhmischen Ländern – zugleich eine große Gruppe von altadeligen Familien, die aufgrund äußerer Umstände und Ereignisse ein verarmtes und für ihren Stand daher unangemessenes Dasein fristeten. Viele von ihnen legten mit ihrem adeligen Habitus schließlich auch ihren Titel ab, andere hielten dagegen umso intensiver an ihrer Mitgliedschaft zu dem Stand fest.[282] Dementsprechend kamen adelsbezogene Anfragen auch von unerwarteter Stelle, beispielsweise von der Schelletauer Trafikantin Katharina Pelka (von Doborschitz), die um die Ausfertigung ihres Stammbaums bat,[283] wie auch von dem Brünner Friseur Thimoteus Kessler (von Sprengseisen), der seine Adelsberechtigung bestätigen wollte.[284] Derartige Anfragen hatten jedoch eine intensive Prüfung der geforderten Ansprüche zur Folge, da die – für den Adel ungewöhnlichen – Lebensumstände der Antragsteller bei den Behörden auf Misstrauen stießen und man automatisch von einer Adelsanmaßung ausging.

Fügten sich Personen nicht in das typische Profil des Adels, fiel es den Beamten leichter, an den Adelsqualitäten der Bürger zu zweifeln und mögliche Fälschungen bei dieser Gelegenheit zu entlarven. Als 1858 der Prager Schneidergeselle Karl Heinrich Calvi einen an den Fürsten von Lobkowitz adressierten Bettelbrief um Zuwendungen für seinen Mietzins mit dem Zusatz »Edler von« unterzeichnete, leitete die Statthalterei sofort eine Untersuchung bei der Prager Polizeidirektion ein. Bei einer Vernehmung sagte der Befragte aus: »Mein Urgroßvater Giovanni nobile de Calvi war Podesta in Venedig. Mein Großvater und Vater machten von dem Adel keinen Gebrauch. Da ich aber glaube, daß mir das Recht zusteht, mich nach meinem Urgroßvater adelich zu schreiben, so bediente ich mich dieser Unterschrift.«[285]

Tatsächlich war der Adel einer Person nicht von ihrem gesellschaftlichen Status, sondern ausschließlich von ihren ererbten Rechten abhängig, zu denen als ein integraler Bestandteil die Titelführung gehörte. Das Selbstbewusstsein, mit dem Calvi sein Handeln begründete, beweist, dass er einen Bezug zu »seinem« Adel hatte und auf diesen keineswegs verzichten wollte. Auch er verstand sich demnach auf das »Aushandeln« seiner Ansprüche, indem er dem Adelsdiskurs durch die selbstsichere Verwendung seines angeblichen Titels eine weniger schillernde, als pragmatische Facette hinzufügte. Die Behörden ließen sich von dieser Argumentation jedoch nicht beeindrucken und gingen –

282 *Županič*: Renobilitierungsprozesse, 335.

283 NA, České místodržitelství, Všeobecná registratura, 2427, 10/18/15.

284 NA, České místodržitelství, Všeobecná registratura, 6569, 8/13/3.

285 NA, České místodržitelství, Všeobecná registratura, 81, 10/6/1.

wie schon bei Katharina Pelka und Thimoteus Kessler – auch bei Calvi von einer Adelsanmaßung aus. Das Fehlen eines Prädikats in Calvis Taufmatriken reichte nach kurzer Prüfung schließlich als Beweis für einen derartigen Betrug aus.[286]

Das Adelsnarrativ, auf das sich die Betrüger stützten, resultierte aus ihrer unbändigen Überzeugung, den Adel und die damit verbundenen öffentlichen wie finanziellen Vorteile zu verdienen. Da ihr Selbstbild nicht vom Staat anerkannt wurde, schreckten sie zur Erfüllung ihres Wunsches auch vor einer Straftat nicht zurück und spielten die behördlichen gekonnt gegen die gesellschaftlichen Entscheidungskriterien aus. Tatsächlich war es die öffentliche Akzeptanz ihres Narrativs, die – unter Zuziehung bewusster Fälschungen – auch die Adelsämter zur Übernahme und Bestätigung desselben bewog. Mit Hilfe institutionalisierter öffentlicher Organe, wie der Presse oder dem »Gotha«, schufen sie sich eine Welt, die ihren individuellen Vorstellungen von Adeligkeit entsprach. Gleichzeitig zeigten sie den behördlichen und gesellschaftlichen Kontrollmechanismen ihre Grenzen auf. Sobald sich jeder in eigener Regie dem ersten Stand einschreiben konnte, wurden die Adelsbehörden obsolet und die Integrität der habsburgischen Nobilitierungspraxis zu einem holen Schein degradiert. Das Adelsnarrativ, das die erfolgreichen Betrüger ihrer Umwelt präsentierten, beruhte daher weniger auf einer lupenreinen Abstammung als vielmehr auf einem Habitus, der dieser adeligen Herkunft entsprechen würde. Wer jedoch, wie etwa Calvi, nicht als Altadeliger gelten konnte, wurde rasch als Betrüger deklariert und aus der Nobilität entfernt – ähnlich den Entsetzungen konnte auch der Vorwurf der Adelsanmaßung den sozialen Abstieg einer Familie besiegeln.[287]

»Großer materieller Schaden«: Adel als Geschäftsmodell

Wie die vorangegangenen Beispiele zeigen, eigneten sich gerade die Bestätigungen überkommener und zum Teil vergessener Adelstitel für Täuschungsmanöver aller Art, da sie den davon Begünstigten deutlich größeres Ansehen als eine simple Neunobilitierung versprachen und die staatlichen Kontrollmechanismen in diesem Bereich geringer ausgeprägt waren.[288] Die Adelsbestätigung als eine »Auffrischung« jahrhundertealter Ansprüche rückten die Antragsteller in eine lange, ehrwürdige Tradition. Sie resultierten zum Teil aus Ernennungen der vorhabsburgischen Ära und erschienen daher auch für das nationale Lager attraktiv.[289] In der zweiten Hälfte des 19. Jahrhunderts konzentrierten sich die

286 *Ebenda*.

287 Siehe dazu *Begass*: Armer Adel, 330–349

288 *Županič*: Renobilitierungsprozesse, 336. Siehe auch *Ders*.: Renobilitierung und Adelsentsetzung in Österreich. In: WIKIa Szlachta, URL: https://szlachta.fandom.com/de/wiki/Renobilitierung-%C3%96sterreich (am 23.5.2021).

289 *Županič*: Eliten, 168.

Adelsprivilegien neben dem gesellschaftlichen Prestige vor allem auf den Zugang zu Stipendien und hochrangige Ehen. Sie konnten allerdings lediglich über die Zugehörigkeit zur altehrwürdigen Nobilität erreicht werden. Es ist daher wenig überraschend, dass auch Fälscher wie Philipp Roschütz die Zugehörigkeit zur Aristokratie jener zu den nobilitierten Emporkömmlingen vorzogen, um aus ihrem Betrug den größtmöglichen Nutzen zu ziehen.

Mit dem Renobilitationsdekret hatte die Hofkanzlei schon 1840 einen wichtigen Beitrag zur Legalisierung alter Adelstitel geleistet. Die deutliche Verringerung der Taxgebühr ermöglichte es auch weniger begüterten Familien, von diesem Recht Gebrauch zu machen. In einer Gesetzessammlung zum Adelsrecht von 1860 wurde explizit betont, dass der Verdacht einer Adelsanmaßung nur auf Basis dieser ministerialen Bestätigung ausgeschlossen werden könne.[290] Die nochmalige, offizielle Anerkennung der vergessenen Ansprüche hatte demnach nicht nur die Aufgabe, die Altadeligen enger an die Monarchie zu binden, sondern diente auch der Schaffung bislang fehlender Standards. Während das Adelsdepartement dadurch seine Rolle als Kontrollinstanz festigen wollte, entwickelte sich das neue Gesetz rasch zur Grundlage betrügerischer Aktivitäten.

Die Petenten um Bestätigung und damit die Profiteure des Renobilitierungsverfahrens waren jedoch nicht ausschließlich die Träger, sondern zum Teil auch die Opfer einer von anderer Seite für sie vorgenommenen Adelsfälschung. Im System der Renobilitierung erwiesen sich speziell die sogenannten Genealogieagenten als wenig vertrauenswürdig, wenn es darum ging, ihre Klienten zu beraten und valide Informationen in den Entscheidungsprozess einzuspeisen. In vielen Fällen traten sie aktiv an ihre – großteils finanzkräftigen – Kunden heran, um diesen ihre kostenpflichtigen Dienste anzubieten. Von Zeit zu Zeit berichteten die lokalen Behörden daher von sogenannten »spekulativen Agenten«, die ohne offiziellen Auftrag in den Kronländern unterwegs waren, um gegen ein »Entgelt« Adelstitel zu verteilten. Gutgläubige und geltungsbedürftige Personen, wie der im Küstenland wohnhafte Gutsbesitzer und Gemeinderat G. Völkl, hofften offensichtlich auf diesem einfachen und unbürokratischen Weg gesellschaftliches Ansehen zu erlangen.[291] Zum Teil waren sie wohl von der Rechtmäßigkeit ihres Handelns und der erworbenen Adelsbestätigung überzeugt; zum Teil nahmen sie das damit verbundene Gefühl der rechtlichen Unsicherheit jedoch auch bewusst in Kauf, um ihr soziales Prestige unkompliziert und auf rein monetärer Basis zu steigern. Der Adel erscheint in diesem Zusammenhang als ein simples Tauschobjekt, das man von fahrenden Händlern erwerben konnte.

Im Unterschied zu dieser niederschwelligen Form der Täuschung, die von den Statthaltereien und Ministerien stets scharf verurteilt wurde, gab sich der Wiener Hermann Hermann einen deutlich seriöseren Anstrich: In dem von

290 *Binder-Krieglstein*: Adelsrecht, 130–132; *Waldstein-Wartenberg*: Adelsrecht, 145 f.
291 AT-OeStA/HHStA MdÄ AR F60-43, Miszellen, Adel 202.

ihm gegründeten »Institut für Genealogie und Heraldik« ließ er in Kooperation mit dem Maler Raimund Günther angeblich ererbte Wappen für Bürgerliche gegen eine kleine Summe neu zeichnen und ausfertigen.[292] Dabei arbeitete er stets mit großer Genauigkeit und Professionalität: Auf einem reich verzierten Briefpapier seines Instituts, das die gekrönten Häupter ganz Europas als seine Referenzpersonen nannte, stellte er sein Anliegen vor: »Beehren mich Euer Hochwohlgeboren die höfliche Mittheilung zu machen, dass die Familie ›Rothauer‹ vor ungefähr 300 Jahren ein Familienstammwappen führte, deren Wiederannahme ich mir Ihnen hiermit anzuempfehlen erlauben würde.«[293] In einer beigelegten Preisliste konnten die Empfänger des Schreibens aus Wappenmalereien in unterschiedlicher Größe und Ausführung bis hin zum sogenannten »Salon-Prachtstück« mit »Decorationspassepartout und Salon- oder imit[ierten] Metall-Rahmen sammt Glastafel« wählen.[294] In der weiteren Korrespondenz betonte Hermann zudem, dass jede Bestellung auch eine notarielle Beglaubigung über die »historische Richtigkeit« des Wappens beinhaltete. »Mittelst der für Sie durch den Notar erfolgten Legalisierung, sind Sie wie jeder Adel zur Führung des Wappens berechtigt.«[295]

Mit keinem Wort wurde in seinen Ausführungen also ein Adelsanspruch erwähnt, und doch galt vielen Personen der Erwerb eines Wappens als Meilenstein auf dem Weg zur Nobilitierung. Oskar von Mitis, ein Mitarbeiter des Haus-, Hof- und Staatsarchivs, stellte Ende des 19. Jahrhunderts diesen Konnex in einem auf den Betrug Hermanns bezogenen Memorandum her: Der »geheime Reiz« von Hermanns Geschäftsmodell lag in »verschleierten Andeutungen« über die mögliche Adeligkeit der Wappenträger, die allerdings vom Staat nicht anerkannt wurde. Das schuf neue Begehrlichkeiten: »Von der Überzeugung des gekränkten Rechtes bis zur Anmaßung des Adelstitels ist da nur ein kleiner Schritt.«[296] Den Behörden mussten die Aktivitäten des angeblichen Genealogen Hermann dementsprechend ein Dorn im Auge sein, und tatsächlich wurden sie schon 1900 vom Salzburger Archivdirektor Schuster über die unlauteren Praktiken Hermanns informiert.[297] Es dauerte jedoch noch fünf Jahre, bis dieser Missbrauch auch vor Gericht gebracht wurde.

292 An Bürgerliche wurden ab der zweiten Hälfte des 19. Jahrhundert keine Wappen mehr vergeben. Eine Ausnahme stellte der Hochadelige Arthur Krupp dar. Siehe dazu *Göbl*, Michael: Die Wappenverleihung an Arthur Krupp im Jahre 1907 und der Versuch einer Neueinführung von bürgerlichen Wappenbriefen. In: Adler. Zeitschrift für Genealogie und Heraldik 13/27 (Wien 1983–85), 3 f.

293 Projekte eines »Heroldsamtes« 1801–1813, AT-OeSTA/HHStA StK Adelsakten 2-9, Konvolut A17, pag. 291.

294 *Ebenda*, pag. 292.

295 *Ebenda*, pag. 296.

296 *Ebenda*, pag. 266.

297 *Ebenda*, pag. 300/301.

Bis dahin soll der Angeklagte etwa 264 Personen um insgesamt 30.000 Kronen betrogen haben, die er nicht in heraldischen Aufzeichnungen, sondern in Adressbüchern gefunden hatte.[298] Dessen ungeachtet beteiligten sich seine Opfer weder als Kläger noch als Zeugen an dem gegen ihn angestrebten Prozess. Der Staatsanwalt zielte mit seiner Anklageschrift daher vorrangig auf die Schmälerung der kaiserlichen Verfügungsgewalt über die Wappen und Auszeichnungen ab. Die Irreführung einzelner Bürger wurde von ihm nur am Rande erwähnt. Hermann habe also zum »Schaden der staatlichen Autorität und zu seinem eigenen wirtschaftlichen Vorteile« gehandelt. Dafür wurde er zu fünf Monaten Kerker verurteilt.[299] Sein Geschäft war eines der Eitelkeiten, mit dessen Hilfe vielfach angesehene und erfolgreiche Personen ihre selbstempfundene Vorrangstellung durch äußere Zeichen der Distinktion zur Schau stellen wollten.

In eben diesem Fahrwasser entwickelte sich seit den 1880er Jahren auch ein weiterer von Agenten und Beamten gleichermaßen getragener Betrugsskandal um das sogenannte Renobilitierungssystem. Wie schon in anderen Fällen beobachtet, traten die Genealogen auch hier gezielt an ihre Opfer heran und überzeugten sie mit gefälschten Unterlagen, die sie angeblich bei ihren Recherchen entdeckt hatten, von der Rechtmäßigkeit einer oftmals erfundenen altadeligen Herkunft. Mit offizieller Zustimmung des Kienten und nach dem Erhalt eines von den Getäuschten geleisteten Vorschusses reichten sie die unechten Beweise im Adelsdepartement ein. Im Unterschied zu Hermann suchten die Adelsagenten demnach bewusst die Nähe des Staates, der ihren Betrug unterstützen und tragen sollte. Im Innenministerium bestätigten die mit dem Schwindel vertrauten Bürokraten die angebliche Echtheit der Titel gegen einen Teil der Provision, die ihr überschaubares Gehalt aufbessern sollte.[300]

Erst die Privatfehde zwischen dem Agenten Josef Mejtsky und dem Staatsdiener Anton Peter Schlechta, die auch öffentlich ausgetragen wurde, beendete dieses Übereinkommen und brachte die Arbeit der Behörden generell in Kritik. Dennoch entpuppten sich – neben wenigen bei einem Schauprozess verurteilten Adelsagenten – vor allem die betrogenen Antragsteller als die Leidtragenden des Skandals.[301] Sie verloren mit den teuer erkauften Titeln auch ihre Glaubwürdigkeit und ihren gesellschaftlichen Stand, was sie – ähnlich wie Begna und Roschütz – in dramatischer Weise beklagten: »Die Katastrophe, die mich vor 4 Jahren befiel, ruinierte nicht nur meine gesellschaftliche Position persönlich, sondern natürlich auch meine ganze Familie; besonders meine beiden Söhne wurden der Schande und dem Spott ausgesetzt«, meinte beispielsweise Johann Diviš in einem Bittschreiben um Wiedererlangung des nach dem

298 Neue Freie Presse (Abendblatt) Nr. 14788 v. 23.10.1905, 9 f.

299 Die Zeit Nr. 1108 v. 2.10.1905, 5.

300 Zu dem Fall siehe den Text von *Županič*: Renobilitierungsprozesse.

301 *Ebenda*, 336–345.

Prozess verlorenen Titels.[302] Erneut schmerzte der Verlust des Adels, auf den man vertraut hatte oder der bereits zum Teil des eigenen Lebens geworden war. Nur ausgewählte Geschädigte konnten, zumeist durch eine Neunobilitierung, ihren verrufenen Namen reinwaschen. Dies gelang ihnen jedoch lediglich nach langen Anstrengungen und mit Hilfe der kaiserlichen Gunst, nicht auf Basis eines rechtmäßig erworbenen Anspruchs.[303]

Die Einflussmöglichkeiten der Antragsteller auf den Nobilitierungsprozess waren entsprechend begrenzt: Sie waren als Untertanen auf die imperiale Gnade angewiesen und als Staatsbürger in einen komplexen, zwischen Justiz und Exekutive ausverhandelten Rechtsrahmen eingebunden, jedoch keine selbstbestimmten Subjekte des Prozesses. Tatsächlich waren die Handlungsmöglichkeiten des Einzelnen, dem im modernen Bürgerstaat immer größere Bedeutung beigemessen werden sollte, in der klassischen Adelspolitik stark eingeschränkt – und doch konnten sich auch die Nobilitierungswilligen wie -unwilligen immer wieder Entfaltungsräume schaffen, die ihr Adelsnarrativ in das Auszeichnungsverfahren trugen. Sie waren gewillt, die größtmögliche Entscheidungsgewalt über ihren gesellschaftlichen Status zu erlangen sowie an der Art und Planung ihres sozialen Aufstiegs aktiv und mit unterschiedlichen Strategien mitzuwirken. Der Staat spielte dabei entweder eine entscheidende Rolle, indem er zu Gunsten des Antragstellers die gesetzlichen Vorgaben anpasste, oder nahm etwa im Rahmen betrügerischer Adelsanmaßungen eine gänzlich irrelevante Stellung ein.

Diese Problematik ergab sich nicht zuletzt aus der Entwicklung, die der Adel zwischen dem 18. und 19. Jahrhundert genommen hatte: Nicht mehr der Habitus, sondern vor allem die Urkunde, die die Herkunft der adeligen Familie belegte, machte die Zugehörigkeit zu der Gruppe sichtbar. Dennoch war ein nobles Auftreten und Gebaren insbesondere zur öffentlichen und staatlichen Akzeptanz der Adelsfähigkeit von zentraler Wichtigkeit und wurde von den Betrügern daher zur Untermauerung ihrer Ansprüche gepflegt. Ganz gleich, ob die Adelskandidaten einen Titel anstrebten oder ausschlugen, ob sie ihre Ziele mit legalen Mitteln oder Fälschungen betrieben – sie stellen damit ihre Identität vor einem größeren Publikum zur Disposition. Diese adelige Identität konnte – wie im Falle Begnas – aus einer langen familiären Tradition erwachsen. Sie konnte – wie bei vielen durch die genealogischen Agenten Geschädigten – aus ihren Leistungen und ihrem damit verbundenen Selbstbewusstsein resultieren. Sie ging – wie von Philipp Roschütz praktiziert – schließlich aus der Überzeugung hervor, für ein besseres, privilegiertes Leben geschaffen zu sein.

Vielfach verschränkten sich diese Gründe wohl miteinander und erschufen ein Narrativ der Eitelkeiten, in dem der Einzelne mit dem Wunsch lebte, sein Selbstbild öffentlich zur Schau zu stellen. Der Staat, dem man sich durch die

302 Divis-Cistecky ze Serlinku, NA, Šlechtický archiv, 26.

303 Siehe etwa AT-OeStA/HHStA KA KK Vorträge 30-1907, KZl. 2931.

Auszeichnung zugehörig erklärte, diente oft lediglich als Vollstrecker dieses Narrativs, in Wahrheit galt die Aufmerksamkeit der Antragsteller den Reaktionen der Öffentlichkeit. Auch die Adelsverweigerer waren weder notwendigerweise monarchiefern noch frei von gesellschaftlichen Zwängen – sie bedienten lediglich eine andere Öffentlichkeit, für die eine selbstbewusste liberal-demokratische und nationale Identität im Kontrast zu jener der Dynastie entscheidendes Gewicht hatte.

6. Öffentlichkeit

Mit stolzer Freude liest das Publikum von den Auszeichnungen, mit welchen S. Majestät unser allergnädigster Kaiser die Tapfern [sic] unserer Heere beglückt. [...] Nicht mit dem gleichen freudigen Zurufe ist die in der Wiener Zeitung Nr. 151 enthaltene ämtliche Nachricht von der dem Hauptmann-Auditor Adalbert Rosenbaum zu Theil gewordenen allerhöchsten Belobung begrüßt worden: Die öffentliche Stimme war durch diese Nachricht nicht befriedigt, [...] weil man für das in der ämtlichen Nachricht geschilderte besondere hohe Verdienst dieses Mannes eine noch höhere Anerkennung als die Gnade Seiner Majestät sie gewährt hatte, in Anspruch nahm.[304]

Diese an das Innenministerium gerichtete Mitteilung eines anonymen Informanten aus Linz unmittelbar nach den revolutionären Erhebungen von 1848/49 verweist auf eine starke Öffentlichkeit, die ungeachtet der damaligen politischen Entwicklungen die staatlichen Entscheidungen interessiert verfolgte und sich vor einer selbstbewussten Meinungsäußerung auch in Bezug auf die kaiserliche Gnade nicht scheute. Im Gegensatz zu der offiziell propagierten imperialen Entscheidungsgewalt, die das adelige Narrativ noch im 19. Jahrhundert exklusiv bestimmen sollte, bildete auch die Gesellschaft den Drang aus, die Monopole monarchischer Macht zu kontrollieren und dadurch selbst den Adel zu reglementieren.

Quellennahe Termini wie »Publikum« oder »öffentliche Stimme«, ebenso wie die Forschungsbegriffe der »bürgerlichen/politischen Öffentlichkeit«, der »öffentlichen Meinung« und der »Zivilgesellschaft« umreißen mit graduellen semantischen Unterschieden eine »reale oder vorgestellte Gemeinschaft von Personen, die durch Lektüre und Diskussion am öffentlichen Kommunikationsprozess« mitwirkten[305] und dabei einen »normativen Minimalkonsens« von Werten und Ansichten vertraten.[306] Obgleich bereits in der Antike die Ansätze

304 AT-OeStA/AVA Inneres MdI Präsidium A 1091, Orden und Auszeichnungen, 4858/1849.

305 *Requate*, Jörg: Publikum. In: *Jaeger* (Hg.): Enzyklopädie der Neuzeit Online, URL: http://dx-doi-org.uaccess.univie.ac.at/10.1163/2352-0248_edn_SIM_332664 (am 21.11.2020).

306 *Luft*, Robert/*Havelka*, Miloš/*Zwicker*, Stefan: Zur Einführung. In: *Dies.* (Hg.): Zivilgesellschaft und Menschenrechte im östlichen Europa. Tschechische Konzepte der Bürgergesellschaft im historischen und nationalen Vergleich. Göttingen 2014, VII–XIV, hier X.

einer *communis opinio* existierten,[307] entstand erst im 18. Jahrhundert eine klar vernetzte, »selbstorganisierte Gesellschaft«, die zwischen der privaten und der staatlichen Sphäre vermittelte,[308] um ihre Interessen zu wahren und politisches Handeln in geordnet-normierter Form mitzugestalten.[309]

Obwohl sich die öffentliche Meinung auf einen wiederkehrenden Themen- und Wertekanon stützte, bildete sie nie eine geschlossene Einheit, sondern war stets manipulierbar und durch die Entstehung größerer politischer Mitsprachemöglichkeiten von unterschiedlicher Seite umkämpft.[310] Die während der Revolution von 1848 in den Entscheidungsprozess inkludierte Öffentlichkeit wurde durch den Neoabsolutismus wiederum in ihren Partizipationsweisen beschränkt. Dennoch entwickelte sie sich in der monarchischen Führungselite der Monarchie jedoch zu einem wichtigen Referenzpunkt. Damit rechtfertigte auch der eingangs zitierte oberösterreichische Gewährsmann des Innenministeriums sein Schreiben zur Auszeichnung des Auditors Rosenbaum an die Behörden:

> Da diese Äußerung hier allgemein und laut gemacht worden sind, und da ich weiß, daß Euer Hochwohlgeboren das Urtheil der öffentlichen Stimme in jeder Angelegenheit, die für die Regierung von Interesse ist, zu vernehmen wünschen [...] habe ich es gewagt, den vorstehenden Bericht zu erstatten, überzeugt, dass Eure Hochwohlgeboren mir die freimüthige Offenheit über die sich kundgebende Stimmung im Volke, selbst wenn sie gegen die Regierung einen bitteren Ton annimmt, keineswegs übel deuten werden.[311]

Diese Aussage verweist auf die politische Komponente der Nobilitierungspraxis, die weniger auf die Wünsche der Nobilitierten, als vorrangig auf deren Wirkung in der Öffentlichkeit bezogen war.

307 *Zimmermann*, Clemens: Öffentliche Meinung. In: *Jaeger* (Hg.): Enzyklopädie der Neuzeit Online, URL: http://dx-doi-org.uaccess.univie.ac.at/10.1163/2352-0248_edn_COM_320241 (am 21.11.2020).

308 *Treiblmayr*, Christopher: Zivilgesellschaft. In: *Ebenda*, URL: http://dx-doi-org.uaccess.univie.ac.at/10.1163/2352-0248_edn_COM_387211 (am 21.11.2020).

309 *Rumpler*, Helmut: Einleitung. Von der »bürgerlichen Öffentlichkeit« zur Massendemokratie. Zivilgesellschaft und politische Partizipation im Vielvölkerstaat der Habsburgermonarchie. In: *Rumpler*, Helmut/*Wandruszka*, Adam (Hg.): Die Habsburgermonarchie. 1848–1918. Bd. 8: Politische Öffentlichkeit und Zivilgesellschaft. Tlbd. 1: Vereine, Parteien und Interessenverbände als Träger der politischen Partizipation. Wien 2006, 1–14, hier 11. Siehe auch *Schmale*, Wolfgang/*Zimmermann*, Clemens/*Mahlerwein*, Gunter: Öffentlichkeit. In: *Jaeger* (Hg.): Enzyklopädie der Neuzeit Online, URL: http://dx-doi-org.uaccess.univie.ac.at/10.1163/2352-0248_edn_COM_320362 (am 21.11.2020).

310 *Rumpler*: Einleitung, 13.

311 AT-OeStA/AVA Inneres MdI Präsidium A 1091, Orden und Auszeichnungen, 4858/1849.

»Mit stolzer Freude liest das Publikum«: Die Öffentlichkeit als Gradmesser der Adelsentscheidungen

Für den Adeligen war das Zusammenspiel von staatlicher Entscheidung und gesellschaftlicher Anerkennung seines Status integraler Bestandteil seines Selbstverständnisses.[312] Es brauchte daher den kaiserlichen Richtspruch und die administrative Bestätigung der Adelstitel ebenso wie die sich daraus entwickelnden öffentlichen Zuschreibungen von Adeligkeit zum Vollzug des Nobilitierungsprozesses. Die Akzeptanz des Adels durch die Gesellschaft war demnach für dessen Fortbestand als einer exklusiven Gruppe, die besondere Reputation und daraus resultierende Vorteile genoss, essenziell. Der in der öffentlichen Meinung tief verwurzelte Glaube an die Existenz einer derart auserlesenen Elite musste durch die staatlichen Nobilitierungen ständig reproduziert und bestätigt werden.[313]

Häufig wurde daher auch in den Vorträgen an Franz Joseph diskutiert, ob die Nobilitierung einen positiven oder negativen Eindruck in der Öffentlichkeit hinterlassen würde und dementsprechend dem habsburgischen Adel zur Ehre gereichen könne.[314] Das Ansehen des Adels in der Gesellschaft besaß Vorrang vor dem individuellen Wunsch des Antragstellers, insbesondere, wenn sich dieser durch sein Verhalten nicht würdig erwiesen hatte und einen Schatten auf den von ihm angestrebten Stand werfen könnte. So schrieb das Innenministerium über Luigi Trezza,[315] der als Vater von fünf unehelichen Kindern unter einem »anklebenden Makel« litt, »daß dem Gesuche des Trezza dermal noch keine Folge zu geben wäre, bis im Verlaufe der Zeit Trezza neue Verdienste erworben haben, und die Erinnerung an sein anstößiges Privatleben mehr in den Hintergrund getreten sein wird«.[316] Viele Entscheidungen der administrativen Nobilitierungsstrategie wurden demnach von taktischem Kalkül bestimmt, das mehr den öffentlichen Schein einer einwandfreien adeligen Lebenswelt erwecken sollte. Insofern benötigte die Zentrale für ihre Arbeit die Rückmeldung aus den Kronländern, wo ihre Maßnahmen und Entscheidungen zur Wirkung kamen. Immer wieder trafen daher im Innenministerium lokale Berichte von den Statthaltereien oder Bezirkshauptleuten ein, die den »günstigen Eindruck« des jeweiligen Gnadenaktes »beim Publikum« schilderten.[317] Diese Beobachtungen gaben eine Leitlinie für zukünftige Entscheidungen vor.

312 *Margreiter*: Konzept, 15 f.

313 *Ebenda*, 190; *Buchen/Rolf*: Eliten, 7.

314 Siehe etwa Philipp Köppely, AT-OeStA/HHStA KA KK Vorträge 22-1857, MCZl. 4214; Vinzenz Kettner, AT-OeStA/HHStA KA KK Vorträge 1-1855, MCZl. 74.

315 Siehe dazu auch Kapitel II.3.

316 Luigi Trezza, AT-OeStA/HHStA KA KK Vorträge 13-1853, MCZl. 2519.

317 AT-OeStA/AVA Inneres MdI Präsidium A 1091, 1849/5795.

Die Geltung der Adelstitel in der Gesellschaft dienten den Beamten jedoch nicht nur zur Bestätigung ihrer eigenen Einschätzungen, sondern auch zur Abwägung der passenden und vielversprechendsten Lösung. Die Öffentlichkeit bildete für das Adelsdepartement zunächst und zuvorderst ein passives Regulativ beziehungsweise einen Orientierungspunkt in zweifelhaften Situationen. Als der aus dem englischsprachigen Raum stammende, aber in der kaiserlichen Armee dienende Daniel O'Connell O'Connor Kerry um Anerkennung seiner alten Abstammung in Österreich bat, wurde von Seiten des Innenministeriums zunächst darauf hingewiesen, dass in Großbritannien und Irland nur die »Pairs allein adelig sind«. Gleichzeitig wurde aber bemerkt, dass

> die soziale Rangordnung der zu solchen Familien gehörigen Personen [...] dortlands eine viel bedeutendere und angesehenere [ist], als sie in Österreich ein Adelsdiplom zu gewähren im Stande ist, und es muß wohl, wenn eine Parifizierung des englischen und des österreichischen Adels in Frage kommt, auf die angesehene gesellschaftliche Stellung, welche die Mitglieder alter englischer oder irländischer Geschlechter dort einnehmen, Rücksicht genommen werden.[318]

Rein rechtlich hatte O'Connor also keinen Anspruch auf den österreichischen Freiherrenstand, weil er nicht den Rang eines Pair einnahm. Das Ansehen, das seine Familie in der britischen Heimat genoss, rechtfertigte die Verleihung eines hohen Prädikats aber auch in Österreich.

In ähnlicher Weise argumentierte man im Zusammenhang mit der Grafenstandsübertragung an Helene Forgách von ihrem Adoptivvater: Da die Öffentlichkeit von der falschen Voraussetzung ausging, dass Helene die leibliche Tochter des adeligen Antragstellers sei, stellte die Übertragung also nur die offizielle Festschreibung eines bereits allgemein angenommenen Tatbestandes dar.[319] In diesen Fällen waren es die Behörden, die den Vorannahmen und damit unbewusst getroffenen Entscheidungen der Allgemeinheit folgten und sie zur Leitlinie ihres Handelns machten. Es stand daher im Vordergrund der bürokratischen Überlegungen, den Status und die soziale Stellung der Adeligen zu schützen und bisweilen sogar die rechtlichen den realen Verhältnissen anzugleichen. Den Antragstellern wurde damit offiziell jene Reputation zugestanden, die sie von der Öffentlichkeit bereits erhalten hatten.

Demgemäß bezogen sich die Nobilitierungswilligen selbst in ihren Anträgen auf die öffentliche Meinung, um ihrem Gesuch größeres Gewicht zu verleihen. Der altadelige Venezianer Giuseppe Pizzamano, der den österreichischen Grafentitel anstrebte, argumentierte beispielsweise mit seinem Ruf in der Heimat: »Der in Venedig existierende Gebrauch der patrizischen Familien im gesellschaftlichen Leben den Titel ›Graf‹ zu ertheilen, machte, daß auch dem allerunterthänigsten Bittsteller derselbe nicht allein in Venedig, sondern

[318] Daniel O'Connell O'Connor Kerry, AT-OeStA/HHStA KA KK Vorträge 1-1864, KZl. 156.
[319] Helene Forgách, AT-OeStA/HHStA KA KK Vorträge 11-1878, KZl. 2482.

auch auswärts gegeben wurde.«[320] Er wurde also bereits vielfach fälschlicherweise als »Graf« angesprochen, eine offizielle Erhebung in diesen Stand würde die allgemeine Anerkennung seiner gräflichen Existenz lediglich offiziell festschreiben. Schon seine Familie, die im »goldenen Buch« der untergegangenen Markusrepublik verzeichnet war, hatte über viele Jahrhunderte hohes Ansehen genossen. Das Innenministerium übernahm die Argumentation des Antragstellers und versuchte sie in dieser Form auch dem Kaiser zu unterbreiten, das Außenministerium konnte dem adeligen Auftreten und Nimbus des Kandidaten dagegen nur wenig abgewinnen:

> Was endlich die Angabe Pizzamano's betrifft, daß ihm von verschiedenen Seiten der Grafentitel beigelegt werde, ist das Ministerium des Äußern der Ansicht, daß er einen derartigen Irrthum ungenau berichteter Personen, doch wohl füglich nicht als Grund zur wirklichen Erlangung des ihm fälschlich beigelegten Adelsgrades, geltend machen könne.[321]

Ein und derselbe Sachverhalt, nämlich die versehentliche Betitelung des Petenten als »Graf« in der Öffentlichkeit, wurde in dem Vortrag als Begründung für eine positive wie auch für eine negative Beschlussvorlage verwendet. Während der Innenminister die Zustimmung der Gesellschaft positiv interpretierte, lehnte der Außenminister eine ungerechtfertigte Bezeichnung des Antragstellers als »Graf« ab. Dieses Vorgehen verstand er als Vorstufe zur Adelsanmaßung und einer Verminderung der staatlichen Entscheidungsgewalt.[322]

Obwohl die Öffentlichkeit und ihre Einstellung zum Adel vom Außenministerium als Reibefläche herangezogen und in die Schranken gewiesen wurde, war sie im Grunde eine wichtige Referenz für die behördlichen Argumentationsmuster. Man wollte die Bevölkerung mit der Nobilitierungspraxis zufriedenstellen und eine vorbildhafte Wirkung auf das Umfeld des Geadelten erzielen, sie aber nicht gegen die Entscheidungen aufbringen. Das sogenannte »Publikum« der Symbolpolitik war vor allem passiv an der Beschlussfassung in der Adelspolitik beteiligt, indem die Beamten ihre Annahmen und Vorstellungen vom gesellschaftlichen Adelsnarrativ in ihre Urteilsfindung inkludierten. Die Öffentlichkeit hatte jedoch auch aktiven Anteil an der Nobilitierungspraxis, wenn ihre Meinung bereits die Rahmenbedingungen schuf, in denen sich die staatliche Entscheidung einfügen konnte. Das Narrativ, das hier vertreten wurde, zeigte den Adel demnach in einer engen Abhängigkeit von der Gesellschaft. Auch wenn der Grat zur Adelsanmaßung ein schmaler war, wusste man im Innenministerium, dass der Adel ohne die öffentliche Zustimmung nicht existieren und eine Nobilitierung keine Rechtsgültigkeit erlangen konnte – zum Teil bestand eine allgemeingültige Zugehörigkeit zum Adel auch schon vor der formellen kaiserlichen Anerkennung.

320 AT-OeStA/AVA Adel HAA AR, Giuseppe Pizzamano, pag. 18v, 19r.
321 *Ebenda.*
322 Pizzamano erhielt den Grafentitel in Folge eines neuerlichen Antrags 1859.

»Nicht mit dem gleichen freudigen Zurufe«: Die Öffentlichkeit als selbstbewusster Agent der Adelspolitik

Das Verhältnis zwischen dem Verwaltungsapparat und der Öffentlichkeit erweist sich daher auch in Nobilitierungsfragen als äußerst vielschichtig: Die Beamten mussten eigenständig und konsequent sowie verständnisvoll und kompromissbereit der allgemeinen Meinung gegenüber agieren. Nur die Gesellschaft konnte der kaiserlichen Entscheidung jenes symbolische Prestige geben, das der Adel zur Distinktion und dadurch zur Existenz benötigte. Zu einem Teil der Auszeichnung gehörte für den Dekorierten daher die Publizierung der verliehenen Titel und Orden in der »Wiener Zeitung«, dem Amtsblatt der Monarchie, und in lokaleren Presseorganen im räumlichen Umfeld des Geadelten.[323]

Diese Aufgabe wurde von den Bürokraten sehr ernst genommen, wie ein Fall aus dem Jahr 1849 zeigt: Im Zuge der Honorationen für die Teilnehmer der Bischofskonferenz war der Erzbischof von Zara in der »Wiener Zeitung« lediglich mit der Würde eines Geheimen Rates vermerkt, obwohl dem Kirchenmann das Kommandeurskreuz des Leopold-Ordens zugedacht war. Das Ministerium verfasste daher in »aller Eile« eine Berichtigung und stoppte vor allem die Veröffentlichung der falschen Angaben in der »Dalmatiner Zeitung«, die für den Kleriker und sein soziales Umfeld wohl den zentralen Referenzpunkt darstellte.[324] Die Behörden waren sich demnach bewusst, dass sie die kaiserlichen Entscheidungen im Feld der Symbolpolitik durch deren Publikation dem Urteil der interessierten Bevölkerung aussetzten. Im Gegensatz zur Arkanpolitik war die Nobilitierungspraxis schon in ihrer staatlichen Konzeption »auf Sichtbarkeit, Zugänglichkeit, Zustimmung oder Partizipation gesellschaftlicher Gruppen« ausgerichtet. Ihre Legitimität zog die Adelspolitik daher auch aus der Beteiligung der Öffentlichkeit, die nicht nur als passiver Konsument, sondern als aktiver Diskutant das Politikfeld mitgestaltete.[325]

In Einzelfällen trug die Bekanntmachung der Entscheidungen sogar zu deren Anpassung und Revidierung bei. Wie der soeben geschilderte Fauxpas im Zusammenhang mit der Bischofskonferenz zeigte, konnten gerade Massenauszeichnungen zu Ungenauigkeiten und Irrtümern der Behörden führen. Darauf verweist beispielsweise eine »Notiz« des Handelsministeriums, die einige Monate nach der Dekorierungswelle an die Teilnehmer der Wiener Weltausstellung 1873 bei der Kabinettskanzlei einlangte. Das Ministerium musste darin kleinlaut eingestehen, dass der für die Parkettausstattung des Kaiserpavillons geehrte Stefan Barawitzka gar nicht mehr in seiner ehemaligen »Parquettfabrik« tätig war und daher auch nicht für deren Leistungen während der Weltausstellung belohnt werden dürfe. Der Fehler wurde von Barawitzkas Nachfolger als

323 Siehe dazu auch Kapitel I.5.

324 AT-OeStA/AVA Inneres MdI Präsidium A 1091, Orden und Auszeichnungen, 5013/1849.

325 *Schmale/Zimmermann/Mahlerwein*: Öffentlichkeit.

Firmenleiter, Carl Kukla, aufgedeckt, der sofort nach der Publikation der Dekorationen in der Wiener Zeitung persönlich beim Ministerium vorgesprochen hatte, um auf die falschen Angaben hinzuweisen. Im Zuge dessen schlug er sich selbst für eine Belobigung vor.[326] Wie schon nach den Revolutionen von 1848/49 trug auch hier die Veröffentlichung der innerbehördlichen Entscheidungsergebnisse zu einer Verbesserung des gesamten Systems bei. Die zyklische Abfolge von Beschlussfassung und -evaluation gelang demnach nur im ständigen Austausch mit der Bevölkerung.

Die Gesellschaft konstituierte und artikulierte sich seit dem späten 18. Jahrhundert vermehrt in klaren Strukturen und Institutionen. Ein ungeordnet und spontan agierendes »Publikum« entwickelte sich durch die Gründung von Vereinen und Presseorganen sowie die Formulierung von Petitionen[327] zu einer organisierten und »rechtlich normierten« politischen Öffentlichkeit, die im ständigen Dialog mit den staatlichen Stellen stand.[328] Diese Möglichkeiten nutzte man nicht zuletzt, um auf die kaiserliche Gnade einzuwirken und Einfluss auf die Symbolpolitik zu nehmen. Man versuchte die staatlichen Auszeichnungen zu nutzen, um nach Gutdünken des jeweiligen Vereins Personen aus dem näheren Umfeld oder den eigenen Reihen zu dekorieren. 1858 meldete sich diesbezüglich beispielsweise die »Repräsentanz des Krippen-, Kreuzer- und Wohlthätigkeitsvereins«, um einen Ritterorden für ihr mildtätiges Mitglied, den Finanzrat Franz von Heintl, zu erreichen: In einer »Eingabe, die mehr als 50 der achtbarsten Unterschriften zählt«, sowie unter Einbeziehung von mehreren Zeitungsartikeln, die Heintl erwähnten, erhob die Öffentlichkeit in Form des Vereins Anspruch auf eine kaiserliche Auszeichnung. Diese Bitte rechtfertigte sie nicht zuletzt mit der allgemeinen Meinung selbst:

> Wenn daher ohne sein Zuthun so viele, achtbare Personen [,] welche die vorliegende Eingabe unterzeichneten [...], so ist dies um so ehrenvoller für ihn, und es würden seine Verdienste in Förderung der Wohlthätigkeits-vereine schon an und für sich vollkommen zureichen, ihn eines Merkmales der Ah. Gnade würdig zu machen.[329]

Die öffentlichen Vertreter verhielten sich auch in den 1850er Jahren äußerst selbstbewusst bei der Formulierung ihres Status und ihrer Vorstellung von der kaiserlichen Gnade. Mit diesem zu ungenau formulierten Gesuch konnten sie sich die Vereinsmitglieder beim Innenministerium jedoch nicht durchsetzen.

Während die Repräsentanten der Öffentlichkeit die monarchischen Dekorationen demnach bewusst zur Erreichung und Verfolgung ihrer Ziele einsetz-

326 AT-OeStA/HHStA KA KK Vorträge 20-1873, KZl. 4025.

327 Siehe dazu *Osterkamp*, Jana: Imperial Diversity in the Village. Petitions for and against the Division of Galicia in 1848. In: Nationalities Papers 44/5 (2016), 731–750.

328 *Rumpler*: Einleitung, 1–14.

329 NÖLA, Statthalterei Präsidium, Statthalterei Allgemeine Präsidialakten, 1858, 4349P5 ad 124.

ten, verstanden im Gegenzug auch die Behörden die anonyme Masse der Bevölkerung als eine wichtige Ressource zur Verbesserung der Nobilitierungspraxis. Im Bereich der Adelsanmaßung war die Rolle öffentlicher Institutionen als Beobachtungs- und Kontrollinstanz sogar gesetzlich verankert. Der Staat setzte schon seit der ersten Hälfte des 19. Jahrhunderts, als sich die Gesetzgebung zur Adelsanmaßung verstetigte, bewusst auf die Wachsamkeit der Öffentlichkeit, die Informationen über unklare oder verdächtige Adelsverhältnisse sammeln und melden sollte.[330] Es kam immer wieder zu Anzeigen oder zumindest Anfragen bezüglich möglicher ungültiger Adelstitel: Mitte der 1880er Jahre bat beispielsweise ein Wiener Advokat das Innenministerium zur »Absicherung eines Rechtsgeschäftes« für einen Klienten um nähere Informationen über den ausländischen Adelstitel des Vertragspartners Ignaz Kolisch. Obwohl die Beamten nicht befugt waren, derartige Angaben an »unbeteiligte Privatparteien« zu machen, leiteten sie weitere Erhebungen in der Sache ein und kamen mit Hilfe der Polizeibehörde, des Außenministeriums und des ungarischen Ministerpräsidenten zu dem Schluss, dass Kolisch sich seines Titels »insolange zu enthalten« habe, bis er vom Kaiser die Bewilligung zu dessen Führung bekäme.[331]

Eine wichtige Rolle bei der Aufdeckung von Adelsfälschungen kam gerade jenen Institutionen zu, die eine Mittlerstellung zwischen Staat und Öffentlichkeit einnahmen. Im Rechtstext von 1827 wurden explizit die Bildungseinrichtungen und die Armee genannt.[332] So bewegte 1889 die Schreibweise des Adelsprädikats Jaroslaus Loos' den Direktor des Neustädter Obergymnasiums in Prag zu einer Anfrage an die Statthalterei. Die Schule erhoffte sich von offizieller Seite nicht nur Näheres über die Notation des Namens, sondern explizit auch über die Adelsberechtigung der Familie Loos zu erfahren. Diese Anfrage führte zu einer mehrjährigen Untersuchung und schließlich zu einer staatlichen Anerkennung der verwandtschaftlichen Beziehungen zwischen Jaroslaus und dem im 17. Jahrhundert nobilitierten Maximilian Loos von Losimfeldt.[333] Für jene Personen, deren Adelstitel und Integrität von der Öffentlichkeit in Zweifel gezogen wurde, konnte eine aus Staat und Gesellschaft gebildete Kooperation daher größere Klarheit und Sicherheit über ihren Status bringen – nicht jede befürchtete Adelsanmaßung wurde schließlich als solche entlarvt.

Auch aus dem Ausland gingen Beschwerden über mögliche Adelsanmaßungen ein, beispielsweise 1876 von mehreren sächsischen Hochadeligen, die sich über einen jüdischen Bankbesitzer echauffierten. Sie warfen ihm unlautere Geschäftsmethoden und die Verwendung eines gefälschten österreichischen

330 *Waldstein-Wartenberg*: Adelsrecht, 145 f.
331 AT-OeStA/HHStA MdÄ AR F60-43, Miszellen, Adel 227.
332 *Waldstein-Wartenberg*: Adelsrecht, 145 f.
333 NA, České místodržitelství, Všeobecná registratura, 2426, 10/14/3.

Freiherrentitels vor. Obwohl sie sich von der Standeserhebung eines Juden offensichtlich brüskiert fühlten, inszenierten sie ihr Schreiben als den Hinweis besorgter Bürger, die den kaiserlichen Adel vor einer angeblichen Adelsanmaßung schützen wollten: »Da die Qualificationen jenes Juden ganz und gar nicht auf solche Ehre hinweisen, halten wir es für Pflicht [sic] Ew. Majestät zu avertieren.«[334] Laut den Recherchen des Innenministeriums trug der Bankier seinen Adelstitel zwar zu Recht, es blieb aber der Vorwurf, dass er den Freiherrenstand ungerechtfertigt, also ohne entsprechende Verdienste, erhalten habe. Der Öffentlichkeit kam als Entscheidungsträger damit eine weitere Bedeutungsebene zu: Sie überwachte nicht nur die Adeligen, die sich ihren Titel möglicherweise angemaßt hatten, sondern auch die Richtigkeit der staatlichen Entscheidungen. Von der Bevölkerung wurden viele Beschlüsse der offiziellen Adelspolitik daher angezweifelt, eine Kritik, die sich im Falle der sächsischen Aristokraten noch als Denunziation eines verhassten Emporkömmlings entlud. In Wahrheit musste sie aber die generelle Haltung gegenüber den Neuadeligen negativ beeinflussen. In Verbindung mit den Adelsanmaßungen, denen die Exekutive nur wenig entgegensetzen konnte, trugen die von der Gesellschaft konstatierten Fehlentwicklungen des Nobilitierungswesens zu einer allgemeinen Ablehnung des Adelsstandes bei. Es konnte nicht mehr verständlich gemacht werden, weshalb er seine privilegierte Stellung besaß.

Die Öffentlichkeit nutzte ihre in der zweiten Hälfte des 19. Jahrhunderts bereits voll ausgeprägten Institutionen der Selbstverwaltung und -organisation, um in verschiedenen Bereichen des politischen Lebens Einfluss auf den Staat zu erlangen – so auch auf die Nobilitierungspraxis. Mit Petitionen, Vereinsbeschlüssen und Zeitungsberichten wirkten die Bürger auf die kaiserliche Gnade ein. Das Adelsnarrativ, das sie dabei beanspruchten, war das eines äußerst selbstbewussten Akteurs der Nobilitierungspolitik: Sie kontrollierten den Zugang zum Adel, korrigierten Fehlentwicklungen und diskutierten über die Würdigkeit der Kandidaten. Damit bestimmten sie nicht nur über die Definition von Adeligkeit, sondern – viel weitreichender – über die Existenz des gesamten Standes.

»Die öffentliche Stimme war nicht befriedigt«: Kritik am erblichen Adel

Rasch verband sich die Kritik an der Nobilitierungspraxis nämlich mit einer genereller geführten Diskussion über den Adel als bevorzugte gesellschaftliche Gruppe der Gesellschaft. Die Adelskritik bestand seit der Antike, in der Auf-

334 *Drewes*: Jüdischer Adel, 277.

klärung wurde sie aber zum Ausdruck eines modernen, bürgerlichen Staatsgedankens weiterentwickelt.[335] Für das 19. Jahrhundert konstatiert Dieter Langewiesche zwei adelsskeptische Strömungen, die entweder die gänzliche Abschaffung aller Adelsvorrechte und Titel oder die Umwandlung des Standes in eine funktionalistische, auf Leistung gründende Elite forcierten.[336] Beide Bewegungen kulminierten in den Revolutionsjahren von 1848/49, als sowohl das Frankfurter Paulskirchenparlament[337] wie auch der österreichische Reichstag[338] die Aufhebung der Adelsprivilegien beschloss. Insbesondere die Auseinandersetzungen zum 3. Paragraphen der Verfassung, der in Kremsier noch zu Beginn des Jahres 1849 diskutiert wurde und die Gleichheit aller Menschen vor dem Gesetz festschreiben sollte, spiegeln den Kanon der bürgerlichen Adelsangriffe wider.[339] Explizit sollte mit der Verabschiedung dieses Gesetzes auch das Ende aller Standesvorzüge verbunden sein. Die Parlamentarier waren sich allerdings uneins darüber, wie weitreichend diese Verbote sein sollten: Kein Sprecher zweifelte an der Aufhebung aller politischen, wirtschaftlichen und juristischen Vorrechte des Adels, wie sie bereits zuvor durch die Auflösung der Patrimonialgerichtsbarkeit und des Feudalwesens beschlossen worden waren. Es wurde jedoch zu einem entscheidenden Streitpunkt, ob damit gleichzeitig auch die adeligen Wappen und Titel aberkannt werden sollten, da diese nicht nur ein rechtliches, sondern speziell auch ein gesellschaftliches Potenzial besaßen.

Der Salzburger Politiker Josef Lasser Ritter von Zollheim brachte die Problematik in seinen Ausführungen auf den Punkt:

> Das Prinzip der Gleichheit vor dem Gesetze, meine Herren, fordert das, aber mir scheint, auch nur das, daß das Gesetz zwischen den Adeligen und den Unadeligen keinen Unterschied mache, daß das Gesetz zwischen dem Adeligen als solchen keinerlei besondere Ansprüche

335 *Fillafer*: Aufklärung; *Szabo*, Franz: Perspective from the Pinnacle. State Chancellor Kaunitz on Nobility in the Habsburg Monarchy. In: *Haug-Moritz*, Gabriele/*Hye*, Hans Peter/*Raffler*, Marlies (Hg.): Adel im »langen« 18. Jahrhundert. Wien 2009, 239–260.

336 *Langewiesche*, Dieter: Bürgerliche Adelskritik zwischen Aufklärung und Reichsgründung in Enzyklopädien und Lexika. In: *Fehrenbach*, Elisabeth (Hg.): Adel und Bürgertum in Deutschland. 1770–1848. München 1994, 11–28.

337 Siehe dazu *Siemann*, Wolfram: Die Adelskrise 1848/49. In: *Fehrenbach*, Elisabeth (Hg.): Adel und Bürgertum in Deutschland. 1770–1848. München 1994, 231–246.

338 Zum Reichstag in Kremsier siehe *Gottsmann*, Andreas: Der Reichstag von Kremsier und die Regierung Schwarzenberg. Die Verfassungsdiskussion des Jahres 1848 im Spannungsfeld zwischen Reaktion und nationaler Frage. Wien, München 1995. Zu den Parlamentsdebatten über den Adel in Deutschland und Österreich siehe weiterführend *Groß*, Oliver: Die Debatten über den Adel im Spiegel der Grundrechtsberatungen in den deutschen Parlamenten 1848/49. Frankfurt am Main 2013.

339 Zur Adelskritik in der Frühen Neuzeit siehe etwa *Schalk*, Ellery: From Valor to Pedigree. Ideas of Nobility in France in the Sixteenth and Seventeenth Centuries. Princeton, New Jersey 1986.

gegenüber dem Staate zuerkenne, und daß es keine Vorrechte des Adels mehr gebe. [...] Nehmen Sie diese Verschiedenheit der Rechte weg, so ist er allen übrigen Abtheilungen des Volkes vollkommen gleichgestellt, er hört auf, ein Stand zu seyn. Wollen Sie aber noch mehr, meine Herren, wollen Sie dem Adel gegenüber über den Grundsatz der Gleichstellung aller Bürger vor dem Gesetze hinausgehen, dann rathe ich Ihnen bloß, die Sache direct anzufassen und auszusprechen [...]: Soll der Adel abgeschafft werden oder nicht?[340]

Die Essenz der in Kremsier geführten Diskussion betraf demnach die Frage, ob der Titel Teil der noblen Vorrechte, also des Standes, sei oder dem Besitz und Selbstverständnis des einzelnen Adeligen zugezählt werden müsse. Viele Abgeordnete erkannten in der Aberkennung der Prädikate eine »Demütigung« und »Gehässigkeit« gegen den durch die Revolution ohnehin schwer getroffenen Adel. Dieser Schritt sei zudem vollkommen sinnlos, da er der Allgemeinheit keinen Nutzen brächte, den Reichstag allerdings öffentlicher Kritik aussetzen würde und ihn dadurch angreifbar mache. Der Adelstitel wurde, wie alle Familiennamen, als genuines Eigentum des Individuums verstanden – ein unveräußerliches Recht, dem auch die Verfassung nicht entgegentreten könne, ohne in die Eigentumsverhältnisse des Einzelnen einzugreifen.[341] Im Unterschied dazu argumentierten die Verfechter eines weitergefassten 3. Paragraphen, dass es sich bei der Verwendung von Adelsprädikaten weniger um ein Recht, als um ein Vorrecht handle, weniger um einen Besitz, als um eine Auszeichnung, die die Gleichheit zwischen den Menschen zerstöre. Sobald nicht mehr der adelige Verbrecher zum Bürger, sondern der bürgerliche Straftäter zum Adeligen degradiert werde, so die polemische Bemerkung des Deutschlinken Ludwig von Löhner, hätte der Titel seine privilegierende Wirkung verloren und könne daher erhalten bleiben.[342]

Noch deutlicher formulierte es der dem österreichisch-slawischen Club angehörende Kaplan Johann Sidon: »Wir müssen dafür sorgen, daß der Name eines Staatsbürgers die einzige Adelsbezeichnung sei, und daß in einem demokratisch-constitutionellen Staate wir außer dem Fürsten und dem Volke keinen Stand mehr kennen.«[343] Diese Aussagen verstehen sich als bewusste und provokative Umkehrungen bekannter Vorstellungen und Werte. Nicht mehr die Zugehörigkeit zum Adel, sondern jene zum Bürgertum sollte das erstrebenswerte Ziel in einer liberalen, nach-revolutionären Zeit sein. Die bürgerliche Ära habe im 19. Jahrhundert eine allzu lange Vorherrschaft des Adels abgelöst. Die Politiker zweifelten die Leistungen der Aristokratie in der Vergangenheit keineswegs an, verstanden sie allerdings als einen Teil der Geschichte,

340 Reichstag Österreich, Verhandlungen des österreichischen Reichstages nach der stenographischen Aufnahme Bd. 4: 53. bis 83. Sitzung. Wien 1848–1849, 426 f.

341 *Ebenda*, 371.

342 *Ebenda*, 458.

343 *Ebenda*, 378.

nicht der Zukunft.[344] In der Tradition dieser Diskussion, die das Selbstbewusstsein der Bürger in dieser Periode zum Ausdruck bringt, stehen auch die liberalen Adelsverweigerer der kommenden Jahrzehnte. Wie von Rudolf Sieghart zu Beginn des 20. Jahrhunderts postuliert, erschien auch vielen Parlamentspolitikern schon Mitte des 19. Jahrhunderts der Adel als »Relikt einer vergangenen Zeit«.[345]

Während ein Teil der Fraktionen in den Adelstiteln eine erhaltenswerte Erinnerung an die familiären Wurzeln der rechtlich getilgten Nobilität erkannte, bedeutete diese für die andere politische Seite ein »Flitterwerk«[346] und ein »Spielzeug der eitlen Menschenschwäche«. Dafür sei in einem fortschrittlichen Staat kein Platz mehr.[347] In einer modernen Monarchie, so das Credo der Skeptiker, sei eine derart weitreichende Auszeichnung des Einzelnen unnötig, da sich dieser ohnehin mit großer Selbstverständlichkeit für die Geschicke des gemeinschaftlichen Wohls einsetzen würde und demnach dafür keine zusätzlichen Belobigungen benötige.[348] Im Unterschied zu den Ordensverleihungen, die von den neuen Gesetzen unangetastet bleiben sollten,[349] war gerade die Nobilitierung aufgrund ihrer Erblichkeit scharfer Kritik ausgesetzt. Während die Honorierung persönlicher Verdienste durch den Staat in der bürgerlichen Leistungsgesellschaft noch auf Zustimmung stieß, konnten die Abgeordneten eine leistungsunabhängige Bevorzugung und Hervorhebung einzelner Bevölkerungsgruppen kaum ertragen.

Seit jeher entzündete sich an der Vererbbarkeit von Privilegien, die im verdienstlosen Sohn den verdienstvollen Vater ehrte,[350] die Adelskritik.[351] Spätestens seit dem 18. Jahrhundert wurde das Konzept einer geistigen und seelischen Aristokratie jener des Blutes gegenübergestellt, um sich von den lediglich auf Geburt, nicht auf selbst erworbene Meriten stützenden Vorrechten des Adels abzugrenzen.[352] Das Bürgertum präsentierte sich vor diesem Hintergrund als würdige Gegenelite zur Nobilität, deren unverdiente und daher ungerechtfertigte Vergünstigungen es während der Revolution nun endlich abschaffen konnte. Aufschlussreich sind in diesem Zusammenhang nicht zuletzt die

344 *Ebenda*, 444.
345 *Sieghart*: Die letzten Jahrzehnte, 127.
346 Reichstag Österreich: Verhandlungen, 415.
347 *Ebenda*, 444 f.
348 *Ebenda*, 376.
349 *Ebenda*, 449.
350 *Ebenda*, 427.
351 Siehe dazu auch die Rede des Abgeordneten Claudi, in der er Aristoteles zitiert: »Was liegt dem Staate daran, ob der Ahnherr, der in der Erde fault, ein tüchtiger Mann war, dem Staate liegt viel mehr daran, daß die Lebenden ehrbare, tüchtige Bürger sind.« Reichstag Österreich: Verhandlungen, 418.
352 *Heinickel*, Gunter: Adelsreformideen in Preußen. Zwischen bürokratischem Absolutismus und demokratisierendem Konstitutionalismus (1806–1854). Berlin 2014, 49–51.

Aussagen einiger adeliger Abgeordneter, die sich in ihrer Stellung als Reichstagsmitglieder jedoch klar als Bürger identifizierten. Sie wollten sich in ihrer Haltung und ihrem politischen Programm nicht von der Zugehörigkeit zur Nobilität beeinflussen lassen. Mit radikaler Deutlichkeit trat das bürgerliche Selbstverständnis bei dem Niederösterreicher Ignaz Wildner von Maithstein hervor: Er bekannte vor den Parlamentariern, dass er seinen Titel jederzeit »mit Vergnügen auf den Altar des Vaterlandes niederlegen würde«, damit seine Nachkommen Auszeichnungen für ihre eigenen Verdienste erwerben könnten und nicht von einer erblichen Honoration abhängig wären.[353] Für die revolutionären Volksvertreter war es demnach durchaus nicht ausgeschlossen, den Adel für sich selbst abzugeben.

Das habsburgische Adelsrecht machte es grundsätzlich jedoch unmöglich, den Adel, den man durch Geburt oder Nobilitierung erworben hatte, der eigenen Familie vorzuenthalten. Man konnte also lediglich für sich selbst, nicht aber für seine Erben auf den Titel verzichten. In der Diskussion von 1849 wurde darauf hingewiesen, dass die an den Adel geknüpften Würden an die Nachkommenschaft weitergegeben werden müssen. Man könne sie »nicht einmal durch den eigenen Willen vernichten, denn der Adel ist ja erblich«.[354] Der Adel war dementsprechend kein Besitz, über den der Ausgezeichnete frei verfügen konnte, sondern verblieb auch nach seiner Verleihung in der Gewalt und unter dem Schutz der Krone. Der einzelne Adelige war nie Herr über seine Titel, sondern bei dessen Verleihung, Übertragung und Negierung stets vom kaiserlichen Richtspruch abhängig. Erst die Aufhebung des Adels durch den Reichstag würde die Nobilität von der »unglücklichen Qualität« ihres Standes »erlösen«[355] und die Gesellschaft dadurch von einer großen Ungerechtigkeit befreien. Der Monarch, dem die Abgeordneten grundsätzlich sehr wohlwollend gegenüberstanden, wurde daher in die Adelskritik einbezogen. Er befördere durch die Vergabe erblicher Dekorationen die Ungleichheit in der Gesellschaft und mache aus dem Adel eine hervorgehobene Schicht. Die Verleihung erblicher Adelstitel komme auch nicht verdienstvollen Personen, nämlich der gesamten Nachkommenschaft des Nobilitierten zu Gute. Dieser Sachverhalt stellte für zahlreiche Redner einen klaren Verstoß gegen den 3. Paragraphen dar und war Grund genug die Adelsverleihungen aus dem Kanon der imperialen Prärogativen zu lösen.[356]

Damit stießen die Verhandlungen in Kremsier schließlich auch zur essenziellen Frage nach der »Beschaffenheit« und der Stütze des Adels im 19. Jahrhundert vor: Dieser wurde zwar vom Kaiser exklusiv gestiftet, war jedoch – darin bestand Einigkeit – in seinem Wesen auf die Öffentlichkeit bezogen und musste deswegen in einem komplexen Verhältnis von sozialen und politischen

353 Reichstag Österreich: Verhandlungen, 381.
354 *Ebenda*, 458.
355 *Ebenda*, 426.
356 *Ebenda*, 457, 438.

Faktoren gedacht werden. Am Rande der Besprechung des 3. Verfassungsparagraphen entbrannte daher auch ein Streit über die eigentliche Reflexionsfläche des Adels, aus der er seine Legitimität und Definition zog. Lasser stellte in diesem Zusammenhang die rhetorische Frage:

> Wissen Sie, meine Herren, was in dieser ganzen Angelegenheit nach meiner Überzeugung wirksamer und mächtiger ist, als jeder decretierte Richtspruch? Die öffentliche Meinung. Alles erhält seinen Werth nur von der Meinung, und in ihr allein wurzelt die Geltung des Adels. Lebt derselbe fort in der Anerkennung seiner Umgebung und seines Volkes, so können Sie ihn nicht aufheben.[357]

Lasser gehörte daher zu jener Fraktion, die die Nobilität mit rechtlichen und politischen Mitteln für unauflöslich hielten. Seine Bedeutung und Grundlage beziehe sie von den Menschen, die an sie glaubten und ihr dadurch Berechtigung gaben. Die Gesellschaft bot dem ersten (und bis zu einem gewissen Grad auch dem zweiten) Stand durch ihre Akzeptanz eine Bühne.[358]

Die Gegner der Adelstitel wiesen hingegen dem Staat größere Bedeutung bei der Gestaltung und dem Schutz des Adels zu. Abgeordnete wie der Liberale Rudolf Berstel und der Linke Franz Schuselka vertrauten in diesen Fragen auf die Staatsautorität. Sie gingen davon aus, dass man mit der gänzlichen Abschaffung der Adelsprädikate zwar nicht »die Sitten« verändern, zumindest aber die politischen und juristischen Voraussetzungen schaffen könne, um das soziale Leben zu beeinflussen. Die regulierende Wirkung der Gesetze würde demnach mit der Zeit auch beim Volk zu einem grundlegenden Meinungswandel führen und den Adel, der ohne den Schutz und die Unterstützung staatlicher Kontrolle einen Wert- und Prestigeverlust erleiden würde, nach und nach zum Verschwinden bringen.[359] Für die schärfsten Adelskritiker gehörten zu den adeligen Standesprivilegien nämlich nicht nur jene politisch-rechtlichen Vergünstigungen, die ihnen bis 1848 beispielsweise vor Gericht und im Militär zugestanden wurden, sondern vor allem auch die soziale Dimension der Auszeichnung, also ihre öffentliche Sichtbarkeit. Johann Sidon formulierte es unter dem Schlagwort »der Name ist die Sache« wie folgt: »Beläßt man die Bezeichnung, so beläßt man die ganze Kaste, man beläßt ihre Wirksamkeit, man beläßt das Hauptmoment der Aristokratie, die äußerlich in die Augen fallende, wenn auch geringfügige Unterscheidung unter den Staatsbürgern«.[360] Der Gesetzgeber habe daher die Pflicht, mit seinen Entscheidungen einen Richtungswechsel in der öffentlichen Meinung vorzunehmen.

Trotz der Auflösung des Kremsierer Reichstags etwa eineinhalb Monate nach dieser Diskussion musste der Adel große Verluste an Vorrechten und

[357] *Ebenda*, 427.

[358] *Margreiter*: Konzept, 190.

[359] Reichstag Österreich: Verhandlungen, 437.

[360] *Ebenda*, 377. Siehe dazu auch die nahezu identischen Ausführungen zum Paulskirchenparlament: *Conze*: Adel, 40 f.

Prestige durch die Revolution hinnehmen.[361] Zudem blieben die Forderungen und Überlegungen der Adelskritiker – nicht zuletzt durch personelle Kontinuitäten – in der Gesellschaft bestehen. Die Bourgeoisie benötigte vielfach keinen Titel mehr, um sich der habsburgischen Elite zugehörig zu fühlen. Dies beweisen vor allem die bereits besprochenen Zurückweisungen von noblen Titeln und Würden, wie sie in liberalen und nationalen Kreisen auftraten. Der starke Bürgerstolz lehnte das vormärzlich geprägte, aristokratische Selbstverständnis und die Wiederbelebung adeliger Vorrechte durch den Staat ab.[362]

1848 und 1849 war es der habsburgischen Öffentlichkeit erstmals möglich, ihre Meinung in Form einer geordneten Volksvertretung zu artikulieren und durch die Ausarbeitung einer Verfassung zu einer unüberhörbaren staatlichen Stimme werden zu lassen. Trotz der Auflösung des Parlaments weniger als ein Jahr nach seiner Einberufung brachten diese ersten republikanischen Schritte einen unaufhaltsamen Modernisierungsschub auf dem Weg zur Konstitutionalisierung des Reiches. Im Zuge der Grundrechtsdiskussion war auch der Adel angreifbar geworden, dessen erbliche Privilegien in rechtlicher und gesellschaftlicher Hinsicht einer langen Geschichte von Kritik ausgesetzt waren. Während der Revolution gerieten diese schließlich endgültig ins Wanken. Vor allem die Übertragbarkeit von Sonderrechten an die kommenden Generationen war der leistungsbewussten Bourgeoisie ein Dorn im Auge und sollte den Adel schließlich generell zu Fall bringen. Das selbstbewusste Bürgertum vollzog damit die Loslösung von der alten gottgegebenen Gesellschaftsordnung und rief im Gegensatz dazu die Gleichheit Aller aus – was jedoch in Wahrheit den Aufstieg »anderer« meinte. An der Vorherrschaft des Kaisers rüttelte man zu diesem Zeitpunkt noch nicht, und doch wurde es in den folgenden Jahren und Jahrzehnten immer deutlicher, dass gerade seine Entscheidungen in Adels- und Nobilitierungsfragen die gesellschaftliche Unausgewogenheit befördern mussten.

Die gespannte Stimmung zwischen den Bevölkerungsgruppen, die in Kritik, Hohn und sogar Gewalt gegen den Adel Ausdruck finden konnte, kondensierte sich auch in dem aufsehenerregenden Fall des Heinrich Grafen von Hompesch. Dieser löste um 1870 im ganzen Reich eine Grundsatzdiskussion über die Vorrangstellung der Aristokratie und ihrer »Adeligkeit« aus. Ausgangspunkt des Skandals war ein Streit zwischen Hompesch und dem »Ausputz-Wäscher« Gotthard Müller am 26. September 1869 in Brünn: Als der genannte Bürger und seine Familie »beim Hôtel Neuhauser in Brünn anlangten, stand Gf. Heinrich Hompesch auf dem Trottoir und gab dem 8-jährigen Gustav Müller, [...] mit seinem Reitstocke einen schwachen Schlag auf den Hintern«.[363]

361 *Tönsmeyer*: Adelige Moderne.

362 Siehe dazu die deutsche Diskussion: *Conze*: Adel, 42–47.

363 Heinrich Graf von Hompesch, AT-OeStA/HHStA KA KK Vorträge 7-1871, KZl. 1439.

Daraufhin entwickelte sich zwischen Gustavs Vater und Hompesch ein Handgemenge, bis der Graf »mit den Worten ›Wart Hund, Stirb Hund‹ aus seiner Tasche einen 6läufigen Revolver [zog] und [...] denselben in einer Entfernung von 1–2 Schritten gegen Müller ab[feuerte]«.[364] Müller überlebte den Vorfall zwar, erblindete aber auf einem Auge und war für einen Monat arbeitsunfähig.

Diese Tat löste in der – vor allem mährischen – Bevölkerung wie auch in der Presse große Kritik an angeblich informell existierenden Privilegien des Adels und seinem provokativen Verhalten gegenüber anderen Gesellschaftsgruppen aus.[365] Überregionale Zeitungen berichteten von dem Fall als Auseinandersetzung zwischen der Aristokratie, die in unverfrorener Weise überholte Vorrechte einfordere, und dem integren Bürgertum, das unter dieser Behandlung zu leiden habe. Die »Morgen-Post« erklärte in ihrer Ausgabe vom 28. September 1869:

> Es wollte dem Herrn Grafen nicht einleuchten, daß auch ein Bürgerlicher seine Ehre vertheidigen, daß es ihm beifallen könne, Schimpf mit Schimpf und Ohrfeigen mit Ohrfeigen zu erwidern. [...] Die Brünner Bevölkerung schien gefühlt zu haben, daß es sich hier nicht um eine bloße Privatsache handle, sondern daß hier auch der Standesunterschied, respektive der Standesübermuth eine Rolle spiele.[366]

Von der entrüsteten Menge – angeblich nicht der »Pöbel«, sondern die Bürger – wurden der Graf und sein Bruder übel zugerichtet, die Polizei musste sie vor Beschimpfungen, Drohungen und körperlichen Angriffen schützen.[367] Obgleich diese Lynchjustiz bei den medialen Beobachtern auf Kritik stieß, versuchten sie die Reaktion der Bevölkerung mit der »althergebrachten Arroganz« des Adels zu rechtfertigen. Nicht nur im Bürgertum, auch unter den freiherrlichen, gräflichen und fürstlichen Familien müsse ein demokratisches Umdenken einsetzen, damit »ein Mann« nicht mehr nach der »Zahl seiner Ahnen«, sondern nach seinen »moralischen Werthen« beurteilt werde.[368] Zudem war man im Volk davon überzeugt, dass die adeligen Netzwerke und Beziehungen auch in einem modernen Rechtsstaat die Gleichheit vor dem Gesetze beeinträchtigen könnten. Die satirische Zeitschrift »Figaro« bemerkte beispielsweise, dass der Angeklagte von einer »adeligen Jury« nur zu »drei bis vier Tagen Arrest« verurteilt werden würde.[369] Tatsächlich verhängte das Landesgericht eine relativ moderate Strafe von »2 Monaten einfachen Kerker«. Vom Oberlandesgericht wurde sie jedoch auf einjährigen schweren Kerker und den Verlust des Grafentitels ausgedehnt. Der Oberste Gerichtshof bestätigte diesen

364 *Ebenda.*

365 Morgen-Post Nr. 296 v. 28.9.1869, 1 f.

366 *Ebenda*, 1.

367 Siehe dazu etwa Die Presse (Abendblatt) Nr. 268 v. 27.9.1869, 2.

368 Morgen-Post Nr. 269 v. 28.9.1869, 1.

369 Figaro Nr. 47 v. 9.10.1869, 1.

Richtspruch, sodass die Familie des Verurteilten als letzte Instanz die Gnade des Kaisers anrief.[370]

In ihren Schlussplädoyers nahmen der Staatsanwalt wie auch Hompeschs Verteidiger auf diese Adelsdiskussion Bezug, setzten sich allerdings für eine neutrale und objektive Sichtweise des Geschehens ein. Gerade der Advokat des Angeklagten bat darum, die Standeskritik bei der Entscheidungsfindung auszublenden und den Prozess nicht zu einer Abrechnung mit der Aristokratie zu nutzen. Die Geschworenen sollten an seinem Mandanten demnach kein Exempel gegen den Adel statuieren, sondern einen »Bürger schützen, der zufällig adeliger ist«. Im Kontrast zu den Vorteilen, die man der Aristokratie aufgrund ihrer Geburt unterstelle, konstatierte der Advokat in diesem Fall sogar eine Erschwernis:

> Wenn Sie, meine Herren Richter, finden, daß der Bürger Hompesch den Bürger Müller in einer begreiflichen Sinnesverwirrung verletzte, so dürften Sie den Bürger Hompesch nicht dafür büßen lassen, daß seine Eltern ihm außer einem makellosen Namen auch einen Titel hinterlassen haben, welcher ihm heute keine Privilegien gibt, sondern ihn höchstens zur Zielscheibe von Angriffen macht.[371]

Obgleich in diesen Worten naturgemäß eine polemische Übersteigerung der öffentlichen Stimmung zu sehen ist, zeigen sie doch, dass die Adelskritik bereits tief in der Gesellschaft verwurzelt war. Sie verweisen aber auch auf den eigentlichen Kern der Diskussion um den Adel: Gerechtigkeit müsse jedem Bürger zuteilwerden, gehörte er nun der Nobilität an oder nicht. Obwohl die Justiz Hompeschs Schuld bestätigte, ermöglichte sein Majestätsgesuch seinen Verbleib in der »Ersten Gesellschaft«. Der »Figaro« quittierte diese »Allerhöchste Entschließung« mit der Einschätzung, dass Hompesch »noch nicht für den Bürgerstand würdig« sei.[372] Diese offen gegen die imperiale Meinung geäußerte Kritik erinnert stark an die Argumente der Reichstagsabgeordneten, die 1849 den Bürgerstand als Auszeichnung und den hohen Adel als Strafe bezeichnet hatten.

Parallel zu diesen Entwicklungen sah auch der moderne Staatsapparat seine Kompetenz und Machtfülle durch die ehemaligen adeligen Vorrechte gefährdet und versuchte diese daher mit allen Mitteln zu limitieren. Als beispielsweise Fürst Alfred II. zu Windisch-Grätz, selbst angesehener Offizier der 1860er Jahre, aufgrund des einstigen »Reichsfürstenrangs« seiner Familie für seinen Sohn eine Ausnahme von der Militärpflicht verlangte, beschritten die Behörden den Rechtsweg bis zum obersten Gerichtshof. Dort wurde die Gleichheit der Aristokratie mit der Restbevölkerung bestätigt und der junge Windisch-Grätz musste die reguläre Grundausbildung absolvieren.[373] Beide Beispiele, jenes des

[370] Die Presse Nr. 132 v. 13.5.1871, 13.

[371] Die Presse Nr. 227 v. 18.9.1870, 13 (Localanzeiger der »Presse«).

[372] Figaro Nr. 22/23 v. 13.5.1871, 6.

[373] *Kielmansegg*: Kaiserhaus, 247.

Grafen Hompesch und des Fürsten Windisch-Grätz, zeigen eine starke Adelskritik, die, durch die Revolution von 1848/49 auf die Spitze getrieben, auch in den neuen, bürgerlichen Verwaltungs- und Rechtsinstitutionen Einzug hielt. Zudem sollte sie zu einer bewussteren und gleichförmigeren staatlichen Herrschaftsausübung beitragen.

»Eine noch höhere Anerkennung als die Gnade Seiner Majestät sie gewährte«: Nobilitierungs- als Herrschaftskritik

Nicht nur der Adel an sich, auch die auf diesen Stand bezogenen Entscheidungen des Monarchen waren der öffentlichen Beurteilung und Kritik ausgesetzt. Somit stand auch die staatliche Nobilitierungspraxis in den Mittelpunkt des allgemeinen Interesses rückte. Für zahlreiche Vertreter des Reichstags war es noch verständlich und tolerierbar, die Adelstitel unter den anerkennungswürdigsten und treuesten Beamten, Offizieren und Bürgern als persönliche Auszeichnung zu verteilen. In der zweiten Hälfte des 19. Jahrhunderts bildeten jedoch häufig nicht mehr Verdienste die Grundlage der Auszeichnung – die Schnittfläche zwischen den Leistungen und den damit verbundenen Dekorationen verringerte sich zusehends. Die Menschen konnten den Adel als Zeichen wahrer Erfolge und Anstrengungen für den Staat zwar noch anerkennen und mittragen, in einer aufgeklärten und liberalen Gesellschaft stießen die adeligen Privilegien und Vorrechte, die zum großen Teil auf monetären oder politischen Tauschgeschäften basierten, jedoch auf immer größeres Unverständnis.[374]

Ein unverdienter Adel löste Irritationen bei einer an Leistung orientierten Bourgeoisie aus, sodass die Titel- und Ordens-, ebenso wie die Entscheidungsträger im Urteil der prüfenden Öffentlichkeit der Lächerlichkeit preisgegeben wurden.[375] Bürgermeister Cajetan Felder beschrieb beispielsweise die »Parüre[376] mit Orden in Knopflöchern, um den Hals und auf dem Brustlatz«, die »wie Papageien bebändert, bekreuzt und besternt herumstolzierten«,[377] schloss an diese kabarettistische Bemerkung jedoch auch eine harsche Adelskritik an: Sie richtete sich nicht nur gegen den gesamten Stand, sondern auch gegen die staatlichen Beschlussverfahren: Als Nobilitiertem klang »es mir immer schrill und widerwärtig in den Ohren [...], wenn ich mit ›Herr Baron‹ angesprochen wurde, weil ich niemals den Gedanken an die zahlreichen Börsen-, Bank- und Eisenbahnbarone verscheuchen konnte, deren Verdienste lediglich aus ihren Geldsäcken erwuchsen«.[378] Wenn ein Geadelter selbst nicht mit seinem Titel

374 *Županič*: The Making of Business Nobility, 688.
375 *Ders.*: Ennoblement Policies, 88–91.
376 Eine Schmuckgarnitur, hier abwertend für die Ordensträger verwendet.
377 *Felder*: Erinnerungen, 277.
378 *Ebenda*.

angesprochen werden und diesen verwenden wollte, weil er damit ausschließlich wenig schmeichelhafte Assoziationen verband, musste der gesamte Stand einen Reputationsverlust fürchten.

Der hohe Adel rezipierte regelmäßig die staatliche Entscheidungskultur, um sich dem persönlichen Umgang mit den nobilitierten Aufsteigern entziehen zu können. Zur Strategie des »Obenbleibens« gehörte es für die standesbewusste Aristokratie daher auch, zu enge Beziehungen mit jener neuen Elite zu vermeiden, die man für nicht gleichwertig hielt.[379] Eine von ihnen war die Familie Aehrenthal, die in der ersten Hälfte des 19. Jahrhunderts in den Freiherrenstand erhoben wurde und die sich ausschließlich in ihrer Gesellschaftsschicht aufhielt. So bemerkte Franz von Aehrenthal in einem Brief an seinen Vater über seine Reisebegleitung während einer Schifffahrt nach Tokio: »Die Gesellschaft an Bord ist recht minder, außer ein Graf Hochberg nichts Gescheites.«[380] Damit übereinstimmend äußerte sich seine Schwester, eine verheiratete Gräfin von Bylandt, sehr abschätzig über die junge Gräfin Trauttmannsdorff, die sie als Freundin ihrer Tochter auf Sommerfrische eingeladen hatte: Sie bemerkte, wie diese »kokettierte, kurz und gut sich wie ein Judenmädl und nicht wie eine Comtesse benahm«.[381] Damit spielte Johanna von Bylandt wohl nicht zuletzt auf die wohlhabenden und teilweise neuadeligen jüdischen Familien an, die mit einer auf eine lange Familientradition zurückblickenden »Comtesse« nicht verglichen werden dürften.

Die unerbittlichen Kritiker des habsburgischen Dekorationssystems fürchteten jedoch nicht nur Konsequenzen für das eigene Ansehen, sondern insbesondere für die Gesamtheit der »ersten Gesellschaft«. So erkannte beispielsweise der konservative mährische Lokalpolitiker Egbert Graf Belcredi in der »massenhafte[n] Nobilisierung von Juden und anrüchigstem Gesindel« den Verfall des Adels.[382] In seinem über nahezu fünfzig Jahre geführten Tagebuch vermerkte er mehrmals Fälle von – seiner Meinung nach – ungerechtfertigten Titel- und Ordensverleihungen, die keine Verdienste, sondern lediglich Geldgeschenke belohnten. Damit würden sie zu einer systematischen Zerstörung nicht nur dieser Auszeichnungsform, sondern des Standes an sich beitragen.[383] Den unwiderruflichen Verfall des Adels konstatierte er etwa 1875 bei der Er-

379 *Županič*: Nobilitierungen der Juden, 546. Siehe dazu etwa auch den von Kai Drewes geschilderten Fall der Erika Freiin von Bachoff von Echt, die in ihren Erinnerungen von einer Spielkameradin mit »verwickelter Abstammung« erzählt – im »Gotha«, der auch hier als zentrales Referenzwerk erscheint, konnte deren Familie nicht gefunden werden. *Drewes*: Jüdischer Adel, 309.

380 *Adlgasser* (Hg.): Die Aehrenthals, 573.

381 *Ebenda*, 985.

382 *Höbelt*, Lothar/*Kalwoda*, Johannes/*Malíř*, Jiří (Hg.): Die Tagebücher des Grafen Egbert Belcredi. 1850–1894. Nach editorischen Vorarbeiten von Antonín Okáč. Wien 2016, 784.

383 *Ebenda*, 982.

hebung des Brünner Fabrikanten Karl Offermann, »ein ganz ordinärer, dummer Kerl«, der sich das Baronat durch die Schenkung eines Aquariums an Kronprinz Rudolf erkauft habe.[384]

Er nahm den Kaiser selbst für die ungeregelten Auswüchse des österreichischen Nobilitierungswesens in die Pflicht: Durch falsche Beschlüsse würde er den alten Adel der Monarchie schwächen und dabei nicht zuletzt gegen die öffentliche Meinung vorgehen.[385] So geschah es in Belcredis Augen etwa 1888, als es zur Verleihung der vollen Hoffähigkeit an die Familie Rothschild kam: »Trotz steigender Missstimmung des Volkes gegen die jüdischen Ausbeuter und Verbreitung des Antisemitismus machte der Kaiser auf Tiszas[386] Geheiß den Juden Rothschild hoffähig, und der Kronprinz verkehrt intim mit Juden«,[387] erboste sich Belcredi. Tatsächlich sorgte die Glaubenszugehörigkeit des Barons Rothschild, der als erster und einziger Jude diese Ehre erhielt, in der Öffentlichkeit und sogar bei ausländischen Beobachtern für Aufsehen.[388] Sowohl im hohen Adel wie auch in der Presse verband sich mit der Kritik an der staatlichen Auszeichnungspolitik immer wieder auch ein offener Antisemitismus, da man gerade erfolgreichen jüdischen Unternehmern den raschen gesellschaftlichen Aufstieg missgönnte.[389]

In diesem Sinne bemerkte das »Deutsche Volksblatt« 1906 mit Verweis auf die Standeserhebung von drei deutschen Juden in Preußen, dass diese »an einem Tage an der Börse mehr verdienen, als ein preußisches Adelsgeschlecht durch jahrhundertelange treue Dienste um König und Vaterland«.[390] Daher könnten die jüdischen Antragsteller die für die Adelung notwendigen Spenden ohne Probleme aufbringen, zu den »Edelsten der Nation« dürften sie aber dennoch nicht gezählt werden.[391] Durch die Aufnahme einer großen Zahl von Neunobiliterten kam es demnach nicht zu einer Aufwertung der dekorierten Einzelpersonen, sondern vielmehr zu einer Abwertung des gesamten noblen Standes. Gerade die erfolgreichen – häufig jüdischen – Unternehmer des Metall-, Eisenbahn- oder Banksektors wurden regelmäßig in der allgemeinen Nobilitierungskritik angegriffen. Trotz der staatlichen Auszeichnung blieb ihnen eine gesellschaftliche Anerkennung verwehrt.

384 *Ebenda*, 437.

385 *Ebenda*, 453.

386 István Graf Tisza von Borosjenő und Szeged, ungarischer Ministerpräsident.

387 *Ebenda*, 853.

388 *Drewes*: Jüdischer Adel, 226 f.

389 Zum Antisemitismus des Adels siehe etwa *Godsey*, William: Adelige Intoleranz. Die antijüdische Aufnahmeordnung des niederösterreichischen Ritterstandes aus dem Jahr 1808. In: *Keller*, Katrin/*Maťa*, Petr/*Scheutz*, Martin (Hg.): Adel und Religion in der frühneuzeitlichen Habsburgermonarchie. Wien 2017, 321–337.

390 Judentum, Hoflust und Antisemitismus. In: Deutsches Volksblatt Nr. 6173 v. 11.3.1906, 1 f.

391 *Ebenda*.

Es waren demnach nicht nur privat geäußerte Einzelmeinungen, die sich von Seiten der Öffentlichkeit gegen die Adelserhebungen richteten. Vielmehr konzentrierte sich Widerstand und Unmut in den gängigen zivilgesellschaftlichen Organen des 19. Jahrhunderts, insbesondere in der Presse. In Abgrenzung zu den bürokratisch angeordneten Bekanntmachungen der Neunobilitierungen in kaiserlichen Amtsblättern, vor allem der Wiener Zeitung, klärten staatsunabhängige Medien mit einem regierungskritischen Unterton regelmäßig über »Fehlentwicklungen« des Politikfelds auf. Insbesondere die Käuflichkeit der Titel empfanden sie als fatal für die Adelspolitik. Folgt man diesen Blättern, soll es schon in den 1880er Jahren bei kommunalen und landesweiten Wahlen zu Absprachen zwischen den Ministern und ihren jeweiligen lokalen Parteigängern gekommen sein, die Auszeichnungen gegen Wahlkampfspenden tauschten. Schon früh in der konstitutionellen Monarchie vermengten sich demnach die privaten Interessen der Staatsdiener mit ihren offiziellen Aufgaben. Sie nutzten die Möglichkeiten, die ihnen ihr staatliches Amt bot, um daraus persönlich politisches Kapital zu schlagen. Auch hier sind die Traditionen der vormodernen Gabenökonomie erkennbar.

Einen derartigen Fall brachten die österreichischen und ungarischen Zeitungen 1888 mit der Publikation des sogenannten »Temescher Briefs« des Obergespans Sigmund Ormos an den ungarischen Innenminister Bela Orczy ans Licht. Der Regionalpolitiker erklärte darin, dass in seinem Parteibudget noch ein Betrag von etwa 9000 Gulden fehle, den er mit Hilfe des »Komitatsgrundbesitzers Franz Feger« auszugleichen gedenke. Im Gegenzug müsse jedoch für dessen Auszeichnung gesorgt werden:

> Für den Fall also, daß Fegers Nobilitierung thatsächlich erfolgt, steht die besagte Summe zu unserer Disposition. Meiner Ansicht nach könnte man für den Fall, daß der allerhöchste Entschluß nicht abweislich sein wird und Du die Gnade hättest, dies in einigen kurzen Zeilen zu garantieren, das Geld schon jetzt [...] senden.[392]

Obgleich, wie die Wiener Presse vermerkte, derartige Fälle erkauften Adels keine Seltenheit darstellten und »jedermann« darüber informiert gewesen sein soll, erregten sie »immer sehr peinliches Aufsehen«. In diesen Fall waren zudem die höchsten ungarischen Regierungsbehörden verwickelt.[393] Auch, wenn nicht eruierbar ist, ob es sich bei dem Brief um ein Original oder eine Fälschung handelte, musste die Reputation des Nobilitierungssystems und der daran beteiligten Behörden in der Öffentlichkeit unter derartigen Vorwürfen leiden. Die Titel wurden zu einer Verschiebemasse und einem Druckmittel der Tagespolitik, das den Nimbus des Adels für seine unsauberen Geschäfte zwar

392 Siebenbürgisch-Deutsches Tageblatt. Allgemeine Volkszeitung für das Deutschtum in Rumänien Nr. 4477 v. 31.8.1888, 867 f; Die Presse Nr. 41 v. 29.8.1888, 4; Neues Wiener Tagblatt Nr. 240 v. 29.8.1888, 5.

393 Siebenbürgisch-Deutsches Tageblatt. Allgemeine Volkszeitung für das Deutschtum in Rumänien Nr. 4479 v. 3.9.1888, 875.

benötigte, ihn durch diese unlauteren Praktiken aber sukzessive zerstörte. Insbesondere ab 1900 wurde daher in nationalen,[394] konservativen[395] und sozialistischen Zeitungen[396] gleichermaßen harsch von Titelkäufen und Skandalen berichtet, die »bald die Ritterlichkeit jeder Art aus Staat und Gesellschaft« vertreiben würden.[397]

Einen Höhepunkt erreichte der skandalträchtige Handel mit symbolischem Kapital unter Ministerpräsident Ernst von Koerber, der mit Unterstützung seines Referenten Rudolf Sieghart die Presse und die Reichstagsabgeordneten nicht nur mit Geld, sondern auch mit Honorationen bestach. In politischen und bürokratischen Kreisen galt es als offenes Geheimnis, dass er sich die diversen habsburgischen Auszeichnungen über eine festgesetzte Tabelle bezahlen ließ. Der niederösterreichische Statthalter Erich von Kielmansegg wusste darüber in seinen Memoiren zu berichten:

> Als Referent des Ministerratspräsidiums fahndete Sieghart förmlich nach verdienstlosen Auszeichnungslüsternen, um dann über den Grad und Preis mit ihnen zu verhandeln oder durch seine Agenten verhandeln lassen zu können. Er hatte sich eine genaue Preistabelle konstruiert, die vom Freiherrenstand mit K 500 000,- beginnend bis auf den kaiserlichen Rat mit nur K 50 000,- herabging.[398]

Den Gegnern der Regierung blieb das Vorgehen Sieghart und Koerbers keineswegs verborgen, sodass 1902 der nationaltschechische Abgeordnete Václav Klofáč diese unlauteren Praktiken mit Bezug auf einen Artikel in der »Zeit« in einer flammenden Parlamentsrede an den Pranger stellte. Er nannte eine Reihe nobilitierter Unternehmer, die »nicht weniger als eine halbe Million Gulden« für ihre Adelstitel ausgegeben und damit den sogenannten Dispositionsfond der Regierung finanziert haben sollten. Dieser floss wiederum in die Bestechung korrupter Journalisten und Politiker. Durch die »Verschacherung von Adelsprädikaten, Titeln und Orden« war es Koerber jedoch nicht nur gelungen, eine wesentliche Geldquelle zur Finanzierung seiner politischen Propaganda aufzubauen, er war auch für die entscheidende Schwächung des Adels verantwortlich: »[N]ichts vermag das Ansehen unseres hochnasigen Adels so zu erschüttern«, wie die zahlreichen Nobilitierungen »reichgewordener Binkeljuden«.[399]

394 Deutsches Nordmährerblatt Nr. 4 v. 8.4.1906, 1 f.; Deutsches Volksblatt Nr. 4665 v. 29.12.1901, 2.
395 Reichspost. Unabhängiges Tagblatt für das christliche Volk Österreich Ungarns Nr. 104 v. 8.5.1906, 10.
396 Arbeiterzeitung. Zentralorgan der österreichischen Sozialdemokratie Nr. 326 v. 24.11.1904, 5.
397 Reichspost. Unabhängiges Tagblatt für das christliche Volk Österreich Ungarns Nr. 213 v. 17.9.1904, 3.
398 *Kielmansegg*: Kaiserhaus, 52.
399 Stenographische Protokolle des Abgeordnetenhauses des Reichsrates. 1861–1918. Wien 1902, 97. Sitzung der XVII. Session am 25.2.1902, 9385–9388.

Klofáč diente die Diskreditierung des Adels und des Nobilitierungswesens ebenfalls als Waffe gegen den politischen Feind – um diesen zu diffamieren und anzugreifen, war ihm jedes Mittel Recht. Dennoch differenzierte er durchaus zwischen verschiedenen Akteuren innerhalb des ihm generell verhassten, monarchischen Staatsapparats: So stellte er dem Ministerpräsidenten die direkte Frage, ob er den Kaiser über seinen Regierungsstil und den daran gebundenen Missbrauch der imperialen Gnade informiert hatte. Obgleich er sich selbst als Demokrat verstand, zeigte er sich – im Unterschied zu Egbert Graf Belcredi – überzeugt, dass der gealterte Franz Joseph über derartige Machtspiele im Unklaren gelassen wurde. Tatsächlich erschien der Kaiser in der breiteren öffentlichen Meinung aufgrund seiner Integrität als letzter Vertreter eines tadellos funktionierenden und streng überwachten Nobilitierungssystems. Immer wieder wurden in der Presse Begebenheiten kolportiert, die den Monarchen als unnachgiebigen Wahrer seiner Gunstbezeugungen zeigten, was die Diskrepanz zwischen seiner unbestechlichen Haltung und dem korrupten Vorgehen seiner Minister noch vergrößerte.[400]

Der eigentliche Leidtragende dieser Skandale war allerdings der Adel selbst, dessen Abschaffung nun erneut im hohen Haus gefordert wurde:

> Wir wollen keinen Adel, wir sprechen ihm jede staatliche Existenzberechtigung ab und dies um so mehr als wir wissen, dass der Eintritt in seine Reihen nicht persönliche Verdienste um den Staat, sondern durch einen Beitrag für den geheimen Dispositionsfond der uns feindlichen Regierung erkauft wird,[401]

meinte Klofáč, der damit wiederum eine leistungsbereite Elite dem unwürdigen Geldadel gegenüberstellte.

»Die Tapfern unserer Heere«: Das Ende des Adels nach dem Ersten Weltkrieg

1919 waren es schließlich die Erfahrungen aus dem Ersten Weltkrieg, die nicht nur die Herrschaft der Habsburger, sondern auch die Adelsprädikate zu Fall brachten.[402] In einer kurzen Debatte der konstituierenden Nationalversamm-

[400] Siehe etwa Die Drau. Unabhängiges Wochenblatt Nr. 188 v. 17.8.1915, 2. Der Kaiser soll in Adelsfragen in seiner späten Regierungszeit nachgiebiger geworden sein. Siehe dazu auch Kapitel IV.6.

[401] Stenographische Protokolle des Abgeordnetenhauses des Reichsrates. 1861–1918. Wien 1902, 97. Sitzung der XVII. Session am 25.2.1902, 9385–9387.

[402] Siehe dazu weiterführend *Binder-Krieglstein*: Adelsrecht, 141–166; *Waldstein-Wartenberg*, Berthold: Das Adelsaufhebungsgesetz von 1919. In: Mitteilungen des Österreichischen Staatsarchivs 25 (1972), 306–314. Zur Abschaffung des Adels in der Tschechoslowakei siehe etwa *Gábriš*, Tomáš: Rytieri v republike. Zrušenie šľachtických titulov v Československu [Ritter in der Republik. Die Aufhebung der Adelstitel in der Tschechoslowakei]. Bratislava 2018.

lung des jungen Deutschösterreich wurde die Verbannung der letzten aristokratischen Vorrechte und Namenszusätze von allen Fraktionen gefordert. Selbst die Christlichsozialen, die für einen zurückhaltenden Kurs gegenüber dem Adel bekannt waren, sahen in einem klaren Bekenntnis zur uneingeschränkten Gleichheit aller Staatsbürger eine politische Notwendigkeit. Dennoch traten sie mit einem Antrag zur Änderung der Gesetzesvorlage für eine Beibehaltung der Titel zumindest im privaten Bereich ein: Mit der Streichung der Adelstitel wäre ein zu einschneidender Eingriff in die Eigentumsrechte der Adelsfamilien verbunden, so ihre Argumentation.[403] Auch die Gegenseite bezog sich auf tradierte Rechtfertigungsstrategien, die bereits von den Abgeordneten des Kremsierer Reichstags vorgebracht worden waren: Insbesondere die Sozialdemokraten plädierten dafür, jede Erinnerung an den Adel »auszumerzen«, »wie man die Schandflecken auswischt, aus dem Buch seines eigenen Lebens«.[404]

Die Aristokratie habe sich diese Behandlung verdient, da sie über Jahrhunderte am Verfall des Staates beteiligt gewesen sei und während des Krieges das Leid und den Tod der Bevölkerung in Kauf genommen habe, betonte auch das Mitglied der Großdeutschen Fraktion, Josef Thanner.[405] Insbesondere der Erbadel war den Rednern verhasst, da »die Träger des Adels meist und sogar regelmäßig nicht identisch sind mit der Person, der der Adel seinerzeit verliehen wurde«.[406] Stärker als in Kremsier traf jedoch auch der sogenannte Dienstadel auf Ablehnung, dem nun ebenfalls seine Leistungen für das Land abgesprochen wurden. Der Journalist Robert Stricker, Mitglied der jüdisch-nationalen Partei, fasste die Lage um 1918 wie folgt zusammen: »Es gibt wohl keinen erworbenen Adel, es gibt nur einen ererbten, einen erkauften oder einen erkrochenen Adel«.[407] Der Sozialdemokrat Karl Leuthner als einer der schärfsten Kritiker des habsburgischen Nobilitierungssystems fügte mit deutlichem Bezug auf die Manipulationen Koerbers und Sieghardts hinzu:

> Nirgends in Europa ist der Handel mit Adelstiteln so schwunghaft und nirgends so schamlos betrieben worden wie hier und niemals so schamlos wie in der letzten Zeit. Es war geradezu eine stehende Institution im Österreich der letzten Jahre, daß derjenige [...] das »von« oder die Baronie bekam, der der Regierung das Geld vorschoß, mit dem sie gewisse Blätter im In- und Auslande besoldete, so daß man von einem Preßkorruptionsadel als einer besonderen Kategorie des österreichischen Adels sprechen könnte.[408]

Wie schon für den tschechischen Nationalisten Vaclav Klofáč bedeutete auch für die österreichischen Politiker der Nachkriegszeit Adelskritik immer gleichzeitig auch Monarchiekritik. Intensiv wiesen sie darauf hin, dass man »eine

403 Stenographische Protokolle der konstituierenden Nationalversammlung der Republik Österreich, 8. Sitzung am 3. April 1919. Wien 1920, 189.

404 *Ebenda*, 185 f.

405 *Ebenda*, 187 f.

406 *Ebenda*, 179.

407 *Ebenda*, 181.

408 *Ebenda*, 185.

ganze Republik« und damit etwas radikal Neues schaffen wollte, das für den historischen Adel kein Platz mehr bot.[409] Das Parlament, so beispielsweise die sozialdemokratische Abgeordnete Adelheid Popp, die sich als einzige Frau an der Debatte beteiligte, müsse gerade in dieser Frage seine Rolle als »Volkshaus« behaupten. Der Abschaffung des Adels sollten noch weitere Schritte folgen:

> Die Republik muß die Grundlage schaffen für die Gleichheit aller Menschen, wie sie uns als Ideal erschienen ist, nicht nur in bezug auf den Titel, sondern die Bevölkerung erwartet von diesem Hause, daß [...] in sehr rascher Folge die Gesetze folgen werden, die auch die Privilegien des Besitzes abschaffen.[410]

Die Gleichheit, die 1848 von den Vertretern des Reichstages gefordert wurde, war eine grundlegend andere als jene, die 70 Jahre später einzelnen Parteien der Nationalversammlung vorschwebte: In den nachrevolutionären Zeiten beabsichtigte man mit der Entmachtung des Adels vor allem die Aufwertung des Bürgertums, das dadurch in einen engeren Dialog mit dem Kaiserhaus treten könne. 1919 bezogen die Fraktionen auch weitere Bevölkerungsgruppen in ihre Überlegungen mit ein und sprachen dementsprechend von einem »Bauern-« oder »Arbeiteradel«. Der Adel als gesellschaftliches Phänomen und die staatliche Nobilitierungspraxis traten dabei zunehmend in den Hintergrund – sie dienten vielmehr als Reibefläche ihrer politischen Forderungen und Aktivitäten.

Die Kritik am staatlichen Nobilitierungswesen hatte in der zweiten Hälfte des 19. Jahrhunderts demnach von der Aristokratie bis zur Arbeiterschaft alle Schichten erfasst. Der exzessive Missbrauch symbolischer Macht durch die damaligen Politiker hatte zu dieser Haltung beigetragen. Die Adelspolitik symbolisierte daher die Monarchie als solche, die sich entweder in Gestalt des Kaisers oder seiner Minister konzentrierte. Die allgemeine Überzeugung, dass in einer Republik kein Platz mehr für den Adel sei, verfestigte sich zwar durch den Ersten Weltkrieg, hatte seine Wurzeln jedoch in einem lange zuvor entstandenen negativen Adelsnarrativ.

Nicht ohne Grund stellte die Öffentlichkeit für Antragsteller und Behörden eine wichtige Reflexionsfläche dar. Obgleich sie niemals als »Adelsmacher« gewertet wurde, füllte sie die staatlichen Entscheidungen mit Leben und übertrug sie in die Praxis. Indem das Narrativ die Öffentlichkeit als Projektion von Adeligkeit wahrnahm,[411] gab es dieser auch großes Machtpotenzial – ein Potenzial, das die Allgemeinheit zunächst zu einem passiven Korrektiv und nützlichen Argument des Entscheidungsverfahrens machte. Ihre reglementierende und beobachtende Funktion wurde von staatlichen Stellen bewusst zur Erfüllung ihrer Aufgaben genutzt. Immer öfter sah im Gegenzug jedoch auch die Gesellschaft eine Chance, ihre eigene Vorstellung von Adeligkeit durchzusetzen und

409 *Ebenda*, 181.

410 *Ebenda*, 191.

411 Siehe dazu *Marburg*, Silke/*Kuenheim*, Sophia von (Hg.): Projektionsflächen von Adel. Berlin, Boston 2016.

die Auszeichnungspolitik für ihre Zwecke zu nutzen. Die vielfältigen Werkzeuge politischer Einflussnahme, die sich die Öffentlichkeit mit der Presse, dem Vereinswesen und der Selbstverwaltung geschaffen hatte, kulminierten in einem die Regentschaft Franz Josephs begleitenden Konstitutionalisierungsschub, der vorerst von einem starken, liberalen Bürgertum getragen wurde. Dieses prangerte die Verdienstlosigkeit des Adels an und proklamierte die Gleichheit aller.

Für diese und gegen die Privilegien Ausgewählter wurde intensiv gekämpft, nicht zuletzt, weil auch die Nobilitierungspraxis der Monarchie in Kritik geriet. Personen, die ihre Titel lediglich auf Basis monetärer Zuwendungen und Skandale erreicht hatten, konnten nicht mehr als hochrangige Vertreter eines herausgehobenen Standes anerkannt werden – ganz im Gegenteil verknüpfte sich mit dieser Haltung oft ein offener Antisemitismus sowie eine Opposition zu Regierung und Kaiser. 1919 stand es im ersten republikanischen Parlament der österreichischen Geschichte schließlich außer Frage, mit der Monarchie auch ihre adeligen Stützen abzuschütteln, die als Symbol einer vergangenen Epoche in der Republik nicht mehr zeitgemäß erschienen. Nichtsdestoweniger war auch die Adelspolitik ein Feld, in dem Modernisierung über das 19. Jahrhundert hinweg greifbar wurde.

7. Zwischenresümee

> In modernen Demokratien ist an allen politischen Entscheidungen gleichzeitig eine Vielzahl von Personen (Akteuren) beteiligt. Diese müssen in einem Dickicht von unterschiedlichen Interessen, Werten und Verpflichtungen ihre jeweiligen Positionen und Strategien finden, um ihre Ziele zu erreichen.[412]

Diese Feststellung der Politikwissenschaftler Klaus Schubert und Nils Bandelow trifft nicht nur auf »moderne Demokratien«, sondern auch auf die Habsburgermonarchie des 19. Jahrhunderts zu. Im österreichisch-ungarischen Imperium blieb es dem Kaiser als zentralem Staatsrepräsentanten versagt, seinen Willen »unabhängig von anderen Akteuren«[413] umzusetzen. Vielmehr spannte sich ein weiter Bogen an Narrativen, vom gottgegebenen Privileg des Souveräns, der soziale Hierarchien aufbauen beziehungsweise ebensolche Vorrechte verteilen konnte, bis zum erkämpften Recht der Bevölkerung, diese Ungleichheit abzuschaffen.

Die Nobilitiertungspraxis des 19. Jahrhunderts befand sich demnach in einem, von den Akteuren entworfenen Spannungsfeld. Die soziale Besserstellung, die sie versprach, wurde großteils durch die Anerkennung der Öffentlichkeit und des Kaisers ermöglicht.[414] Sowohl die kaiserliche Meistererzählung des Adels als auch öffentliche Adelskritik hatten eine lange Tradition und entfalteten nicht zuletzt dadurch ihre Wirkmacht. Zwischen diesem Dualismus aus

412 *Schubert/Bandelow*, Politikfeldanalyse, 1.
413 *Ebenda.*
414 *Wagner-Egelhaaf/Quast/Basu*: Einleitung, 9.

imperialer und gesellschaftlicher Narration, die das Verständnis von Adel seit jeher geprägt hatte, schoben sich allerdings noch eine ganze Reihe weiterer Akteure, die in unterschiedlichem Maße an der Adelspolitik Anteil nahmen. Auch sie schufen sich Erzählungen und übten damit Macht aus – beispielsweise, wenn sich das Innenministerium als »oberste Adelsbehörde« bezeichnete oder die Antragsteller einen Mythos um ihre angeblich adelige Familiengeschichte kreierten.[415] Von einem einheitlichen Adelsnarrativ, das aus der jeweiligen Akteursgruppe eine genuine Erzählgemeinschaft formte, kann aber keine Rede sein: zu heterogen waren die einzelnen Entscheidungsträger in ihrer allgemeinen Zusammensetzung und ihren spezifischen Zielen bezüglich der Nobilitierungspolitik.

Zum einen besaßen sie die Möglichkeit, andere Agenten des politischen Lebens zu kontrollieren. Beispielsweise oblag dem Verwaltungsgerichtshof die Überwachung der behördlichen Beschlüsse, während der Kaiser wiederum juristische Richtsprüche aushebeln konnte. Zum anderen beruhte das Auszeichnungswesen aber auch auf einem intensiven Austausch von Wissen und der damit einhergehenden Verstärkung von Legitimität. Man denke an die engen Kooperationen zwischen den unterschiedlichen Ministerien oder die bemerkenswerten Allianzen, die die Antragsteller mit ihrem Staatsoberhaupt, dem Verwaltungsgerichtshof oder der Öffentlichkeit eingingen, um an ihrem gesellschaftlichen Aufstieg zu arbeiten. Gemeinsam war allen Akteuren, dass sie das symbolische Feld der Adelspolitik zur Verfolgung institutioneller oder persönlicher Strategien nutzten und dabei ihre Selbstdarstellung pflegten.

Ob es nun der Kaiser war oder die nationaldemokratischen Parlamentarier, die Nobilitierten oder die alte Aristokratie: Sie alle nutzten diesen symbolischen Politikbereich auch zur Manifestation ihrer Ansprüche, die von der eigentlichen Frage nach der Adelswürdigkeit weg- und zur Bestimmung der Machtverhältnisse im Staat hinführte. Für den Monarchen stieg ab den 1860er-Jahren der Wert des Gaben- und Dekorationswesens. Trotz der Konstitutionalisierung und Dualisierung des Reiches musste er beweisen, dass er weiterhin die Spitze und das Zentrum seines Herrschaftsbereiches bildete. Sein Narrativ baute daher auf historische Traditionen, die ihre Wirkmacht aus der öffentlichen Akzeptanz zogen und in den Menschen Vertrauen für die Stabilität dieses Konzepts von Staatlichkeit weckte. Obgleich der Kaiser gerade den Aspekt der Symbolpolitik als sein Primat interpretierte und sich seine Prärogativen in diesem Feld daher besonders deutlich wahrnehmen lassen, war es vielmehr sein bürokratischer Apparat, der die imperiale Gnade verwaltete.

Die Administration als wirkmächtiges Werkzeug der Allerhöchsten Entschließung emanzipierte sich immer stärker von der dynastischen Sphäre und festigte ihre Bedeutung als Sammlerin und Interpretin von Informationen. Das Narrativ, insbesondere jenes des Innenministeriums, zielte auf die Vereinheitlichung komplexer Zusammenhänge unter dem Mantel der Gesetzmäßigkeit

[415] *Ebenda*, 10.

und der Gesetze ab, die den Blick vom Einzelfall auf das große Ganze lenkten. Die Nobilitierung diente demnach sowohl der Loyalisierung und der gnädigen Heraushebung besonderer Leistungen sowie der Gleichschaltung und bewussten Förderung konformen Verhaltens. Dies war Teil der Staatsbildungsbewegung, durch die die Bevölkerung nicht nur registriert, sondern auch uniformiert wurde. Die Aberkennung der Standeserhebung führte dagegen zur Disziplinierung der Menschen, die nicht von der Exekutive, sondern von der Justiz vorgenommen wurde. Die beiden Gewalten vertraten unterschiedliche Ansätze von Adeligkeit, entweder die des individuellen Rechts oder die des automatisierten Verwaltungsaktes. Dabei wurden Gruppenidentitäten geschaffen, also Kategorisierungen, denen sich die Betreffenden nur durch die Ablehnung des Adelsanspruches entziehen konnten.

Die Nobilitierungswilligen konnten sich mit ihrer adeligen Identitätskonstruktion dagegen vor den staatlichen Gremien im Regelfall nicht uneingeschränkt durchsetzen, da sie damit das Entscheidungsvorrecht der Verwaltung angezweifelt hätten. Der unbedingte Drang zum Adel mag in einer Zeit des aufsteigenden Bürgertums und der Liberalisierung zwar überholt erscheinen, die Wege, die die Betreffenden zur Erfüllung ihres Wunsches einschlugen, dagegen nicht. Um ihr Ziel zu erreichen, setzten sie alle Hebel in Bewegung und schreckten zum Teil auch vor der – bewussten wie unbewussten – Beteiligung an einem Betrug nicht zurück. Während die Mehrheit der Bevölkerung den Kaiser und seine Verwaltung als zentrale Adelsbehörde anerkannte und deren Entscheidungen akzeptierte, ließen andere von ihrem adeligen Selbstbild nicht ab und trugen dieses bei Bedarf auch ohne amtliche Zustimmung nach außen.

Die Nobilitierung war in vielen Fällen ein starkes Symbol für erworbene Verdienste und persönlichen Aufstieg, der zu einer gesellschaftlichen Besserstellung privilegieren sollte. Eben diese Verbindung von eigenständiger Leistung und symbolischem Kapital war es auch, die den Abgeordneten des Reichstags als erster Volksvertretung der Monarchie vorschwebte, als sie 1849 über die Grundrechte diskutierten. Sie stießen sich vor allem am erblichen Adel, der Ungleichheit über Generationen gesetzlich manifestiert hatte. Inwiefern diese durch die Aufhebung aristokratischer Titel getilgt werden könnte, war Gegenstand intensiver Debatten, die sich auch nach der Revolution fortsetzten. Gleichzeitig konnte die Annahme oder Ablehnung einer Standeserhebung für viele Kandidaten ein Bekenntnis für oder gegen die Monarchie bedeuten, in der sie lebten. Der Adel als Symbol eines überholten Regimes musste schließlich 1919 – nicht zuletzt aufgrund einer allzu freien Vergabe von Nobilitierungen aus politischen und finanziellen Gründen – aus der Republik weichen. Das junge Parlament verstand darin eine kühl kalkulierte Beweisprobe der Abgrenzung von der Monarchie.

Für die Schaltstellen der Monarchie waren das Nobilitierungswesen und der Adel aber keineswegs nur ein innenpolitisches Geplänkel zwischen unterschiedlichen Akteuren, sondern vielfach ein internationales Prestigeprojekt, das symptomatisch auf Macht und Bedeutung des Kaisers im europäischen Vergleich zurückverweisen konnte. Diplomatische Gepflogenheiten und eigenständige Positionen mussten dementsprechend gleichermaßen vom Adelsnarrativ gestützt werden. Zwischenstaatliche oder gar gesamteuropäische Abkommen zu adelsrechtlichen Fragen, wie sie im Zuge einer um 1900 aufkommenden, internationalisierenden Denkweise möglich gewesen wären, ließen sich daher nicht umsetzen. Trotz der vormodernen Verankerung spiegelt das habsburgische Auszeichnungswesen verschiedene Ausprägungen von Moderne im 19. Jahrhundert und entwickelte sich zu einem Feld, in dem Politik tagtäglich ausgehandelt, gedeutet und gestaltet wurde – von unterschiedlichen Seiten und mit unterschiedlichen Zielen, auf sich selbst und auf andere Aspekte des Staates bezogen. Dabei kristallisierten sich auch erste Ansätze eines eigenständigen Politikfeldes heraus.

IV. WARUM GIBT ES DIE ADELSPOLITIK?
Konsequenzen des Entscheidens für den Adel als Politikfeld

1. Einführung

Die Schlacht von Solferino veränderte das Leben des – fiktiven – Leutnants Joseph Trotta aus Joseph Roths Zwischenkriegsroman »Radetzkymarsch« grundlegend. Sein geistesgegenwärtiges Einschreiten während des Kampfes hatte dem jungen Kaiser Franz Joseph das Leben gerettet, die imperiale Gnade ließ daher nicht lange auf sich warten: Der Monarch ernannte ihn zum Hauptmann und verlieh ihm den Adelsstand, »er hieß von nun ab: Hauptmann Joseph Trotta von Sipolje«. Mit dieser Ehre konnte sich der ehemals einfache Leutnant jedoch nur langsam anfreunden:

> Als hätte man ihm sein eigenes Leben gegen ein fremdes, neues, in einer Werkstatt angefertigtes vertauscht, wiederholte er sich jede Nacht vor dem Einschlafen und jeden Morgen nach dem Erwachen seinen neuen Rang und seinen neuen Stand, trat vor den Spiegel und bestätigte sich, daß sein Angesicht das alte war.[1]

Mit dieser Passage zeichnet Roth die Bedeutung der Nobilitierung für den Antragsteller nach. Entscheidungen bieten die Möglichkeit, die Zeitfolge in ein klares »Zuvor« und »Danach« zu zerteilen – das wird in seiner litararischen Bearbeitung deutlich spürbar.[2] Für Trotta markierte der kaiserliche Beschluss einen gravierenden Einschnitt in sein Leben, dessen Folgen sich zunächst unmittelbar, anhand eines veränderten Selbst- und Fremdbildes, im Weiteren aber auch in seiner langfristigen biographischen Entwicklung ausdrückte. Der Allerhöchste Entschluss machte aus ihm tatsächlich einen anderen, mit anderen Voraussetzungen, Chancen und Zielen.[3] Die Adelung als ein performativer Akt symbolisiert in einzigartiger Weise die Endgültigkeit einer Entscheidung: Während die übrigen Auszeichnungen spätestens mit dem Ableben des Dekorierten ihre Rechtskraft und Bedeutung verloren, blieben die verliehenen Adelstitel über Generationen ein Teil der Familie und die Familie dadurch in der Schuldigkeit des Kaisers.

1 *Roth*: Radetzkymarsch, Teil 1, Kapitel 1.

2 *Stollberg-Rilinger*: Cultures, 7.

3 Diese oder ähnliche Gefühle mögen auch den – realen – Joseph Ettenreich bewegt haben, nachdem er 1853 aufgrund der Errettung Franz Josephs vor dem Anschlag von János Libényi mit dem Ritterstand ausgezeichnet worden war und allgemeine Bekanntheit erlangt hatte. Siehe zu ihm: Ettenreich, Christian Josef von. In: ÖBL I, 271.

Inwiefern avancierte die Nobilitierungspraxis aufgrund der Erblichkeit als Alleinstellungsmerkmal des Adels in der späten Donaumonarchie zu einem eigenständigen Politikfeld? Inwieweit machte diese klassische Agenda also den Schritt von einem »current issue«[4] zu einem »besonderen«[5] und »politisierten« Gegenstand staatlicher Aktivitäten?[6] Inwieweit blieb das Adelswesen aber auch Teil eines größeren symbolpolitischen Inszenierungsraumes, der selbst politisches Potenzial entwickeln konnte? Die habsburgische Nobilitierungspraxis befand sich in einem ständigen Wechselspiel mit anderen Aspekten symbolischer Machtausübung und erzielte häufig gerade dadurch ihre Wirkung. Im Unterschied zu den vorangegangenen Ausführungen, die die Voraussetzungen und den Verlauf des Entscheidungsprozesses in den Blick nahmen, wird das Hauptaugenmerk nun auf dessen Konsequenzen auf gesamtstaatlicher und politikfeldinterner Ebene liegen. Die politischen Folgen der Entscheidungen werden daher mit dem Ansatz der historischen Politikfeldanalyse untersucht,[7] die die einzelnen Handlungen der Entscheidungsträger in einen geschlossenen Zyklus von Aktion und Reaktion, von »Agenda setting«, »Politikformulierung«, »Gesetzesimplementierung« und »Evaluation« inkludiert.[8] Dabei entsteht ein Politikfeld, das als »eine spezifische und auf Dauer angelegte Konstellation sich aufeinander beziehender Probleme, Akteure, Institutionen und Instrumente«[9] definiert werden kann.

Im Folgenden soll das Nobilitierungswesen anhand dieser vier Komponenten, der Probleme, Akteursinteressen, Institutionen und Instrumente, als ein sich ausprägendes Politikfeld untersucht werden. Zunächst werden allgemeine politische, soziale und wirtschaftliche Probleme des 19. Jahrhunderts vorgestellt, auf die der Kaiser und seine Regierung mit einem breiten symbolpolitischen Maßnahmenkatalog reagierten. Die Adelspolitik stellte dabei nur eine, vielfach arbiträre Methode zur Abfederung drängender imperialer Herausforderungen dar. Sie war also einerseits in das Feld der Symbolpolitik eingebunden, wirkte andererseits aber auch in andere Politikfelder hinein. Die spezifi-

4 *Loer*, Kathrin/*Reiter*, Renate/*Töller*, Annette Elisabeth: Was ist ein Politikfeld und warum entsteht es? In: Schwerpunkt: Entstehung und Wandel von Politikfeldern. dms – der moderne staat – Zeitschrift für Public Policy, Recht und Management 8/1 (2015), 7–28, hier 10.

5 Zum Begriff der »Besonderung« siehe *Haunss*, Sebastian/*Hofmann*, Jeanette: Entstehung von Politikfeldern – Bedingungen einer Anomalie. In: Schwerpunkt: Entstehung und Wandel von Politikfeldern. dms – der moderne staat – Zeitschrift für Public Policy, Recht und Management 8/1 (2015), 29–49.

6 *Ebenda*.

7 Siehe dazu die Definition von *Schubert/Bandelow*: Politikfeldanalyse, 4. Zur Politikfeldanalyse siehe grundlegend auch *Blum*, Sonja/*Schubert*, Klaus: Politikfeldanalyse. Eine Einführung. Wiesbaden 2018.

8 *Pfister*: Entscheiden.

9 *Loer/Reiter/Töller*: Politikfeld, 9.

schen Interessen, die die Antragsteller und der Staat in der Spätphase der Donaumonarchie mit der Adelspolitik verfolgten, verlangten jedoch nach eigenständigen Institutionen und Instrumenten, was das Nobilitierungswesen aus der Symbolpolitik heraushob.

Das Politikfeld Adel wird sowohl mit ausgewählten Beispielen auf qualitativer Ebene als auch mit statistischem Datenmaterial auf quantitativem Wege analysiert.[10] Alle Vorträge, die innerhalb der 68-jährigen Regierungszeit Kaiser Franz Josephs I. mit dem thematischen Schwerpunkt »Adel« seinen Schreibtisch passierten, werden kriteriengeleitet ausgewertet. Dadurch entsteht ein synoptischer Blick auf die Veränderungen und Entwicklungen des Politikfelds zwischen 1849 und 1916, wie es sich dem Kaiser und seinen Mitarbeitern in der Kabinettskanzlei präsentierte. Durchschnittlich beschäftigten den Monarchen jährlich rund 100 Anträge zum Thema »Adel und Wappen«. Tatsächlich variierte die Zahl der Fälle von Jahr zu Jahr aber sehr stark und bewegte sich zwischen einer Spannweite von acht Vorträgen 1849 bis zu über 200 Vorträgen im Jahr 1912.

2. Adel als Metapolitikfeld: Imperiale Probleme und symbolpolitische Lösungsansätze

Inwieweit die Donaumonarchie in ihrer Spätphase einen imperialen Charakter ausformte, ist Teil intensiver Debatten in der aktuellen Forschungslandschaft.[11] Die Befürworter der Empire-These betonen neben dem außenpolitischen und militärischen Großmachtstreben des Reiches[12] vor allem das »Selbstverständnis und die öffentliche Präsentation der Dynastie«.[13] »Rituale, Feste und Denkmäler« sowie, damit verbunden, Auszeichnungen bildeten eine lang erprobte Möglichkeit, das Imperium in den Alltag und die Lebenswelt des einzelnen

10 Statistische Auswertungen zu der habsburgischen Nobilitierungspraxis haben eine lange Tradition, beziehen sich jedoch normalerweise nicht auf die Akten der Kabinettskanzlei, sondern auf jene des Innenministeriums: *Witting*: Statistik; *Jäger-Sunstenau*: Statistik; *ders.*: Sozialgeschichtliche Statistik. Aus den zahlreichen statistischen Arbeiten von Jan Županič, die zumeist auf Sunstenau basieren, sei hier eine seiner jüngsten Publikationen herausgehoben: *Županič*: Nobilitierungspolitik der letzten Habsburger.

11 Siehe dazu *Leidinger*, Hannes: War die Habsburgermonarchie ein Imperium? Aktuelle wissenschaftliche Betrachtungen und zeitgenössische Debatten von 1900 bis 1918. In: *Bachinger/Dornik/Lehnstaedt* (Hg.): Österreich-Ungarns imperiale Herausforderungen, 27–44; *Řezník*, Miloš: Die Habsburgermonarchie – ein Imperium ihrer Völker? Einführende Überlegungen zu »Österreichs Staatsidee«. In: *Ebenda*, 45–66.

12 Siehe zu dieser Diskussion *Osterkamp*: Vielfalt, 11–13; *Judson*: Habsburg Empire, 10.

13 *Bachinger/Dornik/Lehnstaedt*: Einleitung, 9.

Bürgers zu integrieren, um dadurch seinen Bestand zu sichern.[14] Mit Hilfe symbolischer Maßnahmen reagierten die Entscheidungsträger auf die Herausforderungen ihrer Zeit, die vor allem in der Nationalisierung und Liberalisierung der Gesellschaft gesehen werden.[15] Es wird unter anderem auch als ein Erfolg der Symbolpolitik gewertet, dass der Staat trotz dieser »zentrifugalen« Tendenzen handlungs- und lebensfähig blieb. Kaiser Franz Joseph und sein Verwaltungs- beziehungsweise Hofstab nutzten sie daher als probates Mittel der Krisenbewältigung sowie zur Steuerung des Reiches in unterschiedlichen Belangen.[16]

Die Habsburgermonarchie kämpfte mit einer Reihe von Herausforderungen, die zwar nicht auf die Symbolpolitik bezogen waren, von dieser aber abgeschwächt werden sollten.[17] Religiöse Zeremonien, offizielle und private Feierlichkeiten, ein im öffentlichen Raum sichtbares Bildprogramm sowie Dekorationen und Auszeichnungen stellten dem Monarchen ein stark formalisiertes Handwerkszeug zur Verfügung, das zu einer Milderung imperialer Herausforderungen beitragen sollte. Die Nobilitierung war darin eingebettet und erschien als Teil eines ganzheitlichen Repräsentationsprogramms. Anhand ausgewählter imperialer Krisenherde und Konflikte im Bereich Innen-, Außen- und Wirtschaftspolitik soll im Folgenden nachvollzogen werden, wie diese Mechanismen ineinandergriffen und in welchen größeren Rahmen der symbolischen Problembewältigung die Auszeichnungspraxis eingebunden war. Sie wird als ein spezifisches Politikfeld mit eigenen Möglichkeiten und Grenzen gezeigt, das umgekehrt aber auch selbst auf andere Politikfelder einwirken konnte.

14 *Osterkamp*, Jana: Kooperatives Imperium. Eine neue Perspektive auf Anspruch und Wirklichkeit imperialer Herrschaft. In: *Dies.* (Hg.): Kooperatives Imperium. Politische Zusammenarbeit in der späten Habsburgermonarchie, 1–21.

15 *Jászi*, Oscar: The Dissolution of the Habsburg Monarchy. Chicago 1929, siehe insbesondere die Teile III und IV. Zu der Geschichtsschreibung über die Habsburgermonarchie siehe etwa *Fichtner*, Paula: Americans and the Disintegration of the Habsburg Monarchy. The Shaping of an Historiographical Model. In: *Kann*, Robert (Hg.): The Habsburg Empire in World War I. New York 1977, 221–234; *Rumpler*, Helmut/*Harmat*, Ulrike/*Wandruszka*, Adam (Hg.): Bewältigte Vergangenheit? Die nationale und internationale Historiographie zum Untergang der Habsburgermonarchie als ideelle Grundlage für die Neuordnung Europas. Wien 2018. Siehe insbesondere den Beitrag von Ulrike Harmat in demselben Band *Harmat*, Ulrike: Untergang, Auflösung, Zerstörung der Habsburgermonarchie? Zeitgenössische Bedingungen der Erinnerung und Historiographie. In: *Ebenda*, 49–95.

16 *Cole/Unowsky*: Introduction, 2 f.

17 *Loer/Reiter/Töller*: Politikfeld, 14; *ebenda*, 21; *Grunow*, Dieter: Der Ansatz der politikfeldbezogenen Verwaltungsanalyse. In: *Ders.* (Hg.): Politikfeldbezogene Verwaltungsanalyse. Opladen 2003, 15–59, hier 24; *Haunss/Hofmann*: Entstehung, 30.

Innenpolitische Probleme

Die Revolution von 1848/49 und ihre Konsequenzen

Als »Urkatastrophe« der franzisko-josephinischen Regierungsperiode warf die Revolution von 1848/49 ihren Schatten auf die Spätphase des Habsburgerreiches.[18] Über Jahrzehnte wurde daher an der Auszeichnung jener Personen festgehalten, die sich in dieser Zeit um den Erhalt des Kaiserhauses bemüht hatten. Dadurch sollte ein monarchiefreundlicher Gegenpol zu den kritischen und separatistischen Tendenzen in der zweiten Hälfte des 19. Jahrhunderts geschaffen werden. Vor allem die Aussetzung der »oktroyierten Verfassung« 1851 manifestierte auf politischer Ebene eine Abkehr des Monarchen und seiner Regierung von dem demokratischen Gedankengut der März- und Oktoberrevolution. Die Habsburgermonarchie trat damit in eine Phase der Restauration ein, die zu einer Stabilisierung der monarchischen Alleinherrschaft führen sollte. Mit einer großen Zahl von Massendekorationen, die die tatkräftige und standhafte Unterstützung von Seiten seiner Untertanen während der Unruhen würdigten, setzte der Kaiser allerdings bereits unmittelbar nach den revolutionären Ereignissen einen symbolpolitischen Kontrapunkt gegen den Ungehorsam der Revolutionäre. Die neoabsolutistischen Verhältnisse wurden dabei auf symbolischer Ebene vorbereitet und insbesondere auf die Auszeichnung größerer Personengruppen Wert gelegt.

Das Auszeichnungswesen sollte demnach das kaisertreue Element in der Gesellschaft stärken und fördern. Die Hervorhebung eines Einzelnen als vorbildhaftes *pars pro toto* seiner Gemeinschaft durch Auszeichnungen und Adelstitel und die kumulativen Danksagungen an ganze Bevölkerungsgruppen (religiöse oder ethnische Minderheiten wie auch die Bewohner eines gesamten Kronlandes) galten dem Kaiser dabei gleichermaßen als adäquates Mittel. Durch diese Gesten konnte er seine gegenrevolutionäre Strenge ablegen und die verhärtete Front zu seinen Untertanen überwinden. Der Verwaltungsapparat war bei dieser großflächigen Gnadenbezeugung an der Schwelle von den 1840er zu den 1850er Jahren auf die Mithilfe und Einschätzung lokaler Amtsträger angewiesen, die die Verhältnisse in den Kronländern kannten und selbst mit den Menschen zusammenlebten. Auch für die Statthaltereien entwickelte sich die Dekorationswelle nach den Aufständen zu einem Prestigeprojekt, da die Ehrungen nicht nur das Ansehen der kaiserlichen Regierung bei der Bevölkerung, sondern auch jenes ihres Kronlandes vor der Zentrale heben konnten. Die Symbolpolitik sollte realpolitische Maßnahmen untermauern, sie also verstärken und begleiten, ihnen gleichzeitig aber auch ihre Härte nehmen und die loyalen Elemente in der Gesellschaft fördern. In diesen Prozess war als eine von vielen Maßnahmen auch die Nobilitierungspraxis eingebunden.

18 Siehe dazu Kapitel II.

Die Revolution führte die Fragilität der habsburgischen Herrschaft unmittelbar vor Augen. Das Vertrauen in die monarchische Staatsform und die Treue zur Dynastie waren schwer erschüttert. Die Legitimität des kaiserlichen Machtanspruchs musste daher nicht mehr nur von unten, das heißt durch die loyale Bevölkerung, sondern auch durch den Monarchen selbst neu hergestellt werden. Eine Möglichkeit bot dabei die Lockerung der realpolitischen Restriktionen nach der Revolution, die mit symbolischen Aktionen inszeniert und bekannt gemacht wurde. Während der Kaiser bereits am 24. April 1850 die »ferneren Bewerbungen um Auszeichnungen aus Anlaß der jüngsten Kriegsepoche« abgeschlossen hatte,[19] blieb der Ausnahmezustand in mehreren Regionen des Landes in den 1850er Jahren aufrecht. Weil er schließlich zur administrativen Normalität wurde, kann seine Aufhebung weniger als real- denn als symbolpolitischer Eingriff in die Gesellschaft gewertet werden. Diese Beurteilung teilte Innenminister Bach, der in der Ministerratssitzung vom 13. März 1853 das Ende der militärischen Oberaufsicht für Wien aus »Opportunitätsgründen« befürwortete:

> Gegenwärtig sei ein vorzüglich geeigneter Moment, mit dieser Auflassung vorzugehen. Die dem Monarchen bewiesene Ehrfurcht, Liebe und Anhänglichkeit der Wiener Bevölkerung, das der Stadt von Sr. Majestät huldreichst gewährte Vertrauen und die dadurch für die Bevölkerung begründete Verpflichtung, diesem Vertrauen tatsächlich zu entsprechen und auf dem eingeschlagenen Wege fortzuwandeln, seien für diese Auflassung günstige Momente.[20]

Demgemäß mussten auch rein politische Entscheidungen einer symbolischen Präsentation unterworfen werden, um dadurch ihre vollständige intendierte Wirkung entfalten zu können.

In besonderem Maße galt dies für das von Feldmarschall Radetzky regierte Lombardo-Venetien, wo der Übergang von der Militär- zur Zivilverwaltung aufs Engste mit der Person des jungen Kaisers verknüpft wurde und eine hochgradig symbolische Aufladung erlangte. Die 1854 erfolgte Aufhebung des Belagerungszustandes in Oberitalien wurde daher auch in der offiziellen Verlautbarung mit der Hochzeit zwischen Franz Joseph und Elisabeth in Verbindung gebracht. Das persönliche Glück des Monarchen wurde mit jenem seines Reiches und seiner Untertanen intensiv verwoben, er selbst also zum Symbol für das Schicksal des Gesamtstaats beziehungsweise von dessen Einzelteilen.[21] Die

19 Siehe dazu den Hinweis im Vortrag für Mathias Salvini, AT-OeStA/HHStA KA KK Vorträge 8-1857, MCZl. 1571.

20 Sitzung Nr. 102, Ministerkonferenz, Wien, 13.3.1853. In: ÖMR. Abteilung III. Das Ministerium Buol-Schauenstein. Bd. 1 (= Die Protokolle des österreichischen Ministerrates 1848–1867 online), URL: https://mrp.oeaw.ac.at/pages/show.html?document=MRP-1-3-01-0-18530313-P-0102.xml (am 12.6.2024).

21 *Heindl-Langer*, Waltraud: Einleitung. In: Österreichische Ministerratsprotokolle. Abteilung III. Das Ministerium Buol-Schauenstein. Bd. 3: Oktober 1853–Dezember 1854 (= Die Protokolle des österreichischen Ministerrates 1848–1867 online [1984]), URL: https://mrp.oeaw.ac.at/pages/toc-introductions.html#myTable=vf5.6 (am 12.6.2024).

endgültige Rehabilitierung des lombardo-venezianischen Königreiches wurde schließlich bei einer Reise des frisch vermählten Kaiserpaares nach Venedig und Mailand in den Wintermonaten 1856 und 1857 zelebriert, die im Wesentlichen der Ernennung Erzherzog Maximilians zum Generalgouverneur dieser Region diente.[22] Aus zahlreichen Schreiben, die zwischen Wien und den lokalen Verwaltungsbeamten wechselten, wird die detaillierte Vorbereitung dieser als symbolpolitisches Spektakel geplanten Fahrt deutlich. Dem Souverän und seinen Behörden war vor allem an der Gewinnung und Einbeziehung des regionalen Adels gelegen, der durch seine Ablehnung gegen den jungen Monarchen imperiales Konfliktpotenzial besaß.[23]

Die Fürstenreise als eine der »ältesten Formen der Repräsentation monarchischer Herrschaft«[24] wurde von Franz Joseph kurz nach seiner Thronbesteigung, also zwischen 1849 und 1851, etwa in Ungarn, Triest, Böhmen, Galizien und Vorarlberg praktiziert.[25] Diese Reisen dienten dazu,

> die monarchische Herrschaft in der öffentlichen Wahrnehmung wieder fester zu verankern, die (neuen) Provinzen stärker an das Königshaus zu binden, die Ausstrahlung der Monarchie über Residenz und Land hinweg auszudehnen, vor allem aber, um die Verbindung des Monarchen zu seinen Untertanen persönlicher, emotionaler und somit enger zu gestalten.[26]

Das Programm, das Franz Joseph und seine Gattin in Norditalien erwartete, bot der Bevölkerung demnach zahlreiche Möglichkeiten, beispielsweise bei Kranken- oder Waisenhausbesuchen, aber auch bei mehreren Audienzen und Empfängen, dem Regenten nahe zu kommen.[27]

Die kaiserlichen Reisen hatten also – ähnlich wie Herrschaftsjubiläen und dynastische Feierlichkeiten – die Aufgabe, bei den Untertanen Loyalität zu stiften und den Monarchen als gnädigen Herrscher zu präsentieren. Als Franz Joseph 1857 in Lombardo-Venetien weilte, bemühte er sich um zahlreiche Konzessionen an die Bewohner des Königreichs, zu denen neben Amnestien für

22 *Gottsmann*: Venetien, 10. Zum Generalgouvernement in Lombard-Venetien siehe *Mazohl-Wallnig*, Brigitte: Österreichischer Verwaltungsstaat und administrative Eliten im Königreich Lombardo-Venetien. 1815–1859. Mainz 1993, 281–382 (hier auch weiterführend zu der Reise des Kaisers 1856/57).

23 Siehe dazu weiterführend *Berger Waldenegg*, Georg Christoph: Monarchische Politik und höfische Etikette. Der lombardo-venezianische Adel und die Reise Kaiser Franz Josephs I. nach Lombardo-Venetien im Winter 1856/57. In: Quellen und Forschungen aus italienischen Archiven und Bibliotheken. Herausgegeben vom Deutschen Historischen Institut in Rom 81 (2001), 439–503.

24 *Huch*, Gaby: Einleitung. Monarchenreisen zwischen Tradition und Moderne. In: *Dies.* (Hg.): Zwischen Ehrenpforte und Inkognito. Preußische Könige auf Reisen. Quellen zur Repräsentation der Monarchie zwischen 1797–1871. Hlbd. 1. Berlin, Boston 2016, 2–210, hier 2.

25 *Unowsky*: The Pomp, 68.

26 *Huch*: Einleitung, 4.

27 Siehe dazu die Berichte der Reise aus Venedig: ASV, Presidenza della Luogotenenza delle province venete, Viaggi del Corte, 456, 12/16.

Straffällige und Gnadengaben für Mittellose auch die Behandlung von Adelsangelegenheiten gehörten.[28] Die Bürger hatten die Möglichkeit, ihre Bittgesuche während der diversen Audienzen und Huldigungen einzubringen oder sie im Nachhinein bei den Statthaltereien zu deponieren. Um die Erinnerung an die Anwesenheit des Kaisers weiter aufrecht zu erhalten, wurden daher auch nach der Rückkehr des Monarchen Adelsansuchen aus dem lombardo-venezianischen Raum vom Innenministerium im großen Stil befürwortet. Diese Strategie stellte zudem eine Reaktion auf die tagesaktuelle Lage in der Region dar, da die Polizeiberichte schon kurz nach Ende der Monarchentour den besuchten Gebieten wieder eine sehr ungünstige Entwicklung attestierten.[29] Die negative Stimmung hing womöglich auch mit der ungewöhnlich langen innerbürokratischen Bearbeitungsdauer der Bittschreiben zusammen, die offenbar durch Verzögerungen von Seiten der Statthalterei verursacht wurde. Ende Oktober 1857, und damit nahezu ein Jahr nach der Ankunft des Herrschers in Venedig, bat Innenminister Bach den venezianischen Statthalter daher, »daß diese seit so langer Zeit aushaftenden Berichte mit thunlichster Beschleunigung hierher vorgelegt werden [...], damit auch jene Petenten [...] die kaiserliche Entscheidung nicht nach einem allzu entfernten Zeitraum erfahren«.[30]

Die Erinnerungen an den kaiserlichen Besuch sollten lebendig bleiben, daher diente die Allerhöchste Anwesenheit in der Region als entscheidendes Argument für die Befürwortung der von dort einlangenden Gnaden- und Auszeichnungsgesuche. Die Dekorierungspraxis bildete daher ein Element dieses streng choreographierten imperialen Auftritts, stellte neben den Strafamnestien, Gnadengaben und Ordensverleihungen aber nur eine von vielen populistischen Maßnahmen zur Anregung der allgemeinen Begeisterung dar. Ebenfalls auf Symbolik setzten die Kritiker des Imperiums, insbesondere die lokalen Eliten, die sich ihren Standespflichten bewusst entzogen und sich dadurch zumindest in ihrem Umfeld Prestige erwerben konnten. Andere nutzten dagegen die Gunst der Stunde und empfahlen sich durch kleine Gesten der Anpassung, etwa die Erfüllung ihrer Kämmererdienste, für eine spätere Auszeichnung.[31] Das Adelswesen war zugleich in die symbolischen Maßnahmen der kaiserlichen Politik einbezogen, aber durch seine Besonderheiten auch daraus hervorgehoben.

28 *Ebenda*, 484–488.

29 *Ebenda*, 459 f.

30 ASV, Presidenza della Luogotenenza delle province venete, Viaggi del Corte, 456, 4/11, 57.

31 Siehe dazu etwa Girolamo de Capitani d'Areago, AT-OeStA/HHStA KA KK Vorträge 19-1857, MCZl. 3726.

Nationalismus und Konstitutionalismus

Obgleich die Wirkung der symbolischen Politik bereits unter ihren Zeitgenossen umstritten war,[32] blieb sie auch in den folgenden Jahrzehnten ein wesentliches Werkzeug der Regierung und des Kaisers zur Bekämpfung imperialer Probleme. Als Herausforderung wurden seit der Revolution vor allem die verstärkt auftretenden Nationalisierungs- und Demokratisierungstendenzen wahrgenommen, die im 19. Jahrhundert vielfach Hand in Hand gingen. Den Kaiser, der seit 1851 absolutistisch regierte, stellten diese Strömungen vor große Schwierigkeiten, da er dadurch sein Selbstverständnis als Alleinherrscher gefährdet sah. In den 1860er Jahren musste er die Kontrolle durch ein parlamentarisches System auf Reichs- und Landesebene zwar hinnehmen, akzeptierte aber niemals die damit verbundene Einschränkung seiner Entscheidungsfreiheit.[33] Durch mehrere Wahlrechtsreformen in der Spätphase der Monarchie entwickelte sich die Politik zu einer vielstimmigen Massenbewegung, auf die der an innerer Stabilität und äußerem Großmachtstreben interessierte Kaiser immer geringen Einfluss ausüben konnte.[34]

Die Donaumonarchie intensivierte dagegen den »Reichspatriotismus«, der im Wesentlichen an der Person des Kaisers hing, denn »es fehlte eine überregionale Staatsidee«.[35] Vorrangig war es demnach die vereinende Symbolik der Dynastie und in speziellem Maße die Person des alternden Franz Joseph, die den Herausforderungen des 19. Jahrhunderts, insbesondere den separatistischen Tendenzen des Nationalismus, entgegengesetzt wurde. Die Repräsentationspolitik bildete dabei einen Grundpfeiler der imperialen Bestrebungen, die in ihrem administrativen Zentralisierungsdrang immer auch Platz für Heterogenität ließ.[36] Die Dynastie versuchte daher die Vielfalt ihres Reiches als Stärke zu demonstrieren,[37] gleichzeitig aber, dieses unter der kaiserlichen Gnade zu vereinen. Über die Auszeichnung ehrenhaften und verdienstvollen Verhaltens hinaus vertraten die Beamten also auch hier mit der Titelvergabe eine größere

32 *Waldenegg*: Monarchische Politik, 500.

33 *Rumpler*, Helmut: Grenzen der Demokratie im Vielvölkerstaat. In: *Ders./Urbanitsch/Wandruszka* (Hg.): Die Habsburgermonarchie. Bd. 7. Tlbd. 1, 1–10, hier 3.

34 Zum Wahlrecht siehe *Simon*, Thomas (Hg.): Hundert Jahre allgemeines und gleiches Wahlrecht in Österreich. Modernes Wahlrecht unter den Bedingungen eines Vielvölkerstaates. Frankfurt am Main 2010; *Rumpler*: Grenzen, 4 f. Siehe dazu auch weiterführend zu Konstitutionalismus und Nationalitätenfrage *Hye*, Hans Peter: Das politische System in der Habsburgermonarchie. Konstitutionalismus, Parlamentarismus und politische Partizipation. Prag 1998; *Brauneder*, Wilhelm: Österreichische Verfassungsgeschichte. Wien 2009, 113–186; *Kann*, Robert: Das Nationalitätenproblem der Habsburgermonarchie. Geschichte und Ideengehalt der nationalen Bestrebungen vom Vormärz bis zur Auflösung des Reiches im Jahre 1918. 2 Bde. Graz, Köln 1964.

35 *Ebenda*, 101 f. Zum Nationalitätenkonflikt in der Habsburgermonarchie siehe weiterführend auch *Urbanitsch*: Pluralist Myth.

36 *Osterkamp*: Kooperatives Imperium. Eine neue Perspektive, 3.

37 *Judson*: Habsburg Empire, 316 f.

politische Strategie, die deutlich über den jeweiligen Einzelfall hinauswirken sollte. Während nach der Revolution das kaisertreue Element in der Gesellschaft gestärkt und versöhnt werden sollte, hatten die Ehrungen für einzelne Politiker ab den 1860er Jahren den Sinn, die Abgabe gewisser kaiserlicher Machtpositionen an die wahlberechtigte Bevölkerung zu begleiten. Der Regent und seine Regierung blieben nicht zuletzt auch mit Hilfe von symbolischem Druck handlungsfähig.

Obgleich dem Staatsoberhaupt der Einfluss auf die Tagespolitik zusehends entzogen wurde, schätzten seine Beamten bis zuletzt die Mechanismen der Dekorierungspraxis. Auszeichnungen sollten nicht nur der Lohn für vergangene, sondern auch der Anlass für zukünftige Taten und regierungsfreundliche Entwicklungen sein. Ehrungswellen waren zudem häufig an einschneidende Ereignisse in der Geschichte des Imperiums gebunden. Insbesondere als es 1867 zum Ausgleich mit Ungarn kam, sah sich die Monarchie vor der Herausforderung, ihren Rückhalt in den übrigen Kronländern zu stärken. Im Gegensatz zu ihrer selbstbewussten Position unmittelbar nach den niedergeschlagenen Revolutionen war die Zentrale nun auf die Kooperation mit den regionalen politischen Vertretern zur Bestätigung ihrer Politik angewiesen. Sehr deutlich argumentierte daher der Innenminister 1869 bei seiner Befürwortung im Falle des Grafenstandsgesuchs der galizischen Brüder Mieroszowice-Mieroszowski: Im Einvernehmen mit den Lokalbehörden wies er in seinem Vortrag darauf hin, dass »unter den gegenwärtigen Verhältnissen«, die Bindung einer »angesehenen polnischen Familie« an die Regierung »sehr erwünscht« wäre, um auf die »bestehende Opposition« mäßigend einzuwirken.[38] Als »gegenwärtige Verhältnisse« bezeichnete der vortragende Beamte wohl auch die von 1868 bis 1871 zwischen dem galizischen Sejm und der Wiener Regierung ausgetragene »Resolutionskampagne«, die im sogenannten »Galizischen Ausgleich« mündete.[39] Im Angesicht eines solchen Kräftemessens zwischen Wien und Lemberg einflussreiche örtliche Entscheidungsträger auf die Seite des Kaisers zu ziehen, war eine der Hauptaufgaben der Symbolpolitik.

Im Unterschied zu Galizien gelang es den böhmischen Ländern niemals, ihre vor allem von tschechischer Seite befürwortete Autonomie in der Monarchie informell oder offiziell festzuschreiben. Seit den 1860er Jahren wurden regelmäßig Verhandlungen um einen Ausgleich geführt, der den anschwellenden Nationalismus befriedigen sollte. Statt politischer wurden allerdings fast ausschließlich symbolische Zugeständnisse gewährt. Viele Ordens- und Adelsentscheidungen in dieser Zeit, insbesondere für die alttschechischen Parteigänger, die im Anschluss an die Aufwertung des ungarischen Reichsteils vehe-

38 Stanislaus und Sobieslaus von Mieroszowice-Mieroszowski, AT-OeStA/HHStA KA KK Vorträge 12-1869, KZl. 2202.

39 Siehe dazu *Osterkamp*: Vielfalt, 248–254.

ment für einen »böhmischen Ausgleich« eintraten, hatten demnach die Aufgabe, die negativen Konsequenzen der realpolitischen Entwicklungen auf symbolischem Wege abzufangen.[40] Da die politischen Forderungen dieser Gruppen nicht erfüllt werden konnten, mussten sie über die imperiale Gnade in den Staatsverband eingebunden und ein Ausgleich zwischen den Bevölkerungsgruppen geschaffen werden.[41]

Nichtsdestoweniger lag es keineswegs in der Natur des Empire, absolute Gerechtigkeit und Gleichheit zu erzeugen, sondern vielmehr »die Unterscheidungen zwischen Kollektiven zu reproduzieren und sie der Herrschaftsinstanz unterzuordnen«.[42] Neben einer ethnischen und sprachlichen Asymmetrie[43] tradierten die Behörden in der Donaumonarchie daher auch eine soziale Abstufung, die mit Hilfe der Nobilitierungspraxis ausschließlich über die Zentrale gesteuert werden sollte.[44] Anerkennung und Aufstieg erlebte, wer sich für die Ziele von Dynastie und Staat einsetzte, so die Botschaft des Auszeichnungswesens.

Seit den 1860er Jahren hatte sich das konstitutionelle Prinzip trotz aller kaiserlichen Widerstände durchgesetzt und wurde von symbolpolitischen Maßnahmen stark vereinnahmt. Auszeichnungen wurden daher immer häufiger zur Beeinflussung von Einzelpersonen und über diese auch von größeren Bevölkerungsgruppen, wie deren Leser- oder Wählerschaft, genutzt. 1907 bedachte das Innenministerium beispielsweise den Brünner Rudolf Rohrer mit dem Orden der Eisernen Krone, weil man ihn als Herausgeber des »Tagesboten für Mähren und Schlesien« für die Sache der Regierung gewinnen wollte.[45]

40 Kučera weist beispielsweise auf die Alttschechen Josef Hlávka und František Palacký hin, die beide Ende der 1860er Jahre mit den entsprechenden Orden ausgezeichnet wurden: *Kučera*: Adel, 96 f.

41 Ähnliche Strategien hatte die Dynastie bereits in der ersten Hälfte des 19. Jahrhunderts, beispielsweise gegenüber der jüdischen Minderheit praktiziert, die bis 1867 keine staatsbürgerlichen Rechte besessen hatte. Während mehrere Initiativen erfolgreicher und finanzkräftiger jüdischer Unternehmer zur Durchsetzung von Emanzipations- oder Toleranzgesetzen für ihre gesamte Religionsgemeinschaft scheiterten, wurden eben die Wortführer derartiger Forderungen für eine Standeserhebung ausgewählt. Anstatt die Gleichstellung Aller einzuleiten, entschieden sich die staatlichen Behörden für die soziale Aufwertung Einzelner, um ihre Kritik an dem rechtlichen Gefüge der Monarchie einzudämmen und deren offensichtliche gesellschaftliche Ungerechtigkeiten zu verschleiern. Siehe dazu *Niedhammer*: Geld-Emancipation, 179–184.

42 *Cooper*, Frederick: Kolonialismus denken. Konzepte und Theorien in kritischer Perspektive, Frankfurt am Main 2012, 58.

43 *Osterkamp*: Kooperatives Imperium. Eine neue Perspektive, 9. Siehe weiterführend *Feichtinger*, Johannes: Habsburg (post)colonial. Anmerkungen zur Inneren Kolonisierung in Zentraleuropa. In: *Ders.*/*Csáky*, Moritz/*Prutsch*, Ursula (Hg.): Habsburg postcolonial. Machtstrukturen und kollektives Gedächtnis. Innsbruck, Wien 2003, 13–32.

44 *Bachinger*/*Dornik*/*Lehnstaedt*: Einleitung, 12.

45 MZA, Moravské místodržitelství - presidium, B13, 2/1907, 608, pag. 33 f.

Die kaiserliche Ehrung fungierte dabei als eine Möglichkeit der Kontaktaufnahme und Anbindung, die den Begünstigten symbolisch in den Dienst des Staates stellen und eine Loyalitätsbeziehung anknüpfen sollte. Vorteile versprach diese Dekoration jedoch nicht nur dem Einzelnen als vielmehr der Regierung, die von dem Ausgewählten nach der Gnadenbezeugung Dankbarkeit und Unterstützung erwartete. Ohne direkten Druck auf die jeweiligen gesellschaftlich und politisch relevanten Funktionsträger auszuüben, brachte man sie mit diesen sanften Methoden in ein Abhängigkeitsverhältnis und versuchte ihre Überzeugung und ihr Handeln dem Staat gegenüber gefügig zu machen. Die Dekoration sollte zunächst also auf das Individuum wirken, das in weiterer Folge sein Umfeld in der vom Staat gewünschten Weise beeinflussen konnte.[46]

Der deutsche Landsmannminister Heinrich Prade[47] schlug etwa den Reichstagsabgeordneten Johann Klein[48] für eine Auszeichnung vor, »weil durch eine derartige Maßnahme die eventuelle Wiederwahl desselben in den Reichsrat gegenüber dem radikalnationalen Gegenkandidaten gefördert werden würde«.[49] Man erhoffte sich demnach, mit Hilfe einer gezielt vor den Wahlen ergangenen kaiserlichen Gunstbezeugung an einen gemäßigten Kandidaten die politischen Entwicklungen steuern zu können. Die Auszeichnung sollte der Stärkung seiner Position und seiner Haltung in der Öffentlichkeit dienen und ist daher als politisches Statement zu werten. Zu Kleins Wiederwahl kam es allerdings allen Bemühungen zum Trotz nicht.

Die Wertigkeit symbolpolitischer Aktivitäten als Reaktion auf die Demokratisierung und Nationalisierung der Habsburgermonarchie muss generell in Frage gestellt werden. Die nationalen Probleme, die die Regierungszeit Franz Josephs begleiteten, verweisen in besonderem Maße auf die Herausforderungen des Imperiums im 19. Jahrhundert: Einerseits waren Imperien für die Klassifizierung und Abstufung ihrer Untertanen bekannt, die den einzelnen religiösen und ethnischen Gruppen einen unterschiedlichen Rang zuwiesen, andererseits bemühte sich gerade die Habsburgermonarchie um einen Ausgleich ihrer zahlreichen Nationalitäten, die in ihrer Vielfalt geeint auftreten sollten.

Die Symbolpolitik sollte in diesem Bereich Abhilfe schaffen, verlagerte sie doch die imperialen Distinktionsmöglichkeiten von der nationalen und regionalen zur sozialen Ebene. Vor dem Kaiser sollte die Herkunft oder Sprachzugehörigkeit einer Person demnach keinen Unterschied machen, ihn interessierte vorrangig ihr Einsatz für den gemeinsamen Staatsgedanken, der zu einer

46 Siehe dazu Kapitel II.4.

47 Siehe zu ihm *Appelt*, Heinrich: Prade, Heinrich. In: ÖBL VIII, 237; *Kalwoda*, Johannes: »Zur geneigten Berücksichtigung wärmstens zu empfehlen«. Behandlung von Bittschriften im deutschen »Landsmannministerium« Österreichs von 1906 bis 1910. In: *Dotter/Marlow* (Hg.): »Allerunterthänigst unterfertigte Bitte«, 259–290.

48 Siehe zu ihm *Adlgasser*, Franz: Die Mitglieder der österreichischen Zentralparlamente. 1848–1918. Konstituierender Reichstag 1848–1849, Reichsrat 1861–1918. Ein biographisches Lexikon. Wien 2014, 583.

49 MZA, Moravské místodržitelství – presidium, B13, 2/1907, 608, pag. 622r.

Auszeichnung qualifizierte. Allerdings spielten zum Teil auch in der Adelspolitik nationale Gesichtspunkte eine Rolle, während zugleich die große Zahl an Nobilitierungen zur Nivellierung des Adels beitrug. Die Adels- trat dabei immer stärker hinter die allgemeine Auszeichnungspolitik zurück, die eine neue, loyale und volksnahe Elite erschuf. Der Wert der Auszeichnung als eine Investition in die Zukunft, nicht als eine Abgeltung vergangener Leistungen, wird in allen genannten Beispielen spürbar und zeigt die gestalterische Kraft der Symbolpolitik bei der Bewältigung imperialer Probleme.

Wirtschaftliche Probleme

Internationaler Konkurrenzkampf

In ökonomischer Hinsicht verzeichnete die Habsburgermonarchie gerade in den 1850er Jahren einen gewichtigen Rückstand im Vergleich zu ihren internationalen Partnern: Der Grad der Industrialisierung, der Ausbau des Verkehrsnetzes oder das Exportvolumen des Staates lagen in jener Zeit unter dem europäischen Durchschnitt, hinzu kam eine sich durch den italienischen Unabhängigkeitskrieg verschärfende Finanzkrise und ein großes internes Gefälle zwischen den einzelnen Kronländern.[50] Schon von zeitgenössischen Beobachtern wurden die wirtschaftlichen Probleme diskutiert, die in der Folge auch Auswirkungen auf Österreichs Rolle im Deutschen Bund und dem Deutschen Zollverein haben sollten.[51] In der franzisko-josephinischen Regierungszeit kam es zu einem internationalen Konkurrenzkampf um Einfluss, Renommee und Ressourcen, der nicht zuletzt mit Hilfe symbolischer Steuerungsmechanismen geführt wurde.

Insbesondere die Nobilitierungen dienten dem Monarchen nämlich nicht nur als kostenlose Möglichkeit, um auf innenpolitische Probleme zu reagieren; durch die mit der Verleihung verbundenen Taxe konnten sie auch selbst zur Erhöhung des Staatseinkommens beitragen.[52] Die Gebühren reichten den Behörden als Einnahmequelle des Dekorationssystems jedoch oftmals nicht aus.

50 Siehe dazu die umfangreiche Darstellung unterschiedlicher Wirtschaftszweige und Kronländer in *Brusatti/Wandruszka/Rumpler* (Hg.): Die Habsburgermonarchie. Bd. 1. Für eine kurze Zusammenfassung der wirtschaftlichen Entwicklung im Neoabsolutismus siehe auch *Rumpler*, Helmut: Eine Chance für Mitteleuropa. Bürgerliche Emanzipation und Staatsverfall in der Habsburgermonarchie. Wien 2005, 347–357.

51 *Bellabarba*: Habsburgerreich, 101; *Gross*, Nachum: Die Stellung der Habsburgermonarchie in der Weltwirtschaft. In: *Brusatti/Wandruszka/Rumpler* (Hg.): Die Habsburgermonarchie. Bd. 1, 1–29, hier 4; *Leonhard*, Jörn: Wie legitimierten sich multiethnische Empires im langen 19. Jahrhundert? In: *Münkler*, Herfried (Hg.): Die Legitimation von Imperien. Strategien und Motive im 19. und 20. Jahrhundert. Frankfurt am Main 2012, 70–93, hier 79; *Eigner/Helige*: Österreichische Wirtschafts- und Sozialgeschichte, 15–49.

52 Siehe dazu Kapitel I.5.

Deshalb wurden die wohlhabenden Adelsanwärter gegebenenfalls zu »freiwilligen Spenden« aufgefordert, die diese in der Hoffnung auf die gewünschte Honoration an staatliche Institutionen leisteten. Die Geldsummen wurden in alle Bereiche des öffentlichen Lebens investiert, beispielsweise für Kultureinrichtungen, Infrastrukturprojekte oder die Tilgung der Staatsschulden. Der Bedarf an finanziellen Mitteln, die der Souverän vor allem für seine militärischen Operationen benötigte, war seit dem 18. Jahrhundert ein gewichtiger Motor der Dekorierungspolitik.[53] Ministerpräsident Friedrich Ferdinand von Beust intensivierte diese Strategie um 1870, als er ausländische Kreditgeber mit Adelstiteln lockte, um die nach dem Verlust Lombardo-Venetiens leeren Reichskassen aufzufüllen.[54] Zwischen dem habsburgischen Auszeichnungswesen und der Finanzpolitik bestand demnach zwar keine direkte Abhängigkeit, im kleinen Umfang gaben die in Aussicht gestellten Dekorationen aber den Anlass für wichtige Privatinvestitionen, die den Staat monetär unterstützen sollten. Sie galten damit als effektive wirtschaftspolitische Strategie.

Nobilitierungen, Orden und Ehrenzeichen erscheinen in diesem Zusammenhang als angesehenes, aber käufliches Tauschobjekt, das die habsburgischen Beamten und Politiker nicht nur zu ihrem eigenen, sondern auch zum staatlichen Vorteil austeilten. 194 der 929 reichsten Wiener und Niederösterreicher sollen daher im 19. Jahrhundert eine Nobilitierung[55] »aus eigener Machtvollkommenheit« erhalten haben, wie es Stefan Zweig in seinen Lebenserinnerungen formulierte.[56] Franz Joseph war über die Entfremdung seiner Gnade zur Verbesserung der ökonomischen Lage seines Landes durchaus im Bilde. Davon zeugen sowohl einzelne an ihn adressierte Vorträge,[57] als auch die aus seinem Umfeld stammenden, zeitgenössischen Erinnerungen. Statthalter und Ministerpräsident Erich von Kielmansegg berichtete beispielsweise von einem Eisenbahnunternehmer, der für die Einheirat in die alte Aristokratie dringend eine Standeserhöhung benötigte. Der Handelsminister hoffte, von diesem Stammaktien »im Betrage von einer halben Million Kronen« »herauszuquetschen«. Er sah die angestrebte Nobilitierung als gangbare Lösung, um an das benötigte Kapital zu gelangen. »Dies berichtete ich getreulich dem Kaiser, und er resolvierte: ›Wittek[58] soll nur quetschen.‹ Die Quetschung gelang, ein Adels-

53 *Mittenzwei*, Ingrid: Zwischen gestern und morgen. Wiens frühe Bourgeoisie an der Wende vom 18. zum 19. Jahrhundert. Wien 1998, 242–251. Siehe dazu auch *McCagg*: Austria's Jewish Nobles.

54 *Drewes*: Jüdischer Adel, 291.

55 *Sandgruber*: Traumzeit, 146.

56 *Zweig*: Die Welt, 24.

57 Siehe dazu etwa Carl Pfeiffer, AT-OeStA/HHStA KA KK Vorträge 6-1887, KZl. 1297; Albert Mayer, AT-OeStA/HHStA KA KK Vorträge 19-1890, KZl. 3916.

58 Wittek, Heinrich Ritter von. In: ÖBL XVI, 289 f.

diplom war der Lohn; ›von Bahnquetsch‹ wäre ein so hübsches ›Prädikat‹ gewesen!«[59] Kielmansegg betonte explizit, dass der »Adelslüsterne« zwar »viel verdient«, aber nur wenige Verdienste gehabt hätte, sodass in diesem und in ähnlichen Fällen alle üblichen »Ressourcen des Entscheidens« vor dem Hintergrund wirtschaftlicher Notwendigkeiten zurückstehen mussten.[60] Ein plakatives Beispiel, das von dem Kauf von Adelstiteln zeugt, stellte der Fall von Moritz Doctor dar. Er hatte 100.000 Kronen an den »Österreichisch-ungarischen Hilfsverein« in Aussicht gestellt, diese Summe jedoch bis zur Verleihung des gewünschten Adelstitels bei einer Bankfiliale hinterlegt. Erst als die Standeserhebung von kaiserlicher Seite bewilligt wurde, durfte das Geld zur Auszahlung kommen.[61]

Bereits in der neoabsolutistischen Ära, verstärkt aber aus Anlass des außenpolitischen Prestigeverlustes nach den verheerenden Kriegen von 1859 und 1866, versuchte der Kaiser also die finanzielle, witschaftliche und infrastrukturelle Schwäche seines Reiches auch mit symbolischen Maßnahmen zu kompensieren,[62] um dadurch nicht zuletzt den imperialen Charakter der Habsburgermonarchie zu stärken. Ein Empire zeichnet sich nämlich nicht nur durch militärische, sondern auch durch ökonomische Überlegenheit aus.[63] Symbolpolitik und Modernisierung waren demnach zwei wesentliche »zentripetale Kräfte«[64] für den Zusammenhalt der Monarchie, die auch die Mitwirkung der Bevölkerung verlangten. In alle Teile des Landes sollten Innovation und Staatsvertrauen dringen und gerade durch die infrastrukturelle Erschließung der Monarchie und das damit verbundene Wohlstandsversprechen die Peripherien enger an das Zentrum gebunden werden.[65] So war der Kaiser bei vielen Veranstaltungen, die die fortschrittlichen Leistungen der Kronländer feierten, entweder persönlich oder zumindest symbolisch anwesend. Derartige Anlässe, wie etwa die Eröffnung der Arlbergbahn 1873 oder das »Bergfest in Příbram wegen der erreichten Saigerteufe von 1000 Metern im Adalbertischacht« waren Feste zu Ehren des Kaisers, der als Urheber dieser Erfolge inszeniert wurde. Durch Massenauszeichnungen, Gnadengaben und Amnestien dankte er dann

59 *Kielmansegg*: Kaiserhaus, 50.

60 Siehe dazu auch *Županič*: The Making of Business Nobility.

61 Moritz Doctor, AT-OeStA/HHStA KA KK Vorträge 11-191, KZl. 1091. Siehe dazu auch *Županič*: Die Nobilitierungspolitik der letzten Habsburger.

62 *Ebenda*, 59–69. Siehe weiterführend auch *Brusatti/Wandruszka/Rumpler* (Hg.): Die Habsburgermonarchie. Bd. 1.

63 *Münkler*, Herfried: Imperien. Die Logik der Weltherrschaft. Vom Alten Rom bis zu den Vereinigten Staaten. Berlin 2005, 79.

64 Zu den »zentripetalen Kräften« siehe *Jászi*: The Dissolution.

65 *Münkler*: Imperien, 157.

wiederum jenen, die dafür in seinem Namen gearbeitet hatten, also beispielsweise den beteiligten Ingenieuren und Bergleuten.[66]

Die symbolische Politik stand also im Dienste eines imperialen Kampfes um die ökonomische und technische Vorrangstellung in Europa, der sowohl internationales Prestige als auch finanzielle Mittel akquirieren sollte. Die Standeserhebungen stachen in diesem Bereich lediglich als herausragender Preis für Investitionen in staatliche Institutionen hervor, ansonsten waren sie auch hier in ein breites symbolpolitisches Spektrum zur Lenkung ökonomischer Entwicklungen eingebunden. Begnadigungen, Zuwendungen, Auszeichnungen und eben auch Adelungen, die zur Feier besonderer technischer Meilensteine verliehen wurden, stellten einzelne Kronländer mit ihren Besonderheiten heraus und ordneten sie gleichzeitig den gesamtstaatlichen Zielen unter.

Internationaler Austausch

Moderne Technologien wie die Eisenbahn beweisen jedoch, dass die wirtschaftlichen und infrastrukturellen Bestrebungen des 19. Jahrhunderts nicht mehr von einzelnen Landes- oder Staatsgrenzen aufgehalten werden konnten, sondern die Beschleunigung des Menschen-, Güter- und Nachrichtentransports auch eine »Verkleinerung der Welt« zur Folge haben musste. Die im Zentrum Europas situierte Habsburgermonarchie sah sich daher vor der Herausforderung, im Sinne dieser Internationalisierung neue einheitliche Standards zu schaffen.[67]

Bei internationalen Messen und Ausstellungen erlangten die österreichisch-ungarischen Erzeugnisse Bekanntheit und traten mit vergleichbaren Produkten anderer Industrieländer in Konkurrenz. Schon nach der für Österreich äußerst erfolgreichen Londoner Weltausstellung von 1862 forderten die hiesigen Industriellen unter Führung des Tresorherstellers Franz von Wertheim daher eine ähnliche Veranstaltung in der Donaumonarchie. Die Angst vor einem Zurückbleiben Österreichs in Modernisierungsfragen spielte für diese Pläne eine entscheidende Rolle[68] und bewog den Kaiser, die Abhaltung einer »Industrie- und Landwirthschafts-Ausstellung«[69] zu gestatten. Mit der Wiener Weltausstellung von 1873 wollte die nach den kriegerischen Niederlagen der 1850er und 1860er Jahre wiedererstarke Monarchie also eine wahre Leistungsschau

66 Siehe dazu auch *Dotter*, Marion: Mit Massenauszeichnungen in die Moderne. Klassische Methoden politischer Steuerung im Dienste einer fortschrittlichen Habsburgermonarchie. In: *Osterkamp/Becker/Weck*: Geschichten vom Schreibtisch des Kaisers, 31–50.

67 *Tremel*, Ferdinand: Der Binnenhandel und seine Organisation. Der Fremdenverkehr. In: *Brusatti/Rumpler/Wandruszka* (Hg.): Die Habsburgermonarchie. Bd. 1, 369–402, hier 385 f.

68 *Leemann*, Noemi: Die Weltausstellung kommt nach Wien. Ein Unternehmen der Superlative. In: *Kos*, Wolfgang/*Gleis*, Ralph (Hg.): Experiment Metropole – 1873. Wien und die Weltausstellung. Wien 2014, 118–125, hier 118.

69 Wiener Zeitung Nr. 34 v. 12.2.1863, 438.

des ökonomischen und kulturellen Sektors bieten. Von diesem Ereignis, das die ganze Welt in Wien vereinen sollte, erhofften sich der Staat und insbesondere die Unternehmervertreter eine bessere Positionierung des österreichisch-ungarischen Wirtschaftsstandorts und die Vertiefung wichtiger internationaler Handelskontakte.

Das Interesse der kaiserlichen Familie an dieser Veranstaltung war dementsprechend groß: Franz Joseph ernannte seinen Bruder Erzherzog Carl Ludwig zum Protektor beziehungsweise seinen Onkel Erzherzog Rainer zum Präsidenten der Ausstellung.[70] Der Kaiser selbst stand als »Initiator« dieses Projekts[71] im Zentrum der Eröffnungsfeierlichkeiten, die seinen Einsatz für Innovation, Technik und Frieden hervorhoben und vor allem in Anwesenheit des deutschen Kronprinzenpaares die Gleichwertigkeit der beiden Staaten betonten.[72] Auch nach diesem Festakt blieb die Verbindung zum Hof durch den sogenannten Kaiserpavillon auf dem Messegelände präsent.[73] Mehrere Zeitungen erklärten, dass die beteiligten Firmen »ohne jeden Anspruch auf Bezahlung« an der Ausstattung des Pavillons mitgewirkt hätten,[74] wobei sich viele von ihnen neben der damit verbundenen Werbung auch imperiale Auszeichnungen erhofften, die schließlich im Herbst 1873 an insgesamt etwa 650 Personen vergeben wurden.

Die Würdigkeit der verdienstvollsten Weltausstellungsteilnehmer musste allerdings erst in einem komplexen Auswahlprozess festgestellt werden, den das Ministerium im Vortrag an den Kaiser genau beschrieb:

> Die Auszeichnungsanträge beruhen auf den Anträgen des Generaldirektors, der Länderchefs, auf den Vorschlägen der ausländischen Ausstellungscommissionen, auf der Anregung anderer hiezu berufener Personen und der Wahrnehmungen des Ministers. [...] Der Minister fügt noch a. u. bei, daß die Vorschläge wiederholt gesichtet, von einem Ministercomité umständlicher Würdigung unterzogen und vom Ministerrathe, in Gegenwart eines Funktionärs des auswärtigen Amtes [...] gutgeheißen wurden.[75]

Man wollte vor allem jene »Männer« und »Firmen« belohnen, »welche für die Beschickung der Ausstellung gewirkt haben [...], deren Erzeugnisse besonders prämiert wurden und denen aus Übersehen ein Preis nicht zuerkannt wurde«.[76]

70 Auszeichnungen aus Anlass der Wiener Weltausstellung, AT-OeStA/HHStA KA KK Vorträge 20-1873, KZl. 4025.

71 Zu den Vorbereitungen der Weltausstellung siehe *Leemann*: Die Weltausstellung, 118.

72 *Gleis*, Ralph: 1. Mai 1873. Die feierliche Eröffnung. In: *Kos/Gleis* (Hg.): Experiment Metropole, 382 f., hier 382. Siehe dazu auch *Pemsel*, Jutta: Die Wiener Weltausstellung von 1873. Das gründerzeitliche Wien am Wendepunkt. Wien, Köln 1989, 41–43.

73 *Scholda*, Ulrike: Vorzeigeprojekt Kaiserpavillon. Interieurs vom Feinsten. In: *Kos/Gleis* (Hg.): Experiment Metropole, 462 f.

74 Neue Illustrierte Zeitung. Österreichisches Familienblatt Nr. 37 v. 14.9.1873, 2.

75 Auszeichnungen aus Anlass der Wiener Weltausstellung, AT-OeStA/HHStA KA KK Vorträge 20-1873, KZl. 4025.

76 *Ebenda*.

Neben der Belohnung besonderer Leistungen dienten die Titel, Orden und Medaillen demnach auch als Dank und Vergütung für die kostenlos gelieferten Waren und Ausstattungsstücke im Zuge der Ausstellung.

Trotz aller Vorsichtsmaßnahmen und Kontrollinstanzen musste nach der kaiserlichen Resolution und dessen Veröffentlichung bei einzelnen Entscheidungen nachjustiert werden. Mit einem eiligen Telegramm bat der Ministerrat beispielsweise schon wenige Tage nach der allerhöchsten Entschließung um eine Revidierung der Auszeichnung für den Handelsmann Dr. Julius Hirsch, der bei einer Rede im Kaufmannsreformverein den Finanzminister mit »vollheftigsten Invektiven, Verdächtigungen und Verläumdungen [sic]«[77] diffamiert haben soll. Im Gegensatz dazu attestierte ein Bericht der »Presse«, der zahlreiche Passagen aus Hirschs Vortrag wiedergibt, diesem zwar einen kritischen, aber keinen beleidigenden Ton gegenüber der österreichischen Finanzpolitik. Seine Vorbehalte gegen die unzureichenden Regierungsmaßnahmen zur Bekämpfung der Weltwirtschaftskrise von 1873[78] waren jedoch ausreichend, um die bereits erteilte Auszeichnung zurückzunehmen.[79] Die politischen Vorbehalte, die gegen Hirsch nach seiner Rede vorgebracht wurden, bildeten eine unüberwindliche Hürde auf dem Weg zur kaiserlichen Gnade. Mit der Dekoration eines derartigen Regierungskritikers wäre – trotz aller ökonomischen Verdienste – das falsche Signal gesetzt worden.

Neben einer beachtlichen Zahl inländischer Wirtschaftstreibender wurden auch die auswärtigen Ausstellungsteilnehmer, beispielsweise die Delegationsleiter der USA, Brasiliens, Venezuelas, Japans, Chinas, Siams, Russlands, Persiens und Ägyptens sowie ganz Europas im großen Stil mit Orden, Verdienstkreuzen und der »Allerhöchsten Anerkennung« dekoriert – die Nobilitierungen blieben dagegen aus rechtlichen Gründen fast ausschließlich den inländischen Ausstellern und Organisatoren vorbehalten.[80] Parallel zur internationalen Konkurrenzsituation um neue Superlative und Errungenschaften etablierte sich in der Donaumonarchie in der zweiten Hälfte des 19. Jahrhunderts demnach auch der Wille zu transstaatlicher Kooperation und globalem Austausch, der die eigene Wirtschaft befördern sollte.[81]

Die Weltausstellung ist ein Symbol für das janusköpfige 19. Jahrhundert, das von zwei gegensätzlichen Strömungen, dem Nationalismus und dem Internationalismus, geprägt war: Auf der einen Seite verengten viele Politiker ihren Blick zusehends auf die eigene Nation oder den eigenen Staatsverband und leiteten daraus das Gefühl der Überlegenheit auch in wirtschaftlichen Belangen

77 *Ebenda.*
78 Die Presse Nr. 299 v. 30.10.1873, 6.
79 Auszeichnungen aus Anlass der Wiener Weltausstellung, AT-OeStA/HHStA KA KK Vorträge 20-1873, KZl. 4025.
80 Siehe dazu die genauen Aufstellungen im Protokollbuch des Jahres 1873: AT-OeStA/HHStA KA Kabinettskanzlei Protokolle 51, K.K. Protokoll 1873/Band 2: Zahl 4025.
81 *Judson*: Habsburg Empire, 320.

ab, auf der anderen Seite vernetzten sich die Staaten in transkontinentalen Abkommen, um ihre Stellung in einer sich »verkleinernden« Welt zu festigen. Auch die Habsburgermonarchie erkannte die Notwendigkeit, sich in den global verwobenen Wirtschaftsräumen zu positionieren. Der Kaiser nutzte seine symbolischen Prärogativen zur Unterstützung dieses politischen Programms und setzte damit bewusste Akzente, um – gerade nach erbitternden Kriegen – ausgleichend zu wirken.

Die Weltausstellung manifestierte daher die Tendenz, der fortschreitenden Internationalisierung auch im habsburgischen Auszeichnungswesen Rechnung zu tragen. Immer häufiger wurden nun nicht mehr nur In-, sondern auch Ausländer im Zuge der anlassbezogenen Massendekorationen mit einer Ehrung bedacht. Eine besondere Gelegenheit dafür bot die 1901 erfolgte »Wiederaufnahme der diplomatischen Beziehungen der Monarchie mit Mexiko«,[82] die unmittelbar nach der Ermordung Kaiser Maximilians, dem Bruder Franz Josephs, kompromisslos eingefroren worden waren. Über nahezu 34 Jahre hinweg war die Wiederaufnahme wichtiger wirtschaftlicher Kontakte am persönlichen Widerstand des Kaisers gescheitert.

Zwei österreichische Staatsbürger, Dr. Franz Kaska[83] und Johann Carl von Khevenhüller, die sich in den 1860er Jahren dem Freiwilligenkorps Maximilians angeschlossen und zu seinen engsten Vertrauten in Amerika gezählt hatten, setzten sich für eine Normalisierung der handelspolitischen Verhältnisse zwischen den Staaten ein. Beide Männer verband zudem ein freundschaftliches Verhältnis mit dem langjährigen und als gemäßigt eingestuften Präsidenten der Republik Mexiko, Porfirio Díaz. Dieser war es auch, der die Versöhnung durch den Bau einer »Kaiser Maximilian Gedächtniskapelle« über der Hinrichtungsstätte in Queretaro in den späten 1890er Jahren einleitete. Zu der Einweihung des Gotteshauses, für das Kaiser Franz Joseph selbst ein Altarbild stiftete, reiste auch Khevenhüller-Metsch nach Mexiko, um in – schließlich erfolgreiche – Verhandlungen mit der mexikanischen Regierung einzutreten.[84] Die österreichischen Zeitungen konnten daher im Frühsommer 1901 berichten:

> Zwischen Oesterreich-Ungarn und Mexiko waren seit 34 Jahren alle diplomatischen Beziehungen abgebrochen; nun wurde Graf Gilbert Hohenwart-Gerlachstein zum österreichisch-ungarischen Gesandten in Mexiko ernannt. Kaiser Franz Joseph hat also seine persönlichen Gefühle der politischen Nothwendigkeit zum Opfer gebracht und Vergangenes vergessen.[85]

82 Auszeichnungen aus Anlass der Wiederaufnahme diplomatischer Beziehungen mit Mexiko, AT-OeStA/HHStA KA KK Vorträge 12-1901, KZl. 2022.

83 Siehe weiterführend zu ihm: ÖBL III, 252 f.

84 *Blaas*, Richard: Die Gedächtniskapelle in Queretaro und die Wiederaufnahme der diplomatischen Beziehungen zwischen Österreich-Ungarn u. Mexiko. In: Mitteilungen des Österreichischen Staatsarchivs 8 (1955), 191–222.

85 Vorarlberger Volksfreund Nr. 16 v. 5.7.1901, 3.

Der Kaiser nutzte diese Gelegenheit, um sich durch die Vergabe von Auszeichnungen politisch zu positionieren. Im Mittelpunkt standen dabei mexikanische Staatsangehörige, allen voran Präsident Díaz.[86] In diesem Fall kann die Verleihung von Titeln und Dekorationen über die reine Vergabe symbolischer Werte hinaus als klare politische Geste verstanden werden. Wie schon zuvor mit der Schenkung der Altartafel zeigte der Kaiser der ganzen Welt seine Vergebung und signalisierte seine persönliche Bereitschaft, eine gemeinsame Zukunft der beiden Staaten gestalten zu wollen. Während Vertreter der Regierung und Wirtschaft auf dem diplomatischen Parkett nach Lösungen suchten, prägte er die regionale, staatliche und internationale Politik mit seinen eigenen Wirkungsweisen. Politische Opportunität spielte bei der Vergabe derartiger Ehren demnach eine wesentliche Rolle, da sie den Willen des Monarchen unmittelbar widerspiegeln sollten – sie waren sein Sprachrohr zur Außenwelt. Tatsächlich erlangte die Nobilitierungspraxis bei der Dekoration ausländischer Persönlichkeiten jedoch keine Bedeutung, da die Standeserhebungen fremder Staatsbürger adelsrechtliche Schwierigkeiten mit sich bringen konnte.[87] Die Adelungen blieben also vorrangig den österreichisch-ungarischen Vermittlern internationaler Kontakte vorbehalten.

Außenpolitische und militärische Probleme

Ein zentrales Merkmal des Imperiums ist zudem die enge Verflechtung zwischen seiner inneren Lage und seinem außenpolitischen Auftreten.[88] Insbesondere militärische Interventionen und Kriege gelten als »ambivalente Legitimätskriterien« des Empire, da Erfolge auf dem Schlachtfeld die Bedeutung und den Erhalt des Reiches national wie international festigen konnten, während Niederlagen eine Grundsatzdiskussion über die Funktionalität dieser Herrschaftsform anregen mussten.[89] Der junge Franz Joseph, der eine persönliche Affinität zum Militär besaß, war gerade in der Frühphase seiner Regierungszeit mit verheerenden und verlustreichen Kriegen konfrontiert, die auch seinen Machtanspruch als Alleinherrscher ins Wanken brachten.

Umso wichtiger war es für den Monarchen daher, seine Untertanen schon im Vorhinein mit symbolischen Mitteln auf die Entbehrungen der kommenden Monate einzustimmen und negative Folgen der militärischen Auseinandersetzung abzufedern. Dementsprechend richtete das Innenministerium kurz nach dem Einmarsch österreichischer Truppen ins Piemont im Zuge des Sardinischen Krieges von 1859 folgende Zeilen an den Kaiser:

[86] Auszeichnungen aus Anlass der Wiederaufnahme diplomatischer Beziehungen mit Mexiko, AT-OeStA/HHStA KA KK Vorträge 12-1901, KZl. 2022.

[87] Siehe dazu Kapitel III.4.

[88] *Bachinger/Dornik/Lehnstaedt*: Einleitung, 13.

[89] *Leonhard*: Multiethnische Empires, 78.

Da bei den eingetretenen ernsten Verhältnissen auch an die Organe der politischen Verwaltung die Forderung gesteigerter Thätigkeit und Hingebung für den a. h. Dienst gestellt werden muss, erbittet sich der Minister, [...] den Eifer der Beamten durch a. h. Anerkennungen und Beförderungen für ihre Verdienste noch mehr anzuspornen.[90]

Diese Auszeichnungen setzten sich demnach zum Ziel, schon im Voraus die Konsequenzen außenpolitischer Probleme im Inneren abzufangen und die hier hervorgehobenen Bürokraten an ihre Pflicht in den schwierigsten und herausforderndsten Momenten der Monarchie zu erinnern.

Mit Massendekorationen, zu denen in kleinerem Umfang auch Adelstitel gehörten, wurde insbesondere in den stark vom Krieg betroffenen Regionen Tirol,[91] Böhmen und Mähren[92] oder Niederösterreich[93] für die Monarchie geworben. Von großer Bedeutung war es daher, »dass Niemand übergangen werde [...]; daß aber auch hier spezielle Allerhöchste Anerkennungen nur wirklich hervorragende Leistungen anempfohlen werden«,[94] wie der Staatsminister etwa 1866 im Zusammenhang mit dem Deutschen Krieg in einem Rundschreiben an die Statthalter formulierte. Mit Recherchen in den einzelnen Kronländern sollten zunächst die großzügigen Unterstützer der Armee, das heißt die mildtätigen Spender und die humanitären Ersthelfer, erreicht und in die Öffentlichkeit geholt werden.[95]

So groß die Anstrengungen um den symbolischen Zusammenhalt des Reiches aus imperialer Sicht auch waren – zur Glättung der drängenden Probleme, denen die Monarchie nach den verlustreichen Auseinandersetzungen gegenüberstand, konnten sie nicht ausreichen. Der internationale und innenpolitische Prestigeverlust, der drohende Staatsbankrott und die Nationalisierung der Gesellschaft zwangen Franz Joseph zu konstitutionellen Zugeständnissen sowie zur Teilung des Landes in zwei gleichwertige Reichshälften.[96] Darüber hinaus hatte Österreich in den 1850er und 1860er Jahren seine Vorrangstellung in Oberitalien und im deutschen Bund eingebüßt, weshalb die Wiener Außenpolitik ihren Einfluss auf den Balkan stärken wollte.[97] Diese Strategie führte seit

90 AT-OeStA/HHStA KA KK Vorträge 8-1859, KZl. 1627.

91 Auszeichnungen aus Anlass der jüngsten Kriegsereignisse in Tirol, AT-OeStA/HHStA KA KK Vorträge 19-1866, 3843.

92 Auszeichnungen aus Anlass der jüngsten Kriegsereignisse in Böhmen, Mähren und Schlesien, AT-OeStA/HHStA KA KK Vorträge 18-1866, 3526.

93 Auszeichnungen aus Anlass der jüngsten Kriegsereignisse in Niederösterreich, AT-OeStA/HHStA KA KK Vorträge 20-1866, 3943.

94 NÖLA, Statthalterei Allgemeine Präsidialakten, K 157, 1866, Pr 2 ad 8, 4716.

95 *Ebenda.*

96 Zu den Gründen und Voraussetzungen der konstitutionellen Ära in der Habsburgermonarchie siehe etwa *Höbelt*: Franz Joseph I., 42–70.

97 Siehe dazu etwa *Rumpler*: Eine Chance, 445–450; *Bencze,* László: Occupation of Bosnia and Herzegovina in 1878. New York 2005. Zur Wahrnehmung des Balkans siehe auch

1878 zu mehreren militärischen Interventionen in Südosteuropa und der Aneignung Bosniens als *proximate colony*, die auch nach der offiziellen Annexion 1908 nicht als vollwertiges Kronland behandelt wurde.[98] Eben jene Annexionskrise wird häufig als Höhepunkt der Expansionspolitik des Habsburgerreiches und damit als Hinweis auf seinen imperialen Charakter interpretiert, der eine Ausdehnung seiner Machtsphäre in den Grenzgebieten des Empire mit einer inneren Stabilisierung und Friedenssicherung begründete.[99] Die offizielle Einverleibung Bosniens, die sowohl in der aktuellen Forschung als auch in der zeitgenössischen internationalen Rezeption als »imperialistischer Coup« gedeutet wurde,[100] rechtfertigte sich intern dagegen als Akt der »Pazifizierung und Konfliktentschärfung«.[101]

Hauptverantwortlich für die Annexionskrise war Außenminister Alois Freiherr von Aehrenthal, der sich die Aneignung Bosniens schon vorab von seinem russischen Amtskollegen in einem geheimen Treffen bestätigen ließ. Dennoch stand er danach in heftigster gesamteuropäischer Kritik, die vor allem durch Vorwürfe aus St. Petersburg angefacht wurde.[102] Der Kaiser reagierte auf diese internationale Gefährdungslage und den Druck aus den inländischen Regierungskreisen mit seinen eigenen Möglichkeiten: Die Grafenstandserhebung Aehrenthals mittels Handschreiben vom 18. August 1909[103] kann als deutliche Zustimmung zu dessen harten Kurs gegenüber Serbien und Russland gewertet werden. Der Ausgezeichnete selbst erkannte darin eine Zusage zu seiner Politik, wie er in einem Brief an seine Mutter bemerkte:

> Die Überraschung war eine vollkommene: ich hatte, wie Du weißt, die Standeserhöhung nicht gewünscht, hatte auf das Gerede vergessen und war in meinem Inneren zufrieden, in dem Geschäft meine Pflicht getan zu haben. Die Allerhöchste Auszeichnung fasse ich als eine allgemeine Anerkennung für die durchgeführte Aktion auf. Der Kaiser zeichnet mich aus, aber diese Auszeichnung kommt dem Ganzen zu Gute, es wird mir und meinen Kollegen

Ruthner, Clemens: Kakaniens kleiner Orient. Post/koloniale Lesarten der Peripherie Bosnien-Herzegowina. 1878–1918. In: *Hárs*, Endre (Hg.): Zentren, Peripherien und kollektive Identitäten in Österreich-Ungarn. Tübingen 2006, 255–284.

98 Siehe dazu weiterführend *Donia*, Robert: The Proximate Colony. Bosnia-Herzegovina under Austro-Hungarian Rule. In: *Ruthner*, Clemens (Hg.): WechselWirkungen. Austria-Hungary, Bosnia-Herzegovina, and the Western Balkans. 1878–1918. New York, Wien 2015, 67–82.

99 *Bachinger/Dornik/Lehnstaedt*: Einleitung, 7; *ebenda*, 14 f. Siehe dazu weiterführend *Ruthner*, Clemens: Bosnien-Herzegowina als k. u. k. Kolonie. Eine Einführung. In: *Ders./Scheer*, Tamara (Hg.): Bosnien-Herzegowina und Österreich-Ungarn. 1878–1918. Annäherungen an eine Kolonie. Tübingen 2018, 15–44.

100 *Osterkamp*: Kooperatives Imperium. Eine neue Perspektive, 7.

101 *Leonhard*: Multiethnische Empires, 77 f.

102 *Clark*, Christopher: Die Schlafwandler. Wie Europa in den Ersten Weltkrieg zog. München 2013, 123–128.

103 Aloys Freiherr Lexa von Aehrenthal, AT-OeStA/HHStA KA Kabinettskanzlei Indices 90, 1909, 4.

etwas leichter gemacht, unsere ohnehin schwierigen Aufgaben zu erfüllen. Daß der Kaiser hierzu den 18. August gewählt, hat mich gefreut.[104]

Mit der Dekoration einer Einzelperson konnte der Kaiser demnach dem ganzen Ministerium seine Billigung und vor allem die weitere Unterstützung zu dessen politischer Vorgehensweise aussprechen. Obwohl diese zunächst nur symbolisch war, verschaffte sie den Betroffenen breiteren Handlungsspielraum und größeres Selbstvertrauen in ihrem weiteren Handeln. Ein besonderes Zeichen der monarchischen Wertschätzung bildete darüber hinaus das für die Resolution gewählte Datum, das mit dem Geburtstag Franz Josephs zusammenfiel. Der Souverän konnte seinen Willen demnach auf vielfältige Weise zum Ausdruck bringen und den Verlauf der Politik mit symbolischen Mitteln beeinflussen. Der Adelstitel – hier speziell in Verbindung mit dem Tag der Verleihung – war in diesem Fall mehr als die Abgeltung von Verdiensten, er war eine richtungsweisende Entscheidung für die Zukunft der Monarchie,. Das konstitutionalisierte Staatsoberhaupt signalisierte durch derartige Gesten seine eigene Haltung und drückte seine Zufriedenheit mit den Strategien seiner Minister auch gegen deren erbitterte Gegner, wie etwa den Chef des Generalstabs, Franz Conrad von Hötzendorf, aus.[105]

Mit Hilfe der Symbolpolitik konnte Franz Joseph seinen direkten, aber vielfach informellen Einfluss auf das politische Tagesgeschäft sichtbar machen, wie sich auch wenige Jahre später noch einmal zeigte: Aehrenthal setzte weiterhin gegen den Willen Erzherzog Franz Ferdinands sowie Conrads von Hötzendorf auf eine starke, aber ausgleichende Politik auf dem Balkan. Zudem suchte er das diplomatische Gespräch mit dem »imperialen Erbfeind« Italien, den Teile der politischen Elite in der Monarchie um jeden Preis provozieren wollten.[106] In dieser angespannten Lage, genauer zwischen 13. und 20. Oktober 1911, bekundete Franz Joseph erneut seine Zustimmung zur Haltung seines Außenministers: Anlass dafür bot der Tod von Aehrenthals Mutter, der den selbst bereits über 80-jährigen Kaiser zu einem persönlichen Beileidsbesuch bei Aehrenthal bewog. Alois schrieb daraufhin an seinen Bruder Felix: »Der Kondolenzbesuch des Kaisers war mehr als ein Akt der Sympathie; derselbe sollte meinen zahlreichen Gegnern zeigen, daß ich noch das Allerhöchste Vertrauen besitze.«[107] Auch das hier geschilderte, im Grunde private Ereignis besaß für Aehrenthal politische Implikationen, da es ihn gegenüber seinen Kritikern absichern sollte.

[104] *Adlgasser* (Hg.): Die Aehrenthals, 958.

[105] *Adlgasser*, Franz/*Wank*, Solomon/*Höhn*, Maria/*Knaak*, Alexander (Hg.): In the Twilight of Empire. Count Alois Lexa von Aehrenthal. 1854–1912. Imperial Habsburg Patriot and Statesman. Bd. 2: From Foreign Minister in Waiting to de facto Chancellor. Göttingen 2020, 429.

[106] *Ebenda*, 433–436.

[107] *Adlgasser* (Hg.): Die Aehrenthals, 988.

Der Kaiser verdeutlichte seine Position danach auch auf realpolitischer Ebene mit der Entlassung Conrads von Hötzendorf als Generalstabschef.[108]

Franz Joseph selbst erachtete die Außenpolitik bis zuletzt als seine persönliche Prärogative,[109] die er mit unterschiedlichsten Werkzeugen, von einer Maßregelung seines Generalstabchefs bis zur Auszeichnung seines Außenministers, zur Schau stellte. Dadurch war er in die Diplomatie des Landes intensiv involviert und verteidigte sie gegen alle Kritiker. Öffentlich oder zumindest intern sichtbare Akzente konnte er dabei also vorrangig mit Hilfe repräsentativer Maßnahmen setzten, ob es sich dabei um eine Standeserhöhung oder einen Kondolenzbesuch handelte. Die Nobilitierungen stachen demnach auch in diesem Bereich nicht aus der Masse symbolischer Gesten heraus: Ihnen wurden Botschaften zugeschrieben, auf die das Umfeld des Monarchen oder die Öffentlichkeit entsprechend reagieren musste. Obwohl der Souverän eine Politik des Friedens vertreten wollte, war ihm in erster Linie am Erhalt imperialer Stärke gelegen, die die Niederlagen der 1850er und 1860er Jahre ausgleichen sollte.

Die mannigfaltigen Probleme, denen die Imperien des 19. Jahrhunderts gegenüberstanden, fanden ihren Kontrapunkt in einem traditionellen Kanon symbolpolitischer Maßnahmen. Feierlichkeiten, kaiserliche Reisen, öffentliche Verlautbarungen und Auszeichnungen gehörten zu den erprobten Mitteln monarchischer Machtausübung und ließen sich passgenau auf die vielgestaltigen Herausforderungen der innenpolitischen, wirtschaftlichen und militärischen Sphäre anwenden. Die Symbolpolitik ergänzte das imperiale Auftreten des Reiches und war daher auf kontrete zu erzielende Wirkungen ausgerichtet. Auch der Staat versprach sich also einen überaus konkreten Nutzen von den Nobilitierungen, der insbesondere dem Kaiser und seinem Bild in der Öffentlichkeit zugutekommen sollte. Die Strategien änderten sich dabei kaum: Man belohnte jene, die die Monarchie und ihre Werte bei persönlichen oder gesamtstaatlichen Belastungsproben repräsentiert hatten. Zugleich erinnerte man mit einer Ehrung all jene, die bei einer heraufnahenden Bedrohung besonders gefordert sein würden, an ihre Pflicht. Dabei wurde zwar immer wieder betont, lediglich die verdienstvollsten und loyalsten Vertreter des Staates auszufiltern – ein Grundsatz, der jedoch gerade im Falle potenter und spendabler Wirtschaftstreibender zu Gunsten ihrer finanziellen Zuwendungen zurückgestellt wurde. Auch einflussreiche Vertreter aus Politik und Presse konnten im Auszeichnungsverfahren mehr durch ihre Position als durch ihre Leistung überzeugen. Dementsprechend musste nicht zwingendermaßen der beste, sondern vor allem der für den

108 Siehe dazu die Erinnerungen Conrads zu einem Gespräch mit dem Kaiser: *Conrad von Hötzendorf*, Franz: Aus meiner Dienstzeit. 1906–1918. Bd. 2: Die Zeit des libyschen Krieges und des Balkankrieges bis Ende 1912. Wien 1922, 282 f.

109 *Rumpler*, Helmut: Die rechtlich-organisatorischen und sozialen Rahmenbedingungen für die Außenpolitik der Habsburgermonarchie. 1848–1918. In: *Wandruszka*, Adam/*Rumpler*, Helmut (Hg.): Die Habsburgermonarchie. 1848–1918. Bd. 6: Die Habsburgermonarchie im System der internationalen Beziehungen. Tlbd. 1. Wien 1989, 1–121, hier 45 f.; *ebenda*, 55–60.

Kaiser passendste Kandidat ausgewählt werden. Dieser wurde als Vertreter imperialer Wert- und Loyalitätsvorstellungen öffentlich honoriert.

Mit Auszeichnungen konnte dementsprechend symbolischer Druck aufgebaut werden, der insbesondere politische Zustimmung und finanzielle Unterstützung erzwingen sollte. Als Antwort auf die Herausforderungen des 19. Jahrhunderts unterstützte und komplementierte die Symbolpolitik vielfach gesetzliche und strategische Maßnahmen, entfaltete dabei aber auch ihre ganz eigenen Wirkungsweisen, die sie zu einem selbstständigen Politikfeld machten. Ihre individuelle Bedeutung bezog sie nicht zuletzt aus der kaiserlichen Autorität, die sich durch dieses Feld Handlungsfähigkeit im aktuellen Tagesgeschehen verschaffte. Die symbolische Konnotation realpolitischer Aktionen, wie die Aufhebung des Ausnahmezustandes in den 1850er Jahren, die Versöhnung mit Mexiko und die Annexion Bosniens, war wichtig, um dem Monarchen eine vollwertige Stimme zu geben und in das Zentrum der Politik seines Reiches zu rücken.

Die Nobilitierungspraxis erweist sich in dieser Betrachtung als wichtiger, nicht jedoch unabhängiger Teil der Symbolpolitik. Sie ergänzte viele auf die Außenwahrnehmung gerichtete Aktivitäten, hatte dabei aber nur selten einen Sonderstatus inne. Nichtsdestoweniger griff sie deutlich stärker als andere Dekorationen in die gesellschaftlichen Verhältnisse des Imperiums ein, das in seiner Konzeption nicht an der Schaffung von Gleichheit, sondern der Vertiefung von Asymmetrien sowie an der Herstellung langlebiger, generationsübergreifender Loyalitätsverhältnisse interessiert war. Für diese Aufgaben eigneten sich die erblichen Auszeichnungen in besonderem Maße. Die Nobilitierungspraxis erweist sich vor diesem Hintergrund zunächst als ein »Subpolitikfeld« im Bereich der Symbolpolitik, das in Kombination mit weiterführenden Strategien in diesem größeren Feld angewendet werden konnte. Zugleich erscheint der Adel im Zusammenhang mit den allgemeinen Problemen der Monarchie als ein »Metapolitikfeld«, das zur Erreichung politischer Ziele in andere Politikbereiche des Staates eingriff. Die Adelspolitik war dabei nicht aus sich selbst erklärbar, sondern zog ihre Stärke und Bedeutung aus der flexiblen Anwendbarkeit auf außerhalb des Feldes liegende Herausforderungen und Krisen.

Um als politisches Instrument dienen zu können, war die Adelspolitik also in eine größere Inszenierung einbezogen und stand in enger Abstimmung mit anderen repräsentativen Maßnahmen zur Eindämmung monarchischer Konflikherde. Das Adelswesen präsentierte sich demnach als Teil einer umfassenderen symbolpolitischen Strategie, die den imperialen Charakter des Staates demonstrieren sollte – und das wird nicht zuletzt auf dem Schreibtisch des Kaisers sichtbar.

3. Symbol- und Adelspolitik auf dem Schreibtisch des Kaisers

Obgleich seit den 1860er Jahren in seiner Bedeutung für die Gesetzgebung zurückgedrängt, stand Franz Joseph bis zu seinem Tod im Zentrum politischer und legislativer Prozesse. Er stellte die Brücke zwischen den imperialen Zielen und seinen Untertanen her. Neben den imperialen Herausforderungen, die den gesamten Staat bewegten, kämpften die Menschen nämlich immer auch mit individuellen Schwierigkeiten, auf die der Kaiser als gnädiger Landesvater die passenden Lösungen liefern sollte. Symbolpolitik bestimmte daher vor allem das alltägliche Verwaltungshandeln. Schon ein Blick in die Protokollbücher der Kabinettskanzlei zeugt von der Vielfalt an Lebensbereichen, die noch im 19. Jahrhundert von der repräsentativen Inszenierung der Monarchie und ihres Oberhauptes ergriffen und beeinflusst wurden: Der Souverän war allgegenwärtig für seine Untertanen, ob er nun ein uneheliches Kind legitimierte, die Pension einer Witwe erhöhte oder die Produkte kunstfertiger Handwerker dankend entgegennahm.[110] Die Menschen erhofften vom Kaiser die Erledigung von für sie essentiellen Anliegen – und zu diesen gehörte auch der Wunsch nach Honorationen.[111]

Das Feld der Symbolpolitik, das zum Großteil monetäre Gnadengaben, in kleinerem Umfang aber auch Auszeichnungen betraf, gehörte zu den wichtigsten Tätigkeitsfeldern auf dem Schreibtisch des Monarchen.[112] Durch ihr massenhaftes Auftreten bildeten diese vielschichtigen Einzelentscheidungen ein mächtiges imperiales Werkzeug, das die kaiserliche Präsenz in der Öffentlichkeit und im Leben der Menschen stärkte. Die Entscheidungsträger folgten bei der Resolution dieser singulären Fälle bis zu einem gewissen Grad einheitlichen Grundsätzen und konnten dadurch richtungsweisend in die Gestaltung der Monarchie eingreifen. Der Staatsminister beschrieb die Aufgaben der habsburgischen Dekorationspraxis kurz vor Beginn des Dritten Österreichisch-Italienischen Krieges:

> Da alle Auszeichnungen mittelst Verdienstkreuzen, Orden, Adelsgraden und Ehrentitel nebst der Belohnung wahrer Verdienste auch den Zweck haben sollen der Regierung warme und verlässliche Anhänger zu gewinnen [...] und dies besonders bei dem dermaligen bewegten politischen Leben doppelt wichtig ist, weil eine einzige Auszeichnung, bei welcher die politischen Momente nicht gehörig gewürdigt würden, die nachteiligsten Folgen nach sich ziehen kann, beantragt der Staatsminister[,] daß künftig bei allen derlei Auszeichnungsanträgen vorläufig das Einvernehmen mit dem Staatsministerium zu pflegen sei.[113]

Mit dieser Aussage fasste das Staatsministerium, das in den 1860er Jahren die Agenden des Innenministeriums übernommen hatte, ungewohnt deutlich und selbstbewusst den Wert und die Funktionen des habsburgischen Auszeichnungswesens zusammen. Gerade im Angesicht der unsicheren außenpolitischen Verhältnisse, denen die Monarchie in den 1860er Jahren gegenüberstand, wurde dieser Bereich als Garant für die Erfüllung staatlicher Ziele in den Fokus des kaiserlichen Interesses gerückt. Die »Adelsgrade« wurden in dem

[110] *Unowsky*: The Pomp, 1 f.
[111] Siehe dazu Kapitel III.5.
[112] *Osterkamp/Becker*: Regierungstätigkeit.
[113] AT-OeStA/HHStA KA KK Vorträge 10-1866, KZl. 2011.

Dossier zwar erwähnt, sie erschienen jedoch lediglich als eine Ehrung unter vielen, von den Verdienstkreuzen (»Goldenes Verdienstkreuz mit der Krone«, »Goldenes Verdienstkreuz«, »Silbernes Verdienstkreuz mit der Krone«, »Silbernes Verdienstkreuz«) über die Ehrentitel (zum Beispiel die Bezeichnung »Geheimer Rat«), bis zu den Orden.[114]

Die knapp 7.000 Nobilitierungsanträge, die in der Regierungszeit Franz Josephs die Kabinettskanzlei beschäftigten, nahmen also eine zahlenmäßig untergeordnete Stellung in der Symbolpolitik ein.[115] Gleichzeitig griffen sie aber – mehr noch als andere staatliche Dekorationen und Zugeständnisse – nicht nur in das Leben des Individuums, sondern auch in das gesamtgesellschaftliche Gefüge der Monarchie ein. Während die Mehrzahl der symbolpolitischen Maßnahmen also vorrangig für den Antragsteller selbst Bedeutung erlangte, indem diese beispielsweise seine finanzielle Lage verbesserten oder seine Ausbildung sicherten, stand bei den Adelsgesuchen das Verhältnis des Einzelnen und seiner Familie zu seiner Umwelt zur Disposition. Durch die kaiserliche Entscheidung in Nobilitierungsfragen wurde das soziale Gleichgewicht des Staates neu vermessen, um politischen Problemen begegnen zu können. Die Behörden selbst erkannten die Alleinstellungsmerkmale dieses Politikfeldes und trugen ihm in den inneradministrativen Verzeichnissen und Ablagen durch die eigene Kategorie »Adel und Wappen« Rechnung.

Trotz des langen Untersuchungszeitraumes von 68 Jahren veränderten sich die Begrifflichkeiten und die Zusammensetzung dieser Gesuchskategorie kaum. Die Art der adeligen Auszeichnungen, um die sich die einzelnen Antragsteller bemühten, betrafen zunächst die fünf Rangstufen der österreichischen Adelshierarchie (einfacher Adel, Ritterstand, Freiherrenstand, Grafenstand, Fürstenstand). Durch die Dualisierung des Nobilitierungssystems ab 1867 kam für Ungarn mit dem »ungarischen Adel« (als Bezeichnung für den einfachen ungarischen Adel) eine weitere Kategorie hinzu. In den höheren Adelsstufen wurde in der vorliegenden Analyse aufgrund der geringen Fallzahlen dagegen nicht zwischen den trans- und cisleithanischen Einreichungen unterschieden. Im ungarischen Reichsteil häuften sich zudem die Bitten um die Vergabe von »Prädikaten« und die »Namensänderungen«. Hinzu kamen individuelle verwaltungstechnische Anfragen um die Verringerung oder Aufhebung der Taxgebühren (Taxfragen) und die Ausstellung von Diplomen (Urkunde), aber auch generelle Richtungsentscheidungen im Zusammenhang mit dem Adelsrecht (Gesetzesänderungen). Die »Wappen« bildeten die zweite (zahlenmäßig wesentlich unbedeutendere) Säule der Adelsangelegenheiten.

Damit sind die eigentlichen Standeserhebungen bezeichnet, die sich in ihrer Spezifik nur graduell von anderen Auszeichnungen unterschieden. Wie es

[114] Siehe dazu *Laich*, Mario: Altösterreichische Ehrungen – Auszeichnungen des Bundes. Vergleiche und Betrachtungen. Ein Beitrag zur Rechts- und Kulturgeschichte. Innsbruck, Wien 1993, 15–26.

[115] *Ebenda*.

der Staatsminister im Zusammenhang mit dem italienisch-österreichischen Unabhängigkeitskrieg erwähnte, hatten sie die gesamtstaatliche Aufgabe, Verdienste zu belohnen und das politische Geschehen mit symbolischen Maßnahmen zu lenken. Die Adelspolitik war jedoch auch ein eigenständiges Feld, mit in sich funktionierenden Logiken und Dynamiken. Zwar waren mit dem Adelstitel in der zweiten Hälfte des 19. Jahrhunderts keine Privilegien mehr verbunden, seine Erblichkeit machte jedoch trotzdem weiterhin einen spezifizierten Umgang mit den adeligen Ansprüchen notwendig, der in einer ganzen Reihe von Antragstypen sichtbar wurde. Insbesondere die »Übertragung« des Titels, die meist zwischen Verwandten sowie nach einer Adoption angestrebt wurde, zeugt von der Erblichkeit als letztem, bedeutenden Alleinstellungsmerkmal des Adels und erfreute sich daher in adeligen Kreisen großer Beliebtheit. Um das Anrecht auf Vererbbarkeit nicht zu verlieren, sahen sich viele Adelige ohne offizielle Erben gezwungen, die Weitergabe ihres Titels und ihrer gesellschaftlichen Stellung an Neffen, Stiefsöhne oder illegitime Nachkommen beim Kaiser zu beantragen. Die Möglichkeit der Übertragung offenbarte demnach eine Spezifik des Adels und hob diese Auszeichnung aus der Masse anderer Honorationen heraus.

Ähnliches gilt auch für die diversen Gesuchstypen, die nicht auf den Neuerhalt des Adels, sondern auf die Geltendmachung bestehender Ansprüche abzielten. Im Falle der »Anerkennungen und Bestätigungen« alter und fremder Titel folgte der Gesetzgeber ebenfalls der Vorstellung, dass ein erblich erworbener Anspruch auf Adel auch über Jahrhunderte und Herrschaftswechsel hinweg nicht verloren gehen könne. Besonders häufig wurden derartige Anträge aus den habsburgischen Neuerwerbungen des 18. und frühen 19. Jahrhunderts, Galizien, Bukowina, Lombardo-Venetien und Dalmatien, gemeldet, sodass für diese statistische Auswertung neben der allgemeinen Kategorie »Anerkennung und Bestätigung« auch spezifizierte Kriterien für die genannten Regionen geschaffen wurden: »Anerkennung des polnischen Adels« beziehungsweise »Anerkennung des italienischen Adels und der Contetitel«. Die Bestätigung des Contetitels und des italienischen Adels ist nicht unmittelbar gleichzusetzen, da der Contetitel als »fremder« Adel geführt werden musste und – so der Kaiser selbst bei seinen Entschließungen – nicht als österreichischer Grafenstand übersetzt werden durfte.[116] Andere italienische Adelsränge wurden dagegen mit dem österreichischen System zusammengeführt.[117]

Ansprüche konnte man zudem in Rückgriff auf den Reichsadel geltend machen, alle diesbezüglichen Vorträge wurden unter dem Begriff »Fragen des Reichsadels« zusammengefasst. Auch ausländische Adelstitel durften erst nach der staatlichen – und zum Teil monarchischen – Anerkennung in der Monar-

[116] Siehe dazu Kapitel III.5.
[117] Siehe dazu Kapitel IV.4.

chie geführt werden. Dabei handelte es sich entweder um Bürger des Habsburgerreiches, die von fremden Staatsoberhäuptern geehrt wurden, oder aber um Ausländer, die sich in den Kronländern angesiedelt und ihren Titel mitgebracht hatten[118] – diese Ansuchen fallen unter die Kategorie »Ausländischer Adel«. Auch für die Aufnahme in die Tiroler, Bukowiner und galizischen »Adelsmatriken« benötigten die Antragsteller die Zustimmung des Kaisers. Weniger zentralisiert gestaltete sich die Einschreibung in Stifte und Akademien, die zumeist von den Stiftungsgebern oder -vorstehern kontrolliert wurden. Verfügten die Kandidatinnen und Kandidaten allerdings nicht über den dafür benötigten Nachweis ihrer Adelsprobe, konnte der Kaiser einen Dispens für die »Stifts- und Akademieplätze« erteilen.[119] Diese Kategorie verschwand jedoch mit der Zeit aus der Rubrik »Adelssachen« in den Protokollbüchern und wurde in einem eigens geschaffenen Themenblock zusammengefasst.

Eine relative Mehrheit aller Antragsteller in Adelsfragen bat den Kaiser in seiner 68-jährigen Regierungszeit um eine Neuadelung. Sowohl in Cis-, als auch in Transleithanien reichten ungefähr 20 Prozent (jeweils etwa 1.400 Fälle) der Petenten zwischen 1849 und 1916 um den einfachen österreichischen beziehungsweise ungarischen Adel ein. Die Adelsangelegenheiten, die in der Kabinettskanzlei verhandelt wurden, betrafen demnach zu über 40 Prozent Ersterhebungen in die Nobilität. Da der ungarische Adel erst ab 1867 vergeben wurde, verweisen schon diese Werte auf die große Bedeutung, die die magyarische Adelspolitik in der Spätphase der Monarchie einnahm. Hinzu kamen mit circa 13 Prozent (etwa 868 Fälle) an dritter Stelle die Anträge um Übertragung des Adelstitels, die in vielen Fällen ebenfalls zur Neunobilitierung der begünstigten Personen führten. Deutlich seltener wurde dagegen eine Verbesserung in der adeligen Hierarchie der Monarchie beantragt. Insgesamt beschäftigten sich etwa 15 Prozent der Vorträge mit einer Erhöhung des Adelsranges. Der Freiherrenstand wurde mit circa 8 Prozent (etwa 552 Fälle) dabei noch wesentlich häufiger beantragt als der in Ungarn nicht existente Ritterstand, um den etwa 5,2 Prozent (etwa 353 Fälle) der Antragsteller einschritten. Noch seltener wurde um den Grafen- (2,2 Prozent) beziehungsweise den Fürstenstand und damit um die Aufnahme in die Hocharistokratie eingereicht. Während der hohe Adel durch den Erwerb des Freiherrenstandes also noch häufiger nachgefragt wurde, gelang es in der Spätphase der Donaumonarchie nur einer ausgewählten Elite in den Kreis der exklusiven altadeligen Familien aufzusteigen. Auch alle anderen Gesuchskategorien fallen zahlenmäßig weniger stark ins Gewicht, unter anderem weil diese zum Teil Phänomene betrafen, die nur für einzelne Regionen der Monarchie von Bedeutung waren.

118 Siehe dazu Kapitel III.4.
119 Siehe dazu Kapitel II.5.

Tab. 1: Verteilung der Gesuchstypen unter dem Begriff »Adel«

Rechtliche Anfragen	**220**	**3,2 %**
Adelsmatriken	58	0,9 %
Gesetzesänderung	29	0,4 %
Taxfrage	82	1,2 %
Urkunde	51	0,8 %
Bestätigungen	**729**	**10,7 %**
Anerkennung des italienischen Adels und des Contetitels	84	1,2 %
Anerkennung des polnischen Adels	186	2,7 %
Anerkennung und Bestätigung	441	6,5 %
Fragen des Reichsadels	18	0,3 %
Adelsränge	**3.807**	**56,1 %**
Fürstenstand	12	0,2 %
Grafenstand	140	2,1 %
Freiherrenstand	552	8,1 %
Ritterstand	353	5,2 %
Adelsstand	1347	19,9 %
ungarischer Adel	1415	20,9 %
Ausländischer Adel	**107**	**1,6 %**
Übertragung	**868**	**12,8 %**
Namen und Wappen	**872**	**12,9 %**
Namensänderung	280	4,1 %
Prädikat	413	6,1 %
Wappen	179	2,6 %
Stifts- und Akademieplätze	**80**	**1,2 %**
Anderes	**90**	**1,3 %**
Gesamt	**6.785**	**100 %**

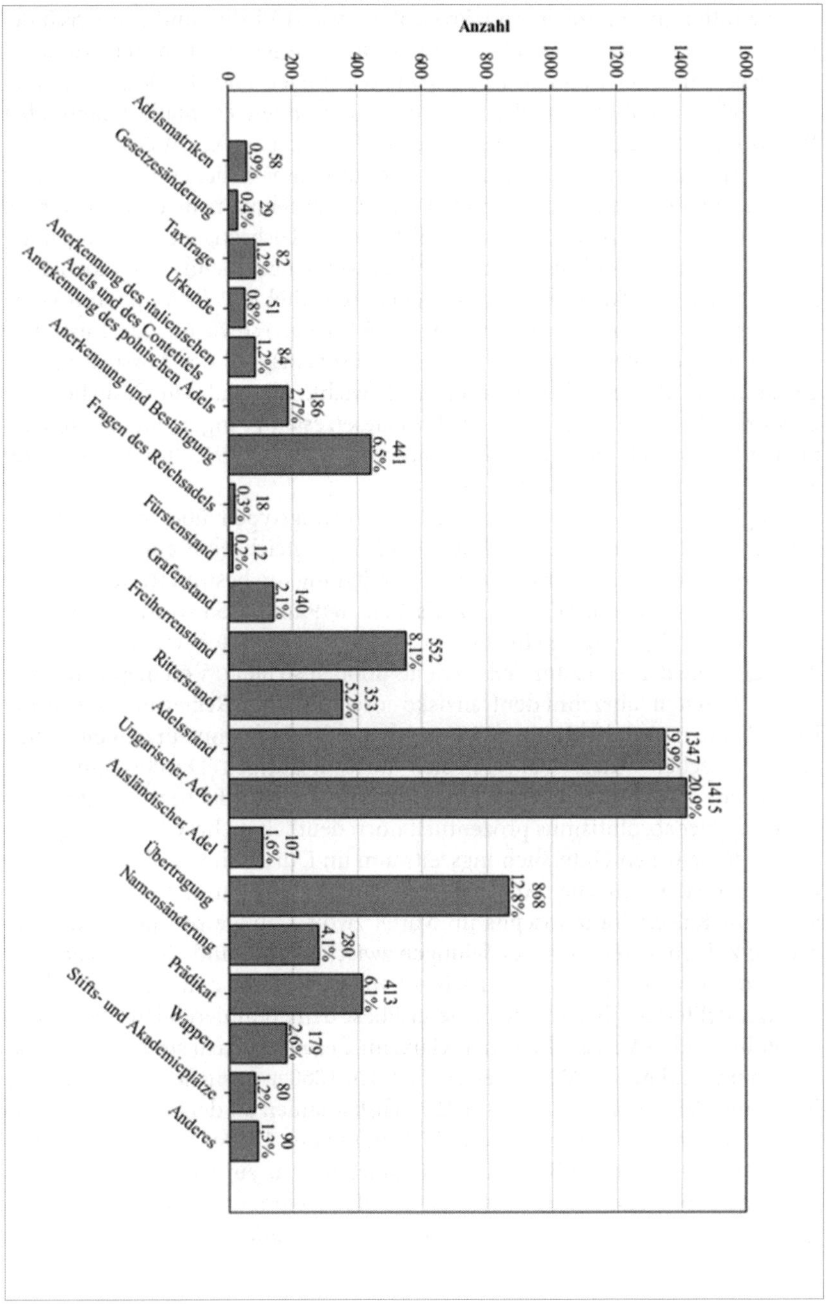
Anzahl
0
200
400
600
800
1000
1200
1400
1600
Adelsmatriken 58 0.9%
Gesetzesänderung 29 0.4%
Taxfrage 82 1.2%
Urkunde 51 0.8%
Anerkennung des italienischen Adels und des Contetitels 84 1.2%
Anerkennung des polnischen Adels 186 2.7%
Anerkennung und Bestätigung 441 6.5%
Fragen des Reichsadels 18 0.3%
Fürstenstand 12 0.2%
Grafenstand 140 2.1%
Freiherrenstand 552 8.1%
Ritterstand 353 5.2%
Adelsstand 1347 19.9%
Ungarischer Adel 1415 20.9%
Ausländischer Adel 107 1.6%
Übertragung 868 12.8%
Namensänderung 280 4.1%
Prädikat 413 6.1%
Wappen 179 2.6%
Stifts- und Akademieplätze 80 1.2%
Anderes 90 1.3%

Abb. 5: Verteilung der Gesuchstypen unter dem Begriff »Adel«

Die Bitten um Prädikate (6,1 Prozent – etwa 413 Fälle) und Namensänderungen (4,1 Prozent – etwa 280 Fälle) erreichten insgesamt etwa 10 Prozent der Anträge. Ähnliches ist auch für die Anerkennungen und Bestätigungen alter Adelstitel zu beobachten, die zusammengenommen ebenfalls knapp über 10 Prozent der Adelsgesuche betrafen. Im Vergleich zu den Adelstiteln waren eigene Anträge um ein Wappen, die nicht nur von natürlichen Personen, sondern auch von Vereinen, Gemeinden oder Unternehmen eingebracht werden konnten, mit 2,6 Prozent (etwa 179 Fälle) der adelsbezogenen Anfragen auf dem Schreibtisch des Kaisers zahlenmäßig wenig bedeutend. Auch die Ansuchen um die Anerkennung ausländischer Adelstitel (2,2 Prozent), um einen Dispens für Stifts- und Akademieplätze (1,5 Prozent) sowie um administrative Fragen nach der Befreiung von Taxen (1,3 Prozent) und der Ausstellung von Urkunden (1 Prozent) fielen kaum ins Gewicht. Alle anderen Gesuche, zum Beispiel in Bezug auf den Reichsadel, zu Gesetzesänderungen oder zu Rehabilitierungen erreichten in dem Zeitraum von 1849 bis 1918 nur Werte unter einem Prozent (Tab. 1 und Abb. 5).

Obgleich das Repertoire der adeligen Antragstypen über den Untersuchungszeitraum hinweg stabil blieb, sind doch gleichzeitig eindeutige Konjunkturen bei der Zahl der jeweiligen Einreichung um bestimmte adelige Auszeichnungen erkennbar (Tab. 2). Zwischen 1849 und 1858 wurden insgesamt 484 Adelsanträge eingereicht, in den übrigen Jahrzehnten war die Zahl der Adelsgesuche dagegen zum Teil mehr als doppelt so hoch. Von diesen 484 Anträgen im ersten Jahrzehnt der franzisko-josephinischen Regierungszeit entfielen 122 Bitten und damit über 25 Prozent auf die Aufnahme in den einfachen österreichischen Adel. Während sich im langjährigen Durchschnitt circa 20 Prozent der Anträge mit der Neuaufnahme in den Adel beschäftigten, waren es im Neoabsolutismus prozentuell noch deutlich mehr. Gleichzeitig wurden im 68-jährigen Untersuchungszeitraum im Durchschnitt jährlich etwa 20 Anträge um den einfachen Adel eingereicht, während es im ersten Herrschaftsjahrzehnt Kaiser Franz Josephs im Mittel zwölf Anträge pro Jahr waren. In ganzen Zahlen waren die Neuadelungen zwischen 1849 und 1858 mengenmäßig also noch weniger ausschlaggebend wie in späterer Zeit, prozentuell betrachtet stellten sie aber gerade in dieser Phase den dominierenden Gesuchstyp des Politikfelds »Adelssachen« dar. Ganz im Gegensatz dazu sind die Entwicklungen um und nach 1900 zu werten: Seit den 1860ern ging der Anteil, den die Bitten um den einfachen Adelsstand in Cisleithanien an dem Politikfeld Adel hatten, von etwa 23 Prozent (etwa 222 Fälle) in den 1880er Jahren auf 15 Prozent (etwa 203 Fälle) zu Beginn des 20. Jahrhunderts zurück. Schon zwischen 1889 und 1898 hatten die österreichischen Neuadelungsgesuche ihre Vorrangstellung in dem Politikfeld an die Anträge um den einfachen ungarischen Adel abgeben müssen.

Tab. 2: Verteilung von Gesuchstypen auf die Dekaden des Untersuchungszeitraums

		Zeitraum							
		1. Dekade 1849-1858	2. Dekade 1859-1868	3. Dekade 1869-1878	4. Dekade 1879-1888	5. Dekade 1889-1898	6. Dekade 1899-1908	7. Dekade 1909-1918	Gesamt
Adelsstand	Anzahl	122	223	212	222	182	183	203	1347
	Anteil	25,2%	26,0%	24,8%	22,7%	17,2%	15,4%	14,9%	19,9%
Anerkennung des italienischen Adels und des Contetitels	Anzahl	27	14	15	10	4	10	4	84
	Anteil	5,6%	1,6%	1,8%	1,0%	0,4%	0,8%	0,3%	1,2%
Anerkennung des polnischen Adels	Anzahl	11	21	21	37	51	32	13	186
	Anteil	2,3%	2,5%	2,5%	3,8%	4,8%	2,7%	1,0%	2,7%
Anerkennung und Bestätigung	Anzahl	35	48	52	59	80	84	83	441
	Anteil	7,2%	5,6%	6,1%	6,0%	7,5%	7,1%	6,1%	6,5%
Freiherrenstand	Anzahl	66	104	89	49	64	74	106	552
	Anteil	13,6%	12,1%	10,4%	5,0%	6,0%	7,2%	7,8%	8,1%
Grafenstand	Anzahl	31	23	17	17	13	17	22	140
	Anteil	6,4%	2,7%	2,0%	1,7%	1,2%	1,4%	1,6%	2,1%
Namensänderung	Anzahl	5	18	23	44	45	70	75	280
	Anteil	1,0%	2,1%	2,7%	4,5%	4,2%	5,9%	5,5%	4,1%
Prädikat	Anzahl	1	24	37	71	61	129	90	413
	Anteil	0,2%	2,8%	4,3%	7,3%	5,7%	10,9%	6,6%	6,1%
Ritterstand	Anzahl	19	51	47	42	58	50	86	353
	Anteil	3,9%	6,0%	5,5%	4,3%	5,5%	4,2%	6,3%	5,2%
Übertragung	Anzahl	64	162	140	125	113	123	141	868
	Anteil	13,2%	18,9%	16,4%	12,8%	10,7%	10,4%	10,4%	12,8%
Ungarischer Adel	Anzahl	0	41	87	209	274	345	458	1414
	Anteil	0,0%	4,8%	10,2%	21,4%	25,8%	29,0%	33,6%	20,7%

Für eben jene Einreichungen um den ungarischen Adel ist in den Aufzeichnungen der Kabinettskanzlei daher eine gegenteilige Entwicklung zu beobachten. Obgleich die Daten für die 1850er und frühen 1860er Jahre des Untersuchungszeitraums nicht eindeutig sind, da die Kategorie »Adelsstand« zu diesem Zeitpunkt auch die Anträge aus Ungarn umfasste, kann anhand der partiell vorhandenen Ortsangaben in den Protokollbüchern festgestellt werden, dass in dieser Ära nur sehr wenige (insgesamt zwischen 10 und 20) Personen jenseits der Leitha um den österreichischen Adel baten. Dagegen waren es in dem Jahrzehnt nach 1900 ungefähr 34 ungarische Bürger, die jährlich den einfachen Adelstitel beantragten – in Cisleithanien im Vergleich dazu nur knapp halb so viele. In der Periode zwischen 1909 und 1916 erreichten jährlich gar 57 Gesuche um den ungarischen Adel die Kabinettskanzlei. Im Unterschied zum einfachen österreichischen Adel erlebten die ungarischen Adelsanträge demnach einen raschen Zuwachs im Politikfeld. Sie machten im letzten Regierungsjahrzehnt Franz Josephs ein Drittel (etwa 458 Fälle) der habsburgischen Adelsangelegenheiten aus und wurden durch Anträge auf Namens- oder Prädikatsänderungen ergänzt.

Andere Adelsränge, insbesondere der Freiherren- und der Grafenstand, erlebten dagegen einen zahlenmäßigen Rückgang im Laufe des 19. Jahrhunderts. Während in den 1860er und 1870er Jahren jährlich etwa 9 bis 10 Personen um einen Freiherrenstand ansuchten, halbierte sich dieser Mittelwert bereits ab 1879 und stagnierte bis zum Ende des Betrachtungszeitraums auf ungefähr demselben Niveau. Zu Beginn der franzisko-josephinischen Regentschaft waren die Bitten um den Freiherrenstand mit 13,6 Prozent (etwa 66 Fälle) noch der zweithäufigste Antragstyp im Rahmen der habsburgischen Adelsangelegenheiten. In den 1880er Jahren sank ihr Wert auf einen Anteil von circa 5 Prozent (etwa 49 Fälle) herab und fiel damit nicht nur hinter den einfachen ungarischen und österreichischen Adel, sondern auch hinter die Übertragungen und Anerkennungen zurück. Danach stiegen die Fallzahlen allerdings wieder an, was auf die Abschaffung des systematisierten Adels 1884 zurückführbar sein könnte. Da Ritter- und Freiherrenstände über die Ordensverleihungen nicht mehr erreicht werden konnten, liegt die Vermutung nahe, dass diese Standeserhöhungen nun vermehrt mit Hilfe eines direkten Majestätsgesuches angestrebt wurden. Im Gegensatz zu den steigenden Zahlen im Bereich der Freiherrenstände kann bei den Ritterständen jedoch nur von einem marginalen Zuwachs gesprochen werden. Die stärkere Zunahme im letzten Untersuchungszeitraum ab 1909 lässt sich wohl eher aus den zahlreichen Auszeichnungen für Militärpersonen während der Kriegsjahre erklären.

Einen sukzessiven Rückgang erlebte der Grafenstand: Dessen Anteil an den Adelsgesuchen verringerte sich von 6,4 Prozent zwischen 1849 und 1858 auf 1,2 Prozent zwischen 1889 und 1898 und stagnierte bis zum Ende der Monarchie auf diesem Wert. Im Durchschnitt suchte im späten Habsburgerstaat nur mehr eine Person jährlich um einen Grafentitel an, während es um die Mitte des 19. Jahrhunderts noch etwa drei gewesen waren. Andere Entwicklungen der Nobilitierungspolitik korrelieren klar mit gesamtstaatlichen Ereignissen:

Der starke Abfall von Bestätigungen italienischer Adelstitel ist aus dem Verlust Lombardo-Venetiens 1859 bzw. 1866 erklärbar, während der Anstieg von Anerkennungsanträgen des alten polnischen Adels mit dem sogenannten galizischen Ausgleich Anfang der 1870er Jahre in Verbindung stehen könnte, der den polnischsprachigen Bürgern offenbar in der Adelsbehörde größere Handlungsmöglichkeiten einräumte.

Im Bereich der Renobilitierungen sind die genannten Zahlen jedoch mit Vorsicht zu betrachten, da diese in der Mehrzahl der Fälle ohne kaiserliches Zutun im Innenministerium bearbeitet und resolviert wurden. Es ist daher stets mitzubedenken, dass der Monarch nicht die alleinige Gewalt der Adelspolitik darstellte, sondern die Nobilitierungsanträge, die bis zu seinem Schreibtisch gelangen, nur einen kleinen Teil aller Adelsansuchen repräsentieren. Viele weitere wurden in den diversen Ämtern des Verwaltungsapparats entschieden und aussortiert. Grundsätzlich nahm die Zahl der Anträge auch in der Kabinettskanzlei ab den 1860er Jahren in Cis- wie in Transleithanien stetig zu. Die liberalen Regierungen strebten nach Auszeichnungen für ihre gut situierte, bürgerliche Klientel, die in ihrem Drang nach gesellschaftlichem Aufstieg mit staatlichen Gunstbeweisen zufriedengestellt werden sollten. Gleichzeitig sank der Anteil der Nobilitierten an der Gesamtzahl der Bevölkerung ab den 1880er Jahren durch die Aufhebung der Adelsparagraphen diverser Orden.[120] Die Nobilitierungspraxis wies demgemäß eine starke innere Differenzierung auf, die eine passgenaue Reaktion auf allgemeine Herausforderungen des Imperiums ermöglichte, sich zugleich aber auch den individuellen Problemen der einzelnen Antragsteller anglich. Die Vielfalt der Antragstypen zum Thema »Adel« trug nämlich auch zu einer Besonderung der als »Subpolitikfeld« bezeichneten Adelspolitik bei, da diese nicht auf generelle, sondern auf spezialisierte Konflikte innerhalb des eigenen Feldes reagierten.

4. Nachfrage nach dem eigenen Politikfeld: Akteure und ihre Interessen

Politikfelder werden maßgeblich durch die »gemeinsamen Ziele, Erwartungen und Regeln«[121] der Akteure bestimmt.[122] »[B]ei Politikformulierungsprozes-

120 *Županič*: Nobilitierungspolitik der letzten Habsburger, 479; *ebenda*, 485. Siehe dazu auch unten.

121 *Rosenow*, Kerstin: Die Entstehung einer integrationspolitischen Agenda auf der Ebene der Europäischen Union. In: *Hunger*, Uwe/*Aybek*, Can/*Ette*, Andreas/*Michalowski*, Ines (Hg.): Migrations-und Integrationsprozesse in Europa. Wiesbaden 2008, 123–142, hier 125. Siehe auch *Powell*, Paul/*DiMaggio*, Walter: The New Institutionalism in Organizational Analysis. Chicago 1991.

122 Der Begriff der »Akteure« wird zumeist allerdings deutlich weiter definiert und entspricht mehr den »Trägern des Entscheidens« aus Kapitel III. Siehe auch *Blum*/*Schubert*: Politikfeldanalyse, 73 f.

se[n] [handelt es sich] eben nicht vorrangig [um] sachrationale Problemlösungsprozesse, sondern [um] kontingente Prozesse, in denen Akteursinteressen, Ideologien, aber auch Zufälle eine wichtige Rolle spielen.«[123] Während die staatlichen Stellen in der Nobilitierungspraxis unter anderem auch einen Teil der Symbolpolitik erkannten, mit dessen Hilfe sie Problemen anderer Politikfelder begegnen konnten, verbanden die Antragsteller damit ganz eigene Intentionen und Interessen, die maßgeblich zur Besonderung des Politikfeldes Adel beitrugen. Die Einreichenden hatten große Bedeutung beim Agenda Setting von Politikfeldern, da sie Probleme ihres persönlichen Umfelds politisch konnotierten und dadurch erst einen institutionalisierten Entscheidungsprozess initiierten.

Nachdem im Vorangegangenen also die vom Staat verfolgten Ziele der Symbol- und Adelspolitik zusammengefasst wurden, sollen nun deren Konsequenzen für die Antragsteller im Vordergrund stehen. Diese hatten mit ihren Adelsgesuchen in vielen Fällen keineswegs nur die Überwindung und Glättung imperialer Herausforderungen im Sinn, sondern nutzten sie häufig für individuelle und gegenläufige Wünsche. Auch dadurch konnte die Schärfung der Auszeichnungs- und Adelspolitik als selbstständiges Politikfeld entscheidend vorangebracht werden.[124] Die Besonderung des Politikfelds Adel ergab sich demnach auch aus den Anforderungen, die von Seiten der Antragsteller an die Behörden herangetragen wurden. Im Folgenden soll die Gruppe der Einreichenden und deren Wünsche im Zusammenhang mit der Adelspolitik anhand der geografischen und sozialen Herkunft der Antragsteller näher charakterisiert werden.

Die gesellschaftlich motivierten Interessen

Da Informationen über die regionale und soziale Verteilung der Bittsteller in den Protokollbüchern der Kabinettskanzlei nur äußerst lückenhaft vorhanden sind, lassen sich dazu keine generellen Aussagen treffen. Die im Folgenden gezeigten Abbildungen und Tabellen ebenso wie die genannten Zahlen sind daher lediglich als Näherungswerte zu verstehen. Sie sollen einen groben, aber keinen letztgültigen Überblick über die Zusammensetzung aller auf dem Schreibtisch des Kaisers aufscheinenden Antragsteller bieten. Beamte und Armeeangehörige – also alle Staatsbediensteten – wurden fast immer in ihrer Funktion genannt, aufgrund ihrer überregionalen Stellung entfiel aber die Ortsangabe (bei den Offizieren durchgehend, bei den Beamten zu einem kleineren

123 *Töller*, Annette: Regieren als Problemlösung oder als eigendynamischer Prozess? Überlegungen zu einer Überwindung des Problemlösungsbias in der Politikfeldanalyse. In: *Egner*, Björn/*Haus*, Michael/*Terizakis*, Georgios (Hg.): Regieren. Festschrift für Hubert Heinelt. Wiesbaden 2012, 171–190.

124 *Loer*/*Reiter*/*Töller*: Politikfeld, 14.

Teil). Man kann also mit großer Gewissheit nachvollziehen, wie viele Beamte und Offiziere als Bittsteller den Nobilitierungsprozess (unabhängig von der systemmäßigen und systematisierten Nobilitierungsform) durchliefen, und ab 1867 auch, ob sie dafür das Innenministerium oder den ungarischen Minister am »Allerhöchsten Hoflager« beanspruchten, andere Berufsgruppen wurden dagegen nicht durchgängig bezeichnet – eine derartige Angabe ist bei etwa 11 Prozent der Personen nicht vorhanden und daher ohne weiterführende Recherchen nicht eruierbar.

Mit ungefähr 1.750 Nennungen (25 Prozent) stellten die Armeeangehörigen etwa ein Viertel der Anträge und bildeten dadurch die größte Gruppe unter den Adelskandidaten. Darauf folgten die Bürokraten mit fast 1.600 Gesuchen (23 Prozent) in der Kabinettskanzlei. Zählt man auch die Familien der Staatsdiener, also die Nachkommen oder Witwen der Beamten und Armeemitglieder hinzu, die ihre Ansprüche in den meisten Fällen von den Verdiensten ihrer Männer und Väter ableiteten, machten beide Berufsgruppen zusammen die Hälfte aller Adelsanwärter der späten Habsburgermonarchie aus. Obwohl die Armeeangehörigen also insgesamt die größte Gruppe der Antragsteller auf dem Schreibtisch des Kaisers darstellten, war den Beamten häufiger der Freiherren- und Grafenstand vorbehalten.[125] Auch die besitzende Klasse[126] war mit ungefähr 7 Prozent (etwa 500 Fälle) noch stark in der Statistik vertreten, darauf folgten mit jeweils zwischen 5 und 6 Prozent (etwa 400 Fälle) die Angestellten in privaten und halbstaatlichen Institutionen[127] sowie die Mediziner und Juristen.[128] Jeweils 3 bis 4 Prozent (etwa 200 Fälle) der Anträge stammten von Handelstreibenden,[129] Industriellen[130] und Vertretern aus Wissenschaft, Kunst und Journalismus.[131] Mit je 1 bis circa 2 Prozent (etwa 100 Fälle) fielen Politiker,[132] Religionsvertreter und Diplomaten dagegen kaum ins Gewicht. Die »juristische Person« verkörperte insbesondere staatliche und private Organisationen (z. B. Vereine), die ein Wappen oder einen neuen Gesetzesentwurf zum Thema Adel einreichten – auch ihre Zahl war sehr gering (Tab. 3 und Abb. 6).

125 *Županič*: Nobilitierungspolitik der letzten Habsburger, 499.

126 Bezeichnet vor allem Grund-, Land- oder Hausbesitzer.

127 Umfassen vor allem Angestellte in Banken, Versicherungen und Kreditanstalten.

128 Dazu zählen vor allem Advokaten und Notare sowie Ärzte vom Marienbader Brunnenarzt bis zum Primar des Allgemeinen Krankenhauses in Wien. Gerade in dieser Kategorie sind Überschneidungen zu anderen Bereichen möglich, da Mediziner und Juristen häufig auch an Universitäten lehrten und daher ebenso der Wissenschaft zuzurechnen wären. Stabsärzte sind zudem gleichzeitig Teil der Armee.

129 Vor allem Händler, in Ausnahmefällen aber auch Bankiers und Gewerbetreibende.

130 Vorrangig Fabriksbesitzer – in vielen Fällen sind die Übergänge zu den Grundbesitzern hier fließend.

131 Umfasst zum überwiegenden Teil Universitätsprofessoren, aber auch Künstler vom »Maler« und »Autor«, bis zum Regisseur der Budapester Staatsoper. In sehr seltenen Fällen wurden auch Redakteure und Journalisten geadelt.

132 Insbesondere Mitglieder der Gemeinderäte, Landtage und des Reichsrats.

Tab. 3: Berufe der Antragsteller

	Häufigkeit	**Anteil**
Beamte	1579	23,3 %
Beamte (Angehörige)	63	0,9 %
Besitz	517	7,6 %
Diplomatie	87	1,3 %
Halbstaatliche und private Institution	380	5,6 %
Handel und Gewerbe	213	3,1 %
Juristische Person	87	1,3 %
Medizin/Jus	400	5,9 %
Militär	1754	25,9 %
Militär (Angehörige)	215	3,2 %
Politik	72	1,1 %
Produktion	189	2,8 %
Religion	96	1,4 %
Wissenschaft/Kunst/Journalismus	268	3,9 %
Andere	99	1,5 %
Keine Angabe	766	11,3 %
Gesamt	**6785**	**100 %**

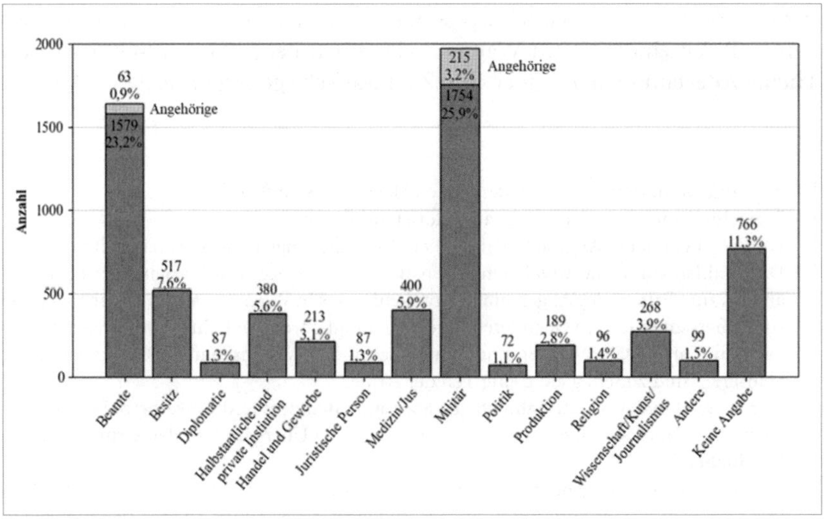

Abb. 6: Berufe der Antragsteller in Adelsfragen

Wesentlich genauer kann man die Berufsverteilung der Gesuchsteller um den einfachen österreichischen Adel bestimmen, da in diesem Bereich nur etwa 2,3 Prozent (etwa 31 Fälle) der diesbezüglichen Angaben lückenhaft sind. Armeeangehörige (zuzüglich der pensionierten) reichten darum zu über 30 Prozent (etwa 419 Fälle) ein, die Beamten (im Dienst und im Ruhestand) folgten mit circa 28 Prozent (372 Fälle). Auch die Anteile der anderen Gruppen sind großteils unverändert, lediglich in den Berufsgruppen »Diplomatie«, »Politik« und »Besitz« gibt es jeweils einen deutlichen Rückgang. Wieder anders gliederten sich die Berufe in Bezug auf den ungarischen Adel auf. Der Anteil der Beamten und Militärs war etwas geringer, lag aber insgesamt auch in Ungarn bei etwa 50 Prozent (etwa 718 Fälle). Stärker traten dagegen die Grundbesitzer (etwa 122 Fälle) und die Mediziner/Juristen (etwa 146 Fälle) hervor, die für jeweils zwischen 8 und 10 Prozent der Gesamtzahl an Einreichungen zum ungarischen Adel verantwortlich waren. Auch in den höheren Adelskategorien waren die Staatsdiener die stärkste Gruppe unter den Einreichenden, wobei beispielsweise auffällig ist, dass der Ritterstand deutlich häufiger von Beamten (etwa 120 Fälle) als von Militärs (etwa 68 Fälle) beantragt wurde. Die Offiziere konnten den österreichischen Adel relativ leicht über den systemmäßigen Adel erlangen. Im Gegensatz zu diesen Ergebnissen stehen die auf den Grafenstand bezogenen Werte, die eine große Zahl von Bittstellern aus der besitzenden Klasse nennen. Diese stammten vielfach bereits aus dem alten, höheren Adel und wollten ihre Grafenstandsansprüche bestätigen lassen oder weiter in der noblen Hierarchie aufsteigen.

Obgleich, wie bereits betont wurde, die genannten Werte nur beschränkt tragfähig sind, ist es auf Basis dieser Zahlen möglich, die Antragsteller nach drei Berufsgruppen zu klassifizieren: Die Militärs, die Beamten und die zivilen Berufe. Auch ihr mengenmäßiges Verhältnis zueinander veränderte sich im Laufe der Jahrzehnte kaum. Während in den 1850er Jahren die staatsnahen Professionen jeweils noch häufiger um Auszeichnungen beim Kaiser ansuchten, nahmen in der liberalen Ära ab 1859 die Repräsentanten von Wirtschaft, Wissenschaft, Kunst und Besitz eine Vorrangstellung bei den über die Kabinettskanzlei abgewickelten Anträgen ein. Dabei muss allerdings beachtet werden, dass gerade die Staatsdiener in hohem Maße von den Erhebungen auf Basis des systemmäßigen und systematisierten Adels profitierten. Die Zahl der Nobilitierungsanträge dieser beiden Berufsgruppen an das Ministerium war demgemäß noch weit höher, sie werden von den Aufzeichnungen in der Kabinettskanzlei allerdings nicht erfasst. Außerdem sind keineswegs alle Anträge, die auf den Schreibtisch des Kaisers gelangten, positiv beschieden worden. Das Verhältnis zwischen den zustimmenden und ablehnenden Vorschlägen der einreichenden Stellen lag durchschnittlich bei 79 zu 19 Prozent (etwa 2 Prozent wurden »Anders« entschieden). Während sich die hohe Zahl militärischer Antragsteller durch die gleichzeitig häufigen Abweisungen bis zu einem gewissen

Grad relativierte, wurden die Mitglieder des bürgerlichen Standes, insbesondere die Industriellen, durch eine positive Begutachtung in den Ministerien zu 85 bis 95 Prozent in ihrem Nobilitierungswillen bestärkt.

Die gesamte Beamtenschaft, ebenso wie das Offizierskorps war in sogenannte Rangklassen gegliedert, die nicht nur das Gehalt, sondern in hohem Maße auch die gesellschaftliche Stellung der ihr zugeordneten Personen bestimmten.[133] Gerade beim administrativen Personal war die Einreihung in die Beamtenhierarchie darüber hinaus für die Vergabe bestimmter Auszeichnungen ausschlaggebend, die nicht wahllos zu jeder Zeit an jeden Antragsteller vergeben werden konnten, sondern nach genauen Schemata verliehen wurden: »Nach 1848 wurden die Orden der Monarchie Teil eines komplizierten Systems der Anerkennung von Verdiensten, in dem allerdings konkrete Verdienste keine Rolle spielten, sondern allgemein die gesellschaftliche und wirtschaftliche Stellung der Ausgezeichneten den Ausschlag gab.«[134] Mit Ministerpräsident Graf Taaffe verstetigte sich ein zwischen Ordensgrad und Rangklasse abgestimmtes System, dem auch die Adelsstufen immer weiter angeglichen wurden. Dadurch waren die Titel vorrangig nicht mehr an Verdienste oder besondere Eigenschaften des Antragstellers, sondern an seine Stellung im Staatsapparat geknüpft und der Adel eng mit dem Ordenswesen verschränkt. So konnte ein Kandidat aus der zweiten Rangklasse beispielsweise den Freiherrenstand oder das Großkreuz des Leopold-Ordens erreichen, jener der fünften Stufe dagegen lediglich den einfachen Adel oder das Ritterkreuz des Leopold-Ordens, ganz gleich, wie groß seine individuellen Leistungen waren.[135]

Jedes Verdienstkreuz, jeder Orden und jeder Adelstitel hatte im Beamtenapparat der Monarchie demnach spezifische Aufgaben und sandte deutliche Botschaften aus – ein System, das zwar keine offizielle Kodifikation erhielt, sich aber »durch seinen Gebrauch herausbildete«,[136] und anhand von internen »Memoranden« nachvollziehbar ist.[137] Auch im Bereich der Nobilitierungen entstand insbesondere nach dem Ende des systematisierten Adels 1884 ein straffer werdender Katalog von Vergabekriterien, an dem noch bis 1918 gearbeitet wurde. Neben der Rangklasse spielten auch andere Faktoren, wie etwa der Bildungsabschluss, die Dienstzeit oder die Familienverhältnisse eine wesentliche Rolle.[138]

[133] *Megner*: Beamte, 114–118. Zu der Zusammenführung von Rangklassen und Adelstitel siehe weiterführend *Županič*: The Making of Business Nobility, 667 f.

[134] *Županič*: Adelspolitik, 133.

[135] *Ders.* Nobilitierungspolitik der letzten Habsburger, 491 f.

[136] Wiener Allgemeine Zeitung Nr. 1595 v. 6.8.1884, 2.

[137] *Županič*: Nobilitierungspolitik der letzten Habsburger, 492.

[138] *Ebenda.*

Gleichzeitig kamen diese informell festgelegten Regeln nie durchgängig zur Anwendung, wie beispielsweise der Fall des Landesgerichtsrats Josef Louis in Krakau beweist: Seine Verdienste wurden vom Justizminister 1877 für derartig hervorragend befunden, dass er »von der bezüglich der Beamten dieser Kategorie üblichen Regel abweichend« den Adelstand erhielt, obwohl ihm in seiner Position lediglich der Franz-Joseph-Orden zugestanden wäre.[139] Weniger erfolgreich war der ebenfalls bei Gericht tätige Salzburger August Eggendorfer, der von seinen Vorgesetzten 1890 für den Ritterstand vorgeschlagen wurde. Dieser Auszeichnung konnte der Justizminister allerdings nicht zustimmen, »da Eggendorfer eine Dienststelle der VII. Rangklasse versieht und nur mit dem Titel und Charakter eines Oberlandesgerichtsrathes bekleidet ist«.[140] Obwohl aus diesem Grund an den informellen Regeln des symbolischen Politikfelds festgehalten wurde, werden auch hier Unsicherheiten und situationsadäquate Anpassungen der Normen erkennbar, die an den individuellen Verdiensten und Lebensumständen der Betroffenen orientiert waren.

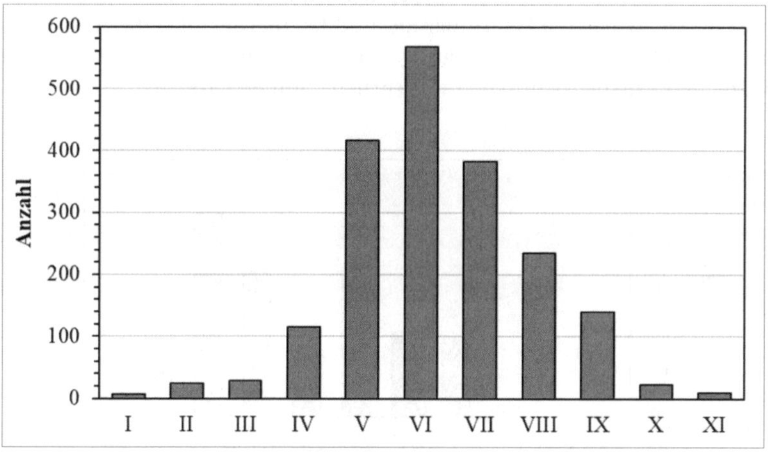

Abb. 7: Verteilung der Antragsteller im Staatsdienst (Beamte) nach Rangklassen

Die genannten Beispiele zeigen, dass auch die Nobilitierungspraxis in ein System der regulierten Gnade eingepasst, dieses jedoch nie zu einem allgemein gültigen Grundsatz der Adelspolitik erklärt wurde. Statistisch betrachtet konsultierten vor allem Beamte der sechsten Rangklasse, die in der Mitte ihrer bürokratischen Laufbahn standen, die Kabinettskanzlei bezüglich einer Adelsfrage. Angehörige der höheren und niedrigeren Beamtenklassen waren dagegen we-

139 Josef Louis, AT-OeStA/HHStA KA KK Vorträge 18-1877, KZl. 4042.

140 August Eggendorfer, AT-OeStA/HHStA KA KK Vorträge 23-1890, KZl. 4853.

niger häufig mit eigenen Adelsanträgen auf dem Schreibtisch des Kaisers vertreten, die Zahlen nahmen nach oben und nach unten hin nahezu gleichförmig ab (Abb. 7).[141] Da es nur wenige sehr hohe Staatspositionen (zwischen erster und vierter Rangklasse) gab, war naturgemäß auch die Zahl der Antragsteller aus dieser Gruppe sehr gering. Im unteren Bereich der Beamtenhierarchie (neunte bis elfte Rangklasse) war dagegen die überwiegende Mehrheit der Beamten tätig. Diese wurden vom Nobilitierungssystem und vor allem von der Taaffe'schen Regel, ab der achten Rangklasse keine Orden zu verleihen, zwar mehrheitlich und systematisch ausgeschlossen, die Auswertung der Protokollbücher zeigt jedoch, dass es – in kleinem Umfang – auch für Bürokraten aus den unteren Ebenen möglich war, beim Kaiser ein Adelsgesuch einzubringen. Insgesamt ist demnach eine gewisse Korrelation zwischen den Beamten- und den Adelsstufen erkennbar, die zu einer weiteren Normierung und Verstetigung des Nobilitierungs- als Teil des allgemeineren Auszeichnungswesens führte. Ein Vergleich zwischen den militärischen und den zivilen Staatsdienern liefert dagegen keine eindeutigen Übereinstimmungen; Ganz im Gegenteil waren es in der Armee die Hauptmänner und Rittmeister, also die Angehörigen der neunten Rangstufe, die am häufigsten die kaiserliche Gnade für ihre gesellschaftlichen Aufstiegswünsche in Anspruch nahmen (Abb. 8).

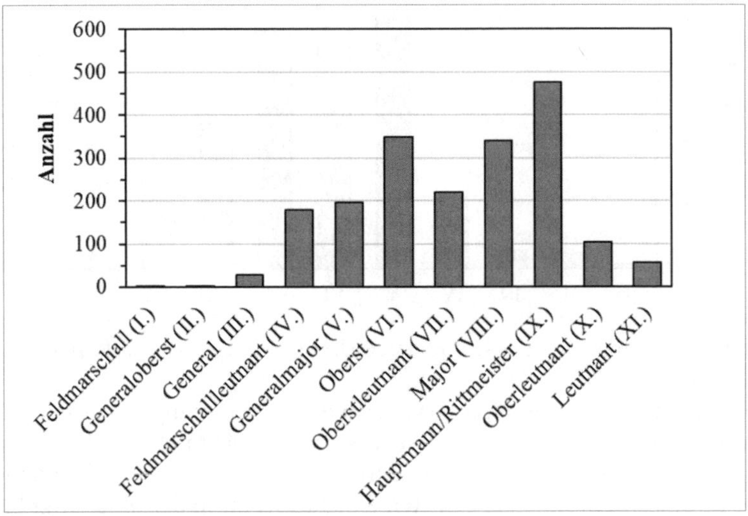

Abb. 8: Verteilung der Antragsteller im Militärdienst (Offiziere) nach Rangklassen

141 Die Einstufung der in den Protokollbüchern genannten Beamten passierte auf Basis folgender Werke: *Megner*: Beamte, 40 f; *Heindl-Langer*: Josephinische Mandarine, 288 f; *Herrmann*, Eduard (Hg.): Kärntner Gemeindeblatt, Nr. 1, 1. Jänner 1876, 276; *Ulbrich*, Joseph (Bearb.): Lehrbuch des österreichischen Staatsrechts. Für den akademischen Gebrauch und die Bedürfnisse der Praxis. Wien 1883, 220.

Die Nobilitierungspraxis war dementsprechend zwar in die Auszeichnungspolitik einbezogen, die sich an Richtlinien orientierte, sie bewahrte sich dabei jedoch gleichzeitig eine gewisse Flexibilität, die den Interessen und Lebensumständen der Antragsteller folgte. Diese waren es daher in vielen Fällen, die das Politikfeld in die entsprechende Richtung bewegten sowie seine Ausgestaltung und Einsatzbereiche bestimmten. Das »Allzweckmittel« Nobilitierung kam somit nicht nur bei großen diplomatischen, wirtschaftlichen oder innenpolitischen Krisen, sondern auch im bürokratischen Alltag des Habsburgerreiches zur Anwendung.

Die Interessen der Betroffenen erforderten beispielsweise bei der Umgestaltung der neoabsolutistischen Regierungsorgane in den 1860er Jahren den Einsatz des Auszeichnungswesens. Mit dem Umbau der Verwaltung war nämlich auch der Abbau von Beamtenstellen verbunden, der für viele Bürokraten zur tiefen Kränkung werden konnte. »Minder dienstfähige« Staatsdiener, wie der Ministerialrat Karl Ritter von Reich, sollten daher in den Ruhestand geschickt und nicht, wie von ihnen erhofft, befördert werden. Der zuständige Staatsminister appellierte im Zuge von Reichs Pensionierungsantrag jedoch an die kaiserliche Gnade, »um diesen in allgemeiner Achtung stehenden Beamten bei seinem unfreiwilligen Ausscheiden aus dem aktiven Dienste vor der tiefsten Kränkung seines Ehr- und Pflichtgefühls zu bewahren«.[142] Daher wurde ihm der Freiherrenstand gewährt. Nicht die aus den Akten und Zeugnissen hervorgehende Verdienstlichkeit und Leistungsbereitschaft war es demnach, die in seinem Fall eine Auszeichnung erwirken konnte, sondern die Notwendigkeit, dem durch die Pensionierung gedemütigten Beamten entgegenzukommen. Die Entscheidung war auch hier nicht mehr aus sich selbst heraus erklärbar, sondern eine Reaktion auf äußere Einflüsse und insbesondere die zu erwartende Beleidigung des Beamten, dessen Interessen mit der Auszeichnung gewahrt werden mussten.

In ähnlicher Weise wurde von kaiserlicher Seite mit Franz Conrad von Hötzendorf verfahren, der aufgrund seiner Auseinandersetzungen mit Außenminister Alois von Aehrenthal als Chef des Generalstabes zurücktreten musste. Wenige Tage danach wurde er aber dennoch mit dem Großkreuz des Leopold-Ordens für seine »hervorragenden Führereigenschaften« und »sein reiches militärisches Wissen, gepaart mit seltenen Erfahrungen« ausgezeichnet.[143] Während Aehrenthal 1909 den Grafentitel aus rein politischen Gründen und zur Unterstützung gegen seine Kritiker erhalten hatte,[144] stellte die Dekoration

[142] Karl von Reich, AT-OeStA/HHStA KA KK Vorträge 7-1864, KZl. 1398. Siehe vergleichend auch den Fall des Hermann Ritter von Gödel-Lannoy, der sich ebenfalls eine Beförderung angestrebt hatte, in seinen »Hoffnungen allerdings getäuscht« wurde und daher »in einer anderen Richtung die ah. Gnade« erhalten sollte: AT-OeStA/HHStA KA KK Vorträge 12-1873, KZl. 2441.

[143] *Conrad von Hötzendorf*: Dienstzeit, 284 f.

[144] Siehe dazu Kapitel IV.2.

Conrads eine von seinen eigentlichen Verdiensten losgelöste Ersatzleistung dar. Die Behörden und der Kaiser nutzten die Adelstitel zur Glättung notwendiger, aber unbeliebter und diskreditierender Entscheidungen. Damit nahmen sie auf die Hoffnungen und Wünsche der Staatsdiener Rücksicht, die in der Diskrepanz zwischen theoretischem Anspruch und praktischer Umsetzbarkeit nicht untergehen durften.

Richtungsweisend hatte dafür das von Joseph II. eingeführte Anciennitätsprinzip gewirkt, also die Abhängigkeit der Rang- und Gehaltsvorrückungen von den geleisteten Dienstjahren.[145] Diese ursprünglich der Qualitätssicherung dienende Maßnahme war nach ihrer Einführung jedoch immer weiter in Verruf geraten, da sie nicht die besten, sondern lediglich die ausdauerndsten Beamten berücksichtigte, wie auch der galizische Bürokrat Josef Olszewski resignierend anmerkte:

> Es gibt Kategorien des Staatsdienstes, in welchen der grösste Fleiss, Fähigkeiten und Energie in der Arbeit nichts helfen, sondern man muss unbedingt eine gewisse genau vorgeschriebene Anzahl von Dienstjahren durchmachen, um auf eine höhere Stufe in der Hierarchie zu gelangen. Braucht man sich zu wundern, dass der Beamte unter solchen Umständen in eine Art von Schlafsucht verfällt und apathisch abwartet, bis er auch im Zuge der periodischen Beförderung an die Reihe kommt.[146]

Immer wieder kam es allerdings zur Aushebelung dieser Bestimmung, das heißt zur Bevorzugung eines leistungsstärkeren – oder protegierten – gegenüber einem älteren Kandidaten. Erneut erscheint in solchen Fällen die kaiserliche Gnade mit der Gesetzgebung verwoben, um den ausgebooteten Beamten für die Übergehung seiner Ansprüche zu entschädigen. Der Monarch war über die Degradierung seiner Gunst zur Ermöglichung eines bürokratischen Tauschhandels – Recht gegen Gnade – offensichtlich informiert, wie der Vortrag für Jakob Ritter Reinlein von Marienburg beweist. Darin wird offen berichtet, dass Reinlein, »obwohl er der rangälteste Ministerialrath im Justizministerium ist«, »doch die Beförderung seines im Range jüngeren Kollegen des Ministerialrathes Cäsar von Benoni zum Sektionschef im Justizministerium im Interesse des Dienstes geboten« wäre.[147] Reinlein war zwar der längst dienende, aber nicht der fähigste Mitarbeiter des Ministeriums, weshalb er bei der Beförderung übergangen wurde. Zum Ausgleich dieser vom Anciennitätsprinzip nicht vorgesehenen Anpassung wurde ihm jedoch die Nobilitierung angetragen.

Auch der im Finanzministerium tätige »Präsidialist« Friedrich Kleinwächter erzählte in seinen Lebenserinnerungen von Fällen, in denen eine Diskrepanz zwischen Alter und Qualifikation zu einer beruflichen Nachreihung und gleichzeitigen gesellschaftlichen Aufwertung des Beamten führen sollte:

[145] *Heindl-Langer*: Josephinische Mandarine, 47 f. Siehe dazu auch Kapitel II.2.

[146] *Olszewski*, Josef: Bureaukratie. Würzburg 1904, 166.

[147] Jakob Ritter Reinlein von Marienburg, AT-OeStA/HHStA KA KK Vorträge 10-1870, KZl. 2039.

Um nun dem übergangenen Ministerialrat die Pille zu versüßen, wurde für ihn die Verleihung des Adelsstandes beantragt. Er mußte daher in dem Vortrag einerseits als ungeeignet für die Sektionsleitung herabgedrückt, andererseits aber wieder besonders gelobt und hervorgehoben werden, um den Auszeichnungsantrag zu begründen.[148]

Inwiefern der einzelne Beamte diese nicht beantragte Auszeichnung, die der Kaiser selbst in seiner Resolution als »Pflaster« bezeichnet haben soll, überhaupt wünschte und als Ersatz für die verlorenen finanziellen Einkünfte anerkannte, war dabei allerdings sekundär. Eine kaiserliche Gnadenbezeugung musste jedem Fürstendiener als besonderer Lohn erscheinen, seine Loyalität sollte es ihm verbieten, dagegen Einwände zu erheben.[149]

Erst ab 1914, als die Dienstpragmatik eine offizielle und allgemein einsehbare Gesetzesgrundlage für die Verwaltungsangestellten schuf, zeigte sich, dass viele von ihnen materielle Werte gegenüber symbolischem Kapital bevorzugten und sie dafür sogar gegen ihren Arbeitgeber, die Monarchie, vor das Reichsgericht zogen. Einer von ihnen war der k. k. Postkontrollor Siegmund Gürtler, der eine Gehaltserhöhung einklagte, jedoch schließlich von eben jener Dienstpragmatik ausgebremst wurde, auf die er seine Ansprüche begründet hatte.[150] Auf die »Billigkeit«, die einer der Verhandler bei Gericht ins Spiel brachte, konnte sich Gürtler nicht mehr stützen. Die Zurückdrängung des kaiserlichen Gnaden- zugunsten des Rechtsprinzips brachte zwar Sicherheit und Verstetigung einwandfreier Ansprüche, beraubte die Untertanen aber auch der Chance, das Gesetz zu umgehen und sich durch die Anrufung der »Allerhöchsten Gnade« weniger Recht, als vielmehr Gerechtigkeit zu verschaffen.

Die soziale Zusammensetzung der Antragsteller in Adelsfragen ist Abbild des starken imperialen Staates, der seine Kraft aus den Bürokraten und der Armee zog, in zunehmendem Maß aber auch auf das gelehrte und finanzkräftige Bürgertum Rücksicht nehmen musste.[151] Die zivilen Berufe sollten dabei, soweit möglich, dem informellen Auszeichnungsschlüssel des öffentlichen Dienstes »äquipariert« werden,[152] was die Ressourcen des Entscheidens auf einen Automatismus in Korrelation zu ihrem beruflichen Aufstieg reduzierte:

Die Eiserne Krone wird nahezu ausschließlich solchen Persönlichkeiten zu Theil, die auf ein erfolgreiches Wirken im Gebiete der Haute Finance oder der Großindustrie zurückzublicken vermögen, während die Anerkennung der dem Staate in den höchsten Rangstufen der Bureaukratie geleisteten Dienste in der Regel durch die Verleihung des Leopold-Ordens, dem jenseits der Leitha der St. Stephans-Orden im Range gleichsteht, ihren Ausdruck findet.[153]

148 *Kleinwächter*: Präsidialist, 223.

149 Siehe dazu etwa den Vortrag für Johann Pretsch, AT-OeStA/HHStA KA KK Vorträge 9-1864, KZl. 1687.

150 Siehe dazu *Becker*: Recht, 44.

151 Siehe dazu Kapitel II.2.

152 *Kielmansegg*: Kaiserhaus, 242.

153 Wiener Allgemeine Zeitung Nr. 1595 v. 6.8.1884, 2.

Indem die Verantwortlichen bei ihren Entscheidungen beispielsweise hochrangige Wissenschaftler, Architekten oder Industrielle sukzessive der fünften Rangklasse und damit der achten Ordensstufe, oder Künstler und Ärzte der sechsten Rangklasse beziehungsweise dem neunten Ordensgrad gleichstellten,[154] trugen sie erneut zu einer Verstetigung des Honorationswesens als Politikfeld bei.

Erich von Kielmansegg berichtet in diesem Zusammenhang vom »charakteristischen Fall« des Eduard Sacher, der als Hotel- und Restaurantbesitzer großes, auch internationales Ansehen genoss und daher – entgegen den inoffiziellen Normen – einen Orden anstelle eines Verdienstkreuzes anstrebte. Diesen Wunsch erfüllte ihm Ministerpräsident Taaffe allerdings nicht, weil diese Gnade seinen Regeln widersprochen hätte.[155] Der Chronist bemerkte allerdings auch, dass bald nach Taaffes Abgang dieses System in »Unordnung« gebracht und vor allem große Geldspenden für die Dekorationen ausschlaggebend wurden. Es gab demnach Versuche der Normierung und Regulierung im Sinne einer gerechteren Verteilung von Auszeichnungen, diese konnte jedoch nie vollständig und offiziell praktiziert werden. Sucht man nach einem Verteilungsschlüssel der Standeserhebungen und -erhöhungen auch bei den außerstaatlichen Antragstellern, so fällt auf, dass für die bürgerlichen Aufsteiger, das heißt für Vertreter der Wirtschaft, Kultur und Wissenschaft, der hohe Adel zumeist unerreichbar blieb, während Angehörige der besitzenden Klasse, die in vielen Fällen bereits eine adelige Familiengeschichte besaßen, diese Titel leichter erwerben konnten.

Die Interessen der Dekorierungskandidaten machten eine lückenlose Umsetzung dieser implizit entwickelten Auszeichnungsnormen unmöglich. Die Ehre der Beamten, die eine bestimmte Staatsposition beanspruchten, diese aber nicht einnehmen konnten, zwang zur Adaptierung der Auszeichnungen als ein »Trostpflaster« der beruflich Enttäuschten. Ihre Interessen mussten demnach auf Umwegen gewahrt bleiben, um ihre Loyalität zum Kaiser und ihren Ruf nicht zu gefährden. Für die Politikfeldtheorie lässt sich daraus zweierlei ableiten: Zum einen manifestiert sich darin die Spezialisierung der »Auszeichnungen«, die innerhalb des großen Feldes der Symbolpolitik eine Sonderstellung erhielten, weil sie den Wünschen der Antragsteller nach persönlicher Anerkennung und Privilegierung entsprachen. Gleichzeitig verstärkte sich der Eindruck eines gemeinsamen Politikfeldes »Auszeichnungen«, in dem speziell Orden und Adelstitel in ein gemeinsames Vergabesystem inkludiert waren und sich in ihrer Funktion sowie ihren Kriterien nur unwesentlich voneinander unterschieden. In ihrem Drang nach Anerkennung und der äußeren Darstellung ihrer Leistungen für Kaiser und Staat pochten die Menschen auf die Existenz dieses gemeinsamen Politikfeldes.

154 Siehe dazu die Tabelle bei *Županič*: Nobilitierungspolitik der letzten Habsburger, 495.
155 *Kielmansegg*: Kaiserhaus, 242.

Die regional motivierten Interessen

Was die Verteilung der Adelsgesuche auf die einzelnen Kronländer anbelangt, können ebenfalls nur grobe Schätzungen abgegeben werden, da die Protokollbücher in Adelsfragen lediglich zu 75 Prozent (also bei etwa 4.500 Fällen) Angaben zur Herkunft der Antragsteller machen. Mit großer Gewissheit kann daher lediglich das Verhältnis zwischen cis- und transleithanischen Einreichungen angegeben werden, da diese bereits seit Beginn der 1860er Jahre von einer eigenen Behörde (der ungarischen Hofkanzlei beziehungsweise dem ungarischen Minister am Allerhöchsten Hoflager) ausgestellt wurden. Demnach können alle Gesuche, die ab 1860 aus den cisleithanischen Ministerien auf den Schreibtisch des Kaisers gelangten, auch ohne nähere Bezeichnung Österreich zugeordnet werden.

Aus Ungarn stammten demnach beinahe 40 Prozent (etwa 2.600 Fälle) aller Gesuche zum Adel in der Regierungszeit Kaiser Franz Josephs, ein Wert, der sich auch durch die auf Kroatien-Slawonien (etwa 110 Fälle, 1,7 Prozent), Siebenbürgen (etwa 29 Fälle, 0,4 Prozent) und das Banat (etwa 37 Fälle, 0,5 Prozent) bezogenen Zahlen kaum erhöht (Tab. 4). Im Laufe des 19. Jahrhunderts verschoben sich jedoch die symbolpolitischen Prioritäten der beiden Reichsteile. Während im Vormärz einige wenige ungarische Adelstitel vergeben wurden und die verdienstvollsten magyarischen Bürger von der Revolution bis zum Ausgleich mit österreichischen Titeln ausgezeichnet wurden,[156] ist, wie bereits in Tabelle 2 gezeigt wurde, ab 1867 ein rascher und deutlicher Anstieg der ungarischen Nobilitierungen zu erkennen, die nach 1900 auch eine Vorrangstellung auf dem Schreibtisch des Kaisers einnahmen. Die durch ihre Autonomisierung zu neuem Selbstbewusstsein gelangte Reichshälfte versuchte bei symbolpolitischen Fragen rasch mit Österreich gleichzuziehen.[157] Im Vergleich zur Gesamtbevölkerung erweisen sich diese Werte als besonders beachtenswert, da die österreichische Reichshälfte um 1900 etwa 26 Millionen Einwohner[158] besaß, das ungarische Königreich dagegen etwas mehr als 19 Millionen. Nichtsdestoweniger stammten zu diesem Zeitpunkt bereits deutlich mehr Adelsanträge aus dem östlichen Teil der Doppelmonarchie als aus Cisleithanien.[159]

156 *Drewes*: Jüdischer Adel, 296 f.

157 *Županič*: Nobilitierungspolitik der letzten Habsburger, 501.

158 Alle angegebenen Bevölkerungszahlen sind folgendem Aufsatz entnommen: *Rumpler*, Helmut/*Seger*, Martin: Die Habsburgermonarchie. 1848–1918. Bd. 9: Soziale Strukturen. Tlbd. 2: Die Gesellschaft der Habsburgermonarchie im Kartenbild. Verwaltungs-, Sozial- und Infrastrukturen. Nach dem Zensus von 1910. Wien 2010 sowie aus dem Artikel *Fassmann*, Heinz: Die Bevölkerungsentwicklung. 1850–1910. In: *Harmat/Rumpler/Wandruszka* (Hg.): Die Habsburgermonarchie. Bd. 9. Tlbd. 1/1, 159–184.

159 Zu der Nobiliterungspolitik in Ungarn siehe etwa *Županič*: Militäradel.

Tab. 4: Verteilung der Antragsteller auf die Kronländer der Habsburgermonarchie

	Häufigkeit	**Anteil**
Cisleithanien	**2.064**	**30,4 %**
Böhmen	324	4,8 %
Bukowina	31	0,5 %
Dalmatien	58	0,9 %
Galizien	350	5,2 %
Görz-Gradisca, Istrien, Triest	100	1,5 %
Kärnten	23	0,3 %
Krain	23	0,3 %
Lombardei	15	0,2 %
Mähren	120	1,8 %
Niederösterreich	685	10,1 %
Oberösterreich	19	0,3 %
Salzburg	13	0,2 %
Schlesien	10	0,1 %
Steiermark	91	1,3 %
Tirol	99	1,5 %
Trentino	25	0,4 %
Venetien	75	1,1 %
Vorarlberg	3	<0,1 %
Transleithanien	**2.743**	**40,4 %**
Kroatien-Slawonien	112	1,7 %
Siebenbürgen	29	0,4 %
Ungarn	2565	37,8 %
Woiwodschaft Serbien und Temerscher Banat	37	0,5 %
Bosnien	**25**	**0,4 %**
Ausland	**161**	**2,4 %**
keine Angabe	**1.792**	**26,1 %**
Gesamt	**6.785**	**100 %**

Mit dem Ausgleich etablierte sich parallel zur österreichischen Nobilitierungspraxis also ein zweites Adelssystem, das sowohl von unterschiedlichen gesetzlichen Voraussetzungen, wie auch von anderen politischen Intentionen und Zielen ausging. Die immer zahlreicher werdenden Standeserhebungen in Ungarn ließen sich vorrangig nämlich nicht auf eine »jeweils unterschiedliche historische Tradition, also die hohe Zahl des ungarischen niedrigen Adels« zurückführen, sondern vor allem auf den »Versuch Budapests, eine loyale, ungarisch sprechende Elite zu schaffen«.[160] Damit verbunden waren zudem individuelle Zielsetzungen und Interessen der Antragsteller, die aus der großzügigen und nationalisierenden Adelspolitik Transleithaniens ihre eigenen Vorteile ziehen wollten. Zum einen war es schon im 19. Jahrhundert weithin bekannt, dass der Zugang zum Adel in Ungarn leichter erreichbar war, was viele Antragsteller zu einem Wechsel von ihrer österreichischen Staatsbürgerschaft zur ungarischen bewog.[161] Obwohl der Monarch dieses Vorgehen nicht goutierte, war der Wunsch der Adelskandidaten nach einer Auszeichnung und dem damit verbundenen gesellschaftlichen Aufstieg größer als ihre staatliche oder nationale Zugehörigkeit. Wiederum nutzten sie die Möglichkeiten, die ihnen die unterschiedlichen Nobilitierungssysteme boten, um ihre individuellen Hoffnungen und Interessen zu erfüllen.

Dadurch konnte der Magyarisierungsdrang des transleithanischen Reichsteils unterstützt werden, der nicht nur über realpolitische Maßnahmen wie den verpflichtenden Erwerb des Ungarischen, sondern eben auch auf symbolischer Ebene durch die Formierung einer großen ungarischen Elite umgesetzt wurde. Darüber hinaus sahen es in der zweiten Hälfte des 19. Jahrhunderts viele Privatpersonen als Teil ihrer staatsbürgerlichen Pflicht, ihre Verbundenheit zur ungarischen Nation durch eine Magyarisierung ihres Familiennamens oder ihres österreichischen Adelstitels öffentlich zu demonstrieren.[162] Derartige Initiativen passierten normalerweise freiwillig, wurden seit den 1880ern von der ungarischen Regierung aber immer entschiedener unterstützt und gefördert.

160 *Županič*: Nobilitierungspolitik der letzten Habsburger, 479.

161 Siehe dazu die häufig zitierte Passage aus Joseph Roths Roman »Radetzkymarsch«: »Und wenn man zum Beispiel die ungarische Staatsbürgerschaft annahm, so konnte man noch schneller adelig werden. In Budapest machte man einem das Leben nicht so schwer.« *Roth*, Radetzkymarsch, Teil 1, Kapitel 6; *Drewes*: Jüdischer Adel, 295–298. Für weitere Beispiele siehe auch *Županič*: Nobilitierungspolitik der letzten Habsburger, 502 f., Fn. 80. Zu den ungarischen Eliten siehe weiterführend *Pap*, József: Parliamentary Representatives and Parliamentary Representation in Hungary. 1848–1918. Frankfurt am Main 2017; *Lengyel*, György: Die ungarische Wirtschaftselite im 19. und zum Anfang des 20. Jahrhunderts. Lebensbahnen der Generationen. In: *Bácskai*, Vera (Hg.): Bürgertum und bürgerliche Entwicklung in Mittel- und Osteuropa. Bd. 2. Budapest o. J., 591–694.

162 *Komlosy*: Cohesion, 385 f.

Obgleich die Machthaber in der steigenden Zahl von Namens- und Prädikatsangleichungen eine wachsende Nationalisierung und einen ungarischen Patriotismus erblicken wollten, konnte die Entscheidung dazu für den einzelnen Antragsteller auch praktischen Gründen geschuldet sein. Ethnische und konfessionelle Minderheiten – allen voran die jüdische Bevölkerung – sahen darin die Chance, sich der Mehrheitsgesellschaft anzupassen und berufliche wie soziale Vorteile aus ihrer Loyalität zu ziehen.[163] Sobald Namensänderungen von Adeligen beantragt wurden, gelangten die Gesuche automatisch auch auf den Schreibtisch des Kaisers, der zumeist keine Einwände gegen diese Praxis erhob und die Vorträge ohne weitere Begründungen bewilligte. Die mit dem Adel in Verbindung stehenden Namensabwandlungen nahmen daher an Häufigkeit rasch zu (siehe dazu Tab. 5).[164] In ähnlicher Weise sind auch die sprunghaft steigenden Anträge auf Prädikatsverleihung zu interpretieren, die eine enge Bezugnahme auf die ungarische Herkunft und Heimat der Bittsteller demonstrierten und bei Franz Joseph ebenfalls leicht erwirkt werden konnten.[165] Die Namensänderungen, zu denen im adeligen Kontext auch die Prädikatsverleihungen gezählt werden müssen, wurden demnach scheinbar weniger als eigenständiger Gnadenakt, sondern eher als Ergänzung der bereits erteilten Nobilitierung interpretiert. Damit wurde die ungarische Identität der Bittsteller deutlich demonstriert.

Mit einem Namens- und Adelswechsel verfolgten die Antragsteller daher stets den Zweck, die Zugehörigkeit zu einer bestimmten Gruppe öffentlich zur Schau zu stellen.[166] Dieses »Grouping« machte den Wandel ihrer Loyalität sichtbar, um ihre gesellschaftliche Stellung zu festigen oder ihren sozialen Aufstieg einzuleiten. Auch diese Verschiebung innerhalb des Politikfelds Adel resultierte demnach aus den Interessen der Bittsteller, die sich dadurch Vorteile innerhalb des Reichsverbands verschaffen wollten. Während die Orden in diesem Zusammenhang keine Rolle mehr spielten und der Adel seine Funktion als Auszeichnung verlor, näherte er sich nun dem Namens- und Staatsbürgerschaftsrecht an. Er ermöglichte es den Menschen, nicht nur ihre beruflichen Leistungen, sondern auch ihre Identitäts- und Loyalitätsvorstellungen öffentlich zu transportieren.

[163] *Tóth*, Heléna: From Content to Ritual. Name-Giving Practices and Political Loyalty in Hungary (1880–1989). In: *Osterkamp/Schulze Wessel* (Hg.): Exploring Loyalty, 179–202, hier 182 f. Siehe dazu auch Kapitel II.4.

[164] Siehe etwa Aurel von Melioritz, AT-OeStA/HHStA KA KK Vorträge 7-1876, KZl. 1390; Paul Grmanecz, AT-OeStA/HHStA KA KK Vorträge 5-1877, KZl. 915; Julius von Tuzcentaller, AT-OeStA/HHStA KA KK Vorträge 5-1888, KZl. 969.

[165] Siehe etwa Julius von Siklassky, AT-OeStA/HHStA KA KK Vorträge 19-1887, KZl. 3937; Moriz von Szevald, AT-OeStA/HHStA KA KK Vorträge 6-1864, KZl. 1107.

[166] *Tóth*: Content, 179–181.

Tab. 5: Verteilung der Antragstypen auf die Kronländer

	Alpen-länder	Böhmische Länder	Bosnien	Galizien, Bukowina	Küstenlande, Dalmatien	Lombardo-Venetien	Nieder-österreich	Ungarn
Adelsstand	100	192	4	77	66	12	254	64
Anerkennung des ital. Adels u. des Contetitels	4	1	0	0	14	19	4	4
Anerkennung des polnischen Adels	1	2	1	174	0	1	5	1
Anerkennung und Bestätigung	28	44	1	7	14	20	30	122
Freiherrenstand	21	36	6	10	20	6	105	159
Grafenstand	3	4	0	12	4	13	3	45
Namensänderung	5	2	1	2	2	2	19	165
Prädikat	2	2	0	0	1	0	7	381
Ritterstand	28	43	1	15	11	1	103	8
Übertragung	32	34	2	14	16	6	94	279
Ungarischer Adel	0	3	8	0	2	0	17	1359

Das Phänomen der Namens- und Adelsänderung wurde also vor allem zum Zwecke der Nationalisierung propagiert. Es konnte damit auch andere Loyalitäten versinnbildlichen, die sich nicht eindeutig dem Dualismus von »Reich« und »Nation« zuordnen lassen. So bat der getaufte Jude und Gutsbesitzer Leo Ritter Herzel von Hertberg 1883 um die

> Weglassung des Familien-Namens Herzel [...] weil das häufige Vorkommen des jüdischen Namens Herzel zu Verwechslungen mit anderen Personen und überhaupt mit Gesellschaftskreisen Anlaß gebe, welchen der Bittsteller ganz fern stehe. Bittsteller wies ferner darauf hin, [...] daß auch seine sonstigen socialen Beziehungen und Verbindungen, es ihm und seiner Gattin sehnlichst erwünscht erscheinen lassen, den beständig an seine jüdische Abkunft mahnenden Gesellschaftsnamen abzulegen.[167]

Der Konfessionswechsel bedeutete für das Ehepaar daher einen gesellschaftlichen Aufstieg, der seine ursprüngliche Herkunft ausblendete und neue Loyalitäten schuf. Obgleich die Herzels in ihrem Gesuch vor allem ihre Identität als gläubige Katholiken durch den alten Namen gefährdet und unterminiert sahen, wird aus den Ausführungen der vortragenden Stelle deutlich, dass sie sich mit all ihren Aktivitäten – der Taufe, der Nobilitierung und schließlich der Namensänderung – die Zugehörigkeit zur gehobenen Gesellschaft sichern wollten. Der Namenswechsel bedeutete für die Neuadeligen ein Schnitt mit der Vergangenheit und half ihnen bei der Präsentation eines neuen Selbstverständnisses.

Die Änderung des Namens sollte den letzten Schritt in einem abgeschlossenen Assimilierungsprozess symbolisieren. Dies zeigt auch der Fall des Wiener Finanzprokurators Viktor Korn von Korningen, der sich von seinem Familiennamen »Korn« lossagte:

> Zur Begründung dieser Bitte weist der Gesuchsteller [...] darauf hin, daß im Osten der Monarchie und speziell in seinem Heimatlande Bukowina viele, mit ihm nicht verwandte, in sehr untergeordneten Stellungen befindliche Träger des Namens Korn existieren und hiedurch häufig für ihn und seine Familie sehr peinliche Verwechslungen sowie anderweitige Unannehmlichkeiten entstanden sein.[168]

Korn fühlte sich einer elitären Gruppe hochrangiger Amtsträger der Reichshauptstadt zugehörig, jede Erinnerung an seine Ursprünge in der Peripherie des Imperiums sollten dagegen der Vergessenheit anheimfallen. Die Möglichkeiten, die das Adelsrecht bot, halfen vielen Antragstellern dabei, ihre gesellschaftlichen Ambitionen zu verwirklichen und als Folge ihres sozialen Aufstiegs auch die Erinnerungen an ihre bescheidenen Anfänge zu verschleiern.

[167] Leo Ritter Herzel von Hertberg, AT-OeStA/HHStA KA KK Vorträge 7-1883, KZl. 1475.
[168] Victor Korn von Korningen, AT-OeStA/HHStA KA KK Vorträge 16-1914, KZl. 1578.

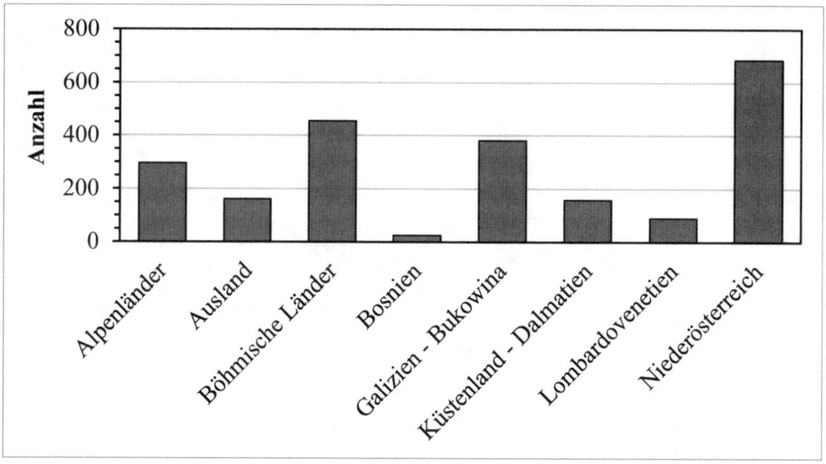

Abb. 9: Verteilung der Anträge auf die cisleithanischen Regionen der Habsburgermonarchie

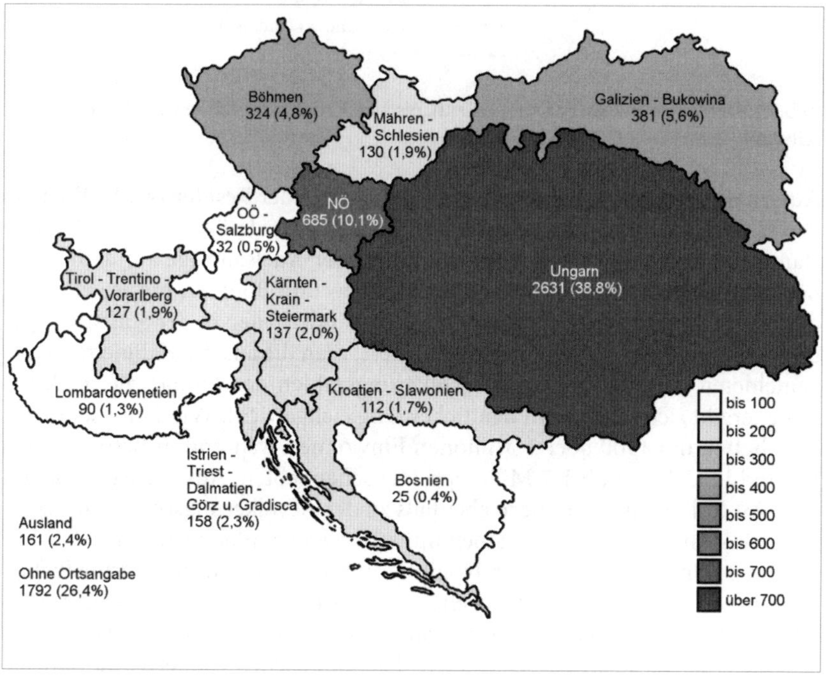

Abb. 10: Verteilung der Anträge auf die Gesamtmonarchie

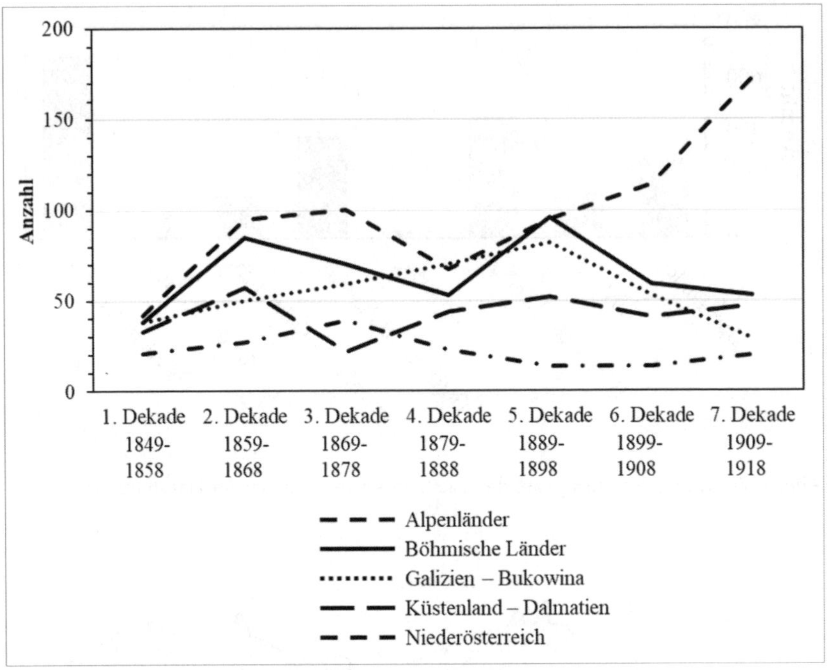

Abb. 11: Verteilung der Anträge der cisleithanischen Kronländer auf den Untersuchungszeitraum

Aus quantitativer Perspektive war die Bedeutung der Residenzstadt Wien bei den Nobilitierungsverfahren besonders groß: Aus Niederösterreich (mit Wien) stammten über 10 Prozent (etwa 658 Fälle) der Adelsanträge auf dem Allerhöchsten Schreibtisch, darauf folgten Galizien und Böhmen mit jeweils etwa der Hälfte dieses Wertes. Alle anderen Kronländer fallen in der Statistik dagegen kaum ins Gewicht (Abb. 9 und 10). Setzt man die aus der Kabinettskanzlei gemeldeten Angaben mit den Bevölkerungszahlen der Monarchie in Beziehung, ergibt sich hierbei ein deutliches Ungleichgewicht: Wien und sein Umland hatten um 1900 über 3 Millionen Einwohner, während in Böhmen circa 6,3 und in Galizien über 7 Millionen Menschen lebten. Aus Mähren, das mit etwa 2,4 Millionen Bewohnern ebenfalls zu den bevölkerungsreichsten Regionen der Monarchie gehörte, kamen nur sehr wenige Adelsanfragen.

Dieses Ungleichgewicht von Nobilitierungsanträgen aus unterschiedlichen Regionen der Monarchie entwickelte sich allerdings erst in den letzten beiden Jahrzehnten des Untersuchungszeitraums, das heißt ab 1900. Zuvor hatten sich die Gesuche aus Niederösterreich, den böhmischen Ländern und Galizien etwa die Waage gehalten. Aus Galizien, dem größten und einwohnerstärksten Kronland, stammten lediglich in den 1880er Jahren die meisten Nobilitierungsanträge. Während in den 1860er und 1890er Jahren die böhmischen Länder mit symbolischen Gesten bevorzugt wurden, um die schweren politischen

Krisen dieser Zeit abzufangen, machte sich unter Graf Taaffe (Amtszeit von 1879–1893) das gute Verhältnis der cisleithanischen Regierung zu den Polen auch in Adelsfragen bemerkbar (Abb. 11).[169] Die politische Aufwertung der Region durch den informellen Ausgleich fand vorrangig über die lokalen Eliten statt,[170] wie der spätere Kriegsminister Moritz von Auffenberg-Komarow zu berichten weiß:

> Die eigentliche polnische Gesellschaft, zumal der Adel, war exklusiv. [...] Eine Folge der drohenden russischen Komplikationen war es, daß in das Land eine Unsumme Staatsgelder floß, die zum direkten Schutz des Landes [...] verwendet wurde. Diese Millionen gefielen den Polen, vor allem [...] der adeligen Szlachta.[171]

Neben den hier beschriebenen, finanziellen Zuwendungen erhielten die galizischen Adeligen auch Vorzüge bei der Anerkennung ihrer ererbten Titel und Würden. Schon die statistische Auswertung zeigt, dass es in Galizien nicht die primäre Aufgabe des Staates war, einen neuen Adel zu schaffen, sondern vor allem die bestehende Aristokratie mit einer Bestätigung ihrer alten polnischen Adelsprivilegien milde zu stimmen. Dementsprechend widmeten sich beinahe 60 Prozent der Anträge aus diesem Reichsteil der Anerkennung alter Titel sowie der Einreihung in die galizischen Adelsmatriken, während der Neuadel von den Galiziern nur zu 20 Prozent angestrebt wurde. Im Unterschied zu Ungarn, wo ab 1867 eine Separation des Auszeichnungswesens betrieben wurde, versuchten die Habsburger in den im 18. Jahrhundert neuerworbenen Kronländern eine Angleichung der unterschiedlichen Adelssysteme herbeizuführen.[172] Dies sollte die Einheit des Reiches fördern, war in hohem Maße aber auch dem Interesse der Individuen geschuldet, die auf eine Feststellung ihres sozialen Status drängten. Obgleich die rechtlichen Grundlagen dafür bereits unmittelbar nach der Eingliederung dieser Gebiete in den Reichsverband geschaffen und im Vormärz angepasst worden waren,[173] ließen viele adelige Familien ihre Ansprüche und Titel erst in der zweiten Hälfte des 19. Jahrhunderts bestätigen, als die politische Lage dafür günstig schien. Der Gesuchstyp »An-

[169] *Marschall von Bieberstein*, Christoph: Freiheit in der Unfreiheit. Die nationale Autonomie der Polen in Galizien nach dem österreichisch-ungarischen Ausgleich von 1867. Ein konservativer Aufbruch im mitteleuropäischen Vergleich. Wiesbaden 1993, 157–161.

[170] Zum polnischen Adel siehe *Řezník*: Der galizische Adel.

[171] *Auffenberg von Komarów*, Moritz: Aus Österreichs Höhe und Niedergang. Eine Lebensschilderung. München 1921, 56.

[172] Siehe dazu *Řezník*, Miloš: Neuorientierung einer Elite. Aristokratie, Ständewesen und Loyalität in Galizien. 1772–1795. Frankfurt am Main 2016; *Müller*, Michael: Der polnische Adel von 1750 bis 1863. In: *Wehler* (Hg.): Europäischer Adel, 217–242; *Müller*, Michael: »Landbürger«. Elitenkonzepte des polnischen Adels im 19. Jahrhundert. In: *Conze*/*Wienfort* (Hg.): Adel und Moderne, 87–106.

[173] Siehe dazu *Pace* (Hg.)/*Mayerhofer*: Handbuch, 119–126.

erkennung eines alten polnischen Adels« betonte die Einzigartigkeit des Adelsrechts im Unterschied zu anderen Bereichen des Politikfelds »Symbolpolitik« und »Auszeichnungen«.

In Galizien und der Bukowina[174] deckte sich die Anpassungsstrategie des Staates demnach – zumindest zeitweise – mit den Intentionen und Zielen der Antragsteller. In Lombardo-Venetien, das 1814/15 der Habsburgermonarchie zugesprochen worden war, stellte dieser Eingriff in das Adelssystem dagegen einen weiteren Grund für die große Unzufriedenheit der einflussreichen Eliten mit ihrem neuen Machthaber dar.[175] Auch hier war die Kernphase der Bestätigungen 1834 mit der Auflösung der sogenannten »Commissione Araldica« abgeschlossen worden.[176] Dennoch trafen auch nach 1848 zahlreiche Anfragen zu diesem Thema beim Innenministerium und der Kabinettskanzlei in Wien ein. Über 50 Prozent (etwa 53 Fälle) der aus dem lombardo-venezianischen Raum stammenden Anträge betrafen die Anerkennungen alter Adelsansprüche beziehungsweise die Erhebungen in den Grafenstand, die sich zumeist ebenfalls auf das familiäre Standesbewusstsein zurückführen ließen. Gerade diese Gesuche wurden allerdings im großen Stil abgelehnt, was zeigt, dass die staatlichen Regelsysteme nicht mit den Anschauungen der Betroffenen konform gingen. Die lombardo-venezianischen Patrizier fühlten sich »adelig«, um nicht zu sagen »aristokratisch«, da ihre Familien zum Teil über Jahrhunderte einen Sonderstatus in der lokalen Gesellschaft eingenommen hatten. Dieser wurde allerdings von den österreichischen Behörden nicht anerkannt, da er beispielsweise nicht durch einen monarchischen Richtspruch verliehen worden war oder mit den habsburgischen Adelsstufen nicht vergleichbar schien.

Dieser Konflikt prägte das Politikfeld Adel über Jahrzehnte, da mit Dalmatien auch nach dem Verlust der oberitalienischen Provinzen ein ehemaliger Teil der Republik Venedig als Kronland bei der Donaumonarchie verblieb. Vor allem das Übersetzungsverbot des venezianischen Contetitels, der nicht mit dem österreichischen Grafenstand gleichgesetzt werden durfte, sorgte für großen Unmut in der italienischsprachigen Bevölkerung, die sich dadurch politisch zurückgesetzt fühlte.[177] So schrieb der in Linz lebende, aber aus einer in Kroatien beheimateten, italienischen Familie stammende Offizier Alfred Conte Begna 1895:

> Trotzdem gelten aber alle deutschen Grafen, wie die der anderen Nationen unseres vielsprachigen Reiches [...], als wirkliche Grafen. [...] Sie sind als solche – ob sie der deutschen, ungarischen, der böhmischen, polnischen oder kroatischen Nation angehören – im gräflichen

174 Zum Adel in der Bukowina siehe *Prokopowitsch*: Adel.

175 *Bellabarba*: Habsburgerreich, 56; *Županič*: Adelspolitik, 123. Zum Verhältnis der alten Eliten Lombardo-Venetiens zu den neuen Machthabern siehe *Mazohl-Wallnig*: Österreichischer Verwaltungsstaat, 91–110.

176 Siehe dazu *Cornaro*: Die österreichischen Adelsbestätigungen; *Lühe*: Der venezianische Adel 112–143.

177 Siehe dazu Kapitel III.5.

Almanach verzeichnet, gelten als vollwertige Österreicher. Nur die Italiener der Monarchie sind von jener Gleichbewertung ausgeschlossen. Sie dürfen ihre höhern Titel [...] nicht ins Deutsche übersetzen. Der Gebrauch der deutschen Sprache [...] wird ihnen so natürlich auch im Allgemeinen verleidet.[178]

Begna brachte seine persönlichen Interessen in seinen zahlreichen Anfragen beim Adelsdepartement mit jenen seiner Nation in Verbindung und fühlte sich in seiner Identität als venezianisch-stämmiger Bürger der Donaumonarchie hinter andere Bevölkerungsgruppen zurückgesetzt. Der Kampf zahlreicher italienischsprachiger Antragsteller um die Inklusion ihrer Interessen in das Politikfeld blieb jedoch von offizieller Seite ungehört und konnte lediglich die Kluft dieser ethnischen Minderheit zur Zentrale vergrößern.

Dem habsburgischen Grundsatz von der »Einheit in der Vielfalt« folgend, versuchte der Staat auch über die Adelspolitik die unterschiedlichen Bevölkerungsteile in den größeren Staatsverband des Reiches zu integrieren.[179] Die gesamte Diversität des Imperiums mit seinen unterschiedlichen und weitreichenden historischen Wurzeln spiegelte sich daher in der Adelspolitik des Staates. Eine geordnete Anpassung der verschiedenen, über Jahrhunderte gewachsenen adelsrechtlichen Systeme an die habsburgische Nobilitierungspraxis war dadurch jedoch ebenfalls notwendig. So hatten beispielsweise die Adelskommissionen in Lombardo-Venetien und Galizien die Aufgabe, die Ansprüche der alten italienischen beziehungsweise polnischen Adelsfamilien mit dem österreichischen Adelsrecht zu vereinen, und dadurch einerseits Ordnung und Klarheit, andererseits aber auch Zugehörigkeit, Gleichheit und Verbundenheit zu schaffen. Die Regionen mit ihren Besonderheiten sollten dadurch zu einem gemeinsamen Reich zusammenwachsen, ohne in diesem bedingungslos aufzugehen. Wien orientierte sich an den kulturellen Gepflogenheiten und Konventionen der Kronländer, brachte sie aber doch in eine Abhängigkeit zur Zentrale.[180]

Die althergebrachten Adelstitel legitimierten sich nicht mehr durch die sie ursprünglich verleihende Dynastie, sondern durch die Bestätigung und Anerkennung des österreichischen Kaisers, der in vielen Fällen den Interessen seiner Untertanen folgte, zugleich aber harte Maßstäbe zum Schutz des bestehenden, habsburgischen Adelskörpers ansetzte. Der Ausgleich mit Ungarn stellte diese Homogenisierungstendenzen dagegen eindeutig in Frage, indem er mit dem selbstständigen magyarischen Adelssystem die Separierung der beiden Reichsteile verstärkte. Zur selben Zeit unterstützte die Landesteilung aber das kaiserliche Element, da der Monarch als letzte Instanz weiterhin über der getrennten Verwaltung stand und mit seinen Entscheidungen für Einheit und

[178] AT-OeStA/AVA Adel HAA AR, Alfred Conte Begna, pag. 11.

[179] *Gottsmann*: Staatskunst, 11.

[180] *Cannadine*, David: Ornamentalism. How the British saw their Empire. London 2001, 85–100.

Konsens sorgen konnte.[181] Indem Franz Joseph seinen Einfluss auf die ungarische Adelspolitik bis zu seinem Tod geltend machte, folgte er daher nicht nur den Interessen der Bürger auf Separierung von der cisleithanischen Gesellschaft, sondern vertiefte auch seine persönliche Beziehung zu seinen Untertanen.

Die Nobilitierungspraxis erweist sich mit Bezug auf die sie in Anspruch nehmenden Antragsteller als ein Symbol des diversen, aber zentralisierten Reiches. Der Vielfalt unterschiedlicher historischer Traditionen und lokaler Eliten wurde dabei zwar Rechnung getragen, gleichzeitig wurden allerdings vor allem die Säulen monarchischer Macht in den Ballungsräumen des Staates unterstützt. Die Wünsche und Interessen der Menschen, die sich vielfach aus ihrer sozialen Stellung und regionalen Herkunft ergaben, hatten dabei eindeutige Auswirkungen auf die Ausgestaltung des Politikbereichs Adel und konnten der Formierung eines eigenständigen Politikfelds Vorschub leisten, insbesondere, wenn die Erblichkeit nobler Ansprüche zur Disposition stand. Mit der Übernahme fremder Territorien im 18. Jahrhundert erfolgte auch die Eingliederung alternativer Adelssysteme in das habsburgische Nobilitierungswesen. Das Recht auf die Erblichkeit eines Adelstitels, der nicht von einem habsburgischen Herrscher verliehen wurde, erforderte die Ausprägung einer spezifischen Gesetzgebung. Diese Anpassung wurde den Adeligen von offizieller Seite aufgezwungen, der Integrationsprozess in den Verband der Monarchie galt damit als abgeschlossen.

Gerade in diesem Bereich tritt die Bedeutung des selbstständigen Politikfeldes Adel hervor: Die Standeserhebungen und -erhöhungen, die den Wunsch der Menschen nach Belohnung und Anerkennung befriedigen sollten, integrierten sich gänzlich in das weitergefasste Auszeichnungswesen mit Medaillen und Orden. Dagegen eröffnete sich das autonome Potenzial und Alleinstellungsmerkmal der Adelspolitik in der Möglichkeit, gesellschaftliche Integration und Separierung für die gesamte Familie festzulegen und sichtbar zu machen. Die Erblichkeit des Adels weckte in den Menschen also spezielle, damit verbundene Interessen, beispielsweise die Bestätigung ihrer Ansprüche, und schuf eigenständige, nur im Politikfeld selbst wirkende Probleme. Die Interessen der einreichenden Akteure prägten auch hier die Gestalt des Politikfeldes, insbesondere seine Instrumente und Institutionen: Mit heraldischen Kommissionen und einer eigenständigen Legislative wurden die Besonderheiten des Adelsrechts schon im späten 18. und frühen 19. Jahrhundert festgeschrieben. Diese Maßnahmen machten das Politikfeld außergewöhnlich, da sie eigene, aus dem Adel hervorgehende Herausforderungen adressierten.

181 *Fischer-Galati*, Stephen: Nationalism and Kaisertreue. In: Slavic Review 22/1 (March 1963), 31–36, hier 33. Siehe dazu auch *Langewiesche*: Die Monarchie.

5. Entwicklung des Expertentums: Institutionen

Ausgewiesene Institutionen, die sich mit einem speziellen, problematisierten Gegenstand des öffentlichen und politischen Lebens beschäftigen, sind ein wichtiges Element bei der Definition von Politikfeldern, ihr Stellenwert bei der Entstehung derselben ist in der Forschung allerdings umstritten. Sie eröffnen einen geordneten Rahmen und Handlungsraum, in dem es zu einer »Besonderung« des jeweiligen Themas kommen kann. Gleichzeitig behindern bereits etablierte, institutionelle Strukturen, in denen diese Agenda eingebettet ist, die Ausprägung neuer Politikfelder, weil sie ihre Kompetenzen nicht abgeben wollen und auf einem zentralisierten Entscheidungsprozess insistieren. Institutionelle Anpassungen hatten die Aufgabe, die spezifischen Probleme und Herausforderungen des Nobilitierungswesens in den bestehenden Behördenapparat einzuhegen. Dabei formierten sich allerdings auch Ansätze eines Politikfelds Adel.

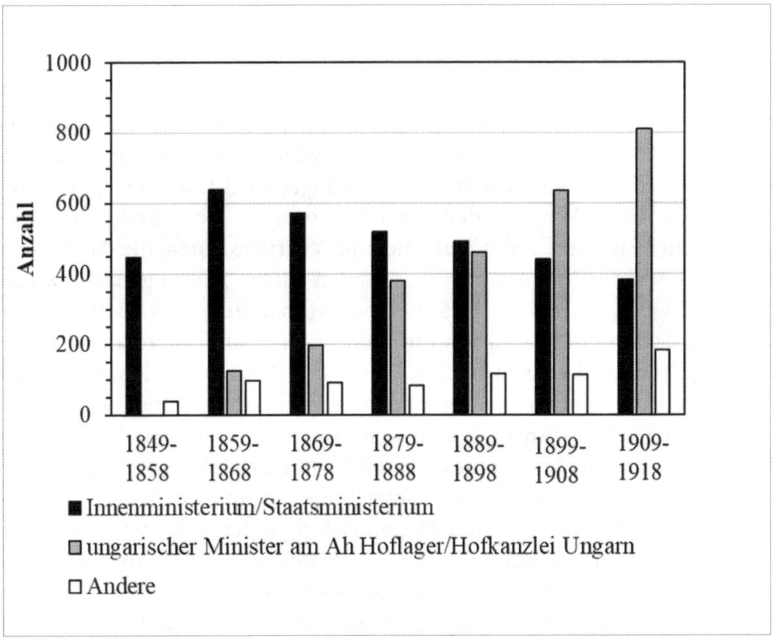

Abb. 12: Einreichende Stelle von Adelsgesuchen in der Kabinettskanzlei

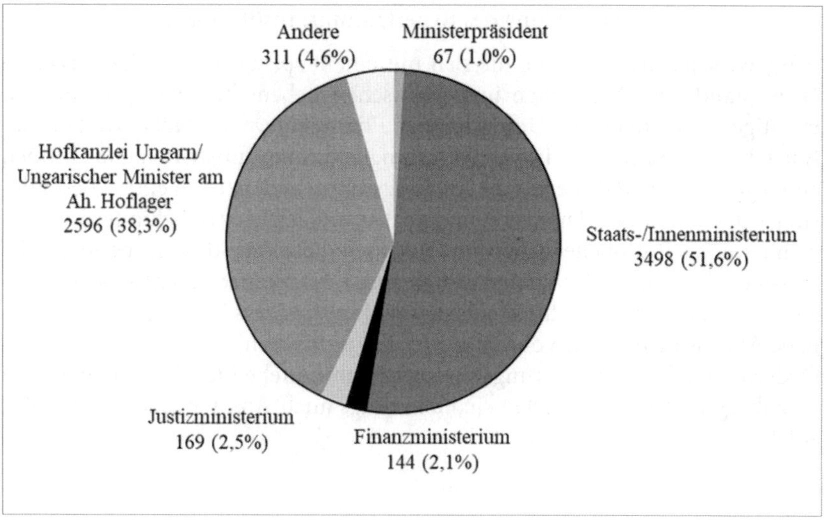

Abb. 13: Verteilung der einreichenden Stelle auf den Untersuchungszeitraum

Das Innenministerium, in dem sich das Adelsdepartement befand, inszenierte sich nicht ohne Grund als »oberste Adelsbehörde« der Monarchie:[182] Zwischen 1849 und 1916 wurden etwa 46 Prozent (ungefähr 3.150 Fälle) aller Einreichungen, die ihren Weg auf den Schreibtisch des Kaisers fanden, in diesem Ministerium bearbeitet. Zählt man auch die Vorträge hinzu, die das Staatsministerium – wie das Innenministerium in den 1860er Jahren genannt wurde – zwischen 1860 und 1868 zur Entscheidung vorbereitete (etwa 350 Vorträge), zeigte sich das Innenministerium für mehr als die Hälfte aller Adelsanträge in der Kabinettskanzlei verantwortlich. Durch den Ausgleich erlebte das Nobilitierungsverfahren der Habsburgermonarchie allerdings einen strukturellen Wandel. Obgleich die Anträge auch weiterhin in der Kabinettskanzlei als gemeinsame Institution für Cis- und Transleithanien zusammenliefen und Franz Joseph seine Prärogative in diesem Bereich nie aufgab,[183] existierten nun zwei Systeme im Nobilitierungswesen. Die ungarischen Behörden wurden in Wien ab 1860 durch die ungarische Hofkanzlei, ab 1867 durch den ungarischen Minister am Allerhöchsten Hoflager repräsentiert. Sie legten nahezu 40 Prozent (etwa 2.600 Vorträge) der Adelsgesuche vor, wobei ihr Einfluss auf das Nobilitierungswesen insbesondere ab den 1880er Jahren stark zunahm und die ungarischen Anfragen zwischen 1899 und 1916 die mengenmäßig bedeutendste Gruppe der Einreichungen darstellten (Abb. 12 und 13).

[182] Siehe dazu Kapitel III.3.

[183] Erst nach Franz Josephs Tod wurden ausschließlich alle ungarischen Adelsdiplome in Budapest ausgestellt. Siehe dazu *Županič*: Neuer Adel, 136.

Auch andere Ämter, wie das Justiz- und das Finanzministerium, konnten in weitaus geringerem Maße als Institutionen der Adelspolitik identifiziert werden und zeigen die Verteilung von Zuständigkeiten in Adelsfragen auf unterschiedliche Ressorts: So griff das Finanzministerium beispielsweise konsequent bei Taxfragen in das Politikfeld ein, während das Justizministerium bei Rehabilitierungen verurteilter Adeliger und bei Übertragungen konsultiert wurde, da es auch das Adoptionsrecht regelte. Alle anderen staatlichen Stellen, beispielsweise das Außen-, Kultus- oder Handelsministerium, hatten nur unwesentlichen prozentuellen Anteil an der Gestaltung dieses symbolischen Bereichs und nutzten ihn vorrangig für die Belobigung ihrer eigenen Beamten, ohne dabei den Umweg über das Adelsdepartement des Innenministeriums zu wählen (Abb. 14).

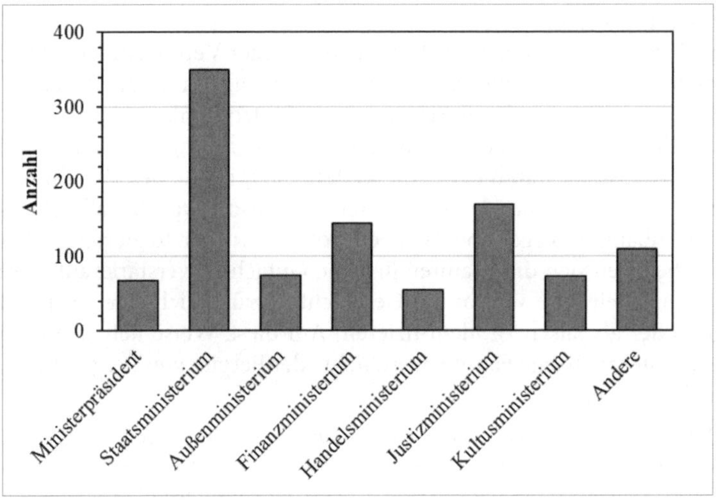

Abb. 14: Verteilung einreichender Stellen (ausgenommen Innenministerium und ungarischer Minister am Ah. Hoflager)

Die Sonderstellung des Innenministeriums im Bereich der Adelspolitik ergab sich eher zufällig in Folge einer langwierigen Entwicklung seit dem 17. Jahrhundert, als erstmals staatliche Wappenzensoren ernannt wurden. 1707 wurde in der Reichs- und Hofkanzlei das Amt des Wappeninspektors geschaffen, der immer auch mit Adelsfragen betraut war. Obgleich die Hofkanzlei während des gesamten 18. Jahrhunderts für den Erhalt dieser Kompetenz in ihrem Ressort kämpfte, überantwortete Franz I. die Aufgabe 1808 einem Beamten der Steuerbehörde, sodass die weitere Entwicklung des Feldes ruhte. Einen wesentlichen Beitrag für die Verankerung des Adelsdepartements in der Hofkanzlei leistete in der ersten Hälfte des 19. Jahrhunderts dagegen der Aufbau und die Institutionalisierung des Adelsarchivs, dessen Akten 1827/28 aus der Registratur der Hofkanzlei gelöst und unter Erstellung eigenständiger Behelfe neu organisiert werden sollten. Mit diesem Projekt wurde der Hofkanzleimitarbeiter Johann Bretschneider betraut, der wenige Jahre später auch – zwar nur interimistisch, allerdings für mehr als zwei Dekaden – die Aufgabe des Wappenzensors übernahm.[184]

Der administrative Nobilitierungsvorgang wurde auch im Vormärz zumeist durch die Einreichung eines Herrschaftsgesuchs angestoßen und vom Zusammenwirken zwischen den Gubernien[185] und der Hofkanzlei bestimmt. Erst mit der Verwaltungsreform ab 1848 erhielten die Adelsfragen eine eigene Abteilung im neu gegründeten Innenministerium, ihre bürokratische Abwicklung glich jedoch auch weiterhin jener der übrigen Auszeichnungsvorgänge, die ebenfalls von den Ministerien bearbeitet und eingebracht wurden.[186] Es wurde demnach eine eigene Behörde für Adelsfragen geschaffen, diese blieb aber Teil des Innenministeriums.

Im Unterschied zu der Vergabe von Orden oder Verdienstmedaillen ist die Besonderheit des Adels allerdings in seiner Erblichkeit und die Bedeutung des Adelsdepartements in deren Schutz- und Kontrollfunktion zu suchen. Für zahllose Entscheidungen, vor allem bei den Renobilitierungen und Bestätigungen alter Adelstitel, waren daher die in der ersten Hälfte des 19. Jahrhunderts aufgebauten Aktenbestände des Adelsarchivs, also etwa die Salbücher sowie die Stammbäume, Siegel und Wappen nötig.[187] In der Regierungszeit Franz Josephs bezogen sich die Beamten in ihren Gutachten verstärkt auf diese Unterlagen, um teilweise weit in der Geschichte zurückreichende Ansprüche zu belegen oder als falsch zu identifizieren. Auf diese Weise ließ sich beispielsweise die altehrwürdige Familiengeschichte der Pergler von Perglas bis ins Detail nachverfolgen:

> Nach Inhalt der produzierten authentischen Urkunden und der Akten des Adelsarchivs sowie nach den übereinstimmenden Angaben in zahlreichen älteren und neueren Adelswerken stammte die Familie Pergler von Perglas aus Meissen [Meißen, sic] in Sachsen und machte sich gegen Ende des 12. Jahrhunderts in Böhmen ansässig, wo sie mehrere landtäfliche Güter besaß und sich der landständischen Vorrechte im Ritterstande erfreute,[188]

erklärte das Innenministerium in seinem Vortrag.

Obgleich das Adelsarchiv im Innenministerium lediglich Quellen sammeln und gegebenenfalls Informationen zu den Adelsverhältnissen einzelner Familien weitergeben sollte, stellte es auf diesem Wege eine wichtige Autorität des Entscheidungsprozesses und eine Stütze des entstehenden Politikfelds dar. Auch

184 Siehe dazu *Goldinger*, Walter: Das ehemalige Adelsarchiv. In: Mitteilungen des Österreichischen Staatsarchivs 13 (1960), 486–502.
185 Bis 1848 Verwaltungsbehörden der Kronländer.
186 *Kučera*: Adel, 56–59.
187 *Goldinger*: Adelsarchiv, 489.
188 Wenzel Pergler von Perglas, AT-OeStA/HHStA KA KK Vorträge 6-1907, KZl. 519.

diese Institution besaß im Bereich der adeligen Herrschaftsvorrechte jedoch keine absolute Monopolstellung, sondern war gleichermaßen von der Kooperation mit lokalen Aktensammlungen abhängig. Gerade in den jüngsten Gebietsgewinnen der Habsburgermonarchie verwahrten sie wesentliche Dokumente zu den unterschiedlichen Adelstraditionen und -ansprüchen. Immer wieder wurden daher aus den Statthaltereiarchiven Berichte angefordert[189] oder Anfragen aus der Bevölkerung direkt auf dezentraler Ebene geklärt.[190]

Trotz der Entstehung eines zentralen Bestandes an Adelsakten in Wien blieben viele Unterlagen zur Feststellung der Adelsfähigkeit in allen Teilen des Reiches verstreut. Das Adelsarchiv im Innenministerium besaß demnach – ungeachtet der Anstrengungen in der ersten Hälfte des 19. Jahrhundert – kein alleiniges Vorrecht bei der Auslegung und Deutung alter Adelsansprüche, ein Umstand, der bei den Kritikern des habsburgischen Nobilitierungssystems großes Unverständnis auslöste. Sie forcierten die vor allem aus Preußen bekannte Idee eines Heroldsamtes, konnten sich jedoch niemals gegen die bereits bestehenden administrativen Strukturen in Österreich durchsetzen. Seit dem frühen 18. Jahrhundert gab es von privater Seite Vorstöße zur Schaffung einer derartigen Institution, wobei sich viele Experten, die einen derartigen Vorschlag bei den Behörden einreichten, sogleich selbst als Vorsteher oder zumindest Berater des neuen Amtes in Stellung brachten. Sie bezogen sich in ihren Bewerbungen auf ihre eigenen genealogischen Studien und ihre oftmals beachtlichen persönlichen Kollektionen von heraldischen und prosopographischen Unterlagen – so etwa Johann von Schönfeld, der das »Adelsarchiv« seines Vaters[191] als Argument für seine Anwartschaft als staatlicher Wappenzensor nutzte. Diese Sammlung wollte er als Grundstock für den Aufbau eines offiziellen Adelsamts heranziehen.[192] Es waren demnach vorrangig Initiativen von außen, die den Staat zu einer Verbesserung seines Systems anregten. Die Hofkanzlei wehrte sich jedoch stets – offiziell aus finanziellen Gründen – gegen diese Beschneidung ihrer Vollmachten und Kompetenzen.

Angesichts der überhandnehmenden Zahlen von Adelsanmaßungen wurden allerdings auch in der Spätphase der Donaumonarchie immer wieder Stimmen laut, die das Adelswesen als ein Politikfeld in einer eigenen Behörde institutionalisieren wollten. Ausgewiesene Adelsexperten wie Eduard Gaston

189 Siehe etwa AT-OeStA/AVA Adel HAA AR, Peter Alberti, pag. 34.

190 Siehe etwa ASV, Luogotenenza delle province venete 1849–1866/1851, 171, 1300.

191 Zur Familie Schönfeld siehe *Egger*, Margarethe: Die Familie Schönfeld und ihre kulturelle Bedeutung für Wien. (Dissertation) Universität Wien 1951.

192 AT-OeSTA/HHStA StK Adelsakten 2-9, Konvolut A17: Projekte eines »Heroldsamtes« 1801–1813, pag. 257; *Goldinger*: Adelsarchiv.

Pöttickh von Pettenegg[193] oder Oskar von Mitis,[194] die selbst beide im bürokratischen Dienst tätig waren, argumentierten mit der Sicherung vor allem des alten Adels, der als eine geschlossene Rechtsgruppe mit besonderen Privilegien ausgestattet war. Der Zugang zu dieser Elite müsse kontrolliert werden und dadurch exklusiv bleiben. Zwei zentrale Aufgaben habe der Staat im Bereich des Adelswesens zu erfüllen: »Adelsprädikate [...] und Adelstitel [...] sowie adelige Wappen bedürfen nach doppelter Richtung eines Schutzes: 1. eines Schutzes gegen Bestreitung des Rechtes zu ihrem Gebrauch, 2. eines Schutzes gegen Gebrauch der Prädikate und Titel durch Unberechtigte«,[195] meinte beispielsweise der im sächsischen Innenministerium tätige Eduard Heydenreich. Pöttickh fügte mit drastischen Worten hinzu:

> Solange der Erbadel besteht, solange Vorzüge mit demselben verbunden sind, die der Staat entweder als Lohn für Verdienste oder als Ehrung verdienter Voreltern in ihren Nachkommen fortwährend anerkennt, darf er auch nicht zugeben, dass Unberechtigte sich so häufig derlei Prärogative anmassen und die, durch die ungeheuren Oscillationen aller Werthe, in den letzten Jahrzehnten ohnehin so sehr erschütternden Standeswände vollends zusammenstürzen. Das hiesse auf dem Wege schläfriger Lauigkeit demselben Ziele zugehen, das die Jakobiner auf dem Pfade des Terrorismus verfolgten.[196]

Wie bereits gezeigt wurde, fürchtete man gerade durch die zahlreichen Fälschungen und Betrügereien einen unwiederbringlichen Bedeutungsverlust des Adels, der durch diese Wertminderung gänzlich zerstört werden könnte.[197] Zur Disposition standen allerdings nicht nur die Rechte des Einzelnen, sondern auch die Prärogativen des Staates, der durch die massenhaften Adelsanmaßungen finanzielles und vor allem symbolisches Kapital einbüßen musste.[198]

Um den Adel und die Nobilitierungspraxis schützen zu können, forderten die Kritiker zunächst das Gesetz zur Adelsbestätigung anzupassen. Die diesbezügliche Legislatur ließ sich noch nach 1900 auf ein Patent Maria Theresias von 1766 zurückführen und bezog sich sowohl auf alte, als auch auf ausländische Adelstitel, also sowohl auf jene Ansprüche, die etwa in Ungarn und den böhmischen Ländern geltend gemacht wurden, als auch auf jene, die durch die Neuerwerbungen Galiziens, der Bukowina, Lombardo-Venetiens und Dalmatiens an die staatlichen Stellen herangetragen wurden.[199] Man beklagte die fehlende Rechtsbasis in den so sensiblen Renobilitierungsfragen und trat für eine

[193] Siehe zu ihm Pöttickh von Pettenegg, Eduard Gaston Gf. In: ÖBL VIII, 148 f.

[194] Siehe zu ihm *Mayr*, Josef Karl: Mitis, Oskar. Nachruf. In: Mitteilungen des Instituts für österreichische Geschichtsforschung 64 (1956), 471–479.

[195] *Heydenreich*, Eduard: Heroldsämter und verwandte Behörden. Mit Rücksicht auf das sächsische Adelsgesetz vom 19. September 1902. In: Leipziger Zeitung 74–76 (1906), 293–304, hier 293.

[196] *Pöttickh*: Ideen, 11.

[197] Siehe dazu Kapitel III.5.

[198] Siehe dazu auch die Ausführungen von *Pöttickh*: Ideen, 14.

[199] *Ebenda*, 4 f.

Modernisierung dieses Verwaltungsvorgangs ein.[200] Den Beamten mangelte es jedoch nicht nur an den notwendigen exekutiven Werkzeugen zur Durchsetzung staatlicher Macht, vielfach zweifelten die Kritiker an deren Kompetenzen und dem Wissen, das sie in den Entscheidungs- und Bewertungsprozess einbringen sollten. Mit Bezug auf seine Forderung nach einem zentralen, staatlich geführten Adelsverzeichnis verlangte beispielsweise der Jurist und Genealoge Josef Ritter von Bauer »historisch geschulte, wissenschaftlich qualifizierte Genealogen« zur Entscheidungsfindung zuzulassen. Dies empfahl er vor allem bei Adelsbestätigungen, für die die »gelehrten Richter naturgemäß häufig weder Beruf noch Vorkenntnisse« besaßen.[201]

Mit diesen Vorwürfen gegen das Adelsdepartement im Innenministerium versuchten die geschichtlich vorgebildeten Experten selbst einen privilegierten Platz im staatlichen Entscheidungsprozess und dadurch im Politikfeld Adel einzunehmen. Die Vertreter der historischen Hilfs- und Archivwissenschaften – beispielsweise der Heraldik, Sphragistik und Urkundenlehre –, die in der zweiten Hälfte des 19. Jahrhunderts einen entscheidenden Entwicklungsschub erlebt hatten,[202] kämpften mit derartigen Mitteln nicht zuletzt auch für eine breitere gesellschaftliche und staatliche Anerkennung ihrer eigenen Fachkenntnisse. Ihre universitäre Ausbildung oder ihr autodidaktisch erworbenes Wissen sollte die Bewertungs- und Beurteilungsprozesse der Adelsbestätigungen deutlich verbessern, den Beamten sprachen sie diese spezifische Kompetenz ab. Diese sollen insbesondere mit der Analyse historischer Dokumente überfordert gewesen sein und daher zu gravierenden Fehlentwicklungen des Adelswesens beigetragen haben. Demgemäß betonte Pötteckh, dass

> eine solche Heroldskammer jedoch nicht mit lauen Beamten, sondern mit thätigen Fachgelehrten besetzt werden [müsse], da Ersteren es immer um physische Nahrung, als geistige Auszeichnung zu thun ist, wodurch bald die Heroldskammer zu einem Institut bureaukratischer Engherzigkeit und Unverstandes herabsinken und so ihr eigentlicher Zweck vereitelt werden würde.[203]

In den 1880er Jahren, als der Autor seine »Ideen über die Errichtung eines Heroldsamtes in Österreich« vorlegte, und insbesondere in den folgenden Jahrzehnten, erlebte auch das Expertentum einen unbestreitbaren Bedeutungszuwachs in den Staatsbildungsprozessen der Habsburgermonarchie. Organisiert in Kommissionen, Beiräten oder bei Enqueten konnte fachliche Kompetenz immer häufiger Einfluss auf unterschiedlichste Politikfelder des Landes, von

200 Oskar Freiherr von Mitis, Adel und Urkundenkritik. AT-OeSTA/HHStA StK Adelsakten 2-9, Konvolut A17: Projekte eines »Heroldsamtes« 1801–1813, pag. 267r.

201 *Bauer*, Anlegung, Sp. 219.

202 Oskar Freiherr von Mitis, Adel und Urkundenkritik. AT-OeSTA/HHStA StK Adelsakten 2-9, Konvolut A17: Projekte eines »Heroldsamtes« 1801–1813, pag. 266v.

203 *Pöttickh*: Ideen, 16.

der Finanz-[204] und Verwaltungsreform[205] über die Agrarwirtschaft bis zur Psychiatrie[206] erlangen. Obgleich Experten seit jeher in politisches Entscheiden einbezogen waren,[207] dienten sie in der Moderne immer häufiger bestimmten Interessensgemeinschaften zur Unterstützung ihrer Forderungen an den Staat. In der Monarchie kam es zu einer Verschränkung von »Fachwissen mit der Vertretung von Gruppeninteressen«[208] – so beispielsweise des Adels. Deshalb setzte sich etwa auch Bauer für die Formierung eines »fachlich qualifizierten Beirats« ein, der aus Adeligen und Experten gleichermaßen gebildet werden und an den Nobilitierungsentscheidungen mitwirken sollte.[209] Noch einen Schritt weiter ging Pöttickh: Sein Heroldsamt stellte er sich als »scientifisches Portal« vor, das die entscheidungstragenden Behörden mit »voller Beweiskraft« ausstatten könnte.[210]

Experten spielten daher eine wichtige Rolle bei der Entstehung und Initiierung von Politikfeldern, »indem sie durch ihre Forschung soziale Tatbestände hervorbrachten, gesellschaftliche Probleme definierten und Lösungsansätze für politisches Handeln vorgaben«.[211] Der Institutionalisierungsprozess des Adelswesen stellte sich vor diesem Hintergrund auch als ein Modernisierungsprozess dar, der zu einer Verwissenschaftlichung und Verrechtlichung des Feldes beitragen sollte. Die Experten erhoben ihre Stimme zwar vordergründig zum Wohle des Adels, in weiterem Sinne aber auch für den Ruf der Habsburgermonarchie im internationalen Vergleich. Immer wieder wiesen sie darauf hin, dass diese nicht als einziges Land ohne Heroldsamt und damit »rückständig« hinter seinen europäischen Partnern, beispielsweise Preußen, Frankreich, Russland oder Großbritannien, zurückstehen dürfe.[212]

204 *Becker*, Peter: Stolpersteine auf dem Weg zum kooperativen Imperium. Bürokratische Praxis, gesellschaftliche Erwartungen und sozialpolitische Strategien. In: *Osterkamp* (Hg.): Kooperatives Imperium. Politische Zusammenarbeit in der späten Habsburgermonarchie, 23–53, hier 32 f.; *dies.*: »Kooperatives Imperium«. Loyalitätsgefühle und Reich-Länder-Finanzausgleich, 606–614.

205 *Becker*, Peter: »...dem Bürger die Verfolgung seiner Anliegen erleichtern«. Zur Geschichte der Verwaltungsreform im Österreich des 20. Jahrhunderts. In: *Berger*, Heinrich/*Dejnega*, Melanie/*Prenninger*, Alexander/*Fritz*, Regina (Hg.): Politische Gewalt und Machtausübung im 20. Jahrhundert. Zeitgeschichte, Zeitgeschehen und Kontroversen. Wien 2011, 113–138.

206 Siehe dazu *Ableidinger*, Clemens: Das Politikfeld Psychiatrie in der späten Habsburgermonarchie und die Rolle der Irrengesetzenquete 1901/02. In: *Ders.*/*Becker*/*Dotter* u. a. (Hg.): Im Büro des Herrschers, 157-178.

207 *Pfister*: Einleitung, 15–17.

208 *Becker*: Staat.

209 *Bauer*: Anlegung, Sp. 223.

210 *Pöttickh*: Ideen, 18.

211 *Roesch*, Claudia: Experten in der Moderne am Beispiel des reproduktiven Entscheidens in den 1960er bis 1980er Jahren. In: *Pfister* (Hg.): Kulturen des Entscheidens, 314–329, hier 318.

212 *Heydenreich*: Heroldsämter.

In gegenteiliger Weise äußerte sich naturgemäß das Innenministerium, das sich 1880 Pöttickhs Vorschlags annahm und dem Kaiser dazu einen Allerhöchsten Vortrag erstattete. In bekannter Manier berief sich Graf Taaffe darin auf vorangegangene imperiale Entscheidungen, die bereits zu Beginn des 19. Jahrhunderts ähnliche Vorstöße – beispielsweise des Fürsten Clemens Wenzel von Metternich – abgewiesen hatten. Die »Errichtung eines Heroldsamtes« bezeichnete er als »nicht zeitgemäß und aus politischen Rücksichten bedenklich«. Er setzte sich explizit gegen die von Pöttickh geschilderte »Lauigkeit der Beamten« und deren angebliche Fehlentscheidungen zur Wehr, indem er auf die geltenden Normen und Praktiken verwies. Wie schon seine Vorgänger machte auch Taaffe seine ablehnende Haltung von den unüberschaubaren Kosten abhängig. Den bekannten Argumenten, die für eine selbstständige Adelsbehörde sprachen, wurde demnach mit den herkömmlichen Gegenargumenten begegnet.

Die neue Forderung nach einer Professionalisierung des staatlichen Nobilitierungswesens schmetterte der Innenminister ebenfalls mit lapidaren Worten ab: »Weiters fügt Graf Taaffe bei, daß nach seinem Erachten die mit dem eigentlichen Staatszwecke nur in einem loseren Zusammenhange stehende Pflege der Wissenschaft und Kunst seines Erachtens fernerhin der Privat-Beflißenheit anheim zu stellen wäre.«[213] Der Staat sah sich nicht vor der Notwendigkeit, den Adel mit Hilfe »wissenschaftlicher« Expertise zu schützen – ganz im Gegenteil fühlte er sich von derartigen Initiativen der Öffentlichkeit in seiner Integrität und Entscheidungsfreiheit beschränkt. Der Aufbau eines fachlich fundierten Politikfeldes wurde in der zweiten Hälfte des 19. Jahrhunderts daher nie ernstlich erwogen. Nichtsdestoweniger nutzte das Innenministerium die bereits vorhandene Expertise an den Universitäten und gab in speziellen Fällen Gutachten bei heimischen Historikern in Auftrag, die beispielsweise über die Echtheit strittiger Dokumente Auskunft geben sollten.[214]

Dessen ungeachtet schlossen sich eine ganze Reihe von Experten und Adeligen, unter ihnen auch die genannten Gaston Pöttickh von Pettenegg, Oskar von Mitis und Josef von Bauer, einer privaten Initiative, der 1870 in Wien gegründeten »Heraldisch-genealogischen Gesellschaft Adler« an. Diese war zur Pflege der »historischen Wissenschaften Genealogie und Heraldik« sowie zur Förderung »bedeutsamer wissenschaftlicher Forschungen« entstanden, widmete sich in der Folge aber vorrangig der historischen Pflege des Adels[215] und

[213] Antrag um Errichtung eines Heroldsamtes, AT-OeStA/HHStA KA KK Vorträge 4-1880, KZl. 878.

[214] Siehe dazu etwa den Fall der Brüder Žampach: AT-OeStA/AVA Inneres MdI Präsidium A 2343, Orden und Auszeichnungen, 1902, 419.

[215] Siehe dazu *Mache*, Christa: Beiträge zur Geschichte der heraldisch-genealogischen Gesellschaft »Adler«. Bd. 1: Die Geschichte der Gesellschaft »Adler«. Wien 1997; *Goldinger*,

publizierte dazu umfangreiche Studien in ihrem eigenen Organ.[216] Obgleich sie damit durchaus auch politische Wirkung erzielen konnten, standen für die Experten insbesondere wissenschaftliche Genauigkeit und Korrektheit im Vordergrund. Dabei zeigten sie sich zudem international vernetzt, wie die Verbindung zu Eduard von Heydenreich in Sachsen oder Bauers Tätigkeit im Gesamtverein der deutschen Geschichts- und Altertumskunde beweisen. Die Arbeit eines staatlichen Adelsdepartements konnte dadurch zwar nicht ersetzt werden, man sah darin allerdings die Möglichkeit, den wissenschaftlichen Blick auf den Adel in Expertenkreisen wie auch in der Öffentlichkeit zu diskutieren. Ein Bericht des »Neuen Wiener Tagblatts« von 1903 nahm beispielsweise den Renobilitierungsskandal um Anton Peter von Schlechta und Josef Mejtsky zum Anlass,[217] der Leserschaft die Unzulänglichkeit staatlicher Kontrollgremien in Adelsfragen vor Augen zu führen. Aufgrund äußerer Impulse war es den Experten demnach gelungen, das von ihnen erkannte Problem in die politische Öffentlichkeit zu tragen, um ihrem Anliegen dadurch Gehör zu verschaffen, vor allem aber, um die »Denk- und Handlungsweisen« in dieser Frage zu verändern.[218]

In der Politikfeldanalyse ist es umstritten, ob die Schaffung neuer Institutionen tatsächlich Voraussetzung für die Entstehung von Politikfeldern sein muss, oder ob eine »Politisierung« und »Besonderung« des jeweiligen Sachverhalts, die aus seiner öffentlichen Diskussion resultierte, ausreichend ist.[219] Auch diese konnte, wie gezeigt wurde, zur Anpassung der staatlichen Entscheidungsstrategien beitragen und dadurch größeres Gewicht auf die strukturelle Andersartigkeit des Adelssystems in der Auszeichnungspraxis richten.[220] Die Beobachter und Gegner des habsburgischen Nobilitierungswesens argumentierten, dass gerade aus der auch über Generationen nicht verjährenden Verebbarkeit adeliger Ansprüche, die den Adel von anderen Auszeichnungen unterschied, staatliche Verantwortlichkeiten resultierten, die mit herkömmlichen Mitteln nicht adäquat gelöst wurden. Sie plädierten für die Verlagerung des Entscheidungsvorgangs in die Hände kompetenter Experten, was die Spezialisierung des Feldes verdeutlicht. Folgt man ihrer Argumentation, konnte nur dadurch der Schutz des österreichisch-ungarischen Adels und seine internationale Vergleichbarkeit gewährleistet werden. Anforderung und Wirklichkeit

Walter: Neunzig Jahre Gesellschaft »Adler«. In: *Gall*, Franz (Hg.): Festschrift zur Neunzigjahrfeier der Heraldisch-Genealogischen Gesellschaft Adler. 1870–1960. Wien 1961, 5–15.

216 Der Titel des Vereinsorgans änderte sich mehrmals: Jahrbuch des Heraldisch-Genealogischen Vereines »Adler« (Wien 1874–1932); Heraldisch-genealogische Zeitschrift. Organ des Heraldisch-Genealogischen Vereins »Adler« in Wien (Wien 1871–1873); Adler. Zeitschrift für Genealogie und Heraldik (Wien 1939–1944, 1947–2021).

217 Siehe dazu Kapitel III.5.

218 *Haunss/Hofmann*, Entstehung, 32.

219 *Ebenda*, 30.

220 *Ebenda*, 44.

klafften im Bereich des Adels demnach auseinander: Die staatlichen Regeln zur Lösung der diesen Politikbereich individuell bestimmenden Probleme galten in der Öffentlichkeit als ineffizient, sodass auch außerhalb der Administration nach Alternativen gesucht wurde.

Dadurch öffnete sich auch eine Kluft zwischen den allgemeinen und spezifischen Problemen, die mit dem Politikfeld Adel adressiert werden sollten: Auf der einen Seite standen die imperialen Herausforderungen des 19. Jahrhunderts, die mit symbolpolitischen Maßnahmen eingehegt werden sollten. Im Sinne eines Metapolitikfelds wurde es daher zur Einflussnahme auf andere Politikfelder heranzogen. Die sich dabei vollziehende Auflösung der spezifischen Adels- in einer allgemeineren Auszeichnungs- und Symbolpolitik wirkte der Schaffung einer eigenen Adelsinstitution entgegen. Auf der anderen Seite standen die Intentionen der Adeligen, die ihre erblichen Ansprüche schützen wollten. Durch die fachliche Expertise, die diese Erblichkeit über viele Generationen nachvollziehen sollte, erhofften sie sich die korrekte Bestätigung ihrer familiären Titel und Würden sowie den Schutz ihrer ständischen Exklusivität, die durch Betrüger gefährdet war. Auch der Gesetzgeber erkannte, dass die Erblichkeit als Privileg des Adels besonderer Anerkennung und Gewährleistung bedurfte, trug dieser Notwendigkeit allerdings nicht mit einer stärkeren Institutionalisierung, sondern einer Ausdifferenzierung der politikfeldinternen Instrumente Rechnung.

6. Autonomisierung des Regelsystems: Instrumente

Obgleich sich die Ausprägung einer eigenen Institution als Trägerin der Adelspolitik im engeren Verständnis in der späten Habsburgermonarchie demnach nicht vollzog, kam es in den etablierten Einrichtungen des Landes zur Entstehung von Instrumenten, die »sich auf politikfeldspezifische Konzepte beziehen«.[221] Es waren und sind vielfach die Instrumente – in den meisten Fällen Regeln, Normen und Gesetze –, die den Institutionen einen konkreten und einzigartigen Weg zur Bearbeitung und Lösung der vom Politikfeld adressierten Probleme aufzwangen und dieses Feld dadurch von anderen politischen Themen abhoben.[222] Aus der Erblichkeit des Adels ergab sich eine spezifische Behandlung – vor allem der Renobilitierungsfragen –, die ein ausdifferenziertes Rechtssystem und große Fachkenntnis notwendig machte. Im Unterschied dazu hatten sich die Standeserhebungen und -erhöhungen den Ordensverleihungen bereits stark angepasst: Voraussetzungen und geforderte Qualitäten der Antragsteller stimmten bei den unterschiedlichen Honorationen vielfach überein, da die Ordensauszeichnung in den meisten Fällen auch zur Beantragung von Ritter- und Freiherrentiteln berechtigte. Nicht alle in der Kabinettskanzlei eingereichten

221 *Loer/Reiter/Töller*: Politikfeld, 10, 20.
222 *Haunss/Hoffmann*: Entstehung, 44 f.

Vorträge zur Nobilitierung wurden von ministerialer beziehungsweise von kaiserlicher Seite bewilligt.

Die Zahl der tatsächlich genehmigten Anträge lässt sich in den Protokollbüchern der Kabinettskanzlei anhand der Befürwortungen der einreichenden Stellen und der Entscheidung des Kaisers nachvollziehen. Insgesamt wurden im Untersuchungszeitraum mehr als drei Viertel aller Anträge (etwa 79 Prozent – 5.351 Fälle) von den entsprechenden Behörden befürwortet, 19 Prozent (etwa 1.303 Fälle) dagegen abgelehnt und die restlichen 2 Prozent (etwa 131 Fälle) von den einreichenden Stellen auf andere Weise abgehandelt: Beispielsweise wurde dem Kaiser die Alternative zwischen zwei Möglichkeiten gegeben, ein anderer als der vom Bittsteller beantragte Weg vorgeschlagen (z. B. statt einer Adelung eine Ordensverleihung) oder lediglich die Zurücknahme des Antrags oder das Ableben des Kandidaten angezeigt (in Tab. 6 unter »Anderes« zusammengefasst). Von kaiserlicher Seite wurde nur sehr selten Einspruch gegen diese behördlichen Anträge geäußert: In mehr als 94 Prozent (etwa 6.414 Fälle) stimmte er mit seinen Ministerien bei der Entscheidung der Bitten überein, knapp zwei Prozent (etwa 150 Fälle) der Vorschläge lehnte er von sich aus ab. Eigenständig (damit werden vor allem Delegationen an andere Stellen oder Rückfragen zusammengefasst) behandelte er gar nur 0,3 Prozent aller Adelsangelegenheiten, während er mit den »zur Kenntnis« (2,4 Prozent) genommenen Anträgen im Grunde auch eine Zustimmung erteilte (in Tab. 7 unter »Anderes« zusammengefasst). Stellt man die behördlichen »Empfehlungen« und die kaiserlichen »Entscheidungen« in einen direkten Vergleich, so zeigt sich, dass Franz Joseph tendenziell dazu neigte, positive Bescheide doch noch abzuweisen, während er negative Vorschläge häufiger auf sich beruhen ließ oder »ad acta« legte.

Tab. 6: Empfehlungen der einreichenden Stellen zur Erledigung der Adelsanträge

Positiv	Negativ	Anderes
5.351	1.303	131
78,9 %	19,2 %	1,9 %

Tab. 7: Entschließungen des Kaisers in Bezug auf die Adelsanträge

Vorschlag angenommen	Vorschlag abgelehnt	Anderes
6.414	150	221
94,5 %	2,2 %	3,3 %

Verknüpft man nun die Empfehlungen der Ministerien mit den einzelnen Gesuchstypen, so ist die generelle Überzahl der positiv bewerteten Anträge auch in der Einzelauswertung kaum zu übersehen. In nahezu allen Kategorien wurden mehr Bitten befürwortet als negativ beurteilt, dennoch ergeben sich graduelle Unterschiede: Während die Bestätigungen von italienischen Adels- und Contetiteln zu 44 Prozent (etwa 37 Fälle) abgelehnt wurden, sind die Bestätigungen des polnischen Adels nur zu rund einem Viertel abgewiesen worden. Im Gegensatz dazu wurden die mengenmäßig ebenfalls wichtigen Übertragungen nur zu circa 58 Prozent (etwa 503 Fälle) bestätigt. Während die Gesuche um den einfachen Adel, den Ritter- und den Freiherrenstand jeweils zu etwa 75 Prozent befürwortet wurden, waren die Behörden bei den Grafenstandsansuchen weit strenger: Lediglich 60 Prozent (etwa 85 Fälle) dieser Anträge wurden vorbehaltlos genehmigt. In Ungarn stellte sich die Situation dagegen gänzlich anders dar: In diesem Reichsteil wurden von den betreffenden Stellen lediglich 3,5 Prozent (etwa 50 Fälle) der Anträge um den einfachen Adel negativ beschieden (Abb. 15).

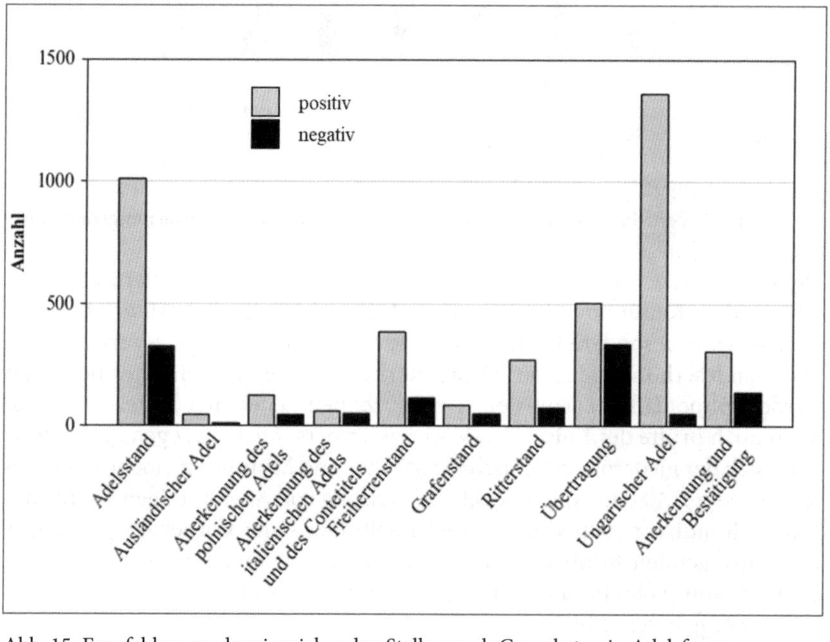

Abb. 15: Empfehlungen der einreichenden Stellen nach Gesuchstyp in Adelsfragen

Die generelle Zunahme von Anträgen aus dem ungarischen Reichsteil in der zweiten Hälfte der franzisko-josephinischen Regierungszeit veränderte daher auch das Verhältnis der positiv zu negativ beurteilten Adelsgesuche. Während zwischen 1859 und 1868 noch 40 Prozent (etwa 331 Fälle) der Anträge abschlägig behandelt wurden, sank dieser Wert bis 1908 auf 6,5 Prozent (etwa 88 Fälle) (Abb. 16).

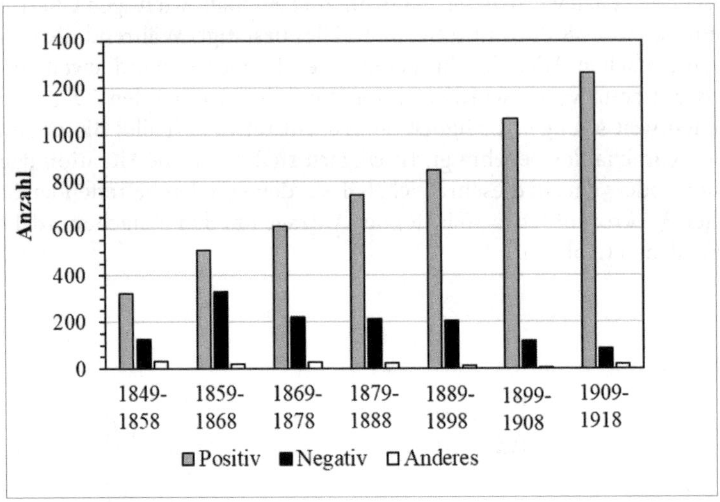

Abb. 16: Verteilung der ministerialen Empfehlungen auf den Untersuchungszeitraum

Diese statistischen Daten decken sich mit den Beobachtungen der Zeitgenossen, die dem Kaiser vor allem für seine »frühen Jahre in allen Auszeichnungssachen« ganz besondere Genauigkeit und Sorgfalt attestierten: »Verleihungen von Standeserhöhungen oder Orden durften von keinem Minister beantragt werden, ohne daß der Ministerrat die einzelnen genehmigt hätte. Und auch dann noch prüfte der Kaiser den Vortragsakt persönlich ganz genau«,[223] erinnerte sich der niederösterreichische Statthalter und Ministerpräsident Erich von Kielmansegg. Mit der Annahme oder Abweisung von Adelsanträgen konnte der Monarch indirekt auch seine Zufriedenheit oder seine Vorbehalte gegenüber den vortragenden Ministern ausdrücken, indem er ihnen zu häufige Einreichungen von Nobilitierungsvorträgen im Vorhinein untersagte, wie ebenfalls Kielmansegg beschreibt:

223 *Kielmansegg*: Kaiserhaus, 50 f.

So geschah es Bacquehem[224] während des Koalitionsministeriums, dem der Kaiser sogar bedeuten ließ, er wünsche von ihm höchstens einen Auszeichnungsantrag per Woche vorgelegt zu erhalten; und der Minister des Innern ist doch der einzig kompetente für alle Adelssachen und die Ordensverleihungen, die nicht gerade für Verdienste ausschließlich auf dem Gebiete eines anderen Ressorts beantragt werden.[225]

Die Behörden passten sich flexibel an die Vorlieben des Letztentscheiders an und nutzten diese als Argumente zur Unterstützung ihrer eigenen Vorschläge. So beispielsweise im Falle des Feldmarschallleutnants Georg Dorotka, dessen Freiherrenstandsgesuch 1874 auf sich beruhen sollte, weil, »um den Werth dieser Auszeichnung nicht herabzudrücken, in den diesfälligen a. u. Anträgen ein strengeres Maß gehalten werden soll«.[226] Ähnliche Formulierungen hatte der Innenminister schon knapp 20 Jahre zuvor angeführt, um die Freiherrenstanderhebung von Raimund Ritter von Manner zu verhindern. Auch in diesem Zusammenhang wurde betont, dass »zu häufige Standeserhöhungen den Werth der Auszeichnung schmälern«, man stellte jedoch eine Revision der Entscheidung zu einem späteren Zeitpunkt in Aussicht, »wo mehrere A. h. Gnadenakte stattfinden«.[227] Massenauszeichnungen wurden von den Beamten daher zum Teil bewusst genutzt, um die Erhebungen weniger verdienstvoller Kandidaten vor dem Kaiser und der Öffentlichkeit zu kaschieren. Nichtsdestoweniger war man sich auch darüber im Klaren, dass eine zu exzessive Vergabe dieser symbolischen Werte deren Bedeutung und Exklusivität mindern könnten, weshalb der Minister beispielsweise aus Anlass der Dekorationsflut nach der Weltausstellung explizit darauf verwies, »so sparsam als möglich namentlich bezüglich der höheren Ordensgrade und der Standeserhöhungen« gewesen zu sein.[228]

Die Sorge des Monarchen, durch zu viele positiv beurteilte Adelsanträge den Wert der Auszeichnung abzuschwächen und der Elite dadurch ihre exklusive Stellung zu nehmen, war nicht zu unterschätzen. Sie veranlasste die Institutionen demnach schon im vorauseilenden Gehorsam ihre Instrumente anzupassen und sich selbst gewisse Schranken aufzuerlegen. Erst in der Spätphase seiner Regierungszeit soll er nachlässiger und freigiebiger bei der Vergabe dieser Form des symbolpolitischen Kapitals geworden sein, was sich auch in dem steigenden Antragsaufkommen in der Kabinettskanzlei ausdrückte.[229] Setzt man diese Werte jedoch in Relation zu den Bevölkerungszahlen der Habsburgermonarchie nach 1900, so zeigt sich, dass von 1880 bis 1910 der Anteil der Nobilitierten an der Gesamteinwohnerschaft der Monarchie sogar zurückging:

224 Olivier Marquis de Bacquehem (1847–1917), Innenminister zwischen 1893 und 1895. Siehe zu ihm: Bacquehem Oliver Marquis de. In: ÖBL I, 42.

225 *Kielmansegg*: Kaiserhaus, 51.

226 Georg Dorotka, AT-OeStA/HHStA KA KK Vorträge 11-1874, KZl. 2301.

227 Raimund Ritter von Manner, AT-OeStA/HHStA KA KK Vorträge 18-1857, MCZl. 3411

228 Auszeichnungen aus Anlass der Wiener Weltausstellung, AT-OeStA/HHStA KA KK Vorträge 20-1873, KZl. 4025.

229 *Kielmansegg*: Kaiserhaus, 51.

Im Jahr 1880 kam ein Nobilitierter noch auf 161.637 Einwohner der Monarchie, dreißig Jahre später wurde nur mehr eine von 340.142 Personen des Reiches geadelt.[230] Obwohl die Bevölkerungszahl demnach schneller anstieg als der Anteil der Neunobilitierten, geriet die Adelspolitik in immer größere Kritik.

Als zentrales Problem der habsburgischen Nobilitierungspraxis wurden daher lange Zeit nicht die direkt auf dem kaiserlichen Schreibtisch vorgenommenen Adelungen, sondern die auf Basis der Ordensverleihungen durchgeführten Standeserhebungen gesehen. Wie bereits angedeutet, stellten die vor dem Kaiser verhandelten Adelsanträge nur einen Teil aller an den Staat gerichteten Nobilitierungsgesuche dar. Viele davon wurden bereits in den Ministerien, unabhängig vom kaiserlichen Richtspruch, entschieden. Eine genaue Statistik der zwischen 1848 und 1916 einlangenden Adelsanfragen ist aufgrund großflächiger Aktenzerstörungen in den Beständen des Innenministeriums zwar nicht mehr rekonstruierbar,[231] aus den ausgestellten Adelsdiplomen zeigt sich jedoch, dass »insgesamt 65 Prozent der Freiherrentitel und 94 Prozent der Rittertitel« zwischen 1848 und 1898 »auf der Grundlage eines der Orden der Monarchie verliehen« wurden.[232]

Aufgrund dieser großen Zahl an systematisierten Nobilitierungen gab es immer wieder Initiativen zum Schutz der Erblichkeit als Alleinstellungs- und Wesensmerkmal des Adels. Es sollten demnach Instrumente geschaffen werden, die den Adel mit seiner einzigartigen Charakteristik »besondern« konnten. Schon nach der Revolution von 1848 und der damit verbundenen Auszeichnungswelle, die über Jahre hinweg alle loyalen Personen in ihrer individuellen Verdienstlichkeit erfassen wollte, meldeten sich in der Verwaltung Vorbehalte, inwieweit für diese Vielzahl von Antragstellern die passenden Dekorationswerkzeuge zur Verfügung gestellt werden könnten. Das als Reaktion auf innenpolitische Probleme gewählte Werkzeug der Massenauszeichnung – und vor allem die Massenadelung – führte demnach selbst wiederum zu einem politikfeldinternen Problem des Adels. Zwei Vorschläge dazu kamen bereits in den Jahren 1848 und 1849 von militärischer Seite: Zunächst regte der Kriegsminister in Übereinstimmung mit Feldmarschall Graf Radetzky die Kreierung eines neuen Ordens an, »womit weder pekuniäre Benefizien noch der Adel, sondern bloß persönliche Auszeichnung verbunden wäre. Dieser Orden wäre (nach Art der französischen Ehrenlegion und des preußischen Verdienstkreuzes) nur von dem Monarchen über Antrag des Kriegsministeriums zu verleihen«.[233] Dieser frühe Versuch zur Trennung von Ordens- und Adelsrecht blieb

230 *Županič*: Nobilitierungspolitik der letzten Habsburger, 485; *ders.*: Ennoblement Policies, 90 f. Siehe weiterführend auch *ders.*: Inflace titulu?

231 Die Quellen wurden in der ersten Hälfte des 20. Jahrhundert zerstört – Auskünfte der Archivare des ÖStA.

232 *Županič*: Adelspolitik, 134 – auf Basis von *Witting*: Statistik.

233 Sitzung Nr. 118, Ministerrat, Wien, 10.9.1848. In: ÖMR. Abteilung I. Die Ministerien des Revolutionsjahres 1848. Bd. 1 (= Die Protokolle des österreichischen Ministerrates 1848–

jedoch noch erfolglos. Der Ministerrat, der diesen Vorstoß diskutierte, lehnte eine Änderung der bekannten Ordensstatuten ab und plädierte eher für die Schaffung eines eigenen Militärverdienstkreuzes – ein Plan, der jedoch ebenfalls niemals umgesetzt wurde.

Auch im März 1849, als die revolutionären Aufstände zum Großteil bereits überwunden waren, setzte sich der Kriegsminister im gleichen Gremium für eine Veränderung der Nobilitierungspraxis ein. Er verlangte die Schaffung eines Militärdienstadels, der den systemmäßigen Anspruch der Offiziere auf einen erblichen Titel durch »einen persönlichen, mit ihrem Tode erlöschenden Adel« ersetzen sollte. Für das Regierungsmitglied galt dieser Antrag als probates Instrument,

> den vielen Offizieren die Anerkennung ihrer Verdienste zuteil werden zu lassen und dem adeligen Proletariate möglichst entgegenzuwirken. Nach den gegenwärtigen Kriegen ist nämlich vorauszusehen, daß von den 20.000 Offizieren der Armee eine große Anzahl auf dem Grunde der bestehenden Privilegien und Vorschriften den erblichen Adel werde ansprechen können.[234]

Erneut wurde Kritik an einer derartigen Idee geübt, da diese, wie Innenminister Bach meinte, die Zersplitterung des Standes in einen erblichen und einen Titeladel zur Folge haben würde. Den Adel als Auszeichnung könne man einzig durch verschärfte Zugangsregeln, wie Besitz und wirtschaftliche Unabhängigkeit, aufwerten, nicht aber durch eine Verwischung der Auszeichnungstypen in seiner Bedeutung weiter beschränken.[235]

Dennoch nahmen die vom Kriegsminister im Angesicht der revolutionären Umbrüche vorgeschlagenen Änderungswünsche wesentliche Diskurslinien vorweg, die die Nobilitierungspolitik auch im Weiteren begleiten sollte. Zur Disposition stand einerseits die Aufweichung der Erblichkeit als eines der letzten, zentralen Alleinstellungsmerkmale des Adels, und damit die Zusammenführung der Standeserhebungen mit anderen Auszeichnungen. Andererseits wurde, im Gegensatz, die Trennung von Orden und Adel als zwei separate Bereiche der österreichischen Auszeichnungspolitik diskutiert. Die dabei getroffenen Entscheidungen hatten nicht zuletzt richtungsweisende Auswirkungen auf die Ausprägungen eines eigenständigen Politikfelds Adel. Sie konnten entweder zu einer Singularisierung des Feldes mit eigenen Spielregeln, frei von der Ordenspolitik, oder zu einer stärkeren Verzahnung der Adelstitel mit anderen,

1867 online), URL: https://mrp.oeaw.ac.at/pages/show.html?document=MRP-1-1-01-0-18480910-P-0118.xml (am 12.6.2024).

234 Sitzung Nr. 40, Ministerrat, Wien, 29.3.1849. In: ÖMR. Abteilung II. Das Ministerium Schwarzenberg. Bd. 1 (= Protokolle des österreichischen Ministerrates 1848–1867 online), URL: https://mrp.oeaw.ac.at/pages/show.html?document=MRP-1-2-01-0-18490330-P-0040.xml (am 12.6.2024).

235 *Ebenda.*

persönlichen Auszeichnungen und dadurch »zur Annullierung des Adels« führen.[236]

Die Erblichkeit von Prädikaten und Würden, die den Namen des Dekorierten auf Dauer im kulturellen Gedächtnis des Staates verankern sollte, wurde zum ausschlaggebenden Element für die »Besonderung« der Nobilitierungspraxis innerhalb des größeren Feldes der Symbolpolitik. Tatsächlich hatte die Erblichkeit des Adels in den habsburgischen Territorien eine lange historische und rechtliche Tradition, die in Ungarn sogar zu einem Nobilitierungsverbot für Frauen führte, weil diese ihren Titel nicht an die nächste Generation weitergeben konnten.[237] Schon etwa ein Jahr nach dem vom Kriegsminister ins Spiel gebrachten Militärorden wurde dieser Vorschlag vom Innenminister für den zivilen Stand wieder aufgenommen. In einem Rundschreiben holte er für diesen neuen Orden das Einverständnis der Statthalter ein. Man wollte vor allem in Erfahrung bringen, »ob es [...] nicht wünschenswerth wäre, daß in Österr. ein Verdienstorden gegründet werde, der als eine persönliche Auszeichnung keinen Anspruch auf zu vererbenden Adel oder Titel begründen würde«.[238] Mehrere Landeschefs sprachen sich für diese Idee aus, da sie eine Leerstelle des bestehenden Dekorationswesens in der Habsburgermonarchie schließen könnte, die sich zwischen den bereits existierenden Orden und den Verdienstmedaillen befand. Der mährische Statthalter bemerkte beispielsweise:

> Unverkennbar ist die mit allen österreichischen Orden verknüpfte Prärogative des Anspruchs auf die Verleihung des Adels [...] manchmal ein Hindernis, Verdienste mit einem Orden zu belohnen, und zwar in folgenden Fällen, wo die Stellung des zu Belohnenden [...] es nicht wohl thunlich machen, denselben in den Adelsstand zu erheben. Die Verleihung der Civil-Ehrenmedaillen füllt diese Lücke nur theilweise aus, und bringt [...] nicht den nöthigen, das Ehrgefühl und die Thätigkeit für den Staat anregenden Eindruk [sic] hervor.[239]

Um den Adel von »unpassenden« Kandidaten frei zu halten, gleichzeitig aber alle leistungsbereiten Bürger ausreichend für ihre Verdienste entlohnen zu können, befürworteten die Statthalter daher die Schaffung eines derartigen Ordens.[240] Tatsächlich wurde am 2. Dezember 1849, und damit ein Jahr nach der Thronbesteigung des jungen Kaisers, der »Franz Joseph-Orden« gestiftet, in dessen Statuten die Trennung vom Adel explizit festgelegt wurde.[241]

236 *Ebenda.*

237 In Cisleithanien waren Nobilitierungen von Frauen durchaus üblich, in Ungarn passierten sie nur in seltenen Ausnahmen. *Županič*: Nobilitierungspolitik der letzten Habsburger, 479.

238 AT-OeStA/AVA Inneres MdI Präsidium A 1091, Orden und Auszeichnungen, 1848–1849, 4792.

239 *Ebenda*, 5339.

240 *Ebenda.*

241 Die Statuten des Franz Joseph-Ordens sind mit allen Nachträgen und Erweiterungen abgedruckt bei *Laich*: Ehrungen, 282–291.

Die übrigen Orden, deren Verleihung weiterhin die Basis für eine Adelung legten, wurden nach der Revolution ebenfalls deutlich häufiger vergeben als noch im Vormärz, wobei nun vor allem auch gesellschaftliche Minderheiten wie etwa die jüdische Bevölkerung häufiger den systematisierten Weg in den Adel nutzten.[242] Immer wieder wurde deswegen in Memoranden zwischen 1860 und 1918 die Idee eines persönlichen Adels propagiert. Man hoffte dadurch die Verleihungsflut von erblichen Titeln an wirtschaftlich und gesellschaftlich angesehene Personen einzudämmen, ohne die verdienstvollen Staatsdiener einer Möglichkeit auf die erhoffte Auszeichnung gänzlich zu berauben. Das bestehende System habe dazu geführt,

> daß das Erreichen einer gewissen rangklassenmäßigen Stellung durch das Familienoberhaupt genügte, um seine sämtlichen Nachkommen bis an das Ende der Zeiten [...] zu Edelleuten höheren oder niederen Grades zu machen und so einen Massenadel zu schaffen, der bei dem Mangel entsprechender gesellschaftlicher Stellung und materieller Mittel keineswegs als eine zuverlässige Stütze des Thrones und des Staates gelten kann.[243]

Die Sorge um die Reputation des Adels, der durch »seine Vermehrung an Wert verlieren« müsse, wie es beispielsweise Franz Freiherr von Pillersdorf formulierte,[244] führte daher zu zahlreichen Reformvorschlägen. Man wollte diese Elite also nicht zu zahlreich werden lassen, war aber auch gegen die Einführung des persönlichen Adels, da der Stand dadurch zersplittert und schließlich zerstört worden wäre. Die Bedeutung des Adelsstandes lag eben gerade in seiner Vererbbarkeit und damit speziell in der Möglichkeit, die Nachkommenschaft durch den eigenen Erfolg gesellschaftlich versorgt zu wissen. So notierte beispielsweise der Historiker Ludwig von Pastor nach seiner Freiherrenstandserhebung in sein Tagebuch: »Unser greiser Kaiser hat mich in den erblichen Freiherrenstand erhoben; ich bleibe der einfache Gelehrte, der ich stets gewesen bin. Für meine beiden Söhne ist die Standeserhöhung von Bedeutung.«[245] Ähnliche Gedanken hegte auch die Mutter des Außenministers Alois von Aehrenthal, die sie 1909 nach seiner Grafenstandsverleihung zur Papier brachte: »Ich weiß zwar, wie wenig Du darauf hältst, wie ich dir aber im Frühjahr sagte, bist Du es Deinem Sohn schuldig, und dann ist's Dein Kaiser, der sie [die erbliche Auszeichnung, Anm.] Dir verliehen!«[246] Im Unterschied zu anderen Monarchien[247] schreckte man in Österreich-Ungarn demnach bis zuletzt davor zurück, den Adel mit der Erblichkeit seines wichtigsten Distinktionsmerkmals zu berauben und ihn den übrigen Auszeichnungen gleichzusetzen – ganz

242 Siehe dazu *Županič*: Nobilitierungen der Juden, 536.

243 Einführung des persönlichen Adels in Österreich, AT-OeStA/AVA Adel HAA Adelsgeneralien Normalien (7), 1867–1918, 593, pag. 945–949.

244 Siehe dazu *Binder-Krieglstein*: Adelsrecht, 57 f.

245 *Wühr* (Hg.), *Pastor*: Tagebücher, 629.

246 *Adlgasser* (Hg.): Die Aehrenthals, 957.

247 *Wunder*, Berndt: Der württembergsche Personaladel. 1806–1913. In: Zeitschrift für württembergische Landesgeschichte 40 (1981), 494–518.

im Gegenteil bemühte man sich bei der »Rettung des Adels« um eine klarere Spaltung von Ordens- und Titelverleihungen.

Obgleich die Nobilitierungen auch in den Folgejahren nicht sprunghaft zunahmen, wurde der Ordensadel Anfang der 1880er schließlich unhaltbar. Nach der Absetzung der liberalen Regierung im Jahr 1879, die die offenherzige Auszeichnungspolitik zum Wohle ihrer geltungssüchtigen Klientel unterstützt hatte, konnte 1883 schließlich auch der konservative und Veränderungen wenig aufgeschlossene Franz Joseph von einem Wandel des Dekorationswesens überzeugt werden:[248] Er erteilte seinem Außenminister Gustav Graf von Kálnoky die Erlaubnis, weitere Verhandlungen in dieser Sache zu pflegen und eine entsprechende Entschließung auszuarbeiten. Diese führte zu einer Abwandlung der Statuten des Leopold-, St. Stephans-, und Eiserne-Krone-Ordens und wurde vom Kaiser am 17. Juli 1884 resolviert.[249] Lediglich die Ausfolgung des Maria-Theresien-Ordens berechtigte auch weiterhin zu einer Aufnahme in den Adel.[250] Der Graf rechtfertigte seinen Entwurf mit der starken Zunahme der systematisierten Adelsverleihungen seit dem 18. Jahrhundert, mit der »Dopplung« der kaiserlichen Gnade, die durch die Ordens- und Adelstitelvergabe gegeben sei, und schließlich mit dem ungarischen Ausgleich, der eine systematisierte Ausfolgung des österreichischen Adels in Ungarn – wie von den Ordensstatuten vorgesehen – zu einem innenpolitischen Konfliktfall machte.[251]

In Transleithanien hatte man lange um eine Reform der Ordensstatuten gekämpft,[252] da mit diesen nicht die Verleihung eines ungarischen, sondern eines österreichischen Titels verbunden war, was in der Meinung der dortigen Politiker »dem ungarischen Adelsrecht widerspreche«.[253] Neben einem Rückgang der Nobilitierungen und den damit verbundenen gesellschaftlichen Folgen ergab sich aus dem kaiserlichen Handschreiben von 1884 also auch eine weitere, inneradministrative Ausdifferenzierung des Politikfelds Adel. Der ungarische Ministerpräsident Tisza informierte seinen cisleithanischen Amtskollegen Taaffe nach der kaiserlichen Entscheidung, »daß die köngl. ung. Regierung von nun an das Recht für ungarische Staatsangehörige Standeserhöhungen bei Seiner Majestät zu beantragen, als ausschließlich in ihre Kompetenz fallende

248 *Županič*: Adelspolitik, 135.

249 *Ders.*: Ennoblement Policies, 85. Siehe dazu auch die Entschließungen in den Akten der Kabinettskanzlei: AT-OeStA/HHStA KA KK Vorträge 13-1884, KZl. 2597/14-1884, KZl. 2762.

250 *Županič*: Nobilitierungspolitik der letzten Habsburger, 485.

251 *Binder-Krieglstein*: Adelsrecht, 58; *Županič*: Nobilitierungspolitik der letzten Habsburger, 484. Siehe dazu auch ausführlich: *Megner*: Adels- und Ritterstandserwerber, 19–30. Die Erweiterungen zu den Ordensstatuten sind abgedruckt bei *Laich*: Ehrungen, Anhang.

252 *Županič*: Militäradel.

253 In Ausnahmefällen wurden allerdings auch ungarische Adelstitel auf Basis der österreichischen Orden verliehen. *Županič*: Nobilitierungspolitik der letzten Habsburger, 484.

Befugnis in Anspruch nimmt«.[254] Die ungarische Regierung forderte mit dem hier zitierten Schreiben vom 4. August 1884 das alleinige Recht ein, Adelstitel für die Bürger ihres Reichsteils zu beantragen – eben dieses Recht war durch die Adelsstatuten der diversen Orden, die nur von österreichischer Seite auch an die transleithanische Bevölkerung vergeben wurden, untergraben worden. Die Aufhebung der Adelsparagraphen in den Ordensstatuten stellte daher nicht nur einen sozialen Einschnitt in der späten Habsburgermonarchie dar, sondern trug darüber hinaus zu einer weiteren Spaltung der beiden Reichshälften bei, die nun auch in Adelsfragen gänzlich unabhängige Wege beschreiten wollten.[255] Da zudem die Entscheidungsautorität des Kaisers im Nobilitierungsprozess deutlich zunahm, stieg die Zahl der Adelsgesuche in der Kabinettskanzlei nach 1884 zwar kontinuierlich an, insgesamt gingen die Standeserhebungen ohne den systematisierten Adel aber um ein Drittel zurück.[256]

Obwohl die Nobilitierungspraxis häufig eingesetzt wurde, um politischen Problemen zu begegnen, entstanden durch die Vergabe der Auszeichnungen auch selbst Probleme, die wiederum zur Ausprägung spezifischer Instrumente führten. Die Konsequenzen des Entscheidens machten dementsprechend staatliches Handeln notwendig, wobei lange Zeit nicht klar war, in welche Richtung sich dieses entwickeln würde. Der damit intendierte Schutz des Adels löste auch eine Grundsatzdiskussion über dessen Wesen und Zukunft aus. Indem man die Erblichkeit als zentrales Charakteristikum des Adels anerkannte, stellte sich die Frage, ob man mit dem »unerblichen Adel« eine Spaltung des Standes, oder mit der Abgrenzung von den Orden ein in sich geschlossenes Politikfeld schaffen wolle. Schon die Gründung des Franz-Joseph-Ordens trug zur Entlastung des Politikfelds Adel und einer Verringerung der Standeserhebungen bei, errichtete aber keine eindeutige Grenze zum allgemeineren Auszeichnungswesen der Habsburgermonarchie. Die Änderung der Ordensstatuten bildete daher das entscheidende Instrument zur »Besonderung« der Adelspolitik und damit zur Veränderung der sozialen und administrativen Zusammensetzung in Österreich-Ungarn. Daraus ergaben sich allerdings schließlich auch für den Adel selbst schwerwiegende Langzeitfolgen. Als eigenständiges Politikfeld war es für die Nachfolgestaaten der Donaumonarchie vielfach ein Leichtes, diesen zu eliminieren, während die Orden, die 1884 ebenfalls an Unabhängigkeit gewonnen hatten und verstärkt dem selbstbewussten Bürgertum als Auszeichnung zur Verfügung standen, von den Verboten unberührt bleiben konnten.

254 AT-OeStA/AVA Adel HAA Adelsgeneralien Normalien (7), 1867 – 1918, 593, pag. 110f.

255 Zu einer vollständigen Trennung der österreichischen von der ungarischen Adelspolitik kam es 1894, als mit kaiserlichem Erlass festgelegt wurde, dass ungarische Bürger nur mehr ungarische Adelstitel erhalten sollten. Damit war naturgemäß eine Anpassung der Maria-Theresien-Ordensstatuten und eine Reform des Militäradels verbunden. *Županič*: Nobilitierungspolitik der letzten Habsburger, 480; *ebenda*, 501.

256 *Županič*: Ennoblement Policies, 85.

7. Zwischenresümee

»Politik muss so als fortlaufender Prozess verstanden werden. Sie erschöpft sich nicht in einmaligen und ›finalen‹ Beschlüssen, sondern besteht aus aufeinander folgenden, sich immer wieder gegenseitig beeinflussenden Entscheidungen«,[257] heißt es bei Klaus Schubert und Nils Bandelow. Diese schildern den politischen Prozess als eine ständige Anreihung von richtungsweisenden und auf ihre Folgen ausgerichtete Entscheidungen. Die Entscheidungen der Adelspolitik stellten nicht ausschließlich rückwärtsgewandte Auszeichnungen dar, die in kausaler Weise auf erbrachte Leistungen der Antragsteller antworteten, sondern präsentierten sich als ein folgenreiches Handeln des Staates, der damit auf die Probleme und Interessen von Land und Leuten reagieren konnte. Folgenreich waren die Entscheidungen zunächst für die Monarchie, indem sie an imperiale Herausforderungen anknüpften und mit symbolischem Druck gegensteuerten. Folgenreich waren sie zudem in Bezug auf die einzelnen Antragsteller, die dabei ihre Interessen bestätigt oder abgelehnt sahen. Machten die Folgen der Adelsentscheidungen die Nobilitierungspraxis jedoch auch zu einem »besonderen« sowie »politisierten« Gegenstand des Staates und der Gesellschaft?

Politisiert war die Nobilitierungspraxis in jedem Fall, auch wenn sie dabei lediglich ein Subpolitikfeld im Rahmen symbolischer Repräsentanz darstellte und als Metapolitikfeld in die Bereiche Inneres, Äußeres beziehungsweise Wirtschaft eingriff. In Korrelation mit anderen repräsentativen Aktivitäten des Hofes, wie den Reisen des Monarchen, den privaten und offiziellen Feierlichkeiten des Kaiserhauses und seines Staatsverbandes, den dabei erteilten Begnadigungen und Gnadengaben, bedeutete es demnach eine wichtige Maßnahme zum Erhalt des Reiches. Insbesondere war die symbolische Machtausübung aber ein wesentliches Kommunikationsmittel des Kaisers, der darüber Botschaften an sein unmittelbares Umfeld – wie im Rahmen der Causa Aehrenthal – oder aber an die internationale Staatengemeinschaft – wie im Zusammenhang mit der Wiederaufnahme diplomatischer Handelsbeziehung mit Mexiko – aussenden konnte.

Der Monarch wirkte dadurch auf alle Bereiche des staatlichen Lebens ein, ob diese nun einer Modernisierung oder einer Stabilisierung bedurften, und konnte mit Hilfe der Symbolpolitik sowohl mit gleichrangigen Staatsoberhäuptern als auch mit seinen Untertanen interagieren. Dadurch existierte für die neuen bürgerlichen Eliten ein direkter Bezugspunkt zu ihrem Kaiser, der sich auf diese Weise unentbehrlich machen wollte. Während die Mehrheit der symbolpolitischen Maßnahmen aber häufig nur eine kurzfristige Wirksamkeit entfalten konnte – man denke beispielsweise an die Reise des jungen Kaiserpaares nach Lombardo-Venetien –, bedeuteten die imperialen Gnadenakte eine grundlegende Wendung in der Biografie der Antragsteller, verhalfen sie

[257] *Schubert/Bandelow*: Politikfeldanalyse, 1.

ihnen doch beispielsweise zu finanziellen, sozialen oder rechtlichen Vorteilen. Die Honorierungspraxis hatte bereits im 18. Jahrhundert einen Automatismus ausgebildet, Berufsrangklasse und Dekorationsstufe wurden in den Entscheidungsverfahren aufeinander abgestimmt. Zudem gelang es den Antragstellern mit Hilfe der unterschiedlichen Gesuche, beispielsweise den Prädikatsänderungen, politische Botschaften zu formulieren, die ihnen zum Vorteil gereichen sollten.

Vielen Nobilitierten war eine persönliche Anerkennung demnach nicht genug: Sie bestanden darauf, ihren neuen Status und ihre veränderte Identität an die zukünftigen Generationen weiterzureichen und damit tief und dauerhaft in ihrer Familie zu verankern. Nachdem das Jahr 1848 mit der Abschaffung einer ganzen Reihe adeliger Prärogativen der Spezialisierung des Politikfelds Adel entgegengewirkt hatte, lag gerade in der Vererbbarkeit nobler Titel und Würden jene Besonderheit, die dem Adelstitel den entscheidenden Vorteil gegenüber anderen Dekorationen versprach. Die Erblichkeit verschaffte dem Adel also eine Sonderstellung im habsburgischen Honorierungskanon. Diese schuf jedoch wiederum neue, spezifische Probleme. Insbesondere die Bestätigung alter oder fremder Titel, ob sie nun aus den habsburgischen Erblanden oder den Neuerwerbungen stammten, machten die Herausforderungen des erblichen Adels auch für die Zeitgenossen besonders deutlich. Auf diese politikfeldeigenen Probleme des Adels, die sich aus seiner Erblichkeit ergaben, reagierte die Legislative beispielsweise mit Instrumenten wie der »Bestätigung« oder der »Übertragung«. Derartige Regelungen trugen den Interessen der Antragsteller Rechnung, ohne die Ziele der Symbolpolitik aus den Augen zu verlieren. Der Adelige behielt dadurch nämlich das Recht der Erblichkeit, unterstand aber weiterhin dem Richtspruch des Kaisers, der erneut entscheidend in das Leben seiner Untertanen eingreifen konnte.

Mit dieser Kombination aus behördlicher Expertise und monarchischer Gnade erschien den Beamten der Adel und seine Erblichkeit entsprechend geschützt – eine Verwissenschaftlichung und damit verbundene Institutionalisierung des Politikfeldes in Form eines eigenen Heroldsamtes nach preußischem Vorbild, wie sie von einer kleinen Öffentlichkeit gefordert wurde, fand daher nicht statt. Fasst man den Begriff der Institution jedoch weiter, als einheitliches Regelsystem, wird deutlich, dass der Staat vorrangig die Instrumente nutzte, um den Adel in ein selbstständiges Politikfeld zu verwandeln. Insbesondere die enge Bindung zwischen Adel und Erblichkeit, die noch 1884 durch die Auflösung des Ordensadels bekräftigt wurde, blieb also bis zum Untergang der Monarchie das Merkmal des Politikfelds. Begleitet wurden alle diese Überlegungen und Entwicklungen von einem intensiven öffentlichen und fachlichen Diskurs, der auf die Konturierung und Gestalt des Feldes zurückwirkte.

Die Adelspolitik war demnach nicht nur ein politisierter und spezifizierter Aspekt der späten Habsburgermonarchie. Die Entscheidungen, die im Rahmen dieses Politikfeldes getroffen wurden, hatten darüber hinaus langfristige Auswirkungen auf Kaiser, Staat und Bevölkerung.

RESÜMEE

Wenn wir Menschen sehen, sehen wir nur Staatsmenschen, Staatsdiener, wie ganz richtig gesagt wird, keine natürlichen Menschen sehen wir, sondern durch und durch unnatürlich gewordene Staatsmenschen als Staatsdiener, die ihr ganzes Leben dem Staat dienen und also ihr ganzes Leben der Unnatur dienen. [...] Wenn wir Menschen sehen, sehen wir nur dem Staat ausgelieferte und dem Staat dienende Menschen, die dem Staat zum Opfer gefallen sind.[1]

Diese von Pierre Bourdieu zur Illustration des »totalisierenden Staates« genutzte Passage aus Thomas Bernhards satirischer Komödie »Alte Meister« soll der Stärke des modernen Staatssystems Ausdruck verleihen. Der Staat konstituiert sich in dieser Lesart über seine Bürger, die vom Staatsgedanken erfüllt und von der Staatsmacht kontrolliert seien. Ein Instrument zur Formierung einer zahlenmäßig bedeutenden Gruppe als »Staatsmenschen oder Staatsdiener«, die – folgt man vor allem den Vorträgen in der Kabinettskanzlei – tatsächlich »ihr ganzes Leben dem Staat« gedient haben sollen, waren die Standeserhebungen und -erhöhungen. In der Forschung ist bereits mehrfach festgestellt worden, dass die Nobilitierungspraxis auf die Vergrößerung und Vertiefung staatlicher Macht abzielte, indem staatskonformes Verhalten honoriert und Staatsgegner durch den Ausschluss aus dieser Elite diszipliniert wurden.

Allerdings führte nicht allein das Resultat der kaiserlichen Adelsentscheidungen, also die Standeserhebungen, Adelsbestätigungen etc., zu einer solchen Disziplinierung. Schon die Abwicklung des Nobilitierungsverfahrens mit den darin zum Ausdruck kommenden Leistungs- und Loyalitätserwartungen verpflichtete die daran beteiligten Antragsteller und Bearbeiter auf ihre Position im Staat und regte zur Akzeptanz der kaiserlichen Beschlüsse an. Dabei entstand eine eigene, administrativ geprägte »Kultur des Entscheidens«, die auf die speziellen Bedürfnisse dieses symbolischen Feldes zugeschnitten war.

Zum einen war das Adelssystem ganz und gar auf die Person des Kaisers ausgerichtet, der durch »Praktiken« und »Narrative« des Entscheidens den Prozess in seinem Sinne beeinflussen und mitgestalten konnte. Franz Joseph zog die Legitimität seines Amtes demnach zum großen Teil aus Einzelfallentscheidungen der Gabenökonomie, die durch seine gottgegebene und verfassungsmäßige Rechtsstellung besonderes Prestige erhielten. Im Gegenzug rechtfertigten auch die vom Kaiser Ausgezeichneten ihre Position im Staat über die monarchische Entscheidung, wodurch sie sich mit ihrer ganzen Familie vom Herrscher bestä-

1 *Bernhard*, Thomas: Alte Meister. Komödie. Berlin 2015, 62. Siehe dazu auch *Becker*: Staat, 319.

tigt und befördert fühlen konnten. Daher wurde mit der Abschaffung des systemmäßigen und systematisierten Adels die Bedeutung des Monarchen in der Spätphase des Imperiums auch noch einmal aufgewertet – dieser allein war es demnach, der die Beziehung zu seinen Bürgern herstellen konnte und über allen separatistischen oder staatsfeindlichen Tendenzen stand.

Während nach außen hin der Souverän die Gnade der Nobilitierung schenkte, waren die staatlichen Institutionen die organisatorischen »Träger« des Beschlussverfahrens. Um die kaiserlichen Resolutionen scheinbar von Kontingenz zu befreien, sie also auch unabhängig von der charismatischen Gestalt des Herrschers zu begründen und allgemein nachvollziehbar erscheinen zu lassen, war der administrative Behördenapparat in das Gnadensystem einbezogen. Von der Ministerkonferenz bis zur Gemeindevertretung wurden demnach alle Organe des Staates auf die gemeinsame Entscheidungsfindung verpflichtet. Ihre individuellen Interessen sollten dabei zwar gehört und beachtet, im Sinne des Verhandlungscharakters des Verfahrens aber gleichzeitig vereinheitlicht werden. Durch den Entscheidungsprozess kam es zur Implementierung des adeligen Wertekanons und der Nobilitierungspraktiken in der Verwaltung und dadurch im Weiteren in der Gesellschaft. Vor und regelmäßig auch unabhängig vom Schreibtisch des Kaisers wurden in einem institutionell-kommunikativen Zusammenwirken der Behörden jene Entscheidungen vorformuliert, die dann durch die kaiserliche Unterschrift Rechtskraft erhielten.

Die Kommunikation zwischen den staatlichen Behörden hatte im Zuge der Nobilitierungen allerdings auch die Aufgabe, »Adeligkeit« auszuhandeln und dadurch zu definieren. Die »Ressourcen des Entscheidens« spielten für diesen Definitionsprozess eine zentrale Rolle, da allein auf ihrer Basis die Entscheidung über die »Adelswürdigkeit« einer Person bestätigt und legitimiert werden konnte. Einzelne konkrete Ressourcen waren dabei oft weniger relevant als die Zusammenführung und Verschmelzung mehrerer Faktoren zu einem kohärenten Narrativ. Dieses sollte dem Antragsteller entweder einen Adelsstatus in seinem Umfeld attestieren oder ihm eben diesen absprechen. Wie die Aristokratie praktizierte daher auch die Nobilitierungspolitik im 19. Jahrhundert »die permanente Demonstration der [...] Exklusivität« des Staatsadels, »um sie im Bewusstsein der [...] Gesamtbevölkerung zu verankern. Außen- und Selbstwahrnehmung konnten diese privilegierte Stellung stärken«.[2]

Schon seit dem Mittelalter, insbesondere aber seit der Frühen Neuzeit, basierte die soziale Überlegenheit des Adels und seine Distinktion von anderen Bevölkerungsgruppen auf seiner exzeptionellen Selbstdarstellung.[3] Diese pflegten im 19. Jahrhundert auch die Nobilitierungskandidaten, die dadurch allerdings weniger zu einer exklusiven Elite als vielmehr zu den Bernhardschen »Staatsmenschen« wurden. Ihre Ansprüche auf den gewünschten gesellschaftlichen

2 *Grillmeyer*: Habsburgs Diener, 5.
3 *Margreiter*: Konzept, 3–6.

Aufstieg gründeten sie vorrangig auf das bürgerliche Leistungs- und Familienideal, das nicht nur für sie selbst, sondern für das staatliche Zusammenleben von Vorteil sein sollte. Diese individuellen Eigenschaften der Antragsteller verdichteten sich in der Spätphase der Habsburgermonarchie vermehrt zu objektiven Kriterien, die jenseits der willkürlichen, kaiserlichen Gnade und des jeweiligen Einzelfalles allgemeingültige Kriterien für die Standeserhebungen schaffen sollten. Die Aristokratie oder »Erste Gesellschaft« blieb von all diesen Fragen dagegen unberührt. Umso bedeutender wurden daher wiederum staatliche Beweise ihrer Exklusivität, wie der begehrte »Hofzutritt«, die Adelsbestätigung oder der Dispens.

Die Behörden gewährleisteten die normierten Verfahren durch eine intensive Ressourcenrecherche und eine Vereinheitlichung der Entscheidungsprozesse, die den Antragstellern das Gefühl von Sicherheit und Gerechtigkeit verschaffen sollten. Obwohl das Innenministerium als »oberste Adelsbehörde« dabei eine Vorrangstellung einforderte und durch die systematisierten und systemmäßigen Adelsformen auch erhielt, wurde es gegebenenfalls herausgefordert und war stets von Informationsgebern aus anderen Institutionen abhängig. Der »Staat« erscheint demnach als ein vielstimmiges Konzert unterschiedlicher, zum Teil sogar konkurrierender Meinungen zum Thema Adeligkeit. Zudem wurde die starke Rolle des Innenministeriums im Verfahren schon seit dem 18. Jahrhundert bewusst von Experten, die für ein eigenständiges Heroldsamt eintraten, hinterfragt und seine Entscheidungen öffentlich angezweifelt. Nichtsdestoweniger konnte es als Hüter des Adelsrechts und durch die schrittweise Formalisierung des Entscheidungsvorgangs nicht nur die eigene Position gegenüber dem Kaiser stärken, sondern vor allem auch die Staatsbildung vorantreiben.

Die Nobilitierungspraxis bündelte also zwei wesentliche »zentripetale Kräfte« der Monarchie, die Dynastie und die Administration.[4] Indem man die willkürlich und ungeordnet erscheinende kaiserliche Gnade[5] gesetzlich regulierte und in Verfahren integrierte, wurde seit dem 18. Jahrhundert auch die habsburgische Nobilitierungspolitik bürokratisiert und verstaatlicht.[6] Besonders deutlich wird der Zusammenhang von Nobilitierungspraxis und Staatsbildung in Zusammenhang mit ausländischen Antragstellern, die mehrheitlich erst mit der Staatsbürgerschaft das Recht auf den Adelserwerb erlangen konnten. Mitglieder des eigenen Staatsverbandes waren also bevorzugt. Allerdings kann auch das Habsburgerreich selbst bis zuletzt nicht als vollkommen homogenes Staatsgebilde aufgefasst werden: Im Sinne seiner imperialen Ausgriffe schuf es sich Zentren und Peripherien, auf Basis föderaler Zugeständnisse eröffnete es Räume für Vielfalt und Kooperationen.[7]

4 *Jászi*: The Dissolution.

5 Siehe dazu für das 18. Jahrhundert *Stollberg-Rilinger*: Gunst.

6 *Kann,* Robert: Dynasty, Politics and Culture. Selected Essays. Hg. v. Stanley B. *Winters*. Boulder/CO 1991, 49 f.

7 Siehe dazu *Osterkamp*: Vielfalt.

Das Adelssystem wirkte auf beide Tendenzen, indem es zum einen die gesellschaftlichen Differenzen vertiefte, zum anderen aber die regionalen Unterschiede überwand und der ungarischen Autonomie durch eine sukzessive Loslösung vom österreichischen Auszeichnungswesen Rechnung trug. Allerdings wurde mit den Entscheidungen der Nobilitierungspraxis, insbesondere im Bereich der Bestätigungen oder Renobilitierungen, immer auch Staatsbildung betrieben, da diese eine Vereinheitlichung und Gleichschaltung unterschiedlicher historischer Rechts- und Herrschaftstraditionen zur Folge haben sollte. Dies zeigen beispielsweise die Adelskommissionen in Lombardo-Venetien oder Galizien, die den alten italienischen beziehungsweise polnischen Adel mit dem habsburgischen System vereinen sollten und deren Arbeit im Kleinen auch noch in der zweiten Hälfte des 19. Jahrhunderts von der Kabinettskanzlei und dem Innenministerium fortgeführt wurde.

Die Nobilitierungspraxis leistete damit einen wichtigen Beitrag zur Abfederung neuer politischer, militärischer und wirtschaftlicher Herausforderungen und Veränderungen, der die Monarchie aufgrund der sich vervielfältigenden Möglichkeiten der Partizipation und Diversifizierung im 19. Jahrhundert gegenüberstand.[8] Das Credo des süddeutschen Nationalliberalen Robert Mohl von 1862, »daß [...] die Monarchie eine Stütze für den Adel ist, nicht aber der Adel eine Kraft für das Fürstentum«,[9] kann für die Habsburgermonarchie demnach nicht bestätigt werden. Ganz im Gegenteil konnte mit der Vielzahl an Einzelentscheidungen eine Verstetigung imperialer Gunstbezeugungen erfolgen, die einen integrierenden Effekt für den Staat hatten und zu einem politischen Instrument avancierten. Durch die Konzentration auf eine »Einheit in der Vielfalt« und die allumfassende Gestalt des Kaisers war die Nobilitierungspraxis ein wichtiges »Metapolitikfeld« zur Linderung imperialer Probleme sowie ein »Subpolitikfeld« der Symbolpolitik. Gleichzeitig entstanden durch die Erblichkeit der noblen Titel als das Alleinstellungmerkmal des Adels auch spezifische Herausforderungen, denen durch eine Besonderung der Adelsinstrumente – nicht aber der Adelsinstitutionen – Rechnung getragen wurde. Die Adelspolitik etablierte sich dadurch als ein eigenes Politikfeld.

Ein Politikfeld konnte allerdings nicht ohne die Öffentlichkeit, ein Staat nicht ohne die Gesellschaft existieren. Wesentliche Impulse erhielt das Entscheidungsverfahren demnach auch durch die Antragsteller und die zivilen Beobachter des Nobilitierungssystems, die zwar bis zu einem gewissen Grad zu »Staatsmenschen«, nicht aber zwangsläufig zu den genannten »Staatsopfern« wurden. Ganz im Gegenteil ist hier der Überzeugung Robert Mohls zu folgen, wonach auch die Geadelten von dem Entscheidungsprozedere und der Auszeichnung profitierten, dieses mit ihrer Vorstellung von Adeligkeit beeinfluss-

8 Siehe dazu etwa *Osterhammel*, Jürgen: Die Verwandlung der Welt. Eine Geschichte des 19. Jahrhunderts. München 2010.

9 *Mohl*, Robert: Staatsrecht, Völkerrecht und Politik. Bd. II. Tübingen 1862, 47.

ten und die formalisierten Verfahren durch inoffizielle Wege umgingen. Zugleich schlugen einzelne Personen die Möglichkeit zur Standeserhebung bewusst aus oder kämpften für den Bedeutungs- und Existenzverlust des Adels. Es war demnach auch ihre Entscheidung, wer welche gesellschaftliche Zuschreibung erhielt – die Menschen nutzten den Staat und seine Verfahren stets zur Erreichung eigener Ziele. Die staatlichen Akteure bemühten sich dennoch um eine Integration individueller und öffentlicher Interessen und Intentionen in das Beschlussverfahren und setzten zur Kontrolle ihres eigenen Systems beispielsweise den Verwaltungsgerichtshof ein.

Die Bürger waren mit dem Staat allerdings nicht nur aus Eigennutz und Zwang verbunden, sondern begaben sich auch freiwillig in dessen Obhut und Zuständigkeit. Während die Nobilitierung aus heutiger Perspektive – vor allem in den letzten Jahren der Monarchie – möglicherweise als »Ausdruck eines obsoleten Hofes« erscheint, symbolisierten Kaiser und Reich für viele Zeitgenossen jedoch nicht die Fragilität des Untergangs, sondern Stabilität und Kontinuität in einer sich wandelnden Welt.[10] Die Nobilitierung war ein Angebot des Staates, sich an ihn zu binden,[11] und verlieh den Geadelten dadurch Anerkennung, verstärkte aber auch das vielfach bereits angeknüpfte Loyalitätsband zum Herrscher. Im 19. Jahrhundert, als die traditionellen »Bestandteile der adeligen Existenz in Frage« gestellt wurden,[12] beriefen sich die Nobilitierten also verstärkt auf den Staat als Träger und Gewährleister ihres Prestiges.[13] Indem dieser in der Verwaltung die soziale Gruppe des Adels ständig präsent hielt und mit Legitimation füllte, war er für dessen Erhalt und Reproduktion von großer Bedeutung.

Es ist eine weitere Eigenheit dieser »Kultur des Entscheidens«, dass die Nobilitierungsgesuche Entscheidungen im engsten Sinne des Wortes waren, da sie die Realität des Einzelnen, wie auch jene der Gesellschaft, irreversibel veränderten: »Sie geben denjenigen, die sie durchlaufen, die Gewissheit, wer sie sind, und teilen den Übrigen mit, mit wem sie es zu tun haben.«[14] Die staatlich vorgenommene Präsentation der Entscheidung in Zeitungen und bei bestimmten Veranstaltungen untermauerte ihren öffentlichen Wert, machte sie aber auch diskutier- und angreifbar. Eine Rezeption und Reflexion des Entscheidungsergebnisses war daher bereits in der »Kultur des Entscheidens« angelegt und öffnete nicht zuletzt den Raum für Revision und Erneuerung. Letztlich führten diese kritischen öffentlichen Diskussionen aber auch zur Zerschlagung des Adels. Die enge Verbundenheit zwischen der Nobilitierungspraxis und dem sie

10 Siehe dazu etwa *Judson*: Habsburg Empire, bes. Kap. 7.
11 *McCagg*: Austria's Jewish Nobles, 181 f.
12 *Wunder*: Adel und Verwaltung, 241.
13 *Raphael*: Recht, 21 f. Unter Berufung auf Pierre Bourdieu.
14 Dieses Zitat bezieht sich auf die sogenannten »Institutions- und Einsetzungsriten« nach Pierre Bourdieu: *Fuchs-Heinritz*, Werner/*König*, Alexandra (Hg.): Pierre Bourdieu. Eine Einführung. Konstanz, München 2014, 168 f.

ausführenden Staatssystem sowie die im 19. Jahrhundert anschwellende Kritik an den häufiger werdenden zweifelhaften Entscheidungen, die sich offensichtlich oftmals nicht an den formalisierten Kriterien orientierten, machten das scheinbar veraltete Adelssystem in den jungen Republiken von 1918 vielfach untragbar.

Die Ergebnisse dieser Studie zeigen die Ambiguität der habsburgischen Nobilitierungspraxis. Diese basierte zwar weiterhin auf historischen Traditionen und konservativen Vorstellungen, doch kamen im 18. und 19. Jahrhundert neue Impulse hinzu. Daher kann sie als junges Politikfeld wie auch als Symbol und Wegbereiter moderner Staatlichkeit interpretiert werden.

ABKÜRZUNGSVERZEICHNIS

Ag. / agn.	Allergnädigst / allergnädigst
A.h. / Allh.	Allerhöchst
a.o.	anno
a.u.	Alleruntertänigst
d. h.	das heißt
durchl.	durchlauchtigst
fl.	Florin (Gulden)
F. M. L.	Feldmarschallleutnant
Gf.	Graf
ggf.	gegebenenfalls
Gm.	Generalmajor
HRR	Heiliges Römisches Reich Deutscher Nation
imit	imitierten
kais.	kaiserlich
kais. u. kön. Apostol.	kaiserlich und königlich Apostolisch
kk.	kaiserlich-königlich
k. u. k.	kaiserlich und königlich
lomb. venez.	lombardo-venezianisch
ÖBL	Österreichisches Biographisches Lexikon
o.ö.	oberösterreichisch
Regg.	Regierung
S. kuk. ap. Maj.	Seiner kaiserlich und königlichen Apostolischen Majestät
S. M.	Seine Majestät
t.g. / t.gh.	treugehorsamst
ung.	ungarisch
v. J.	voriges Jahr

QUELLEN- UND LITERATURVERZEICHNIS

Archivalien

Archivio di Stato di Venezia (Staatsarchiv der Provinz Venedig, ASV), Venedig
Luogotenenza delle province venete 1849–1866
Presidenza della Luogotenenza delle province venete

Moravský zemský archiv (Mährisches Landesarchiv, MZA), Brünn
Moravské místodržitelství – presidium

Národní archiv (Nationalarchiv, NA), Prag
České místodržitelství, Všeobecná registratura
Šlechtický archiv

Niederösterreichisches Landesarchiv (OÖLA), Linz
Statthalterei Präsidium

Österreichisches Staatsarchiv (ÖStA), Wien
Abteilung Haus-, Hof- und Staatsarchiv (HHStA)
Hausarchiv, Nachlass (HausA Nl), Ludwig Salvator
Kabinettsakten (KA), Kabinettskanzlei (KK), Indices
Kabinettsakten (KA), Kabinettskanzlei (KK), Protokolle
Kabinettsakten (KA), Kabinettskanzlei (KK), Vorträge
Ministerium des Äußern (MdÄ), Allgemeine Reihe (AR)
Sonderbestände Nachlässe (SB Nl), Franz Schießl
Sonderbestände Nachlässe (SB Nl), Adolph Braun
Staatskanzlei (StK)
Abteilung Allgemeines Verwaltungsarchiv (AVA)
Adelsarchiv (Adel), Hofadelsakten (HAA), Adelsgeneralien
Adelsarchiv (Adel), Hofadelsakten (HAA), Allgemeine Reihe (AR)
Ministerium des Inneren (Inneres MdI), Präsidium
Nachlass Bach

Zeitschriften und Zeitungen

Adler. Zeitschrift für Genealogie und Heraldik
Arbeiterzeitung. Zentralorgan der österreichischen Sozialdemokratie
Bohemia

Deutsches Nordmährerblatt
Deutsches Volksblatt
Die Drau. Unabhängiges Wochenblatt
Figaro
Genekult. Das Blatt für Genealogie, Heraldik und Kulturgeschichte
Heraldisch-genealogische Zeitschrift. Organ des Heraldisch-Genealogischen Vereins »Adler« in Wien
Jahrbuch des Heraldisch-Genealogischen Vereines »Adler«
Kärntner Gemeindeblatt
Klagenfurter Zeitung
Laibacher Zeitung
Leipziger Zeitung
Leitmeritzer Wochenblatt
Militär-Zeitung/Österreichischer Soldatenfreund
Morgen-Post
Neue Freie Presse
Neue Freie Presse. Abendblatt
Neue Illustrierte Zeitung
Neues Wiener Tagblatt
Die Presse
Die Presse. Abendblatt
Reichspost. Unabhängiges Tagblatt für das christliche Volk Österreich Ungarns
Siebenbürgisch-Deutsches Tageblatt. Allgemeine Volkszeitung für das Deutschtum in Rumänien
Temesvarer Zeitung
Tetschen-Bodenbacher Anzeiger
Vorarlberger Volksfreund
Das Vaterland
Wiener Abendpost. Beilage zur Wiener Zeitung
Wiener Allgemeine Zeitung
Die Zeit

Gedruckte Quellen und literarische Werke

Adlgasser, Franz (Hg.): Die Aehrenthals. Eine Familie in ihrer Korrespondenz. 1872–1911. 2 Bde. Wien u. a. 2002.

Allgemeines bürgerliches Gesetzbuch für die gesammten deutschen Erbländer der oesterreichischen Monarchie. 1. Theil. Wien 1911.

Allgemeines Reichs-, Gesetz- und Regierungsblatt des Kaiserthum Österreich. Wien 1852.

Auffenberg von Komarów, Moritz: Aus Österreichs Höhe und Niedergang. Eine Lebensschilderung. München 1921.

Balassa, Constantin: Der Hufbeschlag ohne Zwang. Eine Abhandlung. Wien 1828.

Bauer, Josef Ritter von: Soll die Anlegung staatlicher Adelsbücher nach dem Muster des sächsischen Adelsbuches angestrebt werden? In: Korrespondenzblatt des Gesamtvereins der deutschen Geschichts- und Altertumsvereine 59 (1911), Sp. 217–224.

Bernhard, Thomas: Alte Meister. Komödie. Berlin 2015.

Budwinski's Sammlung der Erkenntnisse des k. k. Verwaltungsgerichtshofes. XXIV.–XL. Jahrgang. Wien 1900–1916.

Bürgerbibel oder der Weg zur Weisheit und Tugend [...]. Wien 1794.

Bundschuh, Karl von: 1. Supplement zu dem im Jahre 1822 in drei Bänden herausgegebenen Handbuche über das bei der K. K. österreichischen Armee bestehende Militär-Oekonomie-System, enthaltend die in den Jahren 1822 und 1823 bis zum Schluße desselben nachgefolgten Verordnungen. Prag 1824.

Conrad von Hötzendorf, Franz: Aus meiner Dienstzeit. 1906–1918. Bd. 2: Die Zeit des libyschen Krieges und des Balkankrieges bis Ende 1912. Wien 1922.

Engel-Janosi, Friedrich: »...aber ein stolzer Bettler«. Erinnerungen aus einer verlorenen Generation. Graz, Wien 1974.

Erkenntnisse des k. k. Verwaltungsgerichtshofes. XXI.–XXIII. Jahrgang. Wien 1897–1899.

Felder, Cajetan: Erinnerungen eines Wiener Bürgermeisters. Wien 1964.

Fellner, Thomas/ *Walter*, Friedrich (Bearb.): Die österreichische Zentralverwaltung. Bd. 3: Von der Märzrevolution 1848 bis zur Dezemberverfassung 1867. Tlbd. 2: Die Geschichte der Ministerien Kolowrat, Ficquelmont, Pillersdorf, Wessenberg-Doblhoff und Schwarzenberg. Aktenstücke. Wien 1964.

Günther, Franz: Der Österreichische Großgrundbesitzer. Ein Handbuch für den Großgrundbesitzer und Domainebeamten. Wien 1883.

Hahn, Michael: Handbuch für den Adel und für Ordensritter. Pest 1856.

Hajdecki, Alexander: Officiers-Standes-Privilegien. System und Praxis des geltenden Officiersrechtes der k. u. k. bewaffneten Macht. Wien 1897.

Harkort, Friedrich: Bemerkungen über die Hindernisse der Civilisation und Emancipation der untern Klassen. Elberfeld 1844.

Heydenreich, Eduard: Heroldsämter und verwandte Behörden. Mit Rücksicht auf das sächsische Adelsgesetz vom 19. September 1902. In: Leipziger Zeitung 74–76 (1906), 293–304.

Höbelt, Lothar/*Kalwoda*, Johannes/*Malíř*, Jiří (Hg.): Die Tagebücher des Grafen Egbert Belcredi. 1850–1894. Nach editorischen Vorarbeiten von Antonín Okáč. Wien 2016.

Kafka, Franz: Das Schloss. München, Leipzig 1926.

Kielmansegg, Erich: Kaiserhaus, Staatsmänner und Politiker. Aufzeichnungen des k. k. Statthalters. Mit einer Einleitung von Walter Goldinger. Wien 1966.

Kleinwächter, Friedrich: Der fröhliche Präsidialist. Wien 1955.

Lobkowicz, Erwein: Erinnerungen an die Monarchie. Wien, München 1989.

Die Ministerratsprotokolle 1848–1918 (= Die Protokolle des österreichischen Ministerrates 1848–1867 online), URL: https://mrp.oeaw.ac.at/pages/index.html (am 6.6.2021).

Mittermaier, Carl Josef: Beiträge zur Lehre von den Gegenständen des bürgerlichen Processes. In: Archiv für die civilistische Praxis 4 (1821), 305–370.

Obentraut, Maximilian von: Grundsätzlicher Leitfaden für angehende junge Beamte in practischen Umrissen. Prag 1857.

Olszewski, Josef: Bureaukratie. Würzburg 1904.

Pace, Anton (Hg.): Ernst Mayrhofer's Handbuch für den politischen Verwaltungsdienst in den im Reichsrathe vertretenen Königreichen und Ländern mit besonderer Berücksichtigung der diesen Ländern gemeinsamen Gesetze und Verordnungen. Bd. 5. Wien 1901.

Pöttickh, Eduard Carl Gaston Graf von Pettenegg: Ideen über die Errichtung eines Heroldsamtes in Oesterreich. Wien 1880.

Redlich, Josef: Das österreichische Staats- und Reichsproblem. Geschichtliche Darstellung der inneren Politik der habsburgischen Monarchie von 1848 bis zum Untergang des Reiches. Bd. 1. Leipzig 1920.

Reichsgesetzblatt für das Kaiserthum Österreich. Wien 1867.

Reichsgesetzblatt für die im Reichsrathe vertretenen Königreiche und Länder. Wien 1876.

Reichstag Österreich, Verhandlungen des österreichischen Reichstages nach der stenographischen Aufnahme Bd. 4: 53. bis 83. Sitzung. Wien 1848–1849.

Roth, Joseph: Radetzkymarsch. München 2006.

Seiner Majestät Kaiser Ferdinand des Ersten Gesetze und Verordnungen im Justizfache. Wien 1852, 240–243.

Stenographische Protokolle der konstituierenden Nationalversammlung der Republik Österreich. Wien 1920.

Stenographische Protokolle des Abgeordnetenhauses des Reichsrates. 1861–1918. Wien 1902.

Wickede, Julius von: Die Rechte und Pflichten des Offiziers. Leitfaden für junge Männer, welche sich dem Offiziersstande gewidmet haben oder noch widmen wollen. Stuttgart 1857.

Zaleisky, Adalbert (Bearb.), Handbuch der Gesetze und Verordnungen, welche für die Polizei-Verwaltung im österreichischen Kaiserstaate von 1740–1852 erschienen sind. Bd. 1 Wien (1853).

Zwei Schwestern an der Front. Edina Gräfin Clam-Gallas und Therese Gräfin Buquoy als Malteserschwestern im Ersten Weltkrieg. 1915–1918. Hg. v. *Sudetendeutsches Institut München*. München 2015.

Zweig, Stefan: Die Welt von Gestern. Erinnerungen eines Europäers. Frankfurt am Main 2011.

Enzyklopädien und Lexika

Bernath, Mathias (Hg.): Biographisches Lexikon zur Geschichte Südosteuropas. Bd. 4. München 1981.

Biographisches Lexikon zur Geschichte der böhmischen Länder. 4 Bde. München 1979–2018.

Frank, Karl Friedrich von: Alt-Österreichisches Adels-Lexikon. Wien 1928.

Gothaisches genealogisches Taschenbuch der freiherrlichen Häuser. Zugleich Adelsmatrikel der im Ehrenschutzbunde des Deutschen Adels vereinigten Verbande Bd. 2. 39. Jg. Gotha 1889.

Jaeger, Friedrich (Hg.): Enzyklopädie der Neuzeit Online. Essen 2005–2012.

Mohl, Robert: Gewerbe- und Fabrikwesen. In: *Rotteck*, Carl von/*Welcker*, Carl (Hg.): Staats-Lexikon oder Encyklopädie der Staatswissenschaften. In Verbindung mit vielen der angesehensten Publicisten Deutschlands. Bd. 6. Altona 1838, 775–830.

— Staatsrecht, Völkerrecht und Politik. Bd. 2. Tübingen 1862.

Murhard, Friedrich: Reaktion. In: *Rotteck*, Carl von/*Welcker*, Carl (Hg.): Staats-Lexikon oder Encyklopädie der Staatswissenschaften. In Verbindung mit vielen der angesehensten Publicisten Deutschlands. Bd. 13. Altona 1842, 423–466.

Neue deutsche Biographie. 28 Bde. Berlin 1953–2024.

Österreichisches Biographisches Lexikon. 1815–1950. 16 Bde. Wien 1994–2022.

Rotteck, Carl von: Census. In: *Ders.*/*Welcker*, Carl (Hg.): Staats-Lexikon oder Encyklopädie der Staatswissenschaften. In Verbindung mit vielen der angesehensten Publicisten Deutschlands. Bd. 3. Altona 1836, 366–388.

— Monarchie. In: *Ders./Welcker*, Carl (Hg.): Das Staats-Lexikon. Encyklopädie der sämmtlichen Staatswissenschaften für alle Stände. Bd. 9. Altona 1847, 161–174.

Rotteck, Carl von/*Welcker*, Carl: Vorwort zur ersten Auflage des Staatslexikon. In: *Dies.* (Hg.): Staatslexikon. Encyclopädie der sämmtlichen Staatswissenschaften für alle Stände von Carl von Rotteck und Carl Welcker. Bd. 1. Leipzig 1856, V–IX.

Struve, Gustav von: Menschenrechte. In: *Rotteck*, Carl von/*Welcker*, Carl (Hg.): Das Staats-Lexikon. Encyklopädie der sämmtlichen Staatswissenschaften für alle Stände. Neue durchaus verbesserte und vermehrte Auflage. Bd. 9. Leipzig 1847, 64–72.

— Proletariat. In: *Rotteck*, Carl von/*Welcker*, Carl (Hg.): Staats-Lexikon oder Encyklopädie der Staatswissenschaften. In Verbindung mit vielen der angesehensten Publicisten Deutschlands. Bd. 19. Supplemente. Bd. 4. Altona 1848, 272–281.

Welcker, Carl: Bürgertugend. In: *Rotteck*, Carl von/*Welcker*, Carl (Hg.): Das Staats-Lexikon. Encyklopädie der sämmtlichen Staatswissenschaften für alle Stände. Neue durchaus verbesserte und vermehrte Auflage. Bd. 2. Leipzig 1846, 763–770.

— Friedrich Gentz. In: *Rotteck*, Carl von/*Welcker*, Carl (Hg.): Staats-Lexikon oder Encyklopädie der Staatswissenschaften. In Verbindung mit vielen der angesehensten Publicisten Deutschlands. Bd. 6. Altona 1838, 528–571.

— Gesammtwohl, Gemeinwohl oder öffentliches Wohl. In: *Rotteck*, Carl von/*Welcker*, Carl (Hg.): Staats-Lexikon oder Encyklopädie der Staatswissenschaften. In Verbindung mit vielen der angesehensten Publicisten Deutschlands. Bd. 6. Altona 1838, 579–584.

— Geschlechtsverhältnisse, Frauen, etc. In: *Rotteck*, Carl von/*Welcker*, Carl (Hg.): Staats-Lexikon oder Encyklopädie der Staatswissenschaften. In Verbindung mit vielen der angesehensten Publicisten Deutschlands. Bd. 6. Altona 1838, 629–665.

Wurzbach, Constantin von: Biographisches Lexikon des Kaiserthums Oesterreich. Enthaltend die Lebensskizzen der denkwürdigen Personen, welche 1750 bis 1850 im Kaiserstaate und in seinen Kronländern gelebt haben. 60 Bde. Wien 1856–1891.

Sekundärliteratur

Ableidinger, Clemens: Das Politikfeld Psychiatrie in der späten Habsburgermonarchie und die Rolle der Irrengesetzenquete 1901/02. In: *Ders./Becker*, Peter/*Dotter*, Marion/*Enderlin-Mahr*, Andreas/*Osterkamp*, Jana/*Weck*, Nadja

(Hg.): Im Büro des Herrschers. Neue Perspektiven der historischen Politikfeldanalyse. Göttingen 2022.

Ableidinger, Clemens/*Becker*, Peter/*Dotter*, Marion/*Enderlin-Mahr*, Andreas/*Osterkamp*, Jana/*Weck*, Nadja (Hg.): Im Büro des Herrschers. Neue Perspektiven der historischen Politikfeldanalyse. Göttingen 2022.

Adamy, Kurt/*Hübener*, Kristina (Hg.): Adel und Staatsverwaltung in Brandenburg im 19. und 20. Jahrhundert. Ein historischer Vergleich. Berlin, Boston 1996.

Adlgasser, Franz: Die Mitglieder der österreichischen Zentralparlamente. 1848–1918. Konstituierender Reichstag 1848–1849, Reichsrat 1861–1918. Ein biographisches Lexikon. Wien 2014.

Adlgasser, Franz/*Wank*, Solomon/*Höhn*, Maria/*Knaak*, Alexander (Hg.): In the Twilight of Empire. Count Alois Lexa von Aehrenthal. (1854–1912). Imperial Habsburg Patriot and Statesman. Bd. 2: From Foreign Minister in Waiting to de facto Chancellor. Göttingen 2020.

Allmayer-Beck, Johann Christoph: Das Heeresgeschichtliche Museum Wien. Bd. 4. Wien 1989.

— Die bewaffnete Macht in Staat und Gesellschaft. In: *Wandruszka*, Adam/*Rumpler*, Helmut (Hg.): Die Habsburgermonarchie. 1848–1918. Bd. 5: Die bewaffnete Macht. Wien 1987, 1–141.

Arndt, Jürgen: Zur Entwicklung des kaiserlichen Hofpfalzgrafenamtes von 1355–1806. In: Hofpfalzgrafen-Register. Bd. 1. Neustadt an der Aisch 1964.

Arni, Caroline: Entzweiungen. Die Krise der Ehe um 1900. Köln 2004.

Ash, Mitchell/*Ehmer*, Josef (Hg.): Universität – Politik – Gesellschaft. Wien 2015.

Augustine, Dolores: Patricians and Parvenus. Wealth and High Society in Wilhelmine Germany. Oxford 1994.

Bachinger, Bernhard/*Dornik*, Wolfram/*Lehnstaedt*, Stephan: Einleitung. Österreich-Ungarns imperiale Herausforderungen. In: *Dies.* (Hg.): Österreich-Ungarns imperiale Herausforderungen. Nationalismen und Rivalitäten im Habsburgerreich um 1900. Göttingen 2020, 9–24.

Bahlcke, Joachim/*Winkelbauer*, Thomas (Hg.): Schulstiftungen und Studienfinanzierung. Wien u. a. 2011.

Barany, George: Ungarns Verwaltung. 1848–1918. In: *Wandruszka*, Adam/*Urbanitsch*, Peter (Hg.): Die Habsburgermonarchie. 1848–1918. Bd. 2: Verwaltung und Rechtswesen. Wien 1975, 306–468.

Barth, Volker/*Cvetkovski*, Roland: Introduction. Encounters of Empires. Methodological Approaches. In: *Dies.* (Hg.): Imperial Co-operation and Transfer. 1870–1930. Empires and Encounters. London 2015, 6.

Becker, Peter: Formulare als »Fließband« der Verwaltung? Zur Rationalisierung und Standardisierung von Kommunikationsbeziehungen. In: *Collin*, Peter/*Lutterbeck*, Klaus-Gert (Hg.): Eine intelligente Maschine? Handlungsorientierungen moderner Verwaltung (19./20. Jh.). Baden-Baden 2009, 281–298.

— »...dem Bürger die Verfolgung seiner Anliegen erleichtern«. Zur Geschichte der Verwaltungsreform im Österreich des 20. Jahrhunderts. In: *Berger*, Heinrich/*Dejnega*, Melanie/*Prenninger*, Alexander/*Fritz*, Regina (Hg.): Politische Gewalt und Machtausübung im 20. Jahrhundert. Zeitgeschichte, Zeitgeschehen und Kontroversen. Wien 2011, 113–138.

— Recht, Staat und Krieg. »Verwirklichte Unwahrscheinlichkeiten« in der Habsburgermonarchie. In: Administory. Zeitschrift für Verwaltungsgeschichte 1 (2016), 28–53.

— Von Listen und anderen Stolpersteinen auf dem Weg zur Globalisierung. Die Habsburgermonarchie und der Internationalismus des »langen« 19. Jahrhunderts. In: *Haider-Wilson*, Barbara/*Godsey*, William/*Mueller*, Wolfgang (Hg.): Internationale Geschichte in Theorie und Praxis. International History in Theory and Practice. Wien 2017, 665–694.

— Der Staat – eine österreichische Geschichte? In: Mitteilungen des Instituts für Österreichische Geschichte 126 (2018), 317–340.

— Stolpersteine auf dem Weg zum kooperativen Imperium. Bürokratische Praxis, gesellschaftliche Erwartungen und sozialpolitische Strategien. In: *Osterkamp*, Jana (Hg.): Kooperatives Imperium. Politische Zusammenarbeit in der späten Habsburgermonarchie. Vorträge der gemeinsamen Tagung des Collegium Carolinum und des Masarykův ústav a Archiv AV ČR in Bad Wiessee vom 10.–13. November 2016. Göttingen 2018, 23–53.

Becker, Peter/*Osterkamp*, Jana: Der Kaiser und seine Kanzlei. Überlegungen zum Herrschaftssystem der Habsburgermonarchie. In: *Burz*, Ulfried/*Drobesch*, Werner/*Lobenwein*, Elisabeth (Hg.): Politik- und kulturgeschichtliche Betrachtungen. Quellen – Ideen – Räume – Netzwerke. Festschrift für Reinhard Stauber zum 60. Geburtstag. Klagenfurt u. a. 2020, 841–857.

— Entscheiden wie ein Kaiser. Neue Perspektiven der historischen Politikfeldanalyse. In: *Ableidinger*, Clemens/*Becker*, Peter/*Dotter*, Marion/*Enderlin-Mahr*, Andreas/*Osterkamp*, Jana/*Weck*, Nadja (Hg.): Im Büro des Kaisers. Neue Perspektiven der historischen Politikfeldanalyse für das 19. Jahrhundert. Göttingen 2022, 1–18.

Beer, Siegfried: Die Nachrichtendienste in der Habsburgermonarchie. In: SIAK-Journal. Zeitschrift für Polizeiwissenschaft und polizeiliche Praxis 3 (2007), 53–63.

Begass, Chelion: Armer Adel in Preußen. 1770–1830. Berlin 2020.

Bellabarba, Marco: Das Habsburgerreich. 1765–1918. Berlin, Boston 2020.

Bencze, László: Occupation of Bosnia and Herzegovina in 1878. New York 2005.

Benedek, Gábor: Die Beamten in Ungarn. In: *Harmat,* Ulrike/*Wandruszka,* Adam/*Rumpler,* Helmut (Hg.): Die Habsburgermonarchie. 1848–1918. Bd. 9: Soziale Strukturen. Tlbd. 1/2: Von der feudal-agrarischen zur bürgerlich-industriellen Gesellschaft. Von der Stände- zur Klassengesellschaft. Wien 2010, 1211–1243.

Berger Waldenegg, Georg Christoph: Monarchische Politik und höfische Etikette. Der lombardo-venezianische Adel und die Reise Kaiser Franz Josephs I. nach Lombardo-Venetien im Winter 1856/57. In: Quellen und Forschungen aus italienischen Archiven und Bibliotheken. Herausgegeben vom Deutschen Historischen Institut in Rom 81 (2001), 439–503.

Berger, Elisabeth: Die Versorgung der Offizierswitwen der k.(u.)k. Armee und ihre Darlegung in militärischen Zeitschriften. (1867–1914). (Diplomarbeit) Universität Wien 2010.

Berghoff, Hartmut: Aristokratisierung des Bürgertums? Zur Sozialgeschichte der Nobilitierung von Unternehmern in Preußen und Großbritannien. 1870 bis 1918. In: Vierteljahrschrift für Sozial- und Wirtschaftsgeschichte 81/2 (1994), 178–204.

Bezecný, Zdeněk: Karl IV. zu Schwarzenberg. Das Leben eines Adeligen im 19. Jahrhundert. In: Études Danubiennes 19 (2003), 95–102.

Bill, Claus Heinrich: Strafrechtlicher Adelsentzug in den deutschen Ländern des langen 19. Jahrhunderts. Sonderborg 2018.

Binder-Krieglstein, Reinhard: Österreichisches Adelsrecht. 1868–1918/19. Von der Ausgestaltung des Adelsrechts der cisleithanischen Reichshälfte bis zum Adelsaufhebungsgesetz der Republik unter besonderer Berücksichtigung des adeligen Namensrechts. Frankfurt am Main, Wien 2000.

Bittner, Anja: Der lange Arm des Monarchen. Königliche Prärogative und Verrechtlichungstendenzen am preußischen Hof? In: *Ableidinger,* Clemens/*Becker,* Peter/*Dotter,* Marion/*Enderlin-Mahr,* Andreas/*Osterkamp,* Jana/*Weck,* Nadja (Hg.): Im Büro des Kaisers. Neue Perspektiven der historischen Politikfeldanalyse für das 19. Jahrhundert. Göttingen 2022, 69–80.

Blaas, Richard: Die Gedächtniskapelle in Queretaro und die Wiederaufnahme der diplomatischen Beziehungen zwischen Österreich-Ungarn u. Mexiko. In: Mitteilungen des Österreichischen Staatsarchivs 8 (1955), 191–222.

Blasius, Dirk: Die Last der Ehe. Zur Rechts- und Sozialgeschichte der Frau im frühen 19. Jahrhundert. In: Tel Aviver Jahrbuch für deutsche Geschichte. Neuere Frauengeschichte 21 (1992), 1–19.

Blum, Sonja/*Schubert,* Klaus: Politikfeldanalyse. Eine Einführung. Wiesbaden 2018.

Böckenförde, Ernst-Wolfgang: Der deutsche Typ der konstitutionellen Monarchie im 19. Jahrhundert. In: *Ders.* (Hg.): Recht, Staat, Freiheit. Studien zur Rechtsphilosophie, Staatstheorie und Verfassungsgeschichte. Frankfurt am Main 2013, 273–305.

Bollnow, Otto: Wesen und Wandel der Tugenden. Frankfurt am Main 1958.

Brandt, Harm-Hinrich: Einleitung. Verwaltung als Verfassung – Verwaltung und Verfassung? Zum historischen Ort des »Neoabsolutismus« in der Geschichte Österreichs. In: *Ders.* (Hg.): Der österreichische Neoabsolutismus als Verfassungs- und Verwaltungsproblem. Wien 2014, 11–34.

Brauneder, Wilhelm: Österreichische Verfassungsgeschichte. Wien 2009.

Brelot, Claude-Isabelle: Das Verlangen nach Adel und Standeskultur im nachrevolutionären Frankreich. In: *Conze*, Eckart/*Wienfort*, Monika (Hg.): Adel und Moderne. Deutschland im europäischen Vergleich im 19. und 20. Jahrhundert. Köln, Wien 2004, 59–64.

Brňovják, Jiři: Ennoblement and new Nobility in the Estate Society of the Bohemian Lands in the 18th Century. In: *Ders./Županič*, Jan (Hg.): Changes of the Noble Society. Aristocracy and New Nobility in the Habsburg Monarchy and Central Europe from the 16th to the 20th Century. A Collection of Studies from Sections P69 and P80 of the 11th Congress of Czech Historians (14th–15th September 2017, Olomouc, Czech Republic). Ostrava, Prague 2018, 37–67.

Brubaker, Rogers: Citizenship and Nationhood in France and Germany. Cambridge 1992.

Bruckmüller, Ernst: Wiener Bürger. Selbstverständnis und Kultur des Wiener Bürgertums vom Vormärz bis zum Fin de Siècle. In: *Stekl*, Hannes (Hg.): »Durch Arbeit, Besitz, Wissen und Gerechtigkeit«. Zur Geschichte des Bürgertums der Habsburgermonarchie. Wien 1992, 43–68.

— Was There a »Habsburg Society« in Austria-Hungary? In: Austrian History Yearbook 37 (January 2006), 1–16.

Brunner, Otto: Vom Gottesgnadentum zum monarchischen Prinzip. Der Weg der europäischen Monarchie seit dem Hohen Mittelalter. In: *Hofmann*, Hans (Hg.): Die Entstehung des modernen souveränen Staates. Köln, Berlin 1967, 115–136.

— Das »ganze Haus« und die alteuropäische »Ökonomik«. In: *Brunner*, Otto (Hg.): Neue Wege der Verfassungs- und Sozialgeschichte. Göttingen 1968, 103–127.

Brusatti, Alois/*Wandruszka*, Adam/*Rumpler*, Helmut (Hg.): Die Habsburgermonarchie. 1848–1918. Bd. 1: Die wirtschaftliche Entwicklung. Wien 1973.

Bub, Christiane: Bittschriften delinquenter Adliger in der preußischen Strafjustiz der ersten Hälfte des 19. Jahrhunderts (Vortrag gehalten beim Workshop »›Allerunterthänigst unterfertigte Bitte‹ – Inhalt, Form und Bedeutung von Bittschriften im langen 19. Jahrhundert«, München/ZOOM 11.6.2021).

Buchen, Tim/*Rolf*, Malte: Eliten und ihre imperialen Biographien. In: *Dies.* (Hg.): Eliten im Vielvölkerreich. Imperiale Biographien in Russland und Österreich-Ungarn. 1850–1918/Elites and Empire. Imperial Biographies in Russia and Austria-Hungary. 1850–1918. Berlin, Boston 2015, 3–31.

Budde, Gunilla: Bürgerliche Subjektkonstruktionen an der Schwelle vom 19. zum 20. Jahrhundert. In: *Pyta*, Wolfram/*Kretschmann*, Carsten (Hg.): Bürgerlichkeit. Spurensuche in Vergangenheit und Gegenwart. Stuttgart 2016, 47–63.

Buschmann, Nikolaus/*Murr*, Karl: »Treue« als Forschungskonzept? Begriffliche und methodische Sondierungen. In: *Dies.* (Hg.): Treue. Politische Loyalität und militärische Gefolgschaft in der Moderne. Göttingen 2008, 11–35.

Cannadine, David: Ornamentalism. How the British saw their Empire. London 2001, 85–100.

Caplan, Jane/*Torpey*, John: Introduction. In: *Dies.* (Hg.): Documenting Individual Identity. The Development of State Practices in the Modern World. Princeton 2001, 1–12.

Čaplovičová, Kristína: Uhorská šľachta v 18. storočí [Der ungarische Adel im 18. Jahrhundert]. In: Historický časopis 51/2 (2003), 295–310.

Caruso, Amerigo: Nationalstaat als Telos? Der konservative Diskurs in Preußen und Sardinien-Piemont. 1840–1870. Berlin 2017.

Clark, Christopher: Die Schlafwandler. Wie Europa in den Ersten Weltkrieg zog. München 2013, 123–128.

Clavin, Patricia/*Sluga*, Glenda (Hg.): Internationalisms. A Twentieth Century History. Cambridge 2017.

Clemens, Gabriele: Obenbleiben mittels Historiographie. Adeligkeit als Habitus. In: *Dies.*/*König*, Malte/*Meriggi*, Marco (Hg.): Hochkultur als Herrschaftselement. Italienischer und deutscher Adel im langen 19. Jahrhundert. Boston 2011, 189–209.

— Die Stadt als Bühne. Kulturelle und politische Inszenierungen des italienischen Adels. (1800–1914). In: *Tönsmeyer*, Tatjana/*Ganzenmüller*, Jörg (Hg.): Vom Vorrücken des Staates in die Fläche. Ein europäisches Phänomen des langen 19. Jahrhunderts. Köln 2016, 267–289.

Clemens, Gabriele/*König*, Malte/*Meriggi*, Marco: Einleitung. In: *Dies.* (Hg.): Hochkultur als Herrschaftselement. Italienischer und deutscher Adel im langen 19. Jahrhundert. Boston 2011, 1–17.

Cole, Laurence: Military Culture and Popular Patriotism in Late Imperial Austria. Oxford 2014.

Cole, Laurence/*Hämmerle*, Christa/*Scheutz*, Martin: Glanz – Gewalt – Gehorsam. Traditionen und Perspektiven der Militärgeschichtsschreibung zur Habsburgermonarchie. In: *Dies.* (Hg.): Glanz – Gewalt – Gehorsam. Militär und Gesellschaft in der Habsburgermonarchie. (1800 bis 1918). Essen 2011, 13–28.

Cole, Laurence/*Unowsky*, Daniel: Introduction. Imperial Loyalty and Popular Allegiances in the Late Habsburg Monarchy. In: *Dies.* (Hg.): The Limits of Loyalty. Imperial Symbolism, Popular Allegiances, and State Patriotism in the Late Habsburg Monarchy. New York 2007, 1–10.

Conze, Werner: Mittelstand. In: *Brunner*, Otto/*Conze*, Werner/*Koselleck*, Reinhart (Hg.): Geschichtliche Grundbegriffe. Historisches Lexikon zur politisch-sozialen Sprache in Deutschland. Bd. 4. Stuttgart 1978, 49–92.

— Adel. In: *Brunner*, Otto/*Conze*, Werner/*Koselleck*, Reinhart (Hg.): Geschichtliche Grundbegriffe. Historisches Lexikon zur politisch-sozialen Sprache in Deutschland. Bd. 1. Stuttgart 1979, 1–48.

Cooper, Frederick: Kolonialismus denken. Konzepte und Theorien in kritischer Perspektive, Frankfurt am Main 2012.

Cornaro, Andreas: Die österreichischen Adelsbestätigungen in Venetien. In: Mitteilungen des Österreichischen Staatsarchivs 31 (1978), 161–180.

— Nobilitierungen ohne Diplom und Ausfertigungsgebühr. In: Scrinium. Zeitschrift des Verbandes österreichischer Archivare 43 (1990), 126–139.

Czech, Philip: Der Kaiser ist ein Lump und Spitzbube. Majestätsbeleidigung unter Kaiser Franz Joseph. Wien 2010.

Deák, István: Beyond Nationalism. A Social and Political History of the Habsburg Officer Corps. 1848–1918. New York 1990.

Deak, John: Forging a Multinational State. State Making in Imperial Austria from the Enlightenment to the First World War. Stanford 2015.

Denzler, Alexander: Adelige und bürgerliche Standes- und Leistungseliten im 18. Jahrhundert. In: *Raasch*, Markus (Hg.): Adeligkeit, Katholizismus, Mythos. Neue Perspektiven auf die Adelsgeschichte der Moderne. München 2014, 35–57.

Diemel, Christa: Adelige Frauen im bürgerlichen Jahrhundert. Hofdamen, Stiftsdamen, Salondamen. 1800–1870. Frankfurt am Main 1998.

Dikowitsch, Hermann: Die Abzeichen der adeligen Damenstifte. In: *Stolzer*, Johann (Hg.): Die Sklavinnen der Tugend. Damenorden aus dem alten Österreich. Graz 2018, 33–41.

Dobler, Eberhard: Das kaiserliche Hofpfalzgrafenamt und der Briefadel im alten Deutschen Reich vor 1806 in rechtshistorischer und soziologischer Sicht. Freiburg im Breisgau 1950.

Döcker, Ulrike: »Bürgerlichkeit und Kultur – Bürgerlichkeit als Kultur«. Eine Einführung. In: *Bruckmüller*, Ernst (Hg.): Bürgertum in der Habsburgermonarchie. Bd. 1. Wien 1990, 95–104.

Donia, Robert: The Proximate Colony. Bosnia-Herzegovina under Austro-Hungarian Rule. In: *Ruthner*, Clemens (Hg.): WechselWirkungen. Austria-Hungary, Bosnia-Herzegovina, and the Western Balkans. 1878–1918. New York, Wien 2015, 67–82.

Dotter, Marion: Gnade, Anspruch oder Kalkül? Die Habsburgische Nobilitierungspraxis als ein Politikfeld des Kaisers. In: *Ableidinger*, Clemens/*Becker*, Peter/*Dotter*, Marion/*Enderlin-Mahr*, Andreas/*Osterkamp*, Jana/*Weck*, Nadja (Hg.): Im Büro des Kaisers. Neue Perspektiven der historischen Politikfeldanalyse für das 19. Jahrhundert. Göttingen 2022, 51–67.

— Sich adelig schreiben. Nobilitierungsgesuche an das österreichische Kaiserhaus im 19. Jahrhundert. In: *Stobbe*, Urte/*Conter*, Claude (Hg.): Adel im Vormärz. Begegnungen mit einer umstrittenen Sozialformation. Bielefeld 2023, 71–94.

— Betrug, Selbstmord und – Adel. Von der Geschichte der Familie Roschütz oder Wie man sich einen Freiherrentitel anmaßt. In: *Osterkamp*, Jana/*Becker*, Peter/*Weck*, Nadja: Geschichten vom Schreibtisch des Kaisers. Wien 2024, 257–272.

— Mit Massenauszeichnungen in die Moderne. Klassische Methoden politischer Steuerung im Dienste einer fortschrittlichen Habsburgermonarchie. In: *Osterkamp*, Jana/*Becker*, Peter/*Weck*, Nadja: Geschichten vom Schreibtisch des Kaisers. Wien 2024, 31–50.

Dotter, Marion/*Marlow*, Ulrike: Bittschriften als Forschungsgegenstand des 19. Jahrhunderts. Eine Einführung. In: *Dies.* (Hg.): »Allerunterthänigst unterfertigte Bitte«. Bittschriften und Petitionen im langen 19. Jahrhundert. Berlin 2024, 7–42.

Drewes, Kai: Jüdischer Adel. Nobilitierungen von Juden im Europa des 19. Jahrhunderts. Frankfurt am Main 2013.

Drobesch, Werner: Ideologische Konzepte zur Lösung der »sozialen Frage«. In: *Harmat*, Ulrike/*Rumpler*, Helmut/*Wandruszka*, Adam (Hg.): Die Habsburgermonarchie. 1848–1918. Bd. 9: Soziale Strukturen. Tlbd. 1/2: Von der feudal-agrarischen zur bürgerlich-industriellen Gesellschaft. Von der Ständezur Klassengesellschaft. Wien 2010, 1419–1463.

Duden, Barbara: Das schöne Eigentum. Zur Herausbildung des bürgerlichen Frauenbildes an der Wende vom 18. zum 19. Jahrhundert. In: Kursbuch Frauen 47 (1977), 125–143.

Duncker, Arne: Gleichheit und Ungleichheit in der Ehe. Persönliche Stellung von Frau und Mann im Recht der ehelichen Lebensgemeinschaft. 1700–1914. Köln 2004.

Eberlein, Burkhard/*Grande*, Edgar: Entscheidungsfindung und Konfliktlösung. In: *Schubert*, Klaus/*Bandelow*, Nils (Hg.): Lehrbuch der Politikfeldanalyse. München 2014, 151–177.

Egger, Margarethe: Die Familie Schönfeld und ihre kulturelle Bedeutung für Wien. (Dissertation) Universität Wien 1951.

Ehlers, Klaas-Hinrich: Raumverhalten auf dem Papier. Der Untergang eines komplexen Zeichensystems dargestellt an Briefstellern des 19. und des 20. Jahrhunderts. In: Zeitschrift für germanistische Linguistik. Deutsche Sprache in Gegenwart und Geschichte (2004), 1–31.

— Zur Rhetorik der großen Bitte. Am Beispiel Berliner U-Bahn-Bettler. In: *Haferland*, Harald (Hg.): Höflichkeit. Osnabrücker Beiträge zur Sprachtheorie 52 (1996), 124–168.

Ehmer, Josef: Heiratsverhalten, Sozialstruktur, ökonomischer Wandel. England und Mitteleuropa in der Formationsperiode des Kapitalismus. Göttingen 1991.

Eigner, Peter/*Helige*, Andrea: Österreichische Wirtschafts- und Sozialgeschichte im 19. und 20. Jahrhundert. Wien 1999.

Ellermann, Julia: Zwang zur Barmherzigkeit. Ausdruck und Vermessung herrschaftlicher Spielräume im Umgang mit Armut in mecklenburgischen Residenzstädten. 1750–1840. Eine argumentationsgeschichtliche Annäherung. Ostfildern 2016.

Elsner, Thomas: Das Ermessen im Lichte der reinen Rechtslehre. Rechtsstrukturtheoretische Überlegungen zur Rechtsbindung und zur Letztentscheidungskompetenz des Rechtsanwenders. Berlin 2011.

Emich, Birgit: Roma locuta – causa finita? Zur Entscheidungskultur des frühneuzeitlichen Papsttums. In: *Brendecke*, Arndt (Hg.): Praktiken der Frühen Neuzeit. Akteure – Handlungen – Artefakte. Köln 2015, 635–645.

Enderlin-Mahr, Andreas: Akteure und Netzwerke im Umfeld der k. u. k. Kabinettskanzlei. In: *Ableidinger*, Clemens/*Becker*, Peter/*Dotter*, Marion/*Enderlin-Mahr*, Andreas/*Osterkamp*, Jana/*Weck*, Nadja: Im Büro des Herrschers. Neue Perspektiven der historischen Politikfeldanalyse. Göttingen 2022, 35–50.

— Kabinettskanzleidirektor Adolf Freiherr von Braun. Bürokratie und Patronage in der k. u. k. Kabinettskanzlei 1865–1899. (Dissertation) Universität Wien 2023.

Endruweit, Günter: Elitebegriffe in den Sozialwissenschaften. In: Zeitschrift für Politik. Organ der Hochschule für Politik München 26 (1979), 30–46.

Engels, Jens/*Fahrmeir*, Andreas/*Nützenadel*, Alexander (Hg.): Geld - Geschenke - Politik. Korruption im neuzeitlichen Europa. München 2009.

Eybl, Franz: Wie der Gotha zum Gotha wurde. Vom Staatskalender zum Medium adeliger Selbstverständigung. In: *Stobbe*, Urte/*Conter*, Claude (Hg.): Adel im Vormärz. Begegnungen mit einer umstrittenen Sozialformation. Bielefeld 2023.

Fassmann, Heinz: Die Bevölkerungsentwicklung. 1850–1910. In: *Harmat*, Ulrike/*Rumpler*, Helmut/ *Wandruszka*, Adam (Hg.): Die Habsburgermonarchie. 1848–1918. Bd. 9: Soziale Strukturen. Tlbd. 1/1: Von der feudal-agrarischen zur bürgerlich-industriellen Gesellschaft. Lebens- und Arbeitswelten in der Industriellen Revolution. Wien 2010, 159–184.

Feichtinger, Johannes: Habsburg (post)colonial. Anmerkungen zur Inneren Kolonisierung in Zentraleuropa. In: *Ders.*/*Csáky*, Moritz/*Prutsch*, Ursula (Hg.): Habsburg postcolonial. Machtstrukturen und kollektives Gedächtnis. Innsbruck, Wien 2003, 13–32.

Feichtinger, Johannes/*Klemun*, Marianne/*Surman*, Jan/*Svatek*, Petra (Hg.): Wandlungen und Brüche. Wissenschaftsgeschichte als politische Geschichte. Göttingen 2018.

Feigl, Helmuth: Die Stellung des Adels nach 1848 im Spiegel der Gesetzgebung. In: *Ders.*/*Rosner*, Willibald (Hg.): Adel im Wandel. Vorträge und Diskussionen des elften Symposions des Niederösterreichischen Instituts für Landeskunde Horn, 2.–5. Juli 1990. Wien 1991, 117–135.

Fessen, Alfred: Der österreichische Wirtschaftsadel von 1909–1918. (Dissertation) Universität Wien 1974.

Fetting, Martina: Zum Selbstverständnis der letzten deutschen Monarchen. Normverletzungen und Legitimationsstrategien der Bundesfürsten zwischen Gottesgnadentum und Medienrevolution. Frankfurt am Main 2013.

Fichtner, Paula: Americans and the Disintegration of the Habsburg Monarchy. The Shaping of an Historiographical Model. In: *Kann*, Robert (Hg.): The Habsburg Empire in World War I. New York 1977, 221–234.

Fillafer, Franz Leander: Aufklärung habsburgisch. Staatsbildung, Wissenskultur und Geschichtspolitik in Zentraleuropa 1750–1850. Göttingen 2020.

Fischer-Galati, Stephen: Nationalism and Kaisertreue. In: Slavic Review 22/1 (March 1963), 31–36.

Franz, Norbert: Tätigkeitsfelder und Handlungsspielräume der »letzten Rädchen im Staat«. Durchstaatlichung und Ausweitung der Staatstätigkeit in politisch-administrativen Landgemeinden Frankreichs und Luxemburgs im 19. Jahrhundert. In: *Tönsmeyer*, Tatjana/*Ganzenmüller*, Jörg (Hg.): Vom Vorrücken des Staates in die Fläche. Ein europäisches Phänomen des langen 19. Jahrhunderts. Köln 2016, 111–130.

Frevert, Ute: Die kasernierte Nation. Militärdienst und Zivilgesellschaft in Deutschland. München 2001.

Friedrich, Margret/*Mazohl*, Brigitte/*Schlachta*, Astrid von: Die Bildungsrevolution. In: *Harmat*, Ulrike/*Rumpler*, Helmut/*Wandruszka*, Adam (Hg.): Die Habsburgermonarchie. 1848–1918. Bd. 9: Soziale Strukturen. Tlbd. 1/1: Von der feudal-agrarischen zur bürgerlich-industriellen Gesellschaft. Lebens- und Arbeitswelten in der Industriellen Revolution. Wien 2010, 67–107.

Frölichsthal, Georg: Die adelsrechtlichen Erkenntnisse des k. k. Verwaltungsgerichtshofes. In: Adler. Zeitschrift für Genealogie und Heraldik 22/6, Wien April/Juni 2004, 185–191.

Fuchs-Heinritz, Werner/*König*, Alexandra (Hg.): Pierre Bourdieu. Eine Einführung. Konstanz, München 2014.

Funck, Marcus: Vom Höfling zum soldatischen Mann. Varianten und Umwandlungen adeliger Männlichkeit zwischen Kaiserreich und Nationalsozialismus. In: *Wienfort*, Monika/*Conze*, Eckart (Hg.): Adel und Moderne. Deutschland im europäischen Vergleich im 19. und 20. Jahrhundert. Köln 2004, 205–235.

Furubotn, Eirik/*Streissler*, Monika/*Richter*, Rudolf: Neue Institutionenökonomik. Eine Einführung und kritische Würdigung. Tübingen 2010.

Gábriš, Tomáš: Rytieri v republike. Zrušenie šľachtických titulov v Československu [Ritter in der Republik. Die Aufhebung der Adelstitel in der Tschechoslowakei]. Bratislava 2018.

Gampl, Inge: Adelige Damenstifte. Untersuchungen zur Entstehung adeliger Damenstifte in Österreich unter besonderer Berücksichtigung der alten Kanonissenstifte Deutschlands und Lothringens. Wien 1960.

Gareis, Iris: Gabe. In: *Jaeger*, Friedrich (Hg.): Enzyklopädie der Neuzeit Online. Essen 2005–2012, URL: http://dx-doi-org.uaccess.univie.ac.at/10.1163/2352-0248_edn_SIM_268344 (am 12.6.2024).

Geisthövel, Alexa/*Hess*, Volker: Handelndes Wissen. Die Praxis des Gutachtens. In: *Dies.* (Hg.): Medizinisches Gutachten. Geschichte einer neuzeitlichen Praxis. Göttingen 2017, 9–39.

Germann, Urs: Plausible Geschichten. Zur narrativen Qualität gerichtspsychiatrischer Gutachten um 1900. In: *Geisthövel*, Alexa/*Hess*, Volker (Hg.): Medizinisches Gutachten. Geschichte einer neuzeitlichen Praxis. Göttingen 2017, 318–339.

Gerstner, Alexandra: Neuer Adel. Aristokratische Elitekonzeptionen zwischen Jahrhundertwende und Nationalsozialismus. Darmstadt 2008.

Geschichte der Österreichischen Tabakregie. 1784–1835. Hg. v. *Austria Tabakwerke*. Wien 1975.

Gestrich, Andreas: Geschichte der Familie im 19. und 20. Jahrhundert. München 2013.

Geyer, Martin/*Paulmann*, Johannes (Hg.): The Mechanics of Internationalism. Culture, Society and Politics from the 1840s to the First World War. London, Oxford 2001.

Gleis, Ralph: 1. Mai 1873. Die feierliche Eröffnung. In: *Kos*, Wolfgang/*Gleis*, Ralph (Hg.): Experiment Metropole - 1873. Wien und die Weltausstellung. Wien 2014, 382 f.

Göbl, Michael: Die Wappenverleihung an Arthur Krupp im Jahre 1907 und der Versuch einer Neueinführung von bürgerlichen Wappenbriefen. In: Adler. Zeitschrift für Genealogie und Heraldik 13/27 (Wien 1983–85).

— Wie kamen Hammer und Sichel in das Wappen der Republik Österreich? In: Adler. Zeitschrift für Genealogie und Heraldik 25/7 (Wien Juli–September 1990), 233–238.

Godsey, William: Quarterings and Kinship. The Social Composition of the Habsburg Aristocracy in the Dualist Era. In: The Journal of Modern History 71/1 (March 1999), 56–104.

— Adelige Intoleranz. Die antijüdische Aufnahmeordnung des niederösterreichischen Ritterstandes aus dem Jahr 1808. In: *Keller*, Katrin/*Mat'a*, Petr/*Scheutz*, Martin (Hg.): Adel und Religion in der frühneuzeitlichen Habsburgermonarchie. Wien 2017, 321–337.

Goldinger, Walter: Das ehemalige Adelsarchiv. In: Mitteilungen des Österreichischen Staatsarchivs 13 (1960), 486–502.

— Neunzig Jahre Gesellschaft »Adler«. In: *Gall*, Franz (Hg.): Festschrift zur Neunzigjahrfeier der Heraldisch-Genealogischen Gesellschaft Adler. 1870–1960. Wien 1961, 5–15.

— Die Zentralverwaltung in Cisleithanien. Die zivile gemeinsame Zentralverwaltung. In: *Wandruszka*, Adam/*Urbanitsch*, Peter (Hg.): Die Habsburgermonarchie. 1848–1918. Bd. 2: Verwaltung und Rechtswesen. Wien 1975, 100–189.

Gollwitzer, Heinz: Ein Staatsmann des Vormärz. Karl von Abel. 1788–1859. Beamtenaristokratie - monarchisches Prinzip - politischer Katholizismus. Göttingen 1993.

Gonsa, Gerhard: Geschichten vom Schreibtisch des Kaisers – Die »Vorträge der Kabinettskanzlei« und die Regierungspraxis Franz Josephs I. In: *Osterkamp*,

Jana/*Becker*, Peter/*Weck*, Nadja: Geschichten vom Schreibtisch des Kaisers. Wien 2024, 9–28.

Görtz-Meiners, Vanessa: Treue und Untreue in der Partnerschaft. Historische Entwicklungen – moraltheologische Perspektiven. Münster 2016.

Gorzyński, Slawomir: Nobilitacje w Galicji w latach 1772–1918 [Nobilitierungen in Galizien in den Jahren 1772–1918]. Warszawa 1997.

Gosewinkel, Dieter: Einbürgern und Ausschliessen. Die Nationalisierung der Staatsangehörigkeit vom Deutschen Bund bis zur Bundesrepublik Deutschland. Göttingen 2011.

Gottas, Friedrich: Grundzüge der Geschichte der Parteien und Verbände. In: *Wandruszka*, Adam/*Rumpler*, Helmut (Hg.): Die Habsburgermonarchie. 1848–1918. Bd. 8: Politische Öffentlichkeit und Zivilgesellschaft. Tlbd. 1: Vereine, Parteien und Interessenverbände als Träger der politischen Partizipation. Wien 2006, 1133–1168.

Gottsmann, Andreas: Der Reichstag von Kremsier und die Regierung Schwarzenberg. Die Verfassungsdiskussion des Jahres 1848 im Spannungsfeld zwischen Reaktion und nationaler Frage. Wien, München 1995.

— Der Reichstag 1848/49 und der Reichsrat 1861 bis 1865. In: *Rumpler*, Helmut/*Wandruszka*, Adam (Hg.): Die Habsburgermonarchie. 1848–1918. Bd. 7: Verfassung und Parlamentarismus. Tlbd. 1: Verfassungsrecht, Verfassungswirklichkeit, zentrale Repräsentativkörperschaften. Wien 2000, 569–665.

— Venetien 1859–1866. Österreichische Verwaltung und nationale Opposition. Wien 2005.

Grandits, Hannes: Ländliches und städtisches Familienleben. In: *Harmat*, Ulrike/*Rumpler*, Helmut/*Wandruszka*, Adam (Hg.): Die Habsburgermonarchie. 1848–1918. Bd. 9: Soziale Strukturen. Tlbd. 1/1: Von der feudal-agrarischen zur bürgerlich-industriellen Gesellschaft. Lebens- und Arbeitswelten in der Industriellen Revolution. Wien 2010, 621–699.

Granić, Miroslav/*Martinović*, Denis: Plemstvo Kraljevine Dalmacije. 1814–1918 [Der Adel des Königreichs Dalmatien. 1814–1918]. Zadar 2018.

Grillmeyer, Siegfried: Habsburgs Diener in Post und Politik. Das »Haus« Thurn und Taxis zwischen 1745 und 1867. Mainz 2005.

Gross, Nachum: Die Stellung der Habsburgermonarchie in der Weltwirtschaft. In: *Brusatti*, Alois/*Wandruszka*, Adam/*Rumpler*, Helmut (Hg.): Die Habsburgermonarchie. 1848–1918. Bd. 1: Die wirtschaftliche Entwicklung. Wien 1973, 1–29.

Groß, Oliver: Die Debatten über den Adel im Spiegel der Grundrechtsberatungen in den deutschen Parlamenten 1848/49. Frankfurt am Main 2013.

Grunow, Dieter: Der Ansatz der politikfeldbezogenen Verwaltungsanalyse. In: *Ders.* (Hg.): Politikfeldbezogene Verwaltungsanalyse. Opladen 2003, 15–59.

Haas, Stefan: Die Kultur der Verwaltung. Die Umsetzung der preußischen Reformen. 1800–1848. Frankfurt am Main 2005.

Haider-Wilson, Barbara: Humpty Dumpty, die Geschichtswissenschaft und der Pluralismus. Einlassung auf die historische Subdisziplin »Internationale Geschichte«. In: *Dies.*/*Godsey*, William/*Mueller*, Wolfgang (Hg.): Internationale Geschichte in Theorie und Praxis. International History in Theory and Practice. Wien 2017, 7–62.

Haider-Wilson, Barbara/*Graf*, Maximilian (Hg.): Orient & Okzident. Begegnungen und Wahrnehmungen aus fünf Jahrhunderten. Wien 2016.

Hämmerle, Christa: Die k. (u.) k. Armee als »Schule des Volkes«? Zur Geschichte der allgemeinen Wehrpflicht in der Multinationalen Habsburgermonarchie. 1866–1914/18. In: *Jansen*, Christian (Hg.): Der Bürger als Soldat. Die Militarisierung europäischer Gesellschaften im langen 19. Jahrhundert. Ein internationaler Vergleich. Essen 2004, 175–213.

— Ein gescheitertes Experiment? Die Allgemeine Wehrpflicht in der multiethnischen Armee der Habsburgermonarchie. In: Journal of Modern European History. Bd. 5/2: Multi-Ethnic Empires and the Military. Conscription in Europe between Integration and Desintegration (2007), 222–242.

— Den Militärdienst erinnern – eine Einleitung. In: *Dies.* (Hg.): Des Kaisers Knechte. Erinnerungen an die Rekrutenzeit im k. (u.) k. Heer 1868 bis 1914. Wien 2012, 7–27.

Hanisch, Ernst/*Urbanitsch*, Peter: Die Prägung der politischen Öffentlichkeit durch die politischen Strömungen. In: *Rumpler*, Helmut/*Wandruszka*, Adam (Hg.): Die Habsburgermonarchie. 1848–1918. Bd. 8: Politische Öffentlichkeit und Zivilgesellschaft. Tlbd. 1: Vereine, Parteien und Interessenverbände als Träger der politischen Partizipation. Wien 2006, 15–111.

Harmat, Ulrike: Magnaten und Gentry in Ungarn. In: *Dies.*/*Rumpler*, Helmut/*Wandruszka*, Adam (Hg.): Die Habsburgermonarchie. 1848–1918. Bd. 9: Soziale Strukturen. Tlbd. 1/2: Von der feudal-agrarischen zur bürgerlich-industriellen Gesellschaft. Von der Stände- zur Klassengesellschaft. Wien 2010, 1043–1089.

— Kaiser Franz Joseph. »Treuer Sohn der Kirche« und konstitutioneller Monarch. In: Römische Historische Mitteilungen 59 (2017), 105–132.

— Untergang, Auflösung, Zerstörung der Habsburgermonarchie? Zeitgenössische Bedingungen der Erinnerung und Historiographie. In: *Rumpler*, Helmut/*Harmat*, Ulrike/*Wandruszka*, Adam (Hg.): Bewältigte Vergangenheit? Die nationale und internationale Historiographie zum Untergang der

Habsburgermonarchie als ideelle Grundlage für die Neuordnung Europas. Wien 2018, 49–95.

Hartmann, Andreas: Was ist Adel? Bemerkungen eines Althistorikers zu einer angeblichen historischen Konstante. In: *Raasch*, Markus (Hg.): Adeligkeit, Katholizismus, Mythos. Neue Perspektiven auf die Adelsgeschichte der Moderne. München 2014, 12–32.

Haunss, Sebastian/*Hofmann*, Jeanette: Entstehung von Politikfeldern – Bedingungen einer Anomalie. In: Schwerpunkt: Entstehung und Wandel von Politikfeldern. dms – der moderne staat – Zeitschrift für Public Policy, Recht und Management 8/1 (2015), 29–49.

Haupt, Heinz-Gerhard: Der Adel in einer entadelten Gesellschaft. In: *Wehler*, Hans-Ulrich (Hg.): Europäischer Adel. 1750–1950. Göttingen 1990, 286–305.

Hautmann, Hans: Die Verfasstheit Österreichs unter dem Zepter Franz Josephs. In: *Klahr*, Alfred (Hg.): Gesellschaft Mitteilungen 23/2 (2016), 1–10.

Heer und Parlament. In: Militär-Zeitung/Österreichischer Soldatenfreund Nr. 9 vom 8. März 1900.

Heilmann, Albert: Standeserhöhungen und Gnadenakte unter der Regierung seiner Majestät des Kaisers Franz Joseph I. In: Jahrbuch des Heraldisch-Genealogischen Vereines »Adler« VI. Wien 1876, 1–34.

Heindl-Langer, Waltraud: Einleitung. In: Österreichische Ministerratsprotokolle, Abteilung III. Das Ministerium Buol–Schauenstein. Bd. 2: März 1853–Oktober 1853 (= Die Protokolle des österreichischen Ministerrates 1848–1867 online [1979]), URL: https://mrp.oeaw.ac.at/pages/show.html?document=MRP-1-3-02-0-00000000-einleitung.xml (am 12.6.2024).

— Einleitung. In: Österreichische Ministerratsprotokolle. Abteilung III. Das Ministerium Buol-Schauenstein. Bd. 3: Oktober 1853–Dezember 1854 (= Die Protokolle des österreichischen Ministerrates 1848–1867 online [1984]), URL: https://mrp.oeaw.ac.at/pages/show.html?document=MRP-1-3-03-0-00000000-einleitung.xml (am 12.6.2024).

— Geschlechterbilder und Geschlechterrollen, Ideologie und Realitäten. In: *Harmat*, Ulrike/*Rumpler*, Helmut/*Wandruszka*, Adam (Hg.): Die Habsburgermonarchie. 1848–1918. Bd. 9: Soziale Strukturen. Tlbd. 1/1: Von der feudal-agrarischen zur bürgerlich-industriellen Gesellschaft. Lebens- und Arbeitswelten in der Industriellen Revolution. Wien 2010, 701–741.

— Zum cisleithanischen Beamtentum. Staatsdiener und Fürstendiener. In: *Harmat*, Ulrike/*Wandruszka*, Adam/*Rumpler*, Helmut (Hg.): Die Habsburgermonarchie. 1848–1918. Bd. 9: Soziale Strukturen. Tlbd. 1/2: Von der feudal-agrarischen zur bürgerlich-industriellen Gesellschaft. Von der Stände- zur Klassengesellschaft. Wien 2010, 1157–1209.

— Gehorsame Rebellen. Bürokratie und Beamte in Österreich. Bd. 1: 1780 bis 1848. Wien u. a. 2013.

— Josephinische Mandarine. Bürokratie und Beamte in Österreich. Bd. 2: 1848 bis 1914. Wien u. a. 2013.

— Verwaltungseliten im Neoabsolutismus. Professionelles und politisches Profil vor dem Horizont der Modernisierung. In: *Brandt*, Harm-Hinrich (Hg.): Der österreichische Neoabsolutismus als Verfassungs- und Verwaltungsproblem. Wien 2014, 145–167.

Heindl-Langer, Waltraud/*Saurer*, Edith/*Burger*, Hannelore (Hg.): Grenze und Staat. Paßwesen, Staatsbürgerschaft, Heimatrecht und Fremdengesetzgebung in der österreichischen Monarchie. 1750–1867. Wien 2000.

Heinickel, Gunter: Adelsreformideen in Preußen. Zwischen bürokratischem Absolutismus und demokratisierendem Konstitutionalismus. 1806–1854. Berlin 2014.

Hellbling, Ernst: Die Landesverwaltung in Cisleithanien. In: *Wandruszka*, Adam/ *Urbanitsch*, Peter (Hg.): Die Habsburgermonarchie. 1848–1918. Bd. 2: Verwaltung und Rechtswesen. Wien 1975, 190–269.

Hertz-Eichenrode, Dieter: Die Feudalisierungsthese. Ein Rückblick. In: Vierteljahrschrift für Sozial- und Wirtschaftsgeschichte 89/3 (2002), 265–287.

Hettling, Manfred: Politische Bürgerlichkeit. Der Bürger zwischen Individualität und Vergesellschaftung in Deutschland und der Schweiz von 1860 bis 1918. Göttingen 1999.

Hintze, Otto: Das monarchische Prinzip und die konstitutionelle Verfassung (1911). In: *Ders.*: Staat und Verfassung. Gesammelte Abhandlungen zur allgemeinen Verfassungsgeschichte. Hg. von Gerhard *Oestreich*. Göttingen 1970, 359–389.

Hirschhausen, Ulrike von: Von imperialer Inklusion zur nationalen Exklusion. Staatsbürgerschaft in Österreich-Ungarn. 1867–1923. Discussion Paper 2007.

Höbelt, Lothar: Franz Joseph I. Der Kaiser und sein Reich. Eine politische Geschichte. Wien 2009.

— Fürst Johann Liechtenstein als finanzieller Schutzpatron der »Chabrus-Grafen« 1875. In: Die Liechtenstein. Kontinuitäten – Diskontinuitäten. Hg. v. *Liechtensteinisch-Tschechische Historikerkommission*. Vaduz 2013, 247–261.

— Prinz Konrad zu Hohenlohe-Schillingfürst (1863–1918). Vom »roten Prinzen« zur »Adelsjunta«? In: *Hannig*, Alma/*Winkelhofer-Thyri*, Martina (Hg.): Die Familie Hohenlohe. Eine europäische Dynastie im 19. und 20. Jahrhundert. Köln 2013, 200–227.

Hoffmann-Rehnitz, Philip/*Krischer*, André/*Pohlig*, Matthias: Entscheiden als Problem der Geschichtswissenschaft. In: Zeitschrift für Historische Forschung 45/2 (2018), 217–281.

Holste, Karsten/*Hüchtker*, Dietlind/*Müller*, Michael: Aufsteigen und Obenbleiben in europäischen Gesellschaften des 19. Jahrhunderts. Akteure, Arenen, Aushandlungsprozesse. In: *Holste*, Karsten/*Hüchtker*, Dietlind/*Müller*, Michael (Hg.): Aufsteigen und Obenbleiben in europäischen Gesellschaften des 19. Jahrhunderts. Akteure, Arenen, Aushandlungsprozesse. Berlin 2009, 9–19.

Horčička, Václav/*Županič*, Jan: Šlechta na křižovatce. Lichtenštejnové, Schwarzenbergové a Colloredo-Mannsfeldové v 1. polovině 20. století [Der Adel am Scheideweg. Die Familien Liechtenstein, Schwarzenberg und Colloredo-Mannsfeld in der 1. Hälfte des 20. Jahrhunderts]. Praha 2017.

Horel, Catherine: Soldaten zwischen nationalen Fronten. Die Auflösung der Militärgrenze und die Entwicklung der königlich-ungarischen Landwehr (Honvéd) in Kroatien-Slawonien. 1868–1914. Wien 2009.

Huch, Gaby: Einleitung. Monarchenreisen zwischen Tradition und Moderne. In: *Dies.* (Hg.): Zwischen Ehrenpforte und Inkognito. Preußische Könige auf Reisen. Quellen zur Repräsentation der Monarchie zwischen 1797–1871. Hlbd. 1. Berlin, Boston 2016, 2–210.

Hüntelmann, Axel: Die Gutachten-Maschine. Das Verfassen, Verwenden und Verwerten von Gutachten in obersten staatlichen Medizinalbehörden zwischen 1870 und 1930. In: *Geisthövel*, Alexa/*Hess*, Volker (Hg.): Medizinisches Gutachten. Geschichte einer neuzeitlichen Praxis. Göttingen 2017, 224–245.

Hye, Hans Peter: Das politische System in der Habsburgermonarchie. Konstitutionalismus, Parlamentarismus und politische Partizipation. Prag 1998.

Immler, Nicole: Das Familiengedächtnis der Wittgensteins. Zu verführerischen Lesarten von (auto-) biographischen Texten. Bielefeld 2011.

Iveljić, Iskra: Noblesse Oblige. Nobility in Croatia and Slavonia from the End of the 19th Century until 1945 (Vortrag gehalten bei der Tagung »Transitions out of Empire in Central and Southeastern Europe«, Zagreb 23.9.2020).

Jabloner, Clemens: Vorwort. In: *Olechowski*, Thomas: Der österreichische Verwaltungsgerichtshof. Geschichte der Verwaltungsgerichtsbarkeit in Österreich – das Palais der ehemaligen Böhmisch-Österreichischen Hofkanzlei. Wien 2001.

Jäger-Sunstenau, Hanns: Die geadelten Judenfamilien im vormärzlichen Wien. Dissertation an der Universität Wien 1950.

— Sozialgeschichtliche Statistik der Nobilitierungen in Ungarn. 1700–1918. In: Bericht über den sechzehnten österreichischen Historikertag in Krems/Donau. Wien 1985, 578–582.

— Statistik der Nobilitierungen in Österreich. 1701–1918. In: Adelsfamilien der Österreichisch-Ungarischen Monarchie. Neustadt an der Aisch 1963, 3–16.

Jászi, Oscar: The Dissolution of the Habsburg Monarchy. Chicago 1929.

Jocteau, Gian Carlo: Der italienische Adel im jungen Nationalstaat. In: *Meriggi*, Marco/*Clemens*, Gabriele/*König*, Malte (Hg.): Hochkultur als Herrschaftselement. Italienischer und deutscher Adel im langen 19. Jahrhundert. Berlin 2011, 51–65.

Joyce, Patrick: The State of Freedom. A Social History of the British State since 1800. Cambridge 2013.

Judson, Pieter: The Habsburg Empire. A New History. Cambridge/MA, London 2016.

Kalwoda, Johannes: »Zur geneigten Berücksichtigung wärmstens zu empfehlen«. Behandlung von Bittschriften im deutschen »Landsmannministerium« Österreichs von 1906 bis 1910. In: *Dotter*, Marion/*Marlow*, Ulrike (Hg.): »Allerunterthänigst unterfertigte Bitte«. Bittschriften und Petitionen im langen 19. Jahrhundert. Berlin 2024, 259–290.

Kann, Robert: Das Nationalitätenproblem der Habsburgermonarchie. Geschichte und Ideengehalt der nationalen Bestrebungen vom Vormärz bis zur Auflösung des Reiches im Jahre 1918. 2 Bde. Graz, Köln 1964.

— Dynasty, Politics and Culture. Selected Essays. Hg. v. Stanley B. *Winters*. Boulder/CO 1991.

Karsten, Arne/*Thiessen*, Hillard von: Einleitung. In: *Dies*. (Hg.): Nützliche Netzwerke und korrupte Seilschaften. Göttingen 2006, 7–17.

Kastner-Michalitschke, Else: Geschichte und Verfassungen des Sternkreuzordens. Wien, Leipzig 1909.

Keller, Katrin: Der Hof als Zentrum adliger Existenz? Der Dresdner Hof und der sächsische Adel im 17. und 18. Jahrhundert. In: *Asch*, Ronald (Hg.): Der europäische Adel im Ancien Régime. Von der Krise der ständischen Monarchien bis zur Revolution. ca. 1600–1789. Köln 2001, 207–234.

Kerschbaumer, Arno: Nobilitierungen unter der Regentschaft Kaiser Karl I./IV. Károly király. (1916–1921). Graz 2016.

— Nobilitierungen unter der Regentschaft Kaiser Franz Joseph I./I. Ferenc József király. 1914–1916. Graz 2017.

— Beamte, Unternehmer, Offiziere. Familien der »Zweiten Gesellschaft« aus Innerösterreich. Graz 2018.

Klabouch, Jiří: Die Lokalverwaltung in Cisleithanien. In: *Wandruszka*, Adam/ *Urbanitsch*, Peter (Hg.): Die Habsburgermonarchie. 1848–1918. Bd. 2: Verwaltung und Rechtswesen. Wien 1975, 270–305.

Klein, Andreas: Regeln der Patronage. Eine historisch-anthropologische Studie der Mikropolitik des John James Hamilton, First Marquess of Abercorn, in Irland. Augsburg 2009.

Kleinertz, Everhard: Bürgerliches Stiftungsverhalten während des 19. Jahrhunderts in Köln vor dem Hintergrund katholischer und liberaler Weltanschauung. In: Jahrbuch des Kölnischen Geschichtsvereins 81/12 (2011), 199–250.

Kocka, Jürgen/*Frey*, Manuel: Einleitung und einige Ergebnisse. In: *Dies*. (Hg.): Bürgerkultur und Mäzenatentum im 19. Jahrhundert. Berlin 1998, 7–17.

Komlosy, Andrea: Imperial Cohesion, Nation-Building, and Regional Integration in the Habsburg Monarchy. In: *Miller*, Alexei/*Berger*, Stefan (Hg.): Nationalizing Empires. Budapest 2014, 369–428.

Körner, Hans-Michael: Marie Sophie (Maria Sofia). In: Neue Deutsche Biographie. Bd. 16. Berlin 1990.

Koskenniemi, Martti/*Rech*, Walter/*Fonseca*, Manuel Jiménez (Hg.): International Law and Empire. Historical Explorations. Oxford 2017.

Kraft, Claudia: Das »Staatlich-Administrative« als Feld von Aushandlungsprozessen zwischen alten und neuen polnischen Eliten Ende des 18. und zu Beginn des 19. Jahrhunderts. In: *Holste*, Karsten/*Hüchtker*, Dietlind/*Müller*, Michael (Hg.): Aufsteigen und Obenbleiben in europäischen Gesellschaften des 19. Jahrhunderts. Akteure, Arenen, Aushandlungsprozesse. Berlin 2009, 21–47.

Krauss, Marita: Herrschaftspraxis in Bayern und Preußen im 19. Jahrhundert. Ein historischer Vergleich. Frankfurt am Main 1997.

Krischer, André: Das Problem des Entscheidens in systematischer und historischer Perspektive. In: *Stollberg-Rilinger*, Barbara/*Krischer*, André (Hg.): Herstellung und Darstellung von Entscheidungen. Verfahren, Verwalten und Verhandeln in der Vormoderne. Berlin 2010, 35–64.

Kroll, Thomas: Dynastische Adelspolitik und gesellschaftlicher Wandel im Italien des Risorgimento. Der toskanische Adel in der bürokratischen Monarchie (1800–1860). In: *Conze*, Eckart/*Wienfort*, Monika (Hg.): Adel und Moderne. Deutschland im europäischen Vergleich im 19. und 20. Jahrhundert. Köln, Wien 2004, 19–39.

Kubrova, Monika: Vom guten Leben. Adelige Frauen im 19. Jahrhundert. Berlin 2011.

Kučera, Rudolf: Staat, Adel und Elitenwandel. Die Adelsverleihung in Schlesien und Böhmen. 1806–1871 im Vergleich. Göttingen 2012.

Kuhn, Bärbel: Familienstand: ledig. Ehelose Frauen und Männer im Bürgertum (1850–1914). Köln, Wien 2000.

Kühschelm, Oliver: Das Bürgertum in Cisleithanien. In: *Harmat*, Ulrike/*Rumpler*, Helmut/*Wandruszka*, Adam (Hg.): Die Habsburgermonarchie. 1848–1918. Bd. 9: Soziale Strukturen. Tlbd. 1/2: Von der feudal-agrarischen zur bürgerlich-industriellen Gesellschaft. Von der Stände- zur Klassengesellschaft. Wien 2010, 849–907.

Laak, Dirk van: Infrastrukturen und Macht. In: *Duceppe-Lamarre*, François/*Engels*, Jens Ivo (Hg.): Umwelt und Herrschaft in der Geschichte. München 2008, 106–113.

Laich, Mario: Altösterreichische Ehrungen – Auszeichnungen des Bundes. Vergleiche und Betrachtungen. Ein Beitrag zur Rechts- und Kulturgeschichte. Innsbruck, Wien 1993.

Lalić, Daniel: Hochadel Kroatien-Slawoniens. Zwischen Verlust, Verteidigung und Neuerwerb gesellschaftlicher Elitenpositionen. 1868–1918. Berlin, Boston 2017.

Lamar, Cecil: The Creation of Nobles in Prussia. 1871–1918. In: The American Historical Review 75/3 (February 1970), 757–795.

Lamott, Franziska: Virginität als Fetisch. Kulturelle Codierung und rechtliche Normierung der Jungfräulichkeit um die Jahrhundertwende. In: Tel Aviver Jahrbuch für deutsche Geschichte. Neuere Frauengeschichte 21 (1992), 153–170.

Langer, Carl Edmund: Die Ahnen- und Adelsprobe, die Erwerbung, Bestätigung und der Verlust der Adelsrechte in Österreich. Wien 1862.

Langer, Ellinor: Die Geschichte des Adeligen Damenstiftes zu Innsbruck. Innsbruck 1950.

Langewiesche, Dieter: Bürgerliche Adelskritik zwischen Aufklärung und Reichsgründung in Enzyklopädien und Lexika. In: *Fehrenbach*, Elisabeth (Hg.): Adel und Bürgertum in Deutschland. 1770–1848. München 1994, 11–28.

— Die Monarchie im Jahrhundert Europas. Selbstbehauptung durch Wandel im 19. Jahrhundert. Heidelberg 2013.

— Bildungsbürgertum. Zum Forschungsprojekt des Arbeitskreises für moderne Sozialgeschichte. In: *Hettling*, Manfred/*Pohle*, Richard (Hg.): Bürgertum. Bilanzen, Perspektiven, Begriffe. Göttingen 2019, 37–58.

Leemann, Noemi: Die Weltausstellung kommt nach Wien. Ein Unternehmen der Superlative. In: *Kos*, Wolfgang/*Gleis*, Ralph (Hg.): Experiment Metropole – 1873. Wien und die Weltausstellung. Wien 2014, 118–125.

Lehne, Friedrich: Rechtsschutz im öffentlichen Recht. Staatsgerichtshof, Reichsgericht, Verwaltungsgerichtshof. In: *Wandruszka*, Adam/*Urbanitsch*, Peter

(Hg.): Die Habsburgermonarchie. 1848–1918. Bd. 2: Verwaltung und Rechtswesen. Wien 1975, 663–715.

Leidinger, Hannes: War die Habsburgermonarchie ein Imperium? Aktuelle wissenschaftliche Betrachtungen und zeitgenössische Debatten von 1900 bis 1918. In: *Dornik*, Wolfram/*Lehnstaedt*, Stephan/*Bachinger*, Bernhard (Hg.): Österreich-Ungarns imperiale Herausforderungen. Nationalismen und Rivalitäten im Habsburgerreich um 1900. Göttingen 2020, 27–44.

Lelewer, Georg: Grundriß des Militärstrafrechts. Leipzig 1908.

Lengyel, György: Die ungarische Wirtschaftselite im 19. und zum Anfang des 20. Jahrhunderts. Lebensbahnen der Generationen. In: *Bácskai*, Vera (Hg.): Bürgertum und bürgerliche Entwicklung in Mittel- und Osteuropa. Bd. 2. Budapest (o. J.), 591–694.

Lengyel, Zsolt: Zum Problem der Landesvertretung im neoabsolutistischen Ungarn. In: *Brandt*, Harm-Hinrich (Hg.): Der österreichische Neoabsolutismus als Verfassungs- und Verwaltungsproblem. Wien 2014, 383–412.

Leonhard, Jörn: Wie legitimierten sich multiethnische Empires im langen 19. Jahrhundert? In: *Münkler*, Herfried (Hg.): Die Legitimation von Imperien. Strategien und Motive im 19. und 20. Jahrhundert. Frankfurt am Main 2012, 70–93.

Lepsius, Rainer: Zur Soziologie des Bürgertums und der Bürgerlichkeit. In: *Kocka*, Jürgen (Hg.): Bürger und Bürgerlichkeit im 19. Jahrhundert. Göttingen 1987, 79–100.

Lindström, Fredrik: The State and Bureaucracy as a Key Field of Research in Habsburg Studies. In: *Adlgasser*, Franz/*Lindström*, Fredrik (Hg.): The Habsburg Civil Service and Beyond. Bureaucracy and Civil Servants from the Vormärz to the Inter-War Years. Wien 2019, 13–47.

Loer, Kathrin/*Reiter*, Renate/*Töller*, Annette Elisabeth: Was ist ein Politikfeld und warum entsteht es? In: Schwerpunkt: Entstehung und Wandel von Politikfeldern. dms – der moderne staat – Zeitschrift für Public Policy, Recht und Management 8/1 (2015), 7–28.

Löffler, Ursula: Kommunikation zwischen Obrigkeit und Untertanen. Zum Aufgabenprofil dörflicher Amtsträger in der Frühen Neuzeit. In: *Pröve*, Ralf/*Winnige*, Norbert (Hg.): Wissen ist Macht. Herrschaft und Kommunikation in Brandenburg-Preußen. 1600–1850. Berlin 2001, 101–120.

Lüdtke, Alf: Herrschaft als soziale Praxis. Historische und sozial-anthropologische Studien. Göttingen 1991.

— Geschichte und Eigensinn. In: *Diekwisch*, Heike (Hg.): Alltagskultur, Subjektivität und Geschichte. Zur Theorie und Praxis von Alltagsgeschichte. Münster 1994.

Luft, Robert: Parlamentarische Führungsgruppen und politische Strukturen in der tschechischen Gesellschaft. Tschechische Abgeordnete und Parteien des österreichischen Reichsrats. 1907–1914. München 2012.

Luft, Robert/*Havelka*, Miloš/*Zwicker*, Stefan: Zur Einführung. In: *Dies.* (Hg.): Zivilgesellschaft und Menschenrechte im östlichen Europa. Tschechische Konzepte der Bürgergesellschaft im historischen und nationalen Vergleich. Göttingen 2014, VII–XIV.

Lühe, Marion: Der venezianische Adel nach dem Untergang der Republik. 1797–1830. Köln 2000.

Luhmann, Niklas: Das Recht der Gesellschaft. Frankfurt am Main 1993.

Mache, Christa: Beiträge zur Geschichte der heraldisch-genealogischen Gesellschaft »Adler«. Bd. 1: Die Geschichte der Gesellschaft »Adler«. Wien 1997.

Machtemes-Titgemeyer, Ursula: Leben zwischen Trauer und Pathos. Bildungsbürgerliche Witwen im 19. Jahrhundert. Osnabrück 2001.

Malfèr, Stefan: Advocatus Ecclesiae oder konstitutioneller Monarch. Die Habsburger und das Verhältnis zwischen Kirche und Staat im 19. Jahrhundert. In: Sarner Kollegi Chronik 58/1 (1996), 26–40.

— Der Konstitutionalismus in der Habsburgermonarchie. Siebzig Jahre Verfassungsdiskussion in »Zisleithanien«. In: *Rumpler*, Helmut/*Urbanitsch*, Peter/*Wandruszka*, Adam (Hg.): Die Habsburgermonarchie. 1848–1918. Bd. 7: Verfassung und Parlamentarismus. Tlbd. 1: Verfassungsrecht, Verfassungswirklichkeit, Zentrale Repräsentativkörperschaften. Wien 2000, 11–67.

Malinowski, Stephan: Vom König zum Führer. Sozialer Niedergang und politische Radikalisierung im deutschen Adel zwischen Kaiserreich und NS-Staat. Berlin 2003.

Marburg, Silke/*Kuenheim*, Sophia von (Hg.): Projektionsflächen von Adel. Berlin, Boston 2016.

Margreiter, Klaus: Konzept und Bedeutung des Adels im Absolutismus. (Dissertation) European University Institute Florenz 2005.

Marin, Irina: Reforming the Better to Preserve. A k. u. k. General's View on Hungarian Politics. In: *Buchen*, Tim/*Rolf*, Malte (Hg.): Eliten im Vielvölkerreich. Imperiale Biographien in Russland und Österreich-Ungarn. (1850–1918)/Elites and Empire. Imperial Biographies in Russia and Austria-Hungary. (1850–1918). Berlin, Boston 2015, 155–177.

Marlow, Ulrike: Monarchinnen im deutschsprachigen Raum im 19. Jahrhundert (laufendes Dissertationsprojekt an der LMU München).

Marschall von Bieberstein, Christoph: Freiheit in der Unfreiheit. Die nationale Autonomie der Polen in Galizien nach dem österreichisch-ungarischen

Ausgleich von 1867. Ein konservativer Aufbruch im mitteleuropäischen Vergleich. Wiesbaden 1993.

Mattoni Heinrich von. In: Österreichisches Biographisches Lexikon. 1815–1950. Bd. 6. Wien 1975, 150.

Mayer, Arno: Adelsmacht und Bürgertum. Die Krise der europäischen Gesellschaft. 1848–1914. München 1984.

Mayr, Josef Karl: Mitis, Oskar. Nachruf. In: Mitteilungen des Instituts für österreichische Geschichtsforschung 64 (1956), 471–479.

Mazohl-Wallnig, Brigitte: Österreichischer Verwaltungsstaat und administrative Eliten im Königreich Lombardo-Venetien. 1815–1859. Mainz 1993.

— Einleitung. In: *Dies.* (Hg.): Bürgerliche Frauenkultur im 19. Jahrhundert. Köln, Wien 1995, 9–24.

McCagg, William: Austria's Jewish Nobles. 1740–1918. In: Leo Baeck Institute Year Book 34/1 (1989), 163–183.

Megner, Karl: Zisleithanische Adels- und Ritterstandserwerber. 1868–1884. (Hausarbeit) Universität Wien 1974.

— Beamte. Wirtschafts- und sozialgeschichtliche Aspekte des k. k. Beamtentums. Wien 1985.

Meißl, Gerhard: Die gewerblich-industrielle Arbeitswelt in Cisleithanien mit besonderer Berücksichtigung der Berufszählungen 1890 und 1910. In: *Harmat*, Ulrike/*Rumpler*, Helmut/*Wandruszka*, Adam (Hg.): Die Habsburgermonarchie. 1848–1918. Bd. 9: Soziale Strukturen. Tlbd. 1/1: Von der feudalagrarischen zur bürgerlich-industriellen Gesellschaft. Lebens- und Arbeitswelten in der Industriellen Revolution. Wien 2010, 323–377.

Melichar, Peter/*Mejstrik*, Alexander: Die bewaffnete Macht. In: *Harmat*, Ulrike/*Wandruszka*, Adam/*Rumpler*, Helmut (Hg.): Die Habsburgermonarchie. 1848–1918. Bd. 9: Soziale Strukturen. Tlbd. 1/2: Von der feudal-agrarischen zur bürgerlich-industriellen Gesellschaft. Von der Stände- zur Klassengesellschaft. Wien 2010, 1263–1326.

Melville, Ralph: Adel und Revolution in Böhmen. Strukturwandel von Herrschaft und Gesellschaft in Österreich um die Mitte des 19. Jahrhunderts. Mainz 1998.

Menning, Daniel: Standesgemäße Ordnung in der Moderne. München 2014.

Mentschl, Josef: Das österreichische Unternehmertum. In: *Brusatti*, Alois/*Rumpler*, Helmut/*Wandruszka*, Adam (Hg.): Die Habsburgermonarchie. 1848–1918. Bd. 1: Die wirtschaftliche Entwicklung. Wien 1973, 250–277.

Meriggi, Marco: Amministrazione e classi sociali nel lombardo-veneto. 1814–1848 [Verwaltung und soziale Klassen in Lombardovenetien. 1814–1848]. Bologna 1983.

— Der Adelsliberalismus in der Lombardei und in Venetien. 1815–1860. In: *Langewiesche*, Dieter (Hg.): Liberalismus im 19. Jahrhundert. Deutschland im europäischen Vergleich. Göttingen 1988, 367–377.

Mesch, Michael: Die sozialen Strukturen der Habsburgermonarchie. 1848–1918. Rezension. In: Wirtschaft und Gesellschaft 37/4 (2011), 146–153.

Mittendorfer, Konstanze: Die ganz andere, die häusliche Hälfte. Wi(e)der die Domestizierung der Biedermeierin. In: *Mazohl-Wallnig*, Brigitte (Hg.): Bürgerliche Frauenkultur im 19. Jahrhundert. Köln, Wien 1995, 27–80.

Mittenzwei, Ingrid: Zwischen gestern und morgen. Wiens frühe Bourgeoisie an der Wende vom 18. zum 19. Jahrhundert. Wien 1998.

Möckl, Karl: Hof und Hofgesellschaft in den deutschen Staaten im 19. und beginnenden 20. Jahrhundert. Berlin, Boston 1990.

Müller, Michael: Der polnische Adel von 1750 bis 1863. In: *Wehler*, Hans-Ulrich (Hg.): Europäischer Adel. 1750–1950. Göttingen 1990, 217–242.

— »Landbürger«. Elitenkonzepte des polnischen Adels im 19. Jahrhundert. In: *Conze*, Eckart/*Wienfort*, Monika (Hg.): Adel und Moderne. Deutschland im europäischen Vergleich im 19. und 20. Jahrhundert. Köln, Wien 2004, 87–106.

Münch, Paul (Hg.): Ordnung, Fleiß und Sparsamkeit. Texte und Dokumente zur Entstehung der »bürgerlichen Tugenden«. München 1984.

— Einleitung. In: *Ders.* (Hg.): Ordnung, Fleiß und Sparsamkeit. Texte und Dokumente zur Entstehung der »bürgerlichen Tugenden«. München 1984, 9–38.

Münkler, Herfried: Imperien. Die Logik der Weltherrschaft. Vom Alten Rom bis zu den Vereinigten Staaten. Berlin 2005.

Nellen, Stefan/*Stockinger*, Thomas: Staat, Verwaltung und Raum im langen 19. Jahrhundert. Einleitung. In: Administory 2/1 (2017), 3–28.

Nemec, Norbert: Erzherzogin Maria Annunziata. 1876–1961. Die unbekannte Nichte Kaiser Franz Josephs I. Köln, Wien 2010.

Neu, Tim: Zeremonielle Verfahren. Zur Funktionalität vormoderner politisch-administrativer Prozesse am Beispiel des Landtags im Fürstbistum Münster. In: *Haas*, Stefan/*Hengerer*, Mark (Hg.): Im Schatten der Macht. Kommunikationskulturen in Politik und Verwaltung. 1600–1950. Frankfurt am Main 2008, 23–50.

Niedhammer, Martina: Nur eine »Geld-Emancipation«? Loyalitäten und Lebenswelten des Prager jüdischen Großbürgertums. 1800–1867. Göttingen 2013.

Novotny, Alexander: Der Monarch und seine Ratgeber. In: *Wandruszka*, Adam/ *Urbanitsch*, Peter (Hg.): Die Habsburgermonarchie. 1848–1918. Bd. 2: Verwaltung und Rechtswesen. Wien 1975, 57–99.

Oberhummer, Hermann: Die Wiener Polizei. Neue Beiträge zur Geschichte des Sicherheitswesens in den Ländern der ehemaligen österreichisch-ungarischen Monarchie. 200 Jahre Sicherheit in Österreich. Wien 1938.

Oestmann, Peter: Begnadigung. In: *Jaeger*, Friedrich (Hg.): Enzyklopädie der Neuzeit Online, Essen 2005–2012, URL: http://dx-doi-org.uaccess.univie.ac.at/10.1163/2352-0248_edn_SIM_245414 (am 12.6.2024).

Oexle, Otto Gerhard: Aspekte der Geschichte des Adels im Mittelalter und in der Frühen Neuzeit. In: *Wehler*, Hans-Ulrich (Hg.): Europäischer Adel. 1750–1950. Göttingen 1990, 19–56.

Ogris, Werner: Die Rechtsentwicklung in Cisleithanien. 1848–1918. In: *Wandruszka*, Adam/*Urbanitsch*, Peter (Hg.): Die Habsburgermonarchie. 1848–1918. Bd. 2: Verwaltung und Rechtswesen. Wien 1975, 538–662.

Olechowski, Thomas: Die Einführung der Verwaltungsgerichtsbarkeit in Österreich. Wien 1999.

— Der österreichische Verwaltungsgerichtshof. Geschichte der Verwaltungsgerichtsbarkeit in Österreich – das Palais der ehemaligen Böhmisch-Österreichischen Hofkanzlei. Wien 2001.

Osterhammel, Jürgen: Die Verwandlung der Welt. Eine Geschichte des 19. Jahrhunderts. München 2010.

Osterkamp, Jana: »Kooperatives Imperium«. Loyalitätsgefühle und Reich-Länder-Finanzausgleich in der späten Habsburgermonarchie. In: Geschichte und Gesellschaft. Loyalitäten in supranationalen Ordnungen 42/4 (2016), 592–620.

— Imperial Diversity in the Village. Petitions for and against the Division of Galicia in 1848. In: Nationalities Papers 44/5 (2016), 731–750.

— Wasser, Erde, Imperium. Eine kleine Politikgeschichte der Meliorationen in der Habsburgermonarchie. In: *Tönsmeyer*, Tatjana/*Ganzenmüller*, Jörg (Hg.): Vom Vorrücken des Staates in die Fläche. Ein europäisches Phänomen des langen 19. Jahrhunderts. Köln 2016, 179–197.

— Kooperatives Imperium. Eine neue Perspektive auf Anspruch und Wirklichkeit imperialer Herrschaft. In: *Dies.* (Hg.): Kooperatives Imperium. Politische Zusammenarbeit in der späten Habsburgermonarchie. Göttingen 2018, 1–21.

— Familie, Macht, Differenz. Familienrecht(e) in der Habsburgermonarchie als Herausforderung des Empire. In: *Kraft*, Claudia/*Lanzinger*, Margareth (Hg.): Ehe imperial. L'Homme. Europäische Zeitschrift für Feministische Geschichtswissenschaft 31/1 (2020), 17–34.

— Vielfalt ordnen. Das föderale Europa der Habsburgermonarchie. Vormärz bis 1918. Göttingen 2020.

Osterkamp, Jana/*Becker*, Peter: The Emperor's Desk. A Site of Policy Making in the Habsburg Empire? Francis Joseph I and his Cabinet Office. DACH-Research-Project, Wien, München 2018–2021.

— Regierungstätigkeit in der Habsburgermonarchie aus statistischer Perspektive (Vortrag gehalten beim Workshop »Das Büro des Kaisers. Neuere Ansätze in der historisch-soziologischen Politikfeldanalyse«, München 7.3. 2019).

Osterkamp, Jana/*Schulze Wessel*, Martin: Texturen von Loyalität. Überlegungen zu einem analytischen Begriff. In: Geschichte und Gesellschaft. Loyalitäten in supranationalen Ordnungen 42/4 (2016), 553–573.

— Exploring Loyalty. In: *Dies.* (Hg.): Exploring Loyalty. Göttingen 2017, 1–16.

Pabel, Katharina: Verwaltungsgerichtsbarkeit – Wesen und Wandel. In: Zeitschrift für öffentliches Recht 67 (2012), 61–79.

Pahlow, Louis: Staatsbürgerschaft. In: *Jaeger*, Friedrich (Hg.): Enzyklopädie der Neuzeit Online. Essen 2005–2012, URL: http://dx-doi-org.uaccess.univie.ac.at/10.1163/2352-0248_edn_COM_354971 (am 12.6.2024)

Paleczek, Raimund: Modernisierung des Großgrundbesitzes des Fürsten Johann Adolph zu Schwarzenberg in Südböhmen während des Neoabsolutismus. Marburg 2008.

Pammer, Michael: Österreichische und ungarische Finanzpolitik. 1868–1913. In: *Ableidinger*, Clemens/*Becker*, Peter/*Dotter*, Marion/*Enderlin-Mahr*, Andreas/*Osterkamp*, Jana/*Weck*, Nadja (Hg.): Im Büro des Kaisers. Neue Perspektiven der historischen Politikfeldanalyse für das 19. Jahrhundert. Göttingen 2022, 97–112.

Pap, József: Parliamentary Representatives and Parliamentary Representation in Hungary (1848–1918). Frankfurt am Main 2017.

Paulmann, Johannes: Pomp und Politik. Monarchenbegegnungen in Europa zwischen Ancien Régime und Erstem Weltkrieg. Paderborn, Wien 2000.

Pemsel, Jutta: Die Wiener Weltausstellung von 1873. Das gründerzeitliche Wien am Wendepunkt. Wien, Köln 1989, 41–43.

Peschorn, Wolfgang: Die Geschichte der Finanzprokuratur. In: *Kremser*, Manfred (Hg.): Anwalt und Berater der Republik. Festschrift zum 50. Jahrestag der Wiedererrichtung der österreichischen Finanzprokuratur. Wien 1995, 15–34.

— Finanzprokuratur. (Dissertation) Universität Wien 2005.

Péter, László: Die Verfassungsentwicklung in Ungarn. In: *Rumpler*, Helmut/*Urbanitsch*, Peter/*Wandruszka*, Adam (Hg.): Die Habsburgermonarchie. 1848–1918. Bd. 7: Verfassung und Parlamentarismus. Tlbd. 1: Verfassungsrecht, Verfassungswirklichkeit, Zentrale Repräsentativkörperschaften. Wien 2000, 239–540.

Pfister, Ulrich: Entscheiden wird selbstreferenziell und reflexiv. Die Entstehung und Entwicklung von Politikfeldern, spätes 17. bis 19. Jahrhundert (Vortrag gehalten bei dem Workshop »Historische Politikfeldanalyse«, Wien 11.11. 2018).

— Einleitung. In: *Ders.* (Hg.): Kulturen des Entscheidens. Narrative - Praktiken - Ressourcen. Göttingen 2019, 11–34.

Pielhoff, Stephen: Stifter und Anstifter. Vermittler zwischen »Zivilgesellschaft«, Kommune und Staat im Kaiserreich. In: *Kocka*, Jürgen/*Lingelbach*, Gabriele (Hg.): Schenken, Stiften, Spenden. Geschichte und Gesellschaft 33/1 (2007), 10–45.

Pitts, Jennifer: Boundaries of the International. Law and Empire. Cambridge, London 2018.

Pohlig, Matthias: Informationsgewinnung und Entscheidung. Entscheidungspraktiken und Entscheidungskultur der englischen Regierung um 1700. In: *Brendecke*, Arndt (Hg.): Praktiken der Frühen Neuzeit. Akteure - Handlungen - Artefakte. Köln 2015, 667–677.

Poten, Bernhard von: Wickede, Julius von. In: Allgemeine Deutsche Biographie. Bd. 42. Leipzig 1897.

Pouzar, Vladimír: Rakouské záslužné řády v době předbřeznové [Österreichische Verdienstorden in der Vormärzzeit]. In: Heraldická ročenka (2007), 118–134.

Powell, Paul/*DiMaggio*, Walter: The New Institutionalism in Organizational Analysis. Chicago 1991.

Prokop, Ursula: Margaret Stonborough-Wittgenstein. Bauherrin, Intellektuelle, Mäzenin. Köln 2016.

Prokopowitsch, Erich: Der Adel in der Bukowina. In: *Wagner*, Rudolf (Hg.): Spuren der deutschen Einwanderung in die Bukowina vor 200 Jahren – Grenzschutz und Adel in österreichischer Zeit. München 1983, 116–178.

Pröve, Ralf: Herrschaft als kommunikativer Prozess. Das Beispiel Brandenburg-Preußen. In: *Ders.*/*Winnige*, Norbert (Hg.): Wissen ist Macht. Herrschaft und Kommunikation in Brandenburg-Preußen. 1600–1850. Berlin 2001, 11–21.

Puttkamer, Joachim von: Schulalltag und nationale Integration in Ungarn. Slowaken, Rumänen und Siebenbürger Sachsen in der Auseinandersetzung mit der ungarischen Staatsidee. 1867–1914. München 2003.

— Schooling, Religion and the Integration of Empire. Education in the Habsburg Monarchy and in Tsarist Russia. In: *Leonhard*, Jörn/*Hirschhausen*, Ulrike von (Hg.): Comparing Empires. Encounters and Transfers in the Long Nineteenth Century. Göttingen 2011, 359–371.

Quante, Michael/*Rojek*, Tim: Entscheidungen als Vollzug und im Bericht. Innen- und Außenansichten praktischer Vernunft. In: *Pfister*, Ulrich (Hg.): Kulturen des Entscheidens. Narrative – Praktiken – Ressourcen. Göttingen 2019, 37–67.

Raasch, Markus (Hg.): Adeligkeit, Katholizismus, Mythos. Neue Perspektiven auf die Adelsgeschichte der Moderne. München 2014.

— »Ich habe in Seinem Schlafzimmer oft Seine Hände geküsst«. Adel und Männlichkeit am Beispiel des Katholizismus. In: *Ders.* (Hg.): Adeligkeit, Katholizismus, Mythos. Neue Perspektiven auf die Adelsgeschichte der Moderne. München 2014, 134–152.

Raphael, Lutz: Recht und Ordnung. Herrschaft durch Verwaltung im 19. Jahrhundert. Frankfurt am Main 2000.

Raptēs, Kōnstantinos: Die Grafen Harrach und ihre Welt. 1884–1945. Wien 2017.

Rebhan, Hanno: Österreich wird Verfassungsstaat. Entstehung und Entwicklung moderner Verfassungsstaatlichkeit. (1848–1918). Marburg 2012.

Reckwitz, Andreas: Grundelemente einer Theorie sozialer Praktiken. Eine sozialtheoretische Perspektive. In: Zeitschrift für Soziologie 32 (2003), 282–301.

Reichardt, Rolf: Einleitung. In: *Ders.*/*Schlieben-Lange*, Brigitte (Hg.): Handbuch politisch-sozialer Grundbegriffe in Frankreich. 1680–1820. Bd. 1/2: Allgemeine Bibliographie. Die Wörterbücher in der Französischen Revolution. München 1985, 39–148.

Reif, Heinz: Einleitung. In: *Ders.* (Hg.): Adel und Bürgertum in Deutschland. Entwicklungslinien und Wendepunkte im 19 Jahrhundert. Bd. 1. Berlin 2008, 7–27.

— Adel im 19. und 20. Jahrhundert. München 2012.

Reinhard, Wolfgang: Amici e creature. Politische Mikrogeschichte der römischen Kurie im 17. Jahrhundert. In: Quellen und Forschungen in italienischen Archiven und Bibliotheken 76 (1996), 308–334.

— Geschichte der Staatsgewalt. Eine vergleichende Verfassungsgeschichte Europas von den Anfängen bis zur Gegenwart. München 1999.

— Zusammenfassung. Staatsbildung durch »Aushandeln«? In: *Asch*, Ronald (Hg): Staatsbildung als kultureller Prozess. Strukturwandel und Legitimation von Herrschaft in der Frühen Neuzeit. Köln 2005, 429–438.

— Die Nase der Kleopatra. Geschichte im Lichte mikropolitischer Forschung. Ein Versuch. In: Historische Zeitschrift 293/3 (2011), 631–666.

Reinöhl, Fritz: Geschichte der k. u. k. Kabinettskanzlei. Wien 1963.

Reiter, Wolfgang: Mäzenatentum, Naturwissenschaft und Politik im Habsburgerreich und in der Ersten Republik Österreich. In: Österreichische Zeitschrift für Geschichtswissenschaften 25/3 (2014), 212–247.

Requate, Jörg: Publikum. In: *Jaeger*, Friedrich (Hg.): Enzyklopädie der Neuzeit Online. Essen 2005–2012, URL: http://dx-doi-org.uaccess.univie.ac.at/10.1163/2352-0248_edn_SIM_332664 (am 12.6.2024).

Řezník, Miloš: Der galizische Adel. In: *Harmat*, Ulrike/*Rumpler*, Helmut/*Wandruszka*, Adam (Hg.): Die Habsburgermonarchie. 1848–1918. Bd. 9: Soziale Strukturen. Tlbd. 1/2: Von der feudal-agrarischen zur bürgerlich-industriellen Gesellschaft. Von der Stände- zur Klassengesellschaft. Wien 2010, 1015–1042.

— Neuorientierung einer Elite. Aristokratie, Ständewesen und Loyalität in Galizien. 1772–1795. Frankfurt am Main 2016.

— Die Habsburgermonarchie – ein Imperium ihrer Völker? Einführende Überlegungen zu »Österreichs Staatsidee«. In: *Dornik*, Wolfram/*Lehnstaedt*, Stephan/*Bachinger*, Bernhard (Hg.): Österreich-Ungarns imperiale Herausforderungen. Nationalismen und Rivalitäten im Habsburgerreich um 1900. Göttingen 2020, 45–66.

Roesch, Claudia: Experten in der Moderne am Beispiel des reproduktiven Entscheidens in den 1960er bis 1980er Jahren. In: *Pfister*, Ulrich (Hg.): Kulturen des Entscheidens. Narrative – Praktiken – Ressourcen. Göttingen 2019, 314–329.

Rosenberg, Hans: Die Pseudodemokratisierung der Rittergutsbesitzerklasse. In: *Ders.* (Hg.): Machteliten und Wirtschaftskonjunkturen. Studien zur neueren Sozial- und Wirtschaftsgeschichte. Göttingen 1978, 83–101.

Rosenow, Kerstin: Die Entstehung einer integrationspolitischen Agenda auf der Ebene der Europäischen Union. In: *Hunger*, Uwe/*Aybek*, Can/*Ette*, Andreas/*Michalowski*, Ines (Hg.): Migrations-und Integrationsprozesse in Europa. Wiesbaden 2008, 123–142.

Röskau-Rydel, Isabel: Zwischen Akkulturation und Assimilation. Karrieren und Lebenswelten deutsch-österreichischer Beamtenfamilien in Galizien. 1772–1918. Berlin 2015.

Roth, Franz Otto: Adelsentsetzungen. Bestandsaufnahme und Deutungsversuche. In: Blätter für Heimatkunde 46 (1972), 39–48.

Rozenblit, Marsha: Die sozialen Grundlagen des Antisemitismus in der Habsburgermonarchie. 1848–1918. In: *Harmat*, Ulrike/*Wandruszka*, Adam/*Rumpler*, Helmut (Hg.): Die Habsburgermonarchie. 1848–1918. Bd. 9: Soziale Strukturen. Tlbd. 1/2: Von der feudal-agrarischen zur bürgerlich-industriellen Gesellschaft. Von der Stände- zur Klassengesellschaft. Wien 2010, 1369–1418.

Ruhstorfer, Karlheinz: Gnade. In: *Jaeger*, Friedrich (Hg.): Enzyklopädie der Neuzeit Online, Essen 2005–2012, URL: http://dx-doi-org.uaccess.univie.ac.at/10.1163/2352-0248_edn_COM_274937 (am 12.6.2024).

Rumpler, Helmut: Die rechtlich-organisatorischen und sozialen Rahmenbedingungen für die Außenpolitik der Habsburgermonarchie. 1848–1918. In: *Wandruszka*, Adam/*Rumpler*, Helmut (Hg.): Die Habsburgermonarchie. 1848–1918. Bd. 6: Die Habsburgermonarchie im System der internationalen Beziehungen. Tlbd. 1. Wien 1989, 1–121.

— Grenzen der Demokratie im Vielvölkerstaat. In: *Ders.*/*Urbanitsch*, Peter/*Wandruszka*, Adam (Hg.): Die Habsburgermonarchie. 1848–1918. Bd. 7: Verfassung und Parlamentarismus. Tlbd. 1: Verfassungsrecht, Verfassungswirklichkeit, zentrale Repräsentativkörperschaften. Wien 2000, 1–10.

— Eine Chance für Mitteleuropa. Bürgerliche Emanzipation und Staatsverfall in der Habsburgermonarchie. Wien 2005.

— Einleitung. Von der »bürgerlichen Öffentlichkeit« zur Massendemokratie. Zivilgesellschaft und politische Partizipation im Vielvölkerstaat der Habsburgermonarchie. In: *Ders.*/*Wandruszka*, Adam (Hg.): Die Habsburgermonarchie. 1848–1918. Bd. 8: Politische Öffentlichkeit und Zivilgesellschaft. Tlbd. 1: Vereine, Parteien und Interessenverbände als Träger der politischen Partizipation. Wien 2006, 1–14.

— Die Intellektuellen in Cisleithanien. In: *Harmat*, Ulrike/*Rumpler*, Helmut/*Wandruszka*, Adam (Hg.): Die Habsburgermonarchie. 1848–1918. Bd. 9: Soziale Strukturen. Tlbd. 1/2: Von der feudal-agrarischen zur bürgerlich-industriellen Gesellschaft. Von der Stände- zur Klassengesellschaft. Wien 2010, 1119–1155.

Rumpler, Helmut/*Harmat*, Ulrike/*Wandruszka*, Adam (Hg.): Bewältigte Vergangenheit? Die nationale und internationale Historiographie zum Untergang der Habsburgermonarchie als ideelle Grundlage für die Neuordnung Europas. Wien 2018.

Rumpler, Helmut/*Seger*, Martin: Die Habsburgermonarchie. 1848–1918. Bd. 9: Soziale Strukturen. Tlbd. 2: Die Gesellschaft der Habsburgermonarchie im

Kartenbild. Verwaltungs-, Sozial- und Infrastrukturen. Nach dem Zensus von 1910. Wien 2010.

Rupp, Herbert: Die österreichische Tabakregie. 1848 bis 1913. (Dissertation) Universität Wien 1979.

Ruppert, Stefan: Gottesgnadentum. In: *Jaeger*, Friedrich (Hg.): Enzyklopädie der Neuzeit Online. Essen 2005–2012, URL: http://dx-doi-org.uaccess.univie.ac.at/10.1163/2352-0248_edn_COM_275472 (am 12.6.2024).

Rüschemeyer, Dietrich: Bourgeoisie, Staat und Bildungsbürgertum. Idealtypische Modelle für die vergleichende Erforschung von Bürgertum und Bürgerlichkeit. In: *Kocka*, Jürgen (Hg.): Bürger und Bürgerlichkeit im 19. Jahrhundert. Göttingen 1987, 101–120.

Ruthner, Clemens: Kakaniens kleiner Orient. Post/koloniale Lesarten der Peripherie Bosnien-Herzegowina. 1878–1918. In: *Hárs*, Endre (Hg.): Zentren, Peripherien und kollektive Identitäten in Österreich-Ungarn. Tübingen 2006, 255–284.

— Bosnien-Herzegowina als k. u. k. Kolonie. Eine Einführung. In: *Ruthner*, Clemens/*Scheer*, Tamara (Hg.): Bosnien-Herzegowina und Österreich-Ungarn. 1878–1918. Annäherungen an eine Kolonie. Tübingen 2018, 15–44.

Sandgruber, Roman: Ökonomie und Politik. Österreichische Wirtschaftsgeschichte vom Mittelalter bis zur Gegenwart. Wien 1995.

— Traumzeit für Millionäre. Die 929 reichsten Wienerinnen und Wiener im Jahr 1910. Wien u. a. 2013.

Schäfers, Bernhard: Die bürgerliche Gesellschaft. Vom revolutionären bürgerlichen Subjekt zur Bürgergesellschaft. Wiesbaden 2017.

Schalk, Ellery: From Valor to Pedigree. Ideas of Nobility in France in the Sixteenth and Seventeenth Centuries. Princeton/NJ 1986.

Scheer, Tamara: K. u. K. Regimentssprachen. Institutionalisierung der Sprachenvielfalt in der Habsburgermonarchie in den Jahren 1867/8–1914. In: *Ehlers*, Klaas-Hinrich/*Nekula*, Marek/*Niedhammer*, Martina/*Scheuringer*, Hermann (Hg.): Sprache, Gesellschaft und Nation in Ostmitteleuropa. Institutionalisierung und Alltagspraxis. Göttingen 2014, 75–92.

Schennach, Martin: Die »österreichische Gesamtstaatsidee«. Das Verhältnis zwischen »Gesamtstaat« und Ländern als Gegenstand rechtshistorischer Forschung. In: *Ders.* (Hg.): Rechtshistorische Aspekte des österreichischen Föderalismus. Wien 2015, 1–29.

Scheutz, Martin: »Frontangst«, »Frontrisiko« und »Frontdrang«. Die Korrespondenz der Historiker Heinrich Ritter von Srbik, Wilhelm Bauer und Hans Hirsch im Ersten Weltkrieg. In: *Cole*, Laurence/*Hämmerle*, Christa/*Scheutz*,

Martin (Hg.): Glanz - Gewalt - Gehorsam. Militär und Gesellschaft in der Habsburgermonarchie. 1800 bis 1918. Essen 2011, 77–99.

Schiffer, Josef: The Late Habsburg Monarchy. Economic Spurt or Delayed Modernization? In: *Hafner*, Wolfgang/*Zimmermann*, Heinz (Hg.): Vinzenz Bronzin's Option Pricing Models. Exposition and Appraisal. Berlin, Heidelberg 2009, 307–322.

Schirnding, Ferdinand Graf: Oesterreich im Jahr 1840. Staat und Staatsverwaltung, Verfassung und Cultur. Von einem Staatsmanne. Bd. 1/1. Leipzig 1840.

Schmale, Wolfgang: Geschichte der Männlichkeit in Europa. 1450–2000. Wien 2003.

Schmale, Wolfgang/*Zimmermann*, Clemens/*Mahlerwein*, Gunter: Öffentlichkeit. In: *Jaeger*, Friedrich (Hg.): Enzyklopädie der Neuzeit Online. Essen 2005–2012, URL: http://dx-doi-org.uaccess.univie.ac.at/10.1163/2352-0248_edn_COM_320362 (am 12.6.2024).

Schmetterer, Christoph: Geheiligt, unverletzlich und unverantwortlich. Die persönliche Rechtsstellung des Kaisers von Österreich im Konstitutionalismus. In: Journal on European History of Law 1/2 (2010), 2–8.

— Der Kaiser von Österreich als (alleiniger?) Gesetzgeber. Vom Absolutismus zum Konstitutionalismus. In: Beiträge zur Rechtsgeschichte Österreichs (2012), 381–392.

— Kaiser Franz Joseph I. Köln 2016.

Schmidl, Erwin: Habsburgs jüdische Soldaten. 1788–1918. Wien 2014.

Schmitt, Bernhard: Der Militärdienst und die Neuformierung adliger Eliten in den habsburgischen und preußischen Teilungsgebieten. 1772–1830. In: *Holste*, Karsten/*Hüchtker*, Dietlind/*Müller*, Michael (Hg.): Aufsteigen und Obenbleiben in europäischen Gesellschaften des 19. Jahrhunderts. Akteure, Arenen, Aushandlungsprozesse. Berlin 2009, 49–62.

Schnee, Heinrich: Die Nobilitierung der ersten Hoffaktoren. Zur Geschichte des Hofjudentums in Deutschland. In: Archiv für Kulturgeschichte 43 (1961), 62–99.

Scholda, Ulrike: Vorzeigeprojekt Kaiserpavillon. Interieurs vom Feinsten. In: *Kos*, Wolfgang/*Gleis*, Ralph (Hg.): Experiment Metropole - 1873. Wien und die Weltausstellung. Wien 2014, 462 f.

Schubert, Klaus/*Bandelow*, Nils: Politikfeldanalyse. Dimensionen und Fragestellungen. In: *Dies.* (Hg.): Lehrbuch der Politikfeldanalyse. München 2014, 1–24.

Schulz, Andreas: Mäzenatentum und Wohltätigkeit. Ausdrucksformen bürgerlichen Gemeinsinns in der Neuzeit. In: *Kocka*, Jürgen/*Frey*, Manuel (Hg.): Bürgerkultur und Mäzenatentum im 19. Jahrhundert. Berlin 1998, 240–262.

Schulze Wessel, Martin: Loyalität als geschichtlicher Grundbegriff und Forschungskonzept. Zur Einleitung. In: *Ders.* (Hg.): Loyalitäten in der Tschechoslowakischen Republik. 1918–1938. Politische, nationale und kulturelle Zugehörigkeiten. München 2007, 1–22.

Schumann, Dirk: Bayerns Unternehmer in Gesellschaft und Staat. 1834–1914. Fallstudien zu Herkunft und Familie, politischer Partizipation und staatlichen Auszeichnungen. Göttingen 1992.

Schütz, Waltraud: Hilfe für Abgebrannte, ländliche Feste und medizinische Versorgung. Wohltätiges Engagement von Frauen im Niederösterreich des 19. Jahrhunderts. In: *Kühschelm*, Oliver/*Loinig*, Elisabeth/*Eminger*, Stefan/*Rosner*, Willibald (Hg.): Niederösterreich im 19. Jahrhundert. Bd. 2: Gesellschaft und Gemeinschaft. Eine Regionalgeschichte der Moderne. St. Pölten 2021, 379–408.

Seiderer, Georg: Österreichs Neugestaltung. Verfassungspolitik und Verwaltungsreform im österreichischen Neoabsolutismus unter Alexander Bach. 1849–1859. Wien 2015.

Sellin, Volker: Gewalt und Legitimität. Die europäische Monarchie im Zeitalter der Revolutionen. Berlin, Boston 2012.

Sieger, Constanze/*Gräfenberg*, Felix: Information als Ressource des Entscheidens in der Moderne. 1780–1930. Entwicklungen und Konstellationen in preußischen Zentralbehörden und westfälischen Lokalverwaltungen. In: *Pfister*, Ulrich (Hg.): Kulturen des Entscheidens. Narrative – Praktiken – Ressourcen. Göttingen 2019, 333–355.

Siemann, Wolfram: Die Adelskrise 1848/49. In: *Fehrenbach*, Elisabeth (Hg.): Adel und Bürgertum in Deutschland. 1770–1848. München 1994, 231–246.

Silbernagl, Rainer: Korruption im Staatsdienst. Gesetzliche Regelungssysteme aus dem Straf-, Zivil-, Dienst- und Besoldungsrecht zur Vermeidung korruptiven Verhaltens der Beamten der Habsburgermonarchie neben einem kurzen Vergleich mit den deutschen Staaten. ca. 1750–1918. Dissertation (Universität Innsbruck) 2016.

Simon, Thomas (Hg.): Hundert Jahre allgemeines und gleiches Wahlrecht in Österreich. Modernes Wahlrecht unter den Bedingungen eines Vielvölkerstaates. Frankfurt am Main 2010.

Singer, Johanna: Arme adelige Frauen im deutschen Kaiserreich. Tübingen 2016.

Sked, Alan: Austria and the »Galician Massacres« of 1846. In: *Höbelt*, Lothar/*Otte*, Thomas (Hg.): A Living Anachronism? European Diplomacy and the Habsburg Monarchy. Festschrift für Francis Roy Bridge zum 70. Geburtstag. Wien 2010, 49–118.

Sluga, Glenda: Internationalism in the Age of Nationalism. Philadelphia 2013.

Sparn, Walter/*Walther*, Gerrit: Fortschritt. In: *Jaeger*, Friedrich (Hg.): Enzyklopädie der Neuzeit Online. Essen 2005–2012, URL: http://dx-doi-org.uaccess.univie.ac.at/10.1163/2352-0248_edn_COM_265591 (am 12.6.2024).

Stekl, Hannes (Hg.): Bürgertum in der Habsburgermonarchie. 10 Bde. Wien 1990–2003.

— Zwischen Machtverlust und Selbstbehauptung. Österreichs Hocharistokratie vom 18. bis ins 20. Jahrhundert. In: *Wehler*, Hans-Ulrich (Hg.): Europäischer Adel. 1750–1950. Göttingen 1990, 144–165.

— Wiener Mäzene im 19. Jahrhundert. In: *Kocka*, Jürgen/*Frey*, Manuel (Hg.): Bürgerkultur und Mäzenatentum im 19. Jahrhundert. Berlin 1998, 164–191.

— Adel und Bürgertum in der Habsburgermonarchie. 18.–20. Jahrhundert. Wien 2004.

— Ambivalenzen von Bürgerlichkeit. In: *Stekl*, Hannes/*Bruckmüller*, Ernst (Hg.): Adel und Bürgertum in der Habsburgermonarchie. 18. bis 20. Jahrhundert. Hannes Stekl zum 60. Geburtstag. Wien 2004, 140–156.

— Der erbländische Adel. In: *Harmat*, Ulrike/*Rumpler*, Helmut/ *Wandruszka*, Adam (Hg.): Die Habsburgermonarchie. 1848–1918. Bd. 9: Soziale Strukturen. Tlbd. 1/2: Von der feudal-agrarischen zur bürgerlich-industriellen Gesellschaft. Von der Stände- zur Klassengesellschaft. Wien 2010, 951–1013.

— Adeliges Mäzenatentum und karitative Leistungen (1973). In: *Ders.* (Hg.): Österreichs Aristokratie im Vormärz. Berlin, Boston 2019, 185–212.

Stekl, Hannes/*Wakounig*, Marija: Windisch-Graetz. Ein Fürstenhaus im 19. und 20. Jahrhundert. Wien u. a. 1992.

Stickler, Matthias: Die Herrschaftsauffassung Kaiser Franz Josephs in den frühen Jahren seiner Regierung. Überlegungen zu Selbstverständnis und struktureller Bedeutung der Dynastie für die Habsburgermonarchie. In: *Brandt*, Harm-Hinrich (Hg.): Der österreichische Neoabsolutismus als Verfassungs- und Verwaltungsproblem. Wien 2014, 35–72.

Stimmer, Gernot: Eliten in Österreich. 1848–1970. Wien, Graz 1997.

Stollberg-Rilinger, Barbara: Was heißt Kulturgeschichte des Politischen? In: *Dies.* (Hg.): Was heißt Kulturgeschichte des Politischen? Berlin 2005, 9–24.

— Einleitung. In: *Dies.*, Barbara/*Krischer*, André (Hg.): Herstellung und Darstellung von Entscheidungen. Verfahren, Verwalten und Verhandeln in der Vormoderne. Berlin 2010, 9–31.

— Praktiken des Entscheidens. Zur Einführung. In: *Brendecke*, Arndt (Hg.): Praktiken der Frühen Neuzeit. Akteure - Handlungen - Artefakte. Köln 2015, 630–634.

— Cultures of Decision-Making. London 2016.

— Gunst als Ressource? Personalentscheidungen am Wiener Hof des 18. Jahrhunderts. In: *Pfister*, Ulrich (Hg.): Kulturen des Entscheidens. Narrative – Praktiken – Ressourcen. Göttingen 2019, 230–247.

Surman, Jan: Universities in Imperial Austria. 1848–1918. A Social History of an Academic Space. West Lafayette 2019.

Szabo, Franz: Perspective from the Pinnacle. State Chancellor Kaunitz on Nobility in the Habsburg Monarchy. In: *Haug-Moritz*, Gabriele/*Hye*, Hans Peter/*Raffler*, Marlies (Hg.): Adel im »langen« 18. Jahrhundert. Wien 2009, 239–260.

Szulovszky, János: Die gewerblich-industrielle Arbeitswelt in Ungarn. In: *Harmat*, Ulrike/*Rumpler*, Helmut/*Wandruszka*, Adam (Hg.): Die Habsburgermonarchie. 1848–1918. Bd. 9: Soziale Strukturen. Tlbd. 1/1: Von der feudalagrarischen zur bürgerlich-industriellen Gesellschaft. Lebens- und Arbeitswelten in der Industriellen Revolution. Wien 2010, 379–422.

Töller, Annette: Regieren als Problemlösung oder als eigendynamischer Prozess? Überlegungen zu einer Überwindung des Problemlösungsbias in der Politikfeldanalyse. In: *Egner*, Björn/*Haus*, Michael/*Terizakis*, Georgios (Hg.): Regieren. Festschrift für Hubert Heinelt. Wiesbaden 2012, 171–190.

Tönsmeyer, Tatjana: Adelige Moderne. Großgrundbesitz und ländliche Gesellschaft in England und Böhmen. 1848–1918. Wien 2012.

Tönsmeyer, Tatjana/*Ganzenmüller*, Jörg: Einleitung. In: *Dies*. (Hg.): Vom Vorrücken des Staates in die Fläche. Ein europäisches Phänomen des langen 19. Jahrhunderts. Köln 2016, 7–31.

Tönsmeyer, Tatjana/*Velek*, Luboš (Hg.): Adel und Politik in der Habsburgermonarchie und den Nachbarländern zwischen Absolutismus und Demokratie. München 2011.

Tóth, Heléna: From Content to Ritual. Name-Giving Practices and Political Loyalty in Hungary. 1880–1989. In: *Osterkamp*, Jana/*Schulze Wessel*, Martin (Hg.): Exploring Loyalty. Göttingen 2017, 179–202.

Treiblmayr, Christopher: Zivilgesellschaft. In: *Jaeger*, Friedrich (Hg.): Enzyklopädie der Neuzeit Online. Essen 2005–2012, URL: http://dx-doi-org.uaccess.univie.ac.at/10.1163/2352-0248_edn_COM_387211 (am 12.6.2024).

Tremel, Ferdinand: Der Binnenhandel und seine Organisation. Der Fremdenverkehr. In: *Brusatti*, Alois/*Rumpler*, Helmut/*Wandruszka*, Adam (Hg.): Die Habsburgermonarchie. 1848–1918. Bd. 1: Die wirtschaftliche Entwicklung. Wien 1973, 369–402.

Trencsényi, Balázs/*Kopeček*, Michal/*Gabrijelcic*, Luka Lisjak/*Falina*, Maria/*Baár*, Mónika/*Janowski*, Maciej (Hg.): A History of Modern Political Thought in East Central Europe. Bd. 1. Oxford 2016.

Türk, Henning: Ludwig Andreas Jordan und das Pfälzer Weinbürgertum. Bürgerliche Lebenswelt und liberale Politik im 19. Jahrhundert. Göttingen 2016.

Unowsky, Daniel: The Pomp and Politics of Patriotism. Imperial Celebrations in Habsburg Austria, 1848–1916. (Dissertation) Columbia University 2000.

— Dynastic Symbolism and Popular Patriotism. Monarchy and Dynasty in Late Imperial Austria. In: *Leonhard*, Jörn/*Hirschhausen*, Ulrike von (Hg.): Comparing Empires. Encounters and Transfers in the Long Nineteenth Century. Göttingen 2011, 237–265.

Unseld, Margit: Die Todesstrafe unter Kaiser Franz Joseph I. im ordentlichen Verfahren. 1848–1916. (Diplomarbeit) Universität Wien 2010.

Urbanitsch, Peter: Pluralist Myth and Nationalist Realities. The Dynastic Myth of the Habsburg Monarchy. A Futile Exercise in the Creation of Identity? In: Austrian History Yearbook 35 (2004), 101–141.

Ursprung, Daniel: Herrschaftslegitimation zwischen Tradition und Innovation. Repräsentation und Inszenierung von Herrschaft in der rumänischen Geschichte in der Vormoderne und bei Ceauşescu. Kronstadt 2007.

Viktorin, Carolin/*Gienow-Hecht*, Jessica: Was ist und wozu braucht man »Nation Branding«? Versuch eines neuen Zugriffs auf Macht und Kultur in den internationalen Beziehungen am Beispiel der spanischen Diktatur unter Franco. In: *Haider-Wilson*, Barbara/*Godsey*, William/*Mueller*, *Wolfgang* (Hg.): Internationale Geschichte in Theorie und Praxis. International History in Theory and Practice. Wien 2017, 695–720.

Vošalíková, Pavla (Hg.): Von Amts wegen. K. k. Beamten erzählen. Wien u. a. 1998.

Votýpka, Vladimír: Rückkehr des böhmischen Adels. Köln, Wien 2010.

Wagner, Patrick: Bauern, Junker und Beamte. Lokale Herrschaft und Partizipation im Ostelbien des 19. Jahrhunderts. Göttingen 2005.

Wagner-Egelhaaf, Martina/*Quast*, Bruno/*Basu*, Helene: Einleitung. In: *Dies.* (Hg.): Mythen und Narrative des Entscheidens. Göttingen 2019, 7–20.

Wakounig, Marija: Ivan Žolger – Staatsrechtler, Minister ohne Portefeuille und Delegationsteilnehmer der Pariser Friedensverhandlungen (Vortrag gehalten bei der Tagung »Elitenwandel in der ersten Hälfte des 20. Jahrhunderts«, Prag 11.10.2018).

Wakounig, Marija/*Horčička*, Václav/*Županič*, Jan (Hg.): Habsburgischer Adel. Zwischen Nation – Nationalismus – Nationalsozialismus. 1870–1938/1945. Wien, Hamburg 2021.

Waldstein-Wartenberg, Berthold: Österreichisches Adelsrecht. 1804–1918. In: Mitteilungen des Österreichischen Staatsarchivs 17/18 (1964/65), 109–146.

— Das Adelsaufhebungsgesetz von 1919. In: Mitteilungen des Österreichischen Staatsarchivs 25 (1972), 306–314.

Wandruszka, Adam: Die »Zweite Gesellschaft« der Donaumonarchie. In: *Siegert*, Heinz (Hg.): Adel in Österreich. Wien 1972, 56–67.

— Ein vorbildlicher Rechtsstaat? In: *Ders./Urbanitsch*, Peter (Hg.): Die Habsburgermonarchie. 1848–1918. Bd. 2: Verwaltung und Rechtswesen. Wien 1975, IX–XVIII.

Weber, Alfred: Der Beamte. In: Neue Rundschau 21/4 (1910), 1321–1339.

Wehler, Hans-Ulrich: Deutsche Gesellschaftsgeschichte. Bd. 3: Von der »Deutschen Doppelrevolution« bis zum Beginn des Ersten Weltkrieges. 1849–1914. München 1995.

Weiß, Stefan: Otto Brunner und das Ganze Haus oder Die zwei Arten der Wirtschaftsgeschichte. In: Historische Zeitschrift 273/2 (2001), 335–369.

Werner, Eva-Maria: Das Rotteck-Welckersche Staatslexikon. In: Forum Vormärz-Forschung 15 (2009), 205–219.

Werner, Karl Ferdinand: Schlußwort. In: *Oexle*, Otto Gerhard/*Paravicini*, Werner (Hg.): Nobilitas. Funktion und Repräsentation des Adels in Alteuropa. Göttingen 1997, 453–462.

Wiedenmann, Rainer: Treue und Loyalität im Prozess gesellschaftlichen Wandels. Eine soziologische Skizze. In: *Buschmann*, Nikolaus/*Murr*, Karl (Hg.): Treue. Politische Loyalität und militärische Gefolgschaft in der Moderne. Göttingen 2008, 37–41.

Wienfort, Monika: Patrimonialgerichte in Preußen. Ländliche Gesellschaft und bürgerliches Recht. 1770–1848/49. Göttingen 2001.

Wienfort, Monika: Gesellschaftsdamen, Gutsfrauen und Rebellinnen. Adelige Frauen in Deutschland. 1890–1939. In: *Conze*, Eckart/*Wienfort*, Monika (Hg.): Adel und Moderne. Deutschland im europäischen Vergleich im 19. und 20. Jahrhundert. Köln, Wien 2004, 181–204.

— Adlige Handlungsspielräume und neue Adelstypen in der »Klassischen Moderne«. 1880–1930. In: Geschichte und Gesellschaft 33 (2007), 416–438.

— Verliebt, verlobt, verheiratet. Eine Geschichte der Ehe seit der Romantik. München 2014.

Wiesflecker, Peter: Nobilitierungen Kaiser Karls I. von Österreich. Studien zum österreichischen Adel am Ende der Donaumonarchie. (Dissertation) Universität Wien 1992.

— »In der Rangtour«. Eine altösterreichische Offizierskarriere. In: *Gießauf*, Johannes (Hg.): Päpste, Privilegien, Provinzen. Beiträge zur Kirchen-, Rechts-

und Landesgeschichte. Festschrift für Werner Maleczek zum 65. Geburtstag. Wien 2010, 465–480.

— Der hochadelige Sternkreuzorden. In: *Stolzer*, Johann (Hg.): Die Sklavinnen der Tugend. Damenorden aus dem alten Österreich. Graz 2018, 15–28.

Windisch-Graetz, Vincenz: Der ungarische Adel (in der Zeit 1815–1914). In: Études Danubiennes 7/2 (1991), 115–133.

Witting, Johann Baptist: Statistik der Standeserhöhungen während der Regierung Sr. Majestät des Kaisers Franz Joseph I. Wien 1898.

Wolf, Burkhardt: Kafka in Habsburg. Mythen und Effekte der Bürokratie. In: Administory. Zeitschrift für Verwaltungsgeschichte 1 (2016), 193–221.

Wulf, Peter: Stationen eines standesgemäßen Exils. Zur Biographie des Prinzen von Noer 1864/65. In: Zeitschrift der Gesellschaft für Schleswig-Holsteinische Geschichte 131 (2006), 51–66.

Wullschleger, Marion: »Gut österreichische Gesinnung«. Imperiale Identitäten und Reichsbilder der letzten österreichischen Statthalter in Triest. 1904–1918. In: *Buchen*, Tim/*Rolf*, Malte (Hg.): Eliten im Vielvölkerreich. Imperiale Biographien in Russland und Österreich-Ungarn. 1850–1918/Elites and Empire. Imperial Biographies in Russia and Austria-Hungary. 1850–1918. Berlin, Boston 2015, 90–106.

Wunder, Berndt: Der württembergsche Personaladel. 1806–1913. In: Zeitschrift für württembergische Landesgeschichte 40 (1981), 494–518.

Zahra, Tara: Kidnapped Souls. National Indifference and the Battle for Children in the Bohemian Lands. 1900–1948. Ithaca 2008.

Žáková, Michaela: The Theresian Foundation for Noblewomen at Prague Castle. The Institution, its Female Members and Aristocratic Philanthropy. In: *Brňovják*, Jiří/*Županič*, Jan (Hg.): Changes of the Noble Society. Aristocracy and New Nobility in the Habsburg Monarchy and Central Europe from the 16th to the 20th Century. Ostrava, Prague 2018, 189–200.

— Arme Aristokratinnen? Das Bild der armen Adeligen in den Bittschriften der Kandidatinnen des Theresianischen Damenstiftes in Prag. In: *Dotter*, Marion/*Marlow*, Ulrike: »Allerunterthänigst unterfertigte Bitte«. Bittschriften und Petitionen im langen 19. Jahrhundert. Berlin 2024, 67–88.

Zaleisky, Adalbert (Bearb.): Handbuch der Gesetze und Verordnungen, welche für die Polizei-Verwaltung im österreichischen Kaiserstaate von 1740–1852 erschienen sind. Bd. 1. Wien 1853.

Záloha, Jiří: Eggenberské a schwarzenberské nobilitační diplomy [Eggenberger und Schwarzenberger Nobilitierungsdiplome]. (Diplomarbeit) Karls-Universität Prag 1962.

Zimmer, Matthias: Moderne, Staat und Internationale Politik. Wiesbaden 2008.

Zimmermann, Clemens: Öffentliche Meinung. In: *Jaeger*, Friedrich (Hg.): Enzyklopädie der Neuzeit Online. Essen 2005–2012, URL: http://dx-doi-org.uaccess.univie.ac.at/10.1163/2352-0248_edn_COM_320241 (am 12.6.2024).

Zunhammer, Thomas: Zwischen Adel und Pöbel. Bürgertum und Mittelstandsideal im Staatslexikon von Karl v. Rotteck und Karl Theodor Welcker. Ein Beitrag zur Theorie des Liberalismus im Vormärz. Baden-Baden 1995.

Županič, Jan: Die tschechischen Eliten und Standeserhebungen in der Donaumonarchie. In: Prague Papers on the History of International Relations (2003), 155–175.

— Die Entstehung des jüdischen Adels in der Habsburgermonarchie. In: ASCHKENAS - Zeitschrift für Geschichte und Kultur der Juden 17/H. 2 (2007), 473–497.

— Nová šlechta Rakouského císařství [Der neue Adel des Kaisertums Österreich]. Praha 2007.

— Renobilitierungsprozesse und genealogische Agenten. Der Skandal um das Adelsdepartement im Innenministerium am Beginn des 20. Jahrhunderts. In: Mitteilungen des Instituts für Österreichische Geschichtsforschung 117 (2008), 335–357.

— Karlovská šlechta. Rakouské a uherské nobilitace ve světle materiálů kabinetní kanceláře Karla I. (IV.). 1916–1918 [Der Adel der Karlszeit. Österreichische und ungarische Nobilitierungen im Lichte der Dokumente der Kabinettskanzlei des Karl I (IV.). 1916–1918]. In: Sborník archivních prací LX/1 (2011), 24–111.

— Neuer Adel in der Donaumonarchie. In: *Schriffl*, David/*Perzi*, Niklas (Hg.): Schlaglichter auf die Geschichte der böhmischen Länder vom 16. bis 20. Jahrhundert. Ausgewählte Ergebnisse zu den Österreichisch-Tschechischen Historikertagen 2006 und 2008. Wien 2011, 131–144.

— Inflace titulů? Rakouské nobilitace ve druhé polovině 19. století [Titelinflation? Österreichische Nobilitierungen in der zweiten Hälfte des 19. Jahrhunderts]. In: Český časopis historický 3 (2015), 748–781.

— Nobilitierungen der Juden in Österreich. 1789–1918. In: Historisches Jahrbuch 136 (2016), 501–551.

— Adelspolitik als Machtfaktor im Kaisertum Österreich. Eine Skizze der grundlegenden Probleme und Forschungslage. In: *Osterkamp*, Jana (Hg.): Kooperatives Imperium. Politische Zusammenarbeit in der späten Habsburgermonarchie. Göttingen 2018, 117–140.

— Ennoblement Policies of the Habsburg Rulers in Bohemian-Austrian Lands and Cisleithania in the Long 19th Century. In: *Brňovják*, Jiří/*Županič*, Jan (Hg.): Changes of the Noble Society. Aristocracy and New Nobility in the

Habsburg Monarchy and Central Europe from the 16th to the 20th Century. Ostrava, Prag 2018, 69–93.

— Die Nobilitierungspolitik der letzten Habsburger. Der neue Adel im Zeitalter Franz Josephs und Karls. In: Vierteljahrschrift für Sozial- und Wirtschaftsgeschichte 106/4 (2019), 473–518.

— Renobilitierung und Adelsentsetzung in Österreich. In: WIKIa Szlachta, URL: https://szlachta.fandom.com/de/wiki/Renobilitierung-%C3%96sterreich (am 12.6.2024).

— The Making of Business Nobility. The Social Rise of Austrian Businessmen after 1848. In: Studia Historica Slovenica 21/3 (2021), 655–694.

— Militäradel der Österreich-ungarischen Monarchie während des Ersten Weltkriegs. In: West Bohemian Historical Review XII (2022/2), 177–232.

— Briefe, Vorträge, Suppliken. Nobilitierungen in der Donaumonarchie. In: *Dotter*, Marion/*Marlow*, Ulrike: »Allerunterthänigst unterfertigte Bitte«. Bittschriften und Petitionen im langen 19. Jahrhundert. Berlin 2024, 161–193.

Županič, Jan/*Fiala*, Michal: Nobilitas Iudaeorum. Židovská šlechta střední Evropy v komparativní perspektivě [Der jüdische Adel Mitteleuropas in komparativer Perspektive]. Praha 2017.

Županič, Jan/*Fiala*, Michal/*Koblasa*, Pavel: Šlechtický archiv c. k. ministerstva vnitra – Erbovní listiny Národního archivu, Státního oblastního archivu v Praze, Archivu hlavního města Prahy (dodatky), Archivu Národního muzea (dodatky) [Das Adelsarchiv des k. k. Ministeriums des Inneren – Wappenbriefe des Nationalarchivs, Staatlichen Regionalarchivs in Prag, Archivs der Hauptstadt Prag (Nachträge), Nationalmuseums (Nachträge)]. Praha 2014.

FORSCHUNGSDATEN

1. Verzeichnis zu den vom Kaiser getroffenen Adelsentscheidungen in der späten Habsburgermonarchie (1848–1918)
2. Verzeichnis zu den Adelsentsetzungen in der späten Habsburgermonarchie

Das Material ist in »OstData« (Forschungsdatendienst für die Ost-, Ostmittel- und Südosteuropaforschung) zugänglich unter dem DOI: 10.18447/FD/CC-10 (URL: https://doi.org/10.18447/fd/cc-10).

PERSONENREGISTER

ORTSREGISTER

SACHREGISTER